William Russell

Aus dem Feldlager in der Krim

Briefe des Timescorrespondenten

William Russell

Aus dem Feldlager in der Krim
Briefe des Timescorrespondenten

ISBN/EAN: 9783744683821

Hergestellt in Europa, USA, Kanada, Australien, Japan

Cover: Foto ©ninafisch / pixelio.de

Weitere Bücher finden Sie auf **www.hansebooks.com**

Aus dem

Feldlager in der Krim.

Briefe des Timescorrespondenten

William Russell.

Deutsch bearbeitet von Julius Seybt.

Neue Ausgabe.

~•~

Leipzig, 1865.

Verlag von G. Senf's Buchhandlung.

Vorwort.

Der erste Act des großen Weltdrama's im Orient ist ausgespielt, und Alles, was Rußland mit langjährigen und riesenmäßigen Anstrengungen gesammelt, um im Schwarzen Meere eine die Hauptstadt der Türkei beständig mit Eroberung bedrohende Seemacht zu gründen, ist verbrannt, in die Luft gesprengt, oder in die Meerestiefe versenkt, und die gewaltige Seeveste Sebastopol, das Auge, mit dem Rußland nach seinen zukünftigen Erwerbungen im Orient blickte, gehört den Dingen an, die nicht mehr vorhanden sind.

Es ist nur natürlich, daß Ereignisse von so weltgeschichtlicher Bedeutung mancherlei literarische Erscheinungen hervorgerufen haben. Sie sind aber bei weitem mehr kritische Beleuchtungen der Ereignisse des Krieges in der Krim vom militairischen und politischen Standpunkte aus, geschrieben fern vom Schauplatze der Begebenheiten, als lebendige Bilder mitten aus dem wilden Kriegstreiben an den Grenzen des alten Cimmeriens, wo jetzt Morgenland und Abendland um die Weltherrschaft kämpfen; Bilder, welche durch die Lebendigkeit ihrer Zeichnung und die Frische ihres Colorits den Leser auf den Schauplatz selbst versetzen. Diese Lücke wird vorliegendes Buch ausfüllen.

Der Verfasser desselben, Herr W. Russell, war als Correspondent der Times der englischen Armee von England aus gefolgt und vermöge seiner Stellung in den Stand gesetzt, als Augenzeuge allen bedeutenden Ereignissen beizuwohnen. Seine Briefe in der Times waren bald in der ganzen civilisirten Welt berühmt als die getreuesten und zugleich malerischesten Darstellungen des so leidens- wie ruhmes- reichen Feldzuges der verbündeten Armee in der Krim, und selbst hoch- gestellte Staatsmänner haben die Gewissenhaftigkeit des Verfassers als Uebermittler der besten und wahrhaftigsten Nachrichten von dem Kriegs- schauplatze anerkannt; denn in der That hat selten eine Feder das wilde Gewühl und das begeisternde Toben der Schlacht, den Humor des Lagerlebens, die niederdrückenden Leiden des mühseligen Winters, und die herzzerreißenden Scenen des Schlachtfeldes und des Hospitals mit gleicher Virtuosität und Schärfe zu schildern gewußt. Im Original sind diese lebensvollen Schilderungen, wie es ein, von Tag zu Tag fortschreitender, dem englischen Publicum über seine eigenen Lands- leute und Bekannten berichtender Briefwechsel mit sich bringt, von vielerlei weniger interessanten Einzelheiten und Wiederholungen unter- brochen, in der Uebersetzung aber sind alle diese Details, welche das Interesse des deutschen Publicums nicht erregen können, weggelassen, wogegen sie eine nicht unwichtige Vermehrung aufzuweisen hat. Das Original, schon vor mehreren Monaten druckfertig, schließt nämlich mit dem Tode Lord Raglans, ein Ereigniß, das für den Engländer vielleicht einen angemessenen Abschnitt bildet, auf die weitere Entwickelung der Ereignisse jedoch keinen hervorragenden Einfluß übt; in der Ueber- setzung dagegen ist das Buch, nach den unterdessen in der Times fort- erschienenen Briefen ihres Correspondenten, bis zu dem natürlichen und bedeutenden Abschluß der unterdeß erfolgten Einnahme von Se- bastopol fortgesetzt.

Mit Ausnahme der ebenerwähnten Abkürzungen und Weglassun- gen ist nichts an dem Buche geändert, das gerade als ein Erguß der Stimmung des Augenblickes seinen bedeutenden Werth hat und be- halten wird, selbst wo spätere Ereignisse in Widerspruch mit deren An- nahmen des Verfassers getreten sind.

Da die der Krimexpedition vorausgehenden militairischen Ereignisse als allgemein bekannt vorausgesetzt werden dürfen, so beschränken wir uns darauf, sie hier nur der bessern Orientirung wegen, kurz zu recapituliren. Bereits vor der am 28. März erfolgenden Kriegserklärung der West- mächte gegen Rußland hatte am 22. Februar die Absendung der nach dem Orient bestimmten Truppen begonnen, die sich jedoch vorläufig nur in Malta sammelten, da man anfangs der Meinung sein mochte, der Zwist werde sich durch eine blose militairische Demonstration abmachen lassen, eine Meinung, die von wesentlichem Einfluß auf die späteren Operationen gewesen ist, da sie mit Ursache war, daß, als der Feldzug wirklich beginnen sollte, die Truppen sich zu diesem Zwecke unvollständig ausgerüstet fanden. Ihre Zahl wuchs von 6000 allmälig bis zu einer Armee von 25,000 Mann unter dem Generalfeldzeugmeister Lord Raglan an, die mit einer französischen Armee von circa 60,000 Mann unter Marschall St.-Arnaud in der letzten Woche des Mai eine befestigte Stellung bei Gallipoli bezogen, denn noch war es ungewiß, ob es der türkischen Donauarmee gelingen werde, dem weitern Vordringen der Russen Schranken zu setzen, und es mußte daher vor allen Dingen Sorge getragen werden, wenigstens im schlimmsten Falle die Hauptstadt des Reiches und den Schlüssel zum Mittelmeere nicht in die Gewalt des Feindes fallen zu lassen. Als dieser Punkt durch Anlegung des verschanzten Lagers bei Bulahir hinlänglich gesichert war, rückte die englisch-französische Armee nach Varna vor, um den immer noch die Donaulinie haltenden Omer Pascha nöthigenfalls aufzunehmen. Weiteres war nicht zu unternehmen, da der Mangel an genügenden Transportmitteln und an Reiterei dem verbündeten Heere jedes Vorrücken durch die unwegsamen und unwirthlichen Landstriche nördlich nach der Donau hin zu einem gefährlichen Wagniß machte. Erst nach der Aufhebung der Belagerung von Silistria und dem Rückzuge der Russen über den Pruth war es den Feldherren der Verbündeten gestattet, an Offensivoperationen zu denken, und nach reiflicher Erwägnng wurde die Krim als Operationsobject gewählt, da unterdeß Oesterreich, kraft eines Vertrags mit der Pforte, die Donaufürstenthümer besetzt hatte, um sie vor ferneren Angriffen Rußlands zu schützen. Aber obgleich Anfang August 12,000 Mann Engländer und 45,000 Mann Franzosen bei Varna versammelt waren, so verursachte doch das Sammeln von Transportmitteln, das Herbeischaffen von Munitionsvorräthen, das Anfertigen von Schanzkörben und Faschinen, die wegen Mangel an Holz in der Krim mitgebracht werden mußten, und endlich der Ausbruch der Cholera im Lager der Verbündeten, einen solchen Aufschub, daß die schon Anfang Juli beschlossene Expedition erst am 5. September nach der Krim unter Segel gehen konnte. Das Sammeln der ungeheuern Transportflotte bei der zum Rendezvous der Expedition bestimmten Schlangeninsel und eine Recognoscirung der Westküste der Krim vom Cap Cherfones bis Eupatoria, welche Lord Raglan und General Canrobert am 9. September mit dem Sampson, dem Caradoc und dem Primoguet unternahmen, verursachten noch einige Tage Aufenthalt und erst am 14. September konnte die Expedition in der Krim, zwischen Eupatoria und dem Buljanak, landen. Mit diesem Tage beginnt unsere Berichterstattung.

Der deutsche Herausgeber.

Inhalt.

Zwölftes Kapitel.

Die zweite Beschließung.

Dreizehntes Kapitel.

Die Expedition nach Kertsch.

Vierzehntes Kapitel.

Die dritte Beschließung und die Einnahme des Mamelon.

Fünfzehntes Kapitel.

Vergeblicher Angriff auf den Malakoff und den Redan.

Sechzehntes Kapitel.

Vorarbeiten zur fünften Beschießung.

Bombardement gegen den Redan. — Verstärkung der russischen Festungs-werke. — Nachlassen der Cholera. — Fliegenplage — General Barnard, englischer Generalissimus. — Vorsorglichkeit des Commissariats. — Aus-fälle der Russen. — Hilfsmittel für Sebastopol. — Ein Musterbrief rus-sischer Ansichten. — Hauptquartier Omer Pascha's. — Mutbmaßliche Ex-pedition Omer Pascha's. — Die Tataren der Krim. — Stimmung der Truppen der Alliirten. — Aussehen des Lagers vor Sebastopol bei Regen-wetter. — Die Wohnungen der englischen Armee. — Die Fliegen der Krim. — Fortsetzung der Belagerungsarbeiten. — Sturmgerüchte.

Siebenzehntes Kapitel.

Die Schlacht an der Tschernaja.

Gerücht von einem Angriff auf die Tschernajalinie — Oertlichkeit der Tschernajalinie. — Die Schlacht an der Tschernaja. — Bravour der Russen und Franzosen. — Der Kampf an der Tschernajabrücke. — Rückzug der Russen; Sieg der Alliirten. — Aussagen russischer Gefangenen. — Neues Bombardement der Belagerer und Belagerten. — Verlust der Russen in der Tschernajaschlacht. — Resultate des dreitägigen Bombardements. — Die Marodeurs. — Resultate der Tschernajaschlacht. — Lobenswerthes Benehmen der Sardinier. — Explosion eines Pulvermagazins. — Die Redoute vom 2. Mai genannt das Schlachthaus. — Ein Theaterzettel.

Achtzehntes Kapitel.

Die letzte Beschießung und der Sturm.

Beginn der letzten Beschießung Sebastopols. — Wirkungen des Bombarde-ments. — Entsetzliche Wirkung des Feuers der Franzosen. — Sebastopol in Flammen. — Brand einer russischen Fregatte. — Vorbereitungen zum Sturm. — Erstürmung des Malakoff. — Erstürmung des Redan durch die Engländer. — Das Innere des Redan. — Verwirrung unter den Engländern. — Muth und Ausdauer Oberst Windhams. — Die Eng-länder räumen den Redan. — Letzter Kampf um den kleinen Redan. — Die Russen räumen den Redan und die Südseite Sebastopols. — Eng-lische Rekruten. — Verlust der Engländer beim Redan-Sturm. — Der große Redan von den Russen geräumt. — Zerstörung russischer Befestigungs-werke. — Zudrang nach Sebastopol. — Terrain um den Malakoff und Redan. — Die Wahlstatt. — Das Hospital von Sebastopol. — Bom-bardement auf russische Dampfer. — Verlust der Alliirten während der Belagerung. — Totalverlust der Alliirten und Russen.

Erstes Kapitel.

In der Krim.

Den 14. September.

Endlich sind wir eine Occupationsarmee. Die englischen und französischen Truppen haben eine materielle Garantie in Gestalt von so und so viel Quadratmeilen der Krim in Besitz genommen, und machen sich bereit, ihre Herrschaft im Weitermarsche gegen Sebastopol auszudehnen. Die Flotte näherte sich erst Eupatoria, wo sie den erstaunten Augen der Eingeborenen die unermeßliche Ausdehnung unserer Rüstungen zeigte; aber plötzlich schienen sich unsere Führer anders zu besinnen, wenn sie überhaupt jemals beabsichtigt hatten in Eupatoria zu landen.

Sämmtliche Fahrzeuge, mehr als sechshundert Kriegs- und Transportschiffe, ankerten in unübersehbaren Linien mit einer gegen zwei geographischen Meilen langen Fronte und in ungemessener Tiefe — denn die Maste und Segel der zur Expedition gehörenden Transportschiffe verloren sich weit hinten am Horizonte, und als wir Anker geworfen hatten, kamen während zwei oder drei Tagen stündlich Nachzügler an. Alle erwarteten einen Kanonenschuß vom Agamemnon und Signale zum Landen. Tausende von Fernröhren waren voll Neugier auf die Küste gerichtet. Es donnerte jedoch keine Kanone und keine Signale sendeten die Böte der Expedition nach Eupatoria, sondern ein kurzes Zwiegespräch durch farbige Flaggen fand zwischen den Generalen und Admiralen statt, und gegen acht Uhr Abends überbrachten Böte vom Agamemnon den Generalquartiermeistern der Divisionen den Befehl, daß die Flotte nächsten Morgen von ein Uhr an divisionsweise, in Abständen von einer Stunde, in südsüdöstlicher Richtung unter Segel gehen und sich unter dem fünfundvierzigsten Breitegrade sammeln sollte.

Der zur Landung auserwählte Platz ist ein niedriger, von der Brandung gebildeter Küstenstreif, der sich als eine Art Damm zwischen dem Meere und einem stehenden Salzsee, wie sie an dieser Küste der Krim so häufig sind, darstellt. Der See ist ungefähr eine Viertelmeile lang und eine Achtelmeile breit, und bei unserer Ankunft waren seine Ränder und seine Oberfläche mit zahllosen Schaaren von Vögeln bedeckt. Weiter südlich liegt ein zweiter und im Norden zwischen unserm Lager und Eupatoria ein dritter See dieser Art. Der Damm ist höchstens zweihundert Schritte breit und führt am südlichen Ende des See's in sanfter Steigung auf eine Hochebene, über die viele einzelne alte Grabhügel verstreut sind, und die durch die Kette des Tschatir Dagh oder Zeltberges begrenzt wird. Dem Meere wendet diese Hochebene einen steilen Rand von rothem Thone und Sandsteine zu, dessen Höhe von hundert bis hundertfunfzig Fuß wechselt und die sich fast eine halbe Meile von dem Strande des See's beinahe auf gleiche Tiefe mit der Meeresfläche senkt. Von da nach Süden erstreckt sich eine niedrige Sandküste mit einem Saume von Gerölle, den die Wellen selbst als einen Damm gegen Ueberschwemmung aufgehäuft haben. Dieser niedrige Strand zieht sich, soweit das Auge reicht, fort, bis er sich an dem Fuße der sich über Sebastopol erhebenden Bergkette verliert. Soweit man das Binnenland vom Verdecke aus übersehen konnte, war es mit Heerden, mit Getreide in Schobern und mit Bauernhäusern bedeckt, und scheint im Stande zu sein, ungeheure Vorräthe Schlachtvieh und Fourage zu liefern. Die Stoppelfelder sind jetzt mit wildem Lavendel, Eberreis und andern aromatischen Sträuchen bedeckt, welche die Truppen geschäftig als Feuerungsmaterial sammeln und welche die Luft mit gewürzigen Düften erfüllen. Als wir uns langsam Eupatoria näherten, konnten wir die Leute auf das Feld fahren und ihren gewöhnlichen Beschäftigungen obliegen sehen.

Dann und wann erblickte man einige Kosaken, die auf den Straßen nach der Hauptstadt Simferopol und südwärts nach der bedrohten Veste des Czaren trabten; aber es waren ihrer nicht Viele und manchmal wußte man nicht, ob es wirklich die beutegierigen Reiter vom Don und vom Bug wären, oder nur tatarische Hirten mit ihren Hirtenspießen. Auch den Postwagen von Sebastopol nach Odessa sah man gemächlich die Straße entlang fahren, wahrscheinlich zugleich die Nachricht von der gewaltigen die Küste bedrohenden Armada überbringend.

Eine andere Täuschung für uns war es, daß die Eingeborenen der Tracht und dem Aussehen nach unsern Freunden in Bulgarien sehr ähnlich sahen. Sie waren besser gekämmt und besser angezogen, aber der Styl der Leute war ganz derselbe, wie bei unsern alten Bekannten auf der andern Seite des Wassers, an die wir nur ungern zurückdachten.

Der Morgen des Donnerstags (14. September) versprach schönes Wetter, aber die Verheißung wurde nicht ganz erfüllt. Die Sonne ging an einem wolkenlosen Himmel auf. Gegen zwölf Uhr wurde die Gluth der Mittagsstrahlen von einem sanften Winde und einigen leichten kaum Wolken bildenden Dünsten gemildert; aber letztere verwandelten sich bald in Regenschauer und der Nachmittag war trübe und finster. Die gewaltige Armada, die während der Nacht in bester Ordnung geblieben war, und

den Horizont entlang einen zweiten Himmel von Sternen verbreitete, segelte
an der Küste hin, der sie sich allmälig mehr näherte, als sie auf der Höhe
des Salzsee's Saki an der vorhin beschriebenen Stelle ankam.

Um sieben Uhr früh hatte fast die ganze Flotte die vorgeschriebenen
Stellungen eingenommen, aber der Firebrand und einige andere Dampfer
mußten erst wieder in See gehen, um die langsameren Transport- und
Kriegsschiffe heran zu bugsiren. Der Emperor, der uns zum Leitstern
diente, hielt nicht ganz seinen Platz ein, oder die führenden Dampfer der
übrigen Flotte hatten an falscher Stelle geankert, und es entstand daraus
einiges Stocken und einige Verwirrung, die aber bei der Abwesenheit jedes
feindlichen Widerstandes ohne wichtige Folgen blieben. Am meisten ver-
stieß gegen die vorgeschriebene Ordnung der Ausschiffung der Admiral selbst,
der, anstatt den ihm angewiesenen Platz in der Mitte der Flotte einzunehmen, eine Meile von der Küste vor Anker ging.

Wie die Schiffe in unserer Expedition sich in langen Reihen dem
Strande entlang aufstellten, dampfte die französische Flotte an uns vorüber, und segelte, unsere rechte Flanke verlängernd, hart an die Küste unter
den steilen Absturz der Hochebene. Ihre kleinen Kriegsdampfer konnten sich
viel näher ans Land wagen als unsere Schiffe, und kurz nach sieben Uhr stieß
das erste französische Boot von einem der Linienschiffe ab; nicht mehr als
funfzehn oder sechzehn Mann befanden sich darin. Es landete ganz ruhig
an der südlichen Spitze der früher erwähnten rothen Steile, die Bemannung sprang heraus; sie bildete eine Gruppe auf dem Strande, die an einer
Stelle ein paar Augenblicke lang eilfertig arbeitete, als schaufele sie ein
Grab aus. Gleich darauf erhob sich ein Flaggenstock, die Tricolore wurde
hinaufgezogen und flatterte lustig im Winde, während die Mannschaft die
Hüte schwenkte und jedenfalls ihr Vive l'Empereur aus voller Brust rief.
Die Franzosen waren auf diese Weise die Ersten, welche von der Krim
Besitz ergriffen. Ein Feind war nicht sichtbar. Selbst das schärfste Auge
hätte in diesem Augenblicke auf der weiten Ebene keine feindliche Uniform
entdecken können. Kurz nach acht Uhr feuerte das französische Admiral-
schiff eine Kanone ab und die Ausschiffung der Truppen begann. Nach
ihrer Aussage landeten sie in zweiundzwanzig Minuten sechstausend Mann.
Dies ist gewiß sehr viel, aber man darf nicht vergessen, daß fast die ganze
französische Armee sich am Bord der Linienschiffe befand, und daß die Truppen
gleich von dem Verdecke in Kriegschiffsbooten ans Land gebracht wurden. Der
Montebello transportirte außer seiner Besatzung über eintausendvierhundert
Mann. Der Valmy hatte im Ganzen dreitausend Mann. Die Ville de Paris
und Henry quatre waren im Verhältniß befrachtet und alle Linienschiffe und
Dampfer hatten volle Ladungen von Truppen. Ihre kleinen Briggs
und Schooner wurden weder sicher noch bequem gefunden und zeigten sich
besser zum Transport von Kriegsvorräthen und Pferden als von Truppen
geeignet. Die Flotte der französischen Kriegsschiffe schiffte mehr als

zwanzigtausend Mann über. Ihre ganze zu landende Armee bestand aus 23,600 Mann. Wir waren 27,000 Mann, die in einer Unzahl von Transportschiffen, die sich übers Meer verbreiteten, eingeschifft worden. Aber sie machten die Reise in Sicherheit und Bequemlichkeit, und obgleich immer noch viele Krankheitsfälle am Bord vorkamen, war es doch gar nichts im Vergleiche mit der Sterblichkeit unter den gepreßt zusammengepackten Franzosen. Vielleicht wurde noch nie in der ganzen Kriegsgeschichte eine Armee in solcher Bequemlichkeit und Sicherheit übers Meer geschafft, wie die unsrige.

Sowie die Franzosen ein Regiment gelandet hatten, wurde eine Compagnie zum Recognosciren vorausschickte, die sich als Tirailleure oder in Piquets auflöste. Wie sich jedes Regiment in Colonne in Bewegung setzte, dehnten sich die Vorausgeschickten in eine dünne Tirailleurlinie aus und verbreiteten sich wie ein Fächer über die Ebene. Es war ein sehr merkwürdiger und sehr interessanter Anblick, ihr Vorrücken zu beobachten und zu sehen, wie rasch sie sich die fremde Erde zu eigen machten. Kaum eine Stunde nachdem das erste Detachement gelandet war, waren fast neuntausend Mann an der Küste versammelt, und ihre vorgeschobenen Posten konnte man kaum mehr erkennen, wie sie sich wohl eine halbe Meile vom Strande wie kleine schwarze Punkte über die Kornfelder oder die Landstraßen und Wiesenpfade verbreiteten.

In unserer Flotte fiel die ganze Arbeit und Verantwortlichkeit der Ausschiffung Sir E. Lyons anheim. Wie bereits erwähnt, hielt sich der Admiral fern und nahm keinen Antheil an den Mühen des Tages. Gegen neun Uhr stieg eine schwarze Kugel am Fockmast des Agamemnon in die Höhe, und ein Kanonenschuß ertönte, um auf das Signal aufmerksam zu machen. Es besagte: „Die Divisionen der Boote sammeln sich zur Ausschiffung von Infanterie und Artillerie bei den ihnen früher angewiesenen Schiffen.“ Wie schon gesagt, es war kein Feind zu sehen, aber lange ehe die Franzosen ihr erstes Boot ans Land geschickt hatten, richtete sich manches Fernrohr auf einen Officier zu Pferde, dem drei Kosaken folgten. Der Russe war ungefähr zwölfhundert Schritte von uns entfernt, und durch ein gutes Fernrohr konnten wir jede seiner Bewegungen beobachten. Er ritt langsam am Rande der Klippe hin und beobachtete allem Anscheine nach die Stärke und die Aufstellung der Flotte, und schrieb mit großer Ruhe was er sah in sein Notizbuch. Er trug eine dunkelgrüne Uniform mit silberner Tresse besetzt, eine Mütze von derselben Farbe, eine Schärpe um den Leib und hohe Reitstiefeln. Sein Pferd, ein schöner Brauner, bildete einen schroffen Gegensatz zu den zottigen kleinen Kleppern seiner Begleiter. Da waren also endlich die Kosaken! Kleine gedrungene Kerle mit Mützen von Schaffell, fremdartiger Tracht von schwer zu beschreibendem Schnitte, hohen Sätteln und kleinen feurigen Pferdchen, denen es durchaus nicht an Kraft zu fehlen schien. Jeder dieser Kosaken hatte eine starke Lanze von ungefähr funfzehn Fuß Länge und einen schwerfälligen Säbel. Manchmal machten sie rasche Schwenkungen am Rande der Klippe vor uns — bald rechts, bald links vom Officier und gelegentlich verschwanden sie ganz über dem Hügelrande. Dann kamen sie wieder, schwangen ihre Lanzen und wiesen auf die anwachsenden Massen der Franzosen am Strande, kaum eine halbe Meile zur Rechten von ihnen, oder trabten über die Höhe, um über die Fortschritte der sich der Küste nähernden Boote der Engländer Bericht zu erstatten. Der Officier benahm sich sehr gut. Er blieb eine Stunde im Schußbereiche einer Minié'büchse und als der Highflyer dicht an die Küste heranfuhr, während er ganz ruhig eine Skizze von unserer Landung entwarf, glaubten wir Alle, daß ihn und seine kleine Gesellschaft eine Bombe begrüßen würde. Wir waren jedoch froh, daß sich unsere Erwartung nicht erfüllte, wenn auch nur deshalb, daß wir wünschten, die Skizze möchte gut genug werden, um dem Czaren einen richtigen Begriff von dem Aussehen unserer Armada zu geben.

Unterdessen näherten sich die englischen Boote nicht in der Ordnung des Programms, sondern in unregelmäßigen Gruppen dem Ufer; eine Compagnie des 7. Füsilierregiments von der leichten Division unter Oberstlieutenant Yea betrat, glaube ich, zuerst den Strand links von dem steilen Absturze; dann folgte eine Compagnie des 2. Bataillons der Jägerbrigade unter Oberstlieutenant Lawrence; ein kleines Boot von der Britannia, befehligt von Lieutenant Besey, war jedoch den Füsilieren vorausgeeilt, und hatte einige Personen ans Land gesetzt, welche in der Vertiefung am Fuße des Absturzes verschwanden; der Russe zeichnete ruhig weiter. Plötzlich duckte sich ein Kosak und wies mit seiner Lanze auf den Weg, der auf die Klippe heraufführte. Der Officier drehte sich um und schaute nach derselben Richtung. Auch wir blickten hin und siehe — ein dreieckiger Hut erhob sich über dem Horizont. Eine zweite Gestalt mit einer ähnlichen Kopfbedeckung zeigte sich gleich darauf. Die erste war Sir George Brown zu Fuß, die zweite Generalquartiermeister Airey. Das Schauspiel gewann an spannendem Interesse. Offenbar sahen der Russe und der Kosak Sir George, aber er sah sie nicht. Ein Piquet von Füsilieren und Jägern folgte dem Generale in nicht unbeträchtlicher Entfernung. Der Russe stieg zu Pferde, die Kosaken folgten seinem Beispiele und Einer trabte nach links hin, um zu sehen, ob ihnen die Franzosen nicht den Rückzug abschnitten, während sich die Andern auf ihre Sättel niederduckten und verstohlen mit gesenkten Lanzen auf die Engländer zueilten.

Sir George war in Gefahr, aber er wußte es nicht. Ebensowenig wurden die Russen das Piquet gewahr, welches sich dem Kamme des Hügels näherte. Sir George schien ganz von der Besichtigung der Gegend in Anspruch genommen zu sein, und machte seinen Generalquartiermeister auf verschiedene Punkte aufmerksam. Plötzlich machen sie Kehrt und steigen langsam den Hügel herunter — die goldene Schärpe verschwindet — der dreieckige Hut ebenfalls — die Kosaken und der Officier steigen ab und schleichen sich neben ihren Pferden her. Auch sie verschwinden auf kurze Zeit dem Auge und eine Reihe tatarischer Fuhrwerke zeigt sich auf dem Hügelsaume. Nach ungefähr fünf Minuten steigen zwei oder drei winzige Rauchwölkchen über die Klippe empor, und gleich darauf vernehmen die Mannschaften der dem Lande zunächst liegenden Schiffe das von der Ferne gedämpfte Geknalle einer Büchse. Bald nachher werden die Kosaken wieder sichtbar, die wie der Wind auf der Straße nach Sebastopol dahinsaußen und dicht an der linken Flanke der französischen Tirailleurlinie vorbeikommen.

Als wir ans Land stiegen, erfuhren wir, daß Sir George wirklich beinahe in Gefangenschaft gerathen wäre. Er trat zuerst ans Land und sah sich um ohne erst Posten oder Patrouillen vorauszuschicken, war jedoch zum Glück so vorsichtig gewesen ein paar Mann als Escorte mitzunehmen. Die Kosaken, die sich an ihn herangeschlichen hatten, sprengten aus ihrem Verstecke hervor als er kaum noch hundert Schritte entfernt war. Der General mußte sich in Trab setzen und nur die Schüsse der Füsiliere retteten ihn vor der Gefangenschaft. Die Kosaken kehrten um und suchten das Weite. Das erste in diesem Feldzuge vergossene Blut rührte von einem armen Burschen, einem Arabdschi her, der von der Salve, welche die Kosaken vertrieb, im Fuße verwundet wurde. Unterdessen stießen Schaaren von Booten von den verschiedenen Schiffen ab um die Truppen ans Land zu setzen.

Die leichte Division landete sehr rasch und war mit Ausnahme weniger Compagnien in einer Stunde am Ufer aufgestellt. Die erste Division betrat fast gleichzeitig mit ihr den feindlichen Boden; der Herzog von Cambridge und sein Stab landeten mit den ersten Abtheilungen, und die Brigadiers Sir C. Campbell und Bentinck gingen ihren Brigaden voraus. Wie die Regimenter gelandet waren, formirten sich die Brigaden in geschlossenen Colonnen, die leichte Division auf dem linken Flügel, die erste ihr zur Rechten u. s. w. Die zweite Division war von den Schiffen abgestoßen ehe die leichte und die erste Division vollständig gelandet waren. Sir De Lacy Evans betrat mit seinem Stabe halb elf Uhr das Land. Um elf Uhr waren die Jäger und Füsiliere inspicirt und marschirten vom linken Flügel vor den anderen Regimentern vorbei nach dem rechten. Sie stiegen den Hügel hinauf, gingen an den als äußerste Vorposten von Sir George Brown aufgestellten Piquets vorüber, und marschirten quer über die früher beschriebene Ebene weiter landeinwärts. Es dürfte gut sein hier die Ordre de bataille einzuschalten.

Die leichte Division Sir George Brown: Zweites Bataillon der Jägerbrigade, 7. und 23. Füsilier= 19., 33., 77. und 88. Linienregiment. Unter den Brigadiers Generalmajor Codrington und Oberst Buller.

Erste Division unter dem Herzoge von Cambridge besteht aus der

Grenadier-, der Coldstream und der schottischen Füsiliergarde unter General-major Bentinck und dem 42., 79. und 93. Regimente (Hochländer) unter Brigadier Sir C. Campbell.

Zweite Division unter Sir De Lacy Evans wird gebildet von den Regimentern Nr. 30, 55 und 95 unter Brigadier Pennefather und den Regimentern Nr. 41, 47 und 49 unter Brigadier Adams.

Dritte Division unter Sir R. England ist zusammengesetzt aus dem ersten Königsregimente und den Regimentern 28, 38, 44, und 68 unter den Brigadiers Sir John Campbell und Eyre.

Die vierte Division unter Sir George Cathcart, 20., 21. und 63. Regiment und 2. Bataillon der Jägerbrigade. Dazu kommen noch das 46. und 57. Regiment, die noch unterwegs sind.

Die Cavaleriedivision unter Lord Lucan besteht aus dem 4. und 13. leichten Dragoner-, dem 8. und 11. Husaren- und dem 17. Uhlanenregimente, die zusammen eine leichte Reiterbrigade unter Lord Cardigan bilden, und der schweren Brigade unter Brigadier Scarlett, bestehend aus dem 4. und 5. Gardedragoner-, dem 6. Dragonerregimente und den noch nicht angekommenen schottischen Grauschimmeln.

Sir John Burgoyne führt die Oberaufsicht über die Genietruppen und die Artillerie ohne jedoch in den Wirkungskreis des Brigadiers Tylden einzugreifen.

Wenden wir uns wieder zur Ausschiffung. Um zwölf Uhr Mittags war der kahle und einsame Strand, den kurze Zeit zuvor nur die Seemöve und andere Wasservögel bewohnten, voll vom regsten Leben. Von einem Ende zum andern glitzerten Bayonnete und rothe Röcke, und messing-beschlagene Tschakos glänzten in dichten Haufen. Ueberall vernahm man die Laute der englischen Zunge, und aus dem allgemeinen Gesumme vieler Stimmen tönten laute Befehle oder Zurufe der Cameraden. Die Rufe nach Bill und Tom oder nach Pat und Sandy brachten gelegentlich ein Gelächter hervor. Sehr spashaft war es, dem Ein- oder Ausladen der Boote zuzusehen. Ein Gig oder Cutter, von acht oder zwölf Matrosen ge-rudert mit dem Ruderkasten-Boote eines Dampfers, einem Floße oder einer von der Regierung angekauften türkischen Pinasse im Schlepptau, legte neben einem Dampfer oder Transportschiffe an, dessen Truppen zur Ein-schiffung bereit standen. Die Officiere jeder Compagnie, Alle in voller Uniform, stiegen zuerst ein. Jeder trug über die Schulter seinen Brot-beutel mit 4⅓ Pfund Salzfleisch und ebensoviel Schiffszwieback — seine Ration für drei Tage. Außerdem trug jeder Officier seinen Ueberrock zu-sammengerollt und über die Brust gebunden, eine hölzerne Feldflasche mit Wasser, eine kleine Ration Branntwein, so viel Wäsche, als er unterbringen konnte, seine Feldmütze und meistens einen Revolver. Jeder Gemeine trug seine Decke und seinen Capot in eine Art Tornister zusammengeschnürt, in dem sich ein Paar Stiefeln, ein Paar Socken, ein Hemd und die Feldmütze

befanden; außerdem hatte er seine Wasserflasche und dieselben Rationen
wie der Officier, einen Theil des gemeinsamen Kochgeschirrs, Flinte und
Bayonnet, Patrontasche und funfzig scharfe Patronen für das Minié= oder
sechzig für das glatte Gewehr zu tragen.

Wie jeder Einzelne vorsichtig die Schiffsleiter heruntergestiegen kam,
half ihm Jack fürsorglich von Sprosse zu Sprosse, bis er sicher im Boote
angekommen war, nahm ihm die Flinte ab und gab ihr den bestimmten
Platz, entledigte ihn des Tornisters und schob es sorgfältig unter den Sitz,
klopfte ihn auf den Rücken und sprach ihm zu, sich nicht auf dem Wasser
zu fürchten; behandelte überhaupt den „sojer“ (Soldaten) in sehr gut=
müthiger und zärtlicher Weise, als wäre er ein großes, aber nicht sehr klu=
ges Schooßthier, das um keinen Preis geängstigt oder aus den Augen ver=
loren werden dürfte, und verrichtete alles Dieses so rasch, daß die großen
Boote der Dampfschiffe, die hundert Mann faßten, in fünf Minuten
voll waren.   Dann nahm das Kriegschiffsboot das andere in Schlepptau,
das jedoch einem zuverlässigen Bootsmanne zur Aufsicht übergeben wurde
und die „sojers“ wurden mit derselben Fürsorglichkeit ans Land gesetzt wie
sie ins Boot gebracht worden waren.   Die Matrosen standen dabei ganz
oder halb nackend in der Brandung am Bug und ließen den Mann und
seine Ausrüstung nicht eher wieder los, als bis er die Planke verlassen und
den Strand betreten hatte, aus Furcht, er möchte fallen und sich Schaden
thun.   Bessere Arbeiter als unsere Blaujacken konnte es gar nicht geben;
unschätzbar waren sie bei den Pferden und der Artillerie und ihre Freude,
für sich ganz allein ein Pferd zu halten, und zu streicheln zu haben, war
über die Maßen groß.   Wenn die Geschütze im Sande festsaßen, stürzten
ein halb Dutzend Herkulesgestalten an die Räder und hatten es auf ein:
„Zieht! Alle Mann zieht!“ mit einem gewaltigen Rucke bald heraus=
gehoben und auf den festeren Strand gebracht.   Kein Lob kann der bereit=
willigen Mühwaltung dieser prächtigen Bursche Gerechtigkeit wiederfahren
lassen.   Sie ließen nicht eher nach, als bis auch kein Mann oder Pferd von
der Expedition mehr zu landen war, und viele derselben, Officiere so gut
wie Matrosen, blieben vierundzwanzig Stunden in den Booten.

Um ein Uhr hatten die meisten Regimenter der leichten Division den
Strand verlassen, und waren landeinwärts über die Höhe nach einem Dorfe
zu marschirt, dem sich die Vorhut des französischen linken Flügels bereits
genähert hatte.   Das zweite Bataillon der Jägerbrigade bildete die Spitze
und hatte eine Wolke von Tirailleuren vorausgeschickt, während die andern
Regimenter nach ihrem Altersrange folgten und die Artillerie den Zug
schloß.   Mittlerweile hatte es ziemlich stark zu regnen angefangen, und der
Wind erhob sich so, daß die Wellen ungestümer am Strande zerschellten.
Der Herzog von Cambridge, begleitet vom Major Macdonald, setzte sich
mit seiner Division zunächst in Bewegung und viele von den Stabsofficieren,
die eigentlich hätten reiten sollen, gingen zu Fuße, da ihre Pferde noch auf

den Schiffen waren. Man konnte Generale am Strande auf Pulverfässern sitzen sehen, welche die Ankunft der Pferde des Divisionsstabes erwarteten und sich finster in die Falten ihres Makintoshes zurückzogen. Trostlose Aerzte jammerten nach Siechkörben, die ein nur zu dringendes Bedürfniß waren, denn mancher arme Bursche verschied auf dem Strande, und fast Jedermann, den man traf, frug Einen nach einem Pferde von einer Farbe und Gestalt wie man gewiß nicht gesehen hatte. Der Strand war mit verschiedenfarbigen Flaggen für jede Division abgetheilt; aber es ging fast über die Grenzen der Möglichkeit, in vollkommenster Ordnung eine Operation zu leiten, die sich über eine so große Fläche Wasser erstreckte. Kurz vor zwei Uhr kam Brigadier Rose, der Commissar für die englische Armee bei Marschall St. Arnaud, von dem französischen Hauptquartiere herüber geritten, um Lord Raglan zu melden, daß alle französischen Truppen gelandet wären. Dies war aber durchaus nicht der Fall. Unsere Infanterie war um diese Zeit fast sämmtlich ausgeschifft, aber unsere Reiterei und unser Geschütz war noch nicht gelandet, und die Franzosen, die schwächer an Zahl waren und keine Reiterei hatten, waren nicht weiter als wir.

Die Ausschiffung dauerte noch lange nach Sonnenuntergange fort, und ein Theil der 3. und der 4. Division mußten die Nacht am Strande und auf der angrenzenden Höhe beiwachten.

Die Eingeborenen zeigten sich gegen uns entschieden gutgesinnt. Sie waren natürlich anfangs etwas scheu, aber ehe der Tag vorüber war, näherten sie sich bereits dem Strande und brachten Rinder, Schafe und Gemüse zum Verkaufe. Ihre Wagen oder vielmehr Arabas wurden zurückbehalten, aber reichlich bezahlt, und die Eigenthümer waren so zufrieden, daß sie mit dem Versprechen nach Hause zurückkehrten, morgen neue Zufuhr zu bringen. Die Männer — denn wir haben noch keine Frauen gesehen — sind, allem Anscheine nach, von reiner Tatarenrace, mit sehr weit auseinanderstehenden kleinen Augen, aufgestülpter Nase und von viereckiger untersetzter Gestalt. Sie tragen meistens Turbane von Lammwolle und Jacken von Schafpelz mit der Narbenseite nach außen gekehrt. Sie sprechen ein schlechtes Türkisch und geben bereitwilligst Auskunft über ihre russischen Herren, die ihnen Alles, was nur zur Waffe dienen konnte, genommen haben. Heute schickten sie Abgeordnete zu Lord Raglan mit der Bitte um Flinten und Pulver. Ich werde nie das Gesicht vergessen, mit dem einer derselben eine Prise Pulver aus einer versteckten Tasche hervorbrachte, und uns frug, ob unser Pulver auch von der Beschaffenheit wäre wie dieses da. Im Ganzen sind die bis jetzt erlangten Nachrichten sehr ermuthigend, und die günstige Stimmung der Eingeborenen und ihre Bereitwilligkeit Lebensmittel herbeizuschaffen, sind Vortheile, die nicht erwartet wurden, die aber nicht hoch genug geschätzt werden können.

Während der Ausschiffung der Truppen kehrte einer der auf Recognoscirung ausgeschickten Dampfer mit der Nachricht zurück, daß die

Russen, ungefähr zwei Meilen südlich von unserm Landungsplatze, nahe am Meeresufer, ein Lager aufgeschlagen hätten. Der Samson, die Fury und der Vesuvius machten sich mit drei französischen Dampfern sofort nach jener Stelle auf den Weg. Sie entdeckten ungefähr eine Viertelmeile von dem Meere ein Lager von etwa sechstausend Mann. Die Dampfer bewarfen es mit Bomben auf dreitausend Schritte Entfernung. Die französischen Hohlkugeln zerplatzten in der Luft, oder erreichten das Ziel nicht. Die Fury und der Vesuvius schossen nicht viel besser; aber der Samson warf Bombe nach Bombe mitten unter die Zelte, daß sie rechts und links zusammenstürzten und die Truppen in Schaaren aus dem Lager flohen, welches nach einer Beschießung von weniger als einer Stunde zerstört war.

Nach dieser Waffenthat schloß sich das kleine Geschwader wieder der Flotte an, welche morgen unter Segel gehen wird, um vor Sebastopol zu kreuzen.

Aus der Krim 15. Septbr.

Wenige von uns werden jemals die vergangene Nacht vergessen. Selten waren siebenundzwanzigtausend Engländer in einer jämmerlicheren Lage. Der Strand war fast frei, die Truppen waren nach ihren verschiedenen Quartieren abmarschirt, die leichte Division etwa anderthalb Meilen voraus, die erste Division eine halbe Meile näher nach dem Ufer, die zweite Division auf die Hochebene und ein Theil der dritten auf den Abhang der Höhen. Zelte waren nicht ans Land geschickt worden, theils weil dazu keine Zeit übrig gewesen war, theils weil man nicht wußte ob man Transportmittel für dieselbe finden würde. Gegen Abend wurde der Himmel sehr finster und drohend; der Wind erhob sich und es fing an zu regnen. Gegen Mitternacht ward der Regen heftiger und in den ersten Frühstunden goß das Wasser in Strömen nieder und drang durch die Decken und Ueberröcke der obdachlosen Truppen. Es war ihre erste Beiwacht — gewiß eine harte Prüfung — schlimmer als alle ihre in Bulgarien oder Gallipoli gemachten Erfahrungen, denn dort hatten sie wenigstens Zelte und jetzt lernten sie ihr leinwandnes Obdach nach seinem wahren Werthe schätzen. Man stelle sich diese alten Generale, jungen Lords und feinen Herren vor, die stundenlang der ganzen Wuth des Unwetters ausgesetzt sind, und die kein anderes Bett haben als die schmuzige Pfütze unter der ganz durchnäßten Decke oder der dürftigen und keinen Schutz gewährenden wasserdichten Hülle; man denke sich die zwanzigtausend armen Bursche die kein trocknes Fleckchen hatten finden können, und jetzt versuchen sollten in kleinen Seen oder Bächen zu schlafen, ohne ein Feuer oder einen warmen Grog zur Erquickung und mit der Aussicht kein Frühstück zu bekommen, — man stelle sich dies vor und bedenke dazu noch, daß die hübsche frische Wäsche im Tornister wie ein nasser Schwamm geworden war, die wie Steine auf den Rücken der Armen lastete, und man wird zugeben, daß diese Einweihung

ins Kriegsleben, vorzüglich nach den Bequemlichkeiten und dem trockenen
Lager der Ueberfahrt, ein ziemlich gewaltsamer Uebergang war. Sir George
Brown schlief unter einem umgestürzten Karren. Der Herzog hatte ein
ähnliches Obdach. Sir De Lacy Evans war der einzige General, dessen
Stab Vorsorge genug gehabt hatte ein Zelt herbeizuschaffen. In einer
Hinsicht war der Regen gut: er versorgte die Truppen mit Wasser, aber
dann ließ er an ein Feuer gar nicht denken, selbst wenn die Leute Brenn-
material hätten finden können. Es fehlt jedoch dem Lande an allem Holze.

Während der Nacht wehte ein heftiger Westwind, ein schwerer Seegang wälzte sich in die Bucht und sendete eine hohe Brandung an den
Strand, welche das Ausschiffen der Reiterei und der Artillerie heute sehr
erschwerte. Kurz nach Tagesanbruche wurde den Dampfern signalisirt, sich
zur Abfahrt nach Eupatoria fertig zu machen, und jedenfalls beabsichtigte
man wegen der daselbst vorhandenen Bequemlichkeiten eines Hafendammes,
die Pferde und Geschütze dort ans Land zu setzen; aber gegen Mittag legte
sich der Wind, und der Seegang wurde etwas schwächer. Bei einem Versuche einige Pferde des Stabes ans Land zu bringen, ertranken mehrere
wertvolle Thiere. Lord Raglan verlor ein Pferd und ein anderes schwamm
ins Meer hinaus und wurde erst eine halbe Meile vom Ufer wieder ein-
geholt. Mehreren Booten wurde der Boden eingestoßen, und noch andere wurden durch die Gewalt mit der die Brandung sich am Ufer brach,
beschädigt; auch die Flachboote und Flöße für die Pferde kamen nicht
ohne Verletzung davon. Die Ausschiffung ging sehr langsam vor sich und
bitterlich beklagte man die gute Zeit des ruhigen Wetters, die man auf dem
Meere verloren hatte. Es mußte jedoch geschehen, und so wurde Befehl
ertheilt, die Reiterei ans Land zu schaffen, zu welchem Zwecke den betreffenden Transportschiffen signalisirt wurde sich so nahe als möglich ans Ufer
zu legen.

Die Pferde aus dem dem Ufer am nächsten ankernden Himalaya,
der nicht weniger als dreihundertneunzig Pferde und fast siebenhundert
Mann in seinem geräumigen Innern aufgenommen hatte, gelangten sehr gut
ans Land, und als die Officiere und Mannschaften das Ufer betraten,
zeigte es sich wie die Seereise und die gute Pflege ihre Gesundheit gebessert
hatten. Das Ausschiffen der Pferde ging auf folgende Weise vor sich. Die
Boote von den Dampfern und die Flachboote wurden von den großen Booten und Kuttern an das Schiff bugsirt, dessen Ladung ans Land gebracht werden
sollte. Eine gewisse Anzahl Mannschaften bestieg diese Pferdeflöße, und
die Pferde wurden nach der Reihe einzeln und zwar zwölf bis vierzehn auf
jedes große Floß und sechs bis acht in jedes Boot — letztere für diesen
Dienst zeitweilig mit einem Plankendeck versehen — herabgelassen. Die
Reiter, die nicht gebraucht wurden um die Pferde zu halten, werden in den
Ruderbooten untergebracht, und die kleine Flotille setzt sich uferwärts in
Bewegung. Meistens kommt den Booten ein hurtiges kleines Schleppschiff,

von einem Seeofficier befehligt, entgegengerauscht, ehe sie weit gekommen sind, nimmt sie an die Leine, woran sich schon sechs bis acht andere Boote befinden, und rauscht wieder nach dem Ufer zurück, wo dasselbe es dann wieder den Booten überläßt so gut es geht von dem Saume der Brandung bis auf das feste Land zu gelangen. In der Brandung angekommen, springt Jack ins Wasser und bringt durch Zerren, Schieben, Stoßen und Puffen glücklich die Pferde den schrägen Bohlenweg hinab, der halb auf dem Strande ruht und halb in der Brandung schwimmt, und thut die Arbeit von einem halben Dutzend Soldaten auf seine eigene ungestüme, wunderliche Weise. Ohne die größte Vorsicht schlagen die Flöße um, wenn sie den Boden berühren, und keine Geschicklichkeit reicht aus um zu verhüten, daß eine solche Katastrophe zuweilen eintritt. Auf diese Weise gingen einige Pferde verloren, und wenn man am Strande steht und die Heftigkeit der Brandung beobachtet, kann man sich nur wundern, daß die Unfälle nicht viel zahlreicher sind. Lord Cardigan und sein Stab kamen Freitags um sechs Uhr Abends ans Land, und auch Lord Lucan schiffte sich noch an demselben Abende aus. Die gesammte englische Reiterei der Expedition mit einem Generallieutenant als ersten und einem Generalmajor als zweiten Befehlshaber, mit einem zahlreichen Divisions- und Brigadestab, mit Generalquartiermeistern und Generaladjutanten, Stabschirurgen, Galopins, Brigademajoren und attachirten Commissariatsbeamten hat nicht mehr als tausend Säbel in Reihe und Glied.

Ehe die Ausschiffung für diesen Tag aufhörte, wurde allen Schiffen der Befehl signalisirt, die Zelte ans Land zu schicken. Es braucht nicht gesagt zu werden, daß dieser Befehl sehr dankbar aufgenommen wurde. Die Leiden der vergangenen Nacht waren zu groß gewesen, als daß man sich derselben gern von neuem ausgesetzt hätte. So knapp es bei unsern französischen Verbündeten mit dem Raume auf den Booten hergegangen war, hatten sie es doch durchgesetzt, ihre kleinen Zelte gleich am Tage der Ausschiffung mit ans Land zu bringen. Während unsere armen Bursche ganz durchnäßt waren und ihre Decken und Ueberröcke von Wasser trieften, lagerten die Franzosen dicht daneben und die Türken in ihren geräumigeren Zelten unter trockenem Obdache. Die ernsteste Folge dieses Naßwerdens war eine große Verschlechterung des Gesundheitszustandes unserer Truppen, indem sofort mehrere Cholerafälle vorkamen.

Man hat beschlossen, Eupatoria mit einer Besatzung zu versehen, und Capitain Brock mit fünfhundert Marinesoldaten ist zu diesem Zwecke dorthin abgegangen.

Den 16. September.

Die Lebensmittel werden häufiger als bisher. Sechzig mit Mehl beladene und nach Sebastopol bestimmte Arabas wurden bereits am 15. genommen. Heute wurde schon eine größere Anzahl zum Verkaufe gebracht;

auch Pferde führte man ins Lager und das tatarische Landvolk bot sich als Dienstboten an. Man hatte einen Markt zum Verkaufe von Fleisch und Gemüse errichtet, und das Vertrauen der Eingebornen in ihre neuen Kunden wird durch baare Bezahlung und gute Behandlung gestärkt. Ich wollte ich könnte dasselbe von unseren Verbündeten sagen. Das unweit des Hauptquartiers der leichten Division gelegene Dorf, das diese verschont hatte, wurde vorige Nacht von einigen französischen Marodirern geplündert, und es kamen viele Excesse der gröblichsten Art dabei vor. Ich mag die Einzelheiten gar nicht erzählen, sie sind zu empörend für jedes menschlich fühlende Herz.

Des Abends sah man auch eine sich weithin ausdehnende dunkle Linie dem Meeresufer sich mehr und mehr nähern. Als sie in den Bereich des Fernrohrs gekommen war, erkannte man darin einen großen Zug Spahis, befehligt von einigen Reiterofficieren, die zahllose Heerden Schafe und Rinder für die auf dem äußersten rechten Flügel unserer Linie lagernden Truppen heimgetrieben brachten. Zuerst erblickte man eine Heerde von ein paar hundert Schafen mit gefangenen eingebornen Hirten, bewacht von einer Nachhut von einigen Spahis, die jubelnd ihre langen Lanzen schwangen. Dann kam eine gewaltige Heerde Rinder brüllend und die Köpfe in die Höhe werfend, wie die unbarmherzigen Spahis sie mit scharfer Lanzenspitze über das scharfe Geröll vorwärts trieben und wie Schäferhunde an dem Saume hin- und hersprengten. Hierauf erschienen die französischen Officiere, welche den Zug befehligten. Ihnen folgte eine lange Reihe von tatarischen Wagen mit bekümmert aussehenden Cimmeriern als Fuhrleuten, die offenbar ihren gegenwärtigen Herren nur sehr ungern folgten. Zuletzt sah man mit der ihnen eigenen ernsten Würde einige Kameele, welche die Spahis schwer mit Getreide belastet hatten. Solche Razzias verursachen einen Schaden der ganz außer allem Verhältniß mit dem Gewinne steht, den man aus der Plünderung dieser armen Leute zieht. Sie schrecken sie von unsern Märkten weg, und wenn sie auch für den Augenblick von Erfolg sind, werden sie doch bald die zahlreichen Zufuhren vertreiben, welche bei einem andern Verfahren die Eingeborenen gutwillig bringen würden. Bereits finden wir uns genöthigt ihnen zu erklären, daß wir zwar Verbündete in einem Kriege, aber nicht eine Nation sind, und daß wir bezahlen wenn die Franzosen plündern. Die vielgeschmähten Türken bleiben ruhig in ihren wohlgeordnetem Lager, und leben zufrieden von den knappen Rationen, die ihnen ihre Flotte liefert. Ihre Anwesenheit ist der zahlreichen mohamedanischen Bevölkerung hier sehr angenehm, und sie sind sehr stolz, mit ihren französischen und englischen Verbündeten als Gleichberechtigte zu dienen.

Bei gegenwärtigen Preisen bekommt man fünfundzwanzig Eier für 5 Sgr.; ein gutes Huhn kostet 5 – 6 Sgr.; ein Truthahn 15 Sgr.; ein Schaf ist ohne Schwierigkeit für ein türkisches Sechspiasterstück — oder 10 Sgr. zu bekommen. So lauten die Aussagen der Officiere aller Fouragirpar-

teien, die sich etwa eine Meile ins Innere bis in einzelne Tataren-
dörfer wagten. Die Eingeborenen geben gern her, was sie haben. Wie
würden sie gegen uns gesinnt sein, wenn wir die Handlungsweise der Franzosen nachahmen und ihnen ihr Eigenthum mit Gewalt nehmen wollten!

Den 18. September.

Der Himalaya kehrte gestern Abend nach Konstantinopel zurück, um
die schottischen Grauschimmel abzuholen und andere französische und englische Dampfer begaben sich nach Varna um Reiterei nachzubringen. Von
einer Vorwärtsbewegung ist heute noch nicht die Rede und wahrscheinlich
auch nicht die nächsten paar Tage, obgleich der Wassermangel sehr groß
ist und Truppen und Pferde schwer leiden. Erst in einer Entfernung von
einer Meile ist welches zu bekommen, und selbst da nicht in ausreichender
Menge und von einer Beschaffenheit, daß Niemand es gern trinkt. Wenn
es jedoch das Lager erreicht, ist es sehr theuer geworden, und heute und
gestern war mehr Wein vorhanden als Wasser.

Der Gesundheitszustand auf der Flotte ist leidlich, obgleich auf einigen
Schiffen immer noch Cholerafälle vorkommen. Officiere und Mannschaften
sehen sehnsüchtig einer Gelegenheit, sich auszuzeichnen, entgegen. Das ganze
Heer setzt volles Vertauen auf seine Anführer, und die Flotte ist voll begeisterten Lobes Sir E. Lyons. Er besitzt jede Eigenschaft die ihre Bewunderung und Achtung erwirbt. Ihm und ihm allein sind wir den Dank für
diese Expedition schuldig; ohne ihn wäre die gewaltigste Armada aller Zeiten
in den Lägern und Sümpfen von Baltschick oder Varna verfault, oder hätte
zuletzt seine noch übrige Kraft in einem wenig rühmlichen Angriffe auf Anapa,
Kaffa oder Sudschak vergeudet. Ihm allein ist der Erfolg zuzuschreiben,
den die Expedition bis jetzt gehabt hat; er schaffte die Mittel herbei, eine
solche Heeresmacht ans Land zu setzen, und organisirte und leitete die Ausschiffung; und so nahe fuhr er in seinem Eifer dem Lande zu, daß er nur sechs
Zoll zwischen dem Kiele seines Schiffes und dem Meeresboden ließ. Führte
er auch nominell den Befehl in der Flotte, so würden wir nichts für unmöglich halten. Wie das Verhältniß jetzt ist, kann Niemand wissen, wenn
der Admiral seine zur Zeit unsichtbar gewordene Autorität wieder in Anspruch nimmt und dem Nelson'schen Eifer, der über alle Schwierigkeiten und
Unmöglichkeiten sich erhebt, und wenn er es nur mit dem Feinde allein zu
thun hätte, bald die Russen von dem Schwarzen Meere vertreiben würde,
einen Hemmschuh anlegt.

Die Russen sollen mit funfzehntausend Mann in einem verschanzten Lager
am Almaflusse, ungefähr zwei und eine halbe Meilen von hier, auf der Straße
nach Sebastopol stehen. Der Mangel an Wasser ist so groß, daß wir wahrscheinlich morgen weiter marschiren. Der Belagerungspark bleibt noch am
Orte und soll erst an der Mündung des Belbek, fünf Meilen von Sebastopol,
gelandet werden.

Zweites Kapitel.

Die Alma.

Der Aufbruch. — Erstes Zusammentreffen mit dem Feinde. — Die
Kosaken.

Am Ufer der Alma 19. September.

Vorigen Abend ertheilte Lord Raglan den Truppen Befehl, mit Tagesanbruche die Zelte abzubrechen, und dieselben an Bord der Flotte zu schicken.
Auf die Nachricht, daß die russische leichte Reiterei bis auf eine kurze Entfernung von unsern Vorposten alle Vorräthe vernichtet hat, wurde beschlossen, vorzurücken.

Um drei Uhr des Morgens ertönte im Lager die Reveille, und dreißig-
tausend Schläfer wachten sogleich zum rührigen Leben auf. Die Boote
von den Schiffen lagen den Strand entlang, um die Zelte in Empfang zu
nehmen. Die Commissariatsbeamten waren vergebens bemüht, mit den zu
ihrer Verfügung stehenden, sehr knappen Mitteln den ungeheuern Ansprüchen
einer Armee von sechsundzwanzigtausend Mann hinsichtlich des Transports von
Gepäck, Munition und Proviant zu begegnen; und ein Schauspiel, welches
der Unerfahrene für die vollständigste Verwirrung gehalten hätte, begann
jetzt und dauerte mehrere Stunden lang, nur einigermaßen unterbrochen
von der geordneten Parade der Truppen, ehe sie zum Abmarsche auf-
brachen.

Die weiter vor, rechts von uns lagernden Franzosen, waren schon bei
Zeiten wach, und die Lagerfeuer der verbündeten Armeen, die sich meilenweit am Horizonte erstreckten und mit den Lichtern der Schiffe vermischten, schienen fast dem Morgen zuvorzukommen.

Siebentausend Mann türkisches Fußvolk unter Suleiman Pascha
marschirte den Strand entlang; ihnen zunächst kamen die Divisionen der
Generale Bosquet, Canrobert, Forey und Prinz Napoleon. Unsere Marsch-
colonne begann ungefähr eine Meile rechts von ihrem linken Flügel und
ebenso weit hinter ihm.

Die Rechte der verbündeten Streitkräfte war von der Flotte gedeckt,
die in stattlichen Reihen sich neben ihnen hinbewegte und die Luft mit zahllosen Rauchsäulen verdunkelte, immer bereit den Feind mit Bomben zu bewerfen, wenn er unsern rechten Flügel mit einem Angriffe bedrohen sollte,
und das Ufer wohl eine Stunde landeinwärts beherrschend.

Es war neun Uhr früh am 19. September, ehe unsere Truppen ganz
marschfertig waren. Der Tag war warm und der Aufbruch wurde
durch die jämmerlichen, für das Gepäck gelieferten Transportmittel verzö-

gert, ein Uebelstand welcher, fürchte ich, bei längere Zeit in Anspruch neh=
menden Operationen bitter gefühlt werden wird. Alles, was nicht unbe=
dingt unentbehrlich war, wurde an Bord geschickt. Die Seeofficiere und
Matrosen arbeiteten unermüdlich und räumten den Strand so schnell ab,
als die Mannschaften ihr Gepäck und ihre Zelte daselbst ablagerten. End=
lich traten die Truppen an und der Abmarsch begann.

In der ganzen Gegend jenseit des Salzsee's, in dessen Nähe wir
lagerten, war weder ein Baum noch ein Strauch zu sehen; es sind weite
Ebenen, die in Zwischenräumen von einer halben oder dreiviertel Meile
Hügel oder lange unregelmäßige Höhenzüge unterbrechen, die im rechten
Winkel sich nach dem Meeresufer hinziehen. Die Gegend ist wenig bebaut,
außer in den kleinen Flecken in der Nähe der seltenen, in den höheren Win=
keln der Thäler erbauten Dörfer. Sehr viel Hasen sprangen auf und ge=
währten den Truppen bei jedem Halte viel Unterhaltung; mehrere wurden
mitten in den Gliedern niedergehetzt. Sämmtliche Pferde und Rinder
waren von den Kosaken weggetrieben worden. Der Boden ist hart und
elastisch und eignet sich vortrefflich für Artillerie.

Nach einem Marsche von einer Stunde wurde funfzig Minuten lang
Halt gemacht, und Lord Raglan, begleitet von einem sehr zahlreichen Stabe,
Marschall St. Arnaud, den Generalen Bosquet und Forey und einer An=
zahl französischer Officiere ritt während dieser Pause die Fronte der Co=
lonnen entlang. Ohne Befehl standen die Mannschaften auf, drängten sich
vor, und Colonne nach Colonne zerriß die Luft mit drei donnernden engli=
schen Cheers. Es war ein gutes Vorzeichen. Als der Marschall am
55. Regimente vorüberritt rief er aus: „Engländer, ich hoffe, ihr werdet
Euch heute brav benehmen!" „Hoffen!" rief eine Stimme aus dem Gliede
heraus. „Ihr wißt doch daß wir's thun werden!" Die Truppen boten ein
glänzendes Schauspiel dar. Die Wirkung dieser großartigen Massen Be=
waffneter, wie sie Reihe nach Reihe über die Abhänge der Hügel hernieder
stiegen, während die Sonne über ganze Wälder von glitzerndem Stahle
spielte, kann nie von Denen vergessen werden, welche Zeuge waren. Vor=
wärts wälzte sich die Kriegsfluth; Welle nach Welle, gewaltige stolze Wogen
Bewaffneter, während das Rollen der schweren Geschütze und das Pferde=
getrampel der Reiterei ihren Marsch begleitete. Endlich verkündete der
Rauch brennender Dörfer und Bauernhäuser, daß dem Feinde vor uns
unsere Annäherung verrathen war. Es gewährte ein trauriges Schauspiel: die
weißen Wände der Häuser von Rauch geschwärzt — die Flammen durch
die Dächer friedlicher Hütten emporwirbelnd — und die Trümmerhaufen
verlassener Flecken. Viele Kranke traten aus und wurden hinter die Front
gebracht. Es war ein peinlicher Anblick, — ein trauriger Gegensatz zu
dem Waffenprunke des Heeres in der Fronte, ein Tragbett nach dem an=
dern mit den armen Burschen, die vor Krankheit und Ermüdung nicht
weiter konnten, vorüber nach den Krankenwagen tragen zu sehen.

Alsbald wurde von der Spitze eines Hügels eine weite Ebene sichtbar, an deren anderm Ende sich ein Höhenkamm erhob, hie und da mit dunkeln Massen besetzt, welche das geübte Auge sogleich für Reiterei erkannte. Es war das erste Mal, daß wir den Feind sahen. Links der Ebene, in einem von der Einbuchtung der beiden Höhenkämme gebildeten Winkel, lag ein großes Dorf, das in hellen Flammen stand. Rechts vor uns sahen wir ein noch unbeschädigtes hübsches weißes Haus, dessen Nebengebäude jedoch ebenfalls brannten. Das war das kaiserliche Posthaus von Buljanak, genau fünf Meilen von Sebastopol.

Wir kamen jetzt an einen Bach, zur großen Freude unserer durstigen Truppen, die bereits mehr als zwei Meilen von ihrem Lager aus marschirt waren. Das Haus war verlassen und ausgeleert. Nur ein Heiligenbild, ein paar Bündel Kräuter in der Küche und einige wenige Stücke Hausrath waren noch vorhanden; eine einsame Pfauhenne stolzirte trübselig um das Haus herum, fiel aber bald einem Revolver zum Opfer.

Nach einem kurzen Halt am Bache für Menschen und Pferde, setzte das Heer seinen Marsch fort. Die Reiterei (ungefähr 500 Mann vom 8. und 11. Husaren- und vom 13. leichten Dragonerregimente), bildete die Vorhut, und als wir ungefähr eine Meile über das Posthaus hinaus waren, erkannten wir auf den Hügeln vor uns deutlich die Kosaken mit ihren Lanzen. Lord Cardigan ließ eine Linie Blänkler vorgehen, welche zehn bis zwölf Schritte von einander entfernt, die Front deckten. Die Kosaken kamen uns in gleicher Ordnung entgegen, und die Stahlspitzen ihrer Lanzen funkelten in der Sonne. Es waren rauh aussehende Bursche auf kleinen kräftigen Pferden; aber die Regelmäßigkeit und Schnelligkeit ihrer Bewegungen zeigten, daß es Linienkosaken und keineswegs zu verachtende Feinde waren. Wie unsere Blänkler vortrabten, machten die Kosaken unten am Fuße des Hügels Halt. Ihre Reserven waren verdeckt aufgestellt, aber von Zeit zu Zeit zeigte sich eine Gruppe Lanzen über dem Hügelkamme und verschwand wieder. Lord Cardigan wünschte sehr ihre Stärke zu erfahren, und erhielt Erlaubniß noch weiter vorzurücken; aber wie dies geschah, wurden in den Thalsenkungen zwischen den Anhöhen dunkle Colonnen Cavalerie sichtbar, und es wurde klar, daß unsere Leute, wenn sie einen steilen Hügel hinauf angriffen, nur mit ganz außer Athem gekommenen Pferden die Höhe erreichen und Gefahr laufen würden, von dreifacher Ueberlegenheit umringt und vernichtet zu werden. Lord Lucan befahl daher der Reiterei Halt zu machen, ihre Blänkler zurückzunehmen und sich langsam zurückzuziehen. Von unserer Infanterie oder Artillerie war noch nichts zu erblicken, da sie den Kamm des Hügels noch nicht erreicht hatten. Als unsere Blänkler Halt machten, fingen die Kosaken ein zerstreutes Feuer aus ihren Carabinern an, das nicht den mindesten Schaden anrichtete. Nur wenige Kugeln kamen so nahe, daß man sie pfeifen hörte. Zwei oder drei Officiere die als Zuschauer die Reiterei und die Blänkler begleiteten, sahen sich sehnsüchtig

nach der Ankunft von Capitain Maudes' reitender Artillerie um, als plötzlich die Russen, kühn gemacht durch unsere Unthätigkeit, auf dem obern
Rande des Hügels erschienen und in drei geschlossenen Colonnen langsam
den Abhang herunter stiegen.   Wir hatten ihnen das Gefecht angeboten
und sie die Gelegenheit unbenutzt vorüber gehen lassen, denn jetzt machte
unsere Reiterei Kehrt und zog sich langsam auf das Gros der Armee
zurück. Unsere Plänkler, die das Feuer der Kosaken mit Lebhaftigkeit aber
ohne Wirkung erwidert hatten, zogen sich zurück und schlossen sich ihren
Schwadronen wieder an. Alle funfzig Schritte machten unsere Reiter wieder Kehrt, um die Kosaken, wenn sie sich anschickten einen Angriff zu unternehmen, zu empfangen.   Plötzlich öffnete sich eine der russischen Cavaleriecolonnen, — eine weiße Rauchwolke schoß aus der Lücke hervor, und eine
Kugel welche dicht neben einem Pferde aufschlug, sauste über die Colonne
unserer Cavalerie hinter mir weg und rollte durch die Glieder der jetzt
eben sichtbar werdenden Jäger.   Im nächsten Augenblicke fuhr eine zweite
Kugel mitten durch das 11. Husarenregiment, tödtete ein Pferd und nahm
seinem Reiter den Fuß am Knöchel weg.   Noch eine und noch eine folgte
und fuhr durch unsere Reihen, so daß es wahrhaft wunderbar war, daß
nicht mehr verletzt wurden.   Unterdessen kam Capitain Maudes' Artillerie
über den Hügel getrabt, machte aber auf Lord Raglans Befehl unten in
der Tiefe hinter der Cavalerie auf dem linken Flügel Halt.   Wahrscheinlich wollte man damit die Russen verleiten weiter in die Ebene herabzu-
kommen.   Unterdessen diente unsere Cavalerielinie dem schweren Geschütze
des Feindes zur Zielscheibe, und wenn die Truppen von Eisen gewesen wären,
hätten sie nicht ruhiger und unbeweglicher dastehen können.   Die russischen
Artilleristen schossen vortrefflich, zwar etwas langsam, aber wir konnten
recht gut sehen wie ihre Kugeln in gerader Linie von dem Mittelpunkte der
Cavaleriecolonnen herangeflogen kamen.   Nachdem der Feind ungefähr
dreißig Male geschossen hatte, eröffnete auch unser Geschütz sein Feuer.
Seine Kugeln rissen Lücken in die russischen Reitercolonnen, die sich sofort
in dünne Linien auflösten, wobei die einzelnen Reiter ihre Pferde mit großer Gewandtheit im Kreise herumtummelten, um den Sechs- und Neun-
pfündern zu entgehen.   Unsere Hohlkugeln trafen nicht so gut; nur eine
besser gezielte platzte mitten in einer Colonne leichter Infanterie, welche
die Russen zur Unterstützung ihrer Reiterei hatten vorrücken lassen.   Unser
Feuer war so lebhaft und unsere Geschütze wurden so rasch bedient, daß
der Feind sich nach ungefähr einer Viertelstunde zurückzog.   Während dieser
kleinen Affaire hatten sich die Franzosen auf der Rechten verdeckt genähert
und begrüßten unerwartet eine russische Cavaleriemasse mit einigen Kugeln
aus einer Neunpfünderbatterie, daß sie nach allen Richtungen auseinanderstäubte.   Wir konnten auf dem Boden, in der Nähe der Schußlinie, sechs
todte Pferde zählen.   Sich eine genaue Vorstellung von der Wirkung unseres Feuers zu machen, ist nicht möglich, aber die Russen müssen einen

größeren Verlust gehabt haben als wir. Wir verloren sechs Pferde und vier Mann wurden verwundet. Zwei Reitern wurden die Beine abgeschossen. Die Andern, obgleich schwer verwundet, ließen bis gestern Abend nichts befürchten. Einer der Verwundeten, ein Wachtmeister vom 11. Husarenregimente, ritt mit einem Fuße, der nur noch durch ein Stück Haut mit dem Knochen zusammenhing, ruhig hinter die Front und bat den Arzt ihn zu verbinden. Ein anderer verwundeter Reiter benahm sich eben so standhaft, und wollte sich auf keine Tragbahre legen lassen, obgleich sein Bein ganz zerschmettert war. Seltsam, daß bei Besichtigung des Schlachtfeldes, wo die todten Pferde lagen, das erste Gefühl des Zuschauers, sowie das erste Grausen über den Anblick der mit aufgerissenem Bauche hingestreckten Thiere vorüber war, sich gleich darauf richtete, daß Sir E. Landseer in seinem Gemälde „der Krieg" eins dieser Thiere gesehen haben mußte — das stiere Auge, die weitgeöffneten Nüstern, die knirschenden Zähne waren alle nach dem Leben. Als die Russen sich über die Höhen zurückgezogen hatten, erhielten wir Befehl Halt zu machen und für die Nacht ein Freilager zu beziehen; unsere ermüdeten Truppen beschäftigten sich nun damit die Steppenkräuter als Feuerungsmaterial zu sammeln. So wie die Rum- und Fleischrationen ausgetheilt waren, zerschlug man die Fässer und bediente sich der Dauben, um mit Hilfe von Nesseln und langem Grase Feuer zum Kochen anzumachen. Mit Dunkelwerden sah man die Wachtfeuer der Russen links vor uns. Während der Nacht kamen sehr viele Nachzügler, meistens zur 4. Division gehörig an. Es war eine kalte Nacht, und wenn ich den Leser mit der Erzählung der Leiden eines Mannes ohne Zelt und Gepäck, der in der Hoffnung das Fehlende zu finden im Dunkeln von einem Regimente zum andern wandert, belästigen könnte, so wäre ich im Stande eine Geschichte zu erzählen, die gewiß amüsiren würde, dem Helden derselben aber sicherlich keine Freude machte. Die Nacht war kalt und naß, die schwachbrennenden Wachtfeuer gaben nur geringe Wärme von sich und genügten kaum die Rationen zu wärmen; aber ein britisches Feldlager ist immer ein Aufenthalt der Gastlichkeit, und der irrende Wanderer war glücklich genug ein Lager auf dem Erdboden neben einem freundlichen Obersten zu finden, den ein günstiges Geschick, nach einem Marsche von einigen Meilen und zehnstündigem Fasten, in Besitz eines kleinen Campagnezeltes gesetzt und der ein Stück Brot und Schiffszwieback übrig hatte. Die ganze Nacht kamen Arabas an und Soldaten, die zurückgeblieben waren oder sich verirrt hatten, meldeten sich bei den Schildwachen um ihre Regimenter wieder aufzusuchen. Sir George Brown, Sir De Lacy Evans, die Brigadiers und Stabsofficiere gingen unter ihren Divisionen und Brigaden umher, ehe sich die Mannschaften lagerten, um ihre Befehle für den nächsten Tag zu ertheilen, und bald nach Dunkelwerden lagen die Regimenter, in Ueberröcke und Decken gehüllt, auf dem Erdboden ausgestreckt, bemüht nach den Anstrengungen des Tags die möglichste Ruhe zu finden.

Man beklagt es sehr, daß wir an Cavalerie so außerordentlich schwach waren, denn selbst bei einem Verhältnisse von zwei zu drei hätten wir leicht mit den renommirenden Lanzenreitern fertig werden können, deren höhnisches Geschrei, als sich unsere Blänkler zurückzogen, unsere Truppen aufs Neußerste erbittert hatte. Allgemein gab man zu, daß als militairisches Schauspiel das Vorrücken unserer Truppen und das kleine Artilleriegefecht sowie die Führung der Reiterei eins der malerischsten und schönsten gewesen, das man sich hätte denken können. Kein Pinsel könnte ihm gerecht werden, denn die Kunst des Malers kann keinen Begriff von der Bewegung geben, und der Schriftsteller muß noch geboren werden, der mit Lebendigkeit und Kraft, so daß dem Leser alle Einzelheiten sichtbar werden, nur das kleinste Scharmützel beschreiben kann.

Drittes Kapitel.

Das Vorrücken nach der Alma. — Stellung der Russen. — Angriff der Franzosen. — Die Engländer überschreiten den Fluß. — Blutiges Gefecht auf ihrem Flügel. — Rückzug der Russen.

Von der Alma 21. Septbr.

Unsere Armee rückte in Brigadecolonnen in Deployirdistance vor, den linken Flügel gedeckt von einer Linie Blänkler, Reiterei und reitender Artillerie. Der Vortheil dieser Formation war, daß unsere Armee im Falle eines überlegenen Angriffs durch Reiterei und Fußvolk in der linken Flanke und im Rücken sogleich ein hohles Carré mit dem Gepäcke in der Mitte bilden konnte. Unsere Absicht war vor Allem, den rechten Flügel der Position zu gewinnen, so daß unsere Angriffscolonnen von dem flankirenden Feuer der Flotten gedeckt werden konnten.

Wir hatten nämlich unsere Operationsbasis verändert. Während unseres Vormarsches nach Buljanak gestatteten wir dem Feinde uns von unserer früheren Operationsbasis abzuschneiden, um eine neue zu erlangen. Zu diesem Zwecke wurde das Gepäck herangezogen und von der 4. Division gedeckt, und die Kosaken durften weit hinter unserm Rücken ungehindert das Land durchstreifen.

Jetzt aber gedachten wir uns mit unseren Flotten in Verbindung zu setzen und so weit als möglich ihre materielle und moralische Unterstützung zu gewinnen. Während wir zu diesem Zwecke am Morgen des 20. unsern Marsch in schräger Richtung nach dem rechten Flügel unserer früheren Basis richteten, schlossen wir uns dem französischen linken Flügel unter Prinz Napoleon an, wogegen Sir De Lacy Evans' Division, auf der äußersten

Rechten, in Uebereinstimmung mit der Division des Herzogs von Cambridge handeln sollte, die am weitesten vom Meere entfernt stand. Sowie
wir uns genau der Stellung unserer Verbündeten versichert hatten,
setzte sich die ganze Linie, die sich wohl anderthalb Meilen weit über
das Steppenland erstreckte, in Bewegung. Als wir eine Meile zurück-
gelegt hatten, machten wir Halt, um die Nachhut sich mehr anschließen zu
lassen, und dann setzten sich die Truppen in großartigen Linien, gleich den
Wogen des Meeres, wieder in Marsch, den äußersten linken Flügel sozusagen in einen Schaum von Tirailleurs unter Oberst Lawrence und Major
Norcott vom zweiten Bataillon der Jägerbrigade aufgelöst, und gedeckt
von Schwadronen des 11. und 8. Husaren- und einzelnen Zügen des 4.
und leichten Dragoner- und des 17. Ulahnenregiments. Es war ein Anblick von unaussprechlicher Großartigkeit, und zum ersten Male fiel uns
das glänzende Aussehen unserer Infanterie in Linie in der Ferne in die
Augen. Roth ist doch zuletzt die wahre Soldatenfarbe, und die weißen
Treffen auf der Brust und das weiße Lederzeug machen zwar den Mann
zu einer guten Zielschiebe, geben ihm aber auch ein Aussehen der Größe,
welches andere Uniformen nicht hervor bringen. Die dunkeln französischen
Colonnen rechts von uns sahen im Vergleiche mit unsern Bataillonen sehr
klein aus, obgleich wir wußten, daß sie eben so stark waren; aber das
Marschiren unserer Verbündeten, trotzdem daß sie mit ihrem ganzen Gepäck belastet waren, war bewundernswerth. — Sie gingen in einem
Schritte den man wirklich mörderisch nennen konnte. Uebrigens war auch
zu bemerken, daß unser Stab mehr in die Augen fiel und zahlreicher war,
als der Stab unserer tapfern Freunde. Nichts fällt in einer solchen Entfernung mehr auf, als ein dreieckiger Hut und ein Busch von weißen
Hahnenfedern, und mehre unserer besten Officiere legten klüglich letzteren
Schmuck ab, denn sie glaubten durch den Umstand, daß sie beritten waren
und durch die Zahl des sie umgebenden Stabes schon bemerklich genug
zu sein.

Der zwischen den Generalen verabredete, und wie es heißt, hauptsächlich vom Marschall St. Arnaud und General Canrobert dem Lord Raglan
empfohlene Operationsplan war, daß die Franzosen und Türken auf unserer
Rechten den Uebergang über den Fluß Alma erzwingen, und sich auf den Höhen des andern Ufers desselben festsetzen sollten, so, daß sie die Stellung
der Russen rechts von ihrem und unserm linken Flügel und unserer Mitte
gegenüber in die Flanke nehmen konnten. Die Alma ist ein in gewundenem
Laufe dahin strömendes Flüßchen, das sich sein Bett in einem rothen Ten-
boden gebahnt hat, und während seines Laufes nach dem Meere zu allmälig tiefer wird. Obgleich im Allgemeinen ohne Schwierigkeit zu durchwaten, finden sich doch auch einzelne tiefere Stellen vor.

Da wo die Hauptmasse der englischen Armee über den Fluß
ging, war im Allgemeinen das Ufer auf der rechten Seite höher und

wechselte von zwei oder drei bis sechs oder acht Fuß von der Wasserfläche
aus; wo die Franzosen angriffen, war das Ufer auf der linken Seite steiler.
Den rechten oder nördlichen Rand der Alma entlang reiht sich eine Anzahl
tatarischer Hütten, die manchmal dicht genug beisammen stehen um einen
Weiler zu bilden, und manchmal vereinzelt inmitten kleiner von drei Fuß
hohen Lehmmauern umgebenen Weinberge liegen. Die Brücke über welche
die Poststraße von Buljanak nach Sebastopol führt, geht dicht an einem
dieser Weiler vorüber der wohl funfzig Häuser zählt. Diesem Dorfe,
wenn man lieber will, nähert man sich vom Norden auf einer Straße über
eine Fläche, die ganz eben verläuft, bis sie sich in der Nähe des Dorfes
plötzlich senkt, so daß in einer Entfernung von dreihundert Schritten ein
Reiter kaum die Dächer der näheren und höher gelegenen Häuser erblicken
kann, und das Vorhandensein des Flusses nur durch die Weiden und den
grüneren Pflanzenwuchs an seinen Ufern erräth. Auf der linken oder
Südseite der Alma nimmt das Terrain einen ganz andern Charakter an.
Außer an den wenigen Stellen wo der Rand gleich steil nach dem Wasser
abfällt, erhebt es sich allmälig in einem schrägen Abhange und bildet eine
mehrere Schritte vom Ufer entfernte mäßige Höhe, die von einzelnen
Wasserrissen durchschnitten und von dem weiter zurückliegenden Terrain
vollkommen beherrscht wird. Auf diesem obern Höhenpunkte war die Haupt-
stellung der Russen. Ein merkwürdig gestalteter Bergrücken, zwischen funf-
bis siebenhundert Fuß hoch, läuft auf der Südseite des Flusses hin und
stürzt später steil nach dem Meere ab. Dieser ganze Rücken ist von tiefen
Schluchten durchfurcht, die in verschiedenen Winkeln nach dem Flusse zu
laufen, und jedenfalls dem Abflusse des Regens und des von den Schmelzen
des Winterschnees auf den Höhen erzeugten Wassers dienen. Auf dem
Kamme dieser Höhen, zwischen den Schluchten, hatten die Russen Erdwerke errichtet, die mit Zweiunddreißig- und Vierundzwanzigpfündern, unterstützt von zahlreichen Feldgeschützen und Haubitzen, armirt waren. Diese
Geschütze beherrschten vollständig die Ausgänge der Schluchten, zuweilen
auch die ganze Länge derselben und die Abhänge waren von dichten Reihen
von Tirailleuren besetzt, Jeder mit einer vortrefflichen gezogenen Büchse bewaffnet, die eine schwere Spitzkugel sieben- bis achthundert Schritte wirksam
schoß, wie die Franzosen auf ihre Kosten erfuhren. Die Hauptbatterie bestand aus einem Erdwerke in Form eines spitzen Winkels, dessen Spitze
der Brücke zugekehrt war, und dessen Flanken, der Biegung des Flusses
unten folgend, beide Ufer desselben auf eine Entfernung von tausend Schritten
bestreichen, während mit einiger Elevation die Zweiunddreißigpfünder, wie
wir mehrmals sahen, vierzehn- bis funfzehntausend Schritte über die Häuser
des Dorfs hinausschossen. Diese Batterie befand sich auf dem Rande eines
Hügels, ungefähr sechshundert Fuß über dem Flusse, aber das Terrain
hob sich dahinter noch weitere funfzig Fuß ehe es sich wieder nach der
Straße zu senkte. Der Aufgang zu diesem Hügel war von drei Batterien

hinter Erdwerken rechts, und von einer vierten links enfilirt, und diese Batterien deckten zugleich das Dorf, den Fluß und alle Wege, welche nach dem Hügel zu führten. In der ersten Batterie befanden sich dreizehn vortrefflich gearbeitete metallene Zweiunddreißigpfünder, die uns nur zuviel zu schaffen machten. In den anderen Batterien waren ungefähr fünfundzwanzig Geschütze vertheilt. Wie behauptet wird, hatten die Russen auf ihren Höhen hundert Geschütze und vierzigtausend Mann (vierzig Bataillone Infanterie zu tausend Mann vom 16., 31., 32. und 52. Regiment). Uns gegenüber standen, vornehmlich nach der Zahl auf den Uniformknöpfen der Todten zu urtheilen, das 16. und das 32. Regiment. Große Massen Reiterei, hauptsächlich Uhlanen und schwere Dragoner, manövrirten auf den Höhen auf dem rechten Flügel der Russen, und rückten zuletzt in das Thal, wo sie über den Fluß setzten und uns in der linken Flanke und im Rücken bedrohten. Als wir uns der Alma näherten, nahmen wir unsern linken Flügel zurück, um unsere schwache Reiterei zu unterstützen, und ein Theil unserer Artillerie mußte in derselben Richtung vorrücken. Unsere Gefahr in dieser Hinsicht wurde zuerst der rasche Blick Sir George Browns gewahr, und ich selbst hörte ihn fast in dem Augenblicke, als er die feindliche Cavalerie entdeckte und eben als wir das Dorf erreichten, der Artillerie den Befehl zum Vorrücken ertheilen. Wie ich bereits erwähnte, sollten sich nach unserem Operationsplane die Franzosen unter dem Schutze der Artillerie auf den Höhen auf dem äußersten linken Flügel des Feindes festsetzen. War dieser Angriff gehörig entwickelt und von Erfolg gewesen, so war die englische Armee bestimmt, den rechten Flügel und einen Theil der Mitte der Russen zu forciren, und die Schlacht war gewonnen. Als wir noch ungefähr drei viertel Meile vom Dorfe entfernt waren, fuhren die französischen Dampfer so dicht als möglich an den steilen Absturz der Küste auf der südlichen Seite der Alma heran und bewarfen die Höhen mit Hohlgeschossen, sodaß wir die Bomben über die dreihunderte Schritte vom Meeresufer aufgestellten Colonnen und Batterien des Feindes, der auch alsbald diese Stellung auf seiner äußersten Linken räumte, platzen sehen konnten.

Die Franzosen begannen ihr Feuer ungefähr halb ein Uhr am 20., und setzten es anderthalbe Stunde lang fort. Wir sahen, wie die Bomben in die feindlichen Batterien hineinschlugen und mitten unter ihnen platzten; und dann lösten sich in den Werken die schwarzen Massen in kleine Gruppen auf, die nach allen Seiten auseinander stäubten, und als sich der Rauch verzogen hatte, sah man einzelne schwarze Punkte auf dem Boden liegen. Die Russen antworteten den Schiffen von den Höhen, aber ohne Wirkung. Ein Pulverwagen wurde von einer französischen Bombe in die Luft gesprengt; eine andere traf aus Zufall in einen Hinterhalt, den die Russen den vorrückenden Franzosen gelegt hatten, und endlich räumten sie den Meeresstrand und beschränkten sich auf die Vertheidigung der Wasserrisse und Höhen außerhalb des Bereichs des schweren Geschützes der Dampfer. Um ein Uhr sahen wir die französischen Colonnen, gedeckt von einer Wolke von Tirailleuren, deren Feuer von tödtlichster Wirkung zu sein schien, die Hügel hinanarbeiten. Einmal beim Anblicke einer drohenden Masse russischer Infanterie in einer beherrschenden Stellung über ihnen, die sie mit rasch aufeinanderfolgenden Salven begrüßte, schienen die Franzosen zu stutzen, aber es war nur ein augenblicklicher Halt, um ihre Tirailleure einzuziehen; denn kaum hatten sie sich formirt, so eilten sie den Hügel im Sturmschritte hinauf und warfen die Russen, die nun in Unordnung nach den weiter zurückgelegenen Höhen zurückliefen, sogleich über den Haufen. Wir konnten sehen, wie auf beiden Seiten Einzelne stürzten und die Verwundeten die Steile herabkollerten. Zehn Minuten vor zwei Uhr kam unsere Tirailleur-linie in den Schußbereich der Batterie auf der Höhe, und sofort eröffneten die Russen auf zwölfhundert Schritte Entfernung ein wirksames Feuer, denn ihre Kugeln fuhren mitten durch die geöffneten Linien unserer Jäger und schlugen in die ihnen nachfolgenden Colonnen ein. Kurz ehe dies geschah, stiegen dichte Rauchwolken am Flusse empor und zogen sich nach Osten, sodaß man den Feind auf dem linken Flügel unserer Stellung nicht recht erkennen konnte. Die Russen hatten das Dorf in Brand gesteckt. Es war vollkommen den Regeln des Kriegs gemäß — wurde gut ausgeführt — geschah ganz zur rechten Zeit und machte uns nicht wenig Beschwerde. Unsere Truppen machten Halt, als sie dem Dorfe näher kamen, über das der linke Flügel, dessen äußerste linke Spitze sich an den Fluß lehnte, hinausging. Der rechte dagegen stand hinter den brennenden Hütten und im Schußbereiche der Batterien. Man erzählt sich, die Russen hätten die Entfernung aller Hauptpunkte vor ihrer Fronte vorher gemessen und zur Bezeichnung der Schußweiten Zweige und Stäbchen in die Erde gesteckt. Auch die am Chausseerande die Distancen bezeichneten Steine halfen ihnen dabei. Die Russen eröffneten ein fürchterliches Feuer auf unsere ganze Linie; aber die Franzosen waren noch nicht weit genug vorgerückt, um uns das Vorgehen zu erlauben. Kanonenkugeln saußten in jeder Richtung und warfen dem Stabe Lord Raglans, der überhaupt das feindliche Feuer auf sich zog, Schmuz und Sand ins Gesicht. Immer noch wartete Lord Raglan ruhig auf die Entwickelung des französischen Angriffs. Endlich kam ein Adjutant mit der Meldung, daß die Franzosen die Alma überschritten hätten, aber sie hatten noch nicht festen Fuß genug gefaßt, um unsern Angriff zu rechtfertigen. Das Fußvolk erhielt daher Befehl, sich niederzulegen, und die Armee war kurze Zeit lang ganz passiv, nur daß unsere Artillerie ein unaufhörliches Feuer von Granaten, Raketen und Vollkugeln entsendete, welche die Reihen der Russen durchpflügten und ihnen sehr starke Verluste verursachten. Sie wankten jedoch nicht und antworteten mannhaft unserer Artillerie, sodaß ihre Kugeln mitten unter unsere auf dem Boden lagernden Truppen fielen und bald hier bald dort

Arme und Beine wegrissen. Lord Raglan wurde endlich dieser Unthätigkeit müde — das Kriegsfeuer wurde lebendig in ihm — er schaute um sich und sah Männer, von denen er wußte, daß er mit ihnen die Ehre und das Schicksal Großbritanniens aufs Spiel setzen konnte und so gab er denn, vom militairischen Standpunkte aus betrachtet, der Krisis des Gefechts ein wenig vorgreifend, unserer ganzen Linie Befehl zum Vorrücken. Da erhoben sich die dichtgeschlossenen Massen, stürzten durch einen schrecklichen Regen von Kugeln und Kartätschen hindurch in die Alma und wateten durch den Strom, dessen Oberfläche buchstäblich von dem Kugelhagel zu Schaum gepeitscht wurde. Das andere Ufer des Flusses war von Weinbergen besetzt, und zu unserer Ueberraschung hatten sich in denselben russische Jäger eingenistet. Drei Officiere vom Stabe wurden hier niedergeschossen, aber von Lord Raglan in Person geführt, gingen die Truppen mit lauten Cheers vor. Und jetzt kam der Wendepunkt der Schlacht, wo Lord Raglan durch seinen militairischen Scharfblick den Sieg mit geringeren Opfern sicherte, als es unter andern Umständen der Fall gewesen wäre. Er sprengte über die Brücke, gefolgt von seinem Stabe. Von der Straße jenseits im Feuer der russischen Geschütze überblickte er den Stand des Gefechts. Die englische Linie, welcher er Befehl zum Vorrücken ertheilt hatte, war theils noch mit dem Durchgange durch den Fluß beschäftigt, theils bewegte sie sich in zwar festen aber von dem mörderischen Feuer der Batterien decimirten Massen den Berg hinan, denn Kartätschen, Vollkugeln, Hohlgeschosse und Kleingewehrfeuer begrüßten sie von der großen Batterie in der Mitte und von einer sehr starken festgeschlossenen Masse russischer Infanterie. Jetzt begann einer der blutigsten und erbittertsten Kämpfe, welche die Kriegsgeschichte kennt. Die zwei Divisionen, geführt von Sir De Lacy Evans, gingen entschlossen rechts über den Strom. Das 7. Füsilierregiment unter Oberst Yea sah seine Mannschaften zu Funfzigen fallen. Das 55., 30. und 95. Regiment von Brigadier Pennefather geführt, der immer im dichtesten Handgemenge war und seine Leute anfeuerte, mußte mehr als einmal Halt machen, aber wich auch keinen Schritt während seines Vormarsches, den ein heftiges Feuer aus Miniégewehren begleitete, und Brigadier Adams stürmte mit dem 41., 47. und 49. Regimente tapfer den Hügel hinauf und half den Cameraden im Siegen. Sir George Brown, weithin sichtbar auf seinem Grauschimmel, ritt an der Spitze der leichten Division, und feuerte sie mit Stimme und Geberde an. Tapfere Bursche! Sie waren eines so tapferen Führers würdig. Das 7. Regiment, um die Hälfte vermindert, wich zurück, um seine etwas gelockerten Colonnen neu zu formiren; das 23., das acht todte und vier verwundete Officiere hatte, stürmte immer noch vorwärts, unterstützt von dem 15., 33., 77. und 88. Regimente. Plötzlich stürzte Sir George Brown in einer Staubwolke vor der Batterie nieder. Er war bald wieder aufgestanden und rief: „Dreiundzwanzigstes, es ist mir nichts geschehen. Den Tag werde ich nicht vergessen" und führte das Regiment wieder vor, aber während der in Folge des Falles des Führers eingetretenen augenblicklichen Stockung hatte es schrecklich gelitten. Unterdessen stürmten die Garden von der leichten Division rechts und die Hochländerbrigade links die Höhen. Ihre Linie war fast so regelmäßig, als wenn sie in Hyde Park manövrirte. Plötzlich kam ein Orkan von Vollkugeln und Kartätschen von der schrecklichen Batterie herniedergesaust und ein lebhaftes Kleingewehrfeuer decimirte ihre vordersten Reihen. Es war klar, daß wir gerade noch den durch ihre starke Stellung begünstigten Russen die Spitze bieten konnten. In diesem selben Zeitpunkte sah man eine gewaltige russische Infanteriemasse sich hinab nach der Batterie bewegen. Sie machte Halt. Es war die Krisis des Tages. Dicht geschlossen, und wie nach dem Lineal gerichtet, sah sie aus, als wäre sie aus massivem Fels gehauen. Es war gar nicht zu bezweifeln, daß unser Fußvolk, wenn es erschöpft und geschwächt in der Batterie ankam, von einem neuen und überlegenen Feuer begrüßt werden würde, welches es in seinem Zustande kaum hätte aushalten können. Lord Raglan erkannte die Schwierigkeit der Lage. Er frug, ob es möglich sei, ein paar Geschütze herbeizuschaffen, um auf diese Masse zu feuern. Die Antwort lautete bejahend, und ein Artillerieofficier, den ich nicht zu nennen weiß, führte zwei Geschütze herbei. Der erste Schuß ging über die Colonne hinweg, aber die drei nächsten fuhren mitten in die Glieder und man konnte einen Augenblick ihre Bahn durch die Lücken, die sie gerissen, verfolgen. Nach einigen Schüssen mehr fing die Colonne an zu wanken, löste sich auf und floh über den Hügel zurück, indem sie sechs oder sieben gesonderte Reihen Verstümmelter zurückließ, wo die Todesboten die Glieder durchfurcht hatten. Nun war unser Fußvolk von einem bedrohlichen Nachbar befreit und es stürmte wieder in herrlicher todtbringender Haltung vorwärts. Der Herzog ermuthigte seine Leute durch seine Stimme und sein Beispiel und zeigte sich seiner hohen Stellung und seines königlichen Geschlechts würdig. „Hochländer," sagte Sir C. Campbell ehe sie angriffen, „ich bitte Euch um eine Gunst; handelt so, daß ich ohne Scheu die Königin um die Erlaubniß fragen kann, daß ihr eine Hochländermütze tragen dürft! Feuert nicht eher, als bis ihr zwei Schritte von den Russen seid!" Sie griffen im Sturmschritte an und erfüllten ihres Führers Wunsch; Sir Colin wurde das Pferd unter dem Leibe erschossen, aber seine Leute nahmen die Batterie im ersten Anlaufe. Die Russen räumten sie eiligst und ließen eine Menge Todte zurück. Die Garden hatten die rechte Seite der Batterie erstürmt, ehe die Hochländer in der linken waren, und es wird behauptet, die schottischen Gardefusiliere wären zuerst darin gewesen. Die zweite und die leichte Division besetzten die Höhen. Die Franzosen wendeten die Geschütze auf dem Hügel gegen die fliehenden Massen, welche die Reiterei vergeblich zu decken versuchte. Ein paar vereinzelte Widerstandsversuche von der aufgelösten Infanterie, noch einige Lagen aus dem schweren

Geschütze und einige Kleingewehrsalven und der Feind floh nach Südosten und ließ drei Generale, drei Geschütze, siebenhundert Gefangene und viertausend Verwundete auf der Wahlstatt zurück. Die Schlacht an der Alma war gewonnen. Sie kostet uns fast dreitausend Todte und Verwundete. Die Russen deckten ihren Rückzug durch ihre Reiterei, hätten wir aber diese Waffe in genügender Stärke gehabt, so hätten wir ihnen noch viele Kanonen und eine Unmasse Gefangene abnehmen können.

An der Alma, 22. September.

Trotz aller unserer Anstrengungen mußten natürlich viele Verwundete die Nacht hindurch auf dem Schlachtfelde liegen bleiben. Heute begann die Armee ihre schmerzliche Arbeit von Neuem. Ich vergaß zu erwähnen, daß, während des Vormarsches unserer Truppen, die Spielleute des Musikcorps mit Tragbahren hinter der Linie beschäftigt waren, die Verwundeten zu sammeln und nach den Verbandstätten zu bringen, sodaß sehr viele sogleich Hilfe fanden. Unsere Officiere waren Alle in voller Uniform und dem Feinde nur zu auffällige Zielscheiben. Als die leichte Division auf dem jenseitigen Ufer des Flusses angekommen war, befand sie sich etwas in Unordnung — sie war nicht formirt und das 7., 23. und 33. Regiment stürzten in hellen Haufen vorwärts, sodaß man kaum hoffen durfte, ihr Versuch, die feindlichen Werke zu stürmen, werde gelingen. Sie und die aus dem 30., 55. und 95. Regimente bestehende Brigade der 2. Division konnte gegen das überlegene Feuer des Feindes unmöglich aufkommen. Wahrhaft wunderbar ist es, wie viel Einzelne dem Tode entgangen sind — Tschakoriemen und Knöpfe sind weggeschossen, Riemen durchlöchert, Uniformröcke aufgerissen worden, ohne daß ihrem Träger ein weiterer Schade geschah. Die meisten Officiere der Garde können Aehnliches erzählen. Jedenfalls werden die sich gegenseitig erläuternden Depeschen einen besseren Begriff von der Schlacht geben, als der nichtofficielle Bericht eines Privatmannes. Kaum waren die Truppen nach der Schlacht auf dem Höhenzuge angelangt, so breiteten sie sich auf demselben aus und öffneten die Tornister, die zu Tausenden über das ganze Schlachtfeld zerstreut lagen, denn viele Feinde hatten sie weggeworfen, um besser laufen zu können. In der ersten Aufregung zerschmissen die Soldaten die russischen Flinten und Büchsen, welche auf dem Boden lagen. Da viele derselben geladen waren, gingen mehrere von der Erschütterung los und die Folge davon war, daß in der Nacht vom 20. und den ganzen Tag gestern und heute Kugeln in allen Richtungen durch die Luft pfiffen. Auch sind die Truppen fleißig beschäftigt, ihre Gewehre zu reinigen, oder die geladenen abzuschießen, sodaß ein unausgesetztes Geknatter den ganzen Tag fortdauert. Die russische Muskete ist von gutem Aussehen, aber allem Anscheine nach schlecht zum Gebrauche. Das Rohr, länger als das unserige und hell polirt, ist von Eisen und an dem Schafte mit messingenen

Bügeln wie bei den Franzosen befestigt. Das Schloß ist jedoch leidlich gut. Der Schaft ist nach dem alten orientalischen Muster und das Holz, aus dem er gemacht ist — weiß und fest wie Akazienholz — sehr zerbrechlich. Nach der Gestalt des Kolben zu urtheilen, muß das Gewehr bei gehöriger Ladung sehr stark stoßen. Die Patronen sind sehr gut gearbeitet, die Kugeln unten festgeleimt, aber das Pulver ist grob und nicht glasirt und sieht wie Hirsensaamen aus; es färbt jedoch in der Hand nicht ab und brennt rasch und rein auf. Die Büchsen waren von einer weit besseren Beschaffenheit; sie hatten zwei Längszüge und schossen eine große conische Kugel. Die Bayonnete waren nicht schwer und bogen sich leicht. Auch einige Officierdegen wurden aufgelesen, und eine sehr wirksame Waffe, ganz wie das alte römische Schwert und sehr scharf und schwer, in mehreren Exemplaren, die wahrscheinlich Tambouren gehörten. Ferner ließ der Feind sechs oder sieben Trommeln zurück, aber fast alle beschädigt — mehrere von der Kugel, welche den Träger getödtet hatte. Fahnen, Adler oder Standarten waren weder während des Gefechtes noch nach demselben zu erblicken. Unsere Regimenter marschirten, wie sich von selbst versteht, mit ihren Fahnen und die feindlichen Büchsen wählten sich letztere vorzugsweise zum Ziele. Daher kommt es, daß so viele Fähndriche, Lieutenants und Sergeanten fielen. Das 33. Regiment verlor nicht weniger als zwanzig Sergeanten, die fast Alle um die Fahne getödtet oder verwundet wurden. Die Fahne der Königin war von vierzehn, die Regimentsfahne von elf Kugeln durchbohrt.

Die traurige Pflicht des Begrabens der Todten wurde heute vollendet. Die gestern nicht eingebrachten Verwundeten wurden gesammelt und in Arabas und Tragbahren an Bord der Schiffe geschickt und das menschenfreundliche Messer der Chirurgen war Tag und Nacht beschäftigt, noch Leben zu erhalten. Die leichte Division allein lieferte ihnen mehr als tausend Fälle.

Man streitet sich viel über das Regiment, welches das Geschütz genommen hat, aber ich glaube, man giebt im Allgemeinen zu, daß der Grenadiergarde die Ehre gebührt. Die schottischen Füsiliere behaupten, sie wären die ersten in der Batterie gewesen, aber andererseits wird vorgebracht, daß das Wort Grenadiergarde bei dem ersten Ansturme der Brigade auf die Kanonen gekreidet worden wäre. Als die leichte Division der Uebermacht weichen mußte, gingen die Regimenter durch die Coldstreams hindurch um sich hinter der Front derselben neu zu formiren und daraus mag die rasch vorübergehende Verwirrung entstanden sein, in welche dieses Regiment durch das überlegene Feuer der Batterie gerieth.

Den geringen Verlust der Hochländerbrigade schreibt Sir Colin Campbell ihrem schnellen Vormarsche zu, aber eigentlich war sie bei ihrem Angriffe vor dem Feuer sehr von der Bodenerhebung gedeckt, welche vor ihr lag. Auch war, was das Zielen betrifft, die Artillerie des Feindes

auf diesem Punkte nicht so gut bedient als anderwärts, obgleich ein wahrer
Hagel von Geschossen über die Brigade flog und weit hinter ihr einschlug.
Als das Signal „Vorwärts marsch" ertönte, hatte sich die leichte Division auf
dem äußersten rechten Flügel niedergelegt. Hinter ihr befand sich die 2. Division.
Links von der leichten Division standen die Garden und ihnen zunächst die
Hochlandsbrigade.   Hinter der 1. Division kam die 3. Division.   Die
leichte Division marschirte in folgender Ordnung auf: auf dem linken
Flügel das 77., zunächst das 88. Regiment, alsdann auf dem rechten Flügel,
etwas vorgenommen das 19. Diese Regimenter bildeten Bullers' Brigade
und scheinen nicht immer recht in der Hand gewesen zu sein. Das 88. Regiment war wirklich einmal in Colonne im Feuer, und erst Sir Colin
Campbell, der eigentlich mit der Division nichts zu thun hatte, befahl
ihm, sich in Linie zu formiren. Weder dieses noch das 77. Regiment erlitt Verluste. Einmal sollen die Flügelhörner eines Theils der leichten
Division zum Rückzuge geblasen haben, und es erging der Befehl, das Feuer
zu stopfen, auf ein sich erhebendes Geschrei, daß sie auf Franzosen schössen,
indem eine vor uns befindliche russische Infanteriemasse aus irgend einer
Ursache irrthümlich für eine Abtheilung unserer Verbündeten gehalten
wurde. In einer Linie mit dem 19. stand das 33., und diesem zunächst das
7. Regiment. Sie bildeten Codringtons Brigade, und sie hatten bei dem
Vorrücken den Hügel aufwärts am meisten von dem fürchterlichen Feuer
des Feindes zu leiden. Rechts vom 7., den linken Flügel etwas vorgenommen, schloß sich das 95. Regiment an. Ursprünglich standen auf seinem
linken Flügel das 30. und 55. Regiment, Pennefathers Brigade, in Linie
rechts von der leichten Division, aber sie wurden beim Vorrücken durch das
brennende Dorf aufgehalten, und mußten einen Umweg über die von der
Redoute flankirte Brücke machen, ehe sie sich dem allgemeinen Angriffe auf
die Höhen anschließen konnten.

Vor den Garden bildete das 79. Regiment den linken Flügel, das
42. den rechten, und das 93. die Mitte der Brigade. Dem 42. schlossen
sich rechts die Coldstream Garden an, deren Linie von den schottischen Füsilieren und den Gardegrenadieren fortgesetzt wurde. Unsere Artillerie konnte
wegen des dicken Qualms nur wenig thun, ward aber vortrefflich bedient;
die ausgezeichneten Dienste, welche Capitain Turners zwei Geschütze leisteten, habe ich bereits früher erwähnt. Die Reiterei hatte nichts zu thun,
aber hielt eine weit überlegene Masse feindlicher Reiterei in Respect. Ueber
die Thaten persönlicher Tapferkeit von Seiten unserer Truppen und Officiere zu berichten, würde einen ganzen Band erfordern. Hauptmann Monk
vom 7. Regimente hatte einen Russen mit seinem Degen durchbohrt, und
einen zweiten, der eben auf ihn schießen wollte, mit geballter Faust niedergeschlagen, als ihn eine feindliche Kugel aus dem zweiten Gliede todt hin-
streckte. Ein Gemeiner desselben Regiments sprang, ehe es zurückgehen
mußte, vor, und stieß rasch hintereinander mit dem Bayonnet zwei Mann

aus der vordersten Colonne des Feindes nieder. Ueberhaupt giebt es un-
zählige Anekdoten dieser Art, und sie scheinen über das ganze Schlachtfeld
vorgekommen zu sein.

Jeder russische Soldat hatte ein Laib schwarzes Brot und in Leinen
eingewickelt groben zerkleinten Schiffszwiebak. Dies schien ihre einzige
Nahrung zu sein. Obgleich die Truppen wahrscheinlich mehrere Tage an
der Alma gestanden hatten, lagen nirgends Knochen umher, und das einzige Zeichen, daß man Speisen zubereitet hatte, waren zwei oder drei kleine
Oefen am Hügelabhange. Die Umgebung des Lagers war im scheußlichsten
und ekelhaftesten Zustande.

Die russischen Leichen wurden alle zusammen in großen Gruben begraben und hineingesenkt wie sie waren. Unsere Mannschaften begruben
am 21. und heute 1200 Mann. Die gefallenen englischen Soldaten wurden auf dieselbe Weise in Gruben beerdigt. Nur ihre Flinten und die noch
zu benutzenden Ausrüstungsstücke wurden aufbewahrt. Es war ein trauriger Anblick, Stunde nach Stunde den unaufhörlichen Zug der Bahren
von allen Seiten hereinkommen zu sehen — zu beobachten, wie die Commandirten über die Ebene streiften, und die über die Verwundeten gebreiteten
Decken wegnahmen um sich zu überzeugen, ob sie noch lebten oder Speise für
die Würmer wären, und dann einen neuen Bewohner die gähnende Grube,
deren unersättlicher Schlund sich am Hügelabhange aufthat, beziehen, oder
die armen Dulder, die noch eine Nacht in unbeschreiblicher Todesqual zubringen mußten, wieder zudecken zu sehen. Die Verwundeten schienen an
einem unerträglichen Durste zu leiden, und unsere Leute gingen auf dem
Schlachtfelde umher, um der Noth der Armen soviel als möglich abzuhelfen.

Die über die Wahlstatt und deren nächste Umgebung verstreuten
Massen von Flinten, Ueberröcken, Grenadiermützen, Czakos, russischen
Helmen und Feldmützen, englischen und russischen Tornistern, Lederzeug,
Bayonneten, Patrontaschen, Patronen und Seitengewehren überstiegen alle
Berechnung, und überall auf jedem Schritte fand der Fuß oder der Blick Kanonenkugeln, Bombensplitter, an denen noch Blut und Haare klebten, und
Kartätschen und Flintenkugeln. Die russischen Verwundeten, als sie gesammelt und in Reihen auf dem Boden niedergelegt waren, bedeckten mehr
als einen Acker Land. Noch heute brachten Streifcommandos von uns
viele Verwundete ein, und Versprengte kamen ins Lager und meldeten sich
selbst als Gefangene. Es waren lauter Infanteristen. Wir sahen nicht
einen einzigen Reiter. Die Gefangenen sagten aus, sie gehörten zur Moldau-
Armee, und wären erst vor zwölf oder vierzehn Tagen in der Krim angekommen. Wenn dies wirklich wahr ist, so ist es zu bedauern, daß unsere
Expedition nicht schon vor drei Wochen ankam, denn Niemand kann wissen,
wieviel sich alsdann mit sehr wenig Opfern hätte erreichen lassen können.
Sämmtliche russische Flinten, Bayonnete, Tornister, Patrontaschen u. s. w.
wurden nicht weit vor Lord Raglans Zelt zusammengeschichtet und

bildeten Haufen von zwanzig Schritten Länge und zehn Schritten Breite. Die Kanone ist an Bord geschickt worden. Als ich heute der Fortschaffung der Verwundeten zusah, konnte ich keine einzige englische Ambulance entdecken. Unsere Leute wurden auf stoßenden Arabas oder langsamen Tragbahren die drei viertel Meile weite Strecke nach dem Strande hinuntergeschafft. Die Franzosen — ich bin fast müde, den uns wenig Ehre machenden Gegensatz immer wieder hervorzuheben — hatten guteingerichtete, bedeckte Hospitalwagen, die, von schönen Maulthieren gezogen, zehn bis zwölf Mann aufnehmen konnten, und ihre Verwundeten genossen auf dem Transporte weit größere Bequemlichkeit als die unsrigen. Als ich den Strand erreichte, war er ganz mit Booten, welche die Verwundeten an Bord schaffen sollten, besetzt. Commandeur Powell vom Vesuvius war als Strandcommandant unermüdlich in seinen Bemühungen, und die unter so peinlichen Verhältnissen herrschende Ordnung und Regelmäßigkeit war bewundernswerth. Die Zahl Derjenigen, denen Beine oder Arme abgenommen waren, war sehr beträchtlich. Ein paar von den armen Burschen starben auf dem Wege nach dem Strande. Nicht nur die Verwundeten, sondern auch die Kranken wurden an Bord der Flotte geschickt, und als Hospitäler allein sind diese schwimmenden Batterien unserer Marine unbezahlbar. Die verwundeten russischen Officiere und alle Gefangene von Rang werden ebenfalls auf die Flotte geschickt. Wir selbst haben bereits tausend Kranke außer unsern Verwundeten an Bord gebracht.

Viertes Kapitel.

Nach Sebastopol.

Aufbruch vom Schlachtfelde. — Die Katscha und der Belbek. — Mackenzie's Meierei. — Kühner Flankenmarsch. — Ueberfall auf eine russische Transportcolonne. — Einnahme von Balaklawa.

Auf dem Marsche nach der Katscha 23. September.

General Tylder starb heute in den ersten Morgenstunden an der Cholera. Er liegt in dem Thale unter den Höhen an der Alma begraben. Seine Stelle hat Oberstlieutenant Alexander, von den Ingenieuren der nächste der Anciennetät nach, übernommen, ohne jedoch zum Brigadier ernannt worden zu sein. Viele starben vergangene Nacht an der Cholera. Mein Schlaf wurde durch das Gestöhne der Sterbenden gestört, und als ich früh aufstand, entdeckte ich, daß die Leiche eines Russen dicht neben dem Zelte lag, das mir zum Obdach gedient hatte. Als wir uns schlafen legten, war er noch nicht da, sodaß der Unglückliche, der vermuthlich seit der Schlacht ohne Nahrung im Gebirge herumgeirrt, wahrscheinlich auf unsere Feuer zugekrochen und bei dem Versuche, sie zu erreichen, gestorben ist; noch mehrere Andere sind dicht bei unserem Zelte während der Nacht verschieden. In später Stunde vergangene Nacht erhielten die verschiedenen Divisionen Befehl, sich zum Abmarsche gleich nach Tagesanbruche bereit zu halten, und heute in früher Morgenstunde verließen wir die blutgetränkten Höhen an der Alma, ein Name der ewig denkwürdig in unserer Geschichte sein wird. Bald nach Tagesanbruche versammelten sich sämmtliche Trommler und Trompeter der Franzosen auf der Spitze des höchsten der von ihnen erstürmten Hügel, und alsbald ertönte eine wilde Fanfare, untermischt von Trommelschall und Hörnerklang weithin über die Gegend. Es war eine feurige begeisternde Melodie und der Eindruck, wie sie durch das dunkle Zwielicht des Frühmorgens über die Thäler hinschallte, läßt sich nie vergessen. Unsere Wachtfeuer glimmten immer noch fort, als die schlafenden Truppen, von Thau durchnäßt, aufwachten und sich bereit machten, den Schauplatz ihrer Siege zu verlassen. Die Morgennebel schwebten langsam an den Hügelabhängen herauf und hingen in lockeren Falten um ihre Gipfel, sodaß man durch die Zwischenräume die sich sammelnden Colonnen unserer Regimenter in dunkeln Flecken auf Abhängen, oder weiter gegen Süden die schwarzen französischen Bataillonscolonnen bereits in Marsch sehen konnte. Fast in der Ferne verschwindend, bewegt sich die Flotte langsam die Küste entlang, und läßt lange Rauchschlangen hinter sich zurück. Aber was ist jene graue Masse auf der Ebene, die dort fast ohne Leben und Bewegung zu ruhen scheint? Allerdings sieht man dann und wann, wie sich ein Arm in die Höhe reckt oder wie ein Mensch sich aufrichtet, sich einen Augenblick umsieht und dann wieder hinlegt. Ach! diese Ebene ist immer noch mit den verwundeten Russen bedeckt. Beinahe sechzig lange Stunden haben sie in Todesqual dort gelegen und jetzt müssen wir sie fast ohne Hoffnung auf Hilfe liegen lassen. All dieser namenlose unsägliche Jammer ist die Folge der Laune eines einzigen Mannes. Siebenhundertfunfzig Verwundete liegen noch auf der Wahlstatt und wir können nichts für sie thun. Sie sind verbunden worden, und da wir außer Stande sind sie mitzunehmen oder zurückzuschicken, marschiren wir ohne sie ab. Ehe sich jedoch unsere Truppen in Bewegung setzten, schickte General Estcourt auf Befehl Lord Raglans in das Tatarendorf thalaufwärts, dessen Einwohner eben zurückkehrten, und ließ den Dorfvorsteher kommen, dem er auseinandersetzte, daß er die verwundeten Russen ihrer Obhut übergäbe und daß sie für deren Lebensunterhalt sorgen müßten. Um nach den Wunden zu sehen blieb ein englischer Arzt zurück.

Es war fast acht Uhr, ehe die Zelte des Hauptquartiers abgebrochen waren, und der Marsch begann. Von der Flotte erfuhren wir, daß der Feind nicht nur die Katscha verlassen, sondern sich sogar über den Belbek zurückgezogen hatte. Unser Marsch ging auf erstgenannten Fluß zu, fast in derselben Richtung wie am Tage vor der Schlacht. Wir kamen dabei an dem unvollendeten steinernen Gebäude vorbei, welches die Russen zu einer Telegraphenstation bestimmt hatten. Ueber der Thüre hatten jetzt die Franzosen die einfache Inschrift eingeschnitten: La Bataille d'Alma, 20. Septembre 1854. Ein ähnliches Gebäude sah man weiter nach Sebastopol zu; und als wir später auf unserm Marsche die Spitze eines Hügels erreichten, wurde der weiße Leuchtthurm von Sebastopol auf dem sich in das Meer hineinstreckenden Vorgebirge sichtbar. Die Gegend, durch welche uns unser Marsch führte, war uneben und kahl. Die Straße nach Sebastopol — ein bloßer Fahrweg, deren Richtung Geleise von Wagenrädern, Eindrücke von Pferdehufen und die Spuren der mit Nägeln beschlagenen Kanonenräder bezeichneten, wand sich zwischen steilen mit Disteln bedeckten Hügeln, von einander durch kleine Steppenstrecken getrennt, hindurch, oder zog sich durch ein mehr wellenförmiges Terrain. Wir marschirten durchschnittlich eine Wegstunde in der Stunde Zeit, und machten gelegentlich Halt um die Truppen rasten und die Baggage sich anschließen zu lassen. Um drei Uhr erblickten wir das schöne Katschathal, dessen jenseitiger Rand eine grüne stellenweise mit kleinen Wäldchen begleitete Hügelreihe bildete, auf der halbversteckt von Buschwerk hier und da weiße Villen und Häuschen hervorlugten. Allmälig senkte sich jetzt die Gegend nach dem Flusse hinab, dessen Lauf unten im Thale an Reihen von Bäumen und einer üppig emporwuchernden Vegetation zu erkennen war, die in scharfem Gegensatze zu dem kahlen und öden Steppenlande stand, über welches unsere Truppen marschirten. Lord Raglan und sein Stab ritten den Truppen ziemlich weit voraus — sehr zum Erstaunen und zur Entrüstung eines preußischen Officiers, der laut erklärte, daß ein solches Benehmen gegen alle Kriegsregel sei. Allerdings hätten zweihundert Reiter von nur einigem Unternehmungsgeiste Lord Raglan, seine Adjutanten, die Generale der Artillerie und Ingenieure mit ihrem Stabe, den Generalquartiermeister mit seinem Stabe, den Generaladjutanten mit seinem Stabe, Sir John Burgoyne mit seinem Stabe und sämmtliche Stabsärzte zu jeder beliebigen Stunde des Tages abschneiden und gefangennehmen können, denn sie ritten wohl eine halbe Stunde vor der Reiterei voraus, und waren nur noch ein paar hundert Schritte von den Gebüschen und Anpflanzungen am Ufer des Flusses entfernt, ehe Rittmeister Chetwode mit seiner Compagnie vom 8. Husarenregimente vorgenommen wurde, um zu recognosciren. Es war jedoch keine Spur vom Feinde zu entdecken, außer denjenigen, welche wir bald darauf in den Häusern vorfanden. Die Katscha ist ein kleiner reißender Bach, mit Ufern gleich denen der Alma. Hübsche weiße Häuschen säumten die Ufer, und seine Wellen bespülten die herrlichsten Weinberge und Gärten, inmitten welchen die Wohnungen standen, aber Bewohner waren nicht sichtbar. Wir marschirten über die Brücke und wendeten uns dann ostwärts nach dem kleinen Dorfe Eskel auf dem linken Ufer. Das erste Gebäude auf der Straße war das kaiserliche Posthaus mit dem Doppeladler und einer für uns nicht lesbaren Inschrift auf dem Schilde. Der gewöhnliche hölzerne Wegzeiger, weiß und blaugestreift, sagte uns, daß wir noch ungefähr anderthalb Meile von Sebastopol entfernt wären. Das Haus war verlassen und nicht einmal das kleinste Stück Hausrath mehr vorhanden. Die Straße nahm jetzt den Charakter eines englischen Landwegs in Devonshire und Hampshire an. Ueber niedrigen Mauern zu beiden Seiten hingen Obstbäume, bedeckt mit Aepfeln, Birnen, Pfirsichen und Aprikosen, alle vollkommen reif und zum Genusse einladend, und an den Spalieren hingen Trauben vom lieblichsten Geschmacke. Die erste Villa, an die wir kamen, war die Wohnung eines Arztes gewesen. Die Kosaken hatten sie erbarmungslos verheert. Eine Veranda, an der in üppigster Entwickelung sich Waldrebe, Rosen und Geisblatt hinaufrankten, war ganz angefüllt mit zertrümmerten Nähtischen, Musikpulten und Lehnsesseln. Die Fensterscheiben waren alle zerschlagen. Die ganze Umgebung legte Zeugniß von der eiligsten Flucht der Bewohner ab. Zwei oder drei Damensättel lagen auf dem Grase vor der Hausthüre, und nicht weit davon ein Sonnenschirm in Gesellschaft eines tatarischen Sattels und einer großen Peitsche. Den Weinfässern war der Boden eingeschlagen, Gerste und das Korn aus der Scheuer waren überall über den Boden verstreut — Scherben von Porzellan und feinem Glas lagen in Haufen vor der Küche und mitten in dieser Zerstörung saß eine Katze ruhig auf der Schwelle und blinzelte die neuen Ankömmlinge an. Die Scene im Innern kann keine Feder beschreiben. In tausend Splitter zerbrochene Spiegel lagen auf dem Boden, die Betten waren aufgeschlitzt und die Federn bedeckten die Dielen fußhoch. Stühle, Sophas, Fauteuils, Bettstellen, Bücherschränke, Gemälderahmen, Heiligenbilder, Näharbeit, Kleiderkästen, Schuhe, Stiefeln, Bücher, Flaschen, Arzneikrufen lagen zersetzt oder zertrümmert übereinandergehäuft in jedem Zimmer. Selbst Wände und Thüren waren mit Säbeln zerhauen. Das Journal des Arztes lag noch offen auf einem zerbrochenen Tische; er war inmitten der Beschäftigung, ein Recept zu schreiben, gestört worden, und hatte es nur halb eingetragen. Neben dem Journale lag ein Band von Frau v. Sevigné's Briefen in französischer und eine Pharmacopöe in russischer Sprache. Ein Fläschchen Blausäure stand so verlockend neben einer Bonbonschachtel, daß ich einsah, daß der erste hungrige Soldat, der einen Appetit auf Mandeln hatte, nicht würde widerstehen können, und ich goß daher den Inhalt aus, um eine mögliche Katastrophe zu verhüten. Unsere Leute und Pferde schwelgten bald in Trauben und in Korn, und wir ritten nach Eskel weiter, wo wir unser Quartier in einem Hause nahmen, welches einem höhern russischen Officier gehört hatte — wenigstens fanden sich viele Spuren vor, daß einer sich hier aufgehalten hatte. Jedes Haus und jede Villa im Dorfe bot einen Anblick dar, wie derjenige war, den

ich zu beschreiben so eben vergeblich versucht habe. Je vornehmer die
Wohnung, desto vollständiger und kläglicher war die Zerstörung.
Große Pianos und schöne mit Seide und Sammt überzogene Möbel, mit
brutaler Gewalt zertrümmert und zerrissen, fanden sich in mehr als einem
Hause vor, aber eins der Instrumente hatte noch genug Lebenskraft in sich,
um ein God save the Queen darauf ertönen zu lassen, und die Hymne
erklang auch wirklich Angesichts eines steifen Portraits Sr. Kaiserl. Majestät
des Czaren, das an der Wand hing! Portraits des Autokraten waren
nicht selten in den Häusern — fast so häufig wie Heiligenbilder mit gold-
nem und silbernem Heiligenschein um den Kopf. Die Häuser, sowohl vornehme als geringe, hatten nur ein Stockwerk und um durch Ausdehnung in die
Breite mehr Raum zu gewinnen, steht jedes Haus für sich, meistens von
einem Weinberge und einem Obstgarten umgeben, und von der Straße durch
eine steinerne Mauer und eine Reihe Pappeln oder Ulmen getrennt. Eine
mit Reben überzogene Vorhalle führt zu dem Eingange. Die Zimmer sind
reinlich und sorgfältig geweißt. Große Wirthschaftshäuser mit Weinkeltern, Ställen u. s. w., schließen sich dem Herrenhause an. Unterwegs meldete sich ein Deserteur, der vor Lord Raglan gebracht wurde. Es war jedoch nur ein Tatar; aber seine Aussagen über die Stimmung der Eingeborenen in Bezug auf uns waren von der Art, daß sofort Schritte gethan
wurden, Allen, die sich versteckt hatten, wissen zu lassen, daß ihr Leben
und ihr Eigenthum geschützt werden würden, wenn sie zurückkehrten. Kaum
befanden wir uns eine Stunde in Eskel, so erschien eine Anzahl rund-
köpfiger Bursche mit Mützen von Schafpelz und langen Kaftanen, die sich
verstohlen in die Häuser schlichen und die neuen Ankömmlinge mit scheuer
Neugier betrachteten. Von den Zurückgekehrten erfuhren wir, daß die Russen
in der Nacht nach der Schlacht an der Alma ziemlich erschöpft und entmuthigt an der Katscha angekommen waren, und die Dörfer und die benachbarten Häuser besetzt hatten. Um Mitternacht jedoch ertönte plötzlich
der Ruf daß die Engländer und Franzosen kämen. Das brachte die ganze
russische Armee sofort auf die Beine, und in großer Verwirrung zog sie
alsbald querfeldein. Ein Theil wendete sich nach Baktschi-Serai. Es sollen
ungefähr 20,000 Mann unter dem Befehle des Fürsten Mentschikoff
gewesen sein. Der Rest schlug die Straße nach Sebastopol ein, und erreichte in Unordnung die Stadt. Wirklich waren auf der ganzen
Straße hinweggeworfene Gewehre, Patronen und Czakos als Spuren
eiligster Flucht zu entdecken. Das Haus, in welchem wir wohnten, hatte,
wie sich deutlich zeigte, vor Kurzem einem Militair von Rang ein Obdach
gegeben; strategische Werke in russischer Sprache lagen auf dem Fußboden
und auf dem Corridor wurden ein paar Oberstenepaulettes gefunden. Lord
Raglan hatte für die Nacht eine hübsche Villa bezogen, aber das gesammte Meublement hatten die Kosaken zertrümmert. Es war Befehl
ertheilt, nicht zu gestatten, daß die Truppen die Weinberge verheerten oder

das Obst verzehrten, aber natürlich war es ganz unmöglich, vor durstigen und hungrigen Soldaten eine so ausgedehnte und verlockende Region, wie das Katschathal ist, zu bewachen. Unsere Leute schmausten die herrlichsten Trauben und die saftigsten Birnen und Aepfel, aber sie verdarben nicht, was sie nicht essen konnten, wie die Franzosen es in Marnaschei, weiter fluß-abwärts, machten. Die griechische Kirche im Dorfe erhielt eine Schutz-wache und ward nicht geplündert; unsere Leute nahmen nichts als Heu, Gerste, Geflügel und ähnliche für Mann und Pferde unentbehrliche Be-dürfnisse. Wären die Eigenthümer anwesend gewesen, so wären sie zum vollen Werthe bezahlt worden.

Dorf Belbek den 24. September.

Das Hauptquartier brach erst heute gegen Mittag auf. Es war sehr heiß und die Truppen waren müde, weil sie lange unter dem Gewehr stehen oder in Regimentern in der Sonne lagern mußten. Lord Raglan hatte jedoch vielerlei anzuordnen, ehe wir aufbrechen konnten. Mehrere hundert Kranke mußten aus den verschiedenen Regimentern ausgesondert und nach dem Ufer hinuntergeschafft werden, von wo sie auf die Schiffe gebracht wurden. Unsere Flotte lag die ganze Nacht, unbelästigt vom Feinde, an der Mündung der Katscha, und unsere Vorposten sahen auch nicht einen Schim-mer von den gefürchteten Kosaken. Der Himalaya setzte die schottischen Grauschimmel ans Land. Auch das 57. Regiment wurde ausgeschifft, und die Franzosen erhielten im Laufe des gestrigen Abends und heute nicht we-niger als 8 bis 9000 Mann Verstärkung.

Die wenigen Zelte des Hauptquartiers waren bereits um sieben Uhr abgebrochen, aber der Abmarsch verzögerte sich, wie ich bereits erwähnte. Die Gegend nach dem Belbek zu ist während der ersten Stunden Wegs vom Katschaflusse aus kahles Hügelland. Dann wird es etwas grüner und ebener, und endlich steigt man auf einem sanften Wiesenabhange nach dem Flusse hinab. Die Entfernung zwischen der Katscha und dem Belbek beträgt anderthalb Stunde. Das Belbekthal wird von beträchtlichen Höhen auf dem linken Ufer beherrscht, aber anstatt kahl zu sein, wie die Ränder der Alma und der Katscha, sind sie mit Bäumen und Gebüsch be-deckt. Da die Russen auf dem rechten Ufer Stellung genommen hatten und es Thorheit gewesen wäre, unsere Truppen einem Feuer auszusetzen, das sie nicht erwidern konnten, so wendete sich die Armee mehr nach links nach dem Dorfe Belbek hin, und marschirte nicht in grader Richtung auf den Strom zu. Durch diesen Flankenmarsch umzingen wir die russischen Bat-terien, die sich nun zurückziehen mußten. Unsere Truppen besetzten das Dorf und den Höhenzug auf dem linken Ufer. Lord Raglan quartirte sich mit seinem Stabe in Häusern unten im Thale ein, und es ist nur zu ver-wundern, daß der Feind nicht ein paar Geschütze auffuhr, um uns zu be-lästigen. Die Franzosen stehen immer noch auf dem rechten Flügel, und

halten die Höhen weiter vorwärts besetzt. Unsere Armee lagerte in Divisionen dem Hügelkamme entlang auf hochgelegenen Plateaus in nordöstlicher
Richtung von Sebastopol, und ungefähr eine Meile von dieser Festung
entfernt.

Mackenzie Meierei den 25. September.

Während der Nacht allarmirte uns der Feind. Die französischen
Vorposten sahen einige Kosaken vor sich, und sendeten ihnen erst ein paar
Flintenschüsse zu und dann eine Sechspfünderkugel, die sie sofort vertrieb.
Es ist jedoch nicht angenehm, um ein Uhr früh von so kriegerischem Getöse
aus dem Schlafe geweckt zu werden, und man ist für die ganze übrige Zeit
unruhig, obgleich man nun ungestört vom schleunigen Aufbruche vollauf Zeit
hat, seine Morgentoilette zu machen. Wie wir hörten, sendete der Feind
eine Kugel über Lord Raglans Wohnung.

Und jetzt begann ein Marsch, welcher zu den kühnsten gezählt zu wer-
verdient, die jemals ein Feldherr vor den Augen des Feindes machte. Da
man sich durch Erkennungsparteien versichert hatte, daß der Feind starke
Batterien auf der Nordwestseite des Hafens von Sebastopol in Verbindung
mit dem Sternfort und dem Fort Konstantin errichtet hatte, die einen Versuch, die Stadt einzuschließen, nur unter großem Verluste von Menschenleben
und Zeit möglich machten, so faßten unsere Feldherren den Plan, durch eine mit
Energie und Entschiedenheit ausgeführte Flankenbewegung nach Balaklawa
die nördlichen Batterien zu umgehen, sich eine neue Operationsbasis zu
sichern, deren wir bedurften, da wir die der Katscha aufgegeben hatten, und
den Feind dadurch zu überraschen, daß wir das Feuer unserer Batterien
gegen den schwächsten Theil von Sebastopol richteten, und auf dem Punkte
angriffen, wo es am wenigsten erwartet wurde. Die ganze Armee wendete
sich daher nach der Tschernaja-Rjetschka, und da der Marsch durch eine dicht-
bewaldete, nur von schmalen Lichtungen durchzogene, Gegend ging, so lockerte
sich natürlich die Marschordnung der Truppen etwas, und hätte der Feind
nur den geringsten Unternehmungsgeist besäßen, so konnte er uns
durch einen mit Lebhaftigkeit ausgeführten Flankenangriff, während wir
um die Spitze des Hafens herumbogen, schwere Verluste beibringen.
Zuweilen konnten wir von der Spitze der Hügel die Stadt und ihre in der
Sonne glänzenden weißen Häuser deutlich erkennen. Während des ganzen
Nachmittags waren die Dampfer beschäftigt, durch Bewerfung des Stern-
forts und des Forts Konstantin mit Bomben eine Diversion zu machen.
Die Entfernung war zwar zu groß um etwas auszurichten; die Beschießung
erfüllte aber doch ihren Zweck, indem sie die Aufmerksamkeit der Russen
von uns ablenkte. Sie machten nicht den mindesten Versuch, unsern Marsch
zu stören. Während desselben kreuzte sich unser Gepäck mit den links von
uns marschirenden Franzosen und Türken, die sich vor unserer Front vor-
übergezogen hatten. Lord Raglan und sein Stab ritten voraus, wie ge-

wöhnlich, und recognoscirten Sebaſtopol. Sie kamen bis dicht an das
nördliche Fort, aber obgleich die Ruſſen ſie als Stabsofficiere erkannt haben müſſen, ſo feuerten ſie doch nicht auf ſie, obgleich ſie im Schußbereiche
waren. Die Franzoſen zogen ſich immer weiter links, und die Türken, die
ich auf ſieben Bataillone anſchlug, folgten ihrem Beiſpiele. Unſer Marſch
ging ohne Diſtancen vor ſich, aber auf verſchiedenen Straßen, und namentlich hatte die Artillerie einen ſehr ſchwierigen Weg zurückzulegen, der nur
einem einzigen Artilleriſten neben jedem Geſchütz zu reiten erlaubte. Das
Gepäck des Herzogs von Cambridge befand ſich wohl eine Viertelſtunde
lang im Schußbereiche von Sebaſtopol. Als Lord Raglan ſeinem Stabe
vorausritt, ſah er blötzlich, als er aus einem Waldwege ins Freie heraus-
trat, eine Maſſe ruſſiſcher Infanterie unmittelbar vor ſich; es war die Bag-
gagebedeckung eines ſtarken Detachements der ruſſiſchen Armee, das von
Sebaſtopol nach Baktſchi-Serai marſchirte. Die Entfernung betrug nicht
mehr als einige hundert Schritte. Lord Raglan wendete ruhig ſein Pferd
und trabte mit ſeinem Stabe hinter die 1. Diviſion der Artillerie zurück.
Die Reiterabtheilungen des 11. und 8. Huſarenregiments wurden raſch
vorgezogen — die Kanonen protzten ab und eröffneten ihr Feuer auf die
ſich zurückziehenden Maſſen der Ruſſen; das 2. Jägerbataillon ging in
Tirailleurs aufgelöſt vor und begrüßte ſie aus ihren Miniebüchſen, die Cavalerie führte einen Choc aus und die Folge war, daß nach einigen Schüſſen
aus dem ſchweren Geſchütz die Ruſſen ſich auflöſten, und in großer Eile, ohne
Widerſtand zu verſuchen, die Straße entlang flohen. Sie ließen eine ungeheure Maſſe Gepäck jeder Art zurück, das in der Richtung ihrer Flucht
eine Stunde weit überall herumlag. Dies war gute Kriegsbeute und die
Truppen durften Halt machen und was ihnen gefiel oder was ſie tragen
konnten, nehmen. Sie brachen alle Wagen auf und ſchütteten den Inhalt
auf die Straße aus, aber die Ausbeutung ging in aller Ordnung vor ſich
und Officiere führten die Aufſicht, damit kein Streit entſtehe und Niemand
mehr nahm, als ihm zukam. Eine Unmaſſe Kleidungsſtücke jeder Art:
Stiefeln, Hemden, Röcke, Reiſetoiletten, werthvoller Schmuck und ſogar
einige Juwelen fanden ſich in den Gepäckwagen vor, und auch eine Kriegs-
caſſe wurde erbeutet, wie Einige wiſſen wollen, mit zwanzigtauſend Thalern.
Auch der Wagen des Fürſten Mentſchikoff fiel in unſere Hände; es fanden
ſich darin ſeine Orden, die gegenwärtig Capitain Peel beſitzt. Ein ruſſiſcher
Artillerieofficier, der in einem der Wagen ſaß, war in ſehr heiterer Stimmung und hatte offenbar der Flaſche ein wenig zu ſtark zugeſprochen. Ein
reichlicher Vorrath von Champagner befand ſich unter der Beute, welcher das
kalte Bivouac dieſer Nacht mit erträglicher machen half. Eine ziemliche Anzahl
ſehr ſchöner, noch nicht getragener Huſarendolmans, hellblau mit ſilbernen
Schnüren, die ſich in einem der Wagen vorfanden, wurden für ſieben bis
zehn Thaler das Stück verkauft. Andere kamen in den Beſitz von
ſchönen mit reichem Pelzwerk gefütterten Tuchmänteln. Der Feind wurde

etwa eine Stunde weit auf der Straße nach Baktschi-Serai verfolgt, floh aber so eilig, daß ihn die Reiterei nicht einholen konnte.

Diese Beute versetzte die Truppen in die vortrefflichste Laune und sie marschirten den ganzen Tag in bester Stimmung fort. Sebastopol blieb rechts liegen, und der Zielpunkt des Marsches war der kleine Weiler Traktir an der Tschernaja, wo für die Nacht Halt gemacht wurde. Da das Gepäck der Armee auf einer andern Straße, einige Stunden weiter links, transportirt wurde, so war Lord Raglan genöthigt, sich einer elenden Hütte als Nachtquartier zu bedienen, während der Stab daneben in einem Graben auf dem Erdboden schlief. Die Baggage mußte die ganze Nacht hindurch fahren, und es war für sie sowie für die Bedeckung und einen Theil der 4. Division wirklich ein Gewaltmarsch. Der Feind machte nicht den geringsten Versuch, uns während dieses merkwürdigen Marsches zu stören oder zu belästigen, was doch bei der geringsten Thätigkeit der Russen hätte geschehen können. Unser Marsch ging durch Waldungen auf schlechten und oft steil abschüssigen Wegen, und ein paar hier und da gefällte Bäume hätten die Armee stundenlang aufhalten können. Wir hatten jedoch den Feind überrascht, und er zeigte sich arm an Erfindungsgabe und Unternehmungsgeist. Nicht weit von unserem Nachtlager befand sich die Meierei Mackenzie. Sie hat ihren Namen von einem russischen Admiral schottischen Ursprungs, der hier eine Baumanpflanzung für die kaiserliche Marine anlegte, und es befindet sich daher ein Wachthaus für die die Pflanzung bewachenden Soldaten hier. Wir fühlten uns bitterlich getäuscht, als wir fanden, daß die Meierei weder Eier, Butter noch Käse erzeugte, und daß ihre einzigen Vorräthe aus Brettern und Bohlen bestanden. Die Franzosen steckten sie jedoch in Brand ehe wir abmarschirten.

Balaklawa den 26. September.

Es muß ein Schiffer voll Muth und von scharfem Auge gewesen sein, der sich zuerst hier herein wagte. Niemals in meinem Leben war ich mehr erstaunt, als wie ich mein Pferd auf der Spitze eines der zahlreichen Hügel, aus welchen dieser Theil der Krim besteht, anhielt, und hinabsehend unter mir einen kleinen Teich erblickte, den ringsum hohe steile Berge eng umschlossen; auf demselben schwammen sechs oder sieben englische Schiffe, die wieder hinauszubringen, ganz unmöglich zu sein schien. Die Bucht gleicht einem der Gebirgsseen im schottischen Hochlande, und es dauert lange, ehe sich das Auge an die Vorstellung gewöhnt, daß sie vom Meere aus ungefähr eine Viertelstunde lang, und zwischen 120 und 250 Fuß breit ist. Die Ufer sind so steil und abschüssig, daß sie den Hafen viel kleiner erscheinen lassen, als er wirklich ist. Nach dem Meere zu schließen sich die Felsen zusammen und verdecken so vollständig die schmale Einfahrt, daß man ihr Vorhandensein gar nicht ahnt. Südöstlich von dem ärmlichen Dorfe, das zwischen dem Fuße der Klippen und dem Strande ein bedrängtes Dasein führt, erblickt man die ausgedehnten Ruinen einer genuesischen Veste, ungefähr 200 Fuß über der Meeresfläche. Es muß früher eine große und wichtige Festung gewesen sein und ihre Courtinen, Bastionen, Thürme und Mauern legen noch in ihren morschen Trümmern Zeugniß von der Energie und dem Unternehmungsgeiste der kühnen Seefahrer ab, welche vor Jahrhunderten schon bis in diese classischen Regionen vordrangen. Es kann bezweifelt werden, daß die Genueser die Burg bauten, aber nicht, daß sie sehr alt und von weit besserer Arbeit als alle Bauwerke der Türken und Tataren ist. Der Stadt Balaklawa nähert man sich in dieser Richtung durch eine enge Schlucht, die von der offnern Gegend um Traktir hierherführt. Es ist ein gefährlicher Paß, und einige wenige entschlossene Leute könnten selbst einem größeren Heere erhebliche Hindernisse in den Weg legen, aber uns ließ man ohne die geringste Gefährde hindurch. Der Stab ritt zuerst auf die Stadt zu und wollte eben hinein, als zu Aller Erstaunen das verfallene Fort oben rasch hintereinander vier kleine Rauchwolken ausspie, und vier Bomben in der nächsten Umgebung des Stabes in die Erde schlugen. Jetzt bemerkten wir, daß auf einer kleinen Fläche neben einem der Thürme der Ruine eine kleine Abtheilung Russen stand, die zu einer hoffnungslosen Vertheidigung entschlossen zu sein schien. Noch einmal wurden wir mit Bomben begrüßt, aber nun hörte man bereits den Agamemnon draußen vor den Klippen das Fort fleißig beschießen. Auch die Jäger und einige Abtheilungen der leichten Division rückten vor und eröffneten, aus einer Entfernung von siebenhundert Schritten und sich allmälig näher heranschleichend, ihr Feuer. Bald darauf zog das Fort eine weiße Flagge auf und ergab sich. Es lagen nur sechzig Mann Besatzung darin, die zu Gefangenen gemacht wurden. Als der die Besatzung commandirende Officier gefragt wurde, warum er von einer Position aus gefeuert habe, die ihm als unhaltbar bekannt sein mußte, gab er zur Antwort, daß er geschossen habe, um zur Uebergabe aufgefordert zu werden, und daß es ihm als seine Pflicht erschienen sei, sich nur nach geschehener Aufforderung zu ergeben. Die Geschütze, aus denen die Bomben geworfen worden, waren kleine metallne Mörser: die Mannschaft gehörte zur Miliz von Balaklawa. Lord Raglan ritt gegen zwölf Uhr in die Stadt. Als er sich der Hauptstraße näherte, kamen ihm die Einwohner mit Tellern voll Früchten und Blumen entgegen. Einige überbrachten Bret und Salz als Zeichen des Gehorsams und der Unterwerfung. Er versicherte sie seines Schutzes und ritt nach dem Strande hinab, und bald darauf fuhr ein englischer Dampfer in den Hafen und ging vor Anker. So waren Flotte und Heer wieder vereinigt, und Lord Raglan hatte seine Operationsbasis aufs Neue gesichert. Die Gefangenen wurden an Bord geschickt und nach Konstantinopel geschafft. Unser Hauptquartier fand in der Stadt in den vornehmsten Häusern ein Unterkommen. Die Flotte liegt draußen vor dem Hafen. Gegen Abend glitt zum großen Schrecken des

Admirals Dundas und zur Freude von Allen, die am Strande standen, die
gewaltige Masse des Agamemnon zwischen den Felsen der Einfahrt hindurch, und erschien bald darauf in dem engen Hafen, wo er, der Wohnung
des Generals gegenüber, vor Anker ging und Sir E. Lyons ans Land setzte,
der sofort Lord Raglan seine Aufwartung machte.

Auf unserm heutigen Marsche machte die Reiterei einen Mr. Upton,
einen gebornen Engländer und einen Sohn des englischen Ingenieurs, der
soviele nützliche Bauten in Sebastopol aufgeführt hat, zu Gefangenen.
Man führte ihn vor Lord Raglan, aber er weigerte sich auf das Entschiedenste, über die Russen die geringste Auskunft zu geben, da es sich nicht
mit seinen Begriffen von Ehre vertrüge, einer Regierung Nachtheil zuzu-
fügen, in deren Militairdienste er gestanden.

Die Stadt ist ein armer Ort, der hauptsächlich der Fischerei ob-
liegt, und von einer griechischen Colonie bewohnt wird. In der Nachbarschaft befinden sich jedoch ein oder zwei gute Häuser von der gewöhnlichen
Beschaffenheit, und auf den Bauernhöfen entdeckten wir einige sehr annehm-
bare Heuvorräthe. Die Höhen rings um uns sind kahler Fels; weiter
landeinwärts werden sie fruchtbarer und eine halbe Stunde weit gegen Sebastopol und Simferopol zu erblickt man viele hübsche weiße Landhäuser,
hauptsächlich von russischen Beamten aus Sebastopol bewohnt.

Den 27. September.

Die Schiffe „Australian," „Sidney" und „Gertrude" fahren eben mit
der schweren Artillerie und dem Belagerungspark in den Hafen ein und
werden sofort anfangen, ihre funfzig schweren Geschütze, Zweiunddreißig-
und Vierundsechzigpfünder und Lancaster Kanonen, die eine Vollkugel von
neunzig Pfund schießen, an einer von der 3. Sappeurcompagnie wieder-
hergestellten Landbrücke auszuschiffen. Die 4. und die 2. Division sind
gegen die Südwestseite von Sebastopol vorgeschoben, und lagern auf einem
Höhenzuge, ungefähr eine Stunde von der Stadt und von einander
durch eine Schlucht, die nahe bei Balaklawa anfängt, und fast bis an die
Spitze des Hafens von Sebastopol tritt, getrennt. Die Stadt kann man
unter uns ganz gut sehen. Quer über die Nordseite des Hafens, nicht
weit von der östlichsten der Einbuchtungen, liegt ein wie ein Dreidecker gemal-
ter Zweidecker am Sprungtau, die Breitseite gegen unsere Stellung gekehrt. Auf der Nordseite bemerkt man ein großes, kreisrundes Werk mit
drei Reihen Kanonen übereinander — Fort Konstantin, und weiter landeinwärts ein anderes großes Werk, das Sternfort genannt. Ein runder,
weißer Thurm von Stein auf einer Höhe über der Spitze des Hafens, verspricht ein sehr unbequemer Nachbar zu werden. Darunter liegen zwei
Forts und große Casernen, aber wir konnten keine Soldaten darin bemerken. Auf der uns zunächst liegenden Seite ist ein sehr großes Werk mit
Courtinen, eine halbkreisrunde Bastion und einige angefangene Erdwerke.

Die Russen arbeiten sehr angestrengt an diesen Vertheidigungswerken und ihre Fortschritte waren heute sehr sichtbar. Lord Raglan und sein Stab nahmen am selben Tage zu Pferde eine Recognoscirung vor. Eine hinter dem Zweidecker vor Anker liegende Fregatte, fast am Ende der Einbuchtung, beschoß den Stab und unsere Leute mit Voll- und Hohlkugeln, that aber keinen Schaden. Lebensmittel sind sehr rar bei uns, und zwei Tage lang hat wenigstens die 4. Division kein Fleisch bekommen.

Balaklawa, 3. October.

Die Cholera, die uns nie verlassen hat, fordert viele Opfer. Viele von Denen, welche ungefährdet aus der Almaschlacht hervorgegangen sind, wurden eine Beute dieser räthselhaften Seuche. Am 30. September waren alle unsere schweren Geschütze im Park aufgestellt. Am 1. October hatte die Armee einen allgemeinen Rasttag. Der Feind amüsirte sich den ganzen Tag damit, Kugeln und Bomben über die Köpfe unserer Artillerie weg zu schießen und General Cathcart mußte sein Quartier verlegen, da die Russen die richtige Distance entdeckt hatten, und es mit vielem Erfolge als Zielscheibe benutzten. Er ließ jedoch seinen Flaggenstock zurück, der sehr viel Anziehungskraft für sie zu besitzen scheint, und sie setzten ihr Feuer fort wie gewöhnlich. Die 2. Division rückte heute auf den linken Flügel unserer Stellung und die leichte Division auf den äußersten rechten. Der Leuchtthurm von Cap Cherson ist in unsere Hände gefallen und das Leuchtfeuer wird jetzt von englischen Matrosen angezündet. Die Russen hatten es ausgelöscht, aber eine Abtheilung Blaujacken überfiel den Thurm am 26. und zwang den russischen Wärter, das Feuer wieder anzuzünden. Seitdem haben sie es behauptet, denn die Russen können sich dem Posten nicht nähern, ohne in das Feuer unser Schiffe zu gerathen. Jack ist voller Jubel über diesen kleinen Handstreich. Der Firebrand und der Sanspareil setzten am 1. Oct. 1000 Matrosen von der Flotte ans Land. Sie lagern unter Zelten an der Spitze der Bucht vor Balaklawa. Tausend Mann Marinetruppen halten die Höhen über der Stadt besetzt und die 1. Division, dadurch freigeworden, ist weiter vorgerückt und dient jetzt der 4. Division zur Unterstützung. Die Türken lagern hinten und rechts von unserer 3. Division.

Am Freitag schiffte sich Marschall St. Arnaud in Balaklawa nach Frankreich ein und man fürchtet, er werde es nicht mehr lebend erreichen. Den Tag nach der Almaschlacht war er so krank, daß er den Oberbefehl in die Hände des Generals Canrobert legte, und einem besseren Soldaten konnte er nicht anvertraut werden.

Sebastopol ist durchaus nicht als eingeschlossen zu betrachten, wie aus allem früher Gesagten hervorgeht. Es ist nur von der Armee auf der Süd- und Südostseite bedroht, während die Flotte es auf der Ostseite angreift. Vor dem Eingange liegt ein ungeheurer Baum und viele Schiffe sind dicht bei den Batterien versenkt. Die Erfahrung hat uns bereits gezeigt, daß, so schwer unsere Geschütze auch sind, die Russen, indem sie ihren großen Kanonen eine beträchtliche Elevation geben, aus ihren Batterien doch noch weiter schießen können, als wir von unserem Verdecke aus. Neulich gingen ihre Kugeln über uns weg, als die unserigen fünfhundert Schritte zu kurz trafen. Gegenwärtig ist unsere Armee in zwei Divisionslinien zwischen Balaklawa und Sebastopol aufgestellt. Auf dem linken Flügel vorgeschoben, steht etwa eine Stunde von der Stadt die 2. Division. Ihr zur rechten läuft eine tiefe Schlucht nach Sebastopol hinab, auf deren entgegengesetzter Seite die 4. Division steht. Die 3. und die leichte Division sind weiter rechts und hinter diesen Colonnen postirt, und die 1. Division lehnt sich fast an die Stadt, welche von Marinetruppen besetzt ist. Die Cavalerie lagert auf unserer rechten Flanke ungefähr dreiviertel Meile von Balaklawa. Alle Höhen sind in unserm Besitze und ein Feind könnte uns nur unter sehr nachtheiligen Verhältnissen angreifen.

Seit unserer Landung in der Krim haben wir ebenso viel durch die Cholera, wie in der Almaschlacht verloren. Sie kostete uns dreihundertachtzig Todte unter zweitausend Kampfunfähige. Die Zahl der Choleraopfer erreicht jetzt ziemlich dieselbe Ziffer. Von Deserteuren hören wir seltsame Dinge erzählen. Nach ihrer Aussage fuhren dreißig russische Damen aus Sebastopol zur Almaschlacht, als wäre es ein Schauspiel oder ein Pienic. Sie hielten den Sieg der russischen Waffen für gewiß, und groß war ihr Schrecken und ihre Angst, als sie sich plötzlich genöthigt sahen, das Telegraphengebäude auf dem Berge zu räumen und nach ihren Wagen zu fliehen, um das Leben zu retten. Hätte die Reiterei nur das Geringste gethan, so hätten wir die Wahrheit dieser seltsamen Geschichte prüfen können. Ohne Zweifel waren unsere Feinde des Sieges ganz sicher, und ihre Niedergeschlagenheit ist jetzt so groß, wie früher ihr Jubel war.

Wie ich erfahre, befanden sich von unsern sechzig Geschützen vierundfunfzig an der Alma im Gefecht, und wir haben seit unserer Landung einschließlich des Scharmützels von Buljanak im Ganzen neunhundert Kanonenpatronen verschossen.

Die Russen versuchten heute einige Truppen in die Stadt zu werfen, mußten sich aber vor den Franzosen zurückziehen. Zuletzt kamen sie auf der Nordseite hinein.

Die leichte Division wurde den ganzen Tag von dem schweren Geschütz des Feindes belästigt. Sie werfen jetzt Bomben viertausendfünfhundert Schritte weit mitten in unser Lager und die Division war den ganzen Tag über in Bewegung. Zum großen Erstaunen einiger Kosaken traf an diesem Tage ein Jäger vom 2. Bataillon, Namens Hubert, einen von ihnen auf neunhundert Schritte Entfernung.

Fünftes Kapitel.

Die Eröffnung der Laufgräben.

Aussicht auf Sebastopol. — Einschließung der Südseite. — Stellung der Franzosen. — Beginn der Belagerungsarbeiten. — Die Angriffslinien der Verbündeten. — Traurige Lage der türkischen Truppen. — Erstes Bombardement.

Vor Sebastopol, 6. October.

Lord Raglan verließ mit seinem Stabe gestern die Stadt Balaklawa und schlug sein Hauptquartier im Dorfe Dsuste-Otar, ungefähr eine Meile von Balaklawa, auf. Von der ansteigenden Höhe vor diesem Orte, in einer Entfernung von ungefähr einer halben Stunde, sieht man vom Hauptquartier die Stadt Sebastopol deutlich vor sich. Die Außenwerke der Südseite sind nicht weiter als eine Viertelstunde von uns entfernt, und jeden Tag, seitdem unsere Armee den meisterhaften Marsch nach Balaklawa machte, haben die Russen mit der größten Energie vor den am meisten ausgesetzten Stellen der Stadt neue Werke aufgeworfen. Wie wir hören, herrscht Schrecken und Misvergnügen innerhalb der Mauern; aber sicherlich ist kein äußeres Zeichen davon zu bemerken. Einige militairische Kritiker sind der Meinung, daß wir, wenn wir gleich nach der Almaschlacht die geschlagene Armee verfolgt hätten, durch einen forcirten Marsch auf Balaklawa auf der Südseite in die Stadt hätten dringen und die Werke mit Sturm nehmen können. Die nördlichen Forts, Fort Konstantin und das Sternfort, beherrschen die Stadt, und könnten einer dieselbe besetzenden Armee großen Schaden zufügen, wenn der Versuch mit Erfolg gekrönt würde. Ob die in den Forts Commandirenden sich nach der Einnahme der Stadt noch darin würden halten können, hängt von der Stimmung der Mannschaften ab; aber als allgemeine Regel gilt, daß Außenwerke mit den Hauptbefestigungen fallen zu denen sie gehören.

Ich sitze jetzt auf der Mauer einer verfallenen Meierei wo die 3. Division ein Piquet stehen hat, und von wo ich auf die Stadt Sebastopol hinabsehen kann. Sie glänzt weiß und rein in der schönen Octobersonne und scheint auf den ersten Anblick auf der Süd- und Südostseite offen und ohne Vertheidigung zu sein. Durch das Fernrohr kann man ganz deutlich sehen, daß die Russen wie die Bienen arbeiten; Frauen und Kinder tragen in Körben Erde herbei und schon umgiebt den weißen Thurm auf unserm rechten Flügel eine doppelte Reihe mit Schießscharten versehener Erdwerke. Das Fort ist nicht länger ein weißes Fort — es ist dunkelgelb angestrichen — wahrscheinlich damit es in der Dunkelheit nicht so grell hervortritt. Fort Konstantin und das Sternfort sind stumm — keine menschliche Seele regt sich in ihrer Umgebung. Dem äußersten linken Flügel unserer Linie gegenüber ist ein großes, mit Erdwerken befestigtes Lager errichtet, aber man bemerkt nicht viel Truppen darin. Dagegen exerciren große Massen auf einem freien Felde nicht weit davon. Einzelne Kosakenposten sind auf den Höhen ausgestellt, und beobachten unsere Bewegungen. Die Thurmspitzen und runden Dächer der verschiedenen öffentlichen Gebäude wären gute Zielscheiben für unsere Geschütze, wenn wir darauf schießen wollten. Vor unserer Fronte ist Alles ruhig, aber hinten sind die Matrosen eifrig beschäftigt Kanonen und Laffetten heraufzuschaffen. Sie sind herrliche Kerle bei dieser Arbeit, die ihnen ein Vergnügen und keine Mühsal ist, und ihre muntern Lieder, während sie an den schweren Tauen ziehen, erfreuen das Ohr der Vorübergehenden.

Den 7. October.

Diesen Morgen um sechs Uhr weckte uns Alle im Hauptquartier der dumpfe Schall von schwerem Geschütz auf unserm rechten Flügel und in unserm Rücken. Nach ungefähr funfzehn oder zwanzig Schüssen war Alles wieder still, und auch wir beruhigten uns. Die Ursache der Allarmirung erfuhr man bald. Eine Patrouille vom 4. Dragonerregimente, die im Rücken unseres rechten Flügels ausgeschickt war, stieß plötzlich im Morgengrauen auf eine ansehnliche Abtheilung feindlicher Reiterei, und die drei hintersten Reiter blieben entweder auf dem Platze oder geriethen in Gefangenschaft. Der Rest der Patrouille zog sich zurück und verhinderte, daß die Vedetten mit Tagesanbruche überfallen wurden. Die Cavalerie trat unter die Waffen, aber der Feind hatte die Uebermacht und zeigte nicht weniger als 3400 bis 4000 Reiter, unterstützt von mehreren Bataillonen Infanterie. Capitain Maude erschien jedoch alsbald mit seiner allzeitfertigen Batterie reitender Artillerie, und beschoß den Feind mit solcher Wirkung, daß er sich, zwei oder drei Todte und einige Pferde auf der Wahlstatt zurücklassend, eiligst zurückzog. Um zehn Uhr kamen drei Bataillone französischer Infanterie und ein Bataillon Tirailleurs Indigènes von der Pfeilbucht durch unser Lager herübermarschirt, und stießen zu unserm Corps im Rücken unserer Armee bei Balaklawa. Ihre Stellung reicht jetzt von der Pfeilbucht, wo ihre vorgeschobenen Posten eine halbe Stunde von Sebastopol stehen, bis zur großen Straße von Inkerman nach Sebastopol, und erstreckt sich daher einen guten Theil in unserm Rücken und bildet fast einen rechten Winkel mit unseren Divisionscolonnen, welche Front gegen Sebastopol machen. Die 3. Division Bosquet steht auf unserer Linken, dicht am Meere, und hat ihre Vorposten bis in einige Meiereien und Vorrathshäuser vorgeschoben, die südwestlich von Sebastopol liegen, und von denen man auf die Stadt hinabschauen kann; ihr zunächst steht die 2. Division fast in einer Linie mit unserm Hauptquartier. Hinter unserm Hauptquartier und mehr nach Südosten steht die 1. Division. Die leichte Division und das Hauptquartier befinden sich hinter unserm rechten Flügel, und erstere

ist eifrig damit beschäftigt, Feldbefestigungen aufzuwerfen, welche das nach
Balaklawa führende Thal beherrschen.

Heute fand sich abermals ein polnischer Deserteur ein, ein gemeiner
Soldat, auf dessen Aussagen vielleicht nicht sehr viel Gewicht zu legen ist,
aber er behauptet auf das Bestimmteste, daß sich 90,000 Mann in den
Mauern Sebastopols befänden. Mentschikoff ist immer noch Oberbefehlshaber, Gortschakoff zweiter und Chomutoff hat die Artillerie unter sich.
Die Russen haben großes Vertrauen in Letzteren, der sich in den apokry-
phischen Gefechten des Kaukasuskrieges sehr ausgezeichnet haben soll. Bei
seiner Ankunft vorgestern begrüßte ihn die Besatzung mit donnernden Hur-
rahs. Generals Lüders befehligt nach Gortschakoff.

Heute Nacht wird die Einschließung des Platzes auf der Südseite
vollständig. Ganz einschließen können wir Sebastopol nicht, da die Nordseite immer frei bleiben wird, und die größte Eigenthümlichkeit unserer
Operationen ist, daß keine Bresche gelegt wird. Die Festung ist nach der
Südseite fast offen, und alle Werke gehören der Classe der Offensivwerke
an, d. h. sie bestehen aus Forts und Batterien.

Den 9. October.

Die Russen haben an dem weißen Fort sehr fleißig gearbeitet und
vor demselben starke Erdwerke aufgeworfen, sowie auch auf dem äußersten
linken Flügel den Franzosen gegenüber. Während des ganzen Tages haben sie
uns in Zwischenräumen von zehn Minuten mit Bomben und Kugeln beschossen, die zuweilen in das Lager der 3. und leichten Division schlugen.
Sir George Brown hat sein Hauptquartier weiter zurückverlegen müssen.
Die Russen treffen manchmal eine Araba, eine Kuh oder ein Pferd, mit
einem Worte, einen Gegenstand, der nicht genug Verstand besitzt, aus dem
Wege zu gehen. Die 3. und 4. Division haben sie heute von Zeit zu
Zeit mit einigen Salven begrüßt, und ihre Kugeln flogen über die Zelte
der Commissariatsbeamten der letztgenannten Brigade hinweg, obgleich sie
ziemlich weit zurückliegen. Erhebliche Verletzungen sind nicht zu berichten. Heute
wurden unsere Leute unter guter Bedeckung über unsere Piquets hinaus, vorgeschickt, um dritthalbtausend Schritt von den russischen Linien eine Batterie von vier Geschützen, Lancaster- und zehnzölligen Kanonen aufzuwerfen.
Die Russen schienen sie anfangs wenig zu beachten, aber endlich eröffneten
sie ihr Feuer aus einem Erdwerke links vom weißen Thurme. Ihre Geschosse flogen aber weit über die Arbeiter hinaus, und schlugen in die Hügel-
wand dahinter. Die Russen werfen ihre Bomben schlecht; sie nehmen sehr
lange Zünder, um etwaige Rechnungsfehler gut zu machen, und oft liegt
eine Bombe mehrere Secunden auf dem Boden, ehe sie crepirt.

Die Stille in unserm Lager im Vergleich mit dem Lärmen und der
Lebendigkeit des französischen, fällt sehr auf. Keine Trommel, kein Signalhorn, keine Musik irgend einer Art ist bei uns zu vernehmen, während bei

unsern Nachbarn die Trommelwirbel und Fanfaren gar nicht aufhören und jeden Abend die Regimentsmusikbanden schöne Concerte geben. Bei uns sind nämlich die meisten Instrumente bei Seite gelegt und die Musikcorps aufgelöst worden, da die Mitglieder derselben den Pflichten obzuliegen haben, für die 'das Ambulancecorps gebildet wurde. Nach dem Eindrucke den es auf mich macht, und nach den Aeußerungen meiner Umgebung, glaube ich, daß das Vorhandensein von Musik im Lager ernstere Folgen hat, als es auf den ersten Blick erscheinen mag. Jeder Militair weiß, wie vom Marsche ermüdete Regimenter, wenn das Musikcorps aufzuspielen anfängt, munterer werden, in Tritt kommen, und mit Kraft und Leben fortmarschiren, solange die Musik dauert. Im Lager habe ich stets mit Vergnügen die aufmerksame Zuhörerschaft beobachtet, die sich jeden Abend auf den ersten Trommelschlag versammelte. In Aladyn und Devno besuchte unsere Mannschaft das Lager des 77. Regiments, weil es das beste Musikcorps in der ganzen Division hat; und als die Concerte während des Herrschens der Cholera aus menschlicher Rücksicht auf die Gefühle der Kranken aufhörten, hatten die Soldaten, anstatt ihrer gewöhnlichen Unterhaltungen, Singekränzchen in ihren Zelten. Es scheint mir ein Irrthum zu sein, ihnen eine aufmunternde und gesunde Unterhaltung zu einer Zeit zu entziehen, wo sie dieselbe am nothwendigsten brauchen. Das Regimentsmusikcorps ist nicht nur zur Ergötzung der Garnisonstädte oder zur Unterhaltung der Officiere im Quartiere, auch die Mannschaften haben einen gerechten Anspruch auf seine begeisternde Wirksamkeit während des langen und mühsamen Marsches im Feindeslande, oder in der Eintönigkeit eines stehenden Lagers vor dem Beginne einer Belagerung. Unsere Nachbarn haben durch ihre Nähe und durch ihre vortreffliche Musik in den Abendstunden wahrhaftes Leben in das Lager des Hauptquartiers gebracht.

Den 10. October.

Die Franzosen haben einen großen Schritt vorwärts gethan. Gegen Sonnenuntergang gingen vier Bataillone, zusammen 2400 Mann stark, auf unserm linken Flügel vor, und fingen gegen neun Uhr an zu arbeiten. Vor Tagesanbruche hatten sie, 2700 Fuß von den russischen Linien entfernt, einen 3600 Fuß langen Graben mit Brustwehr und Banket vollendet; und so wenig ahnten die Russen von dem Unternehmen, daß sie auch nicht ein einziges Geschütz abfeuerten, um die Arbeitenden zu stören. Jeder Soldat schanzte und stand Wache abwechselnd bis Tagesanbruch, und als die Sonne aufging, hatte jeder seine 1½ Fuß Erdarbeit fertig, sodaß die 3600 Fuß vollendet waren. Von dieser Stellung aus wird ein beträchtlicher Theil der Vertheidigungslinie des Feindes auf seinem rechten Flügel vollständig beherrscht, und die Franzosen können das stärkste Fort auf dieser Seite mit Erfolg beschießen. Von der Brustwehr des Laufgrabens aus kann man in den Schießscharten dieses Forts sechsundsiebzig Geschütze zählen. Die

Franzosen haben sechsundvierzig Kanonen hinter dem Werke liegen, die in dasselbe gebracht werden sollen, sowie die Schießscharten eingeschnitten und mit Schanzkörben und Faschinen geblendet nnd die Bettungen fertig sind. Ihre Laufgrabenlinie wird den feindlichen Werken zwei- bis dreihundert Schritte näher sein, als die unsrige, aber das größere Caliber unserer Belagerungsgeschütze wird den Unterschied in der Entfernung mehr als aufwiegen.

Unsere Leute werden den linken Angriff morgen früh oder vielmehr diesen Abend beginnen. Sie rücken bald nach Sonnenuntergange aus und kehren mit Tagesanbruche zurück, sodaß sie ins Lager gelangen, bevor der Feind sie bemerkt. Abwechselnd führt jede Nacht ein Oberst den Befehl über die Piquets. Dieser Dienst ist für Officiere und Mannschaften im höchsten Grade anstrengend. Die beiden letzten Nächte waren bei einem scharfen und heftigen Nordwinde empfindlich kalt. Der Wind zog Erkältungen und Fieber nach sich; selbst in den wärmsten Zelten machte er sich noch fühlbar, und er trägt keine geringe Schuld an der Vermehrung unserer Krankenliste. Ich stehe aus naheliegenden Gründen an, zu sagen, wieviel Mann wir gegenwärtig in Reihe und Glied haben. Selbst wenn ich es thäte, würde es kaum Jemand glauben, und die Angabe würde für Niemanden vom geringsten Nutzen sein. Die Todesfälle in Folge von Cholera sind von sechsundzwanzig täglich auf ungefähr zehn gesunken. Heute gegen Abend eröffneten die Russen ein fürchterliches Feuer aus sehr großen Calibern auf unsere neue Batterie, welche von Hauptmann Colville und seiner Compagnie vom 2. Bataillon der Jägerbrigade besetzt war. Das sie mit dem Leben davon kamen, ist fast ein Wunder zu nennen. Das Schießen dauerte ununterbrochen zwei Stunden lang, und ich fand in Gesellschaft des Lieutenants Stopford von den Ingenieren Gelegenheit, die Wirkung des russischen Feuers von verschiedenen Punkten aus zu beobachten. Bomben und Kugeln pflügten die Abhänge rechts und links vor uns und hinter uns auf, aber wir standen vollkommen gedeckt; und trotz des gefährlichen Aussehens und Sausens dieser zornigen Todesboten geschah nur sehr geringer Schaden. Im Lager des 30. Regiments sah ich zwei ungeheure Kugeln (ich glaube Vierundachtzigpfünder) und ein Sechsundfunfzigpfünder fiel unmittelbar vor unserer Ankunft in das Lager der Connaught Jäger, und schlug unmittelbar vor dem Zelte eines Officiers ein. Gegen halb fünf Uhr wurde das Feuer so lebhaft, daß ein Officier vom 30. Regimente seine in den Laufgräben arbeitenden Leute zurückziehen mußte.

Den 11. October.

Gestern Abend nach Dunkelwerden thaten die Engländer vor Sebastopol auf dem äußersten rechten Flügel und im Centrum unserer Stellung den ersten Spatenstich. Da im Schußbereiche des Feindes den Tag vorher ein Erdwerk für eine Batterie errichtet war, so waren sie ganz besonders auf uns aufmerksam geworden, und den ganzen Tag über unterhielten sie

ein fürchterliches Feuer auf die Höhenzüge vor der leichten und der zweiten
Division. Die russischen Batterien warfen jede Viertelminute Bomben,
Zweiunddreißig-, Sechsundfunfzig- und Achtundsechzigpfünder, Vollkugeln
und sogar einige Vierundachtzigpfünder, die den Erdboden in jeder Richtung
durchpflügten. Es ist fast unglaublich, daß während des ganzen vorigen
Tages keine einzige Verletzung vorkam; aber unsere Divisionen waren von
den vorliegenden Höhen vollständig gedeckt. Die Kugeln und Bomben
flogen über das Erdwerk, in welchem Hauptmann Colville mit seiner Compagnie Jäger stand, sprangen in Bogensätzen den Abhang hinauf oder
platzten, erreichten aber nur selten den Gipfel. Kamen die Kugeln wirklich
über den Kamm so kollerten sie bloß hinunter und blieben, ohne Schaden
anzurichten, unter den Zelten liegen. Die Russen, die für gewöhnlich mit
Sonnenuntergange zu feuern aufhören, waren vorige Nacht auf der Hut
und beschossen fast ununterbrochen die ganze Linie unserer Approchen. Jeden Augenblick wurde die Finsterniß von einem Blitze erhellt, der ganz dieselbe Wirkung hervorbrachte, wie Wetterleuchten — dann wurde es wieder
finster, und ein paar Secunden später deutete ein schwächerer Blitz an, daß
eine Bombe geplatzt war. Wir setzten uns zur Unterhaltung mit der
Uhr in der Hand hin, zählten bis der Donner an unser Ohr schlug,
dem dann bald das eigenthümliche Sausen und das Zerplatzen der Bombe
folgte, und schätzten dann die Entfernung des Geschützes und die Richtung
der Kugel ab. Die Stille im englischen Lager bildete einen merkwürdigen
Gegensatz zu dem beständigen Donner der russischen Batterien, und zu
der Musik, den Trompetensignalen und dem muntern Getöse im Lager unserer Verbündeten. Nach Einbruch der Nacht, eröffneten die Batterien im
russischen Centrum ein so wüthendes Feuer, daß wir vermutheten, der
Feind beabsichtige damit einen Ausfall zu decken, und es wurden daher sofort die nöthigen Vorkehrungen getroffen. Lord Raglan, begleitet von unserm thätigen Generalquartiermeister, Oberst Airey, und mehreren Officieren seines Stabes, beritt von zehn Uhr an die ganze Linie, und besichtigte
genau die Stellung der Regimenter und die Lage und den Zustand der
Werke. Früh halb zwei Uhr kehrten sie zurück. Während dieses ganzen
heftigen Feuers, in der Nacht vom 10., verloren wir an Todten nur zwei
Mann; einem Gemeinen vom 24. Regiment wurde der Arm weggerissen,
und Lieutenant Rotherham vom 20. Regimente erhielt eine leichte Wunde
im Beine durch einen Stein, den eine einschlagende Kugel in die Höhe
springen machte.

Bald nach Dunkelwerden rückten 800 Mann in aller Stille
auf unserer linken Fronte vor und eröffneten die ersten englischen Laufgräben vor Sebastopol. Hauptmann Chapman von den Ingenieuren, dem
der Bau der Werke und sämmtliche Ingenieurarbeiten des linken Angriffs
übertragen sind, führte sie. Ungefähr zwölfhundert Schritte Laufgräben
wurden fertig, obgleich wegen der felsigen Beschaffenheit des Bodens die

Arbeit sehr schwierig ist. Sowie die Bettungen gelegt sind, werden diese Laufgräben in Batterien verwandelt. Die Deckung war ziemlich gut. Die Russen hörten keinen Augenblick auf zu schießen, aber versuchten weiter nichts, und Diejenigen, welche einen Ausfall hofften, sahen sich getäuscht.

Heute gegen Mittag sah man ein großes Schiff unter österreichischer Flagge auf Sebastopol zusegeln. Das Fort Konstantin eröffnete auf drittbalbtausend Schritte sein Feuer auf dasselbe, aber das Schiff schenkte den Kugeln und Bomben, welche rings herum ins Wasser schlugen, nicht die geringste Aufmerksamkeit. Die anderen Batterien fingen nun auch an zu schießen, aber immer noch kümmerte sich der Oesterreicher nicht darum, obgleich die russischen Kugeln mehrere Male den Rumpf trafen oder durch das Tauwerk sausten. Das Schiff kam gerade vor die Front der Batterien und fuhr an ihnen, ohne daß ihm der geringste Schaden geschah, vorüber, der Küste immer näher. Der Firebrand dampfte zu seiner Unterstützung hinaus und erhielt dabei mehrere Schüsse in den Rumpf; aber Capitain Stewart ließ sich nicht abschrecken und brachte den Oesterreicher mit Hilfe eines Schraubenkanonenboots glücklich herein. Das Schiff war von seiner Mannschaft verlassen, die auf die Britannia gegangen war, als der Wind sich legte und das Fahrzeug auf die Batterien von Sebastopol zutrieb. Seine Ladung bestand aus sechshundert Tonnen Heu für das englische Heer; seine Rettung ist fast ein Wunder zu nennen, giebt aber einen Beweis für das schlechte Schießen der Russen.

12. October.

Gegen ihre gewöhnliche Sitte schwiegen die russischen Batterien während dieser Nacht. Dies war so unheilverkündend, daß wir einen Ausfall erwarteten, und es ging auch das Gerücht, die angeblich in unserm Rücken stehenden Russen würden Balaklawa angreifen, während die Griechen sie durch Anzündung der Stadt unterstützen sollten. Die Nachrichten über diesen letzten Plan lauteten so bestimmt, daß sich die Behörden zu der strengen Maßregel veranlaßt sahen, alle Griechen, Männer, Weiber und Kinder aus der Stadt zu weisen und der Befehl war mit Sonnenuntergange pünktlich und rücksichtslos ausgeführt. Nicht betroffen von der Maßregel wurden die Tatarenfamilien, welche bleiben durften.

Ingenieurhauptmann Gordon begann kurz nach Dunkelwerden die Angriffslinie auf unserm rechten Flügel. Die zweite und die leichte Division stellten 400 Mann als Schanzarbeiter, und starke Bedeckungstrupps wurden zu ihrem Schutze vorgeschoben. Die Arbeiter wurden in vier Compagnien von je hundert Mann eingetheilt, und sie schanzten die Nacht hindurch mit solchem Eifer, daß vor Tagesanbruch Nr. 1 hundertsechzig Schritte, Nr. 2 achtundsiebenzig Schritte, Nr. 3 fünfundneunzig Schritte, und Nr. 4 dreißig Schritte, im Ganzen dreihundertdreiundsechzig Schritte Laufgräben vollendet hatten. Man beabsichtigte ursprünglich eine gleichstarke Mannschaft

auf dem linken Flügel und im Centrum zu beschäftigen, aber eine jener
Zufälligkeiten, die von nächtlichen Arbeiten fast unzertrennlich sind, machte,
daß die Mannschaften den Weg verfehlten und der feindlichen Linie zu nahe
kamen. Ein vorgeschobener Posten, wahrscheinlich die Spitze eines Ausfalls,
bemerkte sie, und die Russen begrüßten sie aus nächster Entfernung mit
Büchsenschüssen, die wunderbarerweise keinen Einzigen trafen. Die Gewehrblitze verriethen jedoch unseren Leuten, daß sich mehre Bataillone russischer
Infanterie lautlos gegen unsere Werke bewegten, und die dahinterstehende
Division wurde sofort allarmirt. Halb zwei Uhr eröffnete der Feind, da
er jetzt bemerkte, daß sein Angriff entdeckt war, ein wüthendes Feuer aus
schwerem Geschütz auf unsere Linien. Die zweite und die leichte Division
traten unter die Waffen und die dazu gehörigen Feldgeschütze fingen an
den Feind, der unter dem Schutz seiner Batterien verrückte, zu beschießen.
Durch ein Mißverständniß erhielten die zur Deckung aufgestellten Abtheilungen Befehl sich zurückzuziehen, und Alle gingen zurück, mit Ausnahme
einer Compagnie Jäger, welche mit Hartnäckigkeit ihre Stellung behauptete
und die feindlichen Colonnen wirksam beschoß. Die Russen brachten zur
Unterstützung ihres Angriffs Geschütze vor. Die Batterien hinter ihnen
waren von unaufhörlichen Blitzen fahl erleuchtet, und das Sausen der
Kanonenkugeln und Bomben, untermischt von dem scharfen Pfeifen der
Büchsen- und Gewehrkugeln, erfüllte die Luft. Sämmtliche Lager wurden
rege. Die Franzosen auf unserer Linken traten unter die Waffen, und das
Gerassel der Trommeln und die schmetternden Fanfaren der Trompeten
machten sich durch den Donner der Kanonen und das Knattern des Klein-
gewehrfeuers hörbar. Fast eine halbe Stunde dauerte dieses Getöse, bis
plötzlich ein weithinhallender Cheer, rechts von uns, vernommen wurde.
Es war der Cheer des 88. Regiments, das eben Befehl erhalten hatte, die
Höhe hinab sich auf den unsichtbaren Feind zu stürzen. Er hatte seine
Wirkung, denn die bereits von unserm Feuer und von dem Anblicke unserer
den ganzen Hügelrand krönenden Bataillone erschütterten Russen wendeten
sich zur Flucht und eilten unter den Schutz ihrer Kanonen zurück. Ihr
Verlust ist nicht bekannt; der unsrige war sehr unbedeutend. Der Ausfall
schlug vollständig fehl und auch kein Zoll unserer Linie wurde beschädigt,
während die Vierkanonenbatterie, der Hauptgegenstand des Angriffs, nicht
einmal von den Russen erreicht wurde. Als der Lärm vorüber war, kehrte
Jedermann ruhig in sein Bivouak oder in sein Zelt zurück.

Es ist schwer eine militairische Stellung zu beschreiben ohne auf eine
Karte zu verweisen; aber unter der Voraussetzung, daß jeder der geehrten
Leser einen guten Plan von Sebastopol vor sich liegen hat, glaube ich, eine
ziemlich deutliche Beschreibung unserer Stellung geben zu können. Ungefähr
siebenhundert Saschinen (eine Saschine ist sieben Fuß) von der Südspitze der
Kalfaterschlucht, erhebt sich ein runder Thurm (der Malakoff), um welchen die
Russen ausgedehnte Erdwerke mit schwerem Geschütz armirt aufgeworfen haben.

Ein Hüttenlager für Reiterei und Fußvolk befindet sich auf einem Abhange, auf dessen Spitze dieser Thurm steht und wahrscheinlich lagern dort 10—12,000 Mann. Dieser runde Thurm ist mit Kanonen armirt, welche gleich denen in den davorliegenden Erdwerken, über die Köpfe unserer vorgeschobenen Posten und Arbeiterabtheilungen Kugeln und Bomben werfen, und sie manchmal über die Höhen vor unserer Front in die dahinter liegenden Lager schicken. In einer Entfernung von zwölfhundert Schritten, von diesem runden Thurme in fast genau südsüdöstlicher Richtung, werden unsere ersten Batterien erbaut, und schon sind dort die Erdwerke aufgeworfen, die mit der Senkung des Hügels sich hinunter nach der Spitze der Binnenhafenbucht ziehen, von der sie neunhundertunddreißig Schritte entfernt sind. Die Kanonen dieses Werks werden die Binnenhafenbucht, die darinliegendenden Schiffe und den westlich und südlich der Bucht liegenden Theil der Stadt und ihrer Werke beherrschen, während ihr Feuer die von den Russen auf dem Abhange der südlich von den Werften liegenden Hügel aufgestellten Geschütze bald zum Schweigen bringen wird. Alle ihre Geschosse fliegen jetzt über diese Werke und schlagen in den dahinterliegenden Abhang ein.

Unsere linke Angriffslinie erstreckt sich bis an den Abhang der Schlucht, welche den französischen von dem englischen Angriff trennt und in südöstlicher Richtung von der Spitze der Binnenhafenbucht hinauf nach unserm Hauptquartier Chuter läuft. Diese beiden Linien beherrscht fast in ihrer ganzen Länge eine schwere Batterie von acht Lancaster- und zehnzölligen Schiffskanonen die dritthalbtausend Schritte von den feindlichen Linien entfernt ist. Der äußerste rechte Flügel des französischen Angriffs ist ungefähr eine Meile von dem äußersten linken Flügel des englischen Angriffs entfernt. Südlich vom Kirchhof, nach der Quarantainebucht und den Süßwasserbrunnen zu, erstrecken sich die französischen Linien, die sehr schön ausgeführt und gedeckt sind. Das Feuer der russischen Batterien, in dem kreisrunden Werke am Ende des westlichen Walles bei den Casernen an der Spitze des Binnenhafens, ist beständig auf sie gerichtet, aber im Allgemeinen treffen die Kugeln die davorliegende Erhöhung, gehen in Bogen über die Linie hinweg und crepiren hinter derselben. Was die schweren Vollkugeln betrifft, so kümmert sich in dieser Entfernung jetzt Niemand mehr um dieselben, denn man kann sie leicht kommen sehen und ihnen mit gewöhnlicher Vorsicht und Gewandtheit ausweichen. Unsere linke Angriffslinie läuft im weiten Boden nach Inkerman zu und beherrscht die Stadt von der Einmündung der Tschernaja in die Spitze des Außenhafens von Sebastopol bis zu den Hügeln nahe bei den schon von unserm rechten Angriff bedrohten runden Thurme. Die Franzosen beherrschen den Ort vom Meere bis zu der Schlucht am Ende des Binnenhafens, und wenn ihre Geschütze in Batterie gebracht sind, müssen alle Forts, Verschanzungen, Gebäude, Erdwerke, Casernen, Batterien und Schiffe vernichtet werden, wenn nicht, was sehr unwahrscheinlich ist, die Russen ihr Feuer zum Schweigen bringen oder ihre Geschütze demontiren. Die Fronte der beiden vereinigten Armeen und die von ihnen zu deckende Linie von Offensivwerken hat von dem Meere bis an die Tschernaja eine Länge von anderthalb Meile. Von unserm äußersten rechten Flügel nach Balaklawa nehmen unsere Linien denselben Raum ein, und die Stellung der Armee ist nach der östlichen und südöstlichen Seite in der Flanke und im Rücken so stark befestigt, daß sie allen Entsatzversuchen der Russen Hohn sprechen kann. Der Weg sowohl von Kadikoi nach Kamara wie die westlichen Gebirgspässe sind an drei Orten so stark escarpirt worden, daß es der Infanterie schwer und der Artillerie ganz unmöglich sein würde, auf diesem Wege zum Angriffe vorzumarschiren. Außerdem steht aber noch ein Geschütz vom stärksten Caliber hinter einem Erdaufwurfe auf der Höhe, um die Straße zu beherrschen und die drei Escarpen wirksam zu bestreichen. Auf den Höhen östlich von Balaklawa befindet sich ein Zeltlager für ungefähr 1000 Marinesoldaten von den verschiedenen Schiffen der Flotte, und mehrere vierundzwanzig- und zweiunddreißigpfündige Haubitzen sind daselbst in Batterie aufgefahren. In Kadikoi gegen Nordwesten lagern 800 Matrosen mit schwerem Geschütz zur Unterstützung, und unter ihnen ist ein temporairer Park für Artillerie und Schiffsgeschütz aufgestellt. Von Kadikoi nach Traktir zu wird das Terrain bergig oder vielmehr sehr hügelig, und zwischen den ziemlich steilen Höhenzügen laufen breite Thäler hin, durch welche verschiedene Straßen führen, nämlich Fürst Woronzoffstraße, die Straße nach Inkerman, und von da auf einem langen Wegen über die Baktschi-Seraistraße nach Sebastopol, und die nach Traktir. Auf fünf von diesen Hügeln, von denen man auf die Straße nach Balaklawa hinabsieht, ist ein Detachement von 2000 Türken unter der Leitung eines preußischen Ingenieurhauptmanns Wagmann eifrig beschäftigt, mehrere Redouten aufzuwerfen. In jedes dieser Werke sollen 2500 Mann und zwei schwere Kanonen kommen. Die armen Türken sind willig und unermüdlich bei der Arbeit, obgleich sie den größten Entbehrungen ausgesetzt gewesen sind. Aus einem oder dem andern geheimnißvollen Grunde hat die türkische Regierung, anstatt der Veteranen Omer Pascha's, uns eine Truppe zu Hilfe geschickt, die, wenn ich recht unterrichtet bin, aus jungen Soldaten besteht, obgleich Viele ältliche Männer sind. Meistens haben sie nur zwei Jahre gedient und gehören zu den letzten Aushebungen der Pforte, aus den wenig kriegerischen Ständen der Barbiere, Schneider und Kleinkrämer. Dennoch sind sie geduldig, abgehärtet und kräftig — wie geduldig, schäme ich mich zu sagen. Auf beste Autorität wurde mir versichert, daß diese 8000 Mann ausgeschifft wurden, ohne daß für ihren Unterhalt die geringste Vorsorge getroffen war; nur einigen Schiffszwieback hatte man ihnen ans Land nachgeschickt. Dieser Vorrath war bald zu Ende, und weiter bekamen die Truppen nichts. Seit der Alma bis zum 10. October hat jeder dieser Soldaten nur zwei Schiffszwiebäcke erhalten!

Was sie sonst zu ihrer Ernährung brauchten, mußten sie stehlen oder betteln, und in diesem unwirthlichen und verödeten Lande war nicht einmal ihr einziger Trost, Rauchtabak, zu finden; dennoch arbeiteten und marschirten sie Tag für Tag, nährten sich so gut wie es eben ging, und in der That habe ich diese stolzen Osmanlis in unserm Lager weggeworfenen Schiffszwieback in den Zeltgassen auflesen sehen. Aber ihr Kummer hat sich jetzt in Freude gewandelt, denn das englische Volk speist sie, und eine solche Kost haben sie nie gekannt seitdem Mohamed sein erstes Heer von Gläubigen warb. Sie schwelgen in Kaffee, Zucker, Reis und Schiffszwieback, aber viele der Strenggläubigen fühlen ernste Gewissensscrupel bei dem Anblicke unseres Rindspökelfleisches, das sie in Verdacht haben, verkapptes Schweinefleisches zu sein, und gar seltsamen Proben wird es unterworfen, ehe sie es würdigen, es in osmanisches Fleisch und Blut aufzunehmen. Gar sehnsüchtig verlangen sie nach Butter und Schmalz, aber diese schmackhaften Zuthaten des Pilaffs liefert unser Commissariat nicht. Als ich sie vorgestern besuchte, arbeiteten sie munter, und Diejenigen, welche nicht im Dienst waren, hatten sich in Höhlen, die sie in der Erdwand ausgegraben und mit grünen Zweigen umsteckt hatten, viel behaglichere Ruheplätzchen eingerichtet als es jemals englischen Soldaten eingefallen wäre. Auf den Höhen über und hinter diesen Batterien errichten die Franzosen zwei Linien von Erdwerken, welche den Paß, durch welchen allein beträchtliche feindliche Massen zum Angriffe auf den Rücken oder die rechte Flanke unserer Stellung heranrücken könnten, vollständig beherrschen. Diese Linien werden sofort mit schwerem Geschütz armirt, und werden alsdann von großer Stärke sein. Das französische Lager dehnt sich von dort aus, hinter unserm Rücken weg, bis nach der Pfeilbucht.

Den 13. October.

Heute vor achtzehn Tagen gelangte unsere Armee durch einen kühnen Gewaltmarsch auf Balaklawa in ihre herrliche Stellung auf den Höhen, welche Sebastopol auf der Südseite vom Meere bis an die Tschernaja umschließen; seit sechzehn Tagen haben unsere Truppen diese Höhen besetzt und gemeinsam mit den Franzosen die Stadt so eng eingeschlossen, als ihre Ausdehnung und ihre Lage es erlaubt. Das Publicum darf nicht zürnen, wenn es erfährt, daß bis jetzt auch nicht eine englische oder französische Kanone auf das feindliche Feuer geantwortet hat, und daß die Russen die Zwischenzeit benutzt haben, um zur Deckung der Südseite der Stadt Erdwerke, Gräben und Batterien aufzuwerfen, welche dieselbe fast, wenn nicht ganz so stark wie die Nordseite der Bucht machen, die den durch unsern meisterhaften Flankenmarsch von Belbek auf Balaklawa erlangten Vortheil nahezu wieder aufgehoben haben, und welche die Beschwerlichkeit und die Gefahren der Belagerung sehr beträchtlich zu vermehren versprechen. Der Verzug war, wie ich wirklich überzeugt bin, ganz unvermeidlich. Jeder

Officier, der große Operationen dieser Art gesehen hat, wird wissen, was es für eine Armee heißt in engen und weitauseinanderliegenden Buchten alle ihre Kriegsvorräthe — ihre Bomben, ihre Kugeln, ihre schweren Geschütze, ihre Mörser, ihr Pulver, ihre Laffetten, ihre Bettungen, ihre Faschinen, Schanzkörbe und Sandsäcke, ihr Schanzzeug und alles das verschiedene Material zu landen, welches zur Belagerung einer so ausgedehnten und starken Linie von Befestigungen und Batterien erforderlich ist. Nur wenige Schiffe können gleichzeitig in der Balaklawa- oder in der Pfeilbucht einlaufen; in der erstern befindet sich nur ein einziges kleines Werft, und doch muß daselbst jede englische Kanone gelandet werden. Die Art unserer Landung in der Krim hat es uns ganz unmöglich gemacht, unsern Belagerungspark mit uns zu führen, wie es bei Armeen Gebrauch ist, die in ein benachbartes, von dem ihrigen nur durch eine eingebildete Linie getrenntes, Land einfallen. Wir hatten unser sämmtliches Belagerungsmaterial zur See nachzuführen, und es zu landen wo es eben am besten ging. Aber so wie das Material am Lande war, begann erst die Schwierigkeit, es hinauf nach dem Orte seiner eigentlichen Bestimmung zu bringen. Alle diese ungeheuren Eisenmassen mußten von Menschen, nur schwach unterstützt von der unzureichenden Pferdekraft, die uns zu Gebote steht, über eine von steilen Hügeln durchzogene Strecke auf jämmerlichen, ausgefahrenen Wegen zwei Meilen weit geschleppt werden, und man muß die Mühe und Arbeit, die das Fortschaffen einer Lancaster- oder zehnzölligen Kanone unter solchen Verhältnissen verursacht, gesehen haben, um zu begreifen, wie viele Zeit dazu gehört, sie an ihr Endziel zu bringen. Einigermaßen jedoch wird man sich einen Begriff von den mit dieser Arbeit verbundenen Anstrengungen machen können, wenn ich anführe, daß am 10. nicht weniger als dreiunddreißig Pferde der Artillerie, die am Tage vorher noch Dienst gethan hatten, todt, oder in einem solchen Zustande waren, daß sie erstochen werden mußten. Aus alle Dem folgt, daß eine große Belagerung nicht in wenig Tagen eröffnet werden kann, wenn eine Armee nur auf die Weise, wie wir es thun müssen, ihr Geschütz in die Laufgräben bringen kann. Dazu kommt, daß die Beschaffenheit des Bodens um Sebastopol dem Austiefen der Laufgräben und dem Aufwerfen der Brustwehren und Erdwerke große Hindernisse in den Weg legt. Die Oberfläche ist steinig und hart, und wenn die oberste Rinde weggeräumt ist, stößt man auf Felsenschichten und Gesteinmassen vulcanischer Bildung, auf welche die besten Werkzeuge vergebens einen Eindruck zu machen versuchen. Die Folge davon ist, daß die Erde zu den Schanzkörben und Sandsäcken weither herbei getragen werden muß, und manchmal kann nicht soviel zusammengescharrt werden, als zum Aufwerfen der nothdürftigsten Brustwehr erforderlich ist. Von dieser Bodeneigenthümlichkeit leiden die Engländer bei weitem mehr als die Franzosen. Letztere haben bessern Boden, und unter der ersten Schicht von Steinen und Erde werden Lager von schönem Thon gefunden, welche ihnen bei dem Anlegen ihrer Werke wesentliche Dienste geleistet haben. Trotz aller dieser Ursachen nothwendiger Verzögerung werden wir Sonntags oder spätestens Montag früh über hundertunddreißig Stück schweres Geschütz in Batterie haben, und unsere Kanonen werden im Stande sein, das Feuer der Russen zu erwidern. Wir haben ungefähr funfzehnhundert Schritt Laufgräben eröffnet, von denen der größte Theil zur Aufnahme der Batterien bereit ist. Die Franzosen haben etwas mehr, etwa 4000 Fuß fertig, sind überhaupt etwas weiter als wir, aber mit dem Landen ihres schweren Geschützes noch nicht fertig. Eine ungeheure Quantität Pulver, Kugeln und Bomben ist von Balaklawa herauf in die Linien geschafft, und steht in Parks oder in Reserve zum Gebrauche bereit; viele Kanonen sind aber ans Land gesetzt, die vor der Hand keine Verwendung finden können, und eine große Anzahl schwerer Geschütze und Unmassen von Munition und Kugeln lagern noch in den Magazinen in der Stadt und an der Straße. Jack Theerjacke hat bei dieser schweren Arbeit wesentliche Dienste geleistet. Das Einzige, was gegen ihn einzuwenden wäre, ist, daß er zu stark ist. Er reißt starke Fuhrwerke in Stücke, als wäre es Spielzeug; er häuft in den Munitionswagen schwere Patronen übereinander, bis die Pferde unter der Last stürzen, denn er kann nicht begreifen, daß das Schiff absegeln soll, ehe der Raum ganz voll ist; er zieht mit gewaltiger Kraft an Bugsirtauen, bis sie wie Nähseide zerreißen und er ist unermüdlich wenn es gilt, gebrechliche alte Fahrzeuge bergauf zu schaffen und sie im vollen Laufe thalwärts schießen zu lassen, bis sie in Stücke fallen. Mancher Haufe Kugeln oder Bomben neben der Straße bezeichnet den Schauplatz solcher Unfälle; aber Jacks guter Humor während seiner Gastrolle am Lande ist unerschöpflich, und er nimmt, kaum aus dem Lager zurückgekehrt, ohne Murren eine neue Eisenladung in Empfang, und ist bereit, sie noch vor Einbruch der Nacht hinauf zu befördern. Es ist ein wahrhaft erquickender Anblick, wenn man einer Abtheilung dieser ewig fidelen Bursche begegnet, wie sie eben ein Geschütz schwersten Calibers ins Lager hinaufschaffen. Schon aus der Ferne vernimmt man, vom Winde herübergetragen, die Töne eines rauhen, kräftigen, englischen Chors. Wie man näher kommt, schallen die Melodien einer Fidel, die ihre Abstammung von Gosport nicht verleugnen kann, unterstützt von dem Gequicke einer Bootsmannspfeife durch die an solche Musik nicht gewöhnten Thäler der Krim. Eine den Abhang heraufwogende Staubwolke verkündet ihr Kommen, und bald erscheinen sie selbst, wohl dreißig Matrosen, alle roth und aufgeregt von ehrlichgemeinter Anstrengung und mit seltsamem Geschrei und lauten Flüchen die Riesenkanone heraufschleppend, während der beaufsichtigende Officier ihre übermäßige Energie zu mäßigen, und die drei oder vier behaarten Herkulesse, die mit Weinblättern um den Hut oder Blumen im Haar rittlings auf der Kanone oder auf den paar vorgespannten Pferden sitzen, zu bewegen versucht, herunterzusteigen und mit ihrer Musik aufzuhören. Das Staunen der krimschen Tataren in ihren Pelzmützen, wie sie

die wunderbare Erscheinung dumm anstieren, ist im höchsten Grade lächerlich; aber Türke, Tatare, Russe oder Grieche sind der Theerjacke alle eines
und dasselbe, und er begrüßt, wenn er einmal in dieser Stimmung ist,
sicherlich jeden vorübergehenden Fremden mit dem allgemeinen Schibolet
Bono! Bono! Johnny!

Das Lager der Matrosen befindet sich jetzt neben dem Artillerieparke
des linken Angriffs nicht weit von der 3. Division. Es sind zur Zeit ungefähr
2000 Mann gelandet, und die ganze Matrosenbrigade steht unter den Capitains Lushington und William Peel und dem Commandeur Randolph.
Die Marinebataillone ungefähr 1200 Mann lagern auf den Höhen über
Balaklawa. Sie bedienen die Haubitzbatterien die dort angelegt werden,
und sind mit der Vertheidigung der Straße nach der Stadt von den ostwärts gelegenen Höhen beauftragt.

Unser Belagerungspark zerfällt in zwei „Angriffe," den rechten und
den linken. Die Batterien des rechten Angriffs commandiren Oberstlieutenant Dickson und die Capitains D'Aguilar und Strange, die Batterien
des linken Angriffs die Majore Young, Freese und Irving. Der ganze
Belagerungspark steht unter dem Befehle des Oberstlieutenants Gambier.

Den 17. October.

In der Nacht des 16. wurde der Beschluß gefaßt, das Feuer gegen
die russischen Linien am folgenden Morgen zu eröffnen, da es offenbar war,
daß sich der Feind mit großer Thätigkeit verschanzte und seine Stellung
beträchtlich verstärkte. Trotz der Anstrengungen unserer Ingenieure waren
unsere Werke nicht ganz fertig, und die Mehrzahl der Mörser konnte nicht
in Batterie gebracht werden. Dennoch begann nun am 17. um siebenein-
halb Uhr früh auf ein gegebenes Signal das Feuer sowohl auf englischer,
wie auf französischer Seite, aber vorher hatten die Russen dreißig Minuten
lang alle unsere Batterien wüthend beschossen. Fast zwei Stunden lang
war die Kanonade von beiden Seiten äußerst heftig.

Unser linker Angriff bestand aus vier Batterien und sechsunddreißig
Geschützen; unser rechter Angriff aus zwanzig Geschützen in Batterie. Außerdem befanden sich auf unserm rechten Flügel noch zwei Lancasterbatterien
und eine Batterie von vier Achtundsechzigpfündern. Die Franzosen verfügten
ungefähr über sechsundvierzig Geschütze. Im Ganzen hatten wir hundertsieb-
zehn Feuerschlünde den ungefähr hundertdreißig der Russen entgegenzusetzen.

Um acht Uhr wurde es augenscheinlich, daß die französischen Batterien
auf ihrem äußersten rechten Flügel, überwältigt von dem Feuer der Russen
und enfilirt von ihren Geschützen, sehr geschwächt waren; ihr Feuer wurde
mit jeder Minute matter.

Um acht Uhr dreißig Minuten ließ auf beiden Seiten das Feuer
einige Minuten lang nach, begann aber bald wieder mit ungeheurer
Energie, sodaß die ganze Stadt und die Werke von Rauch verhüllt waren

Um acht Uhr vierzig Minuten sprang das französische Magazin in der auf dem äußersten rechten Flügel liegenden Batterie von zwölf Geschützen mit einem fürchterlichen Krachen in die Luft, und wurden dabei hundert Mann getödtet und verwundet. Die Russen riefen Hurrah, verdoppelten ihr Feuer, und brachten das französische Feuer vollständig zum Schweigen. Nur dann und wann in langen Zwischenräumen konnten die Franzosen mit einem Schusse antworten, und um zehn Uhr hörte man auf dieser Seite fast gar nichts mehr.

Um zehn Uhr dreißig Minuten wurde das Feuer auf beiden Seiten matter, aber die Verbündeten und die Russen eröffneten es mit neuer Lebhaftigkeit um zehn Uhr fünfundvierzig Minuten. Unsere Artilleristen schossen vortrefflich, aber unsere Werke litten bedeutend von dem Feuer aus dem Redan und den vor einem runden Thurme auf unserm äußersten rechten Flügel angelegten Werken.

Um zwölf Uhr fünfundvierzig Minuten legten sich die französischen Linienschiffe im prächtigsten Style vor die Batterien auf der Seeseite und fingen an sie zu beschießen. Das Schauspiel war unbeschreiblich, indem die Russen den Angriffen zu See und zu Lande auf das Kräftigste begegneten, obgleich sie schwer litten.

Um ein Uhr fünfundzwanzig Minuten flog abermals ein Pulvermagazin in den französischen Batterien in die Luft. Die Kanonade war fürchterlich. Unsere Geschütze zerstörten den runden Thurm, konnten aber die davorliegenden Werke nicht zum Schweigen bringen.

Um ein Uhr vierzig Minuten fand unter lautem Hurrah unserer Leute eine große Explosion in der Mitte vor Sebastopol statt, aber das Feuer wurde nicht schwächer. Die Lancasterkanonen schossen schlecht, und eine zerbarst. Um zwei Uhr fünfundfünfzig Minuten ging ein Pulvermagazin im russischen Redan mit fürchterlichem Getöse in die Luft. Die Russen kehrten jedoch in ihre Batterien zurück, und schossen immer noch aus dem eingehenden Winkel ihrer Werke. Die Kanonade von den Schiffen und aus unsern Batterien dauerte ununterbrochen fort, aber der Rauch erlaubte uns nicht zu sehen, ob die englische Flotte im Gefecht sei.

Um drei Uhr dreißig Minuten wurde ein Vorrath loses Pulver in unserer Marinebatterie von einer russischen Bombe in die Luft gesprengt, ohne jedoch Schaden zu thun. Die Erdwerke des Feindes litten sehr von unserm Feuer; der Redan war fast zum Schweigen gebracht, und das Feuer der Werke um den runden Thurm war matter geworden, obgleich die innern Werke immer noch kräftig antworteten.

Um drei Uhr fünfunddreißig Minuten sprengten wir das Magazin in den Werken des runden Forts in die Luft.

Um vier Uhr zertrümmerten die Schiffe vor dem Hafen die Forts und gemauerten Werke und die Stadt mit fürchterlichen Breitseiten. Nur die französische Flagge war sichtbar, indem die englischen Schiffe auf der andern Seite der Einfahrt beschäftigt waren. Es wurde Befehl ertheilt, die Stadt und die Gebäude soviel als möglich zu schonen.

Von vier Uhr bis halb sechs war die Kanonade aus unsern Batterien sehr lebhaft und die Russen antworteten, obgleich unser Feuer dem ihrigen entschieden überlegen blieb. Mittlerweile sendeten die Schiffe aus sehr naher Entfernung eine Breitseite nach der andern gegen die Forts Nikolaus und Konstantin. Mit der Abenddämmerung nahm das Feuer sehr ab, und mit Finsterwerden hörte es ganz auf. Die Franzosen haben ungefähr 200 Mann hauptsächlich durch die Explosion verloren, unser Verlust ist sehr gering — noch nicht 100 Todte und Verwundete seit dem Beginne der Belagerung.

18. October.

Heute mit Tagesanbruch begann die Beschießung von Neuem. Die Franzosen waren immer noch außer Stande, uns zu unterstützen. Ihr äußerster linker Flügel schweigt immer noch vollständig. Sie werden erst den 19. oder 20. fertig sein, so hart hat sie das russische Feuer mitgenommen.

Während der Nacht brachten die Russen ihre Kanonen wieder auf die Laffetten, schafften neue in die Batterien und stellten eine große Ueberlegenheit im Feuer und in der Schwere ihrer Kaliber her.

Um elf Uhr Vormittags wurde gemeldet, daß die Russen im Begriff ständen, uns im Rücken auf der Balaklawastraße anzugreifen. Lord Raglan mit seinem Stabe begab sich sogleich mit starken Abtheilungen französischer Truppen an Ort und Stelle, wo in der That russische Reiterei und zwei Bataillone Fußvolk mit einem Geschütz sich im Nebel an die Vorposten heranschleichen wollten. Die Türken beschossen sie von den Redouten aus und die Russen zogen sich wieder zurück.

In diesem Augenblicke, drei Uhr Nachmittags, bedrängen uns die Russen sehr hart und antworten stets mit drei Schüssen auf zwei von uns. Oberst Hood von der Garde wurde heute in den Laufgräben erschossen.

Einige Deserteure vom Feinde meldeten sich. Nach ihrer Aussage ist Admiral Kornileff geblieben; er wurde während der Beschießung in der Batterie des runden Thurmes so schwer im Beine verwundet, daß er sich den Fuß abnehmen lassen mußte und ist an den Folgen der Amputation gestorben. Die Russen haben durch den Tod dieses Officiers, dessen Namen bei Gelegenheit der Expedition nach Sinope oft genannt worden ist, einen schweren Verlust erlitten.

19. October.

In der Nacht des 18. hat der Feind kaum einen Schuß abgefeuert. Unsere Batterien schwiegen ebenfalls. Die Franzosen eröffneten auf ihrem rechten Flügel mit einigen Geschützen, deren Aufstellung sie die ganze Nacht in Anspruch genommen hatte, von Neuem ihr Feuer, aber sie hatten noch nicht lange geschossen, als sich schon die große Ueberlegenheit des feindlichen Feuers fühlbar machte und ihre Werke ernstlichen Schaden litten: ihre Linien, obgleich an einigen Stellen weiter gegen die feindlichen Batterien vorgeschoben als die unsrigen, waren für die leichten Metallgeschütze, mit denen sie armirt waren, nicht nahe genug. Mit Tagesanbruch wurde das Feuer, wie gewöhnlich, von beiden Seiten fortgesetzt. Die Russen, welche die ganze Nacht zur Ausbesserung ihrer Batterien benutzt hatten, waren fast in derselben Lage wie wir und da wir diesmal nicht von den Franzosen in dem Maße, als wir erwartet hatten, unterstützt wurden, so konnten wir uns während des Tages gegen das russische Feuer nur eben noch behaupten.

Einige lebhafte Plänkeleien zwischen den Tirailleuren und den Scharfschützen fanden vor der Fronte statt. Unsere Jäger belästigen die russischen Artilleristen sehr und verwehren den Tirailleuren, sich unsern Batterien zu nähern. Einmal stießen die russischen Jäger und unsere Leute in einem Steinbruche, nicht weit von der Stadt, auf einander. Unsere Leute hatten sich gänzlich verschossen; aber sowie sie die Russen erblickten, griffen sie zu den überall umherliegenden Steinen und begrüßten damit den Feind aufs Kräftigste. Die Russen hatten entweder ebenfalls leere Patrontaschen oder waren so überrascht, daß sie zu laden vergaßen, denn sie nahmen ihre Zuflucht zu demselben Geschosse. Ein kurzes Scharmützel entspann sich, das sich zu unsern Gunsten endigte und die Russen zogen sich zurück, von unsern Leuten mit Steinen verfolgt, so lange sie sie erreichen konnten. Von allen Seiten rühmt man die Kaltblütigkeit eines jungen Artillerieofficiers, welcher auf einem Wege, der dem feindlichen Feuer so ausgesetzt ist, daß man ihn das Thal des Todes nennt, den Batterien Munition zuführte. Die Blaujacken haben ihre Freude an Capitain Peel, der seine Leute durch die Darlegung der besten Eigenschaften eines Officiers anfeuert, obgleich sein Muth zuweilen an Tollkühnheit streift. Als die Unionsflagge in der Matrosenbatterie von einer Kugel getroffen, fiel, ergriff er den zerschossenen Stab, sprang auf die Brustwehr und schwenkte die alte Flagge in einem Kugelhagel, der ihn glücklicherweise unverletzt ließ.

Unsere Munition wird knapp, aber wir erwarten jeden Augenblick neue Zufuhr. Entweder aus Mangel an Patronen oder wegen der Schwierigkeit, Pulver in die Werke zu schaffen, schweigt unsere Zwölf-Kanonenbatterie seit einiger Zeit. Der Admiral (Sir E. Lyons) treibt sich auf seinem kleinen grauen Pony unermüdlich zwischen unsern Linien herum. Heute ritt er mit Lord Raglan und seinem Stabe hinaus und beobachtete eine Zeit lang die Wirkung unsers Feuers von einem Steinbruche auf einem Hügel aus, wo man unsern rechten Angriff übersehen kann. Zwei neue Achtundsechzigpfünder wurden in Capitain Gordon's Angriff in Batterie gebracht und auch Capitain Chapman's Angriff sollte auf dieselbe Weise verstärkt werden. Es gelang jedoch nicht die Geschütze zeitig genug hinaufzuschaffen.

Der Rauch war heute machmal so dicht, daß man wenig mehr als seine grauen Wolken sehen konnte. Das Feuer der Franzosen wurde gegen ein Uhr viel matter, indem der Feind Bomben mitten in ihre Linien warf und einen Theil ihrer neuen Werke enfilirte. Stundenlang hörte man nur einen fortdauernden Kanonendonner und der Rauch verbarg alles Uebrige dem Auge. Ein Viertel auf vier Uhr war eine Pulverexplosion in dem unserm rechten Flügel gegenüberliegenden Thurme. Die Signalstabbastion schien von den Franzosen sehr zusammengeschossen zu sein. Der Redan und die Erdwerke vor dem runden Thurme feuern fast mit derselben Lebhaftigkeit wie früher. Da es sehr wünschenswerth war, die in dem Hafen unter uns vor Anker liegenden Schiffe zu zerstören, und die Gebäude des Marinewerfts in Brand zu stecken, so machten wir einen Versuch mit unsern Raketen, die zwar mit einiger Willkür sich ihre eigenen Wege aussuchten, aber doch einiges Unheil anrichteten, obgleich nicht soviel als wir erwartet hatten. Wo sie hinfielen, konnten wir, sowie der Rauch sich verzog, die Leute die Straßen hinauf fliehen sehen. Um drei Uhr Nachmittags brannte es in der Stadt, aber nachdem der Rauch unsere Hoffnungen einige Zeit lang rege erhalten hatte, wurde er immer dünner und verschwand zuletzt ganz. Aus den Werken um den runden Thurme unterhielten die Russen mit drei Geschützen und aus dem Redan mit vier oder fünf unausgesetzt ein lebhaftes Feuer auf unsere Batterien. Die Lancasterkanonen waren heute von großer Wirksamkeit. Die Truppen fangen an, sie verstehen zu lernen und der wahre Werth dieser Waffe beginnt sich zu zeigen.

20. October.

Unsere Batterien wurden gestern Nacht mit zwei neuen Achtundsechzigpfündern verstärkt und die Beschießung, die nach Dunkelwerden bald aufhörte, fing mit Tagesanbruch von Neuem an. Wir sind Alle dieser beständigen Kanonade herzlich satt, die soviel Lärm macht, viel Pulver verbraucht und sehr wenig Schaden anrichtet. Es ist nicht leicht, Erdwerke zusammenzuschießen, auf welche selbst die schwersten Kanonenkugeln nur geringen Eindruck machen. Außerdem fehlt es den Russen nicht an Arbeitskräften. Sie bessern mit Leichtigkeit während der Nacht aus, was wir den Tag über zerstören und beschädigen. Für uns ist dies schwieriger. Unsere Leute sind von den Anstrengungen entkräftet, der tägliche Dienst ist sehr angreifend für sie und die Artilleristen haben alle vierundzwanzig Stunden nur fünf Stunden Ruhe. Sie werden alle acht Stunden abgelöst, aber sie brauchen drei Stunden, um aus dem Lager in die Laufgräben und wieder zurückzumarschiren. Unsere Dilettanten sind ganz enttäuscht und haben die Sache satt. Ich fürchte, den Leuten in England geht es ebenso, aber sie müssen Geduld haben. Rom wurde nicht in einem Tage gebaut und Sebastopol wird nicht in einer Woche eingenommen werden. Wir sind, um die Wahrheit zu gestehen, hierher gekommen mit der Vorstellung, es wäre eine Stadt von Kartenhäusern, die von dem bloßen Donner unserer Kanonen einfallen würden, wie die Mauern von Jericho von dem Schalle von Josua's Trompeten. Die Nachricht von der Einnahme Sebastopols, die wir aus England erhielten, hat hier große Entrüstung und komisches Staunen erregt. Die ganze Armee ist wüthend darüber, da sie fühlt, daß die Wahrheit, wie und wann sie sich immer verwirklichen möge, in ihrer Wirkung hinter dieser kühnen Erfindung stets zurückbleiben muß. Auch befürchten sie, daß die Lorbern von der Alma in dem Rausche des Jubels über die eingebildete Eroberung vergessen werden könnten. Ueberhaupt scheinen unsere Landsleute zu Hause einen sehr unvollkommenen Begriff von unserer Lage zu haben. Neulich machte es mir vielen Spaß, in einer eben angekommenen Zeitung einen Brief von einem „alten Ostindier" über das Backen von Campagnebrot nach ostindischer Sitte zu lesen, indem er uns anräth, Salz! Milch! und Butter! bei der Zubereitung seiner gewiß höchst schmackhaften Speise zu verwenden. Salz ist ein Luxusartikel, der außer in Verbindung mit sehr hartfaserigem Schweinefleisch ganz selten zu haben ist; und was erst Milch und Butter anlangt, so haben wir den Geschmack davon längst vergessen. Eines Abends auf dem Marsche hierher mußte sogar Lord Raglan froh sein, daß er ein paar Schnitte kaltes Salzfleisch und ein paar Schlucke Commissariatsrum und Wasser bekommen konnte. Das härteste Loos wird aber unsern armen Pferden zutheil. Heurationen werden den Baggagepferden auf das Strengste verweigert; sie bekommen nur ein paar Pfund mittelmäßige Gerste. Ein Grashalm ist nicht zu erblicken, denn alle diese Abhänge und Hochebenen sind nur mit Disteln bedeckt. Ein Dienstpferd erhält nur sechs Pfund Heu täglich. Unter diesen Umständen sind die Pferde billig, und beständig kann man hören, wie Einer dem Andern aus purer Freundschaft „ein verdammt gutes Pony" als Geschenk bietet, das nur selten angenommen wird.

Heute bei Tagesanbruch sahen wir die Russen eifrig mit dem Auswerfen neuer Werke hinter dem Redan zum Schutze der Zeughausgebäude beschäftigt.

21. October.

Die Beschießung von Sebastopol hat nun fünf Tage gedauert, und unter dem fortwährenden Donner des schweren Geschützes in der Fronte erhasche ich ein paar Augenblicke, um zu schreiben. Unsere Lage ist noch die alte und wir schweben in beständiger Erwartung eines ernstlichen Zusammenstoßes mit dem Feinde. Am frühen Morgen, den 18., sah man eine Vedette in rascher Wiederholung Volte rechts machen; — und hier muß ich in Parenthese hinzufügen, daß, wenn eine Vedette Volte links reitet, das ein Signal ist, daß sich feindliche Infanterie im Anmarsche befindet, während Volte rechts die Annäherung von Reiterei anzeigt. Auf dieses Signal vernahm man augenblicklich von Trommeln und Trompeten den Ruf: ins

Gewehr! Die schottischen Grauschimmel und eine reitende Batterie versammelten sich mit der übrigen Reiterei auf der Ebene; das 93. Regiment trat ins Gewehr und die Batterien auf den Höhen wurden sofort besetzt. In der Ferne sah man die Piquets vorrücken, und ein Dragoner kam mit der Nachricht über die Ebene gesprengt, daß der Feind sich rasch nähere. Jetzt rückten Reiterei und Infanterie in die Ebene und blieben hinter den Anhöhen stehen, von welchen die Vedetten den Feind beobachteten. In dieser Stellung blieb Alles eine Stunde lang, als die Türken aus ihren vorgeschobenen Verschanzungen auf den Hügeln ungefähr dreitausend Schritt vor unserer Fronte mit vierundzwanzigpfündigen Haubitzen zu feuern anfingen. In diesem Augenblicke erhielten wir die Nachricht, daß der Feind Anstalt mache, anzugreifen, daß er mehrere tausend Mann stark sei und daß wir einen heißen Tag haben würden. Wir waren ganz zu seinem Empfange vorbereitet und blieben wie wir waren. Die Russen stellten jedoch ihren Marsch ein und zündeten des Abends, ungefähr zweitausend Schritt vor unsern Vedetten, ihre Wachtfeuer an, welche hell und hoch durch die Nacht loderten; sie hatten vor drei Wochen, als noch keine Werke hier angelegt waren, eine Recognoscirung in dieser Richtung gemacht und waren deshalb nicht auf einen ernstlichen Empfang gefaßt. Natürlich waren wir die ganze Nacht auf der Hut und vor Anbruch des Tages besonders aufmerksam auf Das, was vor unserer Fronte vorging. Hätten die Russen beabsichtigt, uns diesmal anzugreifen, so konnten sie keinen günstigern Morgen finden, indem ein dicker weißer Nebel die ganze Ebene bedeckte. Die Sonne ging auf und der Nebel verschwand, und nun entdeckten wir, daß die Russen ebenfalls verschwunden waren. Den nächsten Tag hofften wir natürlich, wir würden Ruhe und nicht nöthig haben, die ganze Zeit unter dem Gewehr zu stehen. Aber durchaus nicht; wir hatten eben unsern Tornister genommen, um unter den Kauffartheischiffen im Hafen eine Fouragirung vorzunehmen, als man abermals eine Vedette Volte rechts reiten sah. Von Neuem ertönte das Signal: ins Gewehr! Sir Colin Campbell ließ abermals sämmtliche Truppen antreten und wieder verging ein Tag wie der vorhergehende, indem sich der Feind zuletzt doch wieder zurückzog, ohne diesmal in den Bereich der türkischen Kanonen gekommen zu sein. Den Tag darauf ging ich auf Fouragirung aus, und kehrte mit einer Gans, Butter, Milch u. s. w. zurück — gewiß ein sehr erfolgreicher Streifzug. Wir fingen eben an, unser Mittagsmahl von Commissariatssalzfleisch — diesmal mit einiger Abwechselung von den Errungenschaften des eben erwähnten Streifzugs — zu verzehren, als abermals die Vedette erst Volte rechts ritt, und dann ebenso schnell changirte und Volte links machte. Wieder ertönten Trompete, Signalhorn und Trommel über die Ebene und wieder nahmen die einzelnen Truppentheile ihre Stellung ein. So blieben wir bis Dunkelwerden stehen, indem wir einen nächtlichen Angriff auf die Türken vor uns befürchteten und die

Batterien erhielten Befehl, auf alle Truppen die sich unter gewissen Verhältnissen ihnen näherten, zu schießen. Auf diese Weise mußten wir wieder
mehrere Stunden unter dem Gewehre stehen, während welcher Zeit die Türken allein einige Unterhaltung hatten, indem sie von Zeit zu Zeit ein paar
Kanonenschüsse abfeuern und die Nacht findet uns auf demselben Flecke.
Gegen neun Uhr hört man ein lebhaftes Kleingewehrfeuer von den, von
den Türken besetzten Höhen und die Blitze zucken über die Hügel; wir fühlen jetzt, daß es wirklich Ernst wird; aber plötzlich ist wieder Alles still,
bis einige Batterien mit donnerndem Getöse ihr Feuer eröffnen und dann
erleuchten die platzenden Bomben die Abhänge. Wir strengen unsere Augen
in der Dunkelheit aufs Aeußerste an und fragen uns verwundert, was es
wohl bedeuten möge; später wird Alles still und die Mannschaften legen
sich in ihren Ueberröcken zur Ruhe nieder, obgleich jeden Augenblick zum
Gefechte bereit. Wachtfeuer waren während der Nacht verboten; um acht
Uhr durften die Truppen auf zwei oder drei Stunden abtreten, und die
Vedetten lassen uns für jetzt in Ruhe.

Mittags.

Wir erfahren, daß das Kleingewehrfeuer der Türken einigen Kosaken
gegolten hat, und daß die Batterie fälschlicherweise die Vorbereitungen eines
starken türkischen Vorpostens zum Tschibukanbrennen, für Gewehrblitze
gehalten und darauf losgefeuert hat. Zum Glücke hatten die Artilleristen
in der dicken Finsterniß der Nacht ihren Geschützen so viel Elevation gegeben, daß die Bomben harmlos über die Köpfe unserer erstaunten Verbündeten hinwegflogen und weit von ihnen platzten. Bei der Beschießung
von der Seeseite führte Agamemnon die Spitze (er ankerte nur fünfhundert
Schritte vom Fort Konstantin und hatte blos noch 2 Fuß Wasser unter
dem Kiele), und der Albion signalisirte: „Wo Sie hingehen, folge ich.“

Die Gartenbatterie belästigt uns und die Franzosen sehr. Letztere
nähern sich mit Zickzacks und Laufgräben immer mehr den feindlichen Linien, und glauben ihre Batterie bis 1200 Fuß vom Platze vorschieben zu
können. Sie sind einem sehr heftigen Feuer ausgesetzt und die Russen werfen ihre Bomben mit bewundernswürdiger Richtigkeit in ihre Stellung.

Kurz vor drei Uhr Nachmittags brach hinter dem Redan eine Feuersbrunst aus, und eine Viertelstunde später eine zweite weiter links mehr nach
dem Innern der Stadt zu — wie wir später durch die Aussage von Deserteuren erfuhren, hatten wir leider ein Hospital mit Verwundeten von der
Alma angefüllt, und einen kleinen Kriegsdampfer in Brand geschossen.

22. October.

Der russische Dampfer Vladimir erschien in der Spitze des Hafens
und fing an unsern rechten Angriff zu beschießen. Er warf seine Bomben
mit ausgezeichneter Genauigkeit und hatte uns, ehe wir das Feuer wirksam

erwiedern konnten, 2 Mann getödtet und 20 verwundet. Wir errichteten eine große Traverse zum Schutze gegen den Dampfer der sich dann
wieder zurückzog.

Lord Dunkellin, Hauptmann in der Coldstreamgarde und ältester Sohn
des Marquis von Clanricarde, ist heute Morgen in Gefangenschaft gerathen.
Er führte eine Abtheilung seines Regiments zum Schanzen in die Laufgräben, und sie waren ein wenig vom Wege abgekommen, als sie durch die
Morgendämmerung einen bewaffneten Trupp auf sich loskommen sahen.
„Da kommen die Russen!" rief Einer von der Mannschaft aus. „Unsinn!
Das sind unsere Leute," sagte Seine Herrlichkeit, ging auf jene los und
frug in barschem Tone: „Wer führt diese Abtheilung?" Seine Leute sahen
ihn nicht wieder. Da sie unbewaffnet waren, zogen sie sich schleunigst zurück,
aber für das Leben Seiner Herrlichkeit ist nichts zu fürchten, denn die
Russen schossen nicht, umringten ihn blos und nahmen ihn fest, ehe er sich
entfernen konnte.

Die Russen eröffneten diesen Morgen eine sehr heftige Kanonade gegen
uns, wie sie gewöhnlich Sonntags zu thun pflegen. Der Gottesdienst wurde
abgehalten, während eine beständige Grundbaßbegleitung von Kanonendonner durch die Responsen und die Liturgie tönte. Die Franzosen leiden
schrecklich durch die Gartenbatterie, haben aber auch außerdem noch diese
Nacht Unglück gehabt. Die Russen machten gegen Morgen einen Ausfall
und kamen unbemerkt bis an die französischen Piquets. Auf den Anruf
derselben antworteten sie: „Inglis, Inglis!" was unsere Verbündeten, wie
sie sagen, für gutes Englisch hinnahmen, und ehe sie wußten wer Jene waren, griffen die Russen sie an, drangen in die Batterie und vernagelten fünf
Mörser. Sie wurden zwar sehr rasch wieder hinausgeworfen; aber der
kleine Unfall kränkte unsere tapfern Verbündeten sehr.

Sonst fiel heute nichts Wichtiges vor. Den ganzen Tag über dauerte
der Kanonendonner fort, und dessenungeachtet haben wir blos drei Todte
und sechsundzwanzig Verwundete, was für die Solidität unserer Werke ein
gutes Zeugniß ablegt. Desto stärker ist der Abgang durch Kranke, und von
den 35,600 Mann, welche in den Listen stehen, sind nicht mehr als 16,500
diensttüchtig. Seit dem 10. dieses Monats haben wir mehr als 700 Mann
nach Balaklawa geschickt, und jetzt haben wir durchschnittlich täglich 40 bis
50 Mann Abgang als Kranke, wozu noch 20 bis 30 Verwundete und
Todte kommen.

Sechstes Kapitel.
Das Gefecht von Balaklawa.

Beschreibung des Terrains. — Beginn der Schlacht. — Schmachvolle Flucht der Türken. — Die Hochländer werfen die russische Reiterei zurück. — Glänzender Angriff der schweren Cavaleriebrigade. — Rittmeister Nolan. — Tollkühnes Wagniß der englischen leichten Reiterei. — Sie dringt in die feindlichen Batterien, unterliegt aber zuletzt der Uebermacht und wird fast vernichtet. — Demonstrationen gegen den linken Flügel der Russen. — Sie ziehen sich zurück. — Ausfall gegen Sir de Lacy Evans. — Niederlage der Russen. — Fortgang der Belagerung. — Beschreibung der neuen Werke. — Die Franzosen eröffnen ihr Feuer. — Ein russischer Spion.

Vor Sebastopol 25. October.

Wenn die Darlegung der glänzendsten Tapferkeit, eines Uebermaßes von Muth und einer Kühnheit, welche den schönsten Tagen der Ritterzeit Ehre machen würde, vollständigen Trost für das Unglück des heutigen Tags gewähren kann, so können wir keinen Grund haben den traurigen Verlust zu beklagen, welchen wir im Kampfe mit einem wilden und barbarischen Feinde erlitten haben.

Ich werde nach besten Kräften beschreiben, was sich vor meinen Augen zugetragen hat, und die mir von zuverlässigen Augenzeugen berichteten Thatsachen mittheilen, mir jedoch in Dem, was ich von den Einzelheiten dieses merkwürdigen Tages berichte oder verschweige, das Recht des eigenen Urtheils vorbehalten. Ehe ich in meiner Erzählung fortfahre, muß ich vorausschicken, daß an gewissen Stellen die Meinung vorherrschte, unsere Reiterei wäre seit der Landung in der Krim nicht gehörig geführt worden und hätte durch die Unentschlossenheit und die übertriebene Vorsicht ihrer Führer die besten Gelegenheiten versäumt. Es wurde behauptet, unsere Reiterei hätte bei Buljanak so oder so manövriren sollen, je nach der Privatmeinung des Kritikers. Eben so behauptet man, daß die leichte Reiterei für die Erfüllung einer ihrer wichtigsten Obliegenheiten — das Eintreiben von Vorräthen für die Armee — gar nichts thue; daß die Officiere zu vornehme Herren fürs Arbeiten wären; daß unsere Cavalerie den fliehenden Feind nach der Almaschlacht hätte auf den Fersen verfolgen und ihm Geschütze und Gefangene abnehmen sollen; und schließlich, daß sie blos in Folge der übertriebenen Vorsicht ihres Befehlshabers, sowohl bei der Meierei Makenzie wie bei der Schlucht von Inkerman, die Gelegenheit anzugreifen und sich gleich den anderen Waffen Lorbern zu erwerben versäumt hätte. Daß diese Meinung vorherrschte, war unter der Reiterei ziemlich bekannt, und sie war entrüstet und empört, daß nur der leiseste Schatten des Verdachts auf ihrer Waffe lasten konnte. Sie schien nicht darnach zu fragen ob diese Anschuldigungen gerecht wären oder nicht, sondern nur der eine Gedanke schien ihre Seelen zu beherrschen, der Welt bei vorkommender Gelegenheit einen solchen Beweis des Muthes zu geben, daß alle Verleumder für immer verstummen müßten.

Wie ich früher erwähnte, waren mehrere Bataillone russisches Fußvolk über die Tschernaja gegangen und bedrohten von dort die Rückseite
unserer Stellung und unsere Verbindung mit Balaklawa. Wer des Nachts
auf der Balaklawer Straße nach dem Lager unterwegs war, konnte ihre
Musikcorps spielen hören, aber während des Tags zeigten sie sich nur wenig
und verhielten sich meistens still in den Schluchten und Pässen, durch welche
sich die Straßen nach Inkerman, Simferopol und dem Südosten der
Krim landeinwärts wenden. Die Stellung, welche wir gegen Balaklawa
einnahmen, wurde von den Meisten für sehr stark, sogar für uneinnehmbar
gehalten. Den Rücken unserer Stellung bildeten ansehnliche Anhöhen,
welche die Franzosen mit Verschanzungen gekrönt hatten. Unter diesen
Verschanzungen, und fast in einer graden Linie quer über das Thal unten,
erheben sich vier kegelförmige Hügel, von denen der höchste und am weitesten
von uns entfernte der Canroberthügel heißt, weil hier dieser General mit
Lord Raglan nach dem Marsche nach Balaklawa zusammentraf. Auf der
Spitze jedes dieser Hügel hatten die Türken Redouten aus Erde aufgewor-
fen, jede von 250 Mann besetzt und mit zwei oder drei Geschützen, zum
Theil schweren Schiffsgeschützen, armirt, die wir den Türken nebst einem
Artilleristen für jede Redoute zur Beaufsichtigung geliehen hatten. Diese
Hügel ziehen sich quer über das Balaklawathal ungefähr eine halbe Meile
von der Stadt. Nehmen wir also an, daß der Zuschauer auf einer der im
Rücken unseres Lagers vor Sebastopol liegenden Höhen steht, so würde er
auf seiner Rechten die Stadt Balaklawa mit den wenigen in dem engen
Hafen liegenden Schiffen und den alten Forts rechts erblicken; unmittelbar
unter sich hätte er das Thal und die mit grobem Grase bewachsene Ebene,
die sich von dem Fuße des Höhenkamms auf dem er steht, bis an den untern Rand der Berge auf der andern Seite erstreckt und wo die Zelte unserer Reiterei stehen; nur wenige Fuß unter sich auf dem Abhange würde
er die mit Zuaven besetzten französischen Laufgräben sehen; weiter hinab
eine türkische Redoute, eine zweite im Thale, dann in einer Linie mit derselben einige Erdwerke und dann die beiden andern Redouten bis hinauf auf
den Canrobertshügel. Auf der andern Seite des Thals steigt in einer Entfernung von zwei oder dritthalber Meile eine steile Felswand von höchst
unregelmäßiger und malerischer Gestaltung empor, die hie und da mit dün-
nem Gestrüppe bedeckt ist oder sich in kahle Spitzen oder Hochebenen empor
thürmt. Ein Stückchen blaues Meer erblickt man zwischen den überhängenden Klippen von Balaklawa, wie sie sich vor dem Hafeneingange rechts
drängen. Das Lager der Marinetruppen auf dem Hochlande, mehr als
1000 Fuß über der Meeresfläche, liegt dem Beschauer gegenüber, wenn
man Sebastopol den Rücken und Balaklawa die rechte Seite zukehrt. Auf
der thaleinwärts führenden Straße, dicht vor der Stadt und unter diesen
Höhen befindet sich das Lager des 93. Regiments Hochländer.

Die Cavalerie steht näher nach dem Zuschauer zu und etwas weiter vor als die Hochländer, aber der Stadt näher als die türkischen Redouten. Unbedeutende Bodenwellen streichen hie und da über das Thal. Zur Linken des Zuschauers treten die Höhen und Felsenhänge immer näher an die Tschernaja heran, bis etwa Dreiviertelmeile von Balaklawa das Thal in einer Bergschlucht verschwindet, über welche sich hohe kahle weißliche Felswände erheben, die nur hie und da von spärlichem Grün besetzt sind und sich gegen Süden und Osten an die Abhänge des riesigen Tschatirdagh anschließen. Ein Feind der am Belbek steht oder die Straßen von Mackenzie's Meierei, Inkerman, Simferopol oder Bakschi-Serai beherrscht, kann ohne Schwierigkeit zu jeder Zeit durch diese Schluchten und das Thal auf die Ebene debouchiren, oder von Sebastopol die Tschernaja entlang gegen Balaklawa vorrücken bis in die türkischen Redouten auf der Südseite, oder die französischen Werke auf der Nordseite, d. h. auf der Rückseite unserer Sebastopol zugekehrten Stellung. Die letzten Tage hatten Mentschikoff und Gortschakoff nur dazu gedient, unsere Stellung in dieser Richtung zu recognosciren, und sehr wahrscheinlich hatten sich des Nachts die Kosaken bis dicht an unsere Vorposten geschlichen, die nicht immer so wachsam sind als zu wünschen wäre, und die schwachen Stellen einer Position entdeckt, die für unsere Armee viel zu ausgedehnt und die ihre verhaßten Feinde, die Türken, besetzt hielten.

Heute morgen um sieben Uhr kam eine Ordonnanz von Balaklawa in das Hauptquartier mit der Nachricht gesprengt, daß ein starkes Corps russischer Reiterei, unterstützt von Artillerie und mehreren Bataillonen Infanterie, im Thale vorgedrungen wäre, und die Türken bereits fast aus der Redoute Nr. 1 (der auf Canroberts Hügel, die am weitesten von unserer Linie entfernt ist) verjagt, und schon ihr Feuer gegen die Redouten Nr. 2, 3 und 4 eröffnet hätten, die ebenfalls bald in ihre Hände fallen würden, wenn die Türken keinen mannhafteren Widerstand leisteten als bisher.

Sir George Cathcart und der Herzog von Cambridge erhielten Befehl ihre beiden Divisionen, die vierte und die erste, in Bewegung zu setzen, und General Canrobert wurde das Vorrücken der Russen mitgetheilt. Sofort nach Empfang dieser Nachricht, befahl der französische General dem General Bosquet, die 3. Division antreten zu lassen, und ließ eine starke Abtheilung Artillerie und ungefähr 200 Chasseurs d' Afrique vorgehen, um uns bei der Vertheidigung des Thales zu unterstützen. Sir Colin Campbell der in Balaklawa befehligte, hatte auf die erste Nachricht von dem Anrücken des Feindes, das 93. Hochländerregiment vorwärts der Straße nach der Stadt und parallel mit derselben aufgestellt. Die Marinetruppen auf den Höhen traten an; die Batterien der Matrosen und Marinire dicht bei der Stadt wurden besetzt, und die französischen Artilleristen und die Zuaven machten sich die ganze Linie entlang zum Gefecht bereit. Lord Lucans kleines Lager bot ein Schauspiel großer Aufregung dar. Die Mannschaft hatte nicht Zeit gehabt ihre Pferde zu tränken; sie hatte seit vorigem Abende nichts gegessen und kaum auf den ersten Trompetenstoß gesattelt, als sie schon auf dem Abhange hinter den Redouten vor dem Lager aufmarschirt stand, um den feindlichen Schwadronen entgegen zu treten. Es zeigte sich bald, daß auf die türkische Infanterie oder Artillerie kein Verlaß war. Alles, was wir von ihrer Tapferkeit hinter steinernen Mauern oder Erdwällen gehört hatten, bewies nur wie verschieden derartige Truppen sich unter verschiedenen Verhältnissen im Gefechte benehmen. Als die Russen anrückten, gaben die Türken ein paar Salven, bekamen Angst über die große Entfernung die sie zwischen sich und ihren Unterstützungstruppen bemerkten, hielten ein paar Kanonenkugeln aus und rissen dann mit einer Schnelligkeit aus, die mit den Alltagsbegriffen von dem Benehmen des Orientalen auf dem Schlachtfelde durchaus nicht im Einklange stand. Aber Türken von der Donau sind ganz andere Leute als Türken in der Krim, und wie es scheint sind die Russen in Sebastopol den Russen vor Silistria ganz und gar unähnlich.

Bald nach acht Uhr kamen Lord Raglan und sein Stab herangesprengt. Aus dem Thale herauf tönte der dumpfe Donner des schweren Geschützes und das Knattern des Kleingewehrfeuers und übertäubte mit seinem nähern Getöse den Donner der Belagerungsgeschütze vorn in der Front vor Sebastopol. Wie ich über die Disteln und großen Rollsteine, welche die sich nach Balaklawa hin in gleicher Höhe mit den benachbarten Hügelkämmen hinziehende wellenförmige Ebene bedecken, dem Schalle des Feuerns nachritt, sah ich ein französisches leichtes Infanterieregiment (ich glaube das 27.) in bewundernswürdiger Ordnung und Schnelligkeit von unserer Rechten nach dem Kamme bei dem Telegraphen vorrücken, wo bereits einzelne Compagnien französischer Infanterie postirt waren, während berittene Officiere in jeder Richtung über denselben hinsprengten.

General Bosquet, ein untersetzter militairisch aussehender Herr, der an das alte Genre französischer Generale, wie man sie in Versailles abgemalt sieht, erinnert, folgte im Galopp mit seinem Stabe und einer kleinen Escorte von Husaren. Dünne weiße Wolken von der Kanonade im Thale stiegen hie und da über den Hügel empor. Kein Maler kann jemals ein schöneres Bild gesehen haben, als ich an diesem Tage von dem Höhenzuge sah. Noch hingen die Morgendünste um die Bergspitzen und vermischten sich mit den aufsteigenden Dampfwolken; das Stückchen Meer funkelte heiter in den Strahlen der Morgensonne, aber heller funkelten die Lichtblitze, welche aus den dichten Massen Bewaffneter unten im Thale hervorschossen.

Wendete man sich links nach der Schlucht, so erblickte man sechs dichtgeschlossene Massen russischer Infanterie, welche eben aus den Gebirgspässen an der Tschernaja hervorgebrochen waren und jetzt in ernster Haltung langsam das Thal heraufrückten. Unmittelbar vor ihrer Front befand sich eine

Reihe Geschütze, mindestens zwanzig Stück. Zwei leichte Batterien waren ihnen bereits weit voraus und beschossen heftig die Redouten, aus denen in langen Zwischenräumen schwache Rauchwolken antworteten. Hinter diesen Geschützen vor der Infanterie standen große Massen Reiterei. Sie waren in sechs dichtgeschlossenen Colonnen formirt, drei auf jeder Flanke und rückten in Echelons thalab uns entgegen und im ganzen Grunde blitzte es von ihren Säbeln, ihren Lanzenspitzen und ihrem bunten kriegerischen Schmucke. Vor ihnen und in den Intervallen zwischen den Batterien, breitete sich eine Wolke von plänkelnden Reitern aus, die vor ihnen hin und her stoben, wie vor dem Winde wirbelndes herbstliches Laub. Die Zuaven, unmittelbar vor uns, lagen wie Tiger auf der Lauer, die Büchse schußbereit in der Hand und bis an das Kinn von den Erdwerken versteckt, die in unserm Rücken den Kamm dieses Höhenzuges hinlaufen, aber die scharfsichtigen Russen manövrirten auf der andern Seite des Thales und setzten ihre Colonnen keinem Angriffe aus. Unter den Zuaven konnten wir die türkischen Artilleristen in den Redouten sehen, schon ganz in Verwirrung wie die Granaten über ihnen platzten. Gerade wie ich auf der Höhe ankam, hatten die Russen die Redoute Nr. 1 genommen, die vorderste und höchstgelegenste und ihre Reiter verfolgten die Türken über den freien Raum, der zwischen dieser und der Redoute Nr. 2 lag. In diesem Augenblicke formirte sich die Reiterei unter Lord Lucan in glitzernden Massen: die leichte Brigade, unter Lord Cardigan, im ersten Treffen; die schwere Brigade, unter Brigadier General Scarlett, in Reserve. Sie waren unmittelbar vor ihrem Lager aufmarschirt und dem Auge des Feindes durch eine leichte Senkung des Bodens verborgen. Eine gute Strecke hinter ihrer rechten Flanke war das 93. Regiment Hochländer vor der Straße von Balaklawa aufmarschirt. Ueber und hinter ihnen auf den Höhen konnte man durch das Fernglas die Linien der Marinetruppen, und in den Erdwerken um die schweren Schiffskanonen versammelt die Kanoniere sehen. Anfangs hatten die Dreiundneunziger etwas weiter vorwärts in der Ebene gestanden, aber so wie die Russen die erste Redoute genommen hatten, beschossen sie die Hochländer mit unseren eigenen Geschützen, deren Kugeln einige Lücken in den Gliedern rissen, worauf Sir Colin seine Leute in eine bessere Stellung zurücknahm. Unterdessen rückte die feindliche Reiterei rasch vor. Mit unaussprechlicher Verachtung sahen wir die Türken in der Redoute Nr. 2 bei ihrer Annäherung ausreißen. Sie liefen in zerstreuten Trupps nach der Redoute Nr. 3 und nach Balaklawa zu, aber die Pferde der Kosaken waren zu rasch für sie und Säbel und Lanze fanden unter den flüchtenden Haufen bald überflüssige Beschäftigung. Deutlich konnte man das Geschrei der Verfolger und der Verfolgten hören. Wie die Uhlanen und die leichte Reiterei der Russen näher kamen, nahmen sie ihre Plänkler sehr rasch und in vortrefflicher Ordnung wieder zurück — die dünnen weithin zerstreuten Linien Reiter, welche über das ganze Thal wie Mondstrahlen auf dem Wasser tanzten, verdichteten

sich, sammeln sich in einzelne Trupps und in wenigen Augenblicken ist das
kleine Peloton wieder eine dichtgeschlossene Colonne. Dann jagten ihre Geschütze vor, die Artilleristen stürzten in die verlassene Redoute und die Geschütze von Nr. 2 feuerten bald mit tödtlicher Wirkung auf die entmuthig-
ten Vertheidiger der Redoute Nr. 3. Zwei oder drei Kugeln antworten aus
den Erdwerken und dann schweigt Alles. In ungeordnetem Schwarme kommen die Türken über die Wälle und eilen nach der Stadt zu, indem sie
noch im Laufen ihre Gewehre auf den Feind abschießen. Wieder öffnet
sich die geschlossene Reitercolonne wie ein Fächer und zerstäubt in eine lange
Linie Plänkler. Sie umfaßt die fliehenden Türken, die Säbel blitzen durch
die Luft, und blutend zucken die armen Moslimen auf dem Boden, durch den
Feß bis an das Kinn und den Brustriemen gespalten. Keine Unterstützungs-
truppe nimmt sie auf. Offenbar sind die Russen zu rasch für uns gewesen.
Auch die Türken waren zu rasch, denn sie haben die Redouten nicht lange
genug gehalten um uns in Stand zu setzen ihnen zu Hilfe zu eilen. Vergebens feuern die Schiffsgeschütze auf den Höhen auf die russischen Reiter;
die Entfernung ist zu groß als daß Vollkugeln oder Bomben etwas ausrichten könnten. Vergebens ist die türkische Artillerie hinter den Erdauf-
würfen in der Linie der französischen Verschanzungen bemüht, ihre fliehenden Landsleute zu beschützen; ihre Kugeln finden weit vor dem Reiter-
schwarme ihr harmloses Ziel. Die Türken wenden sich nach den Hochländern
wo sie Halt machen und auf den Flanken des Regiments sich in Compagnien formiren. Wie die russische Cavalerie links von ihnen die Spitze des
Hügels jenseit des Thales erreicht, erblickt sie die Hochländer, die ruhig
den Feind erwarten, wohl zwölfhundert Schritte vor sich aufmarschirt
stehen. Die Reiter machen Halt und eine Schwadron nach der andern fliegt
heran, bis auf dem Kamme eine Masse von ungefähr 1500 Mann
Uhlanen, Dragoner und Husaren versammelt ist. Dann rücken sie in
Staffeln, in zwei Massen und eine dritte in Reserve, vor. Die Reiterei,
welche die Türken rechts von uns verfolgt hat, kommt jetzt den Höhenrücken
vor uns herauf, der ihnen unsere Cavalerie verbirgt. Die schwere Brigade,
nun die vorderste, ist in zwei Treffen aufgestellt. Das erste besteht aus den
schottischen Grauschimmeln und ihren alten Ruhmesgefährten den Enniskillens; das zweite aus dem vierten irländischen Königsregimente, dem
fünften Gardedragoner- und dem ersten Königsdragonerregimente. Die leichte
Reiterbrigade hält links von ihnen, ebenfalls in zwei Treffen. Das Schweigen ist bedrückend; in den Pausen des Kanonendonners kann man unten im Thale das Knirschen auf den Gebissen und das Klappern der Säbel
hören. Die Russen links von ihnen verschnaufen einen Augenblick, und
stürzen sich dann in einer stolzen Linie auf die Hochländer. Der Boden
schwindet unter den Hufen ihrer Pferde; schneller und immer schneller
stürmen sie gegen diesen schmalen rothen Streifen oben mit einem Saume
von Stahl verbrämt. Die Türken geben eine Salve auf achthundert

Schritte und laufen davon. Wie die Russen noch sechshundert Schritte von ihnen entfernt sind, senkt sich der vorderste Saum von blitzendem Stahl und die Miniégewehre entsenden eine knatternde Salve. Die Entfernung ist zu groß; die Russen lassen sich nicht aufhalten, sondern die Linie wälzt sich mit der ganzen Kraft von Mann und Pferd mit Sturmesschnelle durch den Rauch heran, während hie und da Einzelne von den Geschossen aus den Batterien zu Boden stürzen. Athemlos wartet Jeder auf den Augenblick wo die Woge dem gälischen Menschenwalle begegnet; aber ehe sie noch auf hundert Schritte heran ist, knattert eine zweite mörderische Salve aus den Gewehren und sendet Tod und Entsetzen in die Reihen der Russen. Sie stutzen, schwenken rechts und links ab und jagen rascher zurück als sie gekommen sind. „Bravo, Hochländer! Gut gemacht!" jauchzen die aufgeregten Zuschauer; aber die Ereignisse drängen sich. Die Hochländer und ihre herrliche Haltung sind bald vergessen, man hat kaum einen Augenblick Zeit daran zu denken, daß die Dreiundneunziger, um die anstürmenden Reiter zu empfangen, sich nicht einmal anders formirten. „Nein," sagte Sir Colin Campbell, „ich hielt es nicht der Mühe für werth sie vier Mann hoch zu formiren!" Die gewöhnliche englische Formation in zwei Gliedern genügte vollkommen, um den Angriff der russischen Reiterei zurückzuweisen. Unsere Aufmerksamkeit wurde jedoch sofort von unserer eigenen Reiterei in Anspruch genommen. Wir sahen den Brigadier General Scarlett die Front seiner dichtgeschlossenen Schwadronen entlang reiten. Die Russen, offenbar eine auserlesene Truppe in hellblauer mit Silber besetzter Uniform, näherten sich in kurzem Galopp in ihrer linken Flanke dem Kamme des Hügels. Hinter ihnen glitzerte ein Wald von Lanzen und mehrere Schwadronen Dragoner in grauen Mänteln eilten ihnen zur Unterstützung nach, als sie auf der Höhe angekommen waren. Sowie sie dort erschienen schmetterten die Trompeten unserer Reiterei das Signal, welches uns verkündete, daß wir im nächsten Augenblicke Zeugen des Zusammenstoßes sein würden. Lord Raglan, sein ganzer Stab und seine Bedeckung, Gruppen von Officieren, die Zuaven, französische Generale und Officiere, und mehrere Colonnen französischer Infanterie auf der Höhe waren Zuschauer des Schauspiels, als ob sie aus den Logen eines Theaters auf die Bühne blickten. Fast Jederman stieg vom Pferde, und kein Wort wurde gesprochen. Die Russen kamen in langsamem Galopp den Hügel hinab, fielen dann in Trab und machten zuletzt fast Halt. Ihr erstes Treffen war wenigstens doppelt so lang als unseres und dreimal so tief. Dahinter kam eine zweite ähnliche Linie von gleicher Stärke. Offenbar verachteten sie ihren so unbedeutend aussehenden Feind, aber ihre Stunde war gekommen. Noch einmal schmetterten die Trompeten durch das Thal, und die Grauschimmel und die Enniskillens trabten grade auf die Mitte der russischen Reiterei los. Die Entfernung betrug ein paar hundert Schritte, kaum Raum genug, um die Pferde recht ins Feuer zu bringen. Wie unsere Reiterei herankommt, nehmen die Russen ihre beiden

Flügel vor um den Gegner vernichtend zu umarmen. Mit einer Achtelwendung links, um dem russischen rechten Flügel entgegenzutreten, stürmen die Grauschimmel mit einem Cheer, der jedes Herz begeistert erbeben macht, vorwärts. Der wilde Zuruf der Enniskillens ertönt in demselben Augenblicke. Wie der Blitz durch eine Wetterwolke fährt, so brechen die Grauschimmel und die Enniskillens durch die dunkeln Massen der Russen. Der Zusammenstoß dauerte nur einen Augenblick. Man hört ein Klirren und sieht das Blitzen der Schwerter in der Luft, und dann sind die Grauschimmel und die Rotbröcke mitten in den wankenden Massen verschwunden. Im nächsten Augenblicke sieht man sie wieder hervorkommen und in verminderter Anzahl und nicht mehr ganz geschlossen gegen das zweite Treffen stürmen, welches mit möglichster Eile herangesprengt kommt, um dem Gefechte eine günstigere Wendung zu geben. Es war ein schrecklicher Augenblick. „Gott helfe ihnen! Sie sind verloren!" kam aus mehr als einem Munde und Viele dachten es. Mit ungebeugtem Muthe stürmen die Tapfern gegen den Feind. Es war ein Heldenkampf. Das erste Treffen der Russen, das unser Angriff ganz aufgelöst hatte und das nach der einen Flanke und nach dem Mittelpunkte ihrer Linie zugeflohen war, kehrte jetzt zurück, um unsere Handvoll Leute zu erdrücken. Blos das Eisen und der Muth bahnte den Enniskillens und den Schotten einen Weg durch die feindlichen Schwadronen, und schon sah man Grauschimmel und rothe Röcke im Rücken des zweiten Treffens erscheinen, als mit unwiderstehlicher Gewalt das erste Königsregiment und das vierte und fünfte Gardedragonerregiment auf den Rest des ersten feindlichen Treffens losstürmte, hindurchfuhr, als wäre es von Pappe und über die zweite Masse der Russen herfallend, als sie noch von dem schrecklichen Anpralle der Grauschimmel und ihrer Gefährten in Unordnung war, sie in die wildeste Flucht schlug. In weniger als fünf Minuten, nach dem Angriffe unserer Dragoner, stiebten diese Russen vor einer gewiß nicht halb so starken Truppenzahl auseinander. Ein jubelnder Zuruf löste sich aus jedem Munde. In ihrer Begeisterung nahmen Officiere und Mannschaften ihre Mützen ab und schwenkten sie, und wie um die Rolle der Zuschauer eines Bühnenschaustücks fortzuspielen, klatschten sie lange und lebhaft mit den Händen. Lord Raglan schickte sogleich seinen Adjutanten, Lieutenant Curzon, mit seinen Glückwünschen an Brigadier Scarlett ab und ließ ihm sagen: „Brav gemacht!" Der tapfere Veteran empfing die Botschaft mit freudestrahlendem Gesichte. „Ich bitte Seiner Herrlichkeit meinen aufrichtigsten Dank zu sagen," war seine Antwort. Die Cavalerie verfolgte den Feind nicht lange. Ihr Verlust war sehr gering, ungefähr 35 Todte und Verwundete bei beiden Angriffen. Todt auf dem Platze blieben nur 4 oder 5, und den größten Verlust fügte später unseren schweren Dragonern das Kanonenfeuer zu, als sie den Rückzug der leichten Reiterei deckten.

Um zehn Uhr sah man die Garden und die Hochländer der 1. Division vom Lager nach der Ebene herunterrücken. Der Herzog von Cambridge meldete sich bei Lord Raglan, um sich seine Befehle zu erbitten, und da Seine Herrlichkeit die Ehre des Tages dem in Balaklawa befehligenden Sir Colin Campbell lassen wollte, so erhielt Se. Königl. Hoheit Befehl sich zur Verfügung des Brigadiers zu stellen. Zehn Minuten nach halb elf Uhr hatte auch die 4. Division ihre Stellung vorwärts Balaklawa eingenommen. Die Reiterei stand jetzt auf der linken Flanke unserer Stellung mit Front gegen den Feind; die leichte Cavaleriebrigade links etwas weiter vor; die schwere Cavaleriebrigade als zweite Staffel in Reserve mit einer Batterie rechts neben sich; das 4. und 5. Dragonerregiment und die Grauschimmel bildeten den linken, die Enniskillens und das 3. Dragonerregiment den rechten Flügel. Die 4. Division stand in der Mitte; die Garden und die Hochländer marschirten auf der äußersten Rechten auf und machten Front gegen die Redouten, aus welchen die Russen sie mit den unvernagelt gebliebenen Kanonen beschossen.

Zehn Minuten vor elf Uhr kamen General Canrobert mit seinem Stabe und Brigadegeneral Rose herangeritten, und die Stäbe der beiden Generale und ihre Escorten erschöpften sich in Lob über den prächtigen Angriff unserer Reiterei, während Lord Raglan und der französische Obergeneral abseits die ferneren Operationen besprachen, da allem Anscheine nach eine Schlacht zu erwarten war. Die russische Reiterei, von unserer Artillerie verfolgt, hatte in Verwirrung das Feld geräumt, auf dem sie viele Todte und schwer verwundete Menschen und Pferde zurückließ. Wenige Minuten vor elf Uhr kam ein Regiment Cavalerie, die Chasseurs d' Afrique, auf der Ebene an und wurde von unseren Leuten mit lautem Zurufe begrüßt. Sie stellten sich vorwärts der Anhöhen auf unserer linken Flanke auf.

Und jetzt ereignete sich die traurige Katastrophe, die uns Alle mit Betrübniß erfüllt. Wie man erfährt, übergab der Generalquartiermeister Airey, in der Meinung, daß die leichte Reiterei den fliehenden Feind nicht weit genug verfolgt habe, dem Rittmeister Nolan vom 15. Husarenregimente, einen schriftlichen Befehl für Lord Lucan, wonach derselbe mit seiner Reiterei näher gegen den Feind vorrücken sollte. Einen tapferern Soldaten als Rittmeister Nolan hatte die Armee nicht aufzuweisen. Er war der ganzen englischen Reiterei wegen seiner begeisterten Liebe für diese Waffe bekannt, und hat erst vor einem Jahre ein ausgezeichnetes Werk über die Cavalerie veröffentlicht. Ich hatte die Ehre ihn zu kennen, und ich weiß, daß er eine sehr hohe Meinung von der Leistungsfähigkeit des englischen Cavaleristen hatte. Nach ihm konnte der englische Husar und Dragoner Carrées sprengen, Batterien nehmen, Infanteriecolonnen niederreiten und jede andere Cavalerie von der Welt wie Spreu auseinanderjagen. Er glaubte, sie hätten nicht Gelegenheit gehabt, Alles zu thun, was sie leisten konnten und die Gelegenheiten versäumt, die sich ihnen dargeboten hatten — mit einem Worte, ihr Ruhm hatte einen Flecken bekommen. Als ein unübertrefflicher Reiter

und Fechter verachtete er, fürchte ich, sogar Kartätschen und Granaten.
Er sprengte mit dem Befehl für Lord Lucan fort. Er ist jetzt todt; Gott
verhüte, daß ich ihm etwas Böses nachsagen sollte, aber ich bin verpflichtet,
zu berichten, was sich nach meinen Gewährsmännern nach seiner Ankunft
bei Sr. Herrlichkeit ereignete. Ich muß vorausschicken, daß, wie die russische Reiterei aus dem Felde geschlagen war, sich auch ihre Infanterie
mehr nach dem Ausgange des Thales zurückzog und von den eroberten
Redouten nur drei besetzt ließ, die 4. aber räumte. Auf den Höhen über
ihrer Stellung links von der Schlucht fuhren auch einige Geschütze auf.
Ihre Reiterei schloß sich den Reserven an und stellte sich in sechs dichten
Colonnen in schräger Linie vor dem Eingange zu dem Passe auf. Sechs
Bataillone Fußvolk standen hinter ihnen, und ungefähr dreißig Geschütze
waren vor der Fronte vertheilt, während sich andere Infanteriemassen auf
den Höhen hinter den Redouten auf unserer Rechten sammelten. Unsere
Reiterei war weiter links auf die Anhöhe auf der andern Seite des Thals
gerückt, da das Terrain vor ihr nicht frei war und hatte sich in der früher
angegebenen Ordnung aufgestellt. Als Lord Lucan den Befehl vom Rittmeister Nolan empfangen und ihn gelesen hatte, frug er: „Wohin soll ich
verrücken?" Rittmeister Nolan wies auf die Aufstellung der Russen und
sagte: „Dort steht der Feind und dort seine Geschütze vor ihm; es ist
Ihre Pflicht sie zu nehmen." Ohne damit einverstanden zu sein, aber in
der Meinung, daß der Befehl unbedingt sei, befahl Lord Lucan Lord Cardigan, gegen die Geschütze vorzurücken. Auch dieser, obgleich er nicht zagte,
sah, wie ungeheuer die Uebermacht gegen ihn war. Don Quichote, bei seinem Angriffe auf die Windmühle, war nicht halb so tollkühn, wie die
tapfern Reiter, die sich ohne Bedenken bereit machten, einem fast gewissen
Tode entgegenzureiten. Es ist ein Grundsatz der Taktik, daß Reiterei nie
ohne Reserve angreifen soll, und daß sie bei einem Angriffe auf eine Batterie stets Infanterie in der Nähe haben muß, da die Wirkung nur augenblicklich ist, und daß in der Flanke einer Cavalerielinie wegen der großen
Gefahr einer Ueberflügelung stets einige Schwadronen in Colonne stehen
müssen. Die einzige Unterstützung unserer leichten Reiterei war die Reserve
schwerer Cavalerie weit hinter ihr und die Infanterie und Artillerie war noch
viel weiter zurück. Schwadronen in Colonne waren gar nicht vorhanden,
und der Angriff auf die feindlichen Geschütze mußte über eine Ebene gehen,
die mehr als zweitausend Schritte breit war.

Zehn Minuten nach elf Uhr setzte sich unsere leichte Reiterei in Bewegung. Die ganze Brigade bildete nach der Stärke festländischer Armeen
kaum ein Regiment und doch war es mehr als wir entbehren konnten.
Als sie sich vorwärts bewegte, beschossen die Russen sie mit schwerem Geschütz aus der Redoute rechts und mit Salven von Kleingewehrfeuer. In
der Morgensonne, von dem ganzen Prunk des Krieges glänzend, sprengten
sie stolz vorüber. Wir konnten kaum unsern Sinnen trauen! Diese

Handvoll Leute will doch nicht eine Armee in Position angreifen? Ach, es war nur zu wahr — ihre verzweifelte Tapferkeit kannte keine Grenzen und besaß nur zu wenig von ihrem sogenannten bessern Theile der Vorsicht. Sie rückten in zwei Treffen vor und beschleunigten allmälig ihren Schritt, wie sie dem Feinde näher kamen. Schrecklich war der Anblick für Diejenigen, welche, ohne Macht zu helfen, ihre heldenmüthigen Landsleute dem sichern Verderben entgegeneilen sahen. Zwölfhundert Schritte vor der feindlichen Linie angekommen, entsendete diese aus dreißig ehernen Schlünden eine Fluth von Rauch und Flammen, durch welche die tödtlichen Kugeln sausten. Sie bezeichneten ihre Bahn sofort durch Lücken in unseren Reihen, durch todte Menschen und Pferde, durch Rosse, die verwundet oder ohne Reiter über die Ebene flohen. Die erste Linie ist aufgelöst, die zweite holt sie ein, sie hemmen keinen Augenblick ihren Lauf; in verminderter Anzahl, decimirt durch jene dreißig Geschütze, mit einer Glorie von blitzendem Stahl über ihren Häuptern, und mit einem Schlachtrufe, der manches tapfern Herzens letzter Laut war, stürzen sie in den Qualm der Batterie, aber ehe sie dem Auge entschwinden, ist die Ebene mit ihren blutenden Leibern und mit todten Pferden bestreut. Sie waren einem flankirenden Feuer von den Batterien auf den Höhen auf beiden Seiten ausgesetzt und einem Kleingewehrfeuer in der Fronte. Durch die Rauchwolken konnten wir ihre Säbel blitzen sehen, wie sie gegen die Geschütze ansprengten, zwischen ihnen durchjagten und die Artilleristen niederhieben. Wir sahen sie zwischen den Geschützen hindurchjagen, sagte ich; zu unserer Freude sahen wir sie wieder zurückkehren, nachdem sie noch eine russische Infanteriecolonne, die wie Spreu vor ihnen auseinanderstäubte, durchbrochen hatten, als in ihren ungeordneten Reihen wieder die Kugeln von der Batterie auf den Hügeln seitwärts einschlugen. Verwundete und Unberittene, die nach uns zu flüchteten, sagten uns bald, welche Verwüstung sie anrichteten — Halbgötter hätten nicht mehr thun können, als hier der britische Soldat that. Als die Reiterei eben ihren Rückzug antreten wollte, sprengte eine starke Colonne Uhlanen gegen ihre Flanke. Oberst Shewell vom 8. Husarenregimente sah die Gefahr und führte seine wenigen Leute gerade gegen die Russen, und bahnte sich mit bedeutendem Verluste einen Weg durch dieselben. Die andern Regimenter machten Kehrt und wurden in ein verzweifeltes Handgemenge verwickelt. Mit einem kaum glaubhaften Muthe arbeiten sie sich durch die sie rings umgebende Masse, als eine Handlung der Barbarei stattfand, die in der neuern Kriegsführung civilisirter Nationen ohne Beispiel ist. Als der Angriff unserer Reiter vorüber war, kehrten die russischen Artilleristen zu ihren Geschützen zurück. Ihre eigene Reiterei bildete jetzt eine Masse mit den Engländern, die sie eben niedergeritten hatten, und zur ewigen Schmach des russischen Namens schossen die Elenden mit Kartätschen in den durcheinanderwirbelnden Knäuel von Menschen und Pferden und weihten Freund und Feind gemeinsam dem Verderben. Unsere schwere Cavalerie-

brigade konnte weiter nichts thun, als den Rückzug der kümmerlichen Reste
der Heldenschaar decken, als sie nach der Stelle zurückkehrte, die sie erst
vor Kurzem in vollem Stolze des Lebens verlassen hatte. Fünf Minuten
nach halb zwölf Uhr war kein englischer Soldat, außer den Todten und
Sterbenden, mehr vor den Geschützen zu sehen, die uns soviel Blut gekostet hatten.

Rittmeister Nolan wurde von der ersten Kanonenkugel getödtet, als
er vor den Husaren, sie zum Angriff anfeuernd, herritt. Lord Lucan erhielt
eine unbedeutende Wunde. Lord Cardigan kam mit einem Lanzenstich
durch die Uniform weg. Major Halkett vom 4. leichten Dragonerregimente
blieb auf dem Platze. Im Ganzen betrug unser Verlust 13 todte oder
vermißte Officiere, 156 todte oder vermißte Reiter, 21 Officiere und
197 Mann verwundet, zusammen 387 Mann. An todten und vermißten
Pferden 394, an verwundeten 126, zusammen 520.

Während dieses Reitergefecht stattfand, machte die französische Cavalerie einen glänzenden Angriff auf die Batterie links von uns, die auf
unsere Leute feuerte, und hieb die Artilleristen nieder; aber sie konnte
ohne Unterstützung die Geschütze nicht mit fortnehmen und mußte sich mit
einem Verluste von zwei Rittmeistern und 50 Mann an Todten und Verwundeten zurückziehen. Die schwere Reiterei retirirte in Schwadrons-
colonnen langsam und deckte den Rückzug der Geschlagenen. Die Wahlstatt war mit unsern Leuten und mit Hunderten von Russen bedeckt und
wir sahen, wie die Kosaken mit Eifer die Leichen untersuchten. Als die
Reiterei zurück war, machte unser Fußvolk eine Vorwärtsbewegung gegen
die Redouten und die russische Infanterie ihnen gegenüber zog sich langsam nach dem Passe zurück; gleichzeitig rückte die französische Reiterei auf
ihrer Rechten vor und breitete vor sich eine Linie Plänkler aus, worauf die
Russen ihre Geschütze zurücknahmen. Die Feinde in der Redoute belästigen
uns noch sehr mit Vollkugeln und Granaten und unsere Infanterie (die
1. Division) erhielt Befehl, sich in zwei Treffen auf den Boden niederzulegen, um der Wirkung der Geschosse zu entgehen. Die 4. Division, von
einer Bodenwelle gedeckt und zwei Regimenter französischer Infanterie,
die von vielen Geschützen begleitet im Thale angekommen waren, setzten sich
gegen den russischen rechten Flügel in Bewegung, den bereits die französische Reiterei bedrohte. Die Russen schickten den französischen Plänklern
ihrerseits Plänkler entgegen und da ein ähnlicher Angriff, wie der unserer
leichten Reiter, Tollheit gewesen wäre, begnügten sich die Franzosen, ihre
Stellung zu behaupten. Um elf Uhr schienen die Russen über unser stand-
haftes Vorrücken und die Anzeichen unserer Absicht, ihren rechten Flügel
zu umgehen oder abzuschneiden, unruhig zu werden und räumten die Redoute Nr. 1., welche nun die Verbündeten in Besitz nahmen. Funfzehn
Minuten nach elf Uhr räumten sie auch die Redoute Nr. 2, nachdem sie
das Pulvermagazin in die Luft gesprengt hatten; und da wir immer noch

vorrückten, verließen sie eine halbe Stunde später auch Nr. 3, die sie ebenfalls in die Luft sprengten; leider kamen wir zu spät und waren auch zu schwach, um sie zu verhindern, sieben von den neun Geschützen in den Erdwerken wegzuführen. Dreiviertel zwölf Uhr fing die ganze russische Infanterielinie an, sich langsam zurückzuziehen, und ein beträchtlicher Theil derselben stellte sich auf den Höhen hinter der ersten Redoute, die noch in ihrem Besitze ist, auf, in der Hoffnung, daß wir sie dort angreifen würden; aber es lag nicht in unserm Plane, eine Schlacht zu wagen und wir hatten bereits erkannt, daß unsere Stellung zu weit ausgedehnt war. Wir entschlossen uns daher, den Russen die Redouten Nr. 1, Nr. 2 und Nr. 3 und selbst Nr. 4, wenn sie dieselben behalten wollten, zu lassen, und uns zu begnügen, Balaklawa und die die Verbindung mit den dasselbe beherrschenden westlichen und südlichen Höhen hinter unserm Lager zu halten. Die Artillerie auf dem rechten Flügel der 1. Division beschoß die erste Redoute mit Kugeln und Raketen, ohne viel auszurichten, und auch die schweren Geschütze der der Stadt zunächst gelegenen Batterien trugen nicht weit genug, um die Russen zu belästigen. Um zwölf Uhr setzte sich der größere Theil der Franzosen und Engländer in rascheren Schritt und unsere Artillerie wurde durch zwei französische Batterien verstärkt, die weiter links zur Unterstützung ihrer Reiterei vorrückten. Die 1. Division blieb immer noch die Straße nach Balaklawa entlang in Linie aufgestellt. Wohl eine Viertelstunde lang fiel von beiden Seiten kein Schuß, aber die Russen sammelten sich in Macht auf den Höhen über dem Passe und die Reiterei behielt ihre vorgeschobene Stellung auf der Ebene bei und manövrirte in Fronte unseres rechten Flügels. Halb ein Uhr setzte sich die gesammte verbündete Streitmacht wieder gegen den Feind in Bewegung, mit Ausnahme der 1. Division, die staffelweise gegen die gegenüberliegenden Hügel vorrückte und mit ihrem Flügel Balaklawa deckte. Etwas später dehnten die Franzosen ihre Linie immer weiter links aus und besetzten, auf dem Höhenkamme angekommen, die Redouten Nr. 1, 2 und 3. Aber offenbar wollten die Russen Nr. 4 behalten und uns womöglich verleiten, ihnen in den Paß zu folgen, wohin sich ihre Artillerie zurückgezogen hatte. Da wir blos Balaklawa halten wollten, paßte dies nicht in unser Spiel; und da die Russen keine Anstalt machten, vorzurücken, sondern mit ihrer Reiterei die Zugänge zu den Gebirgspässen deckten, so wurde es klar, daß für heute kein Gefecht weiter stattfinden würde. Die Kanonade, welche gleich nach zwölf Uhr anfing und, ohne große Wirkung hervorzubringen, fortgesetzt wurde, hörte kurz nach ein Uhr ganz auf und beide Armeen behaupteten ihre Stellungen. Unsere Soldaten und Pferde waren beide gleich müde und hungrig und den Franzosen ging es nicht besser.

Lord Raglan blieb den ganzen Tag auf der Höhe und beobachtete den Feind. Erst nach Dunkelwerden kehrte er in sein Quartier zurück. Im letzten Strahle des Abendlichtes konnten wir die Lanzen der Feinde in ihrer

alten Stellung im Thale schimmern sehen; und ihr Fußvolk krönte allmälig die Höhen auf ihrer Linken und besetzte den Weg nach dem Dorfe,
welches südlich von Balaklawa liegt. Unsere Garden kehrten in ihr Lager
zurück und die ermüdeten französischen und englischen Truppen wurden durch
eine starke französische Division abgelöst, welche um fünf Uhr ins Thal
herabrückte. Unsere Arbeiten in den Laufgräben wurden in der Aufregung
dieses Trauertages, an dem unsere leichte Reiterbrigade durch ihre eigene
Tollkühnheit vernichtet wurde, vergessen.

Den 26. October.

Gestern Abend, als der Feind unsere Kanonen nach Sebastopol hin-
einschaffte, war großer Jubel in der ganzen Stadt, wo verkündet wurde,
daß die Russen einen großen Sieg erfochten hätten. Sie gaben eine Salve
aus schwerem Geschütz, und um neun Uhr Abends begann eine fürchterliche
Kanonade gegen unsere ganze Linie, die uns jedoch keinen Schaden zufügte.
Heute um ein Uhr Mittag griffen ungefähr 4000 Mann unsern rechten
Flügel an, wurden aber von Sir de Lacy Evans' Division mit einem Verluste
von 500 Todten und Verwundeten zurückgewiesen. Wir machten ungefähr
100 Gefangene, darunter 2 Officiere, von denen einer Derjenige war, dem
Lord Dunkellin seinen Degen übergeben hatte. Wir hatten 70 Todte und
Verwundete; 4 verwundete Officiere, keinen todten, und von Gemeinen
9 Todte und 58 Verwundete. Die Russen flohen in Verwirrung, beschossen
von unserer Artillerie und einer Lancasterkanone, welche sie mit jedem
Schusse zu Zwanzigen niedermähte. Das französische Pulvermagazin auf
dem rechten Flügel des französischen Angriffs ging heute Abend abermals
in die Luft. Eine russische Bombe hatte es in Brand gesteckt. Sie werfen
dreizehnzöllige Hohlkugeln in unsere Batterien; und gestern brachten sie
blos dadurch in unserer Einundzwanzigkanonenbatterie neun Geschütze zum
Schweigen. Das Schiff, welches diese Mörser trägt, können wir nicht erreichen. Die Russen hätten uns fast überfallen. Die 4., 3., 2. und 1.
Division traten ins Gewehr, aber Sir de Lacy Evans hatte die Ehre mit
seiner Division den Feind zurückzutreiben. Tausend französische Reiter landeten heute. Die Arbeiten in den Laufgräben nehmen ihren gewöhnlichen
Verlauf. Wir machen sehr geringe Fortschritte, und es ist klar, das dies
nicht so fortgehen kann. Die Mannschaften sind auf Aeußerste erschöpft.

29. October.

Heute war das feindliche Feuer sehr schwach, aber man sieht, daß die
Russen sehr angestrengt an neuen Linien hinter ihren ersten arbeiten. Für
jetzt warten wir Alle auf die Franzosen. Es ist wohl möglich, daß die
Franzosen glauben, sie warten nur auf uns, um einige der lästigen Bat-
terien zu vernichten, welche aus häßlichen, enfilirenden Stellungen ihre
Werke beschießen. Jedenfalls sind sie in ihren Annäherungsarbeiten gegen

diesen Theil der Stadt einem sehr schweren Feuer ausgesetzt. Das Qua=
rantainefort liegt ihrem äußern linken Flügel gegenüber. Dann kommt
eine lange, hohe, mit Schießscharten versehene Mauer oder Courtine, welche
das Quarantainefort mit der Signalstabbatterie verbindet. Vor dieser
Mauer haben die Russen einen sehr tiefen und breiten Graben angelegt,
und die französische Artillerie hat auf das dahinterstehende Mauerwerk
noch keinen Eindruck gemacht. Die Signalstabbatterie jedoch und alle in
deren Nähe stehenden Häuser liegen in Trümmern; aber die davor aufge=
worfenen Erdwerke mit wenigstens sechsundzwanzig schweren Geschützen
armirt, sind noch unberührt, und unterhalten auf die in den Laufgräben
arbeitenden Franzosen ein sehr belästigendes Feuer, vorzüglich zu gewissen
Tageszeiten, und in den Stunden von neun bis elf Uhr Nachts, wo sie
glauben, daß die Mannschaften abgelöst werden. Innerhalb der Batterie
an der Chaussee werfen die Russen ein neues Werk, mit sechs schweren
Schiffskanonen bewaffnet, auf. Sie haben auch neue Batterien hinter dem
Redan und hinter dem runden Thurme errichtet. Letzterer ist jetzt ein bloßer
Steinhaufen, aber zwei Kanonen aus dem ausspringenden Winkel der da=
vorliegenden Erdwerke unterhalten immer noch ein hartnäckiges Feuer auf
unsere Einundzwanzigkanonenbatterie, und der Redan ist noch nicht zum
Schweigen gebracht, obgleich die Schießscharten und Ecken des Werkes sehr
beschädigt sind. Die schwere Fregatte, welche unseren Batterien auf eine
so geschickte Weise ausweicht, gab uns heute auf dem rechten Flügel aber=
mals eine Probe ihrer Leistungen. Sie war aus der früher eingenommenen
Stellung, wo wir zwei Vierundzwanzigpfünder für sie zurecht gestellt hat=
ten, verschwunden, und erschien heute wieder in großer Leidenschaft und be=
schoß unsere Batterie mit vollen Lagen, welche den Abhang vor derselben
vollständig abkämmten. Gelegentlich brachte sie mit einer Lage aus drei=
zehnzölligen Mörsern einige Abwechselungen in den Spaß. Diese Bomben
haben unsern Werken und Geschützen vielen Schaden gethan, aber die Ma=
trosen, die hauptsächlich mit diesen angenehmen Gästen beschäftigt sind,
haben sich ganz an dieselben gewöhnt. „Bill, ruft Einer dem Andern zu,
schau auf, hier kommt der pfeifende Dick!" So haben sie die dreizehnzöl=
lige Bombe wegen des lauten und schrillen Geräusches, mit dem sie durch
die Luft fährt, getauft. Sie sehen Alle hinauf, und ihre scharfen Augen
können die eiserne Kugel, die im Bogen die Luft durcheilt, verfolgen.
Lange bevor der pfeifende Dick den Boden erreicht, sind die Blaujacken in
ihren sichern Verstecken; aber keine Menschenmacht kann sie abhalten, dann
und wann hervorzulugen, um zu sehen, ob der Zünder noch brennt. Neu=
lich näherte sich Einer einer Bombe, die er für „ausgegangen" hielt; sie
platzte gerade als er dicht dabei stand, und die Erschütterung warf ihn zu
Boden. Er stand wieder auf, drohte in seiner Wuth mit der Faust nach
der Stelle, wo die Bombe gelegen hatte, und rief aus: „Du verdammter,

heuchlerischer Lump, mir einen solchen Streich zu spielen!" Unsere Verluste
sind immer noch merkwürdig gering.

30. October.

Die Türken, oder wie sie jetzt allgemein genannt werden, die Bono
Johnnies, außer von den Matrosen, welche sie No Bono Johnnies nennen, sind
während der letzten Nächte zur Arbeit in den Laufgräben verwendet worden
und haben dort gute Dienste geleistet. In der ersten Nacht, wo sie auf dem
Angriffsflügel Hauptmann Chapmans beschäftigt waren, arbeiteten sie
standhaft bis zehn Uhr, wo eine russische Bombe unter sie fiel. Sie schrieen
Alle auf einmal: „Wir sind Alle todt!" und liefen so schnell als sie konnten,
fort, wobei sie noch einen Theil unserer Leute mit fortrissen. Es gelang
jedoch zuletzt, sie wieder zu formiren und zurückzuführen, und sie arbeiteten
bis elf Uhr, wo sie erklärten, daß es der Wille des Himmels sei, sie sollten
diese Nacht nicht mehr arbeiten, und da sie sich wirklich sehr angestrengt
hatten, hielt man es für rathsam, sie abtreten zu lassen. Sie blieben ruhig
in den Laufgräben und sind seitdem regelmäßig verwendet worden, um Beschädigungen auszubessern und Erdwerke aufzuwerfen, was sie mit großem
Geschicke verrichten. Die armen Kerle leiden sehr an Dysenterie und Fie-
bern, namentlich am Typhus, und sterben zu Hunderten. Aerzte haben
sie nicht, und die unsrigen reichen nicht für uns aus. Das Wohlwollen,
mit dem sie ihre Kranken behandeln, kann nicht übertroffen werden. Sehr
häufig sieht man ganze Reihen von ihnen auf der Straße nach Balaklawa
dahinziehen, welche auf ihren Rücken Kranke und Sterbende nach dem elenden Schuppen tragen, der ihnen als Hospital oder vielmehr als Leichen-
haus dient.

Die Franzosen sollten heute das Feuer aus ihren neuen Batterien
eröffnen, aber die Beschaffenheit des Bodens und das unausgesetzte Feuer
der Russen auf alle Zugänge zu ihren Linien hat es verhindert.

Heute fand sich ein Deserteur von der im Balaklawathale lagernden
russischen Artillerie ein. Er behauptet, sich zwei Tage in dem Gestrüpp auf
den Anhöhen versteckt gehalten zu haben, ehe er seine Flucht bewerkstelligen
konnte. Die Russen besitzen keine Zelte und ebensowenig ein anderes Obdach; ihre Kost ist kärglich und schlecht, und sie haben sehr viel Leiden aus-
zustehen. Wie wir hören, befehligt Fürst Gortschakoff im Thale. Die
Belagerung nahm heute denselben Verlauf wie in den letzten zwei oder drei
Tagen. Die Russen in unserm Rücken befestigen ihre Stellung. So werden wir, wie es scheint, bald von den Russen in unserm Lager belagert
sein, wie wir sie in Sebastopol belagern. Ihnen steht die Nord- und
Nordostseite von Sebastopol offen, wie wir von Balaklawa und Cherson aus
freien Zugang zum Meere haben. Sie haben in den Redouten und auf
den Höhen, über dem Lager ihrer Reiterei, schwere Geschütze aufgestellt; wir
unsererseits legen auf allen Zugängen von Balaklawa Wolfsgruben an, um

jeden Cavalerieüberfall zu verhindern. Wolfsgruben sind nichts als tiefe Löcher, groß genug, daß einzelne Soldaten darin ein Unterkommen finden können, aber doch zu breit und zu tief, als daß ein Reiter darüber wegzureiten im Stande wäre. Capitain Powell vom Vesuvius und seine Blaujacken und Marinesoldaten sind rechts von der Straße mit dem Bau einer Redoute beschäftigt. Sie lagern alle unter Zelten.

Was unsere Fortschritte vor Sebastopol betrifft, so ist es klar, daß wir unsere Bomben nicht so gut werfen, wie in Woolwich; und eine Rakete ist gewiß eins der excentrischsten Wurfgeschosse, das jemals erfunden worden. Selbst wenn jede Bombe und Rakete das ihr bestimmte Ziel genau träfe, bezweifle ich, daß wir uns viel Glück zu wünschen hätten, denn die Stadt scheint aus Asbest gebaut, und ganz und gar unverbrennlich zu sein. Durch unsere Ferngläser sehen wir, daß aus den weißen Häusern die Thüren- und Fensterrahmen genommen sind, und wahrscheinlich hat man auch die Fußböden von Holz und andere entzündliche Theile der Häuser entfernt. Die Russen sangen in der Nacht des 25. ein Te Deum wegen ihres Sieges, und die Truppen waren so aufgeregt, daß sie verlangten nächsten Morgen gegen uns geführt zu werden. Die 2. Division gab ihrer Kampflust sehr schnell vollständige Befriedigung. Den ganzen 27. und 28. waren 40 Unterofficiere und Gemeine mit dem Begraben der russischen Todten beschäftigt. Sie scharrten mehr als 150 Leichen ein — und eine größere Zahl lag innerhalb der russischen Linien. Wir machten fast 100 Gefangene.

1. November.

Heute endlich eröffneten die französischen Batterien ihr Feuer. Eine Stunde lang unterhielten sie es mit großer Lebhaftigkeit und beträchtlicher Wirkung; aber alsdann schienen die Artilleristen so zufrieden mit Dem zu sein, was sie ausgerichtet hatten, daß sie in ihrer Energie bedeutend nachließen. Eine russische Batterie auf der rechten Flanke, welche sie enfilirte, antwortete mit vieler Lebhaftigkeit, aber die übrigen Werke, mit Ausnahme der Batterie bei dem Signalstabfort, blieben stumm. Die Russen haben in ihren neuen Werken ungefähr 240 Geschütze, mit Einschluß derjenigen, welche in den von uns bereits beschossenen Werken noch kampffähig sind. Die Franzosen haben 64 Kanonen in Position, meistens leichte, metallne Vierundzwanzigpfünder; sie haben auch Zweiunddreißig- und Achtundvierzigpfünder und einige schwere Schiffsgeschütze, Vierundachtzigpfünder, die jedoch noch nicht in Batterie gebracht sind. Der runde Thurm schweigt heute fast ganz. Blickt man von den vorgeschobenen Posten in die französischen Linien, so könnte man glauben, ihre Scharfschützen wären bereits in der Stadt; man sieht sie wie Fleckchen Moos auf dem Felsen, und das Auge würde sie ohne die beständig aufwirbelnden Rauchwölkchen kaum entdecken können. Ein beständiges Piff-Paff läuft vom Morgen bis zur Nacht zwischen den Pausen des Kanonendonners die ganze Linie entlang.

3. November.

Vorigen Abend war ein kleines Vorpostenscharmützel. Heute eröffneten die Franzosen das Feuer aus ihren schweren Schiffsgeschützen, und sie richten gegenwärtig allerdings eine greuliche Zerstörung unter den Gebäuden des Platzes an. Wir brachten Feuerungsmaterial und wollene Decken ans Land, wodurch einem schmerzlich gefühlten Bedürfniß wenigstens für einige Zeit abgeholfen wird, denn es ist bitter kalt, und der Thermometer zeigt bei dem schneidenden Winde 36 Grad.

Ein merkwürdiger Vorfall hat sich heute in unseren Linien zugetragen, der, wenn er wahr berichtet wird, einen Beweis von der Schlauheit des Feindes und dem Mangel an Geistesgegenwart bei einigen unserer Officiere abgiebt. Ein als französischer Officier gekleideter Mann ging ganz gemüthlich durch unsere Linien, war höflich und freundlich gegen Alle, denen er begegnete, ließ sich mit ihnen in Gespräche ein, rauchte, plauderte und lachte, und verwickelte sich zuletzt in eine Art Debatte über die Stärke und Schwäche der Stellung in unserem Rücken gegen Balaklawa zu. Ohne alles Arg sprachen unsere Officiere ihre Meinung aus, hoben unsere schwachen Punkte hervor, und verhehlten nicht die Schwierigkeit unserer Lage. Endlich fiel einem Officiere des 79. Regiments, der ein geübteres Ohr als seine Cameraden besaß, der etwas fremdartige Accent des sogenannten Franzosen auf; aber dennoch fürchtete er, einen Fehlgriff zu begehen, und kam auf kein Mittel, seinen Verdacht zur Gewißheit zu erheben. Dagegen ließ er Sir Colin Campbell durch eine Ordonnanz sagen, daß er glaube, es befinde sich ein russischer Spion unter ihnen. Aber der angebliche Franzose ließ sich nicht so leicht fangen. Seinem Scharfblicke war die Absendung der Ordonnanz nicht entgangen, und er lenkte seine Schritte allmälig von unsern Linien weg nach dem Thale zu, aber auf so natürliche Weise, daß Diejenigen, denen der Officier seinen Argwohn mitgetheilt hatte, nicht wußten, was sie thun sollten, und als er weit genug gekommen war, fing er plötzlich an zu laufen, und erreichte glücklich die russische Linie, während die Unsrigen ihm mit offnem Munde nachsahen. Zur Ausführung eines solchen Auftrages gehörte keine geringe Kaltblütigkeit und Verwegenheit, denn wäre der betreffende Herr festgenommen worden, so hätte man ihn ohne Gnade als Spion aufgehängt. Die Franzosen übten neulich an einem Spione, der sich, als tatarischer Arabbschi verkleidet, in ihre Linien eingeschlichen hatte, schnelle Gerechtigkeit, indem sie ihn erschossen, sowie sie seinen wahren Charakter entdeckten. Aber diese Russen sind sehr schlau. Die Schildwache vor dem Hause des Generalprofoßen in Balaklawa war sehr verwundert, neulich in einer Mondscheinnacht ein Pferd mit einem Sacke Getreide auf dem Rücken ganz ruhig an sich vorbeitraben zu sehen. Er ging darauf zu,

6*

um es beim Zügel zu fassen, als der Sack Getreide sich plötzlich in einen lebensgroßen Kosaken verwandelte, der seinem Pferde die Sporen in die Rippen drückte und verschwunden war, ehe die Schildwache Worte gefunden hatte um Lärm zu machen.

Die Erdwerke rund um die Stadt gelangen täglich zu gewaltigerer Entwickelung. Die Gräben und Wälle laufen in jeder dem Feinde zugänglichen Richtung über die Ebene und verbinden die Hügel und Höhenzüge mit einander, sodaß sie Vertheidigungs- und Deckungslinien bilden. Rechts von dem Zugange der Stadt, stehen die Hochländer in drei Lagern mit einer Marinebatterie von zwei schweren Geschützen hinter sich. Weiter bergauf, auf einer sehr hohen Berglehne, stehen die Marinetruppen und Jäger. Vier Batterien decken den Zugang zu dieser Stellung. Die Batterie auf der äußersten Rechten, auf der in der Höhe nach Jalta führenden Straße ist mit zwei zweiunddreißigpfündigen Haubitzen armirt; in der 2. Batterie, die gegen das Thal Front macht, stehen sechs Kanonen: Zwölf- Vierundzwanzig- und Zweiunddreißigpfünder; in der 3., die ebenfalls in das Thal hinabsieht, fünf; und die 4. Batterie dicht neben Balaklawa zählt acht metallne Haubitzen, vier Zwölf-, zwei Zweiunddreißig- und zwei Vierundzwanzigpfünder. Den Aufgang zu der Stellung auf der linken Seite beherrschen die Höhen über dem Thale und die türkischen Werke in der Fronte. Ebenfalls zur Deckung dieses Zugangs ist eine große Redoute errichtet, die, mit zwei schweren Schiffsgeschützen und einer großen metallnen Haubitze bewaffnet, unter dem Befehle des Schiffscapitains Powell steht, und wir hoffen, auch auf den Höhenkamm darüber noch zwei Achtundsechzigpfünder zu bringen. Die Türken haben den Erdboden in allen Richtungen aufgewühlt, sodaß er, von den Höhen herabgesehen, sich fast wie ein Schachbret ausnimmt. Sie haben Gräben quer durch Thäler aufgeführt, die nirgends hinführen, und Pässe befestigt, durch welche man nur in unentdeckbare und ungangbare Sackgassen von Schluchten gelangt, werden sich aber im Falle eines Angriffs gewiß kräftiger vertheidigen, als in den Redouten auf der Ebene. Um gegen die Truppen, die am 25. ihre Stellung räumten, gerecht zu sein, darf man jedoch nicht vergessen, daß sie in vereinzelt liegenden Redouten ununterstützt dem Angriffe eines überlegenen Feindes ausgesetzt waren, der vor den Augen der Osmanli eine Colonne Reiterei und Fußvolk nach der andern entwickelte. Die Türken standen unter dem Befehle eines dicken und ängstlichen Officiers, dessen Aeußeres sich durchaus nicht mit der Schnelligkeit und Gewandheit, die er auf dem Rückzuge zeigte, vertrug, und sie leisteten in der ersten Redoute den Russen wirklich einigen Widerstand. Später fühlten sie, es sei Kismet, und sie mußten ihre Pflicht nach dem Gebote des Schicksals erfüllen, welches ihnen befahl, ihre Beine schleunigst in Bewegung zu setzen, um das Weite zu gewinnen. Mit ihrer Flucht sind jedoch einige Zwischenfälle verbunden, die sich nicht rechtfertigen lassen, selbst wenn man ihrer Lehre von der Prä-

destination die freisinnigste Auslegung giebt. Die Fliehenden nahmen ihre
Richtung nach dem Lager unserer Reiter, und während unsere Dragoner den
nachrückenden Feind aufhielten, gingen von den Türken mehrere in die
Zelte und plünderten sie. Dieses schmachvolle Benehmen hat sehr viel Entrüstung verursacht. Sie rissen auch aus, als sie sich neben den Hochländern
von Neuem formirt hatten, obgleich die Reiterei noch achthundert Schritte
von ihnen entfernt war.

Als ich heute Abend von Balaklawa zurückkehrte, sah ich, wie die
Russen eifrig beschäftigt waren, in einer der Redouten Hütten für den Win-
ter zu bauen. Ihre Vorposten zündeten eben ihre Bivouacfeuer für die
Nacht an. Ein einsamer Reiter, auf dessen messingnem Helme die letzten
Strahlen der untergehenden Sonne erglänzen, beobachtet von der einzigen
Redoute aus, die wir besitzen, die Bewegungen des Feindes. Fünfhundert
Schritt von unserm Dragonerposten stehen zwei Kosaken auf ihre Lanzen
gelehnt, während ihre Pferde die spärlichen Kräuter auf der 2. Redoute
abnagen. Zweihundert Schritte hinter ihnen, erblickt man zwei Kosakenpi-
quets, jedes 20 bis 30 Mann stark. Eine stärkere Abtheilung lagerte ohne
Ordnung vier- oder fünfhundert Schritte weiter zurück. Dann kommen
sechs Züge Reiterei mit Feldbatterien in den Intervallen. Hinter jedem
Peloton stand eine starke Colonne Cavalerie in Reserve, und hinter den
Intervallen lagerten sechs Bataillone russische Infanterie in grauen Röcken
hinter ihren Gewehrpyramiden. Sie bleiben Tag und Nacht in dieser
Stellung und allarmiren uns dann und wann dadurch, daß sie gegen das
Thal vorrücken. Als ich ihre Stellung durch das Fernrohr genauer mu-
sterte, konnte ich sehen, daß sie das hohe Plateau auf ihrer Rechten mit
einem viereckigen Erdwerke, in dem ich 16 Geschütze zählte, befestigt
hatten. Das Kreuzfeuer von dem auf dieser Stelle aufgefahrenen Feldgeschützen richtete in dem unglücklichen Gefechte vom 25. October sehr großen
Schaden in unseren Reihen an. In ihrem Rücken liegt die Thalschlucht
der Tschernaja, eingefaßt von hohen Felsen und kahlen steilen Gebirgen.
Auf ihrer Linken erhebt sich ein Höhenzug bis zu einem terrassenförmig-
ansteigenden Plateau, das zuletzt eine Höhe von 1200 Fuß erreicht. Das
kleine Dorf Kamara klebt am äußersten Rande einer dieser Terrassen, und
man kann von ihm aus unsere ganze Stellung übersehen; jedenfalls
ist hier das Hauptquartier der russischen Armee im Thale. Die russischen
Truppen haben alle diese Höhen besetzt, und ihre Linien sogar bis an das
Meer auf die hohe und steile Bergkette südlich von dem Lager unserer Marinetruppen vorgeschoben. Da ihre Armee im Thale mit der Armee in
Sebastopol durch das Thal und die Straße von Inkerman in Verbindung
steht, so haben die Russen eigentlich einen Militaircordon um unsere Stellung auf dem festen Lande gezogen und wir sind in unserm Lager belagert,
haben jedoch noch freien Zugang zu unserm vortrefflichen Freunde, dem
Meere im Westen.

Siebentes Kapitel.

Die Schlacht von Inkerman.

Angriff der Russen durch den Nebel. — Unsicherheit der englischen Stellung. — Kampf mit einem unsichtbaren Feinde. — Verzweifeltes Handgemenge. — Sir G. Cathcart fällt. — Schwerer Stand der Garde. — General Strangways tödtlich verwundet. — Die Franzosen greifen in das Gefecht ein. — Die Russen ziehen sich zurück. — Beschreibung des Schlachtfeldes. — Grausamkeit der Russen gegen die Verwundeten. — Lebensgefahr des Herzogs von Cambridge.

Vor Sebastopol, 5. November.

Es hatte die vorige Nacht fast unaufhörlich geregnet, und die ersten Morgenstunden gaben noch keine Hoffnung, daß die schweren Güsse, welche die Wolken die letzten vierundzwanzig Stunden niedergesendet hatten, aufhören würden. Der Nebel und der feuchte Dunst des sprühenden Regens waren bei Tagesanbruche so dick, daß man kaum zwei Schritte vor sich sehen konnte. Um vier Uhr fingen die Kirchenglocken in Sebastopol ihr eintöniges Geläute an, aber das war schon so oft geschehen, daß es keine Aufmerksamkeit weiter erregte. In der Nacht hörte jedoch der Sergeant eines vorgeschobenen Piquets der leichten Division das Rollen von Rädern im Thale unten, als ob der Feind gegen unsere Stellung auf den Höhen vorrückte. Er meldete, was er gehört, dem Major Bunbury, aber man glaubte, das Geräusch rühre von den auf der Inkermanstraße nach Sebastopol fahrenden Munitionswagen oder Arabas her. Niemand ahnte, daß die Russen in starken Massen die schwerzugänglichen Abhänge über dem Thale von Inkerman in der unvertheidigten Flanke der 2. Division heraufschlichen. Hier war Alles in sicherer Ruhe. Die schlummernden Truppen träumten nicht, daß ein schlauer und unermüdlicher Feind hier eine überwältigende Artillerie auffuhr, bereit mit dem ersten Morgengrauen ihre Zelte zu beschießen. Sir de Lacy Evans hatte schon längst die Schwäche dieses Theils unserer Stellung erkannt, und wiederholt Diejenigen darauf aufmerksam gemacht, deren Pflicht es war, gegen die uns drohenden Gefahren Vorkehrung zu treffen. Es war die einzige Stelle, wo wir überfallen werden konnten, denn mehrere Wasserrinnen und ungleiche Senkungen des Abhangs ziehen sich bis nach dem Kamme hinauf, an dessen gegen uns abfallende Seite sich unser rechter Flügel lehnte, ohne von Geschützen, Verschanzungen, Verhauen oder vorliegenden Hindernissen irgend einer Art gedeckt zu sein. Jedermann gab die Richtigkeit der über diesen Umstand der betreffenden Behörde gemachten Vorstellungen zu; aber entweder aus Indolenz oder einem Gefühle falscher Sicherheit oder übermäßigem Vertrauen geschah nichts oder fast nichts. Auf dem Abhange der Höhe östlich über Inkerman errichtete man eine Batterie aus Sandsäcken, Schanzkörben und Faschinen, besetzte sie aber nicht mit Geschütz,

denn Sir de Lacy Evans war der Meinung, daß zwei Geschütze in einer
solchen von dahinterliegenden Werken nicht weiter geschützten Stellung nur
zum Angriffe und zur Wegnahme auffordern würden. In dem Gefechte
am 26. October versuchte der Feind seine Kräfte fast an derselben heute
von ihm ausgewählten Stelle; aber wahrscheinlich machte er damals blos
eine gewaltsame Recognoscirung und wartete nur auf Verstärkungen, um
die Stellung an ihrem verwundbarsten Flecke anzugreifen, wo er mit einiger Sicherheit auf die Wirkung eines Ueberfalles auf schlafende Truppen
in den frühesten Stunden eines Wintermorgens rechnen konnte. Obgleich
die von Sir de Lacy Evans getroffenen Anordnungen zur Zurückweisung
des Ausfalls, wie Lord Raglan erklärte, „so vollkommen waren, daß der
Erfolg gar nicht ausbleiben konnte," so ist es doch unzweifelhaft, daß die
Russen bei Anwendung einer größeren Truppenzahl ihn gezwungen haben
würden, seine Stellung zu räumen, oder zu ihrer Vertheidigung eine
Schlacht mit der Unterstützung der andern Divisionen der Armee zu schlagen; und dennoch geschah nichts. Man machte keinen Versuch, die Linien zu
verschanzen, nur eine einzige Schaufel Erde auszustechen, den Abhang von
Gestrüpp zu rasiren, oder ein Verhau anzulegen. Man hielt es für „nicht
nothwendig." Eine schwere Verantwortlichkeit fällt auf Diejenigen, deren
Unterlassungssünden den Feind in Stand setzten, uns an einer Stelle anzugreifen, wo wir am wenigsten darauf vorbereitet waren, und deren Gleichgiltigkeit sie Vorsichtsmaßregeln verachten ließ, die, zu rechter Zeit getroffen, uns manches kostbare Leben erhalten und den Verlust des Feindes
verdreifacht hätten, wenn er kühn genug gewesen wäre, uns hinter Verschanzungen anzugreifen. Die Schlacht von Inkerman kann uns wenig Anlaß
geben zu jubeln, aber sehr viel zu klagen. Wir haben allerdings den Feind
geschlagen, sind aber der Festung Sebastopol um keinen Schritt näher gekommen. Wir haben einem durch Zahl, durch Fanatismus und durch entschlossenen Muth starken Feinde, den die Anwesenheit eines Sohnes Desjenigen, den sie für Gottes Stellvertreter auf Erden halten, anfeuerte, eine
vollständige Niederlage beigebracht; aber wir haben dabei fürchterliche Verluste erlitten und sind nicht in der Lage, einen Mann entbehren zu können.
England muß uns Mannschaften schicken, es muß seine Söhne so bereitwillig hergeben, wie sein Geld und seine Schiffe, und wie sie ihr Leben in
seinem Dienste.

Kurz nach fünf Uhr heute Morgen visitirte Brigadier Codrington,
seiner Gewohnheit gemäß, die Vorposten seiner Brigade der leichten Division. Er erhielt die Meldung, daß nichts vorgefallen sei, und der General
knüpfte ein Gespräch mit Hauptmann Pretyman vom 33. Regiment, der
die Vorposten commandirte, an, in dessen Verlaufe bemerkt wurde, daß es
gar nicht zu verwundern wäre, wenn die Russen das heutige trübe Wetter
zu einem Angriffe auf unsere Stellung benutzten, da der Regen unsere Wachsamkeit ermüden und unsere Gewehre unbrauchbar machen könnte. Der

Brigadier, der sich als ein sehr vortrefflicher kaltblütiger und tapferer Officier gezeigt hat, machte endlich mit seinem Pony Kehrt und ritt durch das
Gestrüpp nach dem Lager zurück. Kaum war er einige Schritte fort, so
hörte man hinunterwärts nach dem Thale und links von den Piquets der
leichten Division lebhaftes Gewehrfeuer. Dort standen die Piquets der
2. Division. General Codrington kehrte sogleich um, um in der Richtung des Feuerns vorzureiten und kam bald darauf zurückgaloppirt, um
seine Division ins Gewehr treten zu lassen. Die Russen rückten in Uebermacht zum Angriffe gegen uns an! Ihre grauen Capots machten sie selbst
in unmittelbarster Nähe fast unsichtbar. Die Piquets der 2. Division hatten kaum die vorrückenden Infanterielinien bemerkt, die durch einen feinen
aber dichten Regen den steilen Abhang heraufklimmten, als sie schon durch
Gewehrfeuer aus dichtester Nähe zum Rückzug gezwungen und hinauf nach
dem Kamme des Hügels gedrängt wurden, obgleich sie jeden Schritt streitig machten und so lange schossen, als sie nur noch eine Patrone hatten.
Bald darauf wurden auch die Piquets der leichten Division angegriffen
und ebenfalls genöthigt, sich auf ihre Unterstützung zurückzuziehen, und es
konnte nicht mehr bezweifelt werden, daß ein sehr starker Ausfall gegen den
rechten Flügel der Stellung der verbündeten Armeen, um sie zu zwingen,
die Belagerung aufzuheben und sie womöglich ins Meer zu werfen, im
Gange war. Um dieselbe Zeit, wo die Russen in unserer rechten Flanke
angriffen, machten sie mit Reiterei, Artillerie und einigem Fußvolke eine
Demonstration im Thale gegen Balaklawa, um die Aufmerksamkeit der auf
den Höhen darüber stehenden Franzosen abzulenken und die Hochländerbrigade und die englischen Marinetruppen zu beschäftigen; aber es kam hier
nur zu einigen unschädlichen Kanonenschüssen und Kleingewehrsalven, und
der Feind begnügte sich, seine Reiterei, von Batterien unterstützt, an der
Spitze des Thals in Schlachtordnung aufmarschiren zu lassen, bereit, über
unsere auf dem Rückzuge befindlichen Truppen herzufallen und sie auseinander zu sprengen, im Fall der Angriff auf unsere rechte Flanke gelang.
Auf den Höhen über Inkermann war ein Telegraph errichtet, welcher mit einem
zweiten über der feindlichen Stellung correspondirte, um dem Cavaleriegeneral
Nachricht von unserer Niederlage zu geben, und auf gleiche Weise wäre die
Meldung nach Sebastopol gelangt, um die Besatzung zu einem allgemeinen
Ausfalle auf der ganzen Fronte zu veranlassen. Ein Dampfer mit Bomben-
kanonen und Mörsern von sehr schwerem Kaliber ging in der Nacht in der
Spitze der Bucht von Inkerman vor Anker und verursachte uns den ganzen Tag über durch die ungeheuren Bomben, die er über den Höhenkamm
mitten unter unsere Truppen warf, großen Schaden. Alles, was geschehen
konnte, um den Sieg zu sichern, hatten die russischen Generale gethan.
Die Anwesenheit des Großfürsten Michael Nikolaiwitsch, der ihnen sagte,
daß der Czar Befehl ertheilt hätte, jeden Franzosen und Engländer vor
Jahresschluß in das Meer zu jagen, feuerte den gemeinen Soldaten an, der

in dem Sohne des Czaren einen Ausfluß der göttlichen Gegenwart sieht. Sie waren auch reichlich mit einem gröbern und materielleren Reizmittel versehen, das sich in ihren Feldflaschen vorfand; und vor Allem hatten die Priester der griechischen Kirche sie gesegnet, ehe sie ihr Werk begannen und ihnen die Hülfe und den Schutz des Höchsten versprochen. Eine Messe wurde für die Armee gelesen, und die Freuden des Himmels allen Denen zugesichert, die im heiligen Kampfe fielen, sowie die Gunstbezeigungen des Kaisers Allen, welche den Kugeln eines ketzerischen Feindes entgingen.

Unsere Leute im Lager hatten eben trotz des Regens angefangen, zu versuchen, ihre Feuer zur Bereitung des Frühstücks anzuzünden, als die Kunde kam, daß die Russen mit Macht gegen uns vorrückten. Brigadier General Pennefather, der, wegen Krankheit Sir De Lacy Evans, vor der Hand die 2. Division befehligte, ließ sofort die Truppen antreten. Eine Brigade, unter Brigadier General Adams, aus dem 41., 47. und 49. Regiment bestehend, stellte sich auf dem Kamme des Hügels auf, um den Feind am Vorrücken auf der durch das Gestrüpp von dem Thale heraufführenden Straße abzuhalten. Neben ihr ging die andere Brigade, die ursprünglich General Pennefather commandirte, und die aus dem 30., 55. und 95. Regimente besteht, vor. Sie hatten kaum ihre Stellungen eingenommen, als sie der Feind von den Höhen vor unserer rechten Flanke mit einem fürchterlichen Feuer von Bomben und Vollkugeln begrüßte, und es zeigte sich bald, daß die Russen mindestens 40 Stück schweres Geschütz dort aufgefahren hatten. Mittlerweile waren auch die übrigen Lager allarmirt. Sir George Cathcart ließ in der größten Schnelligkeit von seiner Division alle Mannschaften ins Gewehr treten, die nicht in den Laufgräben beschäftigt waren, und führte die verfügbaren Abtheilungen vom 20., 21., 46., 57., 63. und 68. Regimente links von der Colonne der 2. Division gegen den Feind vor. Eine Brigade unter Brigadegeneral Torrens sollte der Brigade des Brigadegeneral Goldie als Unterstützung folgen; aber man entdeckte bald, daß der Feind so überlegen war, daß die ganze Division, die nur 2200 Mann stark war, verwendet werden mußte, um ihn zurückzuweisen. Sir George Brown war mit seinen Tapfern von der leichten Division, den Resten des 7. Füsilierregiments und denen des 19., 23., 33., 77. und 88. Linienregiments unter den Brigadiers Codrington und Buller in die Frontlinie geeilt. Als sie über das früher von der 2. Division besetzte Terrain marschirten, geriethen sie sofort in das Feuer eines unsichtbaren Feindes. Der düstere Charakter des Morgens blieb unverändert. Der Nebel verdichtete sich manchmal zu Regenschauern, die den Boden in einen klebrigen Schlamm verwandelten und die Russen, die jedenfalls vor der Placirung ihrer Batterien sich ihrer Richtung versichert hatten, feuerten anscheinend aufs Gerathewohl, aber nur mit zu großer Wirkung auf unsere vorrückenden Colonnen. Während die ganze Armee auf diese Weise in Bewegung war, versäumte der Herzog von Cambridge seinerseits nicht, die

Garden unter Brigadier Bentinck — Alles was von seiner Division noch übrig ist, denn die Hochländer stehen unter Sir Colin Campbell in Balaklawa — ins Gefecht zu führen. Diese herrlichen Truppen stürmten mit der größten Schnelligkeit und Begeisterung nach der Front rechts von der 2. Division, und erreichten die Anhöhe gegen welche zwei russische Colonnen in so geschlossener Ordnung als die Natur des Terrains nur erlaubte, vorrückten. Die 3. Division unter Sir R. England trat ebenfalls ins Gewehr um als Reserve zu dienen, und ein Theil davon, nämlich das 50. und Abtheilungen vom 28. und 4. Regimente, kamen vor Beendigung der Schlacht noch ins Gefecht.

Und jetzt begann einer der blutigsten Kämpfe, welche die Schlachtengeschichte kennt. Militairhistoriker haben bezweifelt, ob ein Feind jemals einem Bayonnetangriffe mit blanker Waffe begegnet ist, aber hier war das Bayonnet oft die einzige Waffe, die im hartnäckigsten und blutigsten Handgemenge zur Anwendung kam. Wir haben immer gern geglaubt, daß kein Feind dem mit seiner Lieblingswaffe anstürmenden englischen Soldaten widerstehen könne, und daß nur ein einziges Mal, bei Maida, der Feind das Bayonnet mit ihm gekreuzt habe, aber in der Schlacht von Inkerman griffen wir nicht blos vergebens an — es wurden verzweifelte Zusammenstöße von Menschenmassen nicht nur mit dem Bayonnet ausgefochten — sondern wir mußten auch mit dem Bayonnet dem immer und immer wieder mit unglaublicher Wuth und Entschlossenheit anstürmenden russischen Fußvolke widerstehen. Die Schlacht von Inkerman läßt keine Beschreibung zu. Es war eine Reihe schrecklicher Heldenthaten, blutiger Einzelkämpfe, verzweiflungsvoller Ralliements, verwegenster Angriffe in Schluchten und Thälern, in dichtem Gestrüppe und abgelegenen Winkeln, ungesehen von den Menschen und aus den die Sieger, Russen oder Engländer, nur hervorgingen, um neuen Feinden zu begegnen, bis unsere alte so hartangegriffene Ueberlegenheit siegreich blieb und die Bataillone des Czaren vor unserm ausdauernden Muthe und dem ritterlichen Feuer Frankreichs das Feld räumten. Niemand, mochte seine Stellung sein welche sie wollte, konnte Augenzeuge von nur einem kleinen Theile der Thaten dieses ereignißreichen Tages sein, denn Qualm, Nebel und Regendunst verfinsterten das Schlachtfeld in dem Maße, daß es unmöglich war, nur wenige Schritte weit vor sich zu sehen. Außerdem verbietet das durchschnittene Terrain und die rasche Senkung des Thales nach Inkerman zu, wo der Kampf am heißesten war, jeden Ueberblick, so daß man, selbst von dem günstigsten Standpunkte aus, nur einen unbedeutenden Theil des blutigen Dramas hätte sehen können. Um sechs Uhr wurde das Lager des Hauptquartiers von den rasch hintereinander folgenden Gewehrsalven auf dem rechten Flügel und dem lauten Donner der Feldgeschütze geweckt. Lord Raglan erhielt bald Meldung, daß der Feind mit Macht vorrücke, und bald nach sieben Uhr ritt er, begleitet von seinem Stabe, mit Sir John Burgoyne, Brigadegeneral Strangways von der Artillerie und mehreren Adjutanten nach dem Schlachtfelde. Wie sie sich demselben näherten, verkündete der unausgesetzte und an Lebhaftigkeit nie abnehmende Donner des schweren Geschützes und Kleingewehrfeuers, daß das Gefecht seinen Höhepunkt erreicht hatte. Die mit sehr richtigem Ziele geworfenen Bomben der Russen platzten so rasch aufeinanderfolgend unter den Truppen, daß das Getöse fortwährenden Kanonenschüssen glich und die schweren Splitter nach allen Seiten hin den Tod verbreiteten. Kaum hatte den Russen ein Riß in dem Nebelschleier einen Blick auf das Lager der 2. Division erlaubt, so fingen sie an es mit Vollkugeln und Hohlgeschossen zu beschießen, und ein Zelt nach dem andern wurde umgerissen, in Stücke zersetzt oder in die Luft gesprengt, während die im Lagerdienst verwendeten Leute und die armen an die Pfähle gebundenen Pferde getödtet oder verstümmelt wurden. Oberst Gambier erhielt alsbald Befehl, zwei schwere Geschütze (Achtzehnpfünder) aufzufahren, um das Feuer gegen das unsere leichten Geschütze nicht Stand halten konnten, zu beantworten. Noch mit Aufstellung der Geschütze beschäftigt, ward er schwer, obgleich nicht gefährlich verwundet, und sah sich genöthigt, sich aus dem Gefechte bringen zu lassen. An seine Stelle trat Oberstlieutenant Dickson und die Art wie dieser Officier das Feuer dieser beiden Geschütze leitete, was auf das Schicksal des Tags den entscheidendsten Einfluß hatte, war so, daß es die Bewunderung der ganzen Armee erregte und den Dank jedes an diesem blutigen Kampfe Betheiligten verdient. Aber lange ehe diese Kanonen ihr Feuer eröffnen konnten, war unter dem Feinde ein großes Blutbad gewesen und wir selbst hatten schwere Verluste erlitten. Unsere Generale konnten nicht sehen, wohin sie gehen sollten. Sie wußten nicht wo der Feind stand — nicht von welcher Seite er kam noch wohin sie selbst ihre Truppen führten. Durch Dunkelheit, Nebel und Regen mußten sie unsere Linien durch dichtes struppiges Gebüsch und dorniges Strauchwerk führen, das unsere Glieder lockerte und das Vorrücken äußerst mühsam machte, während jeder Schritt von einem Hinsinkenden bezeichnet wurde, welchen der Feind, dessen Stellung nur das Geknatter des Gewehrfeuers und das Sausen der Kugeln und Bomben verrieth, getödtet oder verwundet hatte.

Als Sir George Cathcart bemerkte, daß seine Truppen durch das Feuer einer sie überflügelnden starken Colonne russischen Fußvolks in Unordnung geriethen, während Theile der verschiedenen seine Division bildenden Regimenter einen ungleichen Kampf gegen eine ungeheure Uebermacht bestanden, ritt er hinab in die Schlucht, wo sie im Gefecht waren, um sie zu sammeln. Gleichzeitig bemerkte er, daß die Russen bereits einen Theil der Anhöhe hinter dem einen Flügel seiner Division besetzt hatten, aber sein tapferes Herz zagte keinen Augenblick. Er ritt in die vordersten Reihen seiner Truppen und sprach ihnen Muth zu, und als sie riefen sie hätten keine Patronen mehr, sagte er ruhig: „Habt Ihr Eure Bayonnete nicht?" Wie er seine Leute vorführte, sah man, daß eine neue Truppenmasse den

Hügel hinter ihrer rechten Flanke besetzt hatte, aber es war unmöglich zu erkennen, ob es Freunde oder Feinde waren. Plötzlich wurden unsere gelockerten Regimenter von einem mörderischen Kleingewehrfeuer begrüßt. Sir George feuerte sie an und führte sie zurück die Anhöhe hinauf; jedoch abermals flog ein schwirrender Kugelhagel durch die Reihen, und der General sank dicht vor den russischen Colonnen vom Pferde. Die Truppen hatten sich durch ganze Schaaren von Feinden den Weg zu bahnen, und litten fürchterlich. Sie wurden umringt, von allen Seiten mit dem Bayonnet angegriffen und erreichten endlich nur nach verzweifeltem Kampfe, mit einem Verluste von fast 500 Mann, wieder die Höhe. Als man später Sir George Cathcarts Leichnam fand, war er von einer Kugel durch den Kopf geschossen und hatte drei Bayonnetwunden im Körper. In diesem Handgemenge, wo die Russen mit der größten Wuth fochten und sogar noch die auf dem Boden liegenden Verwundeten niederstachen, fanden der tapfere Oberst Swyny vom 63., Major Wynne vom 68. Regimente und viele andere Officiere ihren Tod, und Brigadier Goldie wurde tödtlich verwundet. Der Kampf auf dem rechten Flügel war ebenso schwankend und blutig. Von der leichten Division kam das 88. Regiment den anderen so weit voraus, daß es umringt ward und ganz in Verwirrung gerieth, als vier Compagnien des 77. Regiments unter Major Stratten die Russen angriffen, sie in Verwirrung zurückwarfen und ihre Cameraden befreiten. Gleich zu Anfang des Gefechts ward es klar, daß die Russen Befehl hatten, auf alle berittenen Officiere zu schießen. Sir George Brown erhielt einen Schuß durch den Arm und in die Seite. Ich sah mit Bedauern sein bleiches und ernstgefaßtes Gesicht, um das im Winde sein weißes Haar wehte, wie sie ihn in früher Morgenstunde auf einer Tragbahre aus dem Feuer trugen, denn ich wußte, daß wir heute die Dienste eines guten Soldaten verloren hatten. Weiter nach rechts war ein Ringen, das vielleicht ohne Beispiel ist, zwischen den Garden und dichten Colonnen russischer Infanterie, die wohl fünf Mal so stark war. Auch sie hatten sich verschossen. Sie wußten nicht, ob sie Freunde oder Feinde hinter sich hätten. Sie hatten weder Unterstützung noch Reserve und fochten mit dem Bayonnet gegen einen Feind, der ihnen trotzig jeden zollbreit Terrain streitig machte, als eine neue russische Colonne rechts weit hinter ihrem Rücken erschien, und nun wurden sie von einem fürchterlichen Kartätschenfeuer und Salven von Kleingewehrfeuer begrüßt. Ihre bis dahin festgeschlossenen Glieder lockerten sich; sie hatten 14 Officiere todt auf der Wahlstatt gelassen; eine volle Hälfte der Mannschaften war geblieben oder verwundet und sie wichen auf der untern Straße im Thale zurück. Sie wurden jedoch bald verstärkt und rächten rasch ihre Niederlage. Die Franzosen rückten gegen zehn Uhr vor und bedrohten den Feind in der Flanke.

Die 2. Division im Centrum der Aufstellung war hart bedrängt. Vorzüglich das 41. Regiment war einem fürchterlichen Feuer ausgesetzt und das 95. empfing so mörderische Salven, daß es nach der Schlacht um zwei Uhr Nachmittags nur noch 64 Mann in Reih und Glied hatte. Ueberhaupt zählte die ganze Division, als Major Eman sie hinter ihrem Zeltlager sammelte, nur noch 300 Mann. Die Regimenter nahmen ihre Fahnen nicht mit ins Gefecht, aber dessenungeachtet wurden die Officiere weggeschossen wo sie sich zeigten, und der Fahnenstock war nicht nothwendig um ihre Anwesenheit zu verrathen. Unsere Ambulancen waren bald gepropft voll, und vor neun Uhr hatten sie alle Hände voll zu thun, um ganze Ladungen von bluttriefenden und stöhnenden Verwundeten hinter die Front zu bringen.

Ungefähr halb zehn Uhr waren Lord Raglan und sein Stab auf einem kleinen Hügel versammelt, in der vergeblichen Hoffnung, einen Blick auf die unter ihnen wüthende Schlacht zu erhaschen. Hier wurde General Strangways tödtlich verwundet. Eine Bombe schlug mitten unter dem Stabe ein, sie platzte in Capitain Somersets Pferd und zerfleischte ihm den Bauch; ein Bombensplitter riß die ledernen Ueberhosen von dem einen Beine des Capitains, dann traf er Capitain Gordons Pferd, tödtete es sofort und riß nun noch General Strangways das Bein weg, so daß es nur noch an einem Streifen Fleisch und Tuch herabhing. Der arme alte General verzog keine Miene. Er sagte blos mit sanfter Stimme: „Will Jemand so gut sein, mich vom Pferde zu heben?" Man hob ihn vom Pferde und legte ihn auf den Erdboden, um ihn kurz darauf aus dem Gefechte zu tragen. Aber der greise Veteran besaß nicht Kraft genug, um eine Operation auszuhalten, und in zwei Stunden war er todt, beklagt von jedem Officier und Soldaten der Armee.

Der Kampf um die früher erwähnte Batterie war der blutigste. Man entdeckte zu spät, daß kein Auftritt vorhanden war und die Mannschaft von drinnen nicht über die Brustwehr auf den Feind feuern konnte. Die Russen sendeten eine Infanteriemasse nach der andern vor. Kaum war eine Colonne in Auflösung zurückgeworfen, so trat eine andere an ihre Stelle Drei Stunden lang hatten 8500 Mann englisches Fußvolk gegen eine mindestens vierfache Uebermacht zu kämpfen. Kein Wunder, daß sie manchmal zurückweichen mußten. Aber immer wieder gingen sie zum Angriffe vor. Die bewundernswerthe Hingebung der Officiere, welche wußten, daß der Feind es besonders auf sie abgesehen hatte, kann nie genug gerühmt werden. Eben so sehr ist der Muth und die Standhaftigkeit der wenigen Truppen, die noch übrig blieben, um ihren Officieren in diesem blutigen Anfalle gegen den Feind zu folgen, über alles Lob erhaben. Einmal gelang es den Russen im Morgenzwielichte bis dicht an die Geschütze der Batterie der Capitains Wodehouse und Turner zu kommen. Ungewiß ob es Freunde oder Feinde seien, zögerten unsere Artilleristen zu feuern. Die Russen fielen plötzlich über sie her, vertrieben die Artilleristen oder stießen sie nieder, und vernagelten einige der Geschütze. Ihre Colonnen gewannen

die Höhe und einige Augenblicke lang schien das Schicksal des Tags ent=
schieden; aber Adams' und Pennefathers Brigaden und die leichte Division
unternahmen noch einen verzweifelten Angriff, während Dicksons Batterie
die feindlichen Colonnen beschoß und die Garden mit unverminderter
Tapferkeit und Festigkeit, obgleich mit entsetzlich gelichteten Reihen, aber=
mals dem Todfeinde entgegenstürmten. Das Geknatter des Gewehrfeuers,
der scharfe Klang der sich begegnenden Bayonnete, der Donner der Ge=
schütze waren betäubend, und die Russen heulten gleich Dämonen wie sie die
Höhe heraufstürmten. Sie rückten vor, machten Halt, rückten wieder vor,
empfingen und erwiederten ein nahes und mörderisches Feuer; aber das
Miniégewehr ist die Königin der Waffen — Inkerman hat es bewiesen.
Die Regimenter der 4. Division und die Marinetruppen, mit der alten
und vielbelobten Commißflinte bewaffnet, konnten mit ihrer dünnen Feuer=
linie nichts gegen die felsenfesten Massen der russischen Infanterie ausrichten,
aber die Salven aus den Miniégewehren fuhren durch sie hindurch wie das
Schwert des Vernichtungsengels und sie sanken hin wie welke Blätter im
Herbste. Gegen zehn Uhr zeigte sich eine Colonne französischen Fußvolks
auf unserer Rechten, ein freudevoller Anblick für unsere kämpfenden Re=
gimenter.

Die Zuaven näherten sich im Laufschritte. Die französische Artillerie
hatte bereits angefangen den rechten Flügel der Russen mit tödlicher Wir=
kung zu beschießen. Drei Bataillone Chasseurs d' Orleans (ich glaube auf
ihren Knöpfen war Nr. 6 zu lesen) stürmten vorüber mit schlachtenfreu=
digem Gesichte. Ihnen folgte ein Bataillon Chasseurs Indigènes — die
Arabersepoys Algier's. Ihre Signalhörner übertönten das Schlachten=
getöse, und als wir sie kampfbegierig vorrücken sahen um den Feind in die
Flanke zu fassen, wußten wir, daß der Tag unser war.

Von vorn von den Unsrigen angegriffen — an mehreren Stellen
von unserm ungestümen immer und immer wieder erneuerten Anstürmen
in Verwirrung gebracht — in der rechten Flanke von der französischen
Infanterie hart bedrängt und von Artillerie auf der ganzen Linie beschossen,
fingen die Russen an zu weichen, und um zwölf Uhr wurden sie in wirren
Haufen wieder zurück in das Thal geworfen, wohin sie zu verfolgen Wahn=
sinn gewesen wäre, da alle Straßen von ihrem schweren Geschütz bestrichen
waren. Sie ließen ganze Hügel von Leichen auf der Wahlstatt zurück.
Lange bevor sie flohen, unternahmen, trotz des durchschnittenen Terrains,
die Chasseurs d' Afrique einen glänzenden Angriff auf sie, der ihnen große
Verluste zufügte und unsere Geschütze wieder frei machte, welche blos mit
Holzpflöcken vernagelt und daher bald wieder gefechtsfähig gemacht waren.
Unsere Reiter, der Rest der leichten Brigade, waren in eine Stellung gerückt,
die einige Aussicht zu ihrer Verwendung gab, aber sie waren viel zu schwach
um etwas auszurichten, und verloren durch das Geschützfeuer mehrere Pferde
und Mannschaften. Um zwölf Uhr schien die Schlacht von Inkerman ge=

wonnen zu sein, aber das Wetter, welches seit ungefähr einer Stunde sich
soweit aufgehellt hatte, daß wir den Feind sehen konnten, verschlechterte
sich wieder. Regen und Nebel verdunkelte von Neuem die Luft, und da wir
die Russen, die sich unter dem Schutze ihrer Artillerie zurückzogen, nicht
verfolgen konnten, so waren wir vor unserer früheren Stellung aufmarschirt und hielten die mit so blutigem Ringen erkämpfte Wahlstatt besetzt,
als die Russen abermals vorrückten, während ihre Geschütze ein fürchterliches Feuer auf uns eröffneten.

General Canrobert, der während des ganzen Morgens fast keinen
Augenblick von Lord Raglans Seite gewichen war, befahl den Franzosen
sofort vorzurücken und den Feind in die Flanke zu nehmen. Ihn unter-
stützte auf das Fähigste General Bosquet, dessen Hingebung großartig
war. Fast seine ganze berittene Escorte wurde neben oder hinter ihm verwundet oder getödtet. General Canrobert erhielt ebenfalls eine leichte
Wunde. Der erneuerte Angriff wurde so entschieden zurückgewiesen, daß
die Russen, immer noch von ihrer Alles niederschmetternden Artillerie gedeckt, widerwillig weichen mußten.

Gegen zehn Uhr unternahmen die Russen einen Ausfall auf die französischen Linien, und kamen bis hinter die zweite Parallele, ehe sie Widerstand fanden. Zuletzt wurden sie jedoch mit großem Verluste zurückgeworfen
und zündeten zur Deckung ihres Rückzugs, innerhalb der Signalstabsbatterie, einige Minen an, wahrscheinlich aus Besorgniß die Franzosen
würden mit ihnen gleichzeitig eindringen.

Um ein Uhr begannen die Russen abermals sich zurückzuziehen.
Zehn Minuten nach halb zwei Uhr fingen die zwei schweren Geschütze
Dicksons an ihre Artillerie zu beschießen, und sie protzte auf und fuhr ab,
ließ aber fünf Protzen und eine Laffette stehen.

Vor Sebastopol 7. November.

Ich beging heute unsere ganze Stellung, und je näher ich sie besichtigte, desto mehr mußte ich über die heldenmüthige Zähigkeit des Widerstandes unserer Truppen gegen den Angriff so überlegener Infanteriemassen
staunen, obgleich auch den Russen alle Ehre für die Hartnäckigkeit gebührt,
mit der sie versuchten uns zurückzudrängen, und für die Entschlossenheit mit
der sie den Abhang zum Angriff auf uns heraufklimmten. Die Zelte der
2. Division stehen auf dem Rande der Hochebene, die wir besetzt halten
und in der rechten Flanke des Lagers steigt der Boden sanft zwei- bis dreihundert Schritte weit bis zu einem Kamme an, den struppiges Gesträuch
so dicht bedeckt, daß es zuweilen sehr schwer fällt ein Pferd hindurchzu-
bringen. Dieses Gestrüpp wächst in einzelnen Büschen und ist ungefähr
4 Fuß hoch. Auf dem Kamme angekommen blickt man in das Tschernajathal hinab, einen stillen grünen Wiesenstreifen mit einigen weißen Häusern, umhegten Feldern und grünen Baumgruppen. In steiler Böschung

senkt sich der Thalrand mindestens 600 Fuß hoch nach dem Grunde zu.
Hier ist das Gestrüpp sehr dicht und zu Zeiten fast undurchdringlich. Am
Fuße dieses Abhangs geht die Straße nach Inkerman und von da nach
Sebastopol hin. Der träge Strom fließt langsam durch das Thal nach
der Spitze des Hafens zu, wo er hinter den Ausläufern des Höhenzugs
gegen Norden verschwindet. Ungefähr auf Kanonenschußweite, auf der andern Seite des Thals, steigt in terrassenförmigen Absätzen eine lange Felswand 12- bis 1500 Fuß hoch empor. Eine Straße windet sich diese
Steile hinauf nach den Ruinen von Inkerman — einer Stadt unbekannter
Todten — wo Wohnungen und Säulen, Paläste und Tempel aus dem
soliden Fels von einem Geschlechte gehauen sind, dessen bloßen Namen der
kühnste Alterthumsforscher nicht einmal zu rathen wagt. Diese Straße läuft
über die Höhen und senkt sich an der Spitze des Hafens in das Thal von
Inkerman hinab. Die Russen fuhren vorgestern entlang dieser Straße
Geschütze auf, um den Rückzug ihrer Truppen zu decken, und Nachts sieht
man ihre Beiwachtfeuer durch die Fenster- und Thüröffnungen der in die
Felswand am Rande des Abhanges ausgehauenen Kammern schimmern.
Von dem Höhenkamme aus gesehen liegen die Ruinen dem Beschauer na-
türlich links. Rechts folgt das Auge der Windung des Thals, bis die
Felsen der jenseitigen Wand und die das Thal von Balaklawa einfassenden
Berge die Aussicht versperren, und man kann eben noch am Rande des
Abhangs die Ecke des nächsten der französischen zur Vertheidigung unseres
Rückens und zur Deckung unserer Stellung nach der Seite von Balaklawa
aufgeworfenen Erdwerke entdecken. Weiter unten, ebenfalls rechts, ist die
Sandsack- oder Zweigeschützbatterie, bestimmt für zwei Kanonen, die aber
am 5. November nicht daselbst aufgestellt waren, weil Sir de Lacy Evans
glaubte, sie würden nur zum Angriffe einladen und gewiß genommen werden, da sie außer aller Verbindung mit der übrigen Vertheidigungslinie
standen. Links über dieser Batterie geht eine Straße von Balaklawa gerade
durch unser Lager vor den Zelten der 2. Division vorüber, über den
Höhenrücken, und fällt in die obere Straße nach Inkerman. Einige der
russischen Colonnen waren auf diesem Wege auf die Höhe, andere
links und rechts von der Sandsackbatterie herauf gelangt. In jedem
Busche lag ein todter oder sterbender Russe. Die wohlbekannten Bärmützen
unserer Garde, die rothen Röcke unserer Infanterie, und das Hellblau der
französischen Chasseurs lenkte das Auge auf die Stellen hin, wo der Kampf
am blutigsten gewesen war. Die Todten waren glücklich — das starre
kalte Auge, die ruhige Stirn, die sanftgeöffneten Lippen aus denen die
Seele mit dem letzten Athemzuge entflohen war, zeigten wie ruhig ein
Mensch in der Schlacht, getroffen von der Büchsenkugel, sterben kann. Die
Engländer und Franzosen von denen Viele von den Russen, als sie schon
verwundet auf dem Boden lagen, ermordet worden waren, zeigten einen
wilden Grimm auf dem Gesichte, mit dem sie den grausamen Feind ster-

bend angeblickt hatten. Von Manchen war in ihrer letzten Todesqual die Erde
mit den Händen aufgewühlt, und sie hielten mit ihren erstarrten Fingern
das Gras gen Himmel empor. Alle Leichen mit so schmerzverzerrtem Gesichte oder Körper hatten Bayonnetwunden; die Leichen, welche mit einem
ewigen Lächeln um den Mund dalagen, waren Erschossene. Aber die Verwundeten! Zwei Tage lang brachten sie auf der Stelle zu, wo das Bayonnet
oder die Kugel sie hingestreckt hatte. Es waren nur Wenige, jedoch unser
Suchen hatte nicht alle Geheimnisse dieses blutgedüngten Abhangs entdeckt
und erst heute Mittag war der letzte unserer Soldaten in seinem Verstecke
gefunden und nach dem Hospital geschafft worden. Aber die Russen, die
stöhnend und zuckend auf dem Boden sich wanden, waren viel zahlreicher. Einige
hatte man in Haufen zusammen getragen, damit sie sich leichter fortschaffen
ließen. Andere stierten aus den Büschen die Vorübergehenden mit dem wilden Blicke eines Raubthiers an. Einige flehten in einer unbekannten Zunge,
aber in nicht miszuverstehenden Tönen um Wasser oder Hilfe, indem sie
ihre verstümmelten und zerschmetterten Glieder uns entgegenstreckten oder
mit dem Finger auf die Bahn der zerschmetternden Kugel hinwiesen. Das
ingrimmig verzerrte Gesicht mancher dieser Leute war schrecklich anzusehen.
Fanatismus und unversöhnlicher Haß blitzte aus diesen zornigen Augen,
und wer sie mit Mitleid ansah, konnte es sich endlich mit Widerstreben
klar machen, daß diese Menschen in wilder Leidenschaft die Verwundeten
morden, und auf den Sieger, der ihnen in großmüthiger Menschlichkeit beim
Vorübergehen helfen wollte, schießen konnten. Es erleichterte Einem das
Herz ihre Gewehre zerbrochen, ihre Patronen aufgeschnitten haufenweise
auf dem Boden liegen zu sehen. Bahrentragende Franzosen oder Engländer
erblickte man auf dem ganzen Abhange bald mühsam eine erstarrte Last
nach dem Grabe, bald einen noch Lebenden nach der Ambulance tragend,
oder in dem Gebüsche nach Todten oder Verwundeten suchend. Unsere
Leute haben sich eine schreckenerregende Gewandtheit in der Diagnose erworben. Ein Körper liegt bewegungslos auf dem Boden; der ihn zuerst
erblickte ruft: „Kommt her, da liegt ein Russe!" oder „ein Franzose" oder
„einer von unsern Leuten!" Einer tritt heran, hebt das Augenlid in die
Höhe wenn es zugefallen ist, blickt in die Augen, zuckt die Achseln und
sagt: „Der ist todt und kann warten" und kehrt wieder nach der Bahre
zurück; Andere zerren die Todten bei den Füßen und gelangen mit derselben
Schnelligkeit zu dem gleichen Resultate. Meistens ist den Todten, mit Ausnahme ihrer Ueberröcke, Alles ausgezogen. Der Troß aus dem Lager und
aus Balaklawa, und Matrosen, die begierig nach Trophäen suchen, schleppen
Alles mit sich fort. Gruppen sind in einer Entfernung von vierzig bis
funfzig Schritten von einander über den ganzen Abhang vertheilt, und wüh-
len die Erde um. Kommt man näher, so entdeckt man, daß sie eine große
30 Fuß lange, 20 Fuß breite und 6 Fuß tiefe Grube angelegt haben, auf
deren Boden in jeder denkbaren Stellung 40 bis 50 Leichen mit großer

Kunst zusammengepackt liegen. Die Todtengräber stehen auf den Erdhaufen zu beiden Seiten und schwatzen mit einander, denn sie warten noch auf ein paar Träger, um die Zahl der Leichen zu vervollständigen. Sie streiten sich über die Leiche, die eben auf sie zugetragen wird. „Es ist Corporal — vom — Regiment," sagt Einer. „Nein, es ist mein Hintermann: ich sehe sein rothes Haar ganz deutlich" u. s. w. Sie besprechen die Verdienste oder Mängel todter Sergeanten oder Cameraden. „Na, er war ein böser Vorgesetzter; er hat mir manchen bösen Streich gespielt, aber das ist nun vorbei!" oder „der arme Mick! er hat funfzehn Jahre gedient — ein besserer Kerl ist nie geboren worden." Diese Scenen wiederholen sich den ganzen Abhang entlang. Auch Franzosen mit Tragbahren sehen sich geschäftig nach ihren Todten und Verwundeten um, und nehmen Theil an der traurigen Arbeit des Tages. Endlich ist die Zahl der Leichen in der Grube vollständig. Sie liegen so dicht neben einander als nur möglich ist. Einige haben die Arme vorgestreckt, als ob sie zielten; ihre Beine ragen über die Erde hervor, wie diese über sie geworfen wird; Andere haben die Glieder in seltsamen Zuckungen verzerrt, wie Gliedermänner. Immer höher bedeckt sie die Erde und sie sind bald allein mit ihrem Ruhme. Nein, nicht allein, denn die Hoffnungen, Befürchtungen und Zuneigungen von Hunderten von Menschenherzen liegen mit ihnen begraben!

In einer Länge von dreiviertel Stunden und einer Breite von einer Viertelstunde bietet der Abhang solche und ähnliche Schauspiele dar. Mehr als 2000 Russen haben unsere Leute begraben; nur noch wenige befinden sich über der Erde.

Als ich heute in der Sandsackbatterie stand und mit einigen Officieren der Garde über ihre entsetzlichen Verluste sprach, kamen Oberst Cunyngham und Oberstlieutenant Wilbraham vom Generalquartiermeisterstab herangeritten. Kaum wurden ihre dreieckigen Hüte über dem Kamme der Höhe sichtbar, so schoß eine Dampfwolke aus der Spitze des Hafens im Thale empor, und sausend und singend flog eine Bombe gerade über uns weg und schlug in den Abhang, wo unsere Leute eben die Leichen der Russen begruben! Ueber solche Barbarei wäre jede Bemerkung vergebens und Officiere und Mannschaften sind gleich entrüstet darüber. Oberst Cunyngham sagte mir, Lord Raglan habe erst an diesem Morgen die Russen durch einen Parlamentair wissen lassen, daß die Abtheilungen auf dem Hügelabhange mit dem Begraben ihrer auf dem Schlachtfelde zurückgelassenen Leichen beschäftigt wären. Während er noch sprach, flog eine zweite Bombe über uns weg und schlug fast auf derselben Stelle wie die vorige ein; aber es war vollkommen offenbar, daß die Gesellschaft von zwei Officieren in dreieckigen Hüten und zu Pferde nicht die sicherste war, und wir zogen uns alle Drei zurück. Eins ist unleugbar — daß, wenn solche Handlungen wie diese von den russischen Behörden gebilligt werden, es ganz unmöglich ist, ihre Leute als civilisirte Geschöpfe zu behandeln und der Kampf die schlimmsten Charakterzüge barbarischer Kriegsführung annehmen muß.

8. November.

Ich sehe mich heute in den Stand gesetzt, noch Einiges über den Gang der Schlacht vom 5. November nachzuholen. Sie war am heftigsten gegen acht Uhr und um diese Zeit hatten sich die Russen zum Theil auf den Höhen auf unserer Rechten festgesetzt. Die Franzosen standen in drei Colonnen von ungefähr 2000 Mann auf dem Höhenkamme über Bala-klawa, und beobachteten die Bewegungen der russischen Reiterei in der Ebene unter ihnen. Als ich eintraf, konnte man den Feind, sechs Divisionen stark, die Artillerie und Infanterie gefechtsbereit und die Pferde gesattelt und aufgezäumt, aufmarschirt sehen. Offenbar warteten sie nur auf ein Zeichen, um in unserm Rücken die Höhe hinaufzustürmen und unsere fliehenden Regimenter niederzusäbeln. Sie mußten lange warten! Die französischen Linien unter uns waren von Zuaven besetzt; die Artilleristen in den Redouten standen mit brennenden Lunten bereit, ihre eisernen To-desboten durch die Glieder der Reiterei zu senden, sowie sie in Schußbereich kamen. Hinter den Franzosen befanden 5000 Bono Johnnies in Colonnen als Reserve, und mehrere türkische Regimenter waren auch unter den Höhen rechts aufmarschirt, um nöthigenfalls als Unterstützung zu dienen. Bereits waren die Franzosen zu unserm Beistande vom Meere herüber im Marsch und die schwarzen Linien ihrer Regimenter hoben sich wie Streifen von der grauen Ebene ab, wie sie im Schnellschritte nach dem Schauplatze des Kampfes eilten. Die Chasseurs d'Afrique hielten auf dem Abhange des Hügels, um die günstige Gelegenheit zu einem Angriffe abzuwarten. Un-sere Reiterei war neben ihrem Lager aufmarschirt, die schwere Brigade links, die leichte Brigade im Mittelpunkte unserer Stellung; letztere befand sich längere Zeit außer Bereich des Geschützfeuers, rückte aber später weiter vor, wobei sie mehrere Verluste hatte. Die schwere Reiterei deckte unsere linke Flanke und unsern Rücken. Um neun Uhr erschienen rechts von uns die Franzosen über dem Hügelkamme — Chasseurs d'Orleans, Tirailleurs Indigènes, Zuaven, Linieninfanterie und Artillerie — und stürmten sofort in die Flanke der russischen Colonne. Als ich die Stelle besichtigte, lagen Soldaten aller Nationen: Engländer, Franzosen und Russen bunt durch-einander, ein Zeichen, daß das Terrain mehrere Male im Besitze von ver-schiedenen Truppentheilen gewesen war. Die Franzosen kamen sogleich ins Gefecht, denn die Russen hatten Ueberfluß von Truppen zur Verfügung. Ihre Reserven im Thale und längs der Straße nach Sebastopol nahmen die gelockerten Colonnen, die den Hügel hinabgetrieben wurden, auf, er-laubten ihnen, sich neu zu formiren und wieder anzugreifen, oder lieferten frische Regimenter, um wieder und immer wieder zum Sturme vorzugehen. Diese Reserve scheint aus drei starken Colonnen, wahrscheinlich jede von

7 *

6000 Mann, bestanden zu haben. Die zum Angriffe verwendeten Truppen können nicht schwächer als 20,000 Mann gewesen sein, und ich schlage die Stärke der Russen gewiß sehr gering an, wenn ich sie auf 45—50,000 Mann von allen Waffen annehme. Einige versichern, der Feind hätte 55—60,000 Mann im Gefecht gehabt; aber diese Zahl halte ich für übertrieben und jedenfalls war das Terrain nicht groß genug, um sie aufmarschiren zu lassen. Capitain Burnett behauptet, daß die Russen zu drei verschiedenen Malen frische Truppen zum Angriff vorgeschickt hätten, und daß ihre Artillerie nicht weniger als vier Mal abgelöst worden wäre. Das Miniégewehr half uns in unsern Nöthen und Lord Hardinge verdient den wärmsten Dank des Vaterlandes für die Ausdauer mit der er dafür sorgte, daß die Expedition trotz der Abneigung, welche viele erfahrene Officiere gegen das Miniégewehr hegten, mit dieser Waffe ausgerüstet ward.

Die Angriffscolonne auf dem russischen rechten Flügel, die gegen den Sebastopol zunächst gelegenen Punkt unserer Stellung heranrückte, fand ihre Hauptgegner in der 4. Division und den Marinetruppen. Die russische Mitte kam vornehmlich mit der 2. und leichten Division ins Gefecht; und ein Theil der 3. Division und die Gardebrigade leistete der 3. oder linken Angriffscolonne der Russen, welche an dem von Inkerman am weitesten entfernten Punkte den Hügel hinauf nach der Sandsackbatterie vordrang, Widerstand. Der 4. Division wurden in kurzer Zeit alle ihre Generale, Sir George Cathcart und die Brigadiers Goldie und Torrens, getödtet oder tödtlich verwundet und 700 Mann, darunter mehrere Stabsofficiere, wurden kampfunfähig. Das 20. Regiment, das zwei Stabsofficiere verlor, ging mit 490 Mann ins Gefecht und kehrte mit 362 wieder zurück. Die andern Regimenter litten in demselben Verhältniß. Die 2. Division hatte nach der Schlacht nur noch 6 Stabsofficiere und 12 Hauptleute dienstfähig, und Major Farrer vom 47. Regiment übernahm als ältester Officier den Befehl über die Division.

Sir De Lacy Evans, der sich bei Beginn der Schlacht krank am Bord befand, ließ sich dennoch ans Land setzen und ritt auf den Kampfplatz; und ich sah ihn auf dem Schlachtfelde voll Trauer über den Verlust, den seine Division erlitten hatte. Von seinem Stabe wurde ein Adjutant getödtet und ein zweiter verwundet; Brigadier Pennefather war in größter Gefahr und Brigadier Adams erhielt eine leichte Wunde; und dort lag die Stelle, deren Schwäche der General so oft hervorgehoben hatte!

Die Gardebrigade verlor 14 Officiere an Todten; aber es ist ein Wunder, daß ein Einziger dem mörderischen Feuer entging. Das Gefecht an der Alma hatte nichts Aehnliches aufzuweisen wie die nächste Umgebung der Sandsackbatterie, welche auf einer steilen der Tschernaja zugekehrten Böschung steht. Hier sah man ganze Haufen von Leichen. Ueber 1200 todte und sterbende Russen lagen um das Werk umher, darunter manche Bärmütze und mancher schlanke englische Grenadier und Leichen von fran-

zösischen Chasseurs und Linieninfanteristen.   Einmal als der Herzog von
Cambridge seine Leute sammelte, nahm ihn eine Abtheilung Russen aufs
Korn und schoß nach ihm so ruhig, wie nach einem Ziele.   Ein Arzt vom
7. Husarenregimente, Mr. Wilson, der der Brigade attachirt war, bemerkte die Gefahr, welcher Se. königl. Hoheit ausgesetzt war, sammelte
ein paar Mann von der Garde, führte sie mit großem Muthe und großer
Kaltblütigkeit zum Angriff und vertrieb die Russen.   Dem Herzog wurde
das Pferd unter dem Leibe erschossen.   Am Abend rief er Mr. Wilson
vor die Fronte des Regiments und dankte ihm öffentlich dafür, daß er ihm
wahrscheinlich das Leben gerettet habe.   Das Benehmen der Russen gegen
die verwundeten Gardeofficiere war im höchsten Grade barbarisch.   Oberst
Mackinnon wäre jedenfalls, ohne die Bayonnetstiche, die er erst erhielt, als
er schon verwundet auf der Erde lag, mit dem Leben davongekommen.
Sein Bein war zerschmettert und er war so geschwächt vom Blutverluste,
daß er während der Operation starb.   Sir R. Newman erhielt mehrere
Stichwunden.   Man hat gesehen, wie russische Officiere mit ihren Degen
unsere Leute, welche sich in ihrer Qual auf dem Boden wanden, durchbohr-
ten und ihre Leute anwiesen, sie mit dem Bayonnet niederzustoßen.   So
sind die Soldaten des Czaren! Ein Major dieser barbarischen Soldateska,
welche sich solche Gräuelthaten zu Schulden kommen ließ, befindet sich jedoch
in unserer Gewalt; und wenn es genügend bewiesen werden kann, daß er
die ihm zur Last gelegten Handlungen begangen hat, so wird er Angesichts
der Wälle von Sebastopol aufgehängt.

     Während die Garden in ihren höchsten Nöthen waren, stürmten die
französischen Colonnen voll Ungestüm gegen den frohlockenden Feind, nahmen ihn in die Flanke und drängten ihn unter dem Feuer unserer Divisionen über den Abhang der Höhen zurück.   Die Verbündeten griffen sie
jetzt an und begrüßten sie mit einem Kugelhagel von tödtlichster Wirkung.
Der Feind, obgleich von ansehnlicher Artillerie aufs Kräftigste unterstützt,
konnte uns nicht widerstehen; und vor dreiviertel zwölf Uhr wich sein Heer
vor 8500 Mann englischem und 9000 Mann französischem Fußvolke; halb
ein Uhr waren die Russen in vollem Rückzuge nach Sebastopol begriffen, gedeckt
von ihren Geschützen; und halb zwei Uhr fuhren auch diese ab und folgten dem
Fußvolke in die Stadt.   Lieutenant Hoare in seiner Lancasterbatterie hatte
ihnen noch einen Abschiedsgruß zurechtgemacht.   Er räumte seine Schanzkörbe und Sandsäcke weg, sodaß er die Straße beherrschen konnte, und
sowie eine Abtheilung Fußvolk oder Reiterei in Schußbereich kam, donnerte der lange Bursche los und der schwere Eisenkegel sauste durch die
Luft und riß durch die ganze Colonne eine Straße, deren Richtung Leichen
und Schwerverwundete bezeichneten.

Achtes Kapitel.

Der Orkan.

Ein von einem Orkan heimgesuchtes Lager. — Folgen des Orkans. —
Soldatische Prüfungen. — Schicksalsscenen während des Orkans. — Ver-
derbliche Folgen von Nässe und Kälte. — Leben in einer Scheune. —
Lagerarbeiten. — Balaklawa nach dem Orkane. — Ankunft von Ersatzmannschaften. — Scharmützel.

14. November.

Das Lager ward heute von einem Orkan heimgesucht. Er begann
kurz nach sechs Uhr früh und Regen und Windstöße aus Südwest und
Südsüdwest gingen ihm voraus. Wohl eine Stunde lang hatte ich halb
träumend da gelegen und dem Rauschen des Regens gegen die vom Winde
bewegte Leinwand des Zeltes zugehört, oder hatte mich hin- und hergescho-
ben, um den Wasserbächen zu entgehen, die unsere Betten durchfeuchteten
und sich auf den wasserdichten Decken in Pfützen sammelten. Das Rauschen des Regens wurde bald von dem Sausen des Windes und dem Flattern der Zelte, wie sie immer heftiger vor seiner Gewalt erzitterten, verschlungen. Allmälig fingen die leinwandnen Seitenwände, deren Rand
unten zur Befestigung mit großen Steinen beschwert war, an, sich zu heben
und zu bewegen, und dem Winde zu erlauben, hereinzukommen und uns
näckisch ganze Regenbäder ins Gesicht zu senden; die Zeltpflöcke begannen,
Zeichen peinlicher Unentschlossenheit und Mangel an Festigkeit zu geben.
Was wir durch das Aufbauschen der Zeltwände von dem Zustande der
Dinge draußen erblickten, war wenig geeignet, uns mit einem Geiste der
Ergebung in das Schicksal, welches unserm hinfälligen Obdache drohte, zu
erfüllen. Der Erdboden hatte seine Festigkeit verloren und schmutzige
Pfützen standen in den Hufspuren der Pferde und Rinder vor den Zelten.
Schlamm — und nichts als Schlamm — der vor dem Winde daher flog
und trieb, als wäre er Regen, bedeckte die Oberfläche der Erde, soweit sie
sichtbar war. Unterdessen nahte der Dämon des Sturmes schrecklich und
gewaltig. Bei jedem neuen Stoße schwankte und bog sich die Zeltstange
wie eine Angelruthe; die Leinwand zerrte an den Stricken und die Pflöcke
gaben langsam nach. Ein unheilverkündendes Krachen! Ich sah meine
Gefährten an, die entschlossen zu sein schienen, sich jedem Geräusche durch
das Uebereinanderhäufen von soviel Kleidungsstücken, als sie über ihren
Köpfen aufthürmen konnten, zu verschließen. Abermals ein sausender Windstoß, und die Stange bog sich, bis man wieder das verhängnißvolle Krachen vernahm. „Steht auf, Doctor! steht auf; E —, das Zelt fällt ein."
Der Doctor kroch unter seiner Pyramide von Kleidungsstücken hervor.
Wenn er auf etwas Vertrauen setzte, so setzte er es auf seine Zeltstange. Sie
hatte in der Mitte eine ganz entschiedene Biegung, aber er bewies stets mit

der besten anatomischen, mathematischen und physikalischen Gründen, daß die Biegung eine entschiedene Verbesserung sei, und war der unfehlbaren Meinung, daß keine Macht des Aeolus sie jemals erschüttern könnte. Er sah die Stange freundlich und gelassen an, wie er Alles ansah, und schüttelte sie. „Aber Herr!" sagte er vorwurfsvoll, „es ist alles in Ordnung — die Stange hält für alle Ewigkeit aus," und dann legte er sich wieder hin und begrub sich unter seine Betttücher. Kaum hatte er sich mit der Entschiedenheit, welche vollkommene Behäbigkeit und Zufriedenheit ausdrückt, noch einmal in den Decken eingewickelt, als ein lautes gellendes Gebeul, das immer heftiger wurde, je näher es kam, uns mit Entsetzen erfüllte. Wie es gesaust kam, hörten wir Zeltstangen und Balken brechen und Leinwand zerreißen. Er kam „ein gewaltiger und starker Wind;" die Stange brach in der Mitte ab, als wäre sie Glas, und in einem Augenblicke lagen wir halb erstickt unter den schweren Falten der nassen Leinwand, die uns mit der größten Wuth um den Kopf herumschlug. Halb athemlos und blind erreichte ich mühsam die Thür. Welch ein Anblick begegnete dem Auge! Das ganze Lager des Hauptquartiers war dem Erdboden gleich gemacht, und die unglücklichen Bewohner desselben rannten in allen Richtungen durch den Schlamm und machten auf Sachen und Kleider Jagd, oder klammerten sich an die Mauern der Einfassung fest, indem sie sich bemühten, in Scheuern und Ställen ohne Dächer und Fenster Schutz zu suchen. Nur drei Zelte hatten den Sturm ausgehalten; sie gehörten General Estcourt, Sir John Burgoyne und Major Pakenham; der General hatte, vorsichtig genug, um sein Zelt eine Mauer von Steinen aufgerichtet, aber ehe es Mittag war, war sie der Gewalt des Windes gewichen, und das Zelt des Majors hatte schon viel früher dasselbe Schicksal. Unserm Zelte zunächst stand das des Capitains de Morell, Adjutant des General-adjutanten Estcourt. Es lag flatternd auf dem Boden, und als ich hin sah, schien die Leinwand von einer großen inneren Erschütterung bewegt zu sein. — Ein lebendiger Vulkan schien sich unter dem Zelte zu öffnen, und seine Falten nahmen die fantastischsten Gestalten an, indem sie sich wild im Sturme herumwälzten. Das Phänomen erklärte sich bald durch das Hervorkommen des tapfern Bewohners des Zeltes, welcher verzweifelt gegen den Wind ankämpfte, der bemüht war, von seinem Leibe die sehr kärgliche Bekleidung zu reißen; und endlich gelang es ihm, in Gang zu kommen und durch den Koth nach den Hütten zu patschen. Dicht daneben war Dr. Halls Zelt umgeworfen; und man sah den obersten Arzt der englischen Armee in ungewöhnlicher Aufregung seine Kleider suchen, ehe er sich auf die Flucht begab. Brigadier Estcourt, diesmal wirklich außer Fassung, hielt sich krampfhaft an einem der Stricke seines Zeltes fest. Capitain Chetwode stürzte in Unterhosen und Hemd durch den Regen und den Schlamm wie ein Wahnsinniger einer Mütze nach, die er für die seinige hielt, die sich aber nach einer verzweifelten Jagd als die seines Sergeanten herausstellte. Durch die Luft flogen Decken, Hüte, Mäntel, Röcke und sogar Stühle und Tische! Makintoshe, Bettdecken, Kautschukfässer, Bettücher, lange Streifen von Zeltleinwand wirbelten nach Sebastopol hinüber, wie Blätter vor dem Winde; die Schindeldächer der Häuser riß der Sturm weg und verstreute sie über das ganze Lager, und ein Theil des Daches von Lord Raglans Haus ging mit fort, um ihnen Gesellschaft zu leisten. Die Scheuern und Schuppen der Commissariatsbeamten waren abgedeckt. Als ein Beispiel von der Gewalt des Sturmes erwähne ich, daß er große Arabas oder Wagen, die nicht weit von uns standen, umstürzte; daß er Menschen und Pferde niederwarf und vor sich herkollerte; daß er die Ambulancewagen auf den Kopf stellte; und daß er einen großen und schweren Tisch in Capitains Chetwode's Zelt vom Boden in die Höhe hob, um und um wirbelte, bis das Tischblatt abflog, und dann mit Verlust eines Beines und andern schweren Beschädigungen wieder fallen ließ. Die Marinetruppen und Jäger, die auf den Klippen über Balaklawa lagen, verloren Zelte, Kleider und Alles; der Sturm riß sie mit sich fort über die Bucht hinweg, und die Menschen mußten sich mit aller Kraft am Erdboden fest anklammern, um nicht dasselbe Schicksal zu erleiden.

Ein Blick nach der von der 2. Division besetzten Höhe zeigte uns, daß der Orkan auch dort mit gleicher Heftigkeit gewüthet hatte. Die Hügelrücken, die Ebenen und die wellenförmigen Strecken zwischen den Buchten, die vor Kurzem noch in der Herbstsonne mit langen Reihen netter, weißer Zelte geglänzt hatten, lagen jetzt kahl und öde da, die Oberfläche in klebrigen Schlamm, so schwarz wie Tinte, verwandelt, oder die beschmuzte Zeltleinewand hier oder dort in unordentliche Haufen zusammengerollt. Gerade uns gegenüber bot das Lager der Chasseurs d'Afrique ein Schauspiel ähnlicher Verwüstung dar. Ihre kleinen Zelte hielten sich ein paar Minuten, aber endlich zerbrachen die Stangen, und sie theilten das allgemeine Loos. Ueberall, so weit man sehen konnte, erblickte man Pferde, die sich von ihren Piquetpfählen losgerissen hatten. Fast die Hälfte unserer Cavaleriepferde hatte es so gemacht. Die Franzosen flohen schutzsuchend in allen Richtungen über die Ebene, und fanden hier oder da hinter alten Mauern oder Abhängen einige Deckung. Unsere Leute, trotziger und entschlossener, standen vor ihren niedergeworfenen Zelten, während der Wind oder Regen über sie hinflog, oder sammelten sich in Gruppen vor ihren frühern Lagerplätzen. Wehe den Russen, wenn sie an diesem Tage angegriffen hätten, denn wilder als der Sturm und stärker als in all seiner Wuth wäre der englische Soldat über ihre Schlachthaufen hergefallen und hätte sie geschlagen. Den ganzen schrecklichen Tag über ertönte der Ruf: „Wir wollen die Stadt angreifen! Besser ist es wir stürmen die Batterien und gehen dabei zu Grunde, als das wir hier stehen und im Orkan umkommen." Nur bei einigen Regimentern sollen einige Unordnungen vorgekommen sein. Ein paar junge Rekruten, welche die Bequemlichkeiten des

väterlichen Hauses noch nicht vergessen hatten, fühlten eine so rauhe Einweihung in die Wirklichkeit des Kriegshandwerks sehr hart, und schienen
zu glauben, man könnte ihnen nicht zumuthen, bei so schlechtem Wetter in den
Laufgräben Dienste zu thun, aber die Neckereien ihrer Cameraden belehrten
sie bald eines Besseren. Um nicht zu sehr abzuschweifen und dem Leser
einen Begriff von der angenehmen Augenweide zu geben, die wir diesen
Morgen hatten, mag er sich die kahlste Haidestrecke in ganz England, das
feuchteste Torfmoos in ganz Irland oder das ödeste Moor in ganz Schott-
land denken, darüber einen mit schweren Wolken beladenen Himmel, schwarz
wie Tinte, gepeitscht von einem Sturme, der ein Gemisch von Regen, Schnee
oder Eisstücken mit sich führt — ein paar halb verfallene steinerne
Mauern und Hütten ohne Dach, Straßen, die zu mit Wasser oder Koth gefüllten Rinnen geworden sind, und in einer solchen Umgebung Menschen und
Pferde an einem Novembermorgen plötzlich ihres kümmerlichen Obdachs
beraubt, bitterer Kälte und Nässe ausgesetzt, mit leerem Magen und
nicht der geringsten Aussicht vor Aufhören des Unwetters Speise oder Obdach zu erhalten. Er denke sich die Mannschaften in den Laufgräben, die
Trancheenwachen, die Patrouillen und Vorposten, welche die Nacht im Sturme
zugebracht hatten und ins Lager zurückkehrten, um die Feuer ausgelöscht
und die Zelte umgeworfen zu finden. Und diese Leute durften keinen Augenblick sich umdrehen, durften nicht die Augen schließen, denn von ihrer Wachsamkeit hing die Sicherheit unseres Lagers ab, und Viele von ihnen hatten
acht oder zehn Stunden im Regen und in der Kälte gestanden. Das sind
Prüfungen, welche die besten soldatischen Eigenschaften verlangen. Ein
in später Nacht vom Unwetter überraschter Jäger im Hochlande glaubt
der allerunglücklichste Mensch von der Welt zu sein, wenn er müde, durchnäßt oder hungrig durch die Finsterniß nach einem ungewissen Lichte stol-
pert; aber er hat keinem schlimmern Feinde zu begegnen, als dem Winde und
dem Regen, und findet in der ersten Hütte, auf die er stößt, Obdach oder
bequemes Lager. Unsere Officiere und Soldaten dagegen mußten nach
einem solchen Tage des Nachts wieder in die Laufgräben rücken, wachsam
nach einem schlauen Feinde umschauen und in dem Schlamme der Werke
schanzen; welche Willensstärke und welcher hohe Muth gehören dazu, um
dieses Alles ohne Murren zu thun, und alle Entbehrungen und Leiden mit
unerschütterlicher Standhaftigkeit zu ertragen! Aber beschäftigen wir uns
wieder mit uns selbst. Unser Zelt liegt auf dem Boden; Einer nach dem
Andern kriechen wir darunter hervor in den Schlamm draußen, und lassen
alle unsere Hausgötter zurück, um vor einem erbarmungslosen Sturme, der
uns bald umwirft, uns hinter eine halb verfallene steinerne Mauer zu flüchten, hinter welcher Zuaven, Chasseurs d'Afrique, Sanitätsmannschaften,
Husaren, Infanteristen, Officiere und Pferde Schutz gefunden haben. Hier
vernahmen wir, daß die Hospitalzelte alle umgeworfen sind, und daß die
Kranken das Schicksal der Gesündesten und Kräftigsten haben theilen

müssen. Wenn wir uns nach der Höhe wenden, wo die geräumigen hölzernen Gebäude standen, welche die Franzosen als Hospitäler oder Vorrathsspeicher errichtet haben, so erblicken unsere Augen nichts mehr als einige Haufen übereinandergeworfener Breter. Die Verwundeten vom 5. November, die, mehrere Hundert an der Zahl, sich in diesen Gebäuden befanden, mußten die Unbarmherzigkeit des Wetters ertragen so gut es ging. Mehrere unterlagen den Folgen. Aller Orten begegneten dem Blicke neue Jammerscenen. Die Zelte der Garden waren umgeworfen, ihre ehemaligen Bewohner saßen hinter der Wand einer Scheune zusammengekauert, und ihre mit Koth bedeckten Gewehre lagen noch da, wo sie der Wind, als er die Pyramiden umriß, hingeworfen hatte. Mit klappernden Zähnen oder vor Frost zitterndem Körper sah Jeder seinen Nachbar an. Im Hofe des Commissariatsgebäudes sah man umgeworfene Karren, todte Pferde und Gruppen von vor Kälte zitternden Menschen, aber kein Zelt war stehen geblieben. Nicht weit davon lagen todte Husarenpferde, oder standen im Begriffe vor Kälte zu sterben. Lord Raglans Haus mit seinen rauchenden Essen und seinen von dem schwarzen Himmel freundlich abstechenden weißen Wänden war eine Augenweide für Alle. Die großen Zelte unsrer Generale waren so wenig im Stande dem Orkane zu widerstehen, wie die kleinen glockenförmigen unserer gemeinen Soldaten. Lord Lucan mußte stundenlang bis an die Knie im Schlamme zwischen den Trümmern seines Hauses sitzen, nachdenklich wie Marius unter den Ruinen von Carthago. Lord Cardigan war krank an Bord seiner Yacht im Hafen von Balaklawa. Sir George Brown befand sich verwundet auf dem Agamemnon, auf der Höhe von Kamiesch-Bai; Sir de Lacy Evans ebenfalls krank an Bord des Sanspareil in Balaklawa, General Bentinck verwundet auf dem Caradoc in Konstantinopel oder unterwegs nach England. Der Herzog von Cambridge verbrachte die sorgenvolle Zeit des Sturmes als Halbinvalide auf dem Meere auf der Retribution vor Balaklawa.

Aber die Generale Pennefather, Sir R. England, Sir J. Campbell, Brigadier Adams und Brigadier Buller — überhaupt alle im wirklichen Dienste befindlichen Generale, Obersten und Officiere kamen ebenso schlecht davon, wie der gemeinste Soldat. Nur die Zelte von drei Personen hielten den Sturm aus; die Glücklichen waren der Vicegeneralauditeur Remaine, der Oberstlieutenant Dickson von der Artillerie und Capitain Woodford vom Stabe. Ersterer hatte jedoch sein Zelt sinnreich genug innerhalb vier Mauern einer ehemaligen Scheune aufgeschlagen, und es auch sonst kunstreich befestigt. Gar gastfreundliche Flecke waren diese Zelte — Oasen in einer Wüste des Elends; mancher arme halberfrorne Wanderer verdankte dem Umstande, daß er dort ein Obdach fand, fast sein Leben. Der Leser, der zu Hause an seinem warmen Ofen sitzt, darf nicht vergessen, daß Brennmaterial hier fast ganz fehlt, und daß sogar bei schönem Wetter die verschiedenen Dienstboten wegen einiger Hobelspäne oder Reißbündel in das lebhafteste Handgemenge gerathen. Er darf nie den Umstand aus den Augen lassen, daß während dieser ganzen Zeit der Sturm mit immer zunehmender Heftigkeit wüthete, und daß von halb sieben Uhr früh bis spät Abends der Orkan über das Lager sauste, jedes lebende Wesen vor sich hertrieb oder unter ein Obdach jagte und alles Leblose in Stücke zerriß. Dann und wann schießt spottend ein Sonnenstrahl aus einem Risse in der Wolkenwand und macht den Jammer des Schauspiels nur noch auffälliger. Hinter der alten Mauer zusammengekauert, konnten wir nicht umhin, mit beklemmten Herzen an unsere Flotte auf dem Meere — an unsere Transportschiffe vor Balaklawa und der Katschamündung — an die Mannschaften in den Laufgräben und auf den Vorposten zu denken. Leider hatten wir nur zu viel Grund besorgt zu sein. Gegen zehn Uhr sahen die Sachen hoffnungsloser und schlimmer als je aus, als durch das Unwetter eine willkommene Einladung zu uns gelangte, unter das Obdach eines stehengebliebenen Zeltes hinüber zu kommen. Unsere erste Pflicht war, die Stange mit verschiedenen Stützen verstärken zu helfen. Dann wurde noch ein starkes Tau, von der Spitze der Stange nach dem Fuße der davorliegenden Mauer aufgespannt, und kurz darauf stand vor Jedem eine Tasse heißer Thee, herbeigeschafft durch uns unentdeckbare Zauberei, und mit vortrefflichem Commiszwieback und etwas Butter hatten meine Freunde und ich ein schmackhaftes Mahl, das uns ebenso erquickte als überraschte, und das nur durch den immer wiederkehrenden Gedanken: was wird aus den armen Truppen in den Laufgräben und auf den Posten werden? verbittert wurde. Und so saßen wir stundenlang, und dachten und sprachen von den Truppen und der Flotte, während das Unwetter immer noch fortraste und der Regen fortwährend niederströmte.

Gegen zwölf Uhr setzte der Wind, der bis dahin aus Süd-Westen geweht hatte; nach Westen um, und wurde viel kälter. Anfangs fiel halb Regen halb Schnee, und dann kam ein Schneewetter, welches die verödete Landschaft in eine weiße Decke hüllte, bis die Tritte der Menschen Spuren von schwarzem Kothe darüber hinwegzogen. Die Bergketten hatten ihr Winterkleid angezogen. Französische Soldaten drängten sich in sehr gedrückter Stimmung um unser Hauptquartier, und zählten uns ihre Leiden auf. Ihre Zelte waren alle umgeworfen und vom Winde fortgerissen, ohne Aussicht sie wieder zu erlangen, ihr Brot war ganz durchnäßt und verdorben, ihre Rationen ganz in Schlamm eingewickelt. Die afrikanischen Soldaten schienen besonders niedergedrückt zu sein. Die armen Burschen! Mehrere derselben fand man vor dem Lager unserer Cavalerie am nächsten Morgen todt. Auch wir verloren mehrere Mann. Von der leichten Division kamen 4 Mann in Folge der Kälte während der Nacht um. Seitdem sind noch zwei Andere von derselben Division gestorben, und ich fürchte, daß jede andere Division eine gleiche Anzahl verloren hat. Ebenfalls blos in Folge der Kälte und Nässe fielen vierzig von unseren Pferden, und viele

werden sich nie wieder von den Folgen des verhängnißvollen Tages erholen.
Aber der Tag ging vorüber, und es zeigte sich noch keine Aussicht von einer
Abnahme des Unwetters. Um zwei Uhr legte sich jedoch der Wind ein
wenig, und die Pausen zwischen seinen einzelnen Stößen wurden häufiger
und länger. Wir benutzten einen dieser ruhigeren Momente um unser Zelt
wieder aufzusuchen, und nachdem wir eine neue Stange geborgt hatten,
richteten wir es, ganz schmutzig und naß, mit Hilfe einiger Soldaten auf
und machten es, so gut es ging, wieder für die Nacht fest; aber es war
kein Verlaß auf seinen Schutz zu setzen, der Fußboden war nur eine einzige
Pfütze von wässerigem Schlamme, und das Bettzeug und die Kleider trieften
von Nässe. Unseren Beispiele folgten gleichzeitig noch Andere, und gegen
Abend sah man bereits viele Zelte wieder stehen, die jedoch nur ein kümmer-
liches Obdach darboten. Obgleich die Zelte standen, wackelten sie doch
sehr, und ließen so viel Schnee, Regen und Koth von draußen herein, daß
man gar nicht daran denken konnte, darin zu schlafen. Was war zu
thun? Plötzlich fiel es uns ein, daß vielleicht noch in der als Stall für
die Pferde von Lord Raglans Escorte vom 8. Husarenregimente benutzten
Scheune Platz sein könnte, und wir wateten sofort durch den Schlammsee,
der zwischen uns und jenem Gebäude lag, lavirten gegen mehrere Windstöße, stießen mit ein oder zwei Soldaten, die einen andern Cours steuer-
ten, zusammen, rannten an alten Mauern und Ecken an, versanken fast in
tiefen Löchern, bogen scharf um eine Ecke, und kamen gleich darauf im
Stalle an. Welch ein Anblick! Die Officiere der Escorte wärmten sich
über der kümmerlichen Flamme eines spärlichen Kohlenfeuers; längs den
Wänden standen dicht aneinander gedrängt dreißig oder vierzig Pferde oder
Ponies, die vor Kälte zitterten oder aus Bösartigkeit und übler Laune aus-
schlugen und um sich bissen. Die Husaren in ihren langen Mänteln sahen
düster den Schneeflocken zu, die zum Thorwege oder durch die großen Löcher
im Schindeldache hereinflogen. Soldaten verschiedener Regimenter drängten sich in den warmen Ecken zusammen, und Franzosen aller Waffen und
ein paar Türken, durch die Brüderschaft des Elends mit einander vertraut
geworden, zündeten an dem kärglichen Feuer ihre Pfeifen an, und saßen
dicht aneinander gepreßt da. Der Wind heulte durch das Dach und durch
Spalten in den Lehmwänden und Fensteröffnungen. Das Gebäude bestand blos aus vier kahlen Mauern, war pechfinster und roch wie es sich
gehörte — wie ein ehrlicher unverkennbarer Stall, und die Atmosphäre war
noch verbessert durch einen dicht zusammengedrängten Schwarm nasser und
angeschimmelter Soldaten. Und doch kam es uns wie ein wahrer Palast vor!
Leben und Freude herrschte drinnen, obgleich melancholische Franzosen durchaus pathetisch über ihre Leiden declamiren wollten — und sie waren wirklich groß und zahlreich — und nach einiger Zeit erkannte das Auge die
menschlichen Gestalten, die, in Decken eingehüllt, die Wand entlang lagen.
Es waren die Kranken, die im Spitalzelte gelegen hatten, und jetzt in der

Kälte seufzten und stöhnten; aber unsere Leute waren liebreich gegen sie
wie immer gegen Unglückliche, und sie fühlten keinen Schmerz, den Pflege
oder Mitleid lindern konnte. Ein von Regen triefender Officier vom
Stabe trat herein, um zu sehen, ob er bei uns Ersatzmannschaften für das
33. und 41. Regiment, die eben in Kamiesch gelandet waren, unterbringen
könnte, aber er erkannte bald, daß es rein unmöglich war. Die Mannschaften wurden in einen anderen Schuppen „wie Häringe in einer Tonne"
zusammengeschichtet. Nachdem der Officier uns gesagt hatte, „es sind
schreckliche Nachrichten von Balaklawa da; sieben Schiffe sind untergegan-
gen, und mehrere an der Katschamündung gestrandet," und nachdem er uns
in trübe Stimmung versetzt hatte, setzte er seinen Weg fort so gut es ging,
um seine Ersatzmannschaften unterzubringen. Nach etwa einer Stunde
wurde eine Ordonnanz mit Depeschen vom Hauptquartiere nach Balaklawa
geschickt. Aber sie kehrte nach dreiviertelstündiger Abwesenheit wieder zurück mit der Botschaft, daß es unmöglich sei, mit dem Pferde gegen den
Sturm durchzukommen, und wir konnten die Wahrheit seiner Aussage
leicht selbst prüfen, wenn wir vor die Thür hinaus traten. Wir saßen im
Dunkeln bis es ganz Nacht geworden war — keine Seele konnte das Haus
verlassen. Nichts war zu vernehmen, als das Geheul des Windes, das
Geplaff der wilden Hunde, welche das Unwetter in die Nähe der Menschen
trieb, und das Wiehern der geängstigten Pferde. Endlich steckte man ein
Lichtstümpfchen in eine Hornlaterne damit es der Wind nicht auslösche
— ein Schnitt Commissariatsschweinefleisch und einige Schnitte Schinken
über dem Holzfeuer gebraten, lieferten ein vortreffliches Mahl, welches mit
einem Glas oder Horn Grog hinuntergespült wurde. Dann noch eine
Pfeife Tabak, und nun, da es kalt und unbehaglich war, zu Bett — d. h.
auf ein Bund Heu, auf die Erde gelegt, mit unsern Kleidern zugedeckt, in
fast zu großer Nähe der Hinterhufe eines muthwilligen Grauschimmels, der
starke Antipathien gegen seine Nachbarn, ein Maulthier und ein arabi-
sches Pferd hatte und die Nacht mit Versuchen verbrachte, sie in die Rippen
zu treten. Umgeben von Gerüchen und Schauspielen, die sich unmöglich
näher beschreiben lassen, schliefen wir ein, trotz eines Streites zwischen
einem Husarensergeanten, einem Irländer, und einem Dragonerwachtmeister
aus Yorkshire, über die gegenseitigen Vorzüge der schweren und leichten
Reiterei, über die Leistungsfähigkeit englischer und irländischer Pferde, der
nach dem Letzten, was wir davon hörten, Aussicht gab, durch einen Faust-
kampf zwischen den beiden Streitenden entschieden zu werden. Während
des Tages hatten die russischen Batterien sehr wenig gefeuert. — Gegen
Abend schwieg Alles, mit Ausnahme des Sturmes. Mitten in der Nacht
jedoch weckte uns eine der fürchterlichsten Kanonaden, die wir je gehört
hatten, und nach einiger Zeit trug der Wind das dumpfe Rollen von an-
haltendem Gewehrfeuer zu uns herüber. Wie unsere Augen begierig der
Richtung des Schalles nachgingen, sahen wir die Blitze der Kanonen durch

die Spalten des Daches, jeden besonders für sich, wie man auch einen
Blitz in seiner ganzen Länge und Breite durch eine Spalte im Fensterladen
erblickt. Offenbar machte der Feind einen Ausfall auf die französischen
Linien. Die Kanonade dauerte eine halbe Stunde und ward allmälig
schwächer. Frühmorgens erfuhren wir, daß die Russen ihre bequemen
Casernen verlassen hatten, um die Franzosen in den Laufgräben anzugreifen; sie hatten aber einen so kräftigen Empfang gefunden, daß sie eben
so rasch unter den Schutz ihrer Kanonen zurückkehrten. Es wird behauptet, die Franzosen wären bei der Verfolgung in einen Theil der russischen
Vertheidigungslinie eingedrungen, und hätten in einer Batterie einige Geschütze vernagelt.

Den 15. November.

Der Morgen brachte uns einen hellen kalten Himmel, und unsere
Leute, obgleich sie bis an die Knöchel im Schlamme waten mußten, schöpf-
ten frischen Muth, als sie die Sonne von Neuem erblickten. Die Hügel-
spitzen und Gebirgsabhänge sind immer noch mit Schnee bedeckt. Da man
von großen Unglücksfällen in Balaklawa sprach, ritt ich, nachdem ich in
meinem Stalle gefrühstückt hatte, in die Stadt hinab. Die Wege waren
reiner Sumpf. Noch ein Tag Regen hätte sie ganz ungangbar und nur
zum Schwimmen oder Beschiffen tauglich gemacht. Ueberall lagen todte
Pferde und Rinder, und hier und da sah man einen kleinen Trauerzug mit
einer Leiche sich langsam nach den wieder aufgerichteten Hospitälern zu bewegen. Als ich, den Höhenkamm' entlang reitend, die französischen Linien
erreichte, sah ich, daß sämmtliche Truppen unters Gewehr getreten waren,
und in Colonne Bewegungen ausführten, um das Blut warm zu erhalten.
Sie hatten aber Parade gehabt, und es freute mich zu hören, daß die während der Nacht in Umlauf gewesenen Gerüchte von erfrorenen Menschen
sehr übertrieben waren. Auch unsere Leute beschäftigten sich sehr eifrig
mit Lagerarbeiten; sie schanzten, räumten Schlamm weg, und bereiteten
sich zum Dienste vor.

Die Russen im Thale waren sehr rührig und müssen, nach der Beschaffenheit des Erdbodens und der großen Anzahl losgerissener Pferde zu
urtheilen, eine ebenso jämmerliche Nacht, als wir, verlebt haben.

An Capitain Powells' Batterie vorüber, bahnte ich mir durch mit
Munition beladene Maulthiere und Artilleriewagen einen Weg nach der
Stadt zu. Balaklawa lag unter uns. Der Hafen gedrängt voll von
Schiffen — die Wasserfläche glatt wie ein Spiegel. Es war fast unmöglich, zu glauben, daß vor zwölf Stunden in diesem ruhigen Binnensee
Schiffe die Anker schleppten, auf den Grund stießen und aneinander
zerbarsten. Die weiß angestrichenen Häuser in der Ferne sahen so
schmuck aus wie je, und die alte Burgruine auf der Klippe oben schaute
nach wie vor düster auf das Meer hinab, und ihre Wälle und Thürme ragten immer noch unbeschädigt vom Sturme empor.

Als wir uns jedoch der Stadt näherten, mehrten sich mit jedem Schritte die Spuren des Unwetters. An der Spitze des Hafens lagen zwei oder drei große Boote hoch oben auf dem trockenen Lande; die Ufer waren bedeckt von Bündeln comprimirten Heu's, welche aus den gescheiterten Schiffen draußen heraus gespült worden waren, und einzelne Schiffstrümmer, große Balken, Masten und Spiren von jeder Größe bildeten ansehnliche natürliche Flöße, welche auf den Strand geworfen waren oder zwischen den Schiffen herumschwammen. Der alte Baum neben dem Wachthause am Stadteingange war entwurzelt, und hatte in seinem Falle das Haus zu einem Trümmerhaufen zerquetscht. Die Mannschaften der Wache thaten ihr Möglichstes, um es sich innerhalb der zerborstenen Mauern bequem zu machen. Der Fall dieses Baumes, der viele Winter gesehen hat, und der Umstand, daß der Sturm die Verandas und Balcone der Häuser und eine Reihe sehr schöner Akazien am Meeresufer vernichtete, bestätigt die Behauptung der Eingebornen, daß sie in ihren Lebzeiten einen solchen Orkan noch nicht gesehen hätten, obgleich unter ihnen die Sage gäng und gäbe ist, daß einmal alle dreißig oder vierzig Jahre die Küste eine solche Heimsuchung zu erdulden hat. In seinem gegenwärtigen Zustande ist Balaklawa geradezu unbeschreiblich. Wenn die Hauptkloaken Londons aufgedeckt und die Häuser an ihren Rändern aufgestellt würden, so würde der Kühne, der die so gebildeten Straßen hinabginge, sich einen Begriff von dem Zustande der Verkehrswege dieser lieblichen Stadt machen können. Die enge Hauptstraße ist ein Schlammcanal durch den Pferde, Wagen, Kameele, Maulthiere, Soldaten, Matrosen und Leute aller Nationen — Engländer, Franzosen, Türken, Araber, Aegypter, Italiener, Malteser, Tataren, Griechen, Bulgaren und Spanier — sich drängen, stoßen und schieben; während fremdartige Flüche, gellendes Geschrei und warnende Zurufe die Luft erfüllen, und sich mit dem Getöse des regen Gewühls um die Marketender und die lärmenden Einladungen der Verkäufer an die Vorübergehenden vermischen. Viele der Häuser stehen ohne Dach da, manche sind ganz eingestürzt und es ist rein unmöglich, in der Stadt Quartier zu finden, da, allem Anscheine nach, die Marketender und Handelsleute, die aus jedem Schiffe schwarmweise ans Land kommen und meistens Levantiner mit den weitesten Begriffen über Theorie und Praxis des Kaufens auf dem billigsten und des Verkaufens auf dem theuersten Markte sind, den Vorzug haben.

21. November.

Gestern Nacht fand ein lebhaftes Gefecht mit dem Feinde statt, in welchem drei Compagnien des 1. Bataillons der Jägerbrigade, unter Hauptmann Tryon, viel Kaltblütigkeit, Energie und Muth an den Tag legten. Auf dem felsigen Terrain, zwischen unserer ersten und zweiten Parallele, in der Schlucht links von unserm Angriffe, hatten sich in einigen vor alter Zeit von Hirten bewohnten Höhlen und steinernen Hütten 300 Mann russisches Fußvolk eingenistet, die während der letzten zwanzig oder dreißig Stunden die Trancheenwachen und Arbeiter in den Laufgräben des rechten französischen Angriffs und in unserer linken Flankenbatterie durch unaufhörliche Büchsenschüsse sehr belästigten. Man beschloß sie zu vertreiben und um sieben Uhr gingen drei Compagnien der Jägerbrigade zum Angriffe gegen die Russen vor. Solche Höhlen, wie diejenigen, in welche sich der Feind eingenistet hatte, sind in den Schluchten sehr häufig, und werden durch das Mürbewerden der weichen Theile des Felsens zwischen den einzelnen Schichten gebildet. Die Jäger zwangen durch ein sehr lebhaftes Feuer den Feind bald mit nicht geringem Verluste zum Rückzuge; kaum aber hatten sie sich in den Höhlen, wo sie Decken, Capots &c. vorfanden, eingerichtet, so kehrten die Russen in einer starken Colonne zum Angriffe zurück, und unterhielten auf den kleinen Trupp Engländer ein lebhaftes und andauerndes Kleingewehrfeuer. Nur die Ueberlegenheit der englischen Miniégewehre gab dem Gefechte eine günstige Wendung, das mit einem vollständigen Zurückwerfen der russischen Colonnen endigte, aber wir haben den Verlust eines vielversprechenden und vortrefflichen Officiers, des Hauptmanns Tryon, zu beklagen, den eine Kugel in den Kopf traf. Außer ihm hatten wir 6 Todte und 18 oder 19 Verwundete. Heute landete eine Anzahl Ersatzmannschaften, meistens für die Garde und das 19. Regiment. Sie schienen sehr erstaunt zu sein, als man sie einlud, knöcheltief durch den Schmuz zwischen Arabas, Türken, Kameelen, Franzosen, krimschen Tataren, Griechen und Bulgaren die Hauptstraße von Balaklawa entlang nach dem Lager zu marschiren. Sie hatten noch keinen Begriff von Dem, was sie zu erwarten hatten, und der Glanz ihrer Uniformen, die uns wieder einmal einen Begriff von Dem, was eigentlich ein rother Rock sein sollte, gegeben hatten, verschwand, als sie zuletzt gesehen wurden, schon unter einem Ueberzuge des flüssigen Schlamms, welchen die Eingeborenen von Balaklawa als ihr Normalstraßenpflaster zu betrachten scheinen. Trotz des Nordwindes ist heute das Wetter schön und mild. Lange Züge von Wagen fahren zwischen Stadt und Lager hin und her, um Mundvorräthe und Munition hinaufzuschaffen. Die Franzosen bauen sich Hütten oder graben sich vielmehr in die Erde ein, indem sie auf der ganzen Länge ihrer Linien tiefe Gruben aushöhlen, die sie mit Zweigen und Strauchwerk zudecken.

Unsere Armee ist hinsichtlich ihrer Generale gegenwärtig in einer merkwürdigen Lage. Die leichte Division wird provisorisch von General Codrington geführt, da Sir George Brown sich immer noch unpäßlich auf dem Agamemnon befindet. Die 1. Division scheint vor der Hand ganz aufgelöst zu sein. Der Herzog von Cambridge liegt krank an Bord der Retribution. Die Gardebrigade wird von Oberst Upton befehligt. Die Hochländerbrigade steht unten in Kadikoi unter Sir Colin Campbell.

Die 2. Division commandirt Brigadegeneral Pennefather anstatt ihres frühern Führers Sir de Lacy Evans, der sehr krank nach Hause zurückkehrt.   Die 2. Brigade der 2. Division hat keinen Brigadier, denn General Adams' Wunde ist viel gefährlicher als man anfangs glaubte.

Die 3. Division steht immer noch unter dem Befehle von Sir Richard England.

Die 4. Division hat alle ihre Generale verloren und wird von Sir John Campbell geführt.

Brigadegeneral Lord Cardigan ist wegen fortwährenden Unwohlseins fast außer Stande seine Macht zu verlassen.   Die Artillerie steht vorläufig während der Abwesenheit des Obersten Gambier, der am 5. November, wenige Minuten nach der Uebernahme des durch den Tod des Brigadegenerals Strangwavs erledigten Befehls, verwundet wurde, unter dem Commando des Oberstlieutenant Dacres.

22. November.

Am 7. rückte ein starkes russisches Cavaleriecorps gegen Eupatoria vor, und ein französischer Oberst mit 80 Reitern verließ die Stadt, um seine Rinder und Schafe vor den raubgierigen Händen der Kosaken zu retten.   Diese russischen Cavaleriemassen verdecken stets schwere Feldgeschütze und auch diesmal, wie bei Buljana?, öffnete sich eine Reitercolonne und sendete ihre Voll- und Hohlkugeln in den kleinen Trupp Franzosen.   Der Oberst stürzte; 7 Mann wurden getödtet oder verwundet und ein paar Pferde gingen verloren; wie sich darauf die Franzosen in guter Ordnung zurückzogen, sprengte ein Uhlanenregiment zum Angriffe gegen sie vor.   Unsere Raketenbatterie war jedoch nahe bei der Hand, und eines dieser pfeifenden und feuersprühenden Ungeheuer sauste mitten durch ihre Glieder.   Die Pferde bäumten sich, die Reiter machten linksum und da auf Rakete Nr. 1, Rakete Nr. 2, 3 und 4 folgten, so räumten die Uhlanen, mit Hinterlassung mehrerer Todten, sehr bald das Feld.   Der Firebrand hat zwei oder dreimal Gelegenheit gehabt seine weittragenden Geschütze auf russische Truppenabtheilungen bei Eupatoria zu richten, und einmal, vor nicht langer Zeit, bezeugten 120 auf der Wahlstatt zurückgelassene Leichen die verhängnißvolle Richtigkeit des Ziels seiner zehnzölligen Kanonen.

23. November.

Regen, Regen, Regen — Schlamm und Koth.   Mildes Wetter, alle halbe Stunden von heftigen Windstößen unterbrochen.   Kanonen vom schwersten Caliber werden gelandet.   Die Post geht heute in der Harpy ab und die Briefbeutel werden nach der drittthalb Meilen entfernten Kamieschbucht vermittelst eines Pferdes geschickt, das der Postmeister von mir geborgt hat, denn die Behörden haben sich begnügt, den Befehl zu ertheilen, die Post hinüberzuschicken.   Wer kann wissen, wenn die Briefe durch die Sümpfe Kamiesch erreichen und wer ist Prophet genug zu sagen, wenn sie England sehen werden?

———

Neuntes Kapitel.

Winterleiden.

Lage der englischen Armee. — Ausfälle und Gegenausfälle. — Vorliebe
der Matrosen für Pferde. — Seesturm. — Verheerungen der Cholera. —
Zustand Balaklawa's und sein Elend. — Soldatenleben in und um Balaklawa. — Sterblichkeit unter den Türken. — Gefecht bei Tschorgun.
— Rechenschaftsablegung eines türkischen Beamten. — Menschenopfer
durch Krankheiten verursacht.

Vor Sebastopol 25. November.

Obgleich es gefährlich sein mag, Thatsachen mitzutheilen, die den
Russen dienlich sein können, so ist es jedenfalls gefährlich dem englischen
Volke die Wahrheit vorzuenthalten. Es muß früher oder später erfahren,
daß die Belagerung seit vielen Tagen thatsächlich suspendirt ist, daß unsere
Kanonen ausgeschossen sind und unsere Batterien schweigen, und daß unsere
Truppen von den Folgen ununterbrochener Arbeit und Nachtwachen sowie
durch die Nässe und das Unwetter, denen sie fortwährend ausgesetzt, sehr
erschöpft sind. Die Russen werden dies zeitig genug erfahren. Sie wissen es
gewiß schon längst, denn eine zum Schweigen gebrachte Batterie — um
einen irischen Bull zu riskiren — spricht für sich selbst. Daß unser Feuer
nachgelassen hat, sieht der Feind, aber unsere Armee, obgleich durch Krankheit geschwächt, ist immer noch im Stande ihre Stellung zu behaupten,
und allen allzulästigen Angreifern die entschiedenste Züchtigung angedeihen
zu lassen. Ich glaube in der That, nichts würde unsere Truppen, obgleich
sie der aufmunternden Worte und der aufmunternden persönlichen Gegenwart ihrer Generale, sowie aller anreizenden Einflüsse, mit Ausnahme
ihres ungebeugten Heldenmuthes, entbehren, so sehr neues Leben einflößen,
als die Aussicht den Russen auf freiem Felde entgegenzutreten und den Feldzug mit dem Bayonnete zu entscheiden. Der Regen gießt jetzt in Strömen
nieder, der Himmel ist schwarz wie Tinte, der Wind heult um die wankenden Zelte, die Laufgräben sind in Canäle verwandelt, in den Zelten steht
das Wasser manchmal einen Fuß hoch, unsere Leute besitzen weder warme
noch wasserdichte Kleidung, sie haben zwölf Stunden hintereinander Dienst
in den Laufgräben, sie sind tief in die unvermeidlichen Leiden eines Winter-
feldzugs versunken — und kein Mensch scheint sich darum zu bekümmern
ob sie nur das Leben fristen. Das sind harte Wahrheiten, aber das englische Volk muß sie anhören. Es muß wissen, daß der armselige Bettler,
der im Regen auf den Londoner Straßen herumwandert, wie ein Prinz
lebt im Vergleiche mit dem englischen Soldaten, der hier in der Fremde

für sein Vaterland kämpft und der, wie die heimischen Behörden selbst-
genügsam versichern, zu der von allen europäischen Heeren am besten ver-
pflegten Armee gehört. Allerdings werden sie gut mit Speise und Trank
versorgt, aber sie haben kein Obdach, keine Ruhe und keinen Schutz gegen
das Wetter. Die Zelte, die früher so lange dem Brande der bulgarischen
Sonne ausgesetzt waren und jetzt beständig von Regengüssen durchweicht
werden, lassen das Wasser durch wie ein Sieb und gewähren nicht den geringsten Schutz gegen die Witterung.

Gestern Nacht war ein hitziges Gefecht zwischen den französischen
Chasseurs de Vincennes und den russischen Schützen vor den Erdwerken
der Signalstabsbatterie, und die Russen machten durch eine fürchterliche
Kanonade alle albernen Berichte, daß es ihnen an Munition fehle, zu
Schanden. Ausfälle und Gegenausfälle folgten einander unter einem wüthenden Feuer, welches von neun Uhr Nachts bis fast vier Uhr Morgens
den Himmel weithin mit seinen Blitzen erleuchtete. Die Franzosen waren
einmal wirklich bis in die vorderste Linie der feindlichen Verschanzungen gedrungen und hatten angefangen sich darin festzusetzen, zogen sich aber wieder
zurück, da keine Vorbereitungen zu einem allgemeinen Sturme getroffen
waren.

General Canrobert hat einen sehr schmeichelhaften Tagesbefehl er-
lassen, in welchem er die unerschrockene Tapferkeit und Ausdauer der drei
Compagnien des 1. Jägerbataillons in dem Gefechte, in welchem Hauptmann Tryon blieb, hervorhebt, und auch Lord Raglan hat die Verdienste
der Truppen bei dieser Gelegenheit mit lobenden Worten anerkannt. Wir
halten jetzt im Vereine mit den Franzosen die „Oefen“, wie jene Höhlen
benannt werden, besetzt. Sie liegen links von unserer Batterie auf dem
grünen Hügel, zwischen dem französischen linken und unserm rechten
Angriffe.

Die Windstöße, denen die Flotte ausgesetzt ist, sind ausnehmend stark
und heftig. Jede Nacht haben wir ein Gewitter von mehrstündiger Dauer;
jeden Tag eine starke „Brise“ und Regen. Wird man es glauben, daß
trotz aller unserer Seeofficiere in Balaklawa die weiter nichts zu thun haben
— trotz unseres embarras des richesses von Capitainen, Commandeurs
und Lieutenants für die Fahrzeuge in Balaklawa nicht mehr Sorge getragen wird, als wenn es Kohlenschiffe in einem Sturme vor Newcastle wären? Die Schiffe fahren in den Hafen ein und gehen vor Anker wo sie
Lust haben, thun was sie Lust haben, segeln ab wenn sie Lust haben und
dürfen thun was ihnen einfällt, Alles nach der alten Regel: Bunt durch-
einander und drunter und drüber gehts am besten. In der Kamieschbucht
liegen dagegen zehn Mal mehr Schiffe als in Balaklawa und doch bildet
die Ordnung und Regelmäßigkeit, die in der französischen Marine herrscht,
den peinlichsten Gegensatz zu der Verwirrung, die in unserm Transport-
dienste zu bemerken ist. Capitain Christie, der Hafenaufseher, behauptet

unsere Kauffahrteicapitaine gehorchten ihm nicht. Capitain Powell vom Vesuvius, ein sehr thätiger und unermüdlicher Officier, ist Strandcapitain, aber er hat kein Recht sich in die oben gerügten Uebelstände einzumischen, und eine Hafenpolizei ist nicht vorhanden.

Ich wiederhole es noch einmal, die Belagerung ist völlig suspendirt, und das Aeußerste was wir thun können, ist, die Laufgräben Nachts zu vertheidigen und Schuß mit Schuß zu erwiedern so oft der Feind feuert. Natürlich erlaubt das Schweigen unserer Batterien den Belagerten oder vielmehr dem zum Theil eingeschlossenen Feinde in der Stadt, zu thun was ihm beliebt, und die Russen sind klug genug ihre Vertheidigungswerke unterdessen zu verstärken. Es heißt, sie hätten Straßenbatterien in großem Maßstabe erbaut; aber davon können wir natürlich nichts mit Sicherheit bemerken. Dagegen haben sie in den letzten zehn Tagen vor unseren Augen das Terrain vor allen ihren Batterien escarpirt. Sie haben einen starken Verhau, die Front ihrer ganzen Linie entlang, errichtet — ein gewaltiges Hinderniß gegen das Vorrücken von Angriffscolonnen. Auf allen geeigneten Punkten sind Erdwerke ausgeworfen und mit Geschützen armirt, und verdeckte Batterien vor ihren Redouten und vor dem runden Thurme angelegt. Was uns betrifft, so haben wir Ueberfluß von Munition, aber das fortgesetzte Feuern hat unsere Geschütze zu Grunde gerichtet, und die Zündlöcher sind so groß, daß man einen Daumen hineinlegen kann und die Ränder sind unregelmäßig und zackig. Während des Tages feuern die Russen durchschnittlich nicht mehr als eine Kanone alle fünf Minuten ab. So wie die Rauchwolke aus der Schießscharte herausfährt, ruft der Wachtposten in der Batterie: „Thurm!" oder „Redan!" oder „Gartenbatterie!" und wenn der eiserne Todesbote pfeifend durch die Luft saust, eine Wolke Erde in die Höhe geworfen hat und in Bogensätzen die dahinter liegende Anhöhe hinauf gesprungen ist, donnert zur Antwort eines unserer Geschütze aus einer der Batterien dem Werke gegenüber, das unsere Artilleristen in ihrer Ruhe gestört hat. Das gegen die Franzosen gerichtete Feuer ist jedoch viel lebhafter, und wird mit einiger Wirkung auf ihre Erdwerke und Parallelen unterhalten. Jede Nacht (meistens gegen neun Uhr), eröffnen die Signalstabs-, die Quarantaine- und die dazwischen liegenden Courtinebatterien eine wüthende Kanonade die 20—45 Minuten dauert, und während der so rasch gefeuert wird, als die Artilleristen nur laden können, und dann folgt regelmäßig ein Ausfall, der stets dasselbe Ende nimmt. Die Russen brechen mit einer starken Colonne hervor, drängen die Piquets und Schützen zurück, erreichen die erste Parallele, dringen manchmal in dieselbe hinein oder über dieselbe hinaus und werden dicht vor der zweiten Parallele von der französischen Trancheewache mit einem mörderischen Feuer empfangen. Sie machen nun Halt und feuern wieder, die Franzosen greifen sie an, drängen sie zurück und verfolgen sie in die Stadt, müssen sich nun aber ihrerseits vor dem flankirenden Feuer der Batterien und den Kartätschen der in den Straßen aufgestellten Geschütze zurückziehen. Auf diese Weise verlieren die Franzosen dann und wann etwa 40 Mann, aber der Verlust der Russen soll bei diesen Ausfällen viel beträchtlicher sein. Häufig wiederholen die Russen gegen Tagesanbruch den Versuch, aber es gelingt ihnen dann niemals, soweit vorzudringen.

1. December.

Ein gräßliches Wetter; das Lager im jämmerlichsten Zustande und Balaklawa unausstehlich. Die schweren Mörser welche das Golden Fleece überbracht hat, sind gelandet, aber es ist keine Aussicht, sie und die neuausgeschifften auf dem Kai liegenden Geschütze und die Munition hinaufzuschaffen. Das Lager der Matrosen ist jetzt weiter nach rechts verlegt, aber die Veränderung ist kaum eine Verbesserung zu nennen, und der Koth liegt in allen Gassen einen Fuß hoch — gar schlimme Arbeit für Mann und Pferd vorzüglich bei knappen Rationen. Beiläufig bemerkt, Jack ist ein großer Reiter geworden und seine Liebhaberei für Reiterkünste verleitet ihn manchmal sich Thiere anzueignen, auf die er nach den Dienstvorschriften oder anderen Vorschriften als denjenigen, welche Se. kaiserl. Majestät der Czar über die Besitznahme von materiellen Garantien aufgestellt hat, kein Recht hat. Ein Freund von mir, der mich vor einigen Tagen besuchte, bemerkte bei einem Gange durchs Lager ganz richtig: „Wie mir scheint, ist die Infanterie besser beritten als die Reiterei, und die Matrosen haben die Auslese aus den Infanteriepferden.“ Wirklich ist Jack dem eigenthümlichen Zauber, den das Pferd auf Alle ausübt, die mit ihm in nahe Berührung kommen, zum Opfer gefallen und hat den Unterschied zwischen Mein und Dein ganz und gar aus dem Auge verloren. So oft ein Officier sein Pferd vermißt, schickt er hinüber nach dem Lager der Matrosen und kann ziemlich sicher darauf rechnen, es dort zu finden.

Die Armee leidet sehr; erschöpft durch nächtlichen Dienst, durch Wachen in Regen und Unwetter, durch anstrengende Arbeit in den Laufgräben ist sie jetzt plötzlich der Entbehrung ausgesetzt, und die vortrefflichen und reichlichen Rationen, die sie bisher empfing, sind jämmerlich verkürzt worden. Seit neun Tagen ist, mit sehr wenig Ausnahme, für die Truppen weder Thee noch Kaffee noch Zucker ausgegeben worden. Das sind jedoch Luxusartikel — nicht Bedürfnisse des Soldatenlebens.

Die unmittelbare Ursache dieses Mangels liegt in der Beschaffenheit des Bodens, der von schweren Regengüssen gesättigt, für Karren und Arabas gänzlich ungangbar geworden ist; aber es fehlt auch an Zufuhren, was den häufigen Stürmen auf dem Meere zugeschrieben werden muß. Es hält daher erstens schwer, Proviant für die Armee von Balaklawa hinauf nach dem Lager zu schaffen, und zweitens fehlt es an Vorräthen in den Commissariatsmagazinen der obengenannten Stadt. Aber obgleich für die Entbehrungen, welche die Mannschaften zu erdulden haben, eine Ursache vorhanden, sind sie doch keineswegs zu entschuldigen. Wir wußten Alle, daß nach dem Eintreten des schlechten Wetters die Landwege ungangbar werden. Dennoch ließ man das schöne Wetter vorübergehen, und die Wege blieben wie die Karren der Tataren sie ausgefahren hatten, obgleich die ganze Umgegend mit einer Schicht von kleinen Steinen bedeckt ist, die sich ganz ausgezeichnet zum Chausseebau eignen. Wie ich höre, haben die Commissariatsbeamten vorgeschlagen, Depots von Getreide, Fourage u. s. w. als eine Art Reservemagazin bei den Hauptquartieren der verschiedenen Divisionen zu errichten; aber anstatt die Ausführung dieses vortrefflichen Einfalls zu gestatten, wurden nach einigen Tagen die bei der Bildung dieser Depots verwendeten Karren, Arabas, Wagen und Pferde zur Unterstützung der Belagerungsarbeiten weggenommen, und mußten Kugeln, Bomben, Munition u. s. w. nach den Laufgräben bringen. Daher waren die Magazine bei den Hauptquartieren klein, und rasch erschöpft, als die täglichen Zufuhren aus Balaklawa ausblieben. Die von dem Commissariat angeschafften Proviantvorräthe waren in Segelschiffen untergebracht, die draußen vor dem Hafen liegen bleiben mußten, obgleich sie als Ankergrund nur einen felsigen Meeresgrund mit dreißig oder vierzig Faden Tiefe und umgeben von steilen, 1200 Fuß hohen, Felsen hatten, und obschon es allgemein bekannt war, daß die Rhede in dieser Jahreszeit heftigen Stürmen ausgesetzt ist. Ein Orkan erhob sich — ein Orkan von ungewöhnlicher und unbekannter Heftigkeit — diese Schiffe gingen unter, und mit ihnen zwanzig Tage Proviant für alle Pferde der Armee und viele Mannschaften. Der Himmel gab uns sogar eine Warnung von Dem, was wir zu erwarten hatten. Am Freitag, den 10. November, gerade vier Tage vor dem verhängnißvollen Sturme, der so viele Unglücksfälle in seinem Gefolge hatte, befand ich mich an Bord des Jason, der gerade vor dem Hafen lag, und da es stark zu wehen anfing, so konnte ich diesen Abend nicht ans Land gehen. Das Schiff ist ein schöner Dampfer, gut bemannt und geschickt geführt, aber ehe es Mitternacht war, hätte ich viel darum gegeben wieder am Lande zu sein, denn der Wind wehte gerade auf die Bucht zu und thürmte hohe, unregelmäßige Wellen empor, die in ungeheuren schäumenden Massen mit staunenswerther Gewalt und Wuth gegen die steilen Felswände des Ufers stürmten; und das Ankertau wurde so straff angespannt, daß der Capitain langsam gegen den Wind andampfen mußte, um ihm einige Erleichterung zu geben. Der unglückliche Prince, der schon einige Tage vorher zwei Anker mit den Tauen verloren hatte, lag neben dem Agamemnon und ergriff dasselbe Auskunftsmittel; und unter den zahlreichen Fahrzeugen, welche vor dem Hafen lagen, und so kurze Zeit darauf in Trümmer an den fürchterlichen Klippen zerschellten, deren Anblick allein schon das Herz des kühnsten Seemanns mit Entsetzen erfüllen kann, befanden sich nur wenige, die nicht ihre Anker schleppten oder gegen die unwirthliche Küste trieben. Nothschüsse donnerten durch den Sturm, und Blitze von Gewehrfeuer verriethen für einen Augenblick die Lage eines hilflosen Transportschiffs, welches mitten in den schäumenden Wogen der gewaltigen Brandung hin- und hergeworfen wurde. Aber der Sturm legte sich diesmal, und vor Tagesanbruch war das Meer wieder ziemlich ruhig. Sir Edmund Lyons gefiel offenbar der Ankergrund nicht, denn der Agamemnon fuhr Sonntagmorgen nach Kamiesch, und der vor dem Hafen liegende Firebrand erhielt Befehl, sich zu der Flotte an der Katschamündung zu begeben. Was den Prince und die unglücklichen Transportschiffe betrifft, so erhielten sie Erlaubniß — nein, wie ich höre, sogar Befehl, draußen vor dem Hafen liegen zu bleiben, bis der Orkan über sie losbrach.

Die Cholera, die in der Nacht des 28. November ausbrach, setzt ihre Verheerungen fort, und man kann die Zahl der täglichen Todesfälle durchschnittlich auf 60 mindestens annehmen. Nach zuverlässigen Gewährsmännern starben vorgestern Nacht nicht weniger als 85 Menschen im Lager, und die Zahl der Kranken ist sehr bedeutend. Von den 20 Schiffslieutenants der Marinebrigade können nur noch 5 Dienst thun.

Es regnet unausgesetzt. Daß die Wege besser werden, ist für jetzt keine Aussicht vorhanden. Der schlammige Rand zwischen den Gewässern des Hafens und den Wänden der hinfälligen Schuppen und Häuser der Stadt ist mit großen über einander geschichteten Haufen von Geschützen, Kugeln und Bomben bedeckt, und eine Anzahl türkischer Achtzigpfünder, großer Mörser und zweiunddreißigpfündiger Schiffskanonen auf ihren Blocklavetten, versperren vollends den schmalen Strand.

Die Türken sind mit der Anlegung einer Straße beschäftigt, und wir erhalten also wirklich endlich eine Straße. Sie geht von der Stadt aus an den Hauptquartieren vorüber, nach der Batterie Nr. 5. Unsere beturbanten Verbündeten sind auch beschäftigt, schwere Geschützkugeln und Bomben auszuladen. Es ist spaßhaft, den stumpfen Ernst und die Gleichgiltigkeit zu beobachten, womit diese armen Geschöpfe arbeiten. Sie stehen in Reihen und reichen die Kugeln aus den Booten nach dem Strande einander mit einem trägen Wesen zu, das nur für einen Augenblick aufhört, wenn ein ungewöhnlich dickleibiger Bursche aus dem Boote heraufkommt. Dann sind die Seufzer, das Augenverdrehen, die krampfhaften Zuckungen, das Stöhnen, welche sich wie elektrische Schläge mit dem Achtundsechzigpfünder oder der dreizehnzölligen Bombe von einem zum andern verpflanzen, wahrhaft erstaunlich, aber zuletzt scheint die Eisenkugel glühend zu werden, und der arme Muselmann läßt sie wie eine zu heiße Kartoffel in den Koth fallen. Sie sind wirklich schwach und elend, aber nicht von Natur, sondern in Folge von Krankheiten und schlechter Nahrung.

Was die Stadt selbst betrifft, so können Worte nicht ihren Schmuz, ihre Greuel, ihre Hospitäler, ihre Begräbnißstätten, ihre todten und sterbenden Türken, ihre vollgedrängten Gassen, ihre stinkenden Schuppen, ihre säuischen Umgebungen oder ihren Verfall beschreiben. Alle von Pest und

Seuche entworfenen Schilderungen, von dem Werke des gottbegeisterten
Sehers an, der die Leiden der ungläubigen Egypter niederschrieb, bis zu
den Erzählungen von Boccaccio, Defoe oder Moltke erreichen noch lange
nicht die einzelnen Bilder von Seuche und Tod, die man während eines
halbstündigen Spaziergangs in Balaklawa dutzendweise sieht.   Trotz aller
unserer Anstrengungen haben die sterbenden Türken fast jedes Gäßchen und
jede Straße zu einer Cloake gemacht, und die Formen menschlichen Jammers, denen das Auge auf jedem Schritte begegnet und die uns früher erschütterten, haben uns verhärtet, und ziehen nicht einmal mehr vorübergehende Aufmerksamkeit auf sich.   Hebe nur die Bastdecke oder das grobe
Wollentuch, welches vor dem Thorwege einer elenden Hütte hängt, in welcher Du Jammern und Stöhnen und Gebete zu dem Propheten hörst,
empor, und Du wirst auf einem Flecke und in einem Augenblicke eine An-
häufung von Leiden und Greueln sehen, die Dich Dein ganzes Leben lang
mit bösen Träumen versorgen können. Die Leichen liegen noch auf der Stelle,
wo sie gestorben sind, mitten unter den Lebenden, und die letzteren bieten
einen über alle Vorstellungen der Phantasie gehenden Anblick.   Die gewöhnlichsten Einrichtungen eines Hospitals fehlen, auf Anstand oder Reinlichkeit wird nicht die mindeste Rücksicht genommen — der Gestank ist entsetzlich — die faule Luft findet nur in den Ritzen in Wänden und Dächern
Abzug und so weit ich beobachten konnte, sterben diese Menschen hier, ohne
daß man den geringsten Versuch macht sie zu retten.   Sie liegen noch ebenso
da, wie ihre Cameraden sie fürsorglich hingelegt haben, dieselben Cameraden die sie menschenfreundlich auf dem Rücken aus dem Lager hierhergetra-
gen haben, aber nicht bei ihnen bleiben dürfen.

4. December.

Wenn einer unserer großen Geologen die Richtigkeit seiner Theorien
über das Aussehen der Urwelt zu prüfen wünscht, oder Verlangen trägt zu
wissen, welche Art Aussicht Noah gehabt haben mag, als er aus seiner
Arche vom Ararat herunterschaute, so kann er nichts Besseres thun, als zu
uns kommen.   Das ganze Plateau, auf welchem das Lager vor Sebastopol steht — das ganze Dreieck Land von Balaklawa nach Cherson, und
von da nach dem Thale von Inkerman — ist diesen Augenblick der geeig-
netste Ort für den Aufenthalt und das Herumtummeln jeder beliebigen
Anzahl von Ichthyosauriern, Sauriern und Krokodillen — eine unübersch-
bare, schwarze, öde Wüstenei von Schlamme auf der hie und da kleine Seen
von stinkendem Wasser stehen, und die von schmuzig-braunen und gelben
Bächen, die nach den Schluchten hinabrieseln, durchzogen wird.   Ueberall
auf der Oberfläche verstreut liegen crepirte Pferde und anderes Zugvieh,
von Hunden zerfleischt und im Kothe erstickt.   Geier schweben heerdenweis
über den Hügeln, Aaskrähen und andere ekelhafte Raubvögel flattern über
ihrer Beute unruhig hin und her, und drohen den häßlichen Hunden die unten

schmausen, oder sitzen mürrisch aus Ueberfüllung mit gesenktem Kopfe und hängenden Flügeln auf den Ueberresten ihres Mahles. Durch diese Umgebung, wenn die Höhe erst nach großer Anstrengung und mit Verlust mehr als eines der halbverhungerten Zugthiere erreicht ist, führt der Weg, den Mann und Pferd von Balaklawa zwei Stunden weit mit dem zur Ernährung der Armee bestimmten Heu und Korn, Fleisch und Schiffszwieback zurücklegen müssen. Jeden Tag wiederholt sich diese Mühsal, denn wir haben wirklich nur unser tägliches Brot, und das nur in halben Rationen. Pferde fallen erschöpft auf der Straße und ihre Ladung wird ihnen abgenommen und auf die Rücken der schon überbürdeten andern Lastthiere gelegt; dann machen die armen Thiere noch einige krampfhafte Anstrengungen um sich aus dem Schlamme empor zu arbeiten, aber vergebens — sie sinken ermattet hin um in ihrem Grabe zu sterben. Menschen waten und stolpern mit halblauten Flüchen durch den Koth, oder setzen sich erschöpft auf einen hervorragenden Stein, Bilder von Schmuz und unaussprechlichem Jammer. Manchmal kommt unterwegs bei dem überarbeiteten und siechen Soldaten die Krankheit zum vollen Ausbruche, und der traurige Anblick eines vor unsern Augen sterbenden Landsmannes zerreißt jedem Vorübergehenden das Herz — um so mehr, da Hilfe hoffnungslos und unmöglich ist. Officiere in großen Matrosenstiefeln, für die sie in Balaklawa ungefähr das Fünffache ihres ursprünglichen Preises bezahlt haben, gehen bedächtig ihren schweren Weg, erfüllt von der Erwartung, ein zu fabelhaften Preisen in dieser Musterstadt allen Wucherthums erkauftes Stück eingemachtes Fleisch oder Geflügel mit nach ihren Zelten zurückzubringen, ehe die ihnen zugetheilte Portion Brennholz unter dem Kochgeschirr verbrannt ist. Es gehört ein Soldatenauge dazu, um jetzt Corporale von Capitainen zu unterscheiden, wie sie auf ungekämmten, zottigen und mit Koth bedeckten Ponies vorüberreiten. Den Stolz und die Hoffnung unserer Aristokratie, unserer Gentry und unseres reichen Bürgerstandes kann man mit zweifelhaft gefärbten Gesichtern, zerrissenen und geflickten Kleidern und excentrischen Ueberröcken und Kopfbedeckungen die schmuzigen Pässe zwischen Balaklawa und dem Lager hinauf- und herabmarschiren sehen, beladen mit holzigem Schinken, ruppigen Truthühnern, Reihen von Zwiebeln, Säcken voll Kartoffeln, holländischen Käsen, Brot, eingemachtem Fleisch von dem zu berühmten Goldner, Flaschen Wein und Branntwein, Krufen mit Butter und ganzen Sortiments von Würsten, von der billigen aber unsaubern Saveloy bis zu der silberüberzogenen und feinschmeckenden Bolognawurst. Wie anständige Leute sehen sie nicht aus, darüber läßt sich nicht streiten. Ihr Erscheinen vor Gericht würde in Bowstreet den lebendigsten Verdacht rege machen. Sie sind mit einem Walde von Haaren bedeckt, ruppig, struppig und schmuzig „sehen aus wie Ausländer" wie die Polizeiberichte der Zeitungen sagen würden, aber die große Mehrzahl sind die nobelsten, prächtigsten und bravsten Bursche in Europa — Männer, die der Entbehrung, der Vernachläſſigung, dem Unwetter und dem Sturme trotzen — die, umgeben von Schwierigkeiten, ſelten niedergeſchlagen werden und nie verzweifeln und mit den herrlichſten Beiſpielen von Muth und hoher Tapferkeit, von Ausdauer und unwandelbarer Entſchloſſenheit die braven Truppen, die unter ihnen ſtehen, aufrichten und anfeuern.

Der peinliche Gedanke, der immer wiederkehrt, iſt: Wozu waren die Entbehrungen und Leiden, welche der unvollkommene Zuſtand unſerer Verbindungswege verurſacht, nothwendig? Warum ſind keine Straßen angelegt worden, als wir die Belagerung begannen? Ihr Bau hätte viele Menſchenleben gerettet, und unſern Leuten viele Krankheiten und Leiden erſpart. Wäre die geringſte Vorausſicht vorhanden geweſen — nein, nur der gewöhnliche Inſtinct der Selbſterhaltung, ſo hätten wir die Türken arbeiten laſſen, als das Wetter noch ſchön war, und hätten die Straßen angelegt, die wir jetzt unter den nachtheiligſten Bedingungen zu bauen verſuchen. Die Belagerungsoperationen ſind manchmal vollſtändig, manchmal theilweiſe ſuſpendirt und der Angriff auf Sebaſtopol ins Stocken gerathen. Weder Geſchütze noch Munition können in die Batterien gebracht werden, obgleich ſämmtliche Werke unſers neuen Angriffs vollendet ſind.

Die Sterblichkeit unter den Türken überſteigt jetzt alle Begriffe. Jeder Sinn wurde von dem täglichen Anblicke von Leichen empört, die halbbedeckt auf Tragbahren in den geſchäftigſten Stunden des Tags durch die Straßen getragen wurden, und Oberſt Davenev ertheilte endlich Erlaubniß, daß die Türken ihre Todten am Abhange des Hügels über der Stadt begraben dürften. Geſtern vor Dunkelwerden wurden mehr als 70 Leichen heraufgeſchafft und in Gräbern, die nicht tiefer als ein paar Zoll waren, ſo dicht zuſammengedrängt, als es nur möglich war, beſtattet, und mit ein paar Schaufeln voll Erde und Steingeröll zugedeckt. Heute wiederholt ſich das Schauſpiel. Die Leichen ſind ſchrecklich anzuſehen — im höchſten Grade abgemagert, Geſicht und Kopf geſchwollen und mißfarbig, während einzelne Tropfen Blut langſam aus Naſe und Ohren rinnen; ſo liegen ſie in Reihen auf dem Abhange, während die Lebenden, die ihnen bald zu folgen beſtimmt zu ſein ſcheinen, ihre Gräber ausſtiefen. Ich zähle 35 Leichen und noch iſt es früh am Tage; über den Abhang ſehe ich neue Züge Träger mit Bahren kommen. Ehe die Leiche eingeſcharrt wird, werden ihr die Kleider ausgezogen und auf eine Seite gelegt, der als Begleiter dienende Officier wäſcht den Todten mit Waſſer, gießt ihm ein paar Tropfen in den Mund, ſtreckt ihm die Glieder, und nach einem kurzen Gebet wird der Moslim neben ſeine Cameraden gelegt.

21. December.

Wir haben in den letzten vierzehn Tagen mehrmals Froſt gehabt, der uns in den Stand ſetzte, unſere Batterien zum Theil zu armiren, aber dennoch geht die Belagerung ohne alle Zwiſchenfälle vor ſich, und ihre

Eintönigkeit steht mit der Großartigkeit des Unternehmens in keinem Verhältniß. Mit Ausnahme des Vorrückens der Armee in unserm Rücken am
25. October und des großen Ausfalls am 5. November haben die Russen
nicht den geringsten Versuch zur Aufhebung der Belagerung gemacht. Sie
beschränken sich auf gelegentliche Ausfälle auf die Laufgräben, die gewöhnlich zu einem kleinen Scharmützel und dem Verluste von einigen Mann auf
beiden Seiten führen.

Vergangene Nacht wurde einer dieser Ausfälle gegen verschiedene
Punkte unserer Linie versucht. Auf dem rechten Flügel, wo eins von den
neuangekommenen Regimentern auf Piquet stand, gelang es den Russen,
einige Decken zu erbeuten, und auf dem linken Flügel richteten sie etwas
mehr Schaden an. Vor dem linken Angriff liegt ein für Infanterie auf-
geworfenes Erdwerk, welches sich nach der in dem Binnenhafen von Sebastopol ausmündenden großen Schlucht hinauszieht. Diese Schlucht bildet
die Grenze zwischen der englischen und französischen Position. Um diesen
Punkt zu bewachen, sollten die englischen und französischen Vorposten
eigentlich in beständiger Verbindung mit einander bleiben. Aus irgend
einem Grunde war das jedoch diesmal nicht der Fall, und die Russen
müssen davon genaue Nachricht gehabt haben, denn sie schlichen sich, der
Schlucht folgend, bis dicht an den Wachposten auf dem äußersten linken
Flügel heran, stießen ihn mit dem Bayonnet nieder und drangen in das
Erdwerk, ehe man sie als Feinde erkannte. Um die Schildwachen zu täuschen, commandirten sie französisch und diese Kriegslist war von solchem
Erfolg, daß sie uns 16 Mann tödteten und verwundeten und 11 Mann
und 2 Officiere als Gefangene mit fortnahmen. Sie wurden jedoch vom
34. Regiment nach kurzem Gefechte zurückgetrieben, ehe sie weiteren Schaden
anrichten konnten.

30. December.

Gestern Nacht übersendete Sir Colin Campbell dem 70. Regiment
und vier Compagnien des 2. Bataillons der Jägerbrigade unter Major
Bradford den Befehl, sich halb sieben Uhr den nächsten Morgen marschfertig zu halten. Es war ein kalter, aber schöner Tag und mit Tagesanbruch standen sämmtliche Truppen unter dem Gewehr und blieben einige
Zeit lang auf den Höhen über Balaklawa stehen, sehr begierig, zu wissen,
was nun werden sollte. Kurz nach sieben Uhr erschien die Vorhut einer starken französischen Division in dem Thale links und bewegte sich gegen die
früher mit den russischen Redouten gekrönten Anhöhen. Sir Colin Campbell war mit mehreren Officieren seines Stabes anwesend und leitete mit
General Bosquet die Bewegungen des Tages. Sämmtliche Truppen waren
vor acht Uhr auf dem Marsche, dessen rechte Flanke die Jäger und die
Hochländer deckten, indem ihre Patrouillen oder Tirailleurketten das hohe
Gestrüpp und die Schluchten durchsuchten, welche die Bergketten auf der

linken Seite des Thales durchschneiden. Als unsere Colonnen sich Kamara näherten, erblickten sie die Kosakenvedetten, die sich langsam zurückzogen, aber die Franzosen drängten kräftig vor und die Kosaken räumten
das Dorf, welches seit dem Orkan am 14. November und der ersten französischen Recognoscirung ein Trümmerhaufe ist. Die Vedetten zogen sich
auf ein starkes Detachement Uhlanen und leichte Reiterei zurück, die geneigt zu sein schienen, den Angriff der französischen Chasseurs abzuwarten.
Die beiderseitigen Plänklerlinien wechselten einige Karabinerschüsse mit
einander, ehe sie sich wieder mit ihren Schwadronen vereinigten und als
die Franzosen sich auf ungefähr achthundert Schritte genähert hatten, fielen
sie aus dem Trabe in Galopp und machten eine Attake auf die russische
Reiterei. Letztere kam ihnen entgegen, war aber in einem Augenblicke von
den Franzosen durchbrochen, und auf ihre Infanterie zurückgeworfen, die
in drei kleinen Colonnen auf den Anhöhen dicht bei dem Dorfe Tschorgun
stand. Als die Franzosen sich letzterem Orte näherten, empfing sie ein
lebhaftes Feuer aus einigen schweren Feldgeschützen, welches unsere Kanonen, wegen der zu großen Entfernung, nicht beantworten konnten; aber sie
waren bald in Schußbereich vorgerückt, und die Russen zogen sich abermals zurück und überließen unseren Verbündeten das Dorf Tschorgun,
und das Hüttenlager, welches sie seit Liprandi's Vorrücken im October erbaut hatten. Der Zweck dieser Expedition war lediglich die russische Stellung zu allarmiren und die feindliche Stärke zu erkunden. Es war blos
eine starke Recognoscirung, ohne die mindeste Absicht, die Russen in ein
Gefecht zu verwickeln. Unsere Verbündeten verbreiteten sich sogleich durch
das Dorf, aber die Kosaken waren zu lange dort gewesen, um etwas zum
Plündern übrig zu lassen und daher steckten es die Franzosen in Brand.
Gleichzeitig zündeten sie die Hütten der Russen an, und bald stand das
ganze Lager in hellen Flammen, während große weiße Rauchwolken in die
Luft emporwirbelten und sich um die Spitzen der Berge lagerten, um dem
Feinde zu verkünden, daß das Dorf zerstört und alle Aussicht, hier bequeme
Quartiere zu finden, verschwunden sei. Die von den Russen erbauten
Hütten waren sehr behaglich eingerichtet. Jede konnte 20 bis 30 Mann
fassen und hatte an dem einen Ende einen Backofen, der zugleich das
Innere wärmte. Das Lager, obgleich ziemlich schmuzig, war gut gebaut
und in vortrefflicher Ordnung. Da der Zweck der Recognoscirung erreicht
war, machte die Expedition Halt, und die Mannschaften gingen sofort an
Arbeit, um aus den dichten, die Bergabhänge bedeckenden Wald Brennholz zu ungeheuern Feuern herbeizuschaffen, deren Qualm den Rückzug der
Russen fast unserm Auge verbarg. Wie wir erfuhren, war der Feind sehr
schwach und zählte nicht mehr als 5 bis 6000 Mann. Die Franzosen
blieben in der eingenommenen Stellung bis es fast dunkel war, und kehrten dann in ihr Lager zurück. Sie verloren 2 verwundete Officiere, von
denen einer seitdem gestorben ist, und ungefähr 20 Mann Kampfunfähige

und nahmen den Russen 17 Reiter und einige Infanteristen als Gefangene ab.

30. December.

In den letzten paar Tagen ist eine merkwürdige Veränderung im Wetter eingetreten, und wenn die jetzigen schönen milden Tage und kalten Nächte noch ein wenig fortdauern, dürfen wir hoffen, aus unserm Schlammelend erlöst, von der Seuche befreit zu werden, und in der Belagerung einige Fortschritte zu machen. Heute zeigte das Thermometer 50 Grad und des Nachts sank es nur auf 42. Die Wege haben sich jedoch bis jetzt noch nicht gebessert.

Am 26. liehen die Franzosen der englischen Armee 500 Pferde und am 27. mehrere Hundert Mann, um Kugeln, Bomben und Mundvorrath in unser Lager heraufzuschaffen. Es war eine schwere Arbeit für sie. Die unermüdlichen Zuaven, jeder eine schwere Kugel oder Bombe in den Armen, arbeiteten sich mit Sacrés in genügender Zahl, um die ganze Atmosphäre unheilig zu machen, durch den Schlamm hindurch und hatten, ehe der Tag vorüber war, gute Dienste geleistet. Gestern waren unsere eigenen Leute mit derselben mühevollen Arbeit beschäftigt. In Balaklawa hat man große Quantitäten Bomben und Vollkugeln gelandet, und hohe Pyramiden von Eisen versperren den Kai und füllen den Hof um das Werft für den Artilleriedienst an, aber die zahlreichen Pferde und Wagen haben den Kai in einen Canal von halbflüssigem Schlamm verwandelt, durch welchen Schrittsteine, Kugeln und die Ankerketten und Taue der Schiffe nur unsicher und auf Umwegen zu gehen erlauben.

Seit dem letzten Posttage sind hier 900 Pferde und Maulthiere für die Armee gelandet worden, aber sie sterben jede Nacht zu Dutzenden. Die in Varna zurückgelassenen Maulthiere wurden auf dem Landwege nach Konstantinopel geschickt und von dort im Jason nach Balaklawa eingeschifft, wo sie vor wenigen Tagen ankamen. Die Türken haben eine seltsame Art, den Verlust an todten Pferden zu belegen. Sie ist orientalisch, genügt aber vollkommen. Ein mit den Pferden in Varna zurückgelassener Türke kam nach Scutari, um den betreffenden Commissariatsbeamten Rechenschaft über seine Verwaltung abzulegen. Vor allen Dingen ließ er von zwei Männern in das Zimmer des Beamten einen großen Sack tragen. „Zweihundert von Deinen Pferden sind gefallen," sagte der Türke, „siehe! was ich sage, ist die Wahrheit!" und auf einen Wink seiner Hand schütteten die Männer den Inhalt des Sackes auf den Fußboden aus und vierhundert Pferdeohren, kurze und lange, von allen Gestalten und Farben, lagen in einem Haufen vor den Augen des erstaunten Beamten.

Unsere Operationen nehmen allmälig einen vergrößerten und erweiterten Maßstab ab. Mehr als 10,000 Türken befinden sich jetzt in Eupatoria und 1200 Franzosen sind zu ihrer Unterstützung zur See von Ka-

miesch abgegangen. Zwischen dem 1. November und 20. December sind
nicht weniger als 10,600 Engländer, 5600 Franzosen und 4800 Türken in englischen Schiffen nach der Krim befördert worden. Leider leiden
diese neuen Truppen mehr, als die Mannschaften der an das Klima gewöhnten Regimenter. Obgleich die Sterblichkeit unter ihnen nicht sehr groß ist,
sind viele von ihnen bei ihrer Ankunft so von Krankheit geschwächt, daß
sie von der Effectivstärke der Regimenter abgerechnet werden müssen. Um
einen Begriff von der Ausdehnung, in welcher die Krankheiten gewüstet
haben, zu geben, erwähne ich nur, daß das 9. Regiment gegenwärtig noch
nicht 250 Bayonnete zählt und die Gardebrigade nicht 1000 Mann
unter den Waffen hat. Von dem vor Kurzem für die schottischen Füsiliere
eingetroffenen Ersatze von 150 Mann sind nur noch ungefähr 20 Mann
übrig. Als vor einigen Tagen diese Brigade den Vorpostendienst im
Tschernajathale hatte, erhielt der Brigadier Befehl, die Piquets zu verstärken. Er sah sich genöthigt, dagegen Vorstellungen zu machen, denn
von seiner ganzen Brigade wären alsdann nur noch 30 Mann übrig geblieben. So groß sind die Opfer, die wir dem Kriege bringen. Dürfen
wir glauben, daß sie alle nothwendig waren, und keins hätte erspart
werden können?

Zehntes Kapitel.

Das neue Jahr.

Die Krim im Winterkleide. — Die Zuaven. — Witterungslaunen. —
Ausfälle der Russen. — Lücken in der englischen Armee. — Ein Blick auf
die Festungswerke. — Fürst Mentschikoffs Knopf. — Recognoscirung der
Franzosen. — Die Marketenderstadt bei Balaklawa.

2. Januar.

Der Winter droht mit Ernst zu beginnen, und wir sind bereits in
der Lage, uns eine Meinung über seine möglichen Wirkungen zu bilden.
Ich kann mir nicht verhehlen, daß unsere Armee aller Wahrscheinlichkeit
nach sehr schwer zu leiden haben wird, wenn nicht sofort und mit der größten Energie Maßregeln getroffen werden, sie in Stand zu setzen, der Rau-
heit der Witterung zu begegnen. Wir haben keine Mittel, die Hütten
heraufzuschaffen — unsere Armee hat alle Hände voll zu thun, um sich
zu ernähren. Capitain Keen von den Ingenieuren hat 4000 Tons Breter und Balken zum Hüttenbauen hierhergebracht, aber er kann Niemand

finden, der sie übernimmt, oder sie aus den Schiffen ausladet. Jede
Hütte wiegt mehr als 40 Centner und ich fürchte sehr, man wird zuletzt
nicht eher Anstrengungen machen, sie heraufzuschaffen, als bis man Leute
in ihren Zelten erfroren findet. Das Wort warme Winterkleidung braucht
man nur auszusprechen, um an irgend ein außerordentliches Verhängniß
erinnert zu werden. Ein Theil des Vorraths ging mit dem unglücklichen
Prince unter, ein anderer Theil ist verloren gegangen und jetzt hören wir,
daß ein Schiff mit Winterkleidern für die Officiere bei Konstantinopel
verbrannt ist; ich selbst hatte Gelegenheit, mehrere Lichterschiffe, vollgeladen
mit warmen Ueberröcken u. s. w. für die Mannschaften, einen ganzen Tag
lang einem unaufhörlichen Regen und Schneefall ausgesetzt im Hafen von
Balaklawa liegen zu sehen. Als sie ans Land gebracht wurden, war Niemand da, um sie in Empfang zu nehmen, oder Niemand wollte sie in
Empfang nehmen, ohne dazu durch Befehl ermächtigt zu sein. Wir werden durch Dienstetiquette und Dienstvorschriften zu Grunde gerichtet. Niemand will eine Verantwortlichkeit auf sich nehmen und wenn dadurch Hunderten das Leben gerettet werden könnte.

Ein verwickeltes System von Requisitionsschreiben, Befehlen und
Protokollen lastet wie ein Fluch auf uns. Es könnte eine Armee von
Schreibern zu Schande machen, und unsere Capitains haben der Theorie
nach mit Feder und Papier zu thun, als wären sie Zeitungscorrespondenten,
oder Comptoristen; das heißt sie sollten soviel damit zu thun haben, aber
Dank sei es dem Ernste des Kriegs, sie haben jetzt keine Bücher zu führen;
ihre Rechnungen sind verloren gegangen, und der Capitain, der früher
40 bis 50 Pfund Bücher und Papiere mit sich zu schleppen hatte, hat
jetzt kaum ein kleines Notizbüchelchen. Dieser Umstand allein beweist das
Widersinnige unserer Einrichtungen. Im Frieden, wo diese Schreibereien
von verhältnißmäßig geringer Wichtigkeit sind, haben wir Ueberfluß davon,
aber in Kriegszeiten hat die Armee nichts Eiligeres zu thun, als alle ihre
Bücher und Papiere an Bord der Dampfer zu lassen, welche sie nach dem
Kriegsschauplatze gebracht haben.

Unser militairisches System leidet noch an andern Uebeln, welche
dieser Krieg blosstellen wird; keins aber ist größer und augenfälliger als
dasjenige, welches aus der Theilung unseres Heeres in verschiedene Departements entsteht. Wir haben das Zeugamtsdepartement, das Sanitäts-
departement, das Commissariatsdepartement und das eigentliche Militair-
departement und alle diese Departements haben ihre Chefs, auf welche der
ihnen untergeordnete Officier als die einzige Quelle der Ehren und Be-
förderungen hinblickt.

Heute geschah sehr wenig, weil der Zustand der Straßen dem Transporte von Munition die größten Hindernisse in den Weg legt, und wir
mußten froh sein, einen knappen Vorrath von Proviant und Rum ins Lager heraufzuschaffen. Ein starker mit Schnee gemischter Regen fiel den

ganzen Tag. Die Kälte wird immer heftiger, und leider haben unsere Bemühungen, uns dagegen zu schützen, einige nachtheilige Folgen gehabt. Von Konstantinopel sind viele eiserne Oesen herübergekommen, die nicht mit der nöthigen Vorsicht behandelt werden, und mehrere Officiere sind von den kohlensaurem Gas, das sie entwickeln, fast erstickt, einer sogar gestorben. Abtheilungen von den verschiedenen Regimentern sind täglich beschäftigt, Schiffszwieback und Mundvorrath nach dem Hauptquartier heraufzuschaffen, wo man einen Versuch macht, ein Centraldepot zu errichten. Dieser Dienst ist sehr anstrengend für Officiere und Mannschaften, und fast so mühsam, wie das Herauftragen von Kugeln und Bomben. Manchmal verirrt sich die Escorte oder läßt ihre Vorräthe unterwegs stecken, und die Division zu der sie gehören, entbehrt dann ihrer Ration Rum und Schiffszwieback. Wir haben die Franzosen veranlassen müssen, unsere Marschlinie entlang Schildwachen aufzustellen, denn kaum war ein Wagen mit Mundvorrath und Branntwein zusammengebrochen oder stecken geblieben, so fielen unsere rührigen Freunde, die Zuaven, die wirklich allgegenwärtig zu sein scheinen, darüber her und plünderten ihn. Sowie eine Araba eine Achse oder ein Rad bricht, wittern die Zuaven das Ereigniß wie Geier Aas wittern; in einem Augenblicke sind die Fässer aufgeschlagen, die Brotsäcke aufgeschnitten, der Inhalt vertheilt und der Commissariatsbeamte der Hilfe suchen gegangen ist, findet bei seiner Rückkehr nur die Radreifen und einige Holzsplitter, denn unsere unermüdlichen Fouragirer verrichten ihr Werk auf das Vollständigste und schleppen den ganzen Wagen mit fort, um ihn als Brennmaterial zu verbrauchen. Es sind prächtige Kerle, unsere Freunde, die Zuaven — immer lustig, gesund und wohlgenährt; sie tragen Lasten für uns, trinken für uns, essen für uns, backen für uns, fouragiren für uns, bauen uns unsere Hütten und Alles unter den billigsten Bedingungen. Aber auch unter diesem Elitecorps giebt es einige Entartete, welche raisonniren. Ein Officier, der eine zum Arbeiten abgezählte Abtheilung commandirte und zufällig mit einem in gleichem Dienste beschäftigten Detachement Zuaven zusammentraf, nahm sie alle mit zu der Marketenderin, um sie nach den Mühen des Tages mit einem Glas Branntwein zu stärken. Während er im Zelte war, trat ein Kriegsmann mit einem prächtigen Gesicht für eine Leidensgeschichte herein und mischte sich in das Gespräch, und unser Freund, da er sah, daß es kein Gemeiner war, sondern ein gemüthliches, gesprächiges Aussehen mit der Miene eines Mannes, der etwas zu bedeuten hat, verband, fing an von den Entbehrungen zu sprechen, denen die verbündete Armee ausgesetzt war. Das war offenbar unseres Bundesgenossen Steckenpferd. Er warf sich sofort in eine Position, welche gewiß den stürmischen Beifall der Galerien der Porte St. Martin erregt hätte, und fing in einem Tone, den Worte nicht beschreiben können, sogleich von seinen eignen Leiden zu erzählen an, wobei er sich allmälig in die größte Leidenschaft hineinredete, und jede seine Schattirung in Wort und Accent mit entsprechenden Körperbewegungen begleitete. Unser tapferer Freund hatte von den verschiedenen Unannehmlichkeiten des Lagerlebens in der Krim während des Winters gesprochen. „C'est vrai", entgegnete jener, „mon ami! En effet nous eprouvons beaucoup de misère!" Der Gedanke, daß noch ein Anderer außer ihm leiden könnte, erschien dem Zuaven zu abenteuerlich, um nicht sofort gänzlich beseitigt zu werden. „Mais, mon lieutenant," rief er, „regardez moi—moi! p—r—r—r—remier basson des 3mes Zouaves! élève du Conservatoire de Paris! après avoir sacrifié vingt ans de ma vie pour acquérir un talent — pour me rendre agréable à la société — me voici! (mit ausgebreiteten Armen und Beinen) me voici! — forcé d'arracher du bois de la terre (mit schrecklichem Ernste und einem Gefühle der Erniedrigung) pour me faire de la soupe!"

7. Januar.

Nachdem wir fast eine Woche lang von fortdauerndem Regen und Schlackerwetter so arg zu leiden hatten, daß täglich gegen 100 Mann in das Spital geliefert werden mußten, ist jetzt plötzlich starker Frost eingetreten und die Umgebung unseres Lagers und die ganze Gegend hat ein echtes Winterkleid angezogen. Die hohen steilen Gipfel und abschüssigen Gebirgskämme, welche das Balaklawathal einschließen, sind mit Schnee bedeckt, was ihnen ein Aussehen besonderer Höhe und Rauhheit giebt; und das Thal und die Hochebene liegen wie ein weißes Tuch vor uns, durchzogen von schwarzen Reihen Menschen und Pferden, die den Mundvorrath heraufschaffen. Auf den Spitzen der fernliegenden Anhöhen verrathen schwarze Gestalten die Standpunkte der feindlichen Piquets und Vorposten, und machen jeden Ueberfall oder jede rasche Recognoscirung unmöglich. Die Zahl von gefallenen Pferden neben der Straße ist sehr beträchtlich, und nimmt mit jedem Tage zu. In jedem Graben oder jeder tiefen Furche am Wege liegt eine verwesende Pferdeleiche. Vor der Fronte unserer Vorposten nach Baidar zu, soll es sehr viel Wild geben, und einige Hasen und Waldhühner sind dicht bei Balaklawa geschossen worden, aber selbst für die stärksten Nerven ist die Aufregung zu groß, umpfiffen von den Kugeln der Kosaken auf die Jagd zu gehen, und man kann sich nicht zu weit über die Vorposten hinauswagen, ohne sich der Gefahr auszusetzen, auf diese Weise von den feindlichen Lanzenreitern begrüßt zu werden.

8. Januar.

Das Thermometer, das gestern früh 18 Grad zeigte, stieg gestern Nacht auf 33 Grad, und es thaute gegen Morgen mehrere Stunden lang, und Schnee und Eis sind in raschem Verschwinden begriffen. Die Pferde der Reiterei leiden sehr. Nach dem gegenwärtigen Sterblichkeitsverhältnisse ist die ganze Division, die noch 50 Pferde zählt, binnen dreißig Tagen verschwunden.

Das 63. Regiment hatte gestern nur noch 7 Mann diensttüchtig und das 46. nur noch 30 Mann. Eine starke Compagnie des 90. Regiments ist durch die strenge Witterung der letzten Woche auf vier Rotten reducirt worden und das ganze Regiment, obgleich es für sehr gesund gilt, verlor in vierzehn Tagen 50 Mann durch den Tod. Die schottischen Gardefüsiliere, die 1562 Mann zählten, stellen jetzt einschließlich der Officiersbedienten und Corporale 210 Mann. Viele Regimenter haben in demselben Verhältnisse gelitten. Wie natürlich sind die Truppen bei dieser kalten Witterung sehr begierig auf geistige Getränke und es sind Beispiele genug vorgekommen, wo Mannschaften, die Rum nach dem Lager gebracht haben, die Fässer aufgespundet haben, sowie sich das Auge des commandirenden Officiers von ihnen wegwendete, und dann beinahe ihren späteren Rausch mit dem Tode hätten bezahlen müssen, wie sie des Nachts durch die Schneewüste nach dem Lager taumelten. Der Dienst dieser zum Transporte verwendeten Abtheilungen ist allerdings sehr anstrengend. Je zwei Mann bekommen eine starke Stange und tragen daran zwischen sich ein Faß mit Rum, Zwieback oder Fleisch, das sie von dem Commissariatsmagazin in Balaklawa, eine Meile weit nach dem Hauptquartier tragen müssen. Oft theilen die Officiere diese Arbeit mit ihren Mannschaften, und neulich begegnete ich einem Jünglinge, der eben erst eingetreten sein konnte, als Führer einer Abtheilung des 38. Regiments, der einen ermüdeten Gemeinen abgelöst hatte und unter seiner Last keuchte, während der das andere Ende der Stange tragende Soldat den Athem, der ihm noch übrig war, gegen seine Cameraden in Aufforderungen erschöpfte: „Cameraden, Cameraden! Wollt Ihr nicht Euern jungen Officier ablösen?" Pferde können diese Arbeit nicht verrichten, denn sie vermögen sich nicht mehr auf den Beinen zu halten, und die Straße ist jetzt fast alle hundert Schritte mit einer Leiche bezeichnet. In Balaklawa hat eine Abtheilung Ordonnanzen blos den Dienst zu versehen, alle Tage herum zu gehen und gefallene Thiere zu verscharren. Durchschnittlich haben sie alle vierundzwanzig Stunden die Leichen von zwölf Pferden begraben, die alle innerhalb der Stadt gefallen sind. Es ist gewiß eine Demüthigung unseres Nationalstolzes und schmerzlich für Den, welcher weiß was sein könnte und sollte, Zeuge zu sein, wie die Franzosen mit ihren hübschen Wagen und sauber aussehenden Leuten nach Balaklawa kommen, um unseren blassen, schwächlichen, abgezehrten Soldaten und ausgemergelten Pferden Munition hinaufzuschaffen zu helfen.

Die Anordnungen in Balaklawa sind gegen früher viel besser. Aber Niemand darf sich zu Hause einbilden, daß unsere Truppen in Hütten lagerten, oder daß sie gut bekleidet wären. Es müssen Wochen vergehen, ehe die Hütten herauf ins Lager geschafft sind. Dicht bei der Stadt sind einige für die Artillerie errichtet, und einige wenige warme Anzüge sind zur Vertheilung gekommen. Aber Hunderte müssen noch des Nachts in den Lauf-

gräben Dienst thun, ohne etwas Wärmeres auf dem Leibe zu haben als
ihre Capots, und ohne andern Schutz für ihre Füße als ihre Commiß-
schuhe.   In den Laufgräben liegt der Schnee und halbgefrorner Schlamm
2 und 3 Fuß tief.   Viele, wenn sie ihre Schuhe ausgezogen haben, sind
außer Stande, ihre geschwollenen Füße wieder hineinzubringen und hinken
dann bei einem Thermometerstande von 20 Grad und 6 Zoll hohem Schnee
durch das Lager. Heute, am 8. Januar, gehen Mannschaften von ihrer Majestät Königin Victoria Leibgarde in Schuhen ohne Sohlen auf dem Schnee
umher.   Wie die Franzosen durchkommen, weiß ich nicht, aber soviel steht
fest, daß für das Ueberwintern unserer Leute in der Krim nicht die nöthigen Vorkehrungen getroffen sind.   Dessenungeachtet darf man nicht glauben,
daß unsere Verbündeten nicht leiden.   Sie haben viel Erkrankungen, an
Durchfall, Fieber, Scorbut und Lungenleiden aber nicht soviel, wie wir.

13. Januar.

     Nach einigen abwechselnd kalten und gelinden Tagen hat sich der
Wind jetzt ganz nach Süden gewendet, und das Thermometer ist auf
34 Grad gestiegen.   Ein rasches Thauwetter war die Folge, und das Lager und die Straßen werden abermals von unserm alten Feinde, dem
Schlamme, zu leiden haben.   Die Russen, welche den ganzen Tag über in
der Stadt sehr rührig gewesen waren, und große Wachtfeuer auf der Nordseite der Festung angezündet hatten, illuminirten die Anhöhen über der
Tschernaja mit Lichterreihen, welche hell durch die Finsterniß der kalten
Winternacht erglänzten, und feierten offenbar mit allem möglichen Pomp
ihr neues Jahr.   Lichter schimmerten in den Fenstern der öffentlichen Gebäude, und unsere einsamen Schildwachen in den Thälern und Schluchten
und die enfans perdus — die französischen Scharfschützen in ihren Gruben, die mit wachsamem Auge die Schießscharten vor sich beobachteten —
konnten fast auf den Gedanken kommen, daß die Einwohner und die Besatzung der belagerten Stadt sie mit dem Anblicke ihrer Festesfreude ver-
höhnen wollten.   Um Mitternacht fingen alle Glocken der Stadt an zu
läuten, und es war klar, daß ein Gottesdienst von ungewöhnlicher Feier-
lichkeit stattfinden sollte.   Auf unserer Seite wurden die Schildwachen und
Piquets bedeutet, auf ihrer Huth zu sein, und die vorgeschobenen Posten
wurden verstärkt, wo es immer anging.   Kurz nach ein Uhr früh hörte
man die Russen innerhalb der Werke Hurrah schreien.   Die Franzosen eröffneten darauf ihr Feuer, und die Russen antworteten sofort auf ihrer
ganzen Linie mit einer der wütbendsten Kanonaden, die ich jemals gehört
habe.   Die Erdwerke spieen unausgesetzt Flammen aus, welche durch den
Qualm wie Blitze durch eine Wolke schossen, und deutlich die Umrisse der
Gebäude in der Stadt und der stark mit Truppen besetzten Werke erkennen
ließen.   Das Sausen von Vollkugeln, das Heulen und Zischen schwerer
Bomben und das Pfeifen von Carcassen füllte die Pausen zwischen dem

9*

betäubenden Kanonendonner aus, der so schnell aufeinander folgte, wie rasches Rottenfeuer. Der Eisenhagel fuhr wohl eine Stunde lang unausgesetzt über unsere Linien und die Franzosen, deren Werke, links von uns, weniger vom Terrain gedeckt sind als die unsrigen, mußten sich sorgfältig innerhalb ihrer Laufgräben halten, und konnten kaum auf die schweren Salven antworten, welche die Brustwehr ihrer Werke durchpflügten, aber ihre enlans perdus verloren keine Gelegenheit, ihre Kugeln in die Schießscharten zu schicken. Während der Kanonade drang eine starke feindliche Abtheilung aus der Stadt gegen unsere Werke in der Fronte und der Flanke des linken Angriffs vor. Da man einen Versuch dieser Art erwartet hatte, war einer der zuverlässigsten Sergeanten dort mit einem Posten von 12 Mann aufgestellt. Man setzte volles Vertrauen auf seine Wachsamkeit, aber dennoch schlich sich der Feind an den Posten heran, überfiel ihn und nahm ihn gefangen, und rückte dann so schnell und unerwartet gegen die Trancheewachen vor, daß die den Dienst habenden Abtheilungen vom 60. und 20. Regimente sich fast ohne einen Schuß zu thun, zurückziehen mußten. Sie rallirten sich jedoch wieder und feuerten und gingen dann, unterstützt von den dahinterstehenden Regimentern, von Neuem vor, und trieben die Russen bis dicht an die Stadt zurück. In diesem Scharmützel verloren wir einen Officier, und 9 Mann an Schwerverwundeten, 6 Mann an Todten und 14 Mann werden vermißt. Die Franzosen baten fast um dieselbe Zeit einem starken Ausfalle Widerstand zu leisten, und kurze Zeit blieben die Russen im Besitze einer ihrer Mörserbatterien, wo sie 2 oder 3 Mörser mit hölzernen Pflöcken vernagelten. Die Franzosen trieben sie aber zuletzt mit Verluste zurück, und drangen bei der Verfolgung bis in die vorgeschobenen Batterien der Russen. Die Soldaten behaupten sogar, sie hätten in dieser Nacht die Stadt einnehmen können, wenn sie Erlaubniß gehabt hätten. Um zwei Uhr heute früh war Alles wieder still, und die verbündeten Armeen hatten ihr russisches Neujahr in der Krim begonnen.

Fast den ganzen Tag wehte ein heftiger Wind, aber das Thermometer stieg auf 38 Grad und der Schnee thaute so rasch, daß die Fußpfade im Lager Schlammbäche wurden. Die Anlegung eines Centraldepots für Mundvorrath hat jedoch viel dazu beigetragen, die Arbeiten der für den Belagerungsdienst verwendeten Leute zu vermindern und ihre Leiden zu erleichtern; aber die Bildung des Depots und das Ansammeln der Vorräthe hat viele unserer besten Leute vollends zu Grunde gerichtet. Pferde können diese Anstrengung nicht aushalten. Als ein neuangekommener und gut berittener Officier einen der schmalen Pfade nach dem Lager hinaufritt, rief er einem Manne, der als Hinterster einer langen Reihe einen Sack Schiffszwieback auf seinem Rücken hinaufschleppte, zu: „He, Soldat! Macht Platz!" Der Mann drehte sich um und entgegnete mit einem Ausdrucke, den ich nie vergessen werde: „Wahrhaftig, Soldat! Meiner Treu, Soldaten sind

wir nicht; wir sind nur arme alte, abgearbeitete Commissariatsmaulthiere!"
Von einer Ladung von 5 oder 600 Pferden, die aus Konstantinopel hier an-
gekommen ist, sind seit dem 16. December 279 gestorben oder verschwun-
den.   Ueberhaupt verbraucht das Commissariat wöchentlich durchschnittlich
100 Pferde und jedes dieser Thiere kostet 5 Pfund.   Die Arabdschis aus
Rumelien und Bulgarien sind ebenfalls verschwunden — von mehreren
Hunderten sind nur noch einige wenige vorhanden, und von den Krimschen
Tataren in unseren Diensten will oder kann die große Mehrzahl bei kalter
Witterung nicht arbeiten, denn sie scheinen gewöhnt zu sein, den ganzen
Winter hindurch nicht vom warmen Ofen hinweg zu kommen. Krankheiten
aller Art haben unter diesen armen Leuten große Verheerungen angerichtet.
Die Sterblichkeit unter den türkischen Truppen ist sehr groß; ihre Krank-
heit hat die äußere Gestalt der Pest angenommen, und ihr Gesundheits-
zustand erregt die lebhaftesten Befürchtungen unserer Medicinalbeamten in
Balaklawa, die wiederholt die Behörden auf die Gefahren eines längeren
Verweilens in der Stadt aufmerksam gemacht haben. Sie verlieren durchschnittlich täglich 20 bis 30 Mann.

In dem Befinden unserer Truppen zeigt sich einige Besserung. Die
Spitäler sind allmälig besser eingerichtet und die Krankheits- und
Sterbelisten sind etwas kleiner geworden, aber dennoch hat die Stärke
der Armee sehr wesentlich durch Arbeit gelitten. Zu den gewöhnlichen Lagerkrankheiten kommt noch eine eigenthümliche Gemüthsstimmung,
welche die Aerzte sehr häufig bei ihren Patienten beobachtet haben — eine
ausnehmende Gleichgiltigkeit gegen das Leben — eine Erschlaffung, welche
die Genesenden Ruhe als die größte Seligkeit betrachten läßt und ihnen
jede Lust raubt, sich der geringsten Anstrengung zu unterziehen oder auch
nur Nahrung zu sich zu nehmen.

19. Januar.

Während der letzten paar Tage sind starke und plötzliche Temperaturwechsel gewesen, aber die Kälte und der Schnee haben unsere Mannschaften
in den Stand gesetzt, starke Vorräthe von warmen Kleidungsstücken heraufzuschaffen, obgleich die uns zur Verfügung stehenden Transportmittel nicht
erlauben die Hütten heraufzubringen. Einzelne sind in ihren Zelten erfroren und mehrere in den Laufgräben dienstthuende Soldaten sind an
schweren Frostschäden leidend in die Hospitäler geschafft worden. Ist
erst ein Pfad durch den Schnee getreten, dann wird es den Menschen
und Pferden viel leichter hinaufzugehen, als wenn sie durch die in halb-
flüssigen Schlamm verwandelten Wege waten müssen; aber die Kälte wird
sehr empfindlich in einem Zelte, wenn nur wenig Brennmaterial vorhanden ist. Viele tausend pelzgefütterte Ueberröcke, lange Stiefeln, Handschuhe und Socken sind unter den Truppen ausgetheilt worden, aber ich
kenne Regimentsspitäler in der Fronte wo die Kranken unter den feuchten

Zelten nur ein einziges Betttuch unter sich haben. Der Anblick unserer gegenwärtigen Armee ist ganz dazu geeignet, ernste und traurige Gedanken zu erregen. Officiere, Mannschaften und Regimenter sind alle fast neu. Die vor sechs Monaten vorhandene Generation ist verschwunden; Generale, Brigadiers, Obersten, Hauptleute und Soldaten, alle die wohlbekannten Gesichter von Gallipoli und Varna, ja sogar aus dem Bivouak von Buljanak sucht man vergebens, und nur noch an der Nummer erkenne ich die Regimenter mit deren Anblick ich früher so vertraut war. Welche Ernte hat der Tod hier eingeheimst und wie Viele sind noch reif für seine Sense! Das Begegnen mit einem alten Bekannten ist immer trauervoll, denn man kann nur von edlen Herzen, die jetzt für immer zu schlagen aufgehört haben und von Freunden, die verschieden sind, sprechen. Und dann heißt es: „Der arme Karl! Er wäre davongekommen, wenn —“

Außer Lord Raglan, Lord Lucan und Sir R. England ist kein einziger der ursprünglichen Generale mehr übrig; die Veränderungen unter den Brigadiers und Obersten sind fast eben so groß. Sir George Brown, der Herzog von Cambridge, Lord Cardigan, Sir George Cathcart, Sir de Lacy Evans, General Tylden, General Strangways, Brigadier Bentinck, Brigadier Goldie, Brigadier Buller, Brigadier Adams, Brigadier Torrens, Brigadier Cator, Lord de Ros sind dem Heere durch Wunden, durch Krankheit oder Tod entrissen worden. Und ebenso ist es mit den Mannschaften.

Am 16. stand das Thermometer früh 14 Grad, und auf den Höhen über Balaklawa 10 Grad. Die ganze Nacht hindurch fiel Schnee, der den Erdboden 3 Fuß hoch bedeckte; aber der kalte und heftige Wind trieb Wehen von 5 oder 6 Fuß Tiefe zusammen. Früh kamen 1200 Mann Franzosen nach Balaklawa, um Kugeln zu holen, und die Gewandtheit, die gute Laune und Energie mit der sie sich durch den Schnee arbeiteten, waren alle gleich bewundernswerth. Der Wind war fast ein Sturm zu nennen und die eingeborenen Pferde waren nicht von der Stelle zu bringen, aber unsere Leute schleppten sich im langweiligen Gänsemarsche fort, und der Anblick der langen Reihe schwarzer Punkte, die sich über das weite glänzende Schneegefild zwischen Sebastopol und Balaklawa bewegten, hatte etwas Melancholisches. Wie die schwarzen Punkte näher kamen, entdeckte man, daß sie sehr rothe Nasen, sehr weiße Gesichter und sehr triefige Augen hatten, und was ihre Bekleidung betrifft, so hätte Falstaff seine berühmte Truppe für ein Elitecorps gehalten, wenn er unsere tapferen Soldaten hätte sehen können. Manche der Officiere sind in ihrem Anzuge ebenso zerlumpt und tragen ebensowenig dafür Sorge. Die Generale empfehlen ihren Untergebenen „den Degen zu tragen, da man sie auf keine andere Weise von dem gemeinen Manne unterscheiden könne.“ Es nimmt sich ganz wunderlich aus, Capitain Smith vom *** Infanterieregimente in rothen bis an die Hüften gehenden russischen Juchtenstiefeln, einer wahrscheinlich aus den Halster-

decken verfertigten Mütze und einem Rocke aus weißem Schafleder, auf dem
Rücken mit aus bunter Seide gestickten Blumen verziert, würdevoll durch die
kothigen Straßen von Balaklawa stolziren zu sehen, ganz erpicht einen Topf
Eingemachtes oder Marmelade zu erhaschen. Warum sind wir Alle so erpicht auf Marmelade? Sie ersetzt uns die Butter, weil sie in kleinen Krü-
gen zu haben ist, während Butter hier nur in Fässern und riesigen Kruken
herkommt, von denen eine einzige die Transportmittel eines ganzen Regiments erschöpfen würde. Capitain Smith sieht einem Straßenräuber viel
ähnlicher, als dem Stolze der Highstreet von Portsmouth oder dem glänzenden Helden aus dem Phönixparke mit goldenen Flügeln wie ein Engel
vor dessen rother Pracht kleine Jungen und junge Damen zitterten. Man
könnte darüber scherzen und lachen, wenn nicht der arme Capitain Smith
ein halb verhungerter Unglücksmensch mit bösen Frostbeulen, einem Anfluge
von Scorbut und einem starken Rheumatismus wäre.

Die kalte Witterung hat große Schaaren wilden Geflügels in die Nach-
barschaft des Lagers gebracht, aber es ist daselbst fast etwas zu rührig für sie.
Sie erkennen ihre alten Rastplätze im Chersones kaum wieder und flattern
trostlos über ihre ganz veränderten Brüteplätze hin und her. Langsame
Züge von wilden Gänsen, lärmende Heerden von Baumgänsen, wilden
Enten, Rothhälsen, Tauchern, Strandläufern und Seeraben umkreisen den
Hafen und reizen die Jagdlust der Matrosen und Schiffsjungen, welche auf
die ganz verwirrten und heimatlosen Gäste ein beständiges Lauffeuer unterhalten. Kugeln, Rehposten und Schrot Nr. 1 pfeift Einem unangenehm
dicht an den Ohren vorbei, und gestern erhielt ein Mann am Ufer, zu seiner
nicht sehr angenehmen Ueberraschung, eine Büchsenkugel in den Arm Die
Jagdlust wird jedoch nicht gestört, und so lange Pulver und Blei reicht
und das kalte Wetter fortdauert, wird dieser Krieg gegen das russische wilde
Geflügel fortgesetzt. Große Schaaren Lerchen und Finken sammeln sich
um die Ställe und die Lager der Reiterei, und werden mit Begier von unseren Verbündeten verfolgt, die in dieser Jagd nicht nur eine angenehme
Aufregung, sondern in der Beute auch eine Abwechslung für die Eintönigkeit der herkömmlichen Rationen finden. Sie sind bei der Verfolgung ihres
Wildes ziemlich rücksichtslos, und wenn eine Ladung Schrot gegen die Zelt-
wand schlägt, wird der, eine Goldammer verfolgende Zuave häufig mit
Worten begrüßt, welche nur seine Unkenntniß des Englischen ihn nicht übel
nehmen läßt.

22. Januar.

Der große Mantel von tiefem Schnee ist fast wieder verschwunden,
aber er hat einzelne Fetzen und Stücken auf der Ebene und in den Furchen
der Thalabhänge, wo er immer noch frisch und weiß daliegt und auf den
Wegen, wo er in schwärzliche schmutzige Flecke zertreten ist, zurückgelassen.
Heute früh wurde eine Abtheilung Soldaten hinunter nach dem Kai geschickt,

der von den Gewässern des Hafens in das Meer hinab gespült zu werden
droht, und wälzten große Steine in die Pfützen, um ihn auszubessern.

Die große Veränderlichkeit des Klima's ist seine stärkste Eigenthümlichkeit. Man steht des Morgens auf und findet das Wasser in seinem
Zelte gefroren, den Erdboden mit Schnee bedeckt und das Thermometer zeigt
20 Grad; man zieht Ueberrock und warme Handschuhe an, hüllt sich
sorglich den Hals ein und macht einen Spaziergang, und ehe es Abend ist
kehrt man zurück, schwitzend unter der Last der Kleidungsstücke, die man auf
einem Stocke trägt, da man nicht mehr im Stande ist sie auf dem Leibe zu
dulden, während der Schnee in halbgeronnenes Wasser verwandelt wurde
und das Thermometer 45 Grad zeigt. Am 16. war das Thermometer
Mittags bis auf 10 Grad gesunken. Am 22. zeigte es 50 Grad — ein
Unterschied von 40 Grad in fünf Tagen; aber der Charakter des Wetters
zeigt noch größere Unterschiede. Heute läßt es sich mit einem schönen, aber
sonnenlosen englischen Herbsttage vergleichen; vor zwei oder drei Tagen
wehte ein so bitter kalter Wind wie ihn selbst Leute die in Canada über-
wintert hatten, nicht kannten. Ueberhaupt ist die südliche Krim der Ort
wo der Wind in seinem herkömmlichen Rechte, launenhaft zu sein, schwelgt.
Er spielt um die Gipfel der Klippen und Felshänge, lauert hinter Ecken
in den Schluchten, fällt über Einen her und nimmt Einem fast die Beine
unter dem Leibe weg, wenn man eben das ruhige Wetter des Tages rühmt,
und fängt plötzlich in demselben Augenblicke in ungestümen Stößen über
die Höhen zu sausen an, wo man sich von dem schönen Wetter hat verlocken
lassen sein Skizzenbuch hervorzunehmen, um ein Andenken an Sebastopol
hineinzuzeichnen. Es freut mich sehr zu wissen, daß vor dem Wiedereintritte
der strengen Kälte unsere Armee besser geeignet sein wird, ihr zu begegnen
als früher. Warme Kleidungsstücke kommen in großen Massen an, und die
Armee wird in dieser Hinsicht bald nicht mehr zu klagen haben.

Die Franzosen haben unsere Garden vom Vorpostendienste abgelöst,
und dehnen sich allmälig von unserm rechten Angriffe nach Inkerman zu
aus. Welch' ein Unterschied in der verhältnißmäßigen Lage der beiden Armeen gegen den 17. October, wo wir so sehr zu rühmen wußten, daß, während das Feuer der Franzosen vollständig zum Schweigen gebracht war,
unser Feuer sich immer noch in gleicher Stärke gegen die feindlichen Batterien behauptete! Wir räumen unseren Verbündeten allmälig Terrain, und
die Front, deren Behauptung unseren Truppen soviel gekostet hat, wird nach
und nach der zahlreicheren und weniger erschöpften Armee überlassen. Einige
unserer Regimenter haben nicht einmal mehr die Stärke einer Compagnie.

24. Januar.

Ich nahm heute, in Gesellschaft eines Officiers der reitenden Artillerie,
eine lange Recognoscirung von Sebastopol vor. Es war herrliches heiteres
Wetter und manchmal fast warm. Wir bestiegen den Hügel links vorwärts

des französischen weißen Wachthauses, und musterten lange Zeit jeden Zoll
des vor uns liegenden Terrains mit dem Fernrohre. Wenn man die vielen
hundert Lasten von Kugeln und Bomben bedenkt, mit denen die Stadt beschossen worden ist, so hat sich ihr Aussehen sehr wenig geändert; dagegen
liegt die Vorstadt mit ihren niedrigen weiß angestrichenen Häusern mit
Ziegeldächern in Trümmern. Der Feind hat dazu eben so viel beigetragen
wie wir. Sämmtliche Straßen zwischen diesen Häusern sind mit Schutthaufen versperrt. Die Dächer, Thüren und Fenster der Häuser sind alle
entfernt, aber die aus den leeren Mauern hervorschießenden Rauchwölkchen
verriethen, daß die Gerippe der Häuser von den russischen Büchsenschützen
noch als Deckung benutzt wurden. Vor uns und links von uns, ließ sich
ein wahres Labyrinth von bedeckten Wegen, Traversen, Zickzacks und Parallelen überblicken, die am Meeresufer dicht bei der Quarantainebatterie
anfingen und sich allmälig über das wellenförmige Land, von den ersten
Linien, wo das französische Feuer am 17. October so entschieden zum
Schweigen gebracht worden war, bis zu einer Entfernung von 65 Mètres
(195 Fuß) bis an die Außenwerke der Russen heranzogen. Die französischen
Werke sind vortrefflich gebaut — sehr solid und fest aus einer Unmasse
starker Schanzkörbe und Faschinen aufgeschichtet. Schwärme von Franc-
tireurs hielten die vorderste Parallele besetzt, und unterhielten auf die russischen Schützen, hinter den feindlichen vorgeschobenen Werken, ein ununterbrochen knatterndes Feuer.

Die vorgeschobenen russischen Werke vom Quarantainefort, die crenelirte Mauer entlang bis zu der Signalstabsbatterie, schienen mir ziemlich
in demselben Zustande zu sein, wie an dem ersten Tage wo ich sie sah, nur
mit dem Unterschiede, daß, soweit ich es erkennen konnte, die Geschütze herausgenommen waren und die Vertheidigung der Linie den Schützen überlassen blieb. Das Signalstabsfort war schon längst ganz zerstört, und die
großen Gebäude, rund um dasselbe herum, liegen alle in Trümmern; aber
sieht man nach dem dahinterliegenden Höhenkamm, von welchem die Straßen
der Stadt sich unmittelbar nach dem Fort Nikolaus hinabsenken und welcher
diesen Theil des Platzes vor unserm Feuer schützt, so konnte ich nur geringen
Unterschied zwischen dem heutigen Aussehen des Ortes und demjenigen,
welches er am 26. September vorigen Jahres hatte, entdecken. Leute gingen
auf den Straßen umher, und Abtheilungen Soldaten kamen mit Mund-
und Kriegsvorräthen vom Meeresufer nach der Front herauf. Zwischen der
Rückseite der Signalstabsbatterie und diesem Höhenkamme ließen sich verschiedene Defensiwerke erkennen, und unmittelbar hinter der ersten russischen Verschanzungslinie erhebt sich eine große Redoute mit Geschützen bewaffnet, welche uns gegen zwei Uhr einen Beweis gaben, daß sie ziemlich
weit und richtig schossen, indem sie auf einige naseweise Schüsse aus den
französischen Linien mit einer gewaltig donnernden Breitseite antworteten.
Die Kugeln rissen den Boden in Haufen von Erde und Staub auf, schlu-

gen in die Brustwehren oder durchfurchten ihren Kamm und fuhren sausend über die Werke dahinter. In einem Augenblicke eröffneten die französischen enfans perdus ein knatterndes Feuer gegen die Schießscharten, das Feuer der Russen wurde ein paar Minuten lang schwächer und wendete sich nur gegen die französischen Scharfschützen. Als sich der Rauch verzogen hatte, sah ich, daß sowohl der Feind wie die Franzosen ein paar Todte zurücktrugen. Auf der andern Seite des Hafens glänzte Fort Konstantin hell in der Sonne, und nur hie und da unter der Schießschartenlinie waren seine weißen Wälle von dem Rauche der Geschütze am 17. October geschwärzt. Dahinter waren die neuen russischen Forts sichtbar — schwarze Erdwälle, die sich aus dem Schnee emporhoben, von den Reihen Schießscharten wie Sägen gezähnt. Die spiegelglatte Fläche des Hafens war von Booten bedeckt, die zwischen den beiden Ufern verkehrten, und als wir hinunter in die Festung blickten, kam ein kleines Boot voll Soldaten, mit seiner weißen Flagge und blauem St. Andreaskreuze, um die Spitze der Calfaterbucht herum und fuhr nach dem Alexanderfort. Die Raketenbatterie auf der linken Seite der tiefen Schlucht, welche hinunter nach der Calfaterbucht läuft und unsern rechten Angriff von dem französischen linken Angriff trennt, ist wieder eingezogen. Die ausgedehnten Regierungsgebäude neben der Calfaterbucht sind sehr beschädigt und die Dächer sind stellenweise eingefallen. Die den Franzosen gegenüberliegende crenelirte Mauer scheint ganz unverletzt zu sein. Dicht an den Gebäuden bei der Calfaterbucht hat sich ein großer Zweidecker so vor Anker gelegt, daß er den westlichen Abhang der Stadt bestreicht im Fall die Franzosen sich dort festsetzen sollten. Ein kleiner Dampfer der geheizt hatte, war ganz in der Nähe, entweder für den Gebrauch der Garnison oder um den Zweidecker ins Schlepptau zu nehmen, wenn schwere Geschütze dagegen aufgefahren würden. Nach rechts hin auf der andern Seite dieser Bucht konnten wir in die Rückseite unseres linken Angriffs sehen, dessen Erdwerke und Batterien in schönster Ordnung waren, obgleich die Geschütze ganz schwiegen. Auch der Redan und die Gartenbatterie, unsere alten Feinde, waren stumm. Die benachbarten Häuser so wie die vor unserm rechten Angriffe, und die hinter dem Malakoffthurme, liegen in Trümmern. Der dahinterliegende Theil der Stadt scheint unberührt zu sein. Hinter dem runden Malakoffthurme, der seit unserer ersten Beschießung immer noch von oben bis unten zerborsten ist, zeigt sich dem Blicke ein wahres Wunder von Ingenieurkunst. Die Solidität, die Bauart und die Vollendung der mit ungefähr 80 schweren Geschützen armirten Linien gewaltiger Erdwerke, welche die Russen aufgeworfen haben, um unsern Angriff in die Flanke zu nehmen und diese Position, den Schlüssel zur ganzen Südseite, zu vertheidigen, lassen sich nicht genug loben. Eine Batterie ist ganz sauber mit Blechgehäusen revetirt, wahrscheinlich leere Pulverkästen. Das ist reiner Uebermuth und Verschwendung von Arbeitskräften.

Hinter diesem Werke konnte ich ungefähr 2000 Soldaten und Arbeiter mit dem größten Eifer an einer neuen Linie arbeiten sehen.

Hinter dem Malakoff befindet sich ein Lager und ein zweites ist auf der nördlichen Seite der Hafenbucht, dicht bei der Citadelle, sichtbar. Die meisten Kriegsschiffe und Dampfer liegen mit gestrichenen Bramsegelmasten und Raaen unter der Landspitze neben Fort Konstantin. Unsere dritte Parallele, die nur ein paar hundert Schritte von den vorgeschobenen Werken des Feindes entfernt ist, schien unbesetzt zu sein, außer von Jägern und Scharfschützen, welche ein unausgesetztes Feuer gegen den Platz unterhalten, aber von meinem Standpunkte über den englischen Linien aus, konnte ich nicht so gut in die englischen Approchen hineinsehen wie von dem Hügel links von dem französischen Wachthaus in die Linien der Franzosen. Im Ganzen sind die Vorstädte zerstört, obgleich sie immer noch vom Feinde benutzt werden können, unser Vorrücken zu hemmen.

Vor Sebastopol 27. Januar.

Das Wetter fährt, Gott sei Dank, fort, uns ausnehmend günstig zu sein. Kalte mondhelle Nächte wechseln mit warmen sonnigen schönen Tagen ab. Das Thermometer fällt in der Regel um zwölf Uhr Nachts auf 18 oder 20 Grad, und steigt nächsten Mittag bis 44 Grad Fahrenheit. Für jetzt ist die unmittelbare Folge dieser Witterungsveränderung eine Erleichterung der Verbindung zwischen Balaklawa und dem Lager. Die Oberfläche des Bodens und die Wege sind mehre Stunden lang jeden Morgen festgefroren, und bleiben in leidlich gangbarem Zustande, bis der Einfluß der Sonne sie in eine klebrige Schlammmasse verwandelt. Gegen Abend stellt sich der Frost wieder ein und erlaubt den spät zurückkehrenden Parteien Proviant und andere Vorräthe nach dem Lager hinaufzuschaffen Aber troß alledem hat die Seuche nicht abgenommen. Immer noch sind unsere Truppen mit Krankheiten behaftet, und die Soldaten, welche im Glanze männlicher Kraft die blutigen Höhen der Alma hinaufstürmten oder halbaufgelöst den Abhang der Tschernaja gegen die ungeheure Ueberzahl der Feinde vertheidigten, sterben jetzt geschwächt und abgezehrt von beständiger Anstrengung, unaufhörlicher Durchnässung, von Mangel an Nahrung, Kleidung und Schutz vor dem Wetter allnächtlich in ihren Zelten. Viele der Leute sind schon zu krank, um je wieder zu genesen. Aerzte und Hospitäler und Krankenpflegerinnen kommen nun zu spät, und sie athmen ohne zu murren aus, und jede Woche lassen die neuaufgehäuften Reihen schmaler Erdhügel die Errichtung einer neuen Begräbnißstätte erkennen. Man darf jedoch nicht glauben, daß die Franzosen der Krankheit und der Sterblichkeit ganz und gar entgehen. Im Gegentheil haben unsere Verbündeten in einem Maße gelitten, welches ebenfalls übermäßig genannt werden könnte, wenn wir nicht zur Vergleichung neben ihnen wären. Sie haben ebenfalls sehr viel Pferde verloren und zu der Verminderung, die ihre Zahl durch Krankheit und übermäßige Anstrengung erlitten hat, kommt noch diejenige, welche die nächtlichen Ausfälle der Russen und das schwere Feuer verursachen, dem sie beständig von den feindlichen Batterien und Scharfschützen ausgesetzt sind. Dessenungeachtet ist der Verlust der Franzosen viel geringer als der unsrige. Ganze Regimenter sind wie durch Zauber verschwunden. In einigen Fällen sind die Leute nicht im Gefecht gefallen, und sind auch nicht den Anstrengungen der den Feldzug beginnenden Armee ausgesetzt gewesen. Es ist daher kein Wunder, daß die alten Soldaten der Krim, die Männer von der Alma, von Inkerman und Balaklawa endlich auch verschwinden und das Schicksal der ungeschulten Rekruten und der nicht acclimatisirten Regimenter theilen.

28. Januar.

Der Sonntag wurde durch ein ausnehmend heftiges Kleingewehrfeuer zwischen den russischen und französischen Tranchéenwachen und Scharfschützen gefeiert. Die Salven, welche durch die weniger laut werdenden Knalle der beständigen Büchsenschüsse hindurchknatterten, waren viel heftiger als die, welche an der Alma oder bei Inkerman gehört wurden, und nach der Anzahl des in die Werke geworfenen russischen Fußvolks zu urtheilen, ist es klar, daß der Feind beabsichtigt, uns den kleinen Streifen Terrain zwischen den letzten französischen Laufgräben und den zusammengeschossenen Außenwerken ihrer vordersten Batterien mit der größten Kraft und Hartnäckigkeit streitig zu machen. Vielleicht hat der in der Festung commandirende General Befehl erhalten, eine größere Annäherung der Franzosen nicht zu dulden, die jetzt das ganze Terrain von der Küste unter dem Quarantainefort bis zu den Höhen dicht vor dem Signalstabsfort in einer Breite von einer Stunde und einer Länge von mehr als einer Meile mit Laufgräben und Brustwehren durchzogen haben.

Das Geknatter des Kleingewehrfeuers dauerte die ganze Nacht hindurch fort und die beständigen Blitze der schweren Geschütze erleuchteten den Himmel bis zu Tagesanbruch. Die Franzosen antworteten mit dem kleinen Gewehr, erwiederten aber kaum einen Kanonenschuß. Viele ihrer Geschütze sind noch maskirt, aber fast alle stehen auf ihren Bettungen und jede Kanone ist mit 250 Patronen versehen. Die Russen haben die Aufstellung einiger dieser Kanonen entdeckt und ihr Feuer besonders auf dieselben gerichtet, aber wenig Schaden gethan. Es läßt sich nicht erwarten, daß ein Gefecht wie das in vergangener Nacht ohne beträchtlichen Verlust auf beiden Seiten stattfinden kann. Nach Tagesanbruch fing das Feuer mit großer Heftigkeit von Neuem an und gegen acht Uhr wüthete eine regelmäßige Schlacht zwischen den Franzosen und Russen in den Laufgräben. Wenigstens 3000 Mann auf jeder Seite schossen so rasch, als sie laden konnten und die ganze Linie der Werke war von einer dicken, qualmenden Schicht Rauch bezeichnet. Gegen neun Uhr wurde das Feuer auf

beiden Seiten matter. Keine Nacht vergeht jetzt, ohne ein heftiges Schar-
mutziren oder vielmehr Beschießen mit Büchsen von den Brustwehren der
Laufgräben und dem durchschnittenen Terrain zwischen den Linien aus.
Die Werke sind jetzt fast in der Stadt und beherrschen die Vorstadt, aber
die zertrümmerten Häuser der letzteren werden als Deckungen für Schützen
benutzt und die Stadt selbst besteht fast aus e i n e r gewaltigen Batterie, die
sich von dem Glacis bis zu dem Höhenkamme über dem Meere, auf welcher
die Südseite der Stadt liegt, hinauferstreckt. Unsere eigenen Batterien
sind in sehr guter Ordnung und zur Aufnahme der ihnen bestimmten Anzahl Geschütze fertig, die binnen drei Tagen in dieselben gebracht werden können.

Unter den Geschichten, mit welchen die Officiere die Langeweile des
Lagerlebens kürzen, ist eine, die ganz wahr sein soll und daher mit großem
Interesse angehört wird. Vor einiger Zeit empfing ein englischer Officier,
der sich jetzt als Gefangener in Simferopol befindet, Briefe von seinen
Freunden in England, die sein Schicksal noch nicht kannten. Es ist Vor-
schrift, alle Briefe an Gefangene erst zu befördern, nachdem sie geöffnet
und durchgelesen sind. Einer der an den gefangenen Officier gerichteten
Briefe war von einer jungen Dame. Sie bat ihn, Sebastopol sobald als
möglich einzunehmen, aber auch Fürst Mentschikoff in Person zu Gefangenen zu machen und setzte hinzu, daß sie darauf rechne, als einen Beleg
für die Tapferkeit des jungen Mannes, einen Knopf von dem Rock des
Fürsten zu bekommen. Als dieser Brief dem Officier übergeben ward,
begleitete denselben ein zweiter von dem Fürsten, dem ein Knopf eingeschlossen war, und in dem geschrieben stand, daß er den Brief der jungen
Dame gelesen habe und sehr bedaure, ihren Wünschen hinsichtlich der Einnahme von Sebastopol, sowie seiner eigenen Gefangennahme nicht entsprechen zu können, daß er aber sich glücklich schätze, dies bezüglich des dritten
Punktes thun zu können und sie bitte, beifolgenden Knopf von seinem
Rocke anzunehmen, welchen er den Officier bat, der Dame zu überschicken.

Im Lager bei Kadikoi, 6. Februar.

Noch keine Beschießung — das Feuer ist noch nicht eröffnet und
dennoch ist der Tag, den das allgemeine Gerücht als den zum neuen Angriff bestimmten bezeichnete, schon vierundzwanzig Stunden vorüber. Das
einzige Lebenszeichen, was ich sehe, ist der Schubkarren des Eisenbahn-
arbeiters. Dieses mächtige Werkzeug der Civilisation liegt in Haufen über
einander geschichtet am Meeresstrande in Balaklawa. Die Hauptniederlage
für die Eisenbahnvorräthe ist der entsetzlich schmuzige Platz hinter dem
Posthaus. Als wir zuerst in Balaklawa ankamen, war dies Haus in
guter Ordnung, weiß getüncht und sorgfältig rein gehalten; ein hübscher
Balcon aus Holz, zu dem man auf einer Treppe vom Garten aus gelangte,
führte nach den Hauptzimmern im obern Stocke und an diesen Balcon

schloß sich eine weit in den Garten hinunterreichende Laube, deren leichtes Gitterwerk kaum die Unmasse herrlicher Trauben tragen konnte, welche durch das dicke Weinlaub sich hindurchdrängten. Den Garten selbst umgab eine weißangestrichene Mauer und am hintern Ende desselben führte eine Pforte auf den Kai hinaus. Garten, Mauern, Pforte, Laube und Balcon sind jetzt längst verschwunden und der Erdboden ist seit Monaten in einen abscheulichen Sumpf verwandelt, sodaß es eine wahre Freude ist, Karren und Schwellen von Holz, bestimmt, darüber gelegt zu werden, zu erblicken. Es ist seltsam, daß die erste und vielleicht die einzige Anwendung der großen Erfindung der Neuzeit, welche die krimschen Tataren vielleicht für Jahrhunderte sehen, bestimmt ist, die Kriegsoperationen zu erleichtern und Menschenleben zu vernichten. Wenn die Eisenbahn fertig werden wird, weiß ich nicht; bereits stockt sie, denn wie ich höre, mußte gestern die Vermessung unterbrochen werden, da die Linie die Straße kreuzte, welche die Franzosen mit großer Thätigkeit von Kadikoi nach der Fronte bauen. Wenn unsere Expedition die Ufer der Krim verlassen hat und zu einer Sage unter seinen Bewohnern geworden ist, beschäftigen vielleicht die Arbeiten an unserer unbeendigten Eisenbahn den Scharfsinn künftiger cimerischer Alterthumsforscher, oder bilden das einzige dauernde Merkmal unserer Anwesenheit auf diesem blutgedüngten Boden. Hacke und Spaten sind beschäftigt, und der eigenthümliche Dialekt der Eisenbahnarbeiter trifft das Ohr, wie er den Soldaten grüßt und sich nach dem Stande der Dinge vor Sebastopol erkundigt. Die Eisenbahnlinie ist fast ganz vermessen, aber noch nicht weiter, als bis zu dem Hügel vor Kadikoi abgesteckt. Die Umgebung von Balaklawa bietet gegenwärtig den merkwürdigsten Anblick dar. Wenn man auf der Hochebene, auf welcher das Lager steht, in das Thal hinabkommt und über die sich bis Kadikoi erstreckende Ebene, die von den unaufhörlichem Verkehre von Menschen, Pferden, Wagen und Kameelen in ein Schlammmeer verwandelt ist, geht, so erreicht man einen Hügel, auf welchem eine die Ebene bestreichende Batterie steht, und sowie man denselben im Rücken hat, übersieht man eine neue hölzerne Welt, die in wenigen Tagen, wie durch Zauberei, auf dem Abhange über der Straße nach Balaklawa emporgewachsen ist. Reihen von weißen Hütten sind über die Höhe zerstreut. Ein kleiner Flecken, je nach der Laune des Sprechenden, Büffelstadt, oder Blockstadt, oder Hüttenstadt, oder Marketenderstadt genannt ist rechts vom Wege eine reichliche Viertelstunde vor Balaklawa für die von dort vertriebenen Marketender erbaut; und nach dem dort herrschenden Lärm und Leben könnte man glauben, auf einem wohlbesuchten englischen Jahrmarkte zu sein. Ein Schwarm von Menschen in allen möglichen grotesken Trachten, Franzosen, Engländer und Türken, drängen sich in den engen Gassen zwischen den Hütten und Zelten und feilschen in allen möglichen Sprachen mit Griechen, Italienern, Algeriern, Spaniern, Maltesern, Armeniern, Juden und Aegyptern um alle erdenklichen Waaren.

Hier fand ich meinen mir entlaufenen Diener wieder — einen vagabundi-
renden Italiener, der kleine Brötchen, die er bei dem französischen Bäcker
in Balaklawa für 1 Schilling und 6 Pence gekauft hatte, für 2 Schillinge
das Stück verkaufte und so für seinen kurzen Weg einen halben Schilling
verdiente. Das Wachthaus flößte ihm keinen Respect ein, und da sich die
Behörden in solchen Fällen nicht einmischen, mußte ich mich mit der armseligen Rache trösten, daß er sich das Schienbein an einer Zeltstange wund
stieß, wie er vor meiner Reitpeitsche ausriß. Hier kann man alle Schufte
der Levante, die über das schwarze Meer gelangen können, durch den Ver-
kauf der allerschlechtesten Consumtionsartikel, die uns nur die Noth zu
kaufen zwingt, zu ungeheuren Preisen reich werden sehen; und hier sieht
man ein paar ehrliche Handelsleute bekümmert bei ihren Waaren sitzen,
und über ihre schnell dahin schwindende Rechtlichkeit trauern. Unter diesen
Marketendern der englischen Armee befindet sich, soviel ich weiß, kein einziger Engländer, obgleich die reichste Goldgrube, die jemals Schaaren nach
der Wüste lockte, nichts gegen den Reichthum ist, der sich hier erwerben
ließe. Kameeltreiber, Arabdschis, wildblickende, seltsam aussehende Barbaren
aus den verstecktesten Winkeln Kleinasiens, allem Anschein nach in die ab-
gelegten Kleider des Chors in Nabucco oder Semiramide gekleidet, drängen sich neugierig durch die Soldaten, zerrissen von den sich bekämpfen-
den Empfindungen der Furcht vor dem Generalprofoß und der Lust
zu stehlen. Ungefähr hundertfunfzig Hütten und Zelte stehen auf diesem Abhange. Dicht daneben befindet sich die neue Batterie. Dann kommen noch mehr Hütten und Zelte — das Lager der Reiterei.

Auf der andern Seite der Spalte in der Bergwand, durch die man
sich der Stadt nähert, erheben sich die Hütten und Zelte der Hochländer,
Türken, Franzosen, Marinetruppen und Jäger, welche unsere Vertheidigungslinien gegen Kamara bewachen und sich über einander erheben, bis
sie die fürchterliche Klippe erreichen, welche sich steil in das 1200 Fuß
darunter befindliche Meer stürzt. Alsdann kommt ein seltsam aussehendes
Stück Land, von einer niedrigen Mauer eingefaßt, das sich ausnimmt, als
ob alle Maulwürfe der Welt darunter lebten und Tag und Nacht arbeiteten; so bedeckt ist es mit Erdhaufen, aus denen Lumpen und Knochen hervorlugen. Das ist der Begräbnißplatz der Türken, der nicht wenig besucht
ist. Den ganzen Tag über kann man kleine Bahren den Abhang herab-
und leer wieder zurückkommen sehen. Sie haben auch ein oder zwei
Weinberge in Beerdigungsstätten verwandelt und einen stillen Winkel oben
zwischen den Bergen zu demselben Zwecke benutzt. Unser anständiger ge-
haltener Begräbnißplatz liegt vor der Stadt dicht am Meere. Die Hütten
und Zelte des 14. Regiments, desgleichen lange Reihen von Schuppen für die
Maulthiere, sowie die Zelte für die gelandeten Waaren bewachen die Matrosen; die Hütten auf dem Ausladeplatze drängen sich alle an dem
steilen Abhange und dem Rande der Bucht auf der andern Seite der Stadt

zusammen, sodaß die Stadt den Eindruck macht, als sähe man den Lager-
platz einer lagernden Horde oder eine von den wie Pilse in die Höhe schießenden Leinwandstädten Australiens. Natürlich erhalten Diejenigen, welche
dem Strande am nächsten sich befinden, zuerst ihre Hütten und haben die
geringste Schwierigkeit, sie aufzubauen. Wenn der Birnamwald aus weißen Bretern bestände, so würde Macbeth seinen schlimmsten Argwohn bestätigt finden, wenn er den Wald von Zimmerholz die Höhe heraufkommen
sehen könnte. Er sähe in der That stundenlange Züge von Menschen,
Maulthieren und Ponies, die alle mit Bretern belastet, durch den Schlamm
stolpern. Bei ruhigem Wetter geht es gut genug, aber ein Windstoß macht
jedem Fortschritte ein Ende und kommt er kräftig, so streckt er Menschen und
Pferde in den Schlamm. Es kann sich Niemand, der nicht an Ort und
Stelle ist, einen Begriff machen, wie schwer es ist, nur eine einzige Hütte
nach dem Lager hinaufzuschaffen, und wieviel Zimmerholz transportirt werden muß, ehe die Hütte vollständig ist.

Die Kälte ist fast verschwunden; als einzige Spuren des Winters
sind noch einzelne Flecken Schnee auf den Abhängen und in den Schluchten, die weißen Bergketten im fernen Hintergrunde und die grundlosen
Wege übrig, wo der halbgeschmolzene Schnee noch in tiefen für Mann und
Pferd gefährlichen Löchern liegt. Das Thermometer ist auf 52 Grad gestiegen. Die Vögel singen rings um und die Sonne scheint meistens mehrere Stunden des Tages warm und hell. Wir sind mitten in einem der nicht
sehr seltenen krimischen Vorfrühlinge, von den sich selbst die Bäume, die
Reben und das Gras auf kurze Zeit täuschen lassen und auf den Gedanken
kommen, ihre junge Knospen und Sprößlinge hervorzutreiben. Aber die
Einwohner warnen uns, uns von diesem vorübergehenden schönen Wetter
irre machen zu lassen; noch ist der März vor uns, der hier zu Lande
scharfe Kälte, heftige Winde, Regengüsse und Schnee bringt, mit
einem Worte ganz dem November gleichen soll, der uns im vergangenen
Jahre soviel Leiden gebracht hat.

Der Gesundheitszustand im Lager hat sich gebessert, obgleich noch
viele am Gallenfieber leiden. Am empfindlichsten ist der Mangel an
Brennmaterial, da das Commissariat zwar Kohlen liefern soll, aber keine
Pferde hat, um sie heraufzuschaffen. Um nur einigen Ersatz dafür zu
haben, müssen die Truppen auf die mühsamste Weise die Wurzeln des
Buschwerkes oder der Reben aus dem Boden herausgraben und oft auf
den Abhängen unter dem Feuer des Feindes die paar Stöcke zusammen-
suchen, die sie zum Kochen ihres Essens brauchen.

Elftes Kapitel.

Fortgang der Belagerung.

Die Werke um den Malakoffthurm. — Eine Recognoscirung. — Die Irrfahrt im Schneesturme. — Russische Ausfälle. — Ein Blick auf Sebastopol. — Die Russen besetzen den Mamelon. — Waffenstillstand. — Neues Leben in der Armeeverwaltung. — Frühlingsboten. — Deserteure. — Neue Verstärkungen. — Kämpfe um die Schützengruben. — Abermals Waffenstillstand. — Verstärkung des Mamelons. — Aussicht von Cathcarts Hügel.

7. Februar.

Ein trüber, schwerer Tag. Diese Nacht hatten die Franzosen und Russen ein sehr hitziges Gefecht mit einander; die Kanonade, welche über das ganze Lager hinwegtönte, dauerte gegen eine Stunde. Noch immer nicht mit den bereits vorhandenen Werken zufrieden, schanzt der Feind angestrengt hinter dem Malakoff oder dem runden Thurme, und heute um drei Uhr waren 1200 Mann an den Böschungen und Brustwehren der Batterien beschäftigt. Als ich heute den Platz besichtigte, wurde zwei Stunden lang fast kein Schuß abgefeuert. Die kleinen Dampfer und Boote waren besonders rührig, fuhren beständig über die Bucht und im Hafen hin und her und Alles in der Stadt schien ziemlich in der gewöhnlichen Weise vor sich zu gehen. Die französischen Mörser haben auf die steinernen Gebäude, ihren Batterien gegenüber, einige Wirkung hervorgebracht — in wenigen Tagen werden unsere Verbündeten im Stande sein, fürchterlichen Schaden in der Stadt anzurichten. Lord Raglan hat befohlen, den Franzosen zehn von unsern dreizehnzölligen Mörsern zu leihen und Major Claremont kam nach Balaklawa, um sie in größter Eile aus der Firefly ans Land setzen zu lassen. Heute waren unsere Verbündeten bereits beschäftigt, die Bettungen für die Mörser zu legen. Von der Anhöhe aus über dem französischen rechten Flügel auf der andern Seite der Schlucht gesehen, schien unser linker Angriff in sehr guter Ordnung zu sein. Die Brustwehren und Laufgräben sollen in besserem Zustande sein, als am ersten Tage der Belagerung. Alle die übrigen Werke sind in gleicher Weise verbessert und bei Wiedereröffnung des Feuers wird die Masse und das Caliber der gegen die feindlichen Werke aufgestellten Geschütze ungeheuer sein. Ich darf jedoch nicht unterlassen, anzuführen, daß der französische Ingenieurgeneral Niel, der dieser Tage die englischen Laufgräben besuchte, sich entschieden dahin aussprach, daß die Batterien noch zuweit vom Platze entfernt wären, um eine erhebliche Wirkung hervorzubringen. Gleich nach der Berennung der Festung wurde vorgeschlagen, die erste Parallele in der gewöhnlichen Entfernung von sieben bis achthundert Schritten von den Werken zu eröffnen;

aber dagegen wendete man ein, daß dies zu viel Menschen kosten würde und die alte Regel, welche die Entfernung zwischen den Linien der Belagerer und der Belagerten festsetzte, sollte wegen der großen Fortschritte der neuern Zeit in den Artilleriewissenschaften und wegen des größern Calibers und der größern Tragweite der Belagerungsgeschütze nicht mehr gültig sein. Unsere Batterien wurden in einer Entfernung von zehn- bis zwölfhundert Schritten vom Feinde erbaut und die Tüchtigkeit unserer Artilleristen und Matrosen scheiterte an der zu großen Entfernung, welche unserm Feuer nicht gestattete, seine volle Wirkung auszuüben. Unterdeß ist die Eisenbahn noch im Zustande der Kindheit und führt in dem Schlamme und zwischen den Steinen vor Balaklawa ein sehr mühseliges Leben. Die Stadt Balaklawa selbst macht zusehends Fortschritte, theils durch Einreißen alter Häuser, theils durch Austreibung des Lagertrosses; auch der Hafen nimmt einen Anschein von Ordnung an, was viel sagen will, wenn man bedenkt, daß er so voll gepfropft ist, wie ein Dock in London oder Liverpool. Der Kai ist endlich ein wenig besser als ein Sumpf und eine Reihe von Koth gefüllter Fallgruben, und die Straßen der Stadt haben aufgehört entweder Wasserbäche oder Kothhaufen zu sein. Hie und da sind Steine gelegt, aus denen eine Art Pflaster geworden ist. Von den Russen oder ihren Operationen ist sehr wenig Neues zu berichten. Die Franzosen haben die Woronzoffstraße noch tiefer als früher escarpirt und eine Art Zugbrücke darüber gelegt. Das Tschernajathal ist immer noch vollständig überschwemmt und unsere abenteuerungslustigen Waidmänner, welche sich von den Kugeln der sehr fleißigen unteren Inkermanbatterie nicht stören lassen, finden dort reichliche Gelegenheit, Enten zu schießen.

15. Februar.

Vorige Nacht wehte wieder ein sehr heftiger Wind in starken Stößen, der die Zelte und die Breter zu den Hütten auf den Höhen über Balaklawa umriß und sie klappernd den Abhang hinabschickte. Dieser Wind, warm und trocken wie ein Sommerwind zwischen den Wendekreisen, trocknete die Nässe der Straßen auf und die Schlammcanäle und die aus Erde und Wasser gemischte Wüste, auf welcher unser Lager steht, verwandelte sich rasch in festeres Terrain — so rasch, daß die Wirkung fast wie Folge von Zauberei erscheint. Der Wind hat viel ähnliches mit dem Sirocco des Mittelmeeres. Das Thermometer vor meinem Quartier zeigt nicht weniger als 71 Grad Fahrenheit. Der Himmel hat ein trübes und fahles Aussehen, aber Wolken sind nicht sichtbar — die ganze Atmosphäre über uns und am Horizonte hat eine schiefergraue Farbe, aber die Gegenstände in der Ferne haben scharfe Umrisse und können ganz deutlich gesehen werden. Die Heftigkeit des Windes ist sehr wechselnd; manchmal sind seine Stöße wahrhaft fürchterlich; sie kehren meistens alle fünf oder sechs Minuten wieder und sind nicht immer von gleicher Stärke. Die allgemeine Richtung des Windes schwankt von Südsüdost bis Südwest. Begünstigt von dem merkwürdigen Temperaturwechsel sprossen die Zwiebelgewächse, welche in der Krim sehr häufig zu sein scheinen, mit Kraft hervor und Crocus und Hyacinthen, zum Theil in der Blüthe, drängen sich mit ihren hellgrünen Blättern durch die schwarze Oberfläche des Bodens und bilden durch die Lebhaftigkeit ihrer Farben einen schneidenden Gegensatz zu dem von tausend Hufen zertretenen Boden.

19. Februar.

Die trocknenden Winde wehen immer noch und das Plateau südlich von Sebastopol kann selbst auf dem Grunde der Schluchten mit Leichtigkeit beritten oder begangen werden. Mit dem schönen Wetter ist auch die gute Laune und die Energie unter unsern Truppen zurückgekehrt, aber leider hat der warme Wind auch die Keime des Typhusfiebers gezeitigt, das in mehreren Regimentern ausgebrochen ist und schon einige der Kräftigsten als Opfer gefordert hat. Gerade jetzt, während ich schreibe, scheint sich eine Veränderung im Wetter vorzubereiten; das Thermometer steht auf 46 Grad und der stark aus Westen wehende Wind treibt schwere Wolkenmassen vor sich her. Die Laufgräben sind jedoch trocken; die Truppen bekommen Alles, was sie brauchen; Proviant ist im Ueberflusse vorhanden; auch Heu, durch dessen Mangel so viele Pferde zu Grunde gegangen sind, ist angekommen und um dem Umsichgreifen des Scorbuts ein Ende zu machen, ist unter die Truppen grünes Gemüse vertheilt worden. Die Fortschritte, welche die Eisenbahn macht, sind wunderbar. Sie ist bereits bis zum Eingange in das Dorf Kadikoi fertig, wird morgen diesen Ort schon hinter sich haben, und aller Wahrscheinlichkeit nach nächste Mittwoch in den Ruhepausen der Arbeiter benutzt werden, um eine Ladung Kugeln und Bomben von Balaklawa bis hierher zu schaffen. Das Aussehen der Stadt hat sich sehr verbessert. Die elenden Hütten, in welchen die türkischen Soldaten siechten und starben, sind gereinigt und der Erde gleich gemacht, die Löcher und Düngergruben in den Straßen ausgefüllt, und überall in den Gassen und um die Häuser ist ungelöschter Kalk aufgeschüttet. Die Marketender sind aus der Stadt nach einem Hüttenlager vor derselben verwiesen und die Zahl der Besucher in Balaklawa hat sehr abgenommen. Eigentlich hat die Eisenbahn, welche grade durch die Hauptstraße geht, am meisten dazu beigetragen die Unmasse der Herumtreiber, welche sich in den Straßen drängten, zu verjagen. Es macht einen merkwürdig seltsamen Eindruck, das wohlbekannte dumpfe Rollen der Karren und Wagen, wie sie mit ihren Lasten von Eisenbahnarbeitern, Schwellen und Schienen vorüberfahren, zu hören; es erinnert stärker an die Heimat, als alles Andere was wir in der Krim gehört haben.

Die Kosaken reiten auf den Bergen vor unserer Front umher; unsere Bedetten beobachten sie; zahlreiche Trupps Menschen, in langen Reihen

10*

Breter und Faschinen tragend, bewegen sich über die Ebene und sehen aus
der Ferne betrachtet wie wandernde Ameisenschaaren aus. Der Kanonendonner
von der Front dröhnt dumpf durch die Luft; die kriegerische Musik der französischen Regimenter, untermischt mit dem Aechzen der Wagenräder, dem
Geschrei der Kameele, dem Geheule der Treiber in fast jeder Sprache des
Morgen- und des Abendlandes, und was das Schlimmste von Allen ist,
mit den Tönen der schrecklichen Instrumente der türkischen Musikbanden,
sprechen von Krieg, den kein Engländer in unsern Tagen in der Heimat
gekannt hat. Selbst die Eisenbahn bringt keine Friedensgedanken. Sie ist
jetzt eine sehr wirksame Kriegsmaschine. Man wird Maßregeln ergreifen,
sie vor dem Feinde zu schützen, der jedoch bis jetzt keine Neigung zeigt, die
Arbeiten oder die Arbeiter zu stören, selbst wenn er die Macht dazu hätte.
Was die Belagerung von Sebastopol betrifft, so ist mir für jetzt nur erlaubt zu sagen, daß in dieser trockenen Witterung unsere und die französischen Werke große Fortschritte machen und daß seit meinem letzten Brief
nichts Wichtiges vorgefallen ist.

20. Februar.

In meinem vorigen Schreiben, das heute früh um sieben Uhr abgegangen ist, lobte ich das Wetter und war wirklich der Meinung, der
Winter sei schon vorüber. Aber die alten Tataren schüttelten ihre runden
dicken Köpfe, wenn man Einen von ihnen fragte, ob man für dieses Jahr
von der Kälte und dem Schnee Abschied genommen hätte. Lärmende Schaaren von wildem Geflügel zogen immer noch über den Chersones, und so gerieth man bei dem Widerspruch zwischen der wirklichen Wärme des Wetters
und den Prophezeiungen und den Erfahrungen der Eingeweihten in Zweifel, ob man die warmen Kleider unter das Bett schieben oder auf demselben
zum sofortigen Gebrauch bereit halten sollte, da man nur diese beiden Plätze
zum Unterbringen dieser Gegenstände hat. Montag Abend wurden im Geheimen sehr ausgedehnte Vorbereitungen zu einer Recognoscirung gemacht,
die Sir Colin Campbell von uns und die Generale Bosquet und Villers
von Seiten der Franzosen führen sollten. Das Wetter, die wichtigste Be-
dingung jeder Thätigkeit in einem Winterfeldzuge, war ungünstig gewesen,
aber die wenigen schönen Tage, vom 15. bis zum 19., hatten das Terrain
zu Bewegungen mit Geschützen und für Reiterei leidlich geeignet gemacht. Die
Franzosen sollten 4000 Mann stellen; Sir Colin Campbell hatte ungefähr
1800 Mann unter sich. Bald nach Dunkelwerden machten sich die Franzosen links von dem Lager des Hauptquartiers marschfertig, und das Gesumme von Menschenstimmen und der eigenthümliche dumpfe Lärm, den
marschirende bewaffnete Massen machen, verriethen die Bewegungen unserer
Verbündeten. Eine Recognoscirung sollte stattfinden. Auch Sir George
hatte seine Vorbereitungen getroffen und Alles sollte lange vor Tagesanbruch
unterm Gewehre stehen. Natürlich fanden sich Viele, die aus Liebhaberei

mitreiten wollten, denn nichts erregt ein solches Interesse wie eine Recognoscirung. Unserer Armee hier fehlt Alles, was den meisten Kriegen in Europa etwas eigenthümlich Anziehendes giebt. Wir sind Alle in einem einzigen kleinen schmuzigen Winkel Landes eingesperrt, während Kosaken uns
den Zutritt zu den himmlischen Thälern rundum verwehren. Es giebt keine
angenehmen Märsche, kein Haltmachen in Stadt oder Dorf, keine fremd-
artigen Schauspiele oder Veränderungen der Umgebung; nichts als die
Plackereien des Laufgrabendienstes und die ewigen Häuser und Werke von
Sebastopol und dieselbe wilde unwirthliche Landschaft ringsum. Daher ist
selbst der vom Dienste am meisten in Anspruch genommene Officier froh,
wenn er Theil an einer Recognoscirung nehmen kann, welche ihm eine Aufregung verschafft und in die Einförmigkeit seines Lebens einige Abwechslung bringt. Vor Mitternacht waren die Franzosen 2000 Mann stark in
Compagniecolonne dicht bei dem Hauptquartiere versammelt. Um dieselbe
Zeit drehte sich der Wind und fing an heftiger zu wehen, und die Sterne
wurden von Wolken verdunkelt. Gegen ein Uhr früh fing es mit einzelnen
Unterbrechungen heftig an zu regnen und als noch eine Stunde vergangen
war, drehte sich der Wind nach Norden und wurde schneidend kalt, und der
Regen fror sofort und fiel als Hagel; zuletzt schneite es stark während
der Sturm mit jedem Augenblicke heftiger brauste. Es war klar, daß es
nichts nutzen konnte die Truppen noch länger dieser Witterung auszusetzen
und daß aus der Recognoscirung nichts werden konnte, denn etwas von der
Anzahl oder der Stellung des Feindes zu erfahren, blieb außer aller Frage,
da Niemand im Stande war, fünf Schritte weit zu sehen. General Canrobert schickte daher aus dem französischen Hauptquartier den Major Foley
an Lord Raglan, um ihn zu benachrichtigen, daß die Franzosen nicht
marschiren könnten und daß die unter dem Gewehre stehenden Truppen
wieder abtreten würden. Als Major Foley, der sich verirrt hatte, nach vielem Umherwandern im Hauptquartiere ankam, wurde einer von Lord
Raglans Adjutanten sofort abgeschickt, um Sir Colin Campbell mitzutheilen, daß die Franzosen nicht kämen, und ihn zu veranlassen für heute mit
seinen Truppen keine Bewegung vorzunehmen. Dieser Officier brach gegen
drei Uhr früh nach den Höhen von Balaklawa auf. Als er durch das französische Lager über dem Thale ritt, suchte er den Brigadegeneral Villenois
auf, um ihm von der Veränderung, welche die Witterung in dem verabredeten
Plane hervorgebracht hat, Nachricht zu geben, aber der General sagte, es
würde wohl besser sein, wenn er mit seinen Truppen hinunter in das Thal
rückte, um Sir Colin zu unterstützen, im Fall dieser abmarschirt sein sollte
ehe er den Gegenbefehl erhalten. Als unser Adjutant nach einem mühsamen
Ritte durch die Nacht gegen vier Uhr Sir Colins Quartier erreichte, war
der General fort, und erst ein weiterer anstrengender Ritt setzte ihn endlich in den
Stand, den General auf dem Marsche nach Tschorgun einzuholen. Man
kann sich denken, daß die Botschaft des Adjutanten für Sir Colin, der nach

einem Gefechte mit dem Feinde brannte, nicht eben angenehm war, aber das Versprechen des Brigadegenerals Villenois versetzte ihn wieder in die beste Laune und er gab seiner kleinen Abtheilung von Neuem den Befehl: „Vorwärts marsch!" Neben ihm auf den Höhen rückten die Zuaven vor. Diese Truppen hatten schon von einer sehr frühen Stunde an unter dem Gewehr gestanden, und um vier Uhr rückten sie nach der Ebene herunter und setzten sich durch den Schneesturm, der mit grauendem Tage an Heftigkeit zunahm und die nächtliche Finsterniß verlängerte, gegen Kamara und Tschorgun in Bewegung. Die Jäger bildeten mit der leichten Infanterie der Hochländer in aufgelöster Ordnung die Vorhut. Es war strenger Befehl gegeben nicht zu schießen im Fall die Truppen auf den Feind stoßen sollten, und man hoffte ihn zu überrumpeln; aber der dichtfallende Schnee verwehrte unseren Leuten weiter als einige Schritte zu sehen, und selbst nach Tagesanbruche war es unmöglich, einen nur 6 Fuß entfernten Gegenstand zu erkennen. Dennoch gelang es unsern Tirailleurs drei russische Posten aufzuheben, welche wahrscheinlich zu dem in Kamara stehenden Piquet gehörten; ihre Cameraden aber allarmirten die Uebrigen, denn als unsere Truppen weiter vorrückten wichen die Kosaken und Infanterievorposten zurück, indem sie ihre Karabiner und Musketen abschossen. Man hörte die Trommeln des Feindes und er hatte Zeit ins Gewehr zu treten, während wir gegen ihn vorrückten. Wenn der Wind manchmal den Schneeschleier etwas zerriß, konnten wir ihre Colonnen sich langsam gegen die Höhen der Tschernaja zurückziehen sehen, und es war ganz unmöglich, sich einen Begriff von ihrer Stärke und Stellung zu machen; doch man schlug sie auf ungefähr 5000 Mann. Nach ihren Bewegungen zu urtheilen, schienen sie starke Reserven hinter sich zu haben. Unsere Truppen fingen bereits an sehr von der Kälte zu leiden, der man sie seit mehreren Stunden ausgesetzt hatte. Ihre Finger waren so starrt, daß sie nicht das Bayonnet aufstecken konnten als der Befehl dazu gegeben wurde, und kaum vermochten sie ihre Büchsen in der Hand zu halten. Die Pferde der Reiterei weigerten sich fast dem Schnee entgegen zu gehen — Frostschäden kamen vor und Ohren, Nasen und Finger der Mannschaften zeigten bedenkliche Symptome. Kaum hatten wir den Feind zu Gesicht bekommen, als der Schnee noch dichter zu fallen begann als zuvor ihn wieder unseren Blicken verbarg. Die Franzosen waren nicht zu entdecken — eine Compagnie konnte ihre Nachbarin nicht sehen — ein Regiment nicht das andere. Mit jeder Minute wurde den Truppen das Vormarschiren schwerer; Reserven, um uns im Falle eines unglücklichen Gefechtes aufzunehmen, hatten wir nicht. Der Raum zwischen Tschorgun und unsern Linien war beträchtlich und die Stärke des Feindes uns unbekannt. Unter diesen Umständen wäre es sehr unklug gewesen die Recognoscirung fortzusetzen. Den Versuch hatte das Wetter vereitelt, und das Allerbeste war sobald als möglich wieder umzukehren. Sir Colin ertheilte nur ungern den Befehl dazu, und die Truppen gelangten gegen elf Uhr sehr erschöpft

und von der Kälte angegriffen wieder in ihren Quartieren an. Die Expedition
hatte kein anderes Resultat, als die Gefangennahme von 3 Mann und den
Austausch einiger Kleingewehrsalven in die dunkle Nacht hinein, welche
den Russen wahrscheinlich ebensowenig Schaden zufügten, wie uns. Der Feind
ward jedoch allarmirt und muß einen Tag und eine Nacht in einer sehr
unangenehmen Lage zugebracht haben. Wäre die Bewegung gelungen, so
hätte der größte Theil der feindlichen Streitkräfte in unsere Hände fallen
müssen.

Einen Tag wie denjenigen, welcher diesem Morgen folgte, habe ich
noch nie erlebt. Da mir sehr viel daran lag, einen Brief auf die Post zu
geben, ehe sie von Kamiesch abging und ich nicht wußte, daß die Recognoscirung abcommandirt war, ritt ich des Morgens ganz früh durch ein Alles
verhüllendes Schneewetter hinüber nach dem Postzelt. Der Sturm heulte
wild über die Ebene; er war so mit Schnee beladen, daß man ihn ordent-
lich fühlen konnte, wie er in endlosen Wehen von seinen Flocken, welche durch
alle Nähte drangen und Mann und Pferd blind machten, vorübertrieb.
Einige Zeit lang ging meine Reise ganz gut, denn der Weg war deutlich
ausgetreten und auch mir sonst bekannt. Ich schloß mich einer Abtheilung
Artilleristen an, aber zuletzt wurden die Schneewehen so dick, daß es ganz
unmöglich war nur zwei Pferdelängen rechts oder links zu sehen. Da es
mir vorkam, als ob die Artilleristen zu weit rechts gingen, lenkte ich ein
wenig von der Straße ab und begegnete bald darauf einem einzelnen Fuß-
gänger, der sich bei mir nach dem Wege nach Balaklawa erkundigte. Ich
hoffe von ganzem Herzen, daß er es nach meinen Anweisungen gefunden
hat. Da er aus dem Hauptquartiere Lord Raglans kam, so bestärkte er
mich in meinen Ansichten über unsern Weg und ich kehrte wieder um, um
meine Freunde, die Artilleristen, auf ihren Irrthum aufmerksam zu machen.
Sie waren nicht zu finden. Ich hatte sie nur drei oder vier Minuten lang
verlassen, und doch waren sie so vollkommen verschwunden, als ob die Erde
sie verschlungen hätte. So lenkte ich denn mein Pferd auf den richtigen
Weg, wie ich glaubte, und ritt dem Winde gerade entgegen, im stärksten
Schritte zu dem ich mein Roß bewegen konnte, meinem Ziele zu. Es war
bei schlechtem Wetter nicht weiter als eine Stunde und doch war ich nach
einem Ritte von zwei Stunden nicht nur noch nicht eingetroffen, sondern
konnte auch keins der Zeichen erblicken, welche die Nähe meines Zielpunkts
ankündigten. Zelte und Hügelabhänge und steile Felswände, Alles war verschwunden und nichts war über, ringsum und unter mir sichtbar, als ein
ungeheurer weißer Schleier, der mich dicht umhüllte. Das war ganz entschieden unangenehm, aber es war nichts Anderes zu thun, als weiter zu reiten und sich auf die Vorsehung zu verlassen. Entweder mußte ich das Meer
oder unsere Belagerungslinie erreichen. Immer noch trabte das Pferd vorwärts, indem es den Schnee aus seinen Nüstern schnaubte und den Kopf in
die Höhe warf um Augen und Ohren davon zu befreien, und dennoch war

kein Zelt, kein Mensch, keine Seele auf dieser Halbinsel zu sehen, die mit
Tausenden von Soldaten angefüllt war. Drei Stunden sind vorüber!
Wo kann ich nur sein? Ist es Zauberei? Ist die Armee, sind die Werke
und die Laufgräben und Sebastopol selbst von der Erde rein verschwunden? Ist dies ein schrecklicher Traum? Das Pferd bleibt endlich
stehen und weigert sich länger gegen den Sturm zu gehen. Mit
jedem Augenblicke fällt der Schnee dichter und dichter, eine dunkle
Gestalt springt mit einem kurzen knurrenden Bellen vorüber — es ist ein
Wolf oder ein wilder Hund, und das Pferd setzt vor Furcht zitternd seinen
Weg fort. Die Kälte geht durch Mark und Bein, wie ich dem Winde
entgegenreite, und dann und wann versinkt das Pferd bis über die Knie
in Schneewehen, die sich rasch neben jedem Hügel und in jeder Bodenfurche
bilden; eine ordentliche tiefe Schlucht — ein Brunnen oder eine Grube
— könnten allen unsern Sorgen und Aengsten augenblicklich ein Ende
machen. Minuten wurden Stunden, und die Augen schmerzten mir von
der Anstrengung irgendwo eine Spur von Zelten oder Menschen zu entdecken und die neuen Gefahren auf unserm Pfade zu vermeiden. Plötzlich
gerieth ich mitten in eine Strecke Gestrüpp — ein sicheres und gewisses
Zeichen, daß ich sehr weit vom Wege abgekommen war, und daß ich mich
an einer sehr weit vom Lager und den Feuerungsmaterial suchenden Truppen entfernten Stelle befinden müßte. Plötzlich kam mir der Gedanke, daß
sich der Wind gedreht haben könnte, und daß ich, indem ich gegen denselben
ritt, vielleicht die Richtung nach der Tschernaja und nach den russischen
Linien einschlagen würde. Die Aussicht, Eigenthum eines Kosakenpiquets
zu werden, war in diesem Augenblicke keineswegs eine angenehme Zuthat
zu meinen übrigen Gedanken. Aber was war zu thun? Meine Hände und
Füße waren bereits ganz erstarrt von der Kälte, und Gesicht und Augen
schmerzten mich sehr. Es blieb nichts Anderes übrig, als weiter zu reiten, und sich nicht von der Nacht überraschen zu lassen. Das wäre allerdings
gefährlich gewesen. In diesem Augenblicke zertheilte sich das wilde Schneetreiben einen Augenblick, und ich sah zu meinem Erstaunen rechts von mir
die runde Kuppel und den Thurm einer Kirche, die gleich wieder verschwanden. Meiner Meinung nach mußte ich mich ganz nahe bei Kamara oder
bei Sebastopol befinden, und die Kirche zu einem dieser beiden weit
auseinandergelegenen Orte gehören. In beiden Fällen hatte ich mich
links zu wenden um unsere Linien wieder zu gewinnen, obgleich ich nicht umhin konnte, mich verwundert zu fragen, wo nur die französischen Werke
sein möchten, wenn ich mich wirklich in der Nähe von Sebastopol befand. Ich
war noch nicht weit geritten, als ich durch das Heulen des Windes einen
dumpfen Donner vor mir vernahm und gerade noch eine große schwarze Wand,
die sich unmittelbar vor mir durch das Schneetreiben erhob, erkennen
konnte. Ich stand auf dem Rande der fürchterlichen Abgründe, welche sich
bei Cap Fiolente in das Meer stürzen! Meine Lage war mir jetzt sofort

klar. Ich befand mich in unmittelbarer Nähe des St. Georg's Klosters.
Ich stieg ab, führte mein Pferd vorsichtig am Zügel, tastete mich durch das
Unwetter und erreichte endlich das Kloster. Der einzige Zuave, der zu sehen
war, schoß aus einem Schilderhause Lerchen, aber er führte sofort mein
Pferd nach dem Stalle und zeigte mir den Weg nach dem Wachthaus, wo
seine Cameraden gemüthlich um ein hellloderndes Feuer saßen. Nachdem
ich die Circulation meines Blutes wieder hergestellt und das Eis aus meinem Haar entfernt hatte, machte ich mich abermals auf den Weg, und ein
schmucker Zuave übernahm es, mich nach dem Hauptquartiere zu bringen, aber
er wurde seines Unternehmens bald müde, und verließ mich am Rande einer
Schlucht mit einigen sehr geheimnißvollen Instructionen, stets tout droit
zu gehen, was, da man nicht die Hand vor den Augen sehen konnte, gar
nicht leicht auszuführen war. Zu meinem größten Glücke stieß ich jedoch
auf die Zelte des französischen Baggagetrains, und indem ich bei jedem Ausbruche des Sturmes Halt machte, und weiter ritt, sowie sich das Unwetter
ein wenig legte, gelang es mir, mich von einem Lager nach dem andern
durchzuarbeiten, und zuletzt ganz mit Eis bedeckt und todtmüde gegen vier
Uhr Nachmittags das Hauptquartier zu erreichen. Es war für mich einiger Trost, zu erfahren, daß sich an diesem Tage Officiere in dem Weinberge
dicht bei dem Hause verlaufen hatten, und Adjutanten und Ordonnanzen
auf dem Wege von einem englischen Divisionslager nach dem andern ganz
und gar in die Irre gegangen waren.

21. Februar.

Der Wind weht immer noch aus Norden, der in der Krim stets bis
April Kälte und Schnee bringt. Das Thermometer zeigte heute früh
20 Grad, aber da die Sonne bald nach acht Uhr hell zu scheinen anfing
und der Wind nicht stark blies, so war das Wetter den Tag über erträglich,
und für Diejenigen, welche sich Bewegung machen konnten und warm gekleidet waren, sogar angenehm. Für die Mannschaften in den Laufgräben,
die sich natürlich ruhig verhalten mußten und die nur dürftig mit Brennmaterial versorgt waren, muß die Kälte eine harte Prüfung gewesen sein;
aber sie sind jetzt wenigstens durch warme Kleider und lange Stiefeln einigermaßen gegen die Unbill der Witterung geschützt, während sie den Winter in seiner ganzen Strenge unter dem unzureichenden Schutze des Regi-
mentsüberrocks und der Campirdecke haben durchmachen müssen.

Während der Nacht machten die Russen, in der Meinung, daß unsere
Vorposten nicht auf der Huth sein würden, eine kleine Demonstration gegen
uns. Ihre gewöhnliche Art einen Ausfall in dem Maßstabe, den sie bis
jetzt vorgezogen haben, zu unternehmen, ist, eine Abtheilung von ungefähr
30 Mann in aufgelöster Ordnung einem Detachement von 5 bis 800 Mann
vorausgehen zu lassen. Diese Vorhut schleicht sich verstohlen an unsere
Postenlinie heran, um sich zu vergewissern, ob sich ein schwacher und unver-

theidigter Punkt zum Vorrücken für den Haupttrupp vorfindet. Ist unser Feuer matt, so greift letzterer sofort an, stürmt in die Laufgräben, stößt mit dem Bayonnet nieder was Widerstand leistet, schleppt als Gefangene mit sich fort was er festnehmen kann, und kehrt so rasch als möglich nach der Stadt zurück. In diesen Affairen leiden die Franzosen am meisten. Der schwächste Mensch kann über die Treppenflur in das nächste Zimmer stürzen und darin Schaden anrichten, ehe er hinausgeworfen wird. Die Franzosen sind den Russen so nahe, daß sie, so zu sagen, Stubennachbarn sind. Die letzteren können zu jeder beliebigen Stunde der Nacht unter dem Schutze ihrer Werke kleine Abtheilungen sammeln und in die Laufgräben ihrer Gegner dringen, ehe unsere Verbündeten Mannschaften genug versammelt haben, um sie zurückzutreiben. Vorige Nacht näherten sich ungefähr 35 Mann dem vor Major Chapmans Batterie aufgestellten Posten, wurden aber gleich bemerkt und angerufen. Sie antworteten Ruski! und wurden sofort mit Flintenschüssen empfangen, worauf sie sich augenblicklich wieder zurückzogen und mit dem Haupttrupp in ihre Linie zurückkehrten. Es ist seltsam, daß sie eine solche Antwort auf das Anrufen der Posten gaben, aber die Leute erklären alle, daß die Russen das erwähnte Wort gebraucht haben, welches demnach wohl die Russen für die englische Form ihres Namens halten mögen.

Sowie die Sonne erst schien, änderte sich das Aussehen der Lager bald, und unsere französischen Nachbarn erfüllten die Luft mit ihren von vielen Flüchen gespickten Gesprächen und mit Bruchstücken von Liedern. Ein frierender Franzose ist ein ziemlich mürrischer und unglücklicher Geselle, aber seine Lebhaftigkeit steigt stets mit dem Sonnenscheine wie das Quecksilber im Thermometer. Sie sind jetzt in vortrefflicher Stimmung wegen der Aussicht auf eine Recognoscirung, welche gewiß stattfindet, sowie das Wetter günstig wird. In Gesellschaft mit zwei Officieren aus dem Hauptquartier nahm ich heute von den Höhen hinter dem französischen Lager eine lange Besichtigung von Sebastopol vor, und ich muß gestehen, daß das Resultat durchaus nicht befriedigend ausfiel. Wir begaben uns zuerst nach dem französischen Wachthaus (das Maison d'or oder Maison blanche der Garden) und übersahen hier den linken Theil der Stadt, die Admiralitätsgebäude, die Nordseite des Hafens und die Plateaus nach dem Belbek zu und hinter Inkerman. Da das Wetter hell war, konnte man trotz der blendenden Wirkung der weißen Schneefelder und dem bitterkalten Winde, der die Hände erstarren machte, sodaß es unmöglich war, das Rohr lange in einer Richtung zu halten, durch ein gutes Fernglas Alles deutlich sehen. Die kleine Schiffbrücke von den Admiralitätsgebäuden hinüber nach der französischen Seite der Stadt war von Menschen bedeckt, die Vorräthe herüber trugen und Fässer nach der andern Seite der Bucht rollten, ein Beweis, daß sich ein großes Vorrathsmagazin in den Speichern hinter dem Redan und unseren Batterien gegenüber befindet.

Verschiedene große Lichterschiffe mit aufgespanntem Segel und voller Menschen fuhren im Hafen herüber und hinüber, und Arsenalböte mit zahlreichen in weiße Jacken gekleideten Rudermannschaften, bugsirten mit Vorräthen beladene Fahrzeuge nach der südwestlichen Seite der Stadt. Ein Schleppdampfer war ebenfalls sehr thätig, und keuchte in allen Richtungen im Hafen herum, dessen Oberfläche kaum gekräuselt war, so vollkommen vom Winde geschützt ist er. Die Kriegsschiffe mit ihren großen weißen Flaggen mit einem blauen Andreaskreuz an der Gaffel, liegen in einer Linie an der Nordseite zwischen den Forts Severnaja und Konstantin. Zwei derselben haben Bramsegelraen und Bramstengen gestrichen; ein Zweidecker liegt auf der Südseite, die Breitseite auf die Civilstadt gerichtet, und die weißen Maste von drei andern Schiffen gucken über die Häuser der Stadt, weiter rechts nach Inkerman zu, hervor. Der innere Theil der Stadt selbst schien ganz unberührt zu sein, die weißen Häuser glänzten hell und wie neu in der Sonne, und die Glocken einer gothischen Capelle ließen ein fröhliches Geläute durch die kalte Winterluft ertönen. Nur einen Unterschied bemerkte ich gegen früher: man sah keine Spaziergänger und keine Frauen in den Straßen und überhaupt war fast keine einzige Person zu bemerken die wie ein Civilist aussah. Dies macht einigermaßen das Gerücht glaubhaft, daß der Gouverneur alle Personen weiblichen Geschlechts auf die Nordseite und aus der Festung geschickt habe. Dagegen waren Soldaten im Ueberflusse auf den Straßen zu erblicken. Man konnte sie in allen Richtungen dort paarweise verödet aussehende Straßen hinabwandeln, hier an den Ecken plaudern oder über den freien Raum von einer Batterie zur andern laufen, dann wieder in großen Abtheilungen mit allerlei Arbeit beschäftigt, oder die Wache ablösend, oder in wohlbekannten grauen Massen auf den Casernenhöfen auf- und abmarschiren sehen. Unter Denjenigen, die ich auf dem freien Platze mit dem Hin- und Herschaffen von Vorräthen beschäftigt bemerkte, glaubte ich zwei französische Soldaten erkennen zu können. Wenigstens trugen die Beiden lange blaue Röcke und rothe Hosen, und da auch wir unsere Gefangenen nutzbar verwenden, wie ich sie z. B. in Balaklawa an der Eisenbahn habe arbeiten sehen, so vermuthe ich, daß die russischen Commandirenden dasselbe thun. Draußen vor der Stadt, wo die guten Häuser aufhören, haftet das Auge auf großen 10 bis 12 Fuß hohen und 18 bis 20 Fuß dicken Erdwällen in regelmäßigen Zwischenräumen mit Schießscharten versehen, in welchen man gerade noch schwarze Punkte, die Kanonenmündungen, entdecken kann. Diese Werke sind von gewaltiger Stärke. Meistens liegt ein sehr breiter und tiefer Graben davor, und überall wo es das Terrain erlaubt, sind ausspringende Winkel und Fleschen, welche ein flankirendes Feuer längs der Front und ein Kreuzfeuer auf die Hauptpunkte jeder Angriffs- und Annäherungslinie gestatten. Vor den meisten Werken auf der französischen und der englischen Seite der Stadt ist eine Vorstadt von halbzertrümmerten, weißgetünchten Hütten, die jetzt

ohne Dach, Thüren und Fenster sind, in vereinzelten Gruppen stehen geblieben, aber es sind Lücken zwischen denselben frei gemacht, damit sie die
Feuerlinie der dahinter liegenden Batterien nicht sperren. Ueberhaupt bietet
diese Vorstadt einen sehr kläglichen Anblick dar; zum Theil haben unsere
Kugeln die Verwüstungen angerichtet, und die Häuser ringsum bis hinter
die Signalstabsbatterie, den Franzosen gegenüber, sind in bloße Schutthaufen verwandelt. Die vorliegenden Werke, welche die Russen bei dem
Vorrücken unserer Verbündeten räumten, sind immer noch vorhanden; es ist
jedoch schwer, zu sagen, ob Geschütze in denselben sind oder nicht, aber sie
werden von den dahinter liegenden Werken so vollständig beherrscht, daß es
ganz unmöglich wäre sich darin zu halten. Die Russen leiteten ihren Rückzug sehr
gut. Sie warfen ihre neuen Erdwerke verdeckt von der Vorstadt auf; als
sie fertig waren, zogen sie ihre Truppen aus der äußeren Linie zurück, sprengten und zerstörten die vorliegenden Häuser und eröffneten ihr Feuer aus
ihrer zweiten Linie von Batterien. Ihr Vorrath von Schanzkörben scheint
unerschöpflich zu sein, denn alles Strauchwerk auf den Bergen der südlichen
Krim ist zu ihrer Verfügung. Vor den gewaltigen von den Russen aufgeworfenen Erdwerken, durch die Entfernung verkürzt, so daß sie wie ein
Theil der feindlichen Werke erscheinen, bemerkt man die französischen Laufgräben — hohe mit Schanzkörben, die wie feines Rohrgeflecht aussehen,
besetzte Erdwälle. Diese Linien laufen mit denen des Feindes parallel. Die
vorderste Parallele ist nicht mit schwerem Geschütz armirt, sondern mit
Schützen besetzt. Zickzacks und bedeckte Wege — d. h. in Winkeln von
einer Parallele nach der andern gelegte Laufgräben — verbinden die verschiedenen Trancheen miteinander. In denselben gehen die Truppen sicher
umher. Die Trancheenwachen, ihre Gewehre zusammengesetzt, lagern um ihre
kleinen Feuer, und rauchen und trinken ihren Kaffee, während die zur Arbeit
commandirten Abtheilungen, mit dem Spaten in der Hand, die niemals en-
denden Belagerungsarbeiten fortsetzen — hier Schanzkörbe mit Erde füllen,
dort die Brustwehren abschrägen und verstärken, Schießscharten ausbessern
und die Gräben austiefen. Wo wir zu dieser Arbeit eine schwache Cor-
poralschaft zu verwenden haben, können die Franzosen über eine starke
Compagnie verfügen. Ein allgemeines Feuer war heute nicht, aber ein großer Mörser innerhalb der russischen Linien nach dem Meere zu, warf ungefähr jede halbe Minute eine gewaltige Bombe nach einem vorliegenden
Hügel, um die Arbeiten an einer neuen gegen das Quarantainefort gerichteten Approche zu stören. Eine weiße Rauchsäule fährt in die Luft empor
und breitet sich in concentrischen Ringen aus — dann folgt der schwere
dumpfe Knall gleich einem Schlage auf eine Riesentrommel, und dann das
schrille Sausen der Bombe wie sie ihre Todesbahn beschreibt, um mit furcht-
barer jeden Augenblick zunehmender Schnelligkeit hinabzuschießen, bis sie
mit einem eigenthümlichen Knalle zerplatzt, so wie sie auf den Boden fällt.
Wenigstens sollte dies der Fall sein; aber ich beobachtete heute jede einzelne

Bombe und nur zwei von dreien platzten zu rechter Zeit. Die russischen Zünder sind schlecht, aber ihre Artilleristen zielen und schießen gut, wenn sie ungestört sind.

Es ist ein etwas unangenehmer Gedanke, daß wenn man die Schußweite einer Kugel bespricht, und vielleicht eben ausruft: Prachtvoll geschossen! sie vielleicht Jammer und Schmerz in eine glückliche Familie getragen hat. Der Rauch verzieht sich — die Soldaten stehen auf — sie sammeln sich um Einen, der sich nicht regt oder der in Todesqualen zuckt; sie tragen ihn fort, einen bloßen schwarzen Punkt, und ein paar Schaufeln voll Koth bezeichnen einige Tage lang die Ruhestätte des armen Soldaten, der Weib oder Mutter, oder Kinder, oder Schwestern in Entbehrung ohne allen Trost, außer der Erinnerung und der Theilnahme des Vaterlands, zurückläßt. Einen solchen kleinen Punkt beobachtete ich heute und sah ihn still in der Erde im Laufgraben bestatten. Wer wird den Bewohnern der verödeten Hütte in der Picardie, in der Gascogne oder im Anjou ihren Verlust mittheilen? Aber da kommt wieder eine Bombe und sie wirft nur eine Wolke Schnee und Staub empor. Weiter links braucht man gar nicht hin zu sehen; dort ist nur das schwarze kalte Meer mit seinem unfreundlichen Wolkenhorizont, ein schwarzes Mastengewirr in Kamiesch und ein paar wachsame Dampfer, die wie zwei große Augen in den Hafen von Sebastopol hineinlugen und über die Flotte drin Wacht halten. Wir stiegen den Hügelabhang nach Upton's Haus hinab, wo jetzt ein starkes französisches Piquet unter zwei Officieren steht. Ein Wagenzug wartete mit seiner Ladung Munition; hier war der Erdboden mit ganz unglaublichen Massen von Kugeln, noch von der ersten Beschießung her, bestreut. Als wir uns der ersten französischen Tranchee unweit des Ortes näherten, wo ihre Batterien am 17. October zum Schweigen gebracht wurden, ist die Ebene mit Tausenden von Centnern dieser eisernen Todesboten bedeckt, und man kann an den regelmäßigen Reihen in denen sie liegen, die Richtung des Feuers jedes einzelnen Geschützes verfolgen. Die Russen schießen jetzt nie, selbst nicht auf starke Abtheilungen, wenn sie nicht in die nächsten Approchen kommen. Daher suchten wir uns einen neuen Standpunkt auf einer kleinen Anhöhe hinter den französischen Laufgräben aus, um eine gründliche Musterung derselben vorzunehmen. Von dieser Stelle aus erblickt man die Höhen über Inkerman, das nach dem Belbek sich hinziehende Plateau, die Nordseite, einen Theil der Militairstadt, den Engländern gegenüber, unsern eigenen linken Angriff und die Rückseite des Malakoffthurmes. Am meisten müssen dem Beschauer die ungeheuern Vorbereitungen auf der Nordseite auffallen, die sich von dem Meere hinter Fort Konstantin, weit nach rechts hinter Inkerman weg und nach dem Belbek ziehen. Die Gräben, Batterien, Erdwerke und Redouten um die Citadelle oder das Nordfort sind in einem wirklich staunenswerth großartigen Maßstabe angelegt und deuten auf die Absicht der Russen hin, sich nach jener Seite zurückzuziehen, wenn wir die Südseite besetzen. Generalmajor Jones soll erklärt haben, die Position sei nicht so stark, als er sie nach den ihm mitgetheilten Berichten zu finden erwartet habe, aber wenn dies wahr ist, so kann nur das geübte Auge eines erfahrenen Ingenieurs die Zeichen der Schwäche erkennen, denn fast so weit als das Auge reichen kann, ist die Erde von gewaltigen Brustwehren mit zahlreichen Schießscharten durchzogen. Die Höhen über dem Meere sind mit niedrigen Batterien gekrönt, deren Geschütze gerade noch über den Rand der Klippen hervorlugen. So gewaltig diese Werke sind, so verstärken die Russen dieselben dennoch immer noch. Heute waren nicht weniger als 3000 Mann in der Umgebung der Citadelle beschäftigt. Man konnte die Stabsofficiere umherreiten, und die Arbeiten der Mannschaften leiten oder in Gruppen zusammentreten und sich an den Lagerfeuern wärmen sehen. Gegen drei Uhr näherten sich drei starke Cavaleriemassen dem Fort, als ob sie von der Alma oder Katscha herkämen. Sie hielten dort einige Zeit und setzten dann ihren Marsch nach dem Lager über Inkerman fort. Aber in dieser Richtung sieht man den Feind geschäftig arbeiten, und ihre Lager mit den darin sich bewegenden Mannschaften sind deutlich zu erkennen. Die größte Energie jedoch zeigt sich hinter dem runden Thurme, und eine starke Abtheilung schanzte an neuen Batterien, zwischen ihm und der verfallenen Vorstadt auf dem beherrschenden Hügel, auf welcher der Malakoff steht. Unsere Truppen im linken Angriffe scheinen sich leidlich wohl zu befinden, und von ihren vortrefflichen Werken gut gedeckt zu sein; weiter vorwärts bezeichnen kleine bald wieder verschwindende Rauchwölkchen die Schützengruben beider Parteien, aus welchen das unaufhörliche Knallen der Miniegewehre und Lüttlicherbüchsen das Ohr trifft; aber die schweren Geschütze schwiegen Alle, und auf dem rechten Flügel wurde den ganzen Tag über kaum ein einziges abgefeuert. Da Einer der Officiere jetzt anfing seine Nase und seine Ohren mit Schnee zu reiben, und behauptete, sie wären erfroren, und wir Alle sehr von der Kälte litten, so machten wir unserer Recognoscirung ein Ende und kehrten nach dem Lager zurück. Der Wind blies sehr scharf und Nachts stand das Thermometer auf 16 Grad.

24. Februar.

Heute, kurz nach zwei Uhr früh, ward ich durch den Donner einer der fürchterlichsten Kanonaden geweckt, welche ich seit Beginn der Belagerung gehört habe. Die ganze Linie der russischen Batterien von unserm linken Flügel an, feuerte mit unbegreiflicher Kraft und Heftigkeit, und die Batterien von Inkerman begannen unsere rechte Flanke zu beschießen; aber die Franzosen waren diesem fürchterlichen Feuer, welches die Erde zittern machte und den Himmel anderthalb Stunden lang mit unaufhörlichen Blitzen erhellte, mehr ausgesetzt als wir. Unter dem Schutze dieser Kanonade unternahm der Feind einen sehr starken Ausfall, und eine halbe Stunde lang knatterte ein so lebhaftes und lautes Gewehrfeuer, als wäre eine Feldschlacht. Sowie mich der Lärm des Gefechts weckte, wickelte ich mich aus meinen

Decken und ging nach der Front zu, konnte aber nichts sehen, als eine unaufhörlich aufblitzende Feuerlinie vor den Tranchéen.   Da Niemand, selbst
nicht ein Officier, außer wenn er in wirklichem Dienste ist, zu den Werken
hinab oder über die innere Postenlinie hinausgehen darf, so kann ich zu
dieser Stunde (vier Uhr früh) weiter nichts mittheilen, als daß das Schießen jetzt aufgehört hat und ich mit dem Eindrucke, daß ein sehr ernsthaftes
Gefecht stattgefunden hat, in mein Quartier zurückgekehrt bin.

26. Februar.

Das vorgestrige Gefecht entstand durch einen Angriff der Franzosen
auf ein von den Russen vor dem Malakoff neu angelegtes Werk, der aber
fehl schlug.   Vorige Nacht standen die Zuaven die ganze Nacht unter den
Waffen, bereit das russische Werk abermals anzugreifen, aber der Versuch
unterblieb aus mir unbekannten Gründen.   Die ganze Nacht wurde eine
sehr lebhafte Kanonade unterhalten.   Die russischen Batterien schwiegen
kaum eine Minute lang und das Kleingewehrfeuer knatterte ununterbrochen
die ganze Linie entlang, aber hauptsächlich bei den Franzosen rechts und
links von uns. Die russischen Schützen drangen mit ungewöhnlicher Kühnheit und in großer Anzahl vor, und es entspannen sich zwischen ihnen und
den Schützen der Verbündeten einige sehr hartnäckige Gefechte, in welchen
Letztere im Ganzen ihre Ueberlegenheit behaupteten, obgleich die Russen unter dem Schutze ihrer gewaltigen Batterien vorgingen. Man sagt, die französischen Soldaten wurden ungeduldig und verlangten zum Sturme geführt
zu werden.   Jedenfalls könnten sie damit anfangen, die Russen aus ihren
neuangelegten Werken zu vertreiben.   Den Zuaven ist es hauptsächlich um
die Plünderung zu thun, und sie sind Leute, die sehr schwer zu behandeln
sind.   Gegen die Marine-Infanterie sind sie im höchsten Grade gereizt und
haben geschworen, sich an ihr bitter zu rächen, weil sie durch unzeitiges Zurückgehen am Morgen des 24. Februar an dem Fehlschlagen des Angriffs
schuld sein sollte.   Auf diese „sacrés matelots“ wird geschimpft, denn die
Zuaven haben sich in den Kopf gesetzt, daß die Marinetruppen nicht blos
geflohen wären, sondern auch auf die vor ihnen stehenden Zuaven geschossen
hätten. In dem Uebermaße ihres Zorns sind sie ebenso ungerecht gegen ihre
Cameraden, wie sie gegen uns allzufreigebig mit ihrem Lobe sind, und ich
habe mehr als einen dieser afrikanischen Krieger ausrufen hören: „Ach,
wenn wir ein paar Hundert von Euch Engländern gehabt hätten, so wäre
uns der Streich gelungen; aber diese Marinire — Bah!“ General Monet
hat die eine Hand ganz verloren und die andere ist sehr verstümmelt; aber
er ist nicht so gefährlich verwundet, als man anfangs glaubte.   Die
Zuaven sollen 9 todte und vermißte und 8 verwundete Officiere verloren haben.

26. Februar.

Die Russen werfen eine große viereckige Redoute an der Stelle auf, der sie sich mit solcher Entschlossenheit und solchem Scharfblicke bemächtigt haben. Der Leser wird sich erinnern, daß die Franzosen die Spitze der Bucht von Sebastopol bis Inkerman beherrschen. Das südöstliche Ufer dieser Einbuchtung ist sehr hoch und so steil, daß es für geschlossene Massen ganz unzugänglich ist. Zwischen der Anhöhe auf welcher sich der runde Thurm erhebt und dem von den Russen am 24. Februar besetzten Mamelon, läuft eine tiefe Schlucht nach dem Meere hin, deren Seiten senkrecht wie eine Mauer sich an die hohen Klippen anschließen, und jeden Versuch sie unter dem Feuer des Feindes zu überschreiten, unmöglich machen. Es ist daher klar, daß die Russen darauf gefaßt sind, entweder diesen Punkt zu halten, oder sich der Gefahr auszusetzen im Meere hinter ihrem Rücken unterzugehen. Sie können kaum hoffen durch die Franzosen bei Inkerman durchzubrechen, oder vom feindlichen Feuer beschossen, die andere Seite der Schlucht zu erreichen. Ich sah sie gestern arbeiten, als ob es das Leben gelte, und gewaltige Brustwehren aufwerfen, während zahlreiche Trupps Schanzkörbe und Faschinen die Klippen heraufbrachten.

28. Februar.

Gestern war für eine Stunde Waffenstillstand, nach dem Tagesbefehle Lord Raglans auf den Wunsch des Generals Osten-Sacken, damit die Russen ihre Todten begraben könnten. Während des Morgens wurde nicht viel gefeuert. Punkt zwölf Uhr stiegen an den Signalstäben der Batterien auf beiden Seiten weiße Flaggen in die Höhe, und unmittelbar darauf verließ eine Abtheilung Russen ihr neues Werk vor dem Malakoff, den Gegenstand des französischen Angriffs vom 24., und verbreitete sich über die Ebene, um ihre Todten zu suchen. Die Franzosen kamen in gleicher Absicht von Inkerman herunter. Einige wenige russische Officiere gingen auf unsere Linien zu und wurden auf halbem Wege von den Officieren der Verbündeten begrüßt, und die Zusammenkunft zeichnete sich durch die ausnehmendste Höflichkeit und die tiefsten Verbeugungen aus. Die Officiere gingen auf und ab und salutirten höflich, so oft sie einem Feinde begegneten. Weshalb man eigentlich Waffenstillstand geschlossen, ist schwer zu sagen, denn weder Franzosen noch Russen schienen unbegrabene Leichen finden zu können. Kurz vor ein Uhr zogen sich die Russen wieder in ihre Erdwerke zurück. Schlag ein Uhr wurden die weißen Flaggen gestrichen, und kaum war die letzte flatternde Spitze hinter der Brustwehr verschwunden, so verkündete auch schon der Blitz und der Donner einer Kanone aus dem Malakoff, daß der Krieg von Neuem begonnen hatte. Fast gleichzeitig feuerten auch die Franzosen ein schweres Geschütz in ihren Batterien ab. Eine Minute später ertönte das Piff-Paff der Büchsen von beiden Seiten so lebhaft als je. Die Kosaßen um Balaklawa sind heute besonders rührig und da ich nichts Besseres zu thun habe, so habe ich ihnen eine ganze Stunde lang von dem Artillerielager bei Kadikoi aus durch mein Fernrohr zugesehen. Sie hatten ein Piquet von 10 Reitern in Kamara, welches die Vedetten auf Canroberts Hügel lieferte, und auf dem Abhange hinter der Redoute Nr. 2 befand sich eine ähnliche Abtheilung, aber nur von 8 Mann. Als Schildwachen sah man einige Husaren in sehr hübscher dunkelblauer oder grüner Uniform mit weißen Schnüren und weißem Lederzeuge stehen. Die Pferde schienen den Soldaten wie Hunde auf jedem Schritte überall hin zu folgen. Die Mannschaften trugen alle lange weite graue Röcke und runde Pelzmützen. An Lebensmitteln kann es ihnen nicht fehlen, denn auf den Feldern hinter ihnen, nach der Meierei Mackenzie zu, bemerkte man ziemlich viel Rindvieh.

Von der Spitze von Canroberts Hügel kann ihre Vedette Alles sehen, was auf der Ebene von der Einfahrt bei Balaklawa bis zu den Höhenkämmen, an welche sich der französische rechte Flügel lehnt, vorgeht. Kein Pferd, kein Wagen, kein Mensch kann in die Stadt gehen oder sie verlassen, ohne daß dieser Posten sie sieht, denn der Hügel beherrscht das ganze Plateau. Die Arbeiten an der Eisenbahn müssen diesem Kosaken sehr viel Kopfzerbrechens verursachen. Was kann und mag er wohl darüber denken? Allmälig sieht er Dörfer von weißen Hütten sich an Hügelabhängen und in Thalwinkeln erheben, und von dem Lager der Reiterei bis auf die Höhen von Balaklawa kann er jetzt Reihe nach Reihe schmucker, regelmäßig gebauter hölzerner Häuser, jedes mit einem rauchenden Kamine sehen und das Gewühl und den Lärm des Lagermarktes beobachten. Das mag ihn schon Alles sehr in Verlegenheit setzen, ist aber nicht mit der Aufregung zu vergleichen, mit welcher er eine lange Reihe schwarzer Karren um den Hügel bei Kadikoi herum und auf der schiefen Ebene mit einer Schnelligkeit von fünf Meilen die Stunde nach der Stadt hinabschießen sieht. Ein Trupp Kosaken kam auf die Spitze des Hügels gesprengt um ein Phänomen dieser Art anzustaunen, und sie tummelten ihre Pferde und schüttelten ihre Lanzen in großer Aufregung als es wieder verschwunden war.

Außer den alten von Liprandi dicht an der Woronzoffstraße aufgeworfenen Verschanzungen haben die Russen jetzt hinter denselben und nördlich davon ein sehr großes sechseckiges Werk errichtet, welches eine bedeutende Anzahl von Truppen fassen und in eine Art verschanztes Lager verwandelt werden kann. Man konnte heute die Tracirung dieser Werke sehr genau verfolgen, da der Schnee in dem Graben noch liegen geblieben, der auf der Oberfläche rings um die Werke aber schon geschmolzen war, so daß sich alle Linien scharf abzeichneten. Infanterie war jedoch nicht zu erblicken, und ebensowenig fand eine Truppenbewegung auf der andern Seite des Tschernajathales statt. Gestern Nacht fingen die Russen wirklich an, eine Approche gegen unsere Linien von ihrem neuen Werke am Malakoffthurm aus zu bauen. Und wir heißen die Belagerer! Die Franzosen scheinen jeden Gedanken aufgegeben zu haben dieses Werk dem Feinde zu entreißen, obgleich neulich Nachts zu diesem Zwecke 20,000 Mann ins Gewehr traten. Durch diesen Erfolg kühn gemacht, machen die Russen allem Anscheine nach Anstalten noch ein anderes Werk rechts von den neuen Tranchéen anzulegen, als beabsichtigten sie die Franzosen bei Inkerman zu belagern und ihren rechten Angriff anzugreifen.

Balaklawa den 2. März.

Die Stille und Ruhe der letzten paar Tage sind blos Vorboten des Kampfes um den Besitz von Sebastopol, der sehr bald erneuert werden soll. Die Russen sind still, weil die Verbündeten sie nicht bei ihren Arbeiten an ihren Werken stören; die Verbündeten sind es gleichfalls, weil sie sich auf den Angriff vorbereiten und alle ihre Kräfte aufbieten, um die ungeheuren Berge von Wurfgeschossen und Munition, welche die Bedienung der neuen Batterien fordern wird, von Kamiesch und Balaklawa heranzuschaffen, und ihre offensiven und defensiven Linien und Tranchéen zu erweitern, zu vervollständigen und zu verstärken.

Neulich hatte ich einen sehr augenfälligen Beweis von der Energie mit welcher der Bau der Eisenbahn betrieben wird. Ich hatte mein Quartier in Balaklawa verlassen, wie ich es allwöchentlich zu thun pflege, um einige Tage in den Lagern der verschiedenen Divisionen und Regimenter vor Sebastopol zuzubringen und hatte in seinem gewöhnlichen liebenswürdigen Zustande von ihm Abschied genommen. Einen Hof von unaussprechlicher Greuel, dem Lieblingsaufenthalte tatarischer Kameeltreiber, wenn sie einige Augenblicke für die Jagd auf Ungeziefer frei hatten und betrunkener Matrosen, die in würdevoller Zurückgezogenheit sich von der Beobachtung der Myrmidonen des Generalprofoßes fern zu halten wünschen, umgab eine Mauer, welche noch einen halbverfallnen Schuppen für einige Pferde und ein paar alte Pappelbäume umschloß. Ich verließ es an dem einem Posttage und kehrte an dem nächsten zurück, und es wurde mir schwer die Stelle wieder zu erkennen. Quer über meinen Hof ging die Eisenbahn, die Mauer war weggerissen, eine weite Kluft trennte das Wohnhaus von den Nebengebäuden, und gerade als meine Freunde und ich in den Salon und das Schlafzimmer traten — ein patriarchalisches Zimmer durch dessen Fußboden ich das Treiben meiner Vierfüßler unter mir beobachten kann — erschreckten mich die Eisenbahnarbeiter durch einen Bewillkommnungsgruß, indem sie eine eben umgehauene Pappel grade auf mein Dach fallen ließen, so daß sie einen Theil des Balcons mit sich fortriß und zwei Fenster einschlug.

Ich weiß nicht aus welchem Grunde, aber unleugbar ist es, daß die meisten mit der Armeeverwaltung betrauten Stellen neuerdings eine ungewöhnliche Energie an den Tag legen. Schon beginnt das Wörtchen „Muß" gehört zu werden. Ob das eine Folge des Drängens der Franzosen, der Instructionen aus der Heimat, oder der dringenden Nothwendigkeit der Lage

ist, bin ich außer Stande zu errathen. Aber gewiß ist, daß jetzt den Officieren gesagt wird, daß in so und so viel Tagen die Batterien mit so und
so viel Geschützen armirt sein müssen und daß dieses oder jenes Werk an
einem bestimmten Tage vollendet sein muß. Ein Chef des Generalstabs
ist ernannt und General Simpson wird zur Uebernahme dieses wichtigen
Postens jeden Tag erwartet. Auf den Höhen von Balaklawa wird ein Sanatorium eingerichtet, die Hospitäler sind in Ordnung und gegenwärtig
(früher nicht) inspicirt ein General täglich die Laufgräben um zu sehen ob
die Mannschaften ihre Pflicht thun.

Das Wetter war in den letzten Tagen von der seltsamsten Art. Noch
vor drei Tagen machte Einem der bloße Anblick eines Ueberrocks oder warmer Handschuhe schwitzen, den Tag darauf war es so kalt, daß selbst unsere
großen Vorräthe warmer Kleidungsstücke nicht überflüssig waren; aus Mitte
Sommer wird man hier plötzlich, in Zeit einer halben Stunde, mitten in
den Winter versetzt. Aber wir sind wenigstens mit Regen verschont geblieben,
und bloße Kälte ist sehr erträglich und segar gesund, wenn es nur nicht
naß ist. Der Gedanke an einen Sommer im Chersones kann den Kühnsten zittern machen, denn die Sonnenwärme wird aus den unter der Erd-
oberfläche verscharrten animalischen Stoffen so sicher Fieber und Pest entwickeln, als sie im Herbste die Aehre reift oder die Frucht zeitigt. Wir haben
erst ein paar warme Tage gehabt und dennoch sprossen aus der Erde, wo
nur ein Blümchen Platz findet, Schneeglöckchen, Crocus und Hyacinthen
in Unzahl hervor. Der Chersones ist mit Zwiebelgewächsen, zum Theil
von großer Schönheit, bedeckt, und von Buschwerk giebt es mehrere seltene Arten. Die Finken und Lerchen sammeln sich in großen Heerden, Goldammern, Zaunkönige mit goldenem Federbusche, Hänf-
linge, Meisen, Grasmücken und eine sehr hübsche Bachstelze sind sehr
gemein im ganzen Chersones, und es macht einen seltsamen Eindruck, sie
in den Pausen zwischen dem Kanonendonner in den Büschen pfeifen und
zwitschern zu hören — ein Seitenstück zu den Frühlingsblumen, die sich
durch die Zwischenräume in den Kugelpyramiden drängen und unter Bomben und Geschützrohren hervorlugen. Das Innere unserer Hütten verwandelt sich auch in Gärten, und Reben sprossen unter den Fensterbretern aus
den Erdwänden und dem Fußboden hervor. Taucher, Seeraben und Kor-
merane nisten immer noch in der Hafenspitze, wo auch noch einige seltene
Wasservögel, einer der Anas sponsa Linné's, der andere der gehäubten
Pfeifente ähnlich, heimisch sind. Die Adler, Geier, Mäusefalken und Raben
kreisen manchmal zu Hunderten zwei oder drei Tage lang über dem Plateau
und verschwinden dann plötzlich, Alle auf einmal, um dann wieder zur
selben Zeit zurückzukehren, um von dem Lagerabfalle zu atzen. Wahrscheinlich
theilen sie ihre Dienste zwischen den Verbündeten und den Russen. In der
Tschernaja nisten viel wilde Enten, und mehrere der Officiere haben kleine
Entenfänge angelegt, welche sie, trotz der Russen, des Nachts besuchen. Es

ist eine sehr aufregende Jagd, denn die russischen Batterien über Inkerman begrüßen den Jäger, wenn ihn die Posten bemerken, ganz gewiß mit einer Vollkugel oder einer Bombe; aber selbst das hält die Nimrods nicht ab. Bei Tage ergreifen sie das Auskunftsmittel ein paar französische Soldaten mit hinunter zu nehmen, die aus reiner Liebhaberei und mit dem größten Vergnügen sich mit den Kosaken in der Front herumschießen, während ihre Patronen auf wilde Enten pürschen. Auf den Steppen um das St. Georg Kloster findet man große und kleine Trappen, und das Aussehen der Klippen hat ein paar Officiere, die mit Australien bekannt waren, zu vergeblichen Nachforschungen nach Gold veranlaßt.

Balaklawa 5. März.

Ein sehr schöner, warmer, heller Tag, am frühesten Morgen durch ein Scharmützel zwischen den Franzosen und Russen bezeichnet, in dem ohne großen Erfolg sehr viel Pulver verpufft wurde. Die Russen arbeiten an ihren Batterien wie die Bienen, ohne daß wir sie stören. Sie werfen eine neue Redoute der Victoriaredoute gegenüber auf. Um unsere rechte Flanke zu verstärken, welche der Feind mit jedem Tage offener bedroht, ging die ganze neunte Division der französischen Armee heute dorthin ab. Nachdem schon vor einigen Tagen zu großer Freude unserer Sportsmen die Hetzjagd auf wilde Hunde begonnen hat, hatten wir heute unser erstes zahlreich besuchtes Wettrennen. Der dazu ausgewählte Platz besteht aus einem Stück Feld auf den Höhen bei Karanwi, und die Kosakenposten in Kamara und auf Canroberts Hügel konnten uns zusehen. Sie glaubten anfangs offenbar, daß die Versammlung von so vielen Menschen zum Zwecke einer militairischen Demonstration stattfände und galoppirten in großer Aufregung hin und her, aber es ist zu hoffen, daß sie vor der Beendigung des Rennens einen richtigern Begriff von der eigentlichen Bedeutung der Versammlung erhalten haben. Als das Rennen im besten Gange war, sah man ein russisches Detachement von 12 Mann auf die Vedette in der alten Redoute Nr. 4 unten im Thale zukommen. Der Dragoner schoß seinen Karabiner ab und zehn von den Russen machten Kehrt und flohen, die beiden andern gaben sich aber dem bald darauf eintreffenden Piquet als Deserteure zu erkennen. Einer derselben war ein Officier; der andere war Officier gewesen, aber wegen politischer Vergehen degradirt worden. Beide waren Polen und der ehemalige Officier sprach fließend und gut französisch und deutsch. Sie waren über das Gelingen ihrer Flucht sehr erfreut und Letzterer sagte: Schicken Sie mich, wohin Sie wollen, nur daß ich Rußland nicht wieder sehe. Ihren Aussagen nach, hatten sie ihren Leuten vorgespiegelt, daß die Vedette vor ihnen einer ihrer eigenen Vorposten sei, was die Andern um so eher glaubten, als sie zu einem eben erst angekommenen Regimente gehörten; erst als der Dragoner schoß, erkannten sie ihren Irrthum und flohen. Da die Polen gut beritten waren, jagten sie auf unsere Linien

zu; die Kosaken kamen herunter galoppirt, um sie womöglich noch abzuschneiden, was ihnen jedoch nicht gelang. Zu Sir Colin Campbell geführt,
baten die Deserteure, man möchte ihre Pferde den Russen zurückschicken, da
ihnen dieselben nicht gehörten und sie nicht des Diebstahls bezichtigt zu
werden wünschten. Sir Colin gewährte die Bitte, und die Pferde wurden
auf den Höhenkamm gebracht und dort freigelassen, wo sie sofort zu den
Kosaken hinübertrabten. Nach dieser kleinen Episode nahm das Wettrennen
seinen Fortgang, und nach seinem Schlusse löste sich die Gesellschaft in kleine
Parteien Hundejäger auf. Nach der Angabe der Deserteurs ist ein Corps
von ungefähr 8000 Mann zu der Armee zwischen Baidar und Simferopol
gestoßen.

6. März.

Der elektrische Telegraph zwischen dem Hauptquartier und Kadikoi ist
jetzt fertig, und die Linie wird sehr bald bis Balaklawa fortgesetzt werden.
Merkwürdigerweise ziehen die Franzosen immer noch den altmodischen op-
tischen Telegraphen vor und haben eine solche Linie schon vor einiger Zeit
zwischen den Lagern und den Hafenstationen errichtet. Das Lager der Verbündeten wird durch diese Mittel, mit allen seinen Theilen aufs Schnellste zu
correspondiren, gewissermaßen concentrirt.

Die Nachricht von dem Tode des Kaisers Nikolaus hat hier unermeß-
liches Aufsehen gemacht, und zu den lebhaftesten Debatten über die wahr-
scheinliche Wirkung eines solchen Ereignisses auf den gegenwärtigen Krieg
Anlaß gegeben. Der Feind unterhielt heute den ganzen Tag ein sehr lebhaftes Feuer, als wollte er zeigen, daß ihn die Nachricht nicht entmuthigt hätte.

Balaklawa 10. März.

Das Wetter ist immer noch so mild und schön, daß es kaum edel
wäre von den paar Nebeln zu sprechen, die dann und wann wie Schatten
über uns gekommen und gegangen sind. Unsere Belagerungsarbeiten sind
eine Art Penelopegewebe. Sie sind immer fast fertig und scheinen nie,
oder wenigstens nur sehr langsam, wirklich fertig zu werden. Die Sache geht
auf folgende Weise vor sich: Unsere Ingenieure sehen, daß ein bestimmter
Zweck durch die Errichtung eines Werkes oder einer Batterie auf einem gewissen Punkte zu erreichen ist. Die Pläne werden gemacht, die Schanzarbeiter hinunter geschickt und nach Verlust einiger Menschenleben ist das
Werk fertig; aber unterdessen haben die Russen ebenfalls ein Werk aufgeworfen, aus dem sie unseren Geschützen mit einem directen Feuer begegnen
oder sie gar enfiliren. Dann muß etwas geschehen, um den Feind aus seiner
vortheilhaften Stellung zu vertreiben; es werden neue Pläne entworfen und
neue Laufgräben angelegt und Brustwehren errichtet. Aber es geht genau
wie das erste Mal und könnte in alle Ewigkeit so fortgehen, wenn nur der

Raum ausreichte. Die Umgebung von Sebastopol sieht aus wie ein ungeheurer Kirchhof, mit frischaufgeworfenen Haufen dunkler Erde in allen Richtungen bedeckt. Jede Woche hört man im Lager: „Die Russen haben eine neue Batterie über Inkerman errichtet;" „ja, die Franzosen werfen eine neue Batterie vor der Redoute auf;" und so geht es einen Tag nach dem andern fort, bis alles Vertrauen in die Macht der Artillerie und der Batterien schwindet und die zuversichtlichen Versicherungen, daß „unser Feuer ganz gewiß gegen Ende nächster Woche eröffnet werden wird," mit ungläubigem Lächeln aufgenommen werden. Wir übertreiben das „ganz gewiß zum allerletzten Male."

Der gestrige Tag war allgemein als der Zeitpunkt genannt, wo alle unsere Batterien armirt sein sollten, aber die Artillerie war den ganzen Tag beschäftigt, große Schiffsmörser nach der Front zu schaffen, und heute soll die Arbeit fortgesetzt werden, so daß ich vor der Hand nicht einsehe, wie vor Ablauf mehrerer Tage unsere Batterien ihr Feuer eröffnen sollten, selbst wenn die Franzosen ganz fertig wären. Ueberhaupt ist alles Speculiren über unsere zukünftigen Operationen gefährlich und wird wahrscheinlich durch die Ereignisse widerlegt werden.

Alle Materialien zur Betreibung der Belagerung — schwere Geschütze, Laffetten, Bettungen, Pulver, Kugeln, Bomben, Schanzkörbe, Faschinen, Sturmleitern — sind hier im Ueberflusse vorhanden. Die Artilleristen sind vortrefflich geschult, trotz der starken Beimischung von Rekruten. Unsere Ingenieure, wenn auch nicht so zahlreich als wünschenswerth wäre, sind thätig und energisch, und unsere Armee muß jetzt, Dank sei es den vielen aus den Hospitälern als genesen Entlassenen und den kürzlich angekommenen Ersatzmannschaften, fast 20,000 Bayonnete zählen. Die leichte Division war vor einiger Zeit nur 2000 Mann stark; jetzt hat sie eine Effectivstärke von 3000 Mann, besteht aber aus 10 anstatt 6 Regimentern wie früher. Mit Ausnahme der Garden hat fast jede Brigade der Armee mehr Mannschaften unter dem Gewehre, als sie vor einem Monate aufweisen konnte.

15. März.

Vorige Nacht hatten unsere Verbündeten ein Gefecht mit den Russen, welches nicht so glücklich für Erstere ausfiel, als zu wünschen gewesen wäre. Russische Schützen hatten sich vor der französischen Batterie und den Linien vor und rechts von unserer 2. Division eingenistet, und unterhielten von dort ein sehr belästigendes Feuer. Eine halbe Brigade der Franzosen ging vergangene Nacht zum Angriffe vor und jagte die Russen aus den Gruben. Darauf eröffneten sämmtliche Batterien mit einem furchtbaren Donner ihr Feuer und eine halbe Stunde lang dröhnte eine fürchterliche Kanonade durch die Finsterniß. Als sie am lebhaftesten war, rückte eine starke Abtheilung Russen mit großem Ungestüm gegen die Franzosen vor und zwang sie sich zurückzuziehen. Die Franzosen erhielten Unterstützung und drängten die Russen abermals zurück, aber von der Stadt aus verstärkt, gelang es den Feinden doch noch unter dem Feuer ihrer Geschütze und nicht ohne schwere Verluste die Gruben in Besitz zu nehmen. Die Franzosen verloren an Todten und Verwundeten ungefähr 65 Mann.

Im Lager bei Kadikoi, 16. März.

Endlich sind wir mit allen Annehmlichkeiten eines herrlichen Frühlings gesegnet. Unter dem Tritte Bewaffneter und den Hufen des Schlachtrosses hervor kämpft die Vegetation um ihr Dasein, und einzelne Flecke Grün unterbrechen die einförmig braune Ebene, auf welcher die Lager der Verbündeten so lange Winterrast gehalten haben. Die wenigen Obstbäume, die noch bei Balaklawa übrig gelassen sind, stehen in Blüthe. Die Baumstümpfe auf den Hügelabhängen treiben grüne Schößlinge, in denen der schwellende Saft kreist; die Sonne scheint hell und warm von dem blauen Himmel herab, der mit rasch vor dem vom Gebirge herunterwehenden Winde fliehenden Wolken gestreift ist. Natürlich sind die wohlthätigen Folgen dieses andauernd schönen Wetters auf die Gesundheit und die Stimmung der Armee sehr bedeutend und werden mit jedem Tage augenfälliger. Wieder hört man in den Zelten singen, bald einzeln und bald im Chor, und auch musikalische Instrumente machen sich von Neuem vernehmlich. Alle früher bemerkten Anzeichen von Verbesserung und Aenderung im Lager und der Armee sind jetzt zur Entwickelung gekommen. Die Eisenbahn streckt ihre eisernen Fühlhörner den Hügelabhang hinauf nach dem Lager vor. Die Drahtseile, welche die Züge hinaufziehen und die Rollen, über welche dieselben gehen, sind zum Theil gelegt. Alltäglich sieht man an vielen einzelnen Stellen Rauchsäulen emporsteigen, den Ort bezeichnend, wo das Feuer Haufen von Unrath und verfaulte thierische und vegetabilische Stoffe als Opfer auf dem Altare der Gesundheit verzehrt. Das Sanatorium wirkt auf die befriedigendste Weise und hat die besten Resultate gehabt. Wasserrinnen werden eingedämmt und kleine Bäche in Reservoirs gesammelt, um Vorsorge für die zu erwartende Trockenheit zu treffen. Lebensmittel sind reichlich vorhanden. Grünes Gemüse für die Kranken und frisches Fleisch, mehrere Male wöchentlich, haben den Verwüstungen des Scorbuts ein Ende gemacht. Bis heute sind ungefähr siebenhundert Hütten in das Lager hinauf gebracht und aufgebaut. Die Armee, durch die beständige Inspicirung Lord Raglans und der Vorsteher der großen militairischen Departements neu belebt, ist an Zahl fast wieder auf demselben Fuße wie vor sechs Monaten. Das alte Balaklawa ist fast ganz in regelmäßige Reihen von Hütten aufgelöst. Unter der Aufsicht der Behörden sind in der Stadt Bäckereien im Gange und bald werden die Truppen gesundes Brot erhalten. Das dumpfe Schweigen matter Verzweiflung ist mit dem Schnee und dem Regen des schrecklichen Winters verschwunden. Das gesegnete Geräusch der Arbeit

— doppelt gesegnet, wenn es nicht Krieg und Blutvergießen verkündete — schallt durch das Lager von dem mit Menschengewühl bedeckten Strand, bis zu den geschäftigen Batterielinien in der Fronte. Man darf jedoch nicht vergessen, daß der Feind von der Verbesserung des Wetters gleichen Vortheil hat. Thal und Ebene sind jetzt so fest, wie die schönste Straße und das ganze Land steht dem Marsche von Artillerie, Reiterei, Infanterie und Commissariatswagen offen. Jeden Tag werden die russischen Lager auf der Nordseite von Sebastopol größer. Täglich erblicken wir neue Wachtfeuer. Wir hören, daß eine gewaltige Armee sich um Eupatoria sammelt und gewiß ist, daß die Strecke zwischen dieser Stadt und Sebastopol beständig von starken Abtheilungen Reiterei und Fußvolk durchzogen wird, die man manchmal von dem Meere aus sieht. Die eigentlichen Belagerungsarbeiten machen keine solchen Fortschritte, daß sie Voraussagungen für die Zukunft rechtfertigten. Allerdings gewinnen die Linien, die Batterien und ihre Armirungen an Ausdehnung, aber dasselbe findet auf der andern Seite ebenfalls statt und die Verbündeten haben keinen verhältnißmäßigen Vortheil, der sich veröffentlichen ließe, davon getragen. Die Meinung, welche schon längst Viele gehegt haben, daß Sebastopol, in Folge der Lage der nördlichen Forts, der Flotte und der Stellung der draußen lagernden Armee, jetzt nicht mit Sturm genommen werden könnte, gewinnt Anhänger.

Allgemein hört man behaupten, daß erst die Armee im freien Felde angegriffen und zerstreut, oder der Platz vollständig eingeschlossen werden müßte, bevor wir hoffen können, Stadt und Citadelle einzunehmen. Aber neben dieser Ueberzeugung herrscht die noch viel stärkere vor, daß, wenn unsere Armee den 25. September den Platz angegriffen hätte, er fast ohne Widerstand in unsere Hände gefallen wäre. Ein russischer Officier, der vor einiger Zeit in Gefangenschaft gerieth und den Zustand der Stadt ganz genau kannte, äußerte noch vor Kurzem, daß es ihm rein unmöglich sei, sich die Verblendung zu erklären, mit der wir den Russen erlaubten, Werke aufzuwerfen, und sich wieder von ihrer Entmuthigung zu erholen, während wir, ohne Widerstand zu finden, in den Platz hätten einziehen können, wenn er nicht voraussetzte, daß der Allmächtige seine Hand darin und die Augen unserer Generale geblendet und ihr Urtheil verwirrt habe. „Und jetzt,“ sagte er, „hat er Sebastopol gerettet und wir wollen es mit seiner Hilfe unverletzt erhalten.“ Aber es ist besser, wir schweigen über Das, was einmal geschehen ist — darüber zu urtheilen ist Sache der Geschichte und der Nachwelt. Wir haben für die Gegenwart gerade genug zu thun.

Mehrere Schiffsmörser mit einer Schußweite von viertausend Schritt sind nach der Front gebracht worden und die neuen Batterien werden mit den schwersten Kalibern armirt sein, die bis jetzt noch im Kriege Anwendung gefunden haben. Es wäre jedoch ein Irrthum, wenn man glauben wollte, daß die Batterien näher gegen die feindlichen Werke vorgerückt

wären. Thatsächlich haben wir blos detachirte Werke sechshundert, achthundert und tausend Schritte von den russischen Geschützen aufgeworfen
und unsere zweite Parallele ist ebenfalls in eine Batterie verwandelt, aber
die eigentlichen Angriffslinien sind noch ganz dieselben, wie am 17. October
1854, wo wir zuerst unser Feuer eröffneten, außer daß sie sehr verbessert
und verstärkt und viel schwerer armirt sind.

18. März.

Es hat ein neuer Kampf um die Schützengruben stattgefunden, der
nicht nach unsern Wünschen ausgefallen ist. Da es den Russen gelungen
ist, sich vor unserer rechten Flanke festzusetzen, haben sie ihre Schützen vorgeschoben, die ein höchst lästiges Feuer gegen die ihnen ausgesetzten Theile
unserer Werke unterhalten. Wenn man einen Plan von der Umgebung
von Sebastopol betrachtet, so wird man, von unserer Seite aus gesehen,
rechts von dem Malakoffthurm, aber eine ziemliche Strecke weiter vorwärts,
einen ansehnlichen Hügel bemerken. Dieser Hügel heißt jetzt der Mamelon,
und die Russen besetzen ihn jede Nacht und werfen eine große Redoute auf
demselben auf, die uns sehr nachtheilig werden kann. Die linke Fronte
dieses Werkes decken mehrere Schützengruben. Rechts von diesem Mamelon
(von uns aus gesehen) und abermals etwas weiter vor liegt die viereckige
Redoute, von den Russen auf der Anhöhe errichtet, welcher sie sich durch die
früher erwähnte kühne Bewegung bemächtigten. Da der Besitz der Schützengruben in der Nähe dieser Werke von großer Wichtigkeit ist und die Verbündeten in ihren Bemühungen, das Feuer der für die neuen Batterien des
Feindes bestimmten Geschütze, zum Schweigen zu bringen, sehr unterstützen
könnte, so machten die Franzosen, deren äußerster rechter unseren rechten
Flügel überragenden Fronte diese Gruben gegenüber liegen, vorgestern
Nacht einen Versuch, die Russen daraus zu vertreiben, der aber fehlschlug.
Diese Nacht wiederholten sie den Angriff, ohne bessern Erfolg zu haben.
Das Feuer unserer Batterien vertrieb die Russen meistens während des
Tages, aber des Nachts kehrten sie zurück und besetzten sie wieder, unter-
stützt von starken Massen Infanterie. In diesen Gefechten muß der Feind
sehr viel Todte und Verwundete verloren haben.

Diese Schützengruben, welche beiden Armeen soviel Munition kosten
und von unsern Verbündeten so beträchtliche Opfer gefordert haben, liegen
vor der Fronte und rechts und links vom Malakoffthurme ungefähr sechshundert Schritte von unsern Werken. Es sind einfache Eingrabungen rings
umher mit Sandsäcken versetzt, deren äußere Seite durch die aus den Gruben ausgeworfene Erde verstärkt ist, und durch welche Schießlöcher für
Büchsen gebrochen sind. In jeder dieser Gruben befinden sich 10 Mann.
Eigentlich sind es kleine Forts oder Redouten zum Offensivverfahren gegen
die Belagerer, mit Büchsen anstatt mit Kanonen armirt. Die Uebung hat
die darin Eingenisteten geschickt gemacht und möglicherweise sind es aus-

erlesene Schützen, denn ihr Feuer ist ausnehmend gut und so wie sich
Jemand einen Augenblick über der Brustwehr der Werke vor diesen Gruben
sehen läßt, sauft ein kleiner Schwarm bleierner Hornissen um seine Ohren.
Anfangs befanden sich blos zwei solcher Gruben an der Stelle, von der ich
spreche. Als der Feind sie zum ersten Male wieder in Besitz genommen
hatte, legte er zwei mehr an und jetzt sind ihrer sechs geworden, die von
ungefähr 60 Schützen besetzt sind. Nachdem die Franzosen gestern Morgen
sich wieder zurückziehen mußten, besetzten die Russen die Gruben von Neuem
und unterhielten ein unausgesetztes Feuer auf jeden Gegenstand, der sich in
den Werken des französischen rechten Flügels zu regen schien. Sie hatten
sich sehr gut gedeckt und waren außerdem von der Beschaffenheit des Terrains
so beschützt, daß weder unsere noch die französischen Scharfschützen etwas
gegen sie ausrichten konnten. Man beschloß, es mit einigen Kugeln aus
dem schweren Geschütze einer der englischen Batterien zu versuchen. Die
erste machte einen Theil der Erdaufschüttung vor einer der Gruben zusam-
menstürzen, die zweite fuhr in die Sandsäcke mitten durch die Brustwehr
und auf der andern Seite heraus, und die Schützen, anstatt sich hinter der
sichern Deckung ihrer Gruben still zu verhalten, sprangen hervor und liefen
über den freien Raum nach ihren Werken zu. Die französischen Scharfschützen, die bereit standen, um diesen Augenblick zu benutzen, schossen sofort auf die Flüchtlinge, trafen aber keinen einzigen. Alle Schützen verließen die Gruben und sie blieben den ganzen Tag über unbesetzt, da sich
die Verbündeten denselben unter dem Feuer der feindlichen Geschütze vor
Dunkelwerden nicht nähern konnten. So ruhig sich der Feind jetzt verhielt,
hätte er doch wahrscheinlich ein heftiges Kartätschenfeuer eröffnet, so wie
wir versucht hätten, die Gruben in Besitz zu nehmen. Da General
Bosquet die Wegnahme dieser Gruben als einen Ehrenpunkt betrachtete, so
stellte sich vor Dunkelwerden gestern Abend eine starke Abtheilung von ungefähr 5000 Mann am Fuße der Hügel vor unserer Position ganz nahe
bei der zweiten und leichten Division auf und marschirte kurz darauf nach
den von den Franzosen besetzten vordersten Laufgräben auf unserer Rechten.
Halb sieben Uhr erhielten ihre Tirailleurs und Schützen Befehl, sich der
Gruben zu bemächtigen. Die Zuaven gingen mit ihrem gewöhnlichen Ungestüm und Unerschrockenheit vor, fanden aber, daß die Russen ihnen zuvor
gekommen waren, und daß der Feind bereits im Besitz der Gruben
war. Es entspann sich sogleich ein hitziges Gefecht, aber es war klar,
daß die Russen die Uebermacht hatten. Die Franzosen konnten sie trotz
wiederholter Versuche nicht aus ihrer Stellung vertreiben. Wie man
sagt, veranlaßte ein Misverständniß die in den Tranchéen aufgestellten
Mannschaften zwei Kleingewehrsalven zu geben, ehe ihre Cameraden die
Gruben erreicht hatten; auch soll der Feind sogleich den mit den Franzosen
im Gefecht befindlichen Truppen beträchtliche Massen zur Unterstützung geschickt haben, sodaß unsere Verbündeten zuletzt gezwungen waren, sich vor

dem überlegenen Feuer zurückzuziehen.   Der Kampf wurde nur mit dem kleinen Gewehr geführt, und der Schall der Salven, die vier und eine halbe Stunde lang unausgesetzt ertönten, erweckte das ganze Lager.   Nach dem fast ununterbrochenen Geknatter und den überall aufblitzenden Feuerlinien in der Fronte hätte man glauben können, es fände eine Feldschlacht zwischen zwei starken Armeen statt, und der Charakter des Gefechts erhielt durch die Abwesenheit des Donners vom schweren Geschütze etwas Ungewöhnliches.   Gegen halb acht Uhr ließ Sir John Campbell die 4. Division ins Gewehr treten und auf dem Hügel fast vor der Fronte ihrer Zelte aufmarschiren und Sir George Brown nahm gleichzeitig mit der leichten Division einige hundert Schritte vor ihrem Lager Stellung.   Diese Divisionen blieben fast vier Stunden unter dem Gewehre stehen und traten erst ab, als die Franzosen alle fernern Angriffe aufgaben.   Die 2. und die 3. Division waren ebenfalls gefechtsbereit.   Hätten unsere Verbündeten unseres Beistandes bedurft, so wäre er ihnen zu Theil geworden, aber sie sind entschlossen, diese Gruben, welche allerdings vor der Fronte ihrer Werke liegen, ohne allen Beistand zu nehmen und zu behaupten.   Ich höre, daß die Reserve in Folge eines Mißverständnisses nicht ins Gefecht kam, und nicht bei der Hand war, als sie am nothwendigsten gebraucht wurde.   Die Zuaven trugen die ganze Last des Kampfes.   Durch die Nacht konnte man in den Pausen des Kleingewehrfeuers die Stimmen der Officiere deutlich ihren Leuten zurufen hören: „En avant, mes enfans! en avant, Zuaves!" und meistens folgte das dumpfe Dröhnen einer vorwärts stürzenden Menschenmasse; dann vernahm man eine Kleingewehrsalve, die sich allmälig zu einem raschen Rottenfeuer verdünnte — dann ein russisches Hurrah — dann neue Kleingewehrsalven — einige vereinzelte Schüsse — und wieder die aufmunternden Stimmen der Officiere.   So ging es vier Stunden lang fort und die Franzosen, von ihren Reserven im Stich gelassen, zogen sich mit einem Verlust von etwa 150 Todten und Verwundeten und einigen Gefangenen endlich zurück.

Ein ansehnliches Truppencorps rückte heute von der Nordseite in Sebastopol ein.   Seine Stärke ward auf 15,000 Mann angeschlagen. Wahrscheinlich ist dieses Corps eine Ablösung für die Garnison von der Armee am Belbek und vielleicht nur ein Truppenwechsel, aber es kann auch eine Verstärkung von Norden her sein.   Das sehr auffällige Schweigen der russischen Batterien dauerte den ganzen Tag fort.   Lange Züge von Karren und Wagen bewegten sich nach dem Belbek zu und eine starke Truppenmasse hatte ein Bivouak unten am Wasser unter der Citadelle bezogen.

Um dieselbe Zeit, wo die Russen die Verstärkung empfingen, marschirte ein Theil der Armee von Inkerman, nach den besten Berechnungen 15,000 Mann, auf der Straße in der Richtung der Meierei Mackenzie ab und soll die Tschernaja überschritten und sich nach Baidar gewendet haben.

Gegen vier Uhr Nachmittags nahm General Canrobert nur von einer kleinen Escorte begleitet, eine sorgfältige Recognoscirung der Schützengräben, der Werke auf dem Mamelon und der viereckigen Redoute rechts vor demselben vor. Mit Einbruch der Nacht rückte eine starke Abtheilung der Franzosen mit 6 Zwölfpfündern links von ihrem äußersten rechten Flügel vor, und machte abermals einen Versuch, den Russen die Gruben abzunehmen, der jedoch leider wieder erfolglos blieb. Beide Theile scheinen sich nach dem Gefechte zurückgezogen zu haben.

Im Laufe des heutigen Tages warfen unsere Batterien Bomben und Vollkugeln mitten in den Mamelon, den die Russen mit großer Thätigkeit befestigen; auch sendeten sie einige vortrefflich gezielte Geschosse in die neue Redoute, welche die Russen auf der Stelle, wo die Franzosen vor einigen Nächten ein so nachtheiliges Gefecht bestanden, aufgeworfen haben. Diese Redoute ist jetzt armirt. Sie ist viereckig, und zeigt 16 Kanonen auf den sichtbaren drei Facen. Das Feuer von Inkerman, von den Forts über der Tschernaja und von den Werken des Malakoff deckt diese Redoute, und kreuzt sich auf den Aufgängen vor derselben.

19. März.

Ich habe mich entschlossen, das Wetter in der Krim nie wieder zu loben, ehe es nicht mindestens drei Wochen ausgehalten hat. Unser schöner Frühling ist wieder ganz November geworden — brausende Stürme, kalte trübe Tage, und ein bleigrauer Himmel sind an die Stelle der sanften Südwinde, der warmen, hellen Luft und des wohlthuenden Sonnenscheins getreten. Das Wetter, ohne streng zu sein, ist gerade jetzt unangenehm; aber ehe ich mit meinem Briefe fertig bin, kann es vielleicht mit der besten Jahreszeit der schönsten Theile Italiens oder der Krim zu vergleichen sein. Die Russen haben ihre neue Batterie, welche die Franzosen vor einigen Nächten umsonst angriffen, armirt, und ein starkes, aber noch nicht armirtes Werk auf dem Mamelon, früher Gordons Hügel genannt, errichtet. Seit drei Tagen beobachten die Batterien des Feindes das tiefste Schweigen. Aus einem uns unbekannten Grunde haben sie ungefähr 40 ihrer Schießscharten zugesetzt. Unsere neuen Werke sind alle fertig, und die der Franzosen sind fast ebenso weit vorgerückt. Die Vertheidigungslinien um Balaklawa werden verstärkt und Geschütze von schwerem Kaliber die Höhen entlang in Position gebracht. Die Franzosen haben ein neues Werk, mit 6 Kanonen armirt, über unserer Zweiunddreißigpfünderbatterie auf der Straße nach Kadikoi angelegt.

Die Befehle sind jetzt von General Simpson unterzeichnet, und der Name des Generaladjutanten Estcourt erscheint nicht mehr unter denselben. Der Chef des Generalstabs macht jeden Morgen Lord Raglan seine Aufwartung, um seine Befehle in Empfang zu nehmen, theilt dieselben dem Generalquartiermeister und dem Generaladjutanten mit, und wacht über deren genaue Ausführung. General Simpson ist für seine Jahre sehr rüstig und so gut zu Fuß, wie die meisten Menschen. Er hat das Lager in allen Richtungen durchwandert. Generalmajor Jones, der den soeben abgereisten Sir John Burgoyne in dem Befehle über das Ingenieurdepartement ersetzt hat, ist ein Mann von Thätigkeit und Energie, und es ist zu hoffen, daß diese beiden Ernennungen zur Verbesserung der innern Zustände der Armee und zur Erreichung des Ziels der Expediton beitragen werden. Bis jetzt sind die Linien unserer Batterien fast noch ganz dieselben aus welchen wir unser Feuer am 17. October eröffneten.

Die Ingenieurofficiere behaupten, es sei trotz des verbesserten Zustandes der Armee und der der Mitwirkung der Franzosen auf unserm rechten Flügel zu dankenden Verminderung der Arbeit sehr schwer, Mannschaften zur Ausführung der nothwendigen Werke zu finden. Da bereits Schritte gethan sind, um den aus der numerischen Schwäche der in den Laufgräben dienstthuenden Truppen entstehenden Nachtheilen abzuhelfen, so kann es nichts schaden, wenn ich mittheile, daß wir in den Laufgräben des linken Angriffs häufig nicht mehr als 900 Mann im Dienste gehabt haben, obgleich man mindestens 1200 Mann zu ihrer Vertheidigung für nothwendig hält und 1500 Mann nicht zuviel wären. Ich war in einer Parallele Zeuge, daß der dienstthuende Officier den Auftrag erhielt, das Werk in seiner ganzen Ausdehnung zu decken. Er hatte über ungefähr 340 Mann zu verfügen, und als er sie aufgestellt hatte, war sein ganzer Trupp in einzelne fast dreißig Schritte auseinanderstehende Posten aufgelöst. Und dieses war ein Werk, welches jeden Augenblick angegriffen werden konnte. Trotzdem daß die Franzosen uns in einem Theile der Linien abgelöst haben, müssen wir doch noch die Mannschaften vierundzwanzig Stunden hinter einander in den Laufgräben lassen. Im Durchschnitt können unsere Truppen drei oder vier Nächte von sieben ruhen, während die Franzosen von sieben Nächten fünf im Bette zubringen.

22. März.

Der Kampf um die Schützengruben endete heute früh unter heftigen Kanonenblitzen von den Forts im bleichen Morgenschimmer zu Gunsten der Franzosen, die jetzt drei von den Gruben besetzt halten und hinter den Sandsäcken hervor ein scharfes Kleingewehrfeuer gegen den Mamelon und den runden Thurm unterhalten. Die russischen Schützen sind noch in einer von den Gruben, zwei scheinen ganz verlassen zu sein. Der Feind hat auch Schützen in den Mamelon und das neue Werk auf dem rechten Flügel gelegt, und eine Kanone in Gordons Tranchee und eine in der französischen Redoute rechts werfen den ganzen Tag über Bomben und Vollkugeln in das erstere Werk, um sein Feuer zum Schweigen zu bringen und die Mannschaften zu belästigen. Unsere zwei großen Schiffsmörser schießen selten, aber sicher; ihre Tragweite ist sehr groß. Gestern Abend flog eine

Bombe weit über den runden Thurm hinaus und platzte unter den Gebäuden hinter demselben. Eine andere schlug in das Dach eines der öffentlichen Gebäude, das sogleich in einer Wolke von Staub und Schutt zusammenbrach.

Seit einer halben Stunde — es ist jetzt dreiviertel elf Nachts — wüthet ein heftiges Gefecht unsere ganze Fronte entlang. Wer seinen Standpunkt auf Cathcarts Hügel vor der Fronte der 4. Division nimmt, wird von Zeit zu Zeit die ganze russische Linie von dem schnell wiederverschwindenden Leuchten breiter rother Flammenzungen erhellt sehen, und die hellen Blitze des Kleingewehrfeuers, die über den ganzen schwarzen Raum zwischen uns und der Stadt, soweit das Auge sehen kann, durch die Nacht zucken, zeigen, daß ein heftiges Gefecht vor den Trancheen der Verbündeten im Gange ist. Bomben, jede mit einem feurigen Punkte bezeichnet wo der Zünder brennt, beschreiben ihre schreckliche Bogenbahn durch die Luft und scheinen sich den Sternen beizugesellen; und feuersprühende Raketen mit langen Schweifen niederregnender Funken sausen gleich Kometen durch die Nacht. Ueber Allem glänzt der bleiche Halbmond von dem tiefblauen, mit tausend Sternen bedeckten Himmel herab. Das Dröhnen der Kanonen, das Zischen der Bomben, das Knattern des Kleingewehrfeuers, das wilde Pfeifen der Raketen und das Sausen der Vollkugeln, bilden ein gräßliches Concert. Merkwürdig ist die Lebendigkeit der Truppen bei diesen Gelegenheiten anzusehen; sie verlassen truppweise ihre Zelte, um nach den Linien vor der Fronte zu gehen, und verfolgen den Gang des Gefechts, soviel sie davon sehen können, mit der gespanntesten Theilnahme; und die Bemerkungen, die sie sich dabei zuflüstern, sind mitunter höchst spaßhaft: „das ist eine muntere Bombe von den Franzosen." „Mossu (Monsieur — Spitzname der Franzosen) kriegt das Maul voll." „Ich wollte, sie ließen uns darauf losgehen, und wir verpufften nicht soviel Pulver u. s. w." Ich bin eben in mein Quartier zurückgekehrt. Es ist jetzt einviertel zwölf, aber der Kampf dauert immer noch fort. Niemand weiß, um was er sich dreht. Morgen hoffe ich einiges Nähere zu hören; aber die Schwierigkeit über Angriffe dieser Art Einzelheiten zu erfahren, ist unglaublich.

23. März.

Wir kennen die Einzelheiten des Gefechts. Zwischen elf und zwölf Uhr vorige Nacht überfielen Colonnen russischer Infanterie die Truppen in unsern vordersten Laufgräben, und griffen sie mit dem Bayonnet an, ehe wir ganz bereit waren, sie zu empfangen. Als man sie zuerst erblickte, waren sie schon ganz nahe und antworteten auf den Anruf der Posten mit der allgemeinen Losung: Bono Francis. Im nächsten Augenblicke stießen sie unsere Leute, die kaum Zeit hatten zu dem Gewehr zu greifen und sich zu vertheidigen, mit dem Bayonnete nieder. Obgleich von einem überlegenen Feinde unter den nachtheiligsten Verhältnissen überfallen, begegneten unsere

Truppen dem Angriffe doch mit ungebeugtem Muthe, und trieben nach einem lebhaften Kleingewehrfeuer die Russen mit dem Bayonnete zurück. Beschossen von unserm schweren Geschütze, zog sich der Feind zuletzt unter den Schutze seiner Batterien zurück.

Der Angriff scheint die Linie entlang allgemein gewesen zu sein. Halb neun Uhr gestern Abend fingen die französischen Batterien an, die Stadt mit Bomben zu bewerfen, während sie ihre Raketen alle fünf Minuten in ganzen Strömen hineinsendeten. Um zehn Uhr meldeten unsere Posten vor Chapmans Angriffe, daß sich die Russen in beträchtlicher Stärke vor der Fronte der Werke sammelten. Das 20., 21. und 57. Regiment befanden sich in den Laufgräben des linken Angriffs, und waren bis zu einem gewissen Maße zur Empfangnahme des Feindes vorbereitet. Um dieselbe Zeit wurden die Franzosen rechts von unserm rechten Angriffe, den eine tiefe Schlucht von dem linken Angriffe trennt, von feindlichen Massen angefallen. Da unsere Verbündeten hart bedrängt waren, erhielten die Truppen in einem Theile der Laufgräben — mehrere Bataillone der leichten Division — Befehl zu ihrer Unterstützung vorzugeben. Auf dem linken Angriffe umgingen die mit Ungestüm durch einen schwachen Theil der Vertheidigungslinie vorrückenden Russen die dritte Parallele, und nahmen sie in den Rücken. Sie tödteten und verwundeten einige unserer Leute und waren schon bis zur zweiten Parallele vorgedrungen, als unsere Trancheenwachen sie angriffen und sie nach hartnäckigem Kampfe aus den Werken jagten. Auf der Rechten war der Angriff ernster und plötzlicher. Unsere Truppen waren aus einem Theile ihrer Linie zur Unterstützung der Franzosen vorgedrungen, und unterdessen drangen die Russen von der Seite in die Werke und nahmen die Unsrigen in den Rücken, sodaß sich diese den Weg mitten durch die Feinde bahnen mußten. Das tapfere alte 7. Füsilierregiment mußte mitten durch eine große Infanteriemasse hindurchbrechen, welche sie mit dem Bayonnete zurücktrieb. Das 34. Regiment verlor seinen tapfern Obersten, Kelly, der, von einer Kugel durchbohrt, hinsank, als er es zum Angriffe vorführte, und dessen Leiche der Feind mit sich fortnahm. Während des ganzen Gefechtes zeigte Major Gordon von den Ingenieuren den kaltblütigen Muth und die Geistesgegenwart, die ihn nie verlassen. Nur mit einer Reitgerte in der Hand, munterte er die Leute auf, die Laufgräben zu vertheidigen, und warf, ganz unbewaffnet auf der Brustwehr stehend, auf die Russen Steine hinunter. Eine Kugel traf ihn in den Unterarm, und fast zu gleicher Zeit eine zweite in die Schulter, doch höre ich, daß seine Wunden nicht gefährlich sind. Nach einstündigem Gefecht war der Feind zurückgetrieben.

Unser Verlust beträgt an Todten, Verwundeten und Gefangenen 7 Officiere und ungefähr 100 Mann. Die Franzosen sollen zwischen 3 und 400 Mann und 15 Officiere verloren haben. Dagegen muß auch der Feind einen Verlust von 6 bis 700 Mann erlitten haben, obgleich es ihm gelingt, die Schwere seines Verlustes dadurch zu verbergen, daß er für gewöhnlich seine Todten und Verwundeten fortträgt. Dennoch beweist die Zahl der vor unsern Laufgräben liegenden Leichen, daß er schwer gelitten hat. In den Laufgräben unseres linken Angriffs befinden sich noch die Leichen von 12 Mann und einem Officier. Die Böschungen des Hügels vor dem runden Thurme und dem Mamelon sind mit seinen Todten bedeckt, untermischt mit Franzosen. Man sieht deutlich den Leichnam eines Zuavenofficiers auf dem Abhange dicht vor dem Verhaue des runden Thurmes, wo der Tapfere fiel, während er seine Mannschaften zur Vertheidigung der Russen vorführte. Von keiner Seite hat man einen Waffenstillstand gefordert, um die Todten zu begraben. Sie liegen in ziemlicher Anzahl zwischen den Schanzkörben, welche vor der nach den Schützengruben führenden Sappe der Franzosen umgeworfen sind. Die Schützengruben, denen der heiße Kampf gegolten, befinden sich vor dem Mamelon, drei derselben sind noch von den Russen besetzt und drei gehören jetzt den Franzosen, aber letztere mußten sie gestern Nacht beim ersten Angriffe des Feindes auf einige Zeit räumen. Die Russen beschießen bereits aus dem Mamelon mit schwerem Geschütze die nach den Schützengruben führenden Approchen der Franzosen, und wir dürfen erwarten, daß das ostwärts gelegene Werk ebenfalls bald armirt sein wird. Sein Feuer enfilirt alsdann einen Theil unserer Linien, und der Mamelon wird im Stande sein, von seiner einen Face aus ein belästigendes Feuer auf die Flanke unseres rechten Angriffs zu unterhalten. Die russischen Ingenieure haben bei der Anlage ihrer Werke vollendete Geschicklichkeit an den Tag gelegt, und es ist gut für uns, daß ihre Artilleristen nicht so geschickt sind, wie Diejenigen, welche ihre Batterien gebaut haben. Unsere Artilleristen schießen vortrefflich. Fast jede Kugel, ohne Ausnahme, trifft den Kamm der Brustwehr gerade an der rechten Stelle, und nach jedem Schusse schießt eine schwarze Säule Erde von dem Werke in die Luft empor; aber die Russen weichen dennoch nicht und sind entschlossen, es so lange zu halten als sie können.

Vor Sebastopol, 26. März.

Das Gefecht am Freitag Morgen war nicht so ernst, als wir anfangs glaubten. Anstatt fast 100 an Todten, Verwundeten und Vermißten beläuft sich unser Verlust auf nicht viel mehr als die Hälfte; und Oberstlieutenant Kelly vom 34. Regiment ist nicht todt, sondern befindet sich nur leicht verwundet als Gefangener in Sebastopol.

Als der Feind mit überlegener Macht Donnerstag Nacht, oder vielmehr Freitag Morgen, die Mörserbatterie wegnahm, blieb sie ungefähr funfzehn Minuten in seinem Besitze und dann nahm eine Handvoll Leute sie ihm wieder ab, die nach Allem, was ich höre, die größte Tapferkeit und Kühnheit entwickelten. Als das Gefecht zwischen den Franzosen und Russen im besten Gange war, befand sich ein Theil des 90. Regiments, das zur Schanzarbeit commandirt

war, rechts von unsern neuen vorgeschobenen Werken auf unserm rechten Angriffe. Sie wollten eben auf ihren Posten in der Gordon-Batterie zurückkehren,
als sie links von sich, dicht bei der Mörserbatterie ein unregelmäßiges Gewehrfeuer vernahmen. Capitain Vaughton, der das Detachement führte, befahl seinen Leuten, den bedeckten Weg entlang gegen das Werk vorzugehen. Sie rückten im Geschwindschritt vor und fanden die Russen in vollständigem Besitze der
Mörserbatterie. Die Neunziger eröffneten sofort ein heftiges Feuer auf den
Feind, der es ebenso lebhaft erwiderte; die Kaltblütigkeit und Ruhe unserer Leute
gab ihnen jedoch das Uebergewicht, als der Ruf ertönte, daß sie auf Franzosen
schössen; aber das mit großer Lebhaftigkeit unterhaltene Feuer des Feindes
zeigte bald das Gegentheil, und das kleine Detachement vom 90. Regimente gerieth in große Verwirrung. In diesem Augenblicke rief Capitain Vaughton:
Neunziger folgt mir! und Sergeant Henry Clarke, und Sergeant Brittle,
und ungefähr 15 Mann schlossen sich ihrem Officier an und stürzten sich
entschlossen in die Mörserbatterie. In wenig Augenblicken hatten diese
Tapfern den Feind bis hinter die erste Traverse hinausgetrieben, faßten
an dem schmalen Gange, der in die zweite Traverse führt, festen Fuß und
eröffneten ein heftiges flankirendes Feuer auf die Brustwehr, über welche die
Russen mit großer Entschlossenheit vorzudringen suchten. Unterdessen war
der Engpaß von den Sergeanten und ein paar Mann vertheidigt, die,
so schnell sie laden konnten, mitten in den dichten Haufen der allmällg wei-
chenden Russen schossen. Mit einem lauten Hurrah warf sich nun die tapfere
kleine Schaar mit dem Bayonnet auf den Feind, der sogleich eilig über
die Brustwehr zurückfloh, verfolgt von unsern Büchsenkugeln, die ihnen nach-
gesendet wurden solange der Vorrath in den Patronentaschen der Leute
ausreichte. Um das Feuer zu unterhalten, suchten unsere Leute unter den
todten Russen umher und verschossen alle Patronen, welche sie bei den
Feinden finden konnten. Bei dem ersten Angriffe auf die Mörserbatterie
fiel der russische Führer, der wie ein Albanese gekleidet ging und die
glänzendste Tapferkeit an den Tag legte. Mit großer Auszeichnung benahm sich Hauptmann Cavendish Browne vom 7. Regimente in einem
andern Theile der Werke. Gleich bei Beginne des Angriffs schwer verwundet, weigerte er sich standhaft zurückzugehen, obgleich er durch den Blut-
verlust fast ohnmächtig wurde. Er führte seine Leute wiederholt zum Angriffe vor, und als man seinen Leichnam fand, lag er weit vor unsern Linien
mit drei Kugeln in der Brust. Das 77. Regiment schlug sich ausgezeichnet, und Generalmajor Codrington hat dem 88. (und ich glaube allen
andern Regimentern der leichten Brigade, die im Gefechte waren) die Zufriedenheit Sir George Browns über ihre Tapferkeit zu erkennen gegeben.
Wie viel albanesische Häuptlinge unter den Russen waren, ist nicht bekannt,
aber gewiß ist, daß die beiden Gebliebenen sie mit Unerschrockenheit und wildem Muthe führten. Der Eine, der trotz seiner schweren Wunde fast schon
verblutend in die Batterie drang, stürzte nach einem Pulverfaß und schoß

seine Pistole in dasselbe ab, ehe er hinsank. Zum Glück explodirte das Pulver nicht. Ein Anderer stürzte sich mit einem Säbel in der einen Hand und einem großen krummen Dolche zweimal mitten in unsere Reihen und fiel beim zweiten Male von Kugeln und Bayonneten durchbohrt. Sie waren prächtig gekleidet und mögen wohl Männer von Rang gewesen sein.

Zeitig Sonntag früh schickten die Verbündeten den Russen eine weiße Flagge mit dem Vorschlage, einen Waffenstillstand zur Bestattung der Todten, die in großer Anzahl — 5 oder 6 auf jeden Franzosen oder Engländer — vor dem runden Thurme und dem Mamelon lagen, abzuschließen und nach einigem Verzuge traf eine bejahende Antwort ein. Man kam überein, daß zum Zusammentragen und Bestatten der Leichen auf beiden Seiten eine zweistündige Waffenruhe eintreten sollte. Die Nachricht verbreitete sich durch das Lager, und das Wettrennen, zu welchem die Chasseurs d'Afrique glänzende Anstalten getroffen hatten, verlor viel von seiner Anziehungskraft durch die Aussicht mit unsern Feinden auf neutralem Boden zusammenzutreffen. Das Wetter war hell und warm. Weiße Flaggen flatterten sanft bewegt von dem schwachen Frühlingswinde über den Schießscharten unserer Batterien und von dem runden Thurme und dem Mamelon. Keine Seele war vor den Linien sichtbar gewesen, ehe sich die Friedenszeichen an dem Flaggenstocke entfalteten, und eben erst hatte ein dumpfdröhnender Kanonenschuß von dem Mamelon, und eine aus der Gordon-Batterie hervorschießende Rauchwolke den Waffenstillstand verkündet. Kaum aber war die weiße Flagge aufgezogen, so kamen Freund und Feind in Schaaren aus den Schießscharten. Die Schützen der Verbündeten und der Russen stiegen aus ihren Gruben und gingen auf einander zu, um die blutige Arbeit, die sie verrichtet, zu beschauen. Der ganze freie Raum zwischen den russischen und unsern Linien füllte sich mit Gruppen unbewaffneter Soldaten. Das Schauspiel war über alle Beschreibung seltsam. Französische, englische und russische Officiere begrüßten sich höflich im Vorbeigehen und knüpften gelegentlich ein Gespräch mit einander an, und ein beständiger Austausch von kleinen Höflichkeiten wie das Anbieten und Annehmen von Feuer für die Cigarre, fand in jeder kleinen Gruppe statt. Einige von den russischen Officieren waren offenbar Männer von hohem Range und vornehmer Erziehung. Ihre feinen Manieren standen in merkwürdigem Gegensatze mit ihrer einfachen und fast gemeinen Kleidung. Sie trugen mit wenigen Ausnahmen den unvermeidlichen langen, grauen Ueberrock über ihrer Uniform. Die französischen Officiere waren alle in Paradeuniform, und bildeten einen augenfälligen Gegensatz zu vielen von unseren Officieren, die à la Balaklawa gekleidet gingen, und wunderbare Kopfbedeckungen, Röcke von Katzenfellen und unbeschreibliche Paletots trugen. Viele von den Russen sehen englischen Gentlemen im Schnitte des Gesichts und in der Haltung merkwürdig ähnlich. Einen hochgewachsenen schönen alten Herren mit einem langen grauen Barte und merkwürdig gestalteter Mütze wies man mir als den Hetman der Krimkosaken, doch schienen nicht viel Personen von sehr hohem militairischen Range anwesend zu sein. Die Russen waren ziemlich ernst und zurückhaltend, schlossen sich auch leichter an die Franzosen als an uns an, und die Mannschaften kamen offenbar mit unsern Verbündeten besser fort, als die wenigen Soldaten unserer Regimenter, welche sich nach der Fronte begaben. Während all dieser Austausch von Höflichkeiten seinen Fortgang nahm, wanderten wir unter Leichen auf blutbeflecktem Boden umher, den noch die Spuren des neulichen Gefechts bedeckten. Zerbrochene Flinten, Bayonnete, Patrontaschen, Mützen, Uniformfetzen, Lederzeug, Bombenstücke, kleine Pfützen geronnenen Blutes, Kugeln jeder Größe, zerschossene Schanzkörbe und Sandsäcke waren überall zu erblicken, und mitten durch das Gewühl bewegte sich langsam feierlich eine Procession Soldaten, welche ihre todten Cameraden nach ihrer letzten Heimat trug. Innerhalb funfzehn Minuten sah ich siebenundsiebzig Bahren an mir vorbeitragen, jede mit einer feindlichen Leiche beschwert. Die Verzerrungen der Erschlagenen waren schrecklich anzusehen, und erinnerten an die Schlachtfelder von Alma und Inkerman. Einige französische Leichen lagen weit vorwärts nach dem Mamelon und dem runden Thurme zu unter den Schanzkörben der vordersten französischen Laufgräben, welche die Russen umgeworfen hatten. Offenbar waren sie, in der Verfolgung des Feindes begriffen, erschlagen worden. Die russischen Soldaten, welche ich sah, waren blaß und schienen schlecht genährt zu sein, obgleich viele kräftig gebaut waren und viereckige Schultern und eine breite Brust hatten. Allen ihren Todten, die innerhalb und nahe vor unsern Linien lagen, hatte man die Stiefeln und Strümpfe ausgezogen. Die Reinlichkeit ihrer Füße und in den meisten Fällen ihrer groben leinenen Hemden war merkwürdig. Mehrere Matrosen der Equipagen der Flotte von Sebastopol, waren bei dem Angriffe geblieben. Es waren meistens kräftige schöne Burschen mit rauhem soldatischen Gesicht. Trotz der ernsten gedankenerweckenden Umgebung entspann sich eine ziemlich muntere Unterhaltung, in welcher sich die russischen Officiere erlaubten uns ein wenig zu necken. Einige frugen unsere Officiere, wenn wir hinein kommen wollten, um die Festung zu nehmen, Andere wenn wir wegzugehen gedächten. Einige wünschten uns Glück wegen der vortrefflichen Gelegenheit heute einen guten Ueberblick über Sebastopol zu gewinnen, da die Möglichkeit einer nähern Ansicht, außer bei ähnlichen Gelegenheiten, ihrer Meinung nach, sehr entfernt war. Ein Officier frug ganz im Vertrauen einen Gemeinen auf Englisch: wie viel Leute wir zum Dienste in die Laufgräben schickten? „Begorra! nur 7000 jede Nacht und ein kleines Piquet von 10,000 Mann zur Unterstützung," war die schnellfertige Antwort des Irländers. Der Officier lachte und ging fort. Einmal blieb ein Russe mit einer Tragbahre bei einer Leiche stehen und legte sie darauf. Dann sah er sich nach einem Cameraden um, der ihm beim Forttragen helfen sollte. Ein Zuave trat sogleich mit großer Grazie heran, und hob

zum großen Ergötzen der Zuschauer die Bahre in die Höhe; aber der Spaß
war nicht von langer Dauer, denn alsbald kam ein Russe und schob den
freiwilligen Leichenträger bei Seite. In der Stadt sahen wir große Massen von
Truppen auf den Straßen und öffentlichen Plätzen versammelt. Wahrscheinlich hatte man sie mit Absicht aufgestellt, um uns Respect vor der Stärke des
Feindes einzuflößen. Durch ein Misverständniß fingen während des
Waffenstillstands die Schützen auf dem linken Flügel an sich herumzuschie-
ßen, was unsere Aufmerksamkeit einen Augenblick störte, es war aber bald
wieder beseitigt. General Bosquet und mehrere höhere Officiere der verbündeten Armeen besuchten während des Waffenstillstands die Laufgräben, und
Stabsofficiere beider Parteien sorgten dafür, daß die Mannschaften nicht
die verabredeten Grenzen überschritten. Die Waffenruhe ging gegen drei
Uhr zu Ende. Kaum war die weiße Flagge hinter der Brustwehr des
Mamelon verschwunden, so fuhr schon eine Kanonenkugel aus der Marinebatterie gerade durch eine Schießscharte des russischen Werks und machte
im Innern eine große Säule Erde in die Höhe stäuben. Die Russen antworteten sofort, und bald rollte der Kanonendonner wieder durch die
Schluchten.

Die 3. Division hielt heute ihr zahlreich besuchtes Wettrennen ab.
Lord Raglan war anwesend, und alle Divisionsgenerale — Sir George
Brown, Sir Richard England, Sir John Campbell u. A. m. und
eine große Anzahl Stabsofficiere. Die armen Hunde hatten später ein
paar unangenehme Augenblicke, aber sie haben sich jetzt gewöhnt, gerade auf
die russischen Batterien zuzulaufen.

Im Lager der 4. Division, 30. März.

Das Wetter ist seit Abgang der letzten Post ausnehmend schön geworden und hat die Belagerungsarbeiten sehr begünstigt. Dessenungeachtet
weiß noch kein Mensch, wenn unsere Batterien bereit sein werden, ihre seit
den 22. October vorigen Jahres ruhende Arbeit wieder aufzunehmen.
Dagegen zeigen die Russen die größte Thätigkeit und Energie. Seit
meinem letzten Briefe haben sie wieder zwei neue Redouten aufgeworfen —
eine dem linken Flügel gegenüber, die andere in der Flanke des rechten
Angriffs und die auf dem Sapunhügel angelegten Werke rechts vom Mamelon sind verstärkt und zum Theil armirt worden, obgleich der Feind
unter dem heftigsten Feuer aus unsern Mörsern arbeiten mußte. Ihre
Schützengruben sind nun durch Laufgräben mit einander verbunden und in
einem derselben vor dem runden Thurme steht jetzt ein Geschütz von schwerem Kaliber. Sie haben wirklich nichts Geringeres gethan, als eine
Parallele gegen unsere Werke vorgeschoben und nähern sich allmälig dem
französischen rechten Angriff.

Die Russen ärgern sich sehr über unsere Kalkbrenner vor der Front
der 3. Division. Die aus den Oefen aufsteigenden dicken Rauchwolken

haben ihre Aufmerksamkeit rege gemacht und sie haben seitdem nicht aufgehört, die Stelle sehr zur Beunruhigung von Generalmajor Barnards Federvieh hinter den Steinbrüchen mit Bomben zu bewerfen. Eine Bombe streifte die Zelte des Generals, eine andere platzte mitten unter der kleinen Menagerie von Hähnen, Hennen und Schafen und soll einige derselben beschädigt haben und der General mußte sein Quartier verändern. Die Eisenbahnarbeiter, welche beim Kalkbrennen beschäftigt waren, nahmen die eiserne Zugabe zu ihrer Arbeit mit großer Kaltblütigkeit auf und sprachen nur den Wunsch aus, eine eigene Kanone zu besitzen, um sich in den Pausen des Brennens mit den Russen herumschießen zu können. Diese Letzteren sind offenbar der Meinung, daß der Rauch von einer mit der Eisenbahn in Verbindung stehenden Arbeit herrührt, und obgleich der Ofen, den sie vor den davor aufgehäuften Bruchsteinen nicht sehen können, eine volle Stunde von ihren Batterien ist, werfen sie doch während des Tages von Zeit zu Zeit mit Bomben darnach.

2. April.

Sehr allgemein ist der Glaube, daß unsere Batterien Mittwoch oder Donnerstag ihr Feuer eröffnen werden. Diejenigen, welche sich erinnern, wie oft ähnliche Erwartungen getäuscht worden sind, äußern großes Mistrauen, ob überhaupt ein Tag dieser Woche, nächster Woche oder nächsten Monat zur Wiedereröffnung der Beschießung bestimmt sei. In der dem rechten Angriff zugekehrten Face des Mamelon sind gegenwärtig vier Kanonen von schwerem Kaliber aufgestellt. Die Franzosen, die sich bis jetzt einer verhältnißmäßigen Ruhe erfreuten, müssen sich nun sehr anstrengen. Sie bringen drei Nächte von sieben in den Laufgräben zu und sind vierundzwanzig Stunden hintereinander im Dienste, ganz wie unsere Leute. In dem Maße, wie sie verwendet werden, nehmen unsere Arbeiten ab und unsere Truppen bringen im Durchschnitte drei Nächte von sieben im Bette zu. Der anstrengendste Dienst für die Franzosen ist der lange Marsch nach den Laufgräben, indem viele Truppentheile von den hinter Lord Raglans Hauptquartier liegenden Anhöhen nach dem rechten Angriff marschiren müssen.

Unsere Verbündeten schicken sehr starke Abtheilungen und Reserven in die Linien. Allein für den rechten Angriff rücken alle Nächte 12—15,000 Mann zum Dienst aus und die Franzosen stellen große Truppenmassen als Reserve für die Trancheewachen auf. Wir können nicht einmal unsere Batterien vollständig besetzen, und die in den Trancheen befehligenden Officiere stoßen oft bei der Verfügung über die Truppen auf Schwierigkeiten und Klagen und Beschwerden deshalb sind nichts Seltenes.

Unsere Approchen bringen uns fast bis an die vorgeschobenen russischen Werke. Vergangenen Sonntag legten die englischen Ingenieure eine Tranchee sechshundert Schritte von der Gartenbatterie an. Die ihren

Fronten entlang aufgestellten Posten begannen Scherzreden mit den Russen auszutauschen und die Piquets waren nur sechzig Schritte von einander entfernt. Obgleich die Russen vor diesem Werke eine doppelte Postenlinie von mindestens 200 Mann stehen hatten, störten sie uns doch nicht in unserer Arbeit. Ihre Hauptanstrengungen waren in den letzten beiden Tagen gegen die französischen Werke auf der Rechten gerichtet, die sie unaufhörlich mit Bomben bewarfen. Es lag nicht in dem Plane unserer Verbündeten, dieses Feuer zu erwidern. Sie beschäftigten sich lediglich damit, ihre Approchen und ihre Batterien zu vollenden. Die Russen wendeten zuweilen sehr starke Pulverladungen an und schleuderten ihre Geschosse mit außerordentlicher Kraft. Als Beispiel diene hier, daß gestern eine achtundsechzigpfündige Kugel aus dem Redan gerade durch die Brustwehr unserer Batterie ging, wo diese 18—20 Fuß dick war, und einen Artilleristen im Werke selbst niederwarf, aber nicht tödtete. Ihre Artilleristen sind sehr gut und ihr Schießen mit verschiedenen Pulverladungen ist vortrefflich; ihre Bomben treffen jedoch nicht besonders, wahrscheinlich in Folge ihrer schlechten Zünder.

Die Gesammtstärke der englischen Armee vergangenen Monat war 22,600 Mann. Von diesen wären aber 6000 nur im alleräußersten Falle zu verwenden und die gewöhnliche Stärke der ganzen Armee in Reihe und Glied übersteigt nicht 15,000 Mann.

5. April.

Man erwartete allgemein, daß unsere Batterien heute ihr Feuer eröffnen würden, aber man erfuhr bald, daß die Hoffnungen der Ungeduldigen noch einmal getäuscht werden sollten. Es hatte sich eine Anzahl neugieriger Zuschauer in der Fronte versammelt, und es dauerte einige Zeit, ehe sie sich überzeugen ließen, daß sie für heute nichts sehen würden. Die Russen unterhielten sich heute damit, daß sie das Lager mit Bomben bewarfen, richteten aber keinen Schaden an. Gestern als sich ein großer Haufe Franzosen und Engländer mit einigen Officieren vom Generalstabe vor dem Piquethause nicht weit von der Mörserbatterie versammelt hatte, warfen die Russen plötzlich eine Bombe, die mitten in die Gruppe fiel. Die Mehrzahl der Versammelten warf sich nieder und kollerte, so rasch es ging, auf der Erde fort. Endlich platzte die Bombe mit einem lauten Knalle und einer der Splitter traf und verwundete eine funfzig Schritte davonstehende Schildwache. Nun stand der Haufe wieder auf und lief fort. Handpferde rissen sich los oder wurden losgerissen und rannten in allen Richtungen davon, und als die wenigen Officiere, deren Nerven stark genug waren, stehen zu bleiben und die Ausreißer auszulachen, im besten Scherzen waren, schlug eine zweite Bombe mitten unter ihnen ein. Nun wurde es dem Kühnsten zu arg und in wenigen Minuten war keine Seele mehr auf der Stelle zu sehen. Der Militairsecretair verlor in Folge der

excentrischen Evolutionen seines erschrockenen Pferdes seine Mütze, aber er
bekam sie bald wieder und dies war, außer der armen jedoch nur leicht verwundeten Schildwache, der einzige Verlust, welchen diese beiden Bomben
verursachten.

Es war ein herrlicher Tag, obgleich ein leichter Nebel in der Luft
schwebte, und die nicht Dienstthuenden benutzten ihre Mußestunden, um
von den Hügeln hinter den Trancheen ruhig dem endlosen Zweikampfe
zwischen den Batterien der Verbündeten und den russischen Werken
zuzusehen.

Cathcarts Hügel, eine kleine viereckige Erhöhung vor der Fronte des
Lagers der 4. Division, von einer verfallenen nur noch einen Fuß über
das Gras hervorschauenden Mauer eingeschlossen, ist ein Lieblingsaufenthalt für die Officiere der hinter dem linken Angriff lagernden Regimenter. Von hier aus überblickt man den äußersten linken Flügel der Franzosen nach Kamiesch zu und ihre Approchen gegen die Signalstabbatterie
und die crenelirte Mauer. Das Auge ruht auf einer Masse von Trümmern vor der Fronte der französischen Linien, hie und da mit weißen von
Schießscharten durchbrochenen Erdwällen oder Reihen von Schanzkörben
eingefaßt. Dieser Theil von Sebastopol liegt zwischen der Artilleriebucht
am Meere und der Arsenalschlucht. Der Trümmerstreif, das gemeinsame
Werk der Franzosen und Russen, ist ungefähr eine Stunde lang, drei-
bis vierhundert Schritte breit und umgiebt die Stadt wie ein Gürtel.
Die Häuser innerhalb desselben und dicht dabei sind mehr oder weniger
beschädigt, aber jemehr die Entfernung von der französischen Linie zunimmt,
desto weniger bemerkt man Spuren vom Geschützfeuer; die hohen weißen
Speicher mit Dächern von Eisenblech, die Kuppeln von Kirchen, die
Säulenthore von Palästen und die stolzen Massen großartiger öffentlicher
Gebäude glänzen hell im Sonnenscheine. Eine Reihe Dächer nach der
andern steigt nach dem Kamme des Hügels hinauf, auf welchem dieser Theil
der Stadt steht und Gestalten schleichen sich über das Gesichtsfeld des Fern-
glases, wie man die Straßen mustert, denn die Bewohner scheinen sich
vorsichtig nach Bomben umzusehen. Vor diesem Theile der Stadt ist das
gelbe Steppenland überall von den Linien der französischen Approchen
durchfurcht, aus welchen von Zeit zu Zeit die Rauchwölkchen von schwerem
Geschütze emporsteigen, denen die dunkleren Linien der Russen antworten.
Nachts wird dieser Raum unaufhörlich von raschverschwindenden Blitzen
aus den Büchsen der Jäger erleuchtet. Dann kommt eine tiefe Schlucht, in
deren Spitze die Franzosen eine Batterie errichtet haben, die sowohl
die Gartenbatterie auf der andern Seite, wie die Spitze der Arsenalbucht,
in welche diese Schlucht ausmündet, bestreicht. Rechts von dieser Bucht
erhebt sich Fort Paul mit einer langen Reihe von Arsenalgebäuden. Hinter einer Biegung derselben liegt ein Zweidecker, mit der Breitseite gegen
die Stadt gekehrt, sodaß er die Zugänge von der linken Seite bestreicht.

Er liegt außerhalb der Schußlinien unserer Batterien und die Franzosen können ihm nichts anhaben. In der Mitte der Bucht und näher nach uns zu als das Kriegsschiff, führt von der französischen nach der englischen Seite der Stadt eine Schiffbrücke, die von den Russen beständig benutzt wird. Diese Brücke ist ebenfalls außer Schußbereich.

Der englische linke Angriff beginnt an dem Fuße des Höhenzugs, der rechts von dieser Schlucht anfängt und die vorgeschobenen Werke vor seiner Fronte treten nahe an die Gartenbatterie und den Redan heran. Der Angriff selbst macht Front gegen diese beiden russischen Batterien und ist einer stattlichen Gruppe von Regierungs- und Arsenalgebäuden, die zum Theil von unsern Geschossen durchlöchert sind, gegenüber. Zwischen unserm rechten und unserm linken Angriffe befindet sich eine zweite tiefe Schlucht, an deren rechter Seite sich die Woronzoffstraße nach Sebastopol hineinwindet. Auf dem Kamme rechts von dieser Schlucht liegt unser rechter Angriff, und rechts von diesem und hinter demselben erhebt sich die Marinebatterie. Vor diesem Angriffe liegen die Werke des runden Thurmes, auf der rechten Seite von dem Mamelon und der vor Kurzem von den Russen auf dem Sapunhügel errichteten Batterie flankirt, und noch weiter rechts zieht sich abermals eine tiefe Schlucht hin, welche jetzt die Franzosen besetzt halten, und an deren jenseitigem Rande die Werke ihres rechten Angriffs anfangen, um sich nach Inkerman zu ausdehnen. Vom Cathcarthügel übersieht man die ganze Position, mit Ausnahme eines Theils des linken Angriffs, der von einer den Namen Steinbruch führenden Bodenwelle, wo unsere Kalkbrenner hinter Chapmans Batterien thätig sind, verdeckt wird. Innerhalb des von der verfallenen Mauer eingeschlossenen Raumes befinden sich die bescheidenen Gräber von Sir George Cathcart, General Strangwaps, Brigadier Goldie, Oberst Swynp, Oberst Seymour, und einiger anderer bei Inkerman gefallener Officiere. Der Ort verdankt seinen Namen dem Umstande, daß ihn General Cathcart als Beobachtungsposten und als Aufenthalt während des Morgens benutzte. Oberst Seymours Ruhestätte ist durch einen Pfeiler und ein Kreuz von weißem Steine mit einer Inschrift in englischer und russischer Sprache bezeichnet. Auch über General Strangwaps Grabe erhebt sich ein Stein mit einer Inschrift. General Cathcarts Ruhestätte ist noch durch kein Denkmal ausgezeichnet, abgesehen von dem, welches er sich im Herzen seines Vaterlandes errichtet hat. Die Divisionsflagge, ein roth und weißes Fähnchen, flattert an einem Stabe in der vordern linken Ecke, und in der Mitte sind zwei Gestelle für Fernröhre errichtet. Ein Posten mit einem Fernglase ist hier aufgestellt, um die Bewegungen des Feindes zu beobachten, und er kann die ganze Fronte von Osten bis zum Westen bestreichen, und Alles was an der Nordseite vorgeht, fast bis an den Belbek übersehen. Etwas vor dem Flaggenstocke entdeckt man eine Höhle, in welcher Sir John Campbell wohnt. Er fand hier einen willkommenen Zufluchtsort während des Sturmes am 14. November, und sie ist seitdem sehr vergrößert worden

Eine Einhegung von Holz, die auf Kanonenkugeln ruht, umgiebt sie, und vor dieser ist ein improvisirter Blumengarten. Die Zelte des Generals und seines Stabes stehen dicht dabei.

Es ist ein ziemlich aufregender Anblick, an einem schönen, ruhigen Tage von den Höhen über der Stadt die Belagerungsarbeiten zu verfolgen. Der Raum hinter den dunklen, mit schwarzen eisernen die Batterie bezeichnenden Zähnen eingefaßten Linien, ist fast verlassen. Die Soldaten stehen und gehen in Gruppen hinter der Deckung der Brustwehr umher, und ein dunkelgraublauer Streif verräth die Artilleristen und Trancheenwachen, deren Köpfe gerade noch über den Laufgräben erscheinen. Vor uns erblicken wir die weißlichen Erdhaufen der russischen Verschanzungen und Batterien, aus deren Schießscharten der schwarze Schlund schwerer Geschütze hervorlugt. Plötzlich schießt eine Säule dicker weißer Rauch aus der Face des Mamelon, die Kugel schlägt in die Batterie Gordon und sendet eine Wolke Erde in die Luft, und kleinere Staubwölkchen bezeichnen ihre Bahn bei jedem neuen Aufschlage. Kaum hat sie die Brustwehr getroffen, so züngelt wieder eine Rauchwolke aus einer der Schießscharten der Marine-batterie und von der Face des Mamelon stäubt eine Masse weißlicher Erde in die Luft. Dann kräuselt abermals eine helle Wolke in einer der französischen Batterien rechts empor und eine Bombe platzt mitten in dem feind-lichen Werke. „Bravo, Matrosen!" „Gut gemacht Franzosen!" rufen die Zuschauer und kaum verlassen die Worte ihre Lippen, so schleudern zwei oder drei Geschütze aus dem runden Thurme und ebenso viel aus dem Mamelon zur Erwiderung Kugeln und Bomben auf die Angreifer. Ein Zweikampf dieser Art dauert manchmal mit der gelegentlichen Abwechselung einer auf die beiderseitigen Schanzarbeiter oder Trancheenwachen gezielten Bombe oder Vollkugel, den ganzen Tag lang fort. Die Russen schießen sehr gut, aber sie kommen als Artilleristen unsern Leuten im Allgemeinen nicht gleich, und was die Hauptsache ist, sie zielen nicht immer gleich sicher. Die Franzosen, die sich bemühen ihre Annäherungsarbeiten aufzuhalten, enfiliren ihren von der rechten Face des Mamelon nach den Schützengruben führenden Laufgraben mit vortrefflicher Wirkung. Manchmal werden unsere Schiffsmörser mit einem dumpfen Donner laut, daß die Erde zittert, und nachdem fast eine Minute voller Erwartung vergangen ist, verräth eine weit hinter dem runden Thurme aufsteigende Wolke von Rauch und Staub die Wirkung dieser schrecklichen Geschosse. Gegen zwölf Uhr hören die Russen zu feuern auf um zu essen, und unsere Leute folgen ihrem Beispiele; fast ununterbrochenes Schweigen herrscht zwei Stunden oder länger, und erst gegen Vier beginnt das Schießen von Neuem. Unterdessen gehen unsere Officiere spazieren und verrauchen und verplaudern die Zeit zwischen dem Frühstücke und dem hastigen Mittagessen, welches dem Antreten zu der vier-undzwanzigstündigen Wache in den Laufgräben vorausgeht.

Gegen Abend feuerte unsere Mörserbatterie des rechten Angriffs zwei Salven ab, — jedesmal drei dreizehnzöllige Bomben. Die ersten drei schlugen in verschiedene Theile der Werke des runden Thurmes — eine mitten in das ursprüngliche und jetzt ganz zertrümmerte Hauptwerk von Stein. Balken, Rümpfe, Beine und Arme von Menschen sah man in die Luft fliegen, und nach einiger Zeit blitzte eine Feuersäule in einem Theile des Werkes auf, wie es schien, von einer feindlichen Mine herrührend. Die zweite Salve muß ebenfalls sehr viel Schaden angerichtet haben. Im Ganzen fiel das Ergebniß für die Empfindungen eines Matrosen in der Batterie so befriedigend aus, daß er auf der Stelle seinen festen Entschluß aussprach, Capitain Grant für sein Benehmen mit der gänzlichen Ueberlassung seiner Ration Grog für diesen Tag zu belohnen.

Zwischen halb elf und halb zwölf Uhr vernahm man sehr heftiges Schießen und wir hörten, daß unsere Arbeiter in den vordersten Laufgräben zufällig mit Arbeitern der Russen zusammengestoßen, und daß zwischen beiden Parteien ein Handgemenge mit Hacken, Spaten, Aexten und Flintenkolben stattfand, das Anfangs mit wechselndem Erfolge geführt wurde, bis zuletzt unsere Leute den Sieg davon trugen, und den Feind nach unseren Linien zu drängten, vor deren Fronte sich das Gefecht erneuerte. Die Trancheenwachen kamen auf beiden Seiten ihren Cameraden zu Hilfe, und zuletzt wurden die Russen nach hartem Kampfe zurückgetrieben. Unser Verlust an Todten und Verwundeten wird auf 37 Mann angegeben. Die Russen sollen 41 Leichen und die eines Officiers in einer unserer Parallele zurückgelassen haben, doch verlangt die Nachricht weitere Bestätigung. Man schätzt ihren Gesammtverlust auf 150 Mann von 750 an die bei diesem Scharmützel verwendet wurden.

Beträchtliche Anstrengungen während der letzten zwei oder drei Tage haben es möglich gemacht, den Forderungen unserer Ingenieure und Artilleristen in der Frontlinie fast ganz zu entsprechen. Oberst M'Murdo, der Chef des Transportcorps, hat die Eisenbahn gut benutzt, und Major Anderson in Balaklawa hat seine Bemühungen, ausreichende Munition in unsere Linie herauf zu schicken, trefflich unterstützt. Heute wurden die kürzlich angekommenen 10 dreizehnzölligen Mörser heraufgeschafft — eine Arbeit von nicht gewöhnlicher Beschwerde. — Zwei Achtundsechzigpfünder für die Marinebatterie stehen schon bereit, um ihnen zu folgen; und in den letzten paar Tagen sind ungefähr sechshundert dreizehnzöllige Bomben, jede 190 Pfund schwer, vom Endpunkte der Eisenbahn nach dem Artillerieparke getragen worden; abgesehen von denjenigen, welche durch Artilleriewagen und Pferde hinaufgeschafft worden sind. Die Eisenbahn hat auch große Massen Kugeln für schwere Geschütze hinaufgefahren, und Oberst M'Murdo hat nicht weniger als dreiunddreißig Wagen täglich zum Transporte für Kriegsmunition gestellt. Innerhalb der letzten zwölf Tage wurden achtzehnhundert Fässer Schießpulver nach der Fronte gebracht, sodaß sich unsere Vorräthe dieses

unentbehrlichen Artikels um zweihundertachtzig Tons vermehrt haben. Blos
heute Vormittag transportirte die Eisenbahn tausend Kugeln und Bomben.

7. April.

Wir haben jetzt die vierte Parallele fast vollendet. Sie ist wenig
mehr als sechzig Schritte von den Schützengruben der Russen entfernt und
wird mit Cohorns armirt, welche die Schützen sehr bald aus den Gruben
vertreiben werden. Eine Batterie haben wir nur zu dem Zwecke aufgeworfen,
um die Zugänge zu dem Redan und dem runden Thurme von Schützengruben zu reinigen, und sie wird wohl diesen Abend ihr Feuer eröffnen.
Der Feind, der jetzt den hohen Werth des Mamelon entdeckt hat, arbeitet
Tag und Nacht an seiner Verstärkung, obgleich er sehr von unserm
Feuer leidet.

Die Krankheiten in unsern Reihen nehmen ab. Anstatt 1200 Mann
wöchentlich, schicken wir jetzt durchschnittlich nur noch 250 nach Scutari.

<hr>

Zwölftes Kapitel.

Die zweite Beschießung.

Die Batterien eröffnen ihr Feuer. — Unwetter. — Wirkungen der Beschießung. — Ausfall der Russen. — Recognoscirung. — Kampf um die
Schützengruben. — Große Heerschau bei den Franzosen. — Schlechte Aussichten. — Glücklicher Angriff der Franzosen auf die Centralbatterie. —
Neuer Ausfall der Russen. — Erfolglose Expedition nach Kertsch. — Heftiges Gefecht auf dem englischen rechten Angriff. — Ankunft der Sardinier. — Malerisches Aussehen der Bersaglieri. — Kampf mit einem tollen
Pferde. — Ordnung und Verschwendung in Balaklawa. — Jagd auf einen
Tausendfuß. — Hetze auf wilde Hunde.

Im Lager der 4. Division, 9. April, Ostermontag.

Diesen Morgen, mit Tagesanbruche eröffneten die Batterien der Verbündeten gleichzeitig ihr Feuer auf die Werke von Sebastopol. Es ist jetzt
vier Uhr Nachmittags, und der Regen, der gestern Nacht anfing, gießt in
Strömen hernieder, begleitet von einem heftigen Winde. Die Luft ist so
dick, daß man selbst die einzelnen Blitze der Kanonen nicht erkennt, und die
Kanoniere müssen aufs Ungefähr nach dem Aufleuchten der Salven aus den
Batterien zielen, da es unmöglich ist, mehr als ein paar Schritte vor sich
zu sehen. Ein Gemisch von Regen und Nebel treibt über das ganze Lager,
welches wiederum den uns von früher her bekannten kläglichen Anblick
angenommen hat. Zelte sind umgeworfen, der Koth ist bereits wieder
mehrere Zoll tief, und der Erdboden nimmt sich, so weit er sichtbar ist, wie

ein schwarzer Schlammsee mit zahlreichen Pfützen schmuzig gefärbten Wassers auf der Oberfläche aus. Ich sitze jetzt in einer Hütte, in welcher sich der Sturm und Regen bei jedem Stoße zu Gaste bitten. Ohne Obdach war es an einem solchen Tage weder vom Mensch noch vom Thier auszuhalten. Rings um uns hängt ein dichter Schleier von grauem Dunst, der über den Erdboden hinzieht und unsern Augen die Zelte verbirgt, welche dicht neben unserm Lager stehen.

Seit zwölf Uhr hat das Schießen beträchtlich nachgelassen. Bei so finsterm Himmel und so starkem Winde, ist es nicht leicht den Schall der russischen oder französischen Geschütze zu hören, oder ihre Blitze zu sehen, obgleich die Hütte nur zweihundert Schritte außerhalb des feindlichen Schußbereiches steht; aber wir wissen, daß unsere Batterien in der Fronte beständig in unregelmäßigen Salven fortdonnern, und fünfundzwanzig oder dreißig Mal in der Minute schießen. In der ersten Hälfte des Morgens feuerten sie siebzig oder achtzig Mal in der Minute.

Von dem Beginne der Beschießung an bis drei Uhr wehte der Wind aus Südwest unsern Artilleristen gerade in den Rücken, sodaß der Qualm von ihren Geschützen nach dem Feinde zu, und der der russischen durch ihre eigenen Schießscharten in die Werke und den darin stehenden Mannschaften in's Gesicht trieb, aber der Wind hat jetzt mehr nach Westen umgesetzt und wendet sich zuweilen auch etwas nördlich, sodaß er den Rauch ziemlich gleichmäßig von beiden Linien weg nach Inkerman zurollt. Dem Feinde kam unsere Beschießung vollständig unerwartet. Er antwortete jedoch ziemlich rasch auf das Feuer der Franzosen links von uns, und die Signalstabbatterie und Werke wurden sofort besetzt. Die Gartenbatterie und der Redan erwiderten bald darauf unser Feuer, aber ehe es sich auf dem runden Thurme und im Mamelon regte, verging einige Zeit, und eine halbe Stunde lang war ihr Feuer matt. Die Inkerman- und Kalfaterbuchtbatterien blieben dreiviertel Stunden lang fast still, ehe sie den französischen Batterien auf unserer Rechten antworteten. Die Bodenerhöhungen vor dem Lager, welche sonst, wenn ein heftiges Gefecht sich entspinnt, immer ganz besetzt von Zuschauern waren, blieben diesmal ganz verlassen — kein Mensch war zu sehen, mit Ausnahme der fröstelnden Schildwachen und der Mannschaften, die in den Batterien beschäftigt waren.

Bereits am Sonnabend machte man große Anstrengungen, die Bettungen zu vollenden, Geschütze darauf zu stellen und Munition heraufzuschaffen, und es war klar, daß Lord Raglan die Anordnungen bis Montag fertig zu bringen wünschte. In der Nacht vernahm man ein heftiges Gewehrfeuer zwischen den französischen und russischen Vorposten. Die Umgebung von Balaklawa wurde scharf beobachtet und während der Nacht wurden die Piquets auf der Ebene verstärkt, da man Nachrichten hatte, die einen Angriff wahrscheinlich machten; aber die Nacht ging ruhig vorüber.

Am Ostersonntag hatten die Franzosen feierlich Messe in jedem ihrer Lager und auch die englischen Divisionen hielten, wie gewöhnlich, Gottesdienst ab. Unsere Matrosen schafften mit lauter Munterkeit zwei sehr große Geschütze herauf, aber ich glaube, es war nicht möglich, einen Platz für sie zu finden. Spät am Tage bekam ich die Kunde, daß wahrscheinlich Montags nichts vorfallen würde, und verließ die Fronte, um nach Balaklawa zurückzukehren, aber im Laufe des Abends empfing ich in meinem Quatiere sichere Nachricht, daß das Feuer folgenden Morgen mit Tagesanbruch eröffnet werden sollte. Die Nacht war schwarz wie die Hölle und es regnete und strömte heftig; doch es blieb keine andere Wahl, als abermals aufs Pferd zu steigen und zu versuchen, wie man wieder hinauf nach der Fronte gelangen könnte. Niemand, der nicht die Probe gemacht hat, kann sich einen Begriff machen, wie mühsam es ist, sich in einer pechfinstern Nacht durch ein über vielfach durchschnittenes Terrain sich weit ausbreitendes Lager einen Weg zu suchen. Jedes Zelt und jedes Lager sehen sich zum verwechseln ähnlich; und alle Kennzeichen der Umgebung, mit denen man am Tage so vertraut ist, sind hinter dem undurchdringlich schwarzen Schleier der Nacht verborgen. So kam es denn, daß meine beiden Gefährten und ich, nachdem wir in Löcher hinein und wieder herausgestolpert, nachdem wir uns bald in die türkischen und bald in die französischen Linien verirrt hatten, nach dreistündigem Ritte froh waren, sehr weit von unserm Reiseziele von dem gastfreundlichen Anerbieten einiger Freunde in dem Lager des Hauptquartiers bis Tagesanbruch dazubleiben, Gebrauch machen zu können. Der Regen strömte immer noch mit großer Heftigkeit hernieder und die ganze Nacht stürmte es fort. Um vier Uhr Montag früh verließ eine kleine Gesellschaft, in wasserdichte Röcke und lange Stiefeln gekleidet, das Lager, um sich nach der Fronte zu begeben, da man ganz gewiß wußte, daß die Beschießung mit Tagesanbruch beginnen würde. Die Pferde konnten sich kaum durch den klebrigen schwarzen Schlamm in welchen der Regen einer Nacht den harten trockenen Erdboden verwandelt hatte, arbeiten, und obgleich es schon Tag war, vermochte Niemand zwanzig Schritte vor sich zu sehen. Ein dichter mit Nebel vermischter Regen hatte sich über die ganze Gegend gelagert. Als wir die Fronte erreichten, herrschte das tiefste Schweigen im Lager. Plötzlich hörte man links nach den französischen Linien zu drei Kanonenschüsse und die ganze Linie unserer Batterien eröffnete gleichzeitig ihr Feuer. Der Donner war nicht ganz so laut oder so betäubend, wie am 17. October, und das Wetter machte es rein unmöglich, sich einen Begriff von der allmäligen Wirkung unseres Feuers zu machen, sodaß der interessanteste Theil des Schauspiels verloren ging. Gerade als die Beschießung begann, kehrten die Matrosen, welche eben in ihren Batterien abgelöst worden waren, nach dem Lager zurück, und eine Anzahl Soldaten kam aus den Hütten der 3. Division heraus, offenbar sehr verwundert über die plötzliche Eröffnung des Feuers. Auf

Cathcarts Hügel waren nur ein oder zwei Officiere sichtbar, und Sir
John Campbell und sein Adjutant standen vor dem Zelte des Generals,
um die Beschießung zu beobachten. Der Regen goß jetzt in Strömen nieder, und da nichts zu sehen, zu hören oder zu erfahren war, suchte Jedermann nach einem langen und hoffnungslosen Kampfe mit dem Wetter ein
Obdach auf. General Jones inspicirte während des Feuers die Batterien
und Lord Raglan hatte wahrscheinlich seinen gewöhnlichen Standpunkt eingenommen, von welchem aus bei schönem Wetter sich sämmtliche Batterien übersehen ließen. Das Unwetter war so arg, daß den ganzen Tag kaum eine
menschliche Seele das Obdach der Zelte verließ. Es war fast so finster,
wie in der Nacht. Gegen fünf Uhr sank die Sonne langsam in einen Riß
des dunkelgrauen Leichentuchs, welches den Himmel bedeckte, und sendet
einen blaßgelben schrägen Streifen Licht auf die Linie der Batterien herunter. Die Umrisse der Stadt, nur undeutlich erkennbar in dem Nebel von
Rauch und Regen, schienen in den sie umzuckenden Feuerlinien zu erzittern,
aber es waren noch ganz dieselben Umrisse, mit denen wir seit sieben Monaten so vertraut waren — dieselben grünen Kuppeln und Dächer, die
langen Straßen und die zertrümmerte Vorstadt, die Arsenalgebäude und
die dunkeln Laufgräben und Batterien. Die Einzelheiten der Zerstörung,
welche unser heutiges Feuer angerichtet haben muß, waren nicht zu erkennen. Das Auge eines Malers hat nie ein Bild von wunderbarerer Wirkung erblickt und seine Kunst allein könnte dem Schauspiel Gerechtigkeit
widerfahren lassen, welches wir genossen, als die bleiche Sonne, sozusagen
flach gedrückt zwischen schweren Schichten von Regenwolken, sich eine Oeffnung in dem bleigrauen Himmel erzwungen zu haben schien, um noch einen
kurzen Abschiedsblick auf den unten wüthenden Kampf zu machen. Die
Hochebne unter unserm Standorte war von unaufhörlichem Blitzen erleuchtet und lange Streifen weißer Rauch schwebten darüber hin und ballten
sich manchmal für einen Augenblick in dichtere mit Feuer gefärbte Wolken
zusammen, bis sie der Wind wieder in größeren Massen von dannen rollte.
Auf dem äußersten linken Flügel beschossen die französischen Batterien mit
Energie die lange Reihe von Batterien vor der crenelirten Mauer und die
Signalstab- und Gartenbatterien, die sehr schwach mit ein oder zwei vereinzelten Geschützen antworteten. Unser linker Angriff richtete sein Feuer
vornehmlich gegen den Redan, welcher es nur mit 5 oder 6 Geschützen erwiderte, die nicht besonders gut bedient oder gezielt zu werden schienen.
Unser rechter Angriff, unterstützt von der vorgeschobenen Batterie und den
französischen Redouten, hatte den Mamelon zum Schweigen gebracht und
erwiderte jede Kugel aus dem runden Thurme mit drei oder vier Schüssen
und die russischen Batterien rechts vom Mamelon waren verstummt. Soviel ließ sich in wenigen Augenblicken übersehen, aber Regen und Nebel
verhüllten bald wieder Alles.

10. April.

Die Kanonade begann heute auf beiden Seiten mit Tagesanbruch, und es war ersichtlich, daß die Russen sich von ihrer gestrigen Ueberraschung vollständig erholt hatten, denn sie eröffneten das Feuer mit vollen Lagen aus ihren Batterien. Unsere Artilleristen blieben ihnen nichts schuldig und brachten bald mehrere der uns am meisten belästigenden Geschütze zum Schweigen. Mit jedem Schuß von uns flog die Erde aus den Brustwehren und Schießscharten des Feindes in die Höhe. Dagegen wirken unsere Bomben nicht so gut als möglich wäre und zwar wegen der schlechten Zünder, welche verursachen, daß sie häufig zerplatzen, ehe sie ihr Ziel erreicht haben. Einige unserer Zünder sind 1802 verfertigt und mehrere sollen sogar noch aus dem vorigen Jahrhunderte stammen, obgleich man diese keineswegs für die schlechtesten hält. Um zwölf Uhr Mittags wurde das Feuer matter. Die Franzosen hatten 8 oder 9 Geschütze der Signalstabbastion zum Schweigen gebracht und den Außenwerken und den Gebäuden in den Batterien des westlichen Thurmes großen Schaden gethan. Die Inkerman-Batterien waren fast gar nicht mehr thätig. Wir unsererseits hatten die Hälfte der Geschütze im Redan und im runden Thurme zum Schweigen gebracht und im Vereine mit den Franzosen im Mamelon von 7 Geschützen nur noch eins übrig gelassen, das uns antworten konnte; aber die Gartenbatterie, die Batterie an der Woronzoffstraße und die Casernenbatterie sind verhältnißmäßig unbeschädigt und unterhielten den ganzen Tag ein lebhaftes Feuer gegen uns.

Unsere Kanonen beschränkten sich auf acht Schüsse in jeder Stunde. Die Schiffsmörser schossen nur einmal alle dreißig Minuten. Die Russen besserten mit großer Kaltblütigkeit ihre Batterien unter unserm Feuer aus und scheinen Vertrauen und Muth gewonnen zu haben, aber ihr Feuer war keineswegs so lebhaft, wie beim Beginn der Belagerung vorigen Jahres. Auf unserer Seite wurden 6 Geschütze, einschließlich eines großen Mörsers, gefechtsunfähig gemacht. Von zwei bis vier Uhr war das Feuer von beiden Seiten sehr heftig. Dann ließ es eine halbe Stunde nach und halb fünf Uhr begann es von Neuem und nun dauerte der Donner der Kanonen und Mörser ununterbrochen fort, bis die Nacht einbrach. Alsdann fingen die Franzosen an, die Stadt mit Bomben fünf oder sechs auf einmal und mit Raketen zu bewerfen, und unsere Mörser unterhielten bis Tagesanbruch ein unausgesetztes Feuer auf den Redan und den Mamelon. Se. Excellenz Omar Pascha besuchte heute Lord Raglan und ein Kriegsrath fand in unserm Hauptquartier statt, dem auch die französischen Generale beiwohnten. Das Wetter war abermals trübe, ein feiner Sprühregen fiel zuweilen und am frühen Morgen regnete es heftig.

11. April.

Die von Vielen ausgesprochene Hoffnung, daß unsere Flotte heute morgen unsern Angriff unterstützen würde, hat sich nicht verwirklicht. Mit

Tagesanbruch stand ich auf Cathcarts Hügel, um Zeuge der Eröffnung unseres Feuers zu sein und nicht ohne einige Hoffnung, daß ich auch die ersten Breitseiten unserer Eichenwälle sehen würde. Es war auch heute ein trüber Morgen und die Aussicht durch Dünste und Sprühregen erschwert, aber man konnte die dunkeln Rümpfe und das Tauwerk der Dampfer und Linienschiffe durch den Nebel erkennen, und obgleich aus den Schornsteinen Dampfwolken qualmten, war es doch offenbar, daß die Flotte nicht die Absicht hatte, an der Beschießung Theil zu nehmen. Unter uns, nach der Stadt zu, sah man abermals durch das graue Morgenlicht die Blitze der Kanonen die Schießscharten erleuchten und die Kugeln fuhren mit einem heiseren Sausen durch die Luft und schlugen mit dumpfem Schalle in die Erdwerke. Unsere Bomben platzten mitten in dem Mamelon, den die Franzosen auch von ihren Inkerman-Batterien aus beschossen. Der runde Thurm schoß nur zuweilen eine der drei oder vier Kanonen schweren Calibers ab, welche in dem westlichen Winkel seiner Werke stehen, aber der Redan und die Gartenbatterien wurden mit Kraft bedient. Auf der linken Seite waren die Stadt und die französischen Batterien von dem Rauche der Geschütze, der sich in schweren weißen Wolken auf dem Boden hinschleppte, verhüllt. Die Kanonade war sehr heftig und die Schützen vor den Batterien unterhielten ein lebhaftes Kleingewehrfeuer auf die Schießscharten, welches man zuweilen während den in dem Geschützdonner eintretenden Pausen vernahm. Es war ziemlich deutlich zu erkennen, daß die Russen sich von ihrer Ueberraschung erholt hatten, und daß sie sich mit aller ihrer Kraft bemühten, das verlorene Terrain wieder zu gewinnen. Ihre Batterien waren vollständig bemannt; und sie schossen vielleicht nicht ganz so richtig wie wir, aber sehr rasch. Gelegentlich griffen sie wieder zu ihrem alten Ausweg, 6 oder 7 Geschütze auf einmal abzufeuern — eine Methode, die manchmal auch die Franzosen anwenden. Da es wieder bald nach sechs Uhr stark zu regnen anfing, war nichts mehr zu sehen und wir kehrten dann nach unserm Zelten zurück. Die Kanonade dauerte den ganzen Tag ununterbrochen aber unregelmäßig fort, und sobald der Regen aufhörte und die Batterien sichtbar wurden, stand ich abermals auf Cathcarts Hügel. Erheblichen Schaden konnte ich an den Profilen der feindlichen Werke nicht entdecken. Mehrere der Schießscharten des Redans waren zusammengeschossen, und auch die Werke des runden Thurmes hatten ziemlich stark gelitten, aber in dem Feuer des Feindes war keine Verminderung zu bemerken. Die verbündeten Flotten ankerten ruhig südlich von den Quarantaineforts. Ihre Aufstellung dort hatte jedoch das Gute, eine Anzahl russischer Artilleristen zu beschäftigen, denn die am Meere gelegenen Batterien auf der Nord- und Südseite des Hafens waren alle besetzt und wir konnten die Artilleristen und Matrosen hinter der Brustwehr bei ihren Kanonen stehen sehen. Starke Reserven Infanterie hatte man bei den Nordforts aufgestellt und die Corps über Inkerman standen unter den Waffen.

Man sah die Russen ihre Verwundeten in Booten hinüber nach der Nordseite schaffen, und wahrscheinlich nimmt die Ablösung für ihre Batterien
denselben Weg und auch ihre Hauptmagazine befinden sich in den Forts
auf der andern Seite der Rhede. General Bizot erhielt heute eine sehr
schwere und gefährliche Wunde. Eine Büchsenkugel traf ihn unter dem
Ohre, ging quer über das Gesicht und blieb dicht unter dem Auge in
dem Schlafe der andern Seite stecken. Dennoch hat man einige Hoffnung, ihm das Leben zu erhalten. Die Batterie Nr. 2 auf dem linken
Antgriffe litt heute sehr von dem gegen sie gerichteten schweren Feuer, und
die Casernenbatterie wurde uns sehr lästig, aber ihr Feuer war nicht so
nachtheilig, wie das der Gartenbatterie. Ein seltsamer und fast beispiel-
loser Zufall ereignete sich in einer der Batterien. Ein dreizehnzölliger
Mörser mit einer mäßigen Ladung und nicht allzusehr erhitzt, zerborst
beim Abfeuern in zwei Stücke der Länge nach. Eine der gewaltigen Eisenmassen wurde dreißig Schritte weit nach rechts und die andere noch weiter
nach links geschleudert und dennoch, obgleich die Bruchstücke die Traversen
und die Brustwehr entlang flogen, wurde wunderbarerweise nicht eine Person getödtet oder verwundet. Mit der Lancasterkanone waren wir weniger
glücklich; eine Kugel traf sie und zerschmetterte sie in Stücke, die sechs
Menschen theils tödteten, theils verwundeten. Die Ingenieurofficiere beklagen übrigens den Verlust dieses Geschützes nicht sehr, da auf dasselbe,
wegen seines höchst unsichern Schießens, kein Verlaß ist. Heute war abermals Kriegsrath bei Lord Raglan, dem Omer Pascha und die Generale
Canrobert und Bosquet beiwohnten.

12. April.

Heute morgen mit Tagesanbruch begannen die Batterien der Verbündeten und der Russen ihren schrecklichen Zweikampf von Neuem und es war
klar, daß der Feind sein Möglichstes gethan hatte, um während der Nacht
Beschädigungen auszubessern, und daß er 4 oder 5 demontirte Kanonen
durch neue ersetzt, zusammengeschossene Schießscharten und beschädigte Brustwehren ausgebessert hatte und fast ebenso bereit war, unser Feuer auszuhalten und zu erwidern, wie an jedem Tage der letzten sechs Monate. Wir
unsererseits hatten 4 Geschütze in der vorgeschobenen Parallele, welche wir
während der vergangenen beiden Nächte nicht hatten in Position bringen
können, nach Dunkelwerden endlich in der Batterie aufgestellt, und man
hofft von ihrem Feuer große Wirkung. Zerschossene Bettungen wurden
neu gelegt und demontirte Kanonen durch andere ersetzt. Der Morgen war
neblig und zuweilen regnete es, aber gegen Nachmittag hellte sich das Wetter wieder auf und die Anhöhen füllten sich mit Zuschauern, darunter viele
von den erst kürzlich aus Eupatoria gekommenen türkischen Officieren. Eine
englische Dame, die Cathcarts Hügel hinaufgeritten kam, zog die Aufmerksamkeit derselben fast ebenso sehr auf sich, wie die Kanonade. Unsere Batterien

unterhielten während des Tages ein unausgesetztes Feuer, und wenn der Lärm weniger imponirend war, als wenn sie volle Lagen entsendeten, so war die Kanonade wahrscheinlich um so wirksamer. Sämmtliche Batterien erhielten Befehl, ihr Feuer auf hundertzwanzig Schuß die Kanone täglich zu beschränken. Die Lebhaftigkeit des Feuers der Matrosenbatterie ist dadurch vermindert worden, aber sie schießt vortrefflich, und der Feind hat sein schwerstes Feuer gegen sie gerichtet. Die dreizehnzöllige Mörserbatterie schießt sparsam, aus jedem Mörser einen Schuß alle dreißig Minuten, aber es gehört lange Zeit dazu, ehe sich die große durch die Entzündung von 12 bis 16 Pfund Pulver erhitzte Eisenmasse wieder abkühlt. Die englische Batterie, rechts nach Inkerman zu, ist sehr gut bedient worden und hat dem Feinde großen Schaden gethan. Der runde Thurm ist fast ganz zum Schweigen gebracht und der Mamelon schoß während der vier Stunden, wo ich ihn beobachtete, nicht ein einziges Mal. Der den Franzosen gegenüberliegende Theil der Stadt ist ein Trümmerhaufe. Das unaufhörliche Bombenwerfen während der Nacht hat die Privathäuser sehr beschädigt. Unsere Verbündeten feuern heute mit großer Energie. Ihre Inkerman- und Tschernajabatterien werden vortrefflich bedient und sie haben, von Gordons Batterie unterstützt, nicht nur ein überlegenes Feuer gegen den Mamelon hergestellt, sondern auch den Batterien auf der Nordseite des Hafens und an den Höhlen von Inkerman geantwortet und die Leuchtthurmbatterie Nr. 2 zum Schweigen gebracht. Unser Feuer aus Gordons Batterie und ihren vorgeschobenen Werken hat die Schützengruben zerstört, 6 oder 7 Geschütze im runden Thurme demontirt und ein überlegenes Feuer über die eine Face des Redans hergestellt, während Chapmans Batterie mit Erfolg gegen den Redan, die Batterie an der Woronzoffstraße, die Casernen- und die Gartenbatterie gewirkt hat. Die Franzosen links von uns haben ebenfalls der Gartenbatterie großen Schaden gethan und die Signalstabbatterie verstummen machen, aber sie leiden sehr von dem Quarantainefort und dessen Außenwerken und von der Batterie am Binnenhafen. Die kleine aber sehr schwer armirte Batterie, welche die Russen nur vor Kurzem an der Calfaterbucht erbaut hatten, haben wir gänzlich zerstört; aber natürlich ist unser Verlust in einem mit einem geschickten und entschlossenen Feinde geführten Artilleriekampfe beträchtlich, jedoch nicht so groß, als man nach der Heftigkeit des Feuers meinen sollte, denn er beträgt bis heute kaum 100 Mann an Todten und Verwundeten.

Im Lager der 4. Division, 13. April.

Bis zu diesem Augenblicke haben unsere Batterien ihre Ueberlegenheit über die russischen behauptet, aber sie ist nicht sehr entschieden und das Schweigen der feindlichen Geschütze kann ebenso gut eine Folge des Mangels an Munition wie des Vertrauens in die Stärke ihrer Erdwerke sein. Es scheint fast, als wäre unser Feuer gegen die vor dem Redan, dem runden Thurme

und den westlichen Batterien aufgeworfenen ungeheuern Erdwälle so gut wir-
kungslos. Die Brustwehren des Redans und des runden Thurmes zeigen in
ihrer ganzen Ausdehnung mehrere Fuß tiefe Löcher, wo unsere Kugeln
hineingeschlagen haben, die scharfen Ecken der Schießscharten sind weggeschossen und das Verhau vor der Fronte an verschiedenen Orten stark
beschädigt, aber damit ist noch nicht viel gewonnen, denn so lange es den
Russen nicht an neuen Geschützen, an frischen Zufuhren von Munition und
an Artilleristen zur Bemannung ihrer Batterien fehlt, sind wir der Einnahme der Stadt nicht um einen Zoll näher, als vorigen October, wenn
wir von der Anwendung anderer Mittel absehen. Obgleich unter den Officieren, die ich darüber gesprochen, große Meinungsverschiedenheiten über
die Möglichkeit des Gelingens eines Sturmangriffs bestehen, läßt es sich
doch kaum bezweifeln, daß ein Angriff auf den runden Thurm, den Mamelon und die beiden Erdwerke auf der Südseite von Inkerman, welche die
Franzosen die Batterien des 1. und 2. April nennen, mit ausreichenden
Streitkräften unternommen, Erfolg haben müßte, obgleich der Menschen-
verlust sehr groß sein würde, wenn nicht Geschütze in Position gebracht
werden könnten, um das Feuer von der Nordseite, den Schiffen im Hafen
und der einen Face des Redans auf sich zu ziehen.

Zehn Uhr Abends.

Die Batterien waren seit Dunkelwerden fast verstummt. Das Schießen hat jetzt wieder begonnen. Ein heftiges Gefecht zwischen den Schützen
und vorgeschobenen Abtheilungen in den Laufgräben links von uns ist
im Gange.

Zehn Minuten vor elf Uhr.

Ich hatte vorstehende Zeilen kaum niedergeschrieben, als mich heftiges
Gewehrfeuer von Neuem ins Freie rief und ich bin eben jetzt vom Cathcarthügel mit der schmerzlichen Ueberzeugung zurückgekehrt, daß unsere tapfern
Verbündeten eine ernstliche Schlappe erlitten haben. In fünf Minuten
hatte ich im raschen Laufe den Cathcarthügel erreicht, wo bereits zahlreiche Gruppen von Officieren und Mannschaften versammelt waren. Die
Nacht ist gestirnt aber dunkel, d. h. die Sterne erhellen den Himmel nicht
genug, um uns in Stand zu setzen, die Kanonen vor uns oder die Umrisse
des Landes deutlich zu unterscheiden. Aber als wir den Hügel erreichten,
war es links von uns, als ob alle Sternbilder des Himmels auf die Erde
herabgefallen wären und in Blitzen und in aufflackernden feurigen Fäden
vor der Fronte der russischen Linien glitzerten. Den Effect, welchen das verzweifelte Gefecht, welches zwischen den Franzosen und Russen im Gange
ist, hervorbringt, kann, meiner Ansicht nach, mit nichts verglichen werden, als mit einer aus der Ferne gesehenen breiten glänzend illuminirten
Straße, in welcher der Wind mit heftigen und unregelmäßigen Stößen

13*

durch die zur Illumination benutzten Gasflammen fährt. Ob der Kampf
die Folgen eines feindlichen Ausfalles oder eines Angriffs der Franzosen
auf die Signalstabbatterie und ihre Außenwerke war, wußte keiner der Zuschauer zu sagen, und bis jetzt bin ich außer Stande gewesen, etwas Be-
stimmtes zu erfahren. Daß das Gefecht heftig und blutig gewesen ist,
läßt sich nicht bezweifeln, und während ich schreibe, beginnt das Schießen
von Neuem.

14. April Abends.

Der hartnäckige und lange dauernde Kampf auf dem linken Flügel,
der uns gestern bis nach Mitternacht wach erhielt, entstand durch einen sehr
entschlossenen Ausfall, den die Russen aus den Signalstabbatterien auf die
Franzosen machten. Anfangs trieb der ungestüme Anfall der Masse von Bewaffneten die Franzosen aus den vorgeschobenen Werken, wo die Trancheenwachen
nur schwach sein können, und Viele verloren ihr Leben durch das Bayonnet;
aber unsere tapferen Verbündeten machten dem Feinde jeden Fußbreit streitig,
griffen die Russen an, nachdem eine kleine Reserve zu Hilfe gekommen war,
und verfolgten sie bis in ihre eigenen Linien nach welchen sie so eilig flohen,
daß die Franzosen mit ihnen über die Brustwehr eindrangen und die Kanonen der Batterien hätten vernageln können, wenn die Mannschaft mit den
dazu erforderlichen Werkzeugen versehen gewesen wäre. Der Feind beschoß
aber nun unsere Verbündeten so heftig mit kleinem Gewehr, Kartätschen
und Vollkugeln, daß sie sich wieder in ihre Werke zurückziehen mußten, wie
überhaupt keine Maßregeln getroffen waren, das Eroberte zu behaupten.
Während sie, heftig beschossen, ihren Rückweg antraten, unternahm der
Feind einen neuen Ausfall mit einer größeren Truppenzahl und mit noch
mehr Entschlossenheit und Wuth, als den ersten. Zwischen den Werken
entspann sich nun ein blutiges Gefecht, in welchem Bayonnet, Kolben
und Kugeln ihre Ernte suchten; die Franzosen behaupteten jedoch
abermals ihre Ueberlegenheit und zwangen, trotz der wüthenden Anfälle der
Russen und trotz des hartnäckigen Widerstandes zu dem die Zurufe und das
Beispiel der feindlichen Officiere aufmunterten, die Russen unverrichteter
Sache wieder in ihre Laufgräben zurückzukehren. Auch besetzten sie ein
kleines vorgeschobenes Werk und behielten es die ganze Nacht, ungeachtet der
Bemühung des Feindes sie durch eine kräftige Kanonade, welche die Verbündeten mit dem unaufhörlichen Werfen von Bomben erwiderten, zu vertreiben. Um die Aufmerksamkeit des Feindes zu zerstreuen und eine An-
häufung zu großer Massen in dem links gelegenen Stadttheile zu verhindern, ließ General Bosquet den Mannschaften in den Laufgräben rechts
von uns den Befehl zukommen, ein lebhaftes Gewehrfeuer auf die russische
Rechte zu unterhalten. Der Verlust unserer Verbündeten in diesem glänzenden Gefechte ist leider beträchtlich. Nach einem Berichte sind 6 Officiere
und 300 Mann kampfunfähig geworden, aber ich glaube, es sind in Wirk-

lichkeit 6 Officiere gefallen und 9 verwundet. Was die Beschießung der
Festung betrifft, so haben die Franzosen den ganzen Tag ein fürchterliches
Feuer unterhalten. Unsere Batterien schießen mit großer Regelmäßigkeit
und mit bewunderungswürdigem Ziel. Der runde Thurm und der Mamelon antworten matt; letzterer ist eigentlich so gut wie verstummt, aber die
großen Kanonen in dem eingehenden Winkel der westlichen Face des erstern
werden sehr gut bedient und ihre Schüsse sind gut gezielt. Der französischen
Linken gegenüber befindet sich eine Batterie zwischen den Häusern der Stadt,
welche unsere Verbündeten sehr belästigt. Sie treffen jedoch Anstalten, die
sie hoffentlich sehr bald zum Schweigen bringen wird. Aber wir dürfen
uns nicht verhehlen, daß wir uns schon zu oft getäuscht haben, wenn wir
sagten: „o wir bauen eine Batterie, um die feindliche gegenüber zum
Schweigen zu bringen," und daß wir den Trost nicht mehr mit Zuversicht
anwenden können. Manchmal geschieht es sogar, daß die zum Schweigen
zu bringenden Geschütze die Oberhand gewinnen. Das zu den Geschützen
der Russen verwendete ausgezeichnete Material — ihr vortreffliches Eisen
nämlich — giebt ihnen dadurch einen großen Vortheil, daß es sie in den
Stand setzt, schnell und lange Zeit unausgesetzt fortzufeuern. Außerdem
sind viele ihrer Truppen unter schußfestem Obdach, in Höhlen, Gruben
und Casematten hinter ihren Batterien und auf der rückwärtigen Abdachung
der Höhen, auf welchen ihre Werke stehen, untergebracht. Trotz alledem
geben den Verbündeten die Entschlossenheit, die größere körperliche Kraft, die
unbeugsame Ausdauer und die Hingebung ihrer Truppen in jedem offenen
Kampfe mit dem Feinde das Uebergewicht.

Im Lager der 4. Division, 18. April.

Nachdem die Beschießung in den letzten zwei Tagen mit wechselnder
Lebhaftigkeit fortgesetzt worden war, hat sich heute das Feuer auf unserer
Seite sehr vermindert, und das Feuer der Russen hat in gleichem Maße
abgenommen. Selbst wenn bei dem Nachlassen der Beschießung keine Rücksicht auf den Stand der Belagerungsarbeiten und auf unsere Munitionsvorräthe zu nehmen wären, darf doch auch nicht vergessen werden, daß ein
vierstündiger Dienst in den Batterien in der Hitze, dem Staube und dem
Blute der Laufgräben selbst die Kräftigsten erschöpfen muß. Für jetzt sind
die Truppen mit der Ausbesserung von Beschädigungen, mit dem Ersetzen
zerschossener Geschütze und Bettungen u. s. w. beschäftigt.

19. April.

Eine starke Division türkischer Truppen unter Führung Sr. Exc. Omer
Pascha's, unterstützt von französischer und englischer Reiterei und Artillerie,
nahm diesen Morgen eine Recognoscirung vor. Der Befehl, sich marschfertig
zu halten, gelangte noch gestern spät Nachts in das Hauptquartier der schweren
Reiterbrigade, und das 10. Husarenregiment erhielt dieselbe Ordre. Die

Chasseurs d'Afrique und eine französische Raketenbatterie zum Gebirgsdienst begleiteten die Recognoscirung und leisteten während des Tages vortreffliche Dienste. Da der Morgen schön und hell war, nahm sich der Anblick der von den Höhen über die Ebenen nach Kamara vorrückenden Truppen sehr gut aus. Die Türken marschirten in dichten von Stahl starrenden Colonnen, und das auf den polirten Rohren ihrer Gewehre und ihren Bayonneten tanzende Sonnenlicht brachte einen heitern Ton in die düstere Färbung der Haufen, denn ihre dunkelblauen Uniformen, an denen man wenig Abwechselung durch bunte Aufschläge und Achselklappen bemerkt, sehen in der Masse ganz schwarz aus. Die Chasseurs d'Afrique mit ihren hellblauen Jacken, ihren weißen Cartouchriemen und ihren grellrothen Hosen, sahen auf ihren weißen Araberpferden wie ein über die Ebene sich ausbreitendes Blumenbeet aus. Uebrigens brauchte das üppige Grün keinen so geborgten Schmuck, denn der Boden bringt einen Ueberfluß von wilden Gesträuchen und Pflanzen in schönster Blüthe hervor. Georginen, Anemonen, Weiß- und Schwarzdorn, wilde Petersilie, Münze, Thymian, Salbei, Spargel und hundert andere verschiedene Bürger des Pflanzenreichs sprossen über die ganze Ebene hervor, und als das gesammte türkische Fußvolk über sie hinmarschirte, zertrat ihr Fuß die lieblichen Blumen und die Luft war mit aromatischem Duft erfüllt, welcher selbst die schwüle Atmosphäre zwischen den Colonnen verbesserte. Viereckige Flecke von langem geilen Gras, dessen Halme sich hoch über die natürlichere grüne Wiese erhoben, bezeichneten die Stellen, wo die Erschlagenen vom 25. October für immer ruhen, und schnaubend weigert sich das Pferd, die ungesunden Halme zu fressen. Die Erinnerungszeichen an diesen verhängnißvollen und ruhmreichen Tag wurden mit jedem Schritte zahlreicher. Das Geripp eines englischen Dragoners, um dessen Armknochen Fetzen von rothem Tuch hingen, lag immer noch ausgestreckt auf dem Blachfeld. Die Knöpfe der Uniform waren alle abgeschnitten. Der Soldat mußte zeitig am Tage gefallen sein, als die schwere Reiterei in der Nähe vom Canrobertshügel in den Schußbereich der russischen Artillerie kam. Als unheimlicher Gesell lag nicht weit davon ein russisches Gerippe. Der kleine Schädel, so rund wie eine Kanonenkugel, war bis auf den Knochen abgenagt und nur oben auf dem Scheitel hingen noch die starren röthlichen Locken. Noch weiter vorwärts unter Bombensplittern und Vollkugeln schien die Leiche eines andern Russen sich aus dem Grabe zu erheben, das kaum seine unteren Extremitäten bedeckte. Die halbverwesten Gerippe von Artillerie- und Cavalerierpferden mit vermodernden Decken, Riemzeug und Sätteln bedeckt, lagen noch, wie sie im Todeskampfe hingefallen, oder waren zu einem Haufen von Knochen und Haut und Lederriemen, Tuch und Schnallen zusammengesunken. Aus den zahlreichen Gräbern sahen die unbedeckten Gebeine der darin Bestatteten hervor, als protestirten sie gegen die Eile, mit der sie begraben worden waren. Unter dem Wiehern der Pferde und dem Klirren

der Waffen zogen Mann und Pferd im ganzen Prunk und Stolz des Krie-
gers an den Ueberresten ihrer Cameraden vorbei. Nicht den uninteressan-
testen Anblick mögen die Reste der schweren Reiterbrigade dargeboten haben,
als sie über den Schauplatz ihres Zusammenstoßes mit der russischen Reiterei trabten. Die schottischen Grauschimmel und die Enniskillens, die
Königsdragoner, das 4. und das 5. Gardedragonerregiment, alle waren
dabei gewesen und die Ueberlebenden hatten wohl ein Recht, an diesen Tag
mit Stolz zurückzudenken. Wie das Corps in die Ebene hinabstieg, dehnte
es seinen rechten Flügel aus und marschirte auf Kamara zu. Eine Abtheilung türkischer Infanterie folgte der Reiterei in aufgelöster Ordnung,
und als das Dorf fast erreicht war, machte die ihm unmittelbar folgende
Colonne Halt und Bono Johnny begann mit großer Rührigkeit die bewaldete Höhe rechts hinaufzuklettern, welche das Dorf beherrschte. Sie
thaten es ohne Widerstand, da die paar Kosaken im Dorfe es nach einigen
einzelnen Schüssen auf die vordersten Tirailleurs verlassen hatten. Einer
derselben war so vollständig überrascht worden, daß er seine Lanze, gegen
eine Mauer gelehnt, hatte stehen lassen. Ein Officier vom 71. Regiment
entdeckte sie, gerade als der Kosak umkehrte, um sie zu holen. Beide fingen
ein Wettrennen an, aber der Brite kam zuerst und trug die Lanze im
Triumphe davon, während der Kosak mit einer Wuth und Verzweiflung
andeutenden Geberde sich zurückzog. Die Türken fanden unter den Trümmern des Dorfes einen mit Bogen und Pfeilen bewaffneten Alten, der sich
einen Tscherkessen nannte und der froh sein mußte, mit dem Leben davon
zu kommen, da die Osmanli nicht glauben wollten, daß er ein Soldat
wäre. Außer seinen Bogen und Pfeilen führte er ein altmodisches Pistol
bei sich, und die Patronen trug er in Reihen vorn an der Brust. Ich
warf einen Blick in die Kirche, deren Fußboden früher einen Zoll tief mit
Kupfermünze, welche die Dorfbewohner, als wir zuerst in Balaklawa
landeten, dorthin geworfen hatten, bedeckt gewesen war. Wir hatten das
Vertrauen der armen Leute auf die schützende Gewalt des heiligen Ortes
nicht verletzt, aber die Kosaken scheinen keine solchen Gewissensbisse gehabt
zu haben, denn es war keine Kopeke mehr zu sehen, und von der verödeten
Kirche waren nur noch die kahlen Mauern übrig. Das Dorf selbst ist ein
Trümmerhaufe, aber die Kosaken haben noch hier und da darin herum-
gewühlt und sich in den Mauern der Häuser Schlafplätze und Ställe angelegt. Sobald die Türken rechts die Spitze des Hügels über Kamara erreicht hatten, gingen drei von den Colonnen vor und nahmen die Ruinen
in Besitz, und stellten sich dann auf dem Abhange vor der Kirche auf.
Eine starke Patrouille wurde gegen Baidar vorgeschickt, da sie aber keinen
Feind entdeckte, begnügte sie sich, ein Haus in Brand zu stecken, welches
die Kosaken stehen gelassen hatten, und der davon aufsteigende Rauch ver-
leitete einige von uns zu dem Glauben, daß hinter den Höhen dort ein
Scharmützel stattfinde. Unterdessen marschirte die Hauptmacht, nach Zurück-

laſſung von drei Colonnen in Kamara, am Canrobertshügel vorüber, auf
dem zum Theil noch die ruſſiſchen Hütten ſtehen, obgleich die Ruſſen ſelbſt
viele in Brand ſteckten, als ſich Liprandi im vorigen Jahre zurückzog. Sie
kamen an den alten türkiſchen Redouten Nr. 1 und 2 vorbei und näherten
ſich einem ſehr ſteilen und felſigen kegelförmigen Hügel, auf deſſen Spitze
ein Trupp Koſaken und einige ruſſiſche Officiere ſtanden, die unſere Bewegungen beobachteten. Als die türkiſchen Tirailleure vorgingen, folgte ihnen
die franzöſiſche Raketenbatterie. Die Türken kletterten den Hügel mit großer Gewandtheit hinauf und es entſpann ſich zwiſchen ihnen und den Koſaken ein zerſtreutes Feuer. Plötzlich erhebt ſich ein Bogen dicker weißer
Rauch ziſchend und brauſend von dem Erdboden und wirft ſich wie eine
große Schlange der Spitze des Hügels entgegen; wie er vorwärts ſchießt,
verſchwindet der Rauch und der feuerſprühende Schweif, aber eine Secunde
darauf platzte ein Rauchwölkchen auf dem Hügel mit einem ſchwachen
Knalle, und die Koſaken und Ruſſen verſchwanden in Eile. Die Rakete
der Franzoſen war vortrefflich gezielt geweſen. Ueberhaupt eignet ſich nichts
beſſer für ſolches Terrain, als dieſe leichten Raketenbatterien. Der Apparat
iſt einfach und leicht fortzuſchaffen — ein paar Maulthiere mit Körben auf
jeder Seite tragen ſämmtliche Röhren, Gehäuſe, Stöcke u. ſ. w. und die
Wirkung der Raketen iſt zwar unſicher aber ſehr groß, zumal gegen irregu-
laire und ſchlecht diſciplinirte Reiterei. Die Tirailleure beſetzten jetzt auch
dieſen Hügel und die Generale, die Officiere des Stabes und zahlreiche
Dilettanten folgten ihnen. Die Ruſſen ſprengten den Abhang hinab und
überſchritten die Tſchernaja vermittelſt der Brücke und einiger Furten bei
Tſchorgun. Omer Paſcha, Lord Raglan und die franzöſiſchen Generale
beſchäftigten ſich alsdann einige Zeit mit der Recognoscirung des Terrains,
während die Truppen, die Artillerie und die Reiterei im erſten Treffen,
unterſtützt von vier Bataillonen Egyptern, Halt machten. Um zwei Uhr
war die Recognoscirung zu Ende und die Truppen kehrten langſam nach
dem Lager zurück, während die Koſaken in vorſichtiger Entfernung den
Plänklern der franzöſiſchen Reiterei folgten und mit ihnen einige Schüſſe
wechſelten. Im Ganzen war die Recognoscirung eine höchſt willkommene
und angenehme Unterbrechung des langweiligen und eintönigen Fortgangs
der Belagerung. Jedermann fühlte ſich, als hätte er die Koſaken geſchla-
gen und wäre nun endlich aus dem Gefängniſſe erlöſt, und niemals habe ich
heiterere und luſtigere Geſichter beim Beginn einer Fuchsjagd geſehen, als
heute auf Canrobertshügel. Es war eine wahre Luſt, wieder einmal über
den Raſen galoppiren zu dürfen und ſich vor dem abſcheulichen Gefühl des
Zwanges und der Einſchränkung, welches uns im Lager zu Tode langweilt,
freimachen zu können.

20. April.

Vorige Nacht verrichtete das 77. Regiment vor unſerm rechten Angriffe eine glänzende Waffenthat, die leider von ſchwerem Verluſte begleitet

war. In den Activoperationen dieser Belagerung ist einer der merkwürdigsten Züge die wichtige Rolle, welche die Scharfschützen in den Schützengruben spielen, die der Feind mit so großer Geschicklichkeit und Kühnheit angelegt und mit so großer Kraft und Entschlossenheit vertheidigt hat. Die Gruben wie sie jetzt sind, sind vollständige kleine Batterien für Schützen, und das Feuer einer derselben, wenn sie erst sechs- oder siebenhundert Schritte vor einer Batterie von schwerem Geschütze sicher etablirt ist, genügt vollkommen, die Kanonen zum Schweigen zu bringen und die Kanoniere von den Schießscharten fernzuhalten. Vor dem Redan, unserm rechten Angriff gegenüber, haben die Russen mehrere geräumige Schützengruben angelegt, aus denen sie uns sehr belästigten, vorzüglich aus den beiden, die uns links am nächsten waren. Mit Vollkugeln und Bomben hatten wir die Russen mehrmals gezwungen, sich über den offenen Zwischenraum nach ihren Batterien zu flüchten, aber des Nachts besserten sie die Beschädigungen aus und hatten am Morgen sich von Neuem in die Gruben eingenistet. Unsere vorgeschobene Batterie wäre, sowie sie ihr Feuer eröffnete, von den Schützen sehr belästigt worden, und wir beschlossen daher, die beiden Gruben zu nehmen, die haltbarste zu besetzen und die andere zuzuschütten. Dieser Entschluß wurde vorige Nacht ausgeführt. Um sechs Uhr rückte eine Abtheilung des 77. Regiments unter Oberstlieutenant Egerton und eine Abtheilung des 33. Regiments unter Oberstlieutenant Mundy durch die Traversen gegen die Schützengruben vor. Die Nacht war dunkel und windig, aber die russischen Posten wurden die Annäherung unserer Leute gewahr, und begrüßten sie sofort mit einem lebhaften Feuer, auf welches unsere Truppen kaum antworteten, indem sie nur eine einzige Bataillonssalve gaben und sich dann mit dem Bayonnet auf den Feind stürzten, den sie nach kurzem, aber verzweifeltem Kampfe aus den beiden Schützengruben vertrieben und den Abhang dahinter hinaufjagten. Einmal im Besitze der Gruben machten sich unsere Ingenieure und Pioniere sogleich ans Werk, um eine Deckung nach feindlicher Seite herzustellen und fingen mit großer Kaltblütigkeit und großem Muthe an, die nächste Schützengrube mit unserer vorgeschobenen Sappe zu verbinden. Der Feind beschoß sie mit Vollkugeln, Kartätschen und Bomben auf das Heftigste und die russischen Scharfschützen unterhielten von den Brustwehren der Batterie und von dem durchschnittenen Terrain hinter dem Verhau aus, ein sehr lebhaftes Feuer; aber die Schanzarbeiter setzten trotz des Regens von Geschossen ihre Arbeit fort und unsere Leute blieben im Besitze der größeren der beiden Schützengruben. Um zwei Uhr früh versuchte eine starke Colonne Russen, gewiß doppelt so zahlreich wie wir, uns wieder zu vertreiben, aber sie wurde mit bedeutendem Verluste zurückgetrieben.

Vor Sebastopol, 25. April.

Gestern Nacht, bald nach Dunkelwerden, kam eine ziemliche Anzahl russischer Schanzarbeiter aus der Signalstabbastion hervor und begann, dicht vor den französischen Sappen Schützengruben auszutiefen. Unsere Verbündeten bemerkten es und griffen auf der Stelle die Russen an und vertrieben sie mit dem Bayonnet. Verstärkt kehrte der Feind zurück und ging wieder an die Arbeit, und es gelang ihm, unter dem Schutze seiner Kanonen, wirklich einige Fortschritte darin zu machen, aber nach einem neuen Kampfe von einiger Dauer mit den tapfern Verbündeten mußten sie ihr Vorhaben aufgeben. Das Gefecht währte von acht Uhr Abends bis drei Uhr früh, und der Verbrauch von Munition muß auf beiden Seiten sehr bedeutend gewesen sein. Am andern Morgen entdeckte man, daß es dem Feinde doch gelungen war, mehrere Schützengruben anzulegen und zu besetzen. Der Verlust der Franzosen wird auf 200 Kampfunfähige geschätzt. Nach dem heftigem Bataillenfeuer, das unaufhörlich gegen die Russen unterhalten wurde, müssen die Russen das Dreifache verloren haben. Mit Tagesanbruch hörte der Kampf auf und nur die Franzosen setzten die Kanonade fort.

26. April.

Die Eintönigkeit des Lagerlebens erhielt heute durch eins der großartigsten militairischen Schauspiele einige Abwechselung. Die ganze Observationsarmee General Bosquets, zusammen 45 Bataillone Fußvolk, 2 Regimenter schwere Dragoner und 2 Regimenter Chasseurs d'Afrique nebst 60 Geschützen hatte Revue vor General Canrobert, den ein zahlreicher und glänzender Stab, mehrere englische Generale und eine unübersehbare Zahl englischer Officiere begleiteten. Die Heerschau fand auf dem Höhenkamme statt, welcher die natürliche Vertheidigung des Plateaus bildet, auf welchem die Lager der Verbündeten stehen, und die Truppen nahmen den ganzen Raum von dem der ersten russischen Batterie über Inkerman gegenüberliegenden Punkte bis zu den Höhen über der Wahlstatt vom 25. October ein. Halb drei Uhr formirten sich die schwarzen Colonnen der französischen Infanterie vor den sich weithin streckenden Zeltlagern, oder zogen blitzende Streifen über die Ebene, wie sie mit den im Sonnenschein funkelnden Waffen aus ihren verschiedenen Lagern heranmarschirten. Wohl eine Meile weit konnte man Regiment nach Regiment auf dem sich langhin streckenden Höhenkamme aufmarschiren sehen, bis sie eine ununterbrochene lebendige aber bewegungslose Mauer bildeten. Doch selbst der weitausgedehnte Raum langte nicht zu und bald bildeten neu ankommende Regimenter eine zweite Mauer. Den größern Theil der kleinen Armee müssen die Russen von den Höhen über der Tschernaja und die Russen von den Redouten und Canroberts Hügel im Thale aus haben übersehen können. Um drei Uhr erschien General Canrobert, begleitet von seinem Stabe und den englischen Militaircommissairen auf dem Platze, wo ihn General Bosquet mit seinem Stabe empfing. Die Truppen präsentirten vor dem General das Gewehr. Die Musik stimmte das Partant pour la Syrie an, die

Marketenderinnen standen mit ihrem liebenswürdigsten Lächeln neben den
Spielleuten.   Die goldnen Adler mit ihren von Stickerei schweren Stand-
arten waren gesenkt und General Canrobert, den Hut von Straußfedern
eingefaßt, die Brust mit Orden bedeckt, mit einem dicken Stock unter dem
Arme, ritt auf einem feurigen Araber, begleitet von einem glänzenden
Stabe und einer Suite von Generalen, die Linien entlang und inspicirte
die einzelnen Regimenter.   General Estcourt, General England, General
Pennefather, eine große Anzahl von Officieren des Stabes und ein ganzes
Heer von englischen Officieren zu Fuß, zu Pferde und zu Pony, und in
den verschiedenen Uniformen und Civiltrachten der Armee waren anwesend.
Sowie General Canrobert zwei Divisionen inspicirt hatte, traten von
ungefähr 16 Bataillonen die Officiere vor und bildeten einen Kreis, in
welchen General Canrobert hineinritt, worauf er eine Anrede hielt, von der
ich leider nur einzelne Worte verstehen konnte.   Nachdem sämmtliche Truppen inspicirt waren, nahm der General mit seinem Stabe auf der Mitte
des ganzen Raumes Stellung, und die Regimenter defilirten einzeln.   Ein
dumpfdröhnender Kanonenschuß vom Feinde auf die der Batterie jenseit der
Tschernaja zunächst stehende Colonne gerichtet, legte Zeugniß von der Wachsamkeit der Russen ab, aber die Kugel erreichte ihr Ziel nicht und schlug in
dem dem Flusse zugekehrten Abhange ein.   Das Defiliren dauerte fast zwei
Stunden und Jäger zu Fuß, Linieninfanterie, Zuaven, Voltigeurs und
Araber zogen Colonne nach Colonne vorüber, bis die 45 Bataillone vor
den Augen Desjenigen vorbeimarschirt waren, der wohl stolz sein durfte,
ihr Anführer zu sein.   Die Chasseurs indigènes, deren sonnverbrannte Gesichter grell von den weißen Turbanen abstachen, nahmen sich in ihren hellblauen Jacken mit hellgelben Aufschlägen und Besatz wie ein Beet Sommer-
blumen aus, und die Zuaven stürmten mit dem schwebenden elastischen
sprungartigen Schritt vorüber, der uns an ihr tigerähnliches Vorstürzen
bei Inkerman erinnerte; und nicht weniger rühmenswerth war das soldatische, gesetzte und diensttüchtige Aussehen der Linienregimenter.   Dann
kam die Artillerie und in dichten Staubwolken rollte und sauste ein Unwetter von Geschützen und Fuhrwerken eine Viertelstunde lang über das
durchschnittene Terrain, bis die 60 Geschütze und die dazu gehörigen
Wagen vorüber waren.   Der General ritt die Fronte der Chasseurs
d'Afrique und der beiden Dragonerregimenter entlang, die alsdann im raschen Trabe vor ihm defilirten.   Die vier Regimenter sollen 2000 Pferde
stark sein.   Sie schienen jedes Dienstes, den man von Roß und
Reiter verlangen kann, fähig.   Die Pferde sind zwar klein und leicht,
aber in bestem Zustande, vorzüglich die der Chasseurs d'Afrique.   Die
Revue war kurz nach sechs Uhr zu Ende.   Jedes Regiment, wie es vor dem
Generale vorüber defilirte, folgte dem Beispiele des Obersten und rief:
Vive l'Empereur!

27. April.

Unsere Batterien sind fast ganz verstummt — nur ein paar Kanonen und Mörser antworten in langen Zwischenräumen auf einen gelegentlichen Schuß aus dem Redan und dem runden Thurme, und hinter letzterem scheint ein Schiff zu liegen, welches unsern rechten Angriff dann und wann mit einer Bombe bewirft. Welch ein Gegensatz zu den Franzosen links und selbst rechts von uns! Ihr Feuer hat nie aufgehört und die Russen erwidern jeden Schuß aus den Schutt- und Trümmerhaufen, hinter welchen sich die Batterien verbergen. Vorgestern eröffnete der Feind eine neue Batterie, die zwischen den Häusern der Stadt auf einem Höhenkamme, nicht weit von der Wohnung des Gouverneurs, liegt und richtete ein sehr schweres Feuer auf die Franzosen und gelegentlich einige Kugeln auf die linke Seite unseres linken Angriffs. Im rechten Angriff wurden uns gestern zwei Artilleristen getödtet und die Bettungen von zwei Geschützen zerbrochen; und obgleich diese Batterien sehr gelitten, haben sie doch viel dazu beigetragen, das Feuer des Mamelon und des runden Thurmes zu schwächen. Dennoch verdienen die Franzosen alles Lob für die Ausdauer, mit der sie ihren Angriff fortgesetzt haben, obgleich ihnen seit einigen Tagen die Unterstützung durch unser Feuer abging. Sicherlich haben sie ihrer Versäumniß vom 17. October, welche durch die Unglücksfälle in ihren Pulvermagazinen verursacht wurde, wieder gut gemacht.

Vor Sebastopol, 30. April.

Unsere neue Batterie, nur achthundert Schritte von den feindlichen Geschützen entfernt, ist fast vollendet, und da sie sehr schwer armirt wird, hofft man von ihrem Feuer große Erfolge. Natürlich wird auch die Wirkung des dagegen gerichteten feindlichen Feuers stärker werden und wir müssen uns auf größere Verluste gefaßt machen, je weiter wir unsere Arbeiten vortreiben. Meiner Meinung nach muß jedoch die Ueberlegenheit an Geschützen sowohl der Zahl wie der Stellung nach sehr groß sein, ehe wir hoffen können, die in den Erdwerken aufgestellte Artillerie der Gegner zum Schweigen zu bringen. Bis zu einem gewissen Grade können wir an dem Schaden, welchen die Russen in unsern Batterien anrichten, die Größe des von uns auf ihre Werke hervorgebrachten Eindrucks ermessen. Wäre es ein genauer Maßstab, so müßten wir schließen, daß unser Feuer ihnen sehr wenig Schaden gethan und keinen sehr großen Verlust an Menschenleben verursacht hat; aber da unser Feuer convergirend auf Batterien wirkt, hinter welchen Häuser, Mauern und Steinhaufen stehen, wo ein gewisser Theil der Besatzung, der Ablösungen und der zur Schanzarbeit Commandirten untergebracht werden muß, so müssen die Russen, außer dem dem unserigen durchschnittlich gleichkommenden Verluste in den Batterien, selbst auch noch ziemlich viel hinter denselben verlieren. Dies hat jedoch sehr wenig zu bedeuten, so lange der Feind die Besatzung der Festung beständig von der Armee außerhalb der Stadt verstärken kann, und vermehrt nur das nutzlose aber unvermeidliche Blutvergießen einer Belagerung. Im Grunde thun wir diesen ungeheuern Erdwerken von 20 und 30 Fuß Stärke sehr wenig Schaden, der nicht wieder auszubessern wäre, und der Feind zeigt sich im Stande, seine zerschossenen Geschütze so schnell durch neue zu ersetzen, als wir sie demontiren können. Ich kann mir daher — nach dem, was ich gesehen habe, zu urtheilen — nicht denken, daß wir jemals fähig sein werden, im Verhältnisse eine größere Zahl der russischen Geschütze zum Schweigen zu bringen, als in den Tagen vom 17. bis 20. October vorigen Jahres und ich glaube nicht, daß Jemand die Meinung hegt, wir könnten in irgend einen Theil ihrer Verschanzungen Bresche legen. Um zu beurtheilen, welche Aussicht wir dazu haben, brauchen wir blos zu betrachten, was bis jetzt geschehen ist. Anfangs ist es uns immer gelungen, das Feuer der Russen zu reduciren, dann, wie wir unser Feuer fortsetzen, werden unsere Kanonen ausgeschossen und unsere Munition geht zu Ende, sodaß wir die Zahl unserer Schüsse vermindern müssen. Auf diese Weise hört unsere Ueberlegenheit allmälig auf und fährt fort, abzunehmen, bis sie den Nullpunkt erreicht und der Feind anfängt, sich wieder zu erholen und seine Stellung zu behaupten. Die bei dieser Belagerung gemachten Erfahrungen müssen von großen Folgen für das Befestigungswesen sein, denn sie haben, wie man meinen sollte, unzweifelhaft gezeigt, daß gehörig angelegte Erdwerke viel besser sind, als Mauerwerk. Die feste steinerne Masse des Malakoffthurmes war nach eintägiger Beschießung zerschmettert und von der Spitze bis zum Fuße geborsten. Er ist jetzt ein Trümmerhaufen. Das Erdwerk davor ist so fest, wie am ersten Tage, wo wir darauf schossen. Eine dreizehnzöllige Bombe dringt in eine feste Erdwand höchstens 3 Fuß ein, ein Vierundzwanzigpfünder auf achthundert Schritte Entfernung 6 Fuß, ein Sechsundfunfzigpfünder 8 Fuß und ein Achtundsechzigpfünder noch etwas tiefer. Aber selbst zugegeben, daß jede unserer Kugeln diese Wirkung hat und so tief als es ihr nur möglich ist, eindringt, so bleibt immer noch die Frage, welchen Erfolg wir gegen 30 Fuß dicke Erdwerke, die von hinten beständig verstärkt und von einem Feind mit unerschöpflichen Vorräthen von Arbeitskräften, Erde und Sand, Schanzkörben und Zimmerholz vertheidigt werden, zu erreichen hoffen können?

2. Mai.

Sieben Bataillone französischer Infanterie haben vorige Nacht und diesen Morgen eine sehr glänzende Waffenthat ausgeführt. Sie griffen vor Mitternacht die russischen Schützengruben an und bemächtigten sich derselben unter einem heftigen Feuer. Die Russen kamen den Angreifern entgegen — ein hitziges Gefecht entspann sich, in welchem die Franzosen mehrmals mit dem Bayonnet angriffen und endlich warfen sie die Russen in ihre Werke zurück, folgten ihnen, erstürmten die Außenwerke der Centralbatterie und eroberten acht Cohorns, welche sie dem General Pellissier überbrachten. In diesem glänzenden Gefechte, welches von zwei Uhr bis zum Morgen dauerte, verloren die Franzosen 63 Todte und 210 Verwundete und 9 Officiere.

Wie hartnäckig der Kampf gewesen, zeigten deutlich der Anblick des Schlachtfeldes zwischen den französischen Linien und den Centralbatterien. Der ganze Raum von Schutt, umgewühlter Erde und Trümmern von Batterien und Außenwerken war mit Schanzkörben, zerbrochenen Waffen und Leichen bedeckt, und die Russen waren eifrig mit dem Begraben Derjenigen beschäftigt, die innerhalb ihrer Linien gefallen waren.

Das Schießen auf dem linken Flügel war außerordentlich lebhaft und die russische Artillerie that ihr Möglichstes, um die Verluste ihrer Cameraden zu rächen, aber wahrscheinlich ohne großen Erfolg, obgleich die Luft von Staubwolken verdunkelt war, welche die zahllosen in die Brustwehr der Batterien schlagenden Kugeln emporwarfen. Die Franzosen antworteten kräftig, und von Tagesanbruch bis zum Abend dauerte der Kampf zwischen den Artilleristen und den Schützen vor der Signalstabbatterie fort. Unsere Batterien blieben den ganzen Tag über stumm.

· Heute am frühen Morgen verließ eine kleine Flotille von 25 oder 30 französischen Schiffen, meistens Briggs und Schooner, Kamiesch und segelte vor einem sanften Winde nach Südwesten. Sie waren den ganzen Tag sichtbar und konnten von Sebastopol aus leicht gesehen werden. Mit Sonnenuntergang waren nur noch die Mastspitzen zu erkennen. Mehrere französische Kriegsschiffe begleiteten sie. Man vermuthete, daß diese Schiffe einen Theil der Truppen oder Vorräthe einer angeblich nach Kertsch bestimmten geheimen Expedition enthielten. Halb drei Uhr sah man ein russisches Corps in drei Abtheilungen, jede ungefähr 2500 Mann stark, aus dem Lager über die Tschernaja nach Sebastopol hineinrücken. Auch ein sehr langer Zug von Wagen und Packpferden gelangte im Laufe des Tages in die Stadt und ein gleicher zahlreicher Zug von Fuhrwerken ging in das Innere. Die Truppen marschirten auf der um die Spitze des Hafens führenden Straße auf die Nordseite, und wir verloren sie gegen drei Uhr hinter dem Höhenzug südlich von der Straße aus dem Gesichte. Die Luft war so hell, daß man mit dem Fernrohre fast ihre Gesichter erkennen konnte. Die Officiere waren gut beritten und die Mannschaften marschirten exact und geschlossen. Viele Hunde begleiteten die Truppen und wie sie bei den zahlreichen neuen Batterien vorüberkamen, an welchen die Russen Tag und Nacht schanzen, ließen die Arbeiter den Spaten liegen, salutirten vor den Officieren und sahen dem vorbeimarschirenden Zuge zu. Eine kleinere Truppenabtheilung verließ später die Stadt und marschirte auf einem andern Wege nach dem Lager am Belbek.

Gegen vier Uhr bemerkten wir auf dem rechten Flügel, daß der Feind hinter der Mastbastion seine Bataillone in Colonnen formirte, und wenige Augenblicke darauf machten ungefähr 2000 Mann, wahrscheinlich Freiwillige, einen verzweifelten Ausfall aus dem dicht bei den Centralbatterien liegenden Werken, und warfen sich mit einem lautem Hurrah auf die vorgeschobenen Werke der Franzosen.   Ihrer Mehrzahl und ihrem Ungestüm gelang es, die Franzosen einen Augenblick aus den unvollendeten Werken und Schützengruben bis an die Parallele zurückzudrängen, obgleich nicht ohne verzweifelten Widerstand.   Das Kleingewehrfeuer war so heftig, daß der Rauch bald den Schauplatz des Kampfes verhüllte, aber wir konnten die Franzosen, deren Bayonnete durch die dicke Luft in der Sonne funkelten, rasch durch die Traversen und bedeckten Wege nach der Fronte vorrücken sehen, und in wenig Augenblicken waren die Russen mit dem Bayonnet zurückgetrieben und mußten eilig nach ihren Verschanzungen zurückfliehen, welche sofort ein heftiges Kanonen- und Kartätschenfeuer eröffneten, um die Verfolgung der Franzosen zu hemmen.   Unsere Verbündeten fochten glanzvoll und züchtigten die Vermessenheit des Feindes mit großer Strenge; unser Verlust ist glücklicherweise sehr unbedeutend.   Mehrere russische Officiere und Soldaten wurden zu Gefangenen gemacht, und es gelang den Feind nur mit großer Anstrengung die meisten seiner Todten und Verwundeten mit fortzunehmen.   Während dieses Gefecht im Gange war, fand unser Wettrennen in einer Vertiefung hinter dem Cathcartshügel statt.

Die Vorbereitungen zu der geheimen Expedition bilden den einzigen Unterhaltungsgegenstand im Lager.   Sir George Brown, der den Befehl über die englischen Truppen führen soll, hat den ganzen Nachmittag die Ordre, sich einzuschiffen, erwartet.   Zwei Batterien wurden in Balaklawa an Bord gebracht.   Die Mannschaften nehmen ihre Zelte mit und auch Pioniere und Baggagethiere werden der Expedition mitgegeben.

Vor Sebastopol, den 8. Mai.

Die Einzelheiten der Expedition nach Kertsch haben ihre Interesse verloren, da sie nichts bewirkt hat. Man hört die abenteuerlichsten Gerüchte über die Ursachen, wegen deren sie unverrichteter Sache zurückgekehrt ist, aber es genügt zu sagen, daß die Flotte, aus ungefähr 40 Segeln mit fast 12,000 Mann an Bord bestehend, auf ihren Rendezvous unter 44 Grad 28 Minuten Breite und 36 Grad 28 Minuten Länge, am Sonnabend Morgen und in der vorhergehenden Nacht ankam, und daß sie durch einen expressen Dampfer, der Kamiesch Freitag Nacht oder Sonnabend früh verließ, vom General Canrobert Befehl erhielt, wieder zurückzukehren woher sie gekommen war. Man behauptet, der französische General hätte die Ordre in Folge einer Mittheilung von Paris abgeschickt, welche ihm gebot, die unter seinen Befehl gestellten Streitkräfte im Chersones zu concentriren. Es ist nicht zu verwundern, daß diese unerwartete Umkehr einer Expedition, die jedenfalls wichtige Dienste zu leisten bestimmt war, Diejenigen ärgerlich und verdrießlich macht, welche dabei Ehre und Ruhm zu gewinnen erwarteten. Admiral Bruat konnte es nicht wagen, die Verantwortlichkeit, so bestimmte und deutliche Befehle nicht zu befolgen, auf sich zu nehmen, und Admiral Lyons war nicht in der Lage, dem ruhmgekrönten Ungehorsam Nelsons nachzuahmen.

10. Mai.

Heute Morgen, gegen ein Uhr, weckte uns ein sehr heftiges Kleingewehrfeuer und wiederholtes Hurrahrufen vor unserm rechten Angriff, und bald sammelten sich zahlreiche Gruppen auf dem Höhenzuge vor den Lagern der 3. und 4. Division. Die Nacht war sehr dunkel, der Mond noch nicht aufgegangen und der Himmel mit Wolken bedeckt; aber die immer rascheren Blitze des Kleingewehrfeuers, welche die Fronte der Laufgräben erleuchteten, das Geheul der Russen, die Cheers unserer Leute und der Donner des Gefechts, zeigten daß ein Kampf von nicht geringer Heftigkeit stattfand. Wohl dreiviertel Stunde weit flammten durch die Nacht röthliche Blitze und helle Funken, die vorrückten, zurückgingen, ganz erloschen, von Neuem wild in Flecken mit zahllosen Sternen in langen Linien aufblitzten, wie der elektrische Funke eine Kette entlang emporsprühten und einen Augenblick lang große Feuerkrater bildeten. Als ich die Fronte erreichte — ungefähr fünf Minuten nachdem das Schießen begonnen hatte — war das Gefecht auf unserm ganzen rechten Flügel im Gange. Ich habe die Einzelheiten noch nicht erfahren, und kann nur beschreiben, was ich sah. Der Wind wehte vom Kampfplatze her, und man konnte das Geschrei der Truppen, die Stimmen der Officiere und unsere und die russischen Hörnersignale deutlich hören. Die Signalhörner der leichten und der 2. Division bliesen auf unserm rechten Flügel Generalmarsch, als wir die Höhe erreichten, und bald darauf wurde auch das französische Lager allarmirt. Lange Reihen von Truppen waren aufmarschirt, und beobachteten mit der gespanntesten Theilnahme das Gefecht vor ihren Augen. Die Zelte der 4. Division waren erleuchtet, und die alten Veteranen von Inkerman sehnten sich alle nach dem Befehle vorzugehen, wenn man ihrer Dienste bedürftig sein sollte. Das Kleingewehrfeuer, das eine Viertelstunde lang unausgesetzt geknattert hatte, hörte hie und da zuweilen ganz auf, um dann mit neuer Heftigkeit wieder anzufangen. Dann vernahm man einen englischen Cheer, der jedes Herz begeistert zittern macht. „Unsere Bursche haben sie zurückgetrieben! Bravo!" Dann vernahm man ein russisches Hurrah, eine Kleingewehrsalve, abermals ein Cheer, ein knatterndes Schießen, das immer dünner wurde, ein lautes Hurrah von der Fronte; und dann bliesen die russischen Signalhörner zum Rückzuge und die unsrigen „Hört auf zu feuern!" und der Angriff war nach halbstündiger Dauer vorüber. Der Feind war geschlagen und zog sich in seine Erdwerke zurück; und jetzt eröffnen die

Batterien ihr Feuer, um den Rückzug zu decken. Der Redan, der runde
Thurm, die Gartenbatterien und die Batterie an der Woronzoffstraße,
wahrscheinlich von den Schiffen unterstützt, sendeten aus den Mündungen
ihrer Kanonen Blitze in die Luft. Die Batterien an der Kalfaterbucht
und auf der Nordseite des Hafens waren nicht müßig, und den Himmel durchzogen die rothen Bogenspuren zahlloser Bomben. Sowie die
Russen ihre Kanonade begannen, eröffneten auch unsere immer thätigen
Verbündeten, die Franzosen, auf unserer Rechten aus ihren Batterien
über Inkerman und von den Redouten ihr Feuer, um die russische Artillerie von unsern Truppen abzuziehen; und auch unsere Batterien antworteten und sendeten dem sich zurückziehenden Feinde Vollkugeln und
Bomben nach. Die Kanonade dauerte von halb zwei bis drei Uhr, aber
die Zuschauer hatten sich bereits um zwei Uhr entfernt, und versuchten, trotz
des höllischen Donners der vielen hundert Geschütze, zu schlafen. Bald nach
drei Uhr fing es mit großer Heftigkeit zu stürmen und zu regnen an, und
als ich heute Morgen aufstand, glaubte ich wirklich, es hätte sich einer unserer schrecklichen Wintertage in den krimschen Mai eingeschoben.

Der Regen hat jetzt aufgehört und der Erdboden trocknet schon wieder ab, aber der Wind ist immer noch sehr heftig. Wie ich höre, war das
Gefecht vorige Nacht oder diesen Morgen weniger hitzig, als wir glaubten.
Die Russen griffen die linke Seite unseres rechten Angriffs, dicht bei der
Woronzoffstraße, an, doch die Truppen waren zu ihrem Empfange bereit,
und trieben sie, trotz des sehr heftigen Kleingewehrfeuers, zurück. Ein Theil
der leichten Division nahm sie in die Flanke, und obgleich der Feind ein
heftiges Feuer unterhielt, so that er uns doch wenig Schaden.

Vor Sebastopol, 15. Mai.

Die activen Operationen der Belagerung sind vor der Hand auf einige
Zeit suspendirt; unsere Batterien sind vollständig, unsere Werke vollendet,
aber mit der Armirung derselben sind wir noch nicht ganz fertig. Selbst
die Franzosen sind des nutzlosen Kanonirens müde, und während der letzten
beiden Nächte wurde nicht viel geschossen. In Balaklawa werden jetzt täglich Sardinier ausgeschifft, und alle vierundzwanzig Stunden treffen zwei
oder drei Dampfer mit Abtheilungen dieser vortrefflichen Truppen ein. Sie
kommen alle marschfertig mit Pferden, Fuhrwerk rc. ans Land. Ihre
Transportwagen sind einfach, stark gebaut, oben zugedeckt, blau angestrichen,
mit den Worten „Armata Sarda" und dem Namen des Regiments, dem
der Wagen gehört, in schwarzen Buchstaben auf dem Deckel bezeichnet. Die
Officiere sind gut beritten, und Jedermann bewundert das Aussehen und
die Haltung der Truppen und hauptsächlich der Bersaglieri oder Jäger, und
dem Auge fällt ihre malerische Kopfbedeckung auf: Ein Freischärlerhut
mit einem großen Federbusche von schwarzen Hahnenfedern an der Seite.
Die Officiere des Corps tragen einen Busch von grünen Straußenfedern.

General della Marmora ist mit seinem Stabe angekommen, und wurde von Lord Raglan mit besonderer Auszeichnung empfangen.

Das Lager der Sardinier befindet sich auf den Hügelabhängen um Karanyi. Viele von ihnen haben nur das tente d'abri der Franzosen, das jedoch vielleicht ein wenig größer und nicht ganz so leicht ist. Die Zelte der sardinischen Uhlanen werden von ihren Lanzen getragen, deren eine auf jeder Ecke des Zeltes in die Erde gesteckt wird, und ihr Lager macht mit seinen flatternden Fähnchen einen sehr guten Eindruck auf das Auge.

Die Pferde der Sardinier sind etwas dürr, aber sonst in vortrefflichem Zustande und jedenfalls nicht so gefährliche Nachbarn wie die Pferde des 10. Husarenregiments, die sehr unartig geworden sind, sich von den Piquetpfählen losreißen, des Nachts durch die Lager jagen, und den in der Nachbarschaft Schlafenden, deren Zelte in der Nacht häufig mit diesen muthwilligen Rossen in unsanfte Berührung kommen, ein Entsetzen bereiten. Erst gestern ritten wir zu Dreien, zwei Officiere von der Artillerie und von den Husaren, und meine Wenigkeit friedlich durch eines der Thäler bei Karanyi, als wir plötzlich rufen hörten: „Vorgesehen!" und sieh! es kam ein wüthendes Roß mit gesträubter Mähne und emporgerichtetem Schweife gerade auf uns zugerannt. Es hatte einen Trupp Husarenpferde, die auf der Wiese weideten, verlassen, um uns den Kampf anzubieten, und sprengte jetzt im raschesten Laufe auf unsere Ponies zu. „Säbel heraus!" tönte das Commando, als der interessante Vierfüßler uns umkreiste und uns bald mit seinen Hinterhufen und bald mit seinen Zähnen bedrohte, aber zwei blitzende Schwerter und eine starke Peitsche hielten ihn fern, und endlich erhaschte zu unserer großen Erleichterung sein Auge den Obersten Mayo, der vorübertrabte, ohne von seiner Gefahr das Geringste zu ahnen, bis ihn das Geschrei der Soldaten warnte. Der Oberst vertheidigte sich und sein Pferd mit großer Entschlossenheit, zog den Säbel, und stieß oder hieb rechts und links, wie es die raschen Bewegungen des Angreifenden nöthig machten, bis Leute herbeikamen und das interessante Thier mit Schlägen forttrieben. Dies sind angenehme Episoden, aber es ist fast zu aufregend bei diesem heißen Wetter, wenn zu den Aussichten, durch Krieg und Seuche das Leben zu verlieren, noch die Möglichkeit kommt, von den Zähnen oder Hufen eines tollgewordenen Arabers vernichtet zu werden.

Balaklawa bietet ein Schauspiel außerordentlicher Thätigkeit dar, und die Menge von Vorräthen aller Art, die ans Land gebracht werden, geht über alle Begriffe. Wenn eine Armee von jenseit des Meeres genährt wird, so sieht man erst, was sie Alles verzehrt, und man kann sich einen Begriff von Dem machen, was sie bei einem Marsche durch ein bebautes Land Alles verwüstet. Pyramiden von Kugeln, Bomben, Shrapnel- und Kartätschenpatronen, Berge von Kohlensäcken und Holz und Haufen von Fässern mit Lebensmitteln, erheben sich auf allen Seiten den Meeresrand entlang. Der Hafen ist jedoch jetzt kaum mehr zu erkennen, so groß

ist gegen früher die unter den Schiffen herrschende Ordnung und die auf
den Kai und Werften vorgenommenen Verbesserungen. Aber selbst jetzt
noch kommen mir fast jede Woche Fälle zu Ohren, wie das Ausladen von
Schiffen unnöthigerweise aufgehalten wird. So liegt seit fünf oder sechs
Wochen ein Dampfer von fünfhundert Tonnen, die Alster, mit einer Ladung
Holzkohlen in Balaklawa, und ist noch nicht gelöscht. Die Regierung bezahlt für dieses Schiff monatlich ungefähr zwei Pfund funzehn Schilling
für die Tonne, sodaß, wenn man die Kosten dieser fünf Wochen auf den
Preis der Kohlen schlägt, sie ein ziemlich theures Feuerungsmaterial werden. Ueberhaupt säet John Bull sein Geld mit vollen Händen über den
ganzen Chersones aus. Wie verschwenderisch unsere Ausgaben sind, zeigen am besten die Segelkriegsschiffe, welche wegen der zu ihnen gehörenden Mannschaften der Matrosenbrigaden hier im Dienste bleiben. Diese
Schiffe kosten England viele Tausende von Pfunden, und sind trotz ihrer
vortrefflichen Eigenschaften als Kriegsschiffe verhältnißmäßig nutzlos. Man
hat berechnet, daß jeder zu den Segelkriegsschiffen gehörige Mann der Matrosenbrigade hier auf dem festen Lande England fünfundzwanzig Pfund
täglich kostet; doch mag ich die Richtigkeit dieser Rechnung keineswegs
verbürgen.

Die Ereignisse dieses Krieges oder vielmehr die Ansichten des Lagers
und der Umgegend, werden den Künstlern überreichliche Beschäftigung geben,
und schon haben geschickte Hände das Daguerreotyp benutzt, um Andenken
an das Lager- und Zeltleben lebendig zu erhalten. Aber es kommen jeden Tag
und jede Stunde hier kleine Ereignisse vor, die gar nicht gemalt werden
können. Eins der gewöhnlichsten und aufregendsten ist die Jagd auf einen
Tausendfuß. Eine kleine Gesellschaft sitzt in einer Hütte bei einem fruga-
len und heiterm Mahle. Plötzlich ertönt ein Schrei; Einer springt mit
entsetztem Gesicht auf und weist mit ausgestrecktem Finger auf ein dunkles,
sechs Zoll langes Insect, daß, nur aus Beinen und Beißzangen bestehend, rasch über die Wand läuft. Auf den Ruf: „Wahrhaftig, da ist
ein Tausendfuß!" springt Alles auf und ruft: „wo?" Die Muthigsten
greifen nach Tranchirmessern oder Gabeln, die Gewandteren nehmen
zwei lange Hölzer, um den schlauen und giftigen Feind damit zu packen,
und in einem Augenblicke schlüpft der von allen Seiten bedrohte Tausendfuß in eine Mauerspalte, wo er mit Feuer und Zündhölzchen verfolgt
oder in zahllose Stücke zersetzt und unter rächerischen Absätzen zertreten
wird. Die Jagd auf Hunde ist auf ein paar Minuten unaussprechlich
komisch, hauptsächlich in Folge des Benehmens des zur Hetze aus-
gesuchten unglücklichen Thieres. Meistens ist es ein großes zottiges Ge-
schöpf wie ein Wolf, mit einer gewissen Scheu vor Pferden und einem
Selbstvertrauen, welches ihn veranlaßt, der Annäherung der Jäger ruhig
zuzusehen, während seine weniger stolzen Cameraden sich durch die Flucht
zu retten suchen, und mit eingezogenen Schwänzen und hängenden Köpfen

nach den Schluchten zu laufen. Die Reiter kommen näher; der Hund steht auf und knurrt sie an. Aber immer näher kommen die Pferde und breiten sich rechts und links aus; der Hund wird unruhig und sieht sich um und verliert rasch das Vertrauen in sich und seine Sicherheit. Plötzlich lassen die Jäger ein schreckliches Geheul ertönen, und der arme Hund gelangt nun zu der schrecklichen Ueberzeugung, daß er der Gegenstand besonderer Aufmerksamkeit der Centauren ist, und daß ihm die Hetze gilt. Mit lautem Bellen und Kläffen springt er nun auf und läuft nach der Schlucht und dort verlassen wir ihn.

19. Mai.

Es ist immer noch sehr warm. Gegenwärtig (um elf Uhr) zeigt das Thermometer 95 Grad. Ich vernehme für gewiß, daß der General Canrobert abberufen ist, und daß General Pelissier den Befehl über die französischen Streitkräfte übernimmt. Mit ihm geht der vierte der ursprünglichen Führer unserer Verbündeten ab, die bereits von ihren Commandirenden durch Tod, Krankheit oder Abberufung Marschall St. Arnaud, Prinz Napoleon und General Forey verloren haben.

Dreizehntes Kapitel.

Die Expedition nach Kertsch.

Abfahrt nach Kertsch. — Angriff auf die Forts von Pawlowskaja u. s. w. — Verfolgung feindlicher Schiffe. — Die Russen räumen Kertsch. — Zerstörungswuth der Franzosen. — Plünderung von Jenikale. — Das Asow'sche Meer geöffnet. — Landung zwischen Cap Takil und Ambalaki. — Kertsch vom Meere aus gesehen. — Die Befestigungen von Jenikale. — Ausschweifungen in Kertsch. — Zerstörung des Museums in Kertsch. — Beute aus den russischen Bureaus. — Die Batterien von Jenikale geschleift. — Buntheit der Bevölkerung von Kertsch. — Russisches Hospital. — Das Innere der Stadt. — Beschießung von Arabat und Genitichi. — Das fliegende Geschwader im Asow'schen Meere. — Der Feind räumt und sprengt Anapa. — Eigenthümliche Formation der Küste. — Schonung des Woronzoff'schen Palastes. — Rückkehr der Franzosen nach Kamiesch.

Vor Sebastopol, 21. Mai.

Man hat beschlossen eine zweite geheime Expedition nach dem östlichen Theile der Krim zu schicken, und trifft gegenwärtig Vorbereitungen zu ihrer Absendung, welche wahrscheinlich nächste Mittwoch stattfinden wird. Sir George Brown ist zum Befehlshaber der englischen Truppen ernannt, die aus ungefähr 5000 Mann bestehen werden. Das französische Corps soll aus 10,000 Mann und 16 Geschützen bestehen, und auch 3000 Türken

nehmen an der Expedition Theil.   Die Einschiffung der Pferde der Artillerie geht bereits im Hafen von Balaklawa mit großer Thätigkeit vor.

Auf der Höhe von Kertsch, 25. Mai.

Ich kann vor der Hand nicht mehr thun, als den vollständigen Erfolg
der Expedition bis heute und die Einnahme der Forts und die Flucht der Garnison von Kertsch ohne Verlust auf unserer Seite anzuzeigen.   Seit einiger
Zeit ging das Gerücht, daß General Canrobert sich durch die Zurückberu-
fung der ersten Expedition, die ihm schuld gegeben wurde, die ernstliche Un-
zufriedenheit seines kaiserlichen Herrn zugezogen hätte, und man sagte allgemein voraus, daß General Pelissier die Uebernahme des Oberbefehls mit
einem entscheidenden Schlage bezeichnen würde.   Am Montag erhielten die
betreffenden Officiere Befehl, sich für den folgenden Tag zur Einschiffung
bereit zu halten, und es wurde jetzt zur Gewißheit, daß eine Expedition gegen Kertsch und gegen die Russen im Asow'schen Meere im Werke war.   Bereits am Dienstag Abend sammelten sich die dazu bestimmten Kriegs- und
Transportschiffe in und vor dem Hafen von Balaklawa, und Mittwochs gingen sie unter Segel, nachdem mehrere Kriegsschiffe bereits in der Nacht vorher ostwärts gesegelt waren.

Das Wetter war höchst günstig und das Meer so glatt wie ein Spiegel.
Der Caradoc, auf dem ich mich befand, näherte sich Cap Takil, der westlichen Landspitze an der Meerenge, um halb elf Uhr, und man konnte eine
dicke schwarze Rauchwolke am Horizonte nach Norden zu schweben sehen,
welche die Stellung unserer Flotte bezeichnete.   Als das Schiff seine Fahrt
fortsetzte und durch die Meerenge fuhr, die am Eingange etwa zwei Meilen
breit ist, konnte man auf dem Balcon des Leuchtthurmes am Cap Takil
eine Gruppe Leute erkennen, und ein paar einzelne Kosaken trabten, halbversteckt von dem üppigen Grase, über die Wiesen.

Als wir uns Kara Burnu näherten, wurde es klar, daß unsere
Schiffe mit den Forts und Erdwerken von Pawlowskaja, welche die
Straße von Kertsch und Jenikale hüten, im Gefecht waren.   Häufig
hervorschießende weiße Rauchwölkchen, auf die ein schwacher, dumpfnachdröh-
nender Donner folgte, verkündeten uns einen ziemlich hitzigen Kampf,
der jedenfalls nicht von langer Dauer war; denn zehn Minuten nach
halb zwei Uhr fuhr eine ungeheure weiße Rauchsäule gen Himmel empor,
breitete sich aus wie ein riesenhafter Ballon, und ein Donner, gleich dem
ersten Krachen eines Gewitters, sagte uns, daß ein Pulvermagazin in die
Luft geflogen war.   Das Gefecht ließ an Lebhaftigkeit nach und das Schießen wurde weniger häufig.   Ein viertel auf drei Uhr fand eine zweite laute
Explosion statt, und eine ungeheure Masse Erde flog mit dem Rauche zugleich
in die Luft.   Ein drittes Magazin flog halb drei Uhr auf.   Eine fürchterliche Explosion, die Luft und Meer zu erschüttern schien, ereignete sich gegen
drei Uhr; und halb vier Uhr verkündeten drei verschiedene mit einander

sich vermischende Rauchsäulen und ebenso viele Explosionen, deren Wider-
hall die Küsten entlang donnerte, daß die Russen ihre Batterien hatten räumen müssen, und daß sie ihre Magazine in die Luft sprengten. Man sah
sie sich theils über die Anhöhen hinter Kertsch, theils nach Jenikale zurückziehen. Die verbündeten Truppen fingen sofort an sich auszuschiffen, und
die Boote der Flotte landeten sie auf dem Strande zwischen dem Salzsee
nördlich vom Cap Kamiesch und Ambalaki, einem Dorfe an der kleinen
Bucht zwischen Kamiesch und der Pawlowskajabatterie. Die schweren
Dampfer blieben draußen liegen. Die Transportschiffe gingen auf der Höhe
des Salzsees nach Süden zu vor Anker und die Kanonenboote und leichten
Dampfer ankern vor den rauchenden Trümmern der russischen Erdwerke.

Sir E. Lyons und Admiral Stewart befanden sich an Bord des Vesuvius, und Sir George Brown begab sich auf dieses Schiff, nachdem
sämmtliche Truppen gelandet waren, und hatte eine Conferenz mit Jenen.

Als wir vor Anker gingen, fand gegen Norden ein sehr aufregender
Kampf statt. Ein feindlicher Dampfer hatte die Bucht von Kertsch verlassen, welche unserm Auge durch das Vorgebirge, auf welchem Pawlowskaja und die Batterie von Cap Burnu liegt, verborgen war, und
fuhr so rasch er konnte nach der Straße von Jenikale. Es war ein
niedriges, schoonermäßig aufgetakeltes Fahrzeug wie ein Kriegsschiff, und
lange Zeit war man ungewiß, ob es ein Regierungsschiff sei oder nicht.
Ein Kanonenboot schoß ihm über die Untiefen nach, und gerade wie es um
das Cap herum fuhr, schlüpften zwei russische Kauffartheifahrer hervor und
schlugen ebenfalls die Richtung nach Jenikale ein. Gleichzeitig kam ein
schöner geräumiger Schooner vor dem Winde von Jenikale herangesegelt,
offenbar in der Absicht, seinen Cameraden zu helfen, und aller Wahrscheinlichkeit nach, den kleinen Gegner, der ihn verfolgte, geringschätzend. Das
Kanonenboot holte bald den ersten Kauffahrer ein und flog an ihm vorüber, während es ihm eine Kugel zusendete, damit er beidrehe. Sofort
eröffneten die Forts von Kertsch ihr Feuer auf das Boot, und eine Kugel
nach der andern plumpte rings um dasselbe in das Wasser, aber immer noch
setzte es unerschrocken seinen Weg fort. Wie der Kriegsschooner dem russischen Dampfer näher kam, schöpfte letzterer frischen Muth und legte bei,
als wollte er es mit dem Feinde aufnehmen. Ein Blitz und eine Rauchwolke schoß aus dem Bug des Kanonenbootes hervor, und die Kugel flog
über den Russen hinweg und warf weit hinter ihm eine Wassersäule empor.
Erschrocken über diesen plötzlichen Beweis von der schweren Armirung des
Gegners, ergriff der Russe sogleich die Flucht, und der Schooner wendete
und fuhr wieder nach Jenikale zurück, während das Kanonenboot beide verfolgte. Bei der schmalen Straße zwischen Jenikale und der Sandbank, die
sich vor dem gegenüberliegenden Ufer ins Meer erstreckt, sah man eine große
Anzahl Kanonenboote und kleine Fahrzeuge liegen, und wie das englische
Kanonenboot auf sie zufuhr, sah es sich von einer russischen Batterie von

der Landspitze aus, auf welcher die Stadt liegt, beschossen. Einer seiner Cameraden, der ihm schon bald nach Beginn der Jagd gefolgt war, erreichte ihn jetzt und die beiden Kanonenboote stürzten sich sogleich auf ihre Feinde, welche wendeten und in allen Richtungen davon zu eilen suchten, während die Kanonenboote sie jagten, wie ein paar Habichte unter einem Flug Lerchen herumfahren. Das Feuer aus den feindlichen Batterien wurde sehr lästig, und auch die russischen Forts auf der Sandbank fingen an sich in den ungleichen Kampf zu mischen. Sir Edmond Lyons schickte jedoch bald die leichten Dampfer und die verfügbaren Kanonenboote den beiden kleinen tapferen Burschen zur Unterstützung, und die französischen Dampfer eilten ebenfalls zum Entsatz herbei. Die Batterien auf der Sandbank wurden nicht ohne einige Mühe zum Schweigen gebracht; aber endlich sprengten sie ihre Magazine in die Luft und das Fort von Jenikale folgte ihrem Beispiele. Die Kanonenboote unterhielten immer, die Küste entlang fahrend, ihr Feuer, bis es dunkel wurde. Gegen halb sieben Uhr verstummten die Batterien in der Bucht von Kertsch, die Russen sprengten ihre Werke in die Luft und verließen die Stadt. Dunkle Rauchsäulen unten am Fuße feurig gefärbt, fingen an überall über den Hügeln emporzusteigen. Einige derselben rührten von den Regierungsgebäuden und Speichern in Ambalaki her, wo wir gelandet waren; andere von einzeln stehenden Häusern weiter landeinwärts; andere von Vorräthen, welche die sich zurückziehenden Russen vernichteten. Beständige Explosionen erschütterten die Luft und einzelne Kanonenschüsse donnerten fortwährend durch die Nacht. Dort links lag ein brennendes Schiff auf einer Sandbank; hier rechts stand eine Meierei in hellen Flammen und verfinsterte den bleichen Mond mit dicken schwarzen Rauchwolken. Alle unsere Truppen waren vor Dunkelwerden bei Ambalaki gelandet, und bezogen neben dem Dorfe ein Bivouac. Jeder Einzelne erhielt für zwei Tage Lebensmittel, aber keinen Rum; Einige brachten ihre Zelte mit ans Land. Eine kleine Abtheilung russischer Reiterei mit 2 Kanonen unternahm vor Dunkelwerden aus beträchtlicher Entfernung eine Recognoscirung, versuchte aber nicht weiter uns zu stören, und die Truppen konnten es sich in Ambalaki und der Umgegend so bequem als möglich machen.

Da auf dem Meere nichts mehr auszurichten war, indem die Schiffe weit südlich von dem Schauplatze des immer noch fortdauernden Kampfes mit den Kanonenbooten vor Anker lagen, so wurde beschlossen, an dem nächsten geeigneten Platze, ungefähr eine Stunde von der Pawlowskajabatterie, zu landen. Ein Boot brachte uns in einer Viertelstunde von unserm Ankerplatz, wo das Schiff in drei Faden Tiefe lag, an den schönen sanft abfallenden Strand, der jedoch nur wenige Schritte breit kahl war, denn üppiger grüner Rasen ging dicht bis an den Rand des fluthlosen Meeres. Das von keiner Strömung bewegte Wasser am Ufer war klar und offenbar reich an Fischen. Das Land erhob sich ungefähr zweihundert

Schritte vom Strande zu einer steilen vielleicht 100 Fuß hohen Klippe,
die mit dem Ufer parallel lief, und auf dem Raume zwischen dem Ufer und
der Klippe standen Häuser einzeln und in Gruppen, in welchen die Franzosen bereits plünderten, die Thüren und Fenster einschmissen, Jagd auf
Hühner machten u. s. w. und dabei von allen unseren Leuten, die wegkom-
men konnten, unterstützt wurden. Nach dem Salzsee zu loderten einige
größere Häuser in hellen Flammen auf und mehrere Speicher lagen bereits
in rauchenden Trümmern. Auf der Klippe oben stachen, von den Strahlen
der untergehenden Sonne beleuchtet, die Gestalten der französischen und
englischen Soldaten, die sich dort oben umherbewegten, scharf von dem Himmel ab. Die Hochländer suchten in kleinen Trupps Wasser, oder sahen
sich auf ihren Wegen nach den Brunnen in den Häusern nach einem kleinen
Andenken um, aber die Franzosen waren ihnen überall zuvorgekommen
und es wurde über die größere Freiheit, welche unseren Verbündeten gestattet war, viel gemurrt. Die Häuser waren von außen und innen reinlich — sauber weiß getüncht und mit kleinen aber hellen Fenstern von
gutem Glas versehen, die jedoch kaum genügten, die zwei Zimmer, aus
welchen jede Wohnung bestand, zu erhellen, aber der dumpfige saure Geruch drinnen war höchst unangenehm; er schien von den Säcken mit schwarzem
Brot und von den Töpfen voll Fischthran, die sie in jeder Hütte vorfanden,
herzurühren. Jedes Haus hatte Wirthschaftsgebäude, Ställe für das Vieh und
das Geflügel, einen Backofen und vor der Thür standen und lagen plump
gebaute Ackerwerkzeuge, worunter Pflüge, die noch ganz dieselbe Gestalt
hatten, wie sie Virgil beschreibt. Der Hausrath war alle in Stücken zerschlagen; die Hühner und Enten gackerten und schnatterten jämmerlich, während sie als Gefangene des Galliers bündelweise von Zuaven und Chasseurs
fortgeschleppt wurden. Jedes Haus, in welches wir kamen, war vom Dache
bis zum Keller durchstöbert, und aus jedem Schranke guckten ein paar rothe
Hosen hervor, während ein blauer Rock sich drinnen umsah. Töpfe mit
stinkendem Oel, Säcke mit saurem Brot, Fässer voll Mehl oder Schinken,
halbzerlumpte Kleider, alte Stiefeln, aufgeschlitzte Betten, die häßlichen
Heiligenbilder auf Holz oder Papier, die mit einer Lampe davor jede Hütte
zieren, lagen oder standen auf dem Fußboden umher. Lustige Bursche
verkleideten sich mit verblichenen Kattunkleidern oder veraltetem Putz, die
sie in allen Kästen versteckt fanden, und tanzten in den Gärten umher.
Vornehmlich ein Haus, das als Wache benutzt worden war und über dessen
Thüre auf einem Brete Nr. 7 Kardone stand, bot ein Schauspiel besonderer
Verwirrung dar. Seine Bewohner waren offenbar in größter Eile entflohen, denn ihre Capots und Uniformjacken lagen noch auf dem Fußboden
und Säcke mit schwarzem Brote standen in jeder Ecke, sowie eine unglaub-
liche Menge alter Stiefeln. Ein französischer Soldat, der in seinem Zorne,
nichts von Werth vorzufinden, den dürftigen und unreinlichen Hausrath
zerschlagen hatte, erzählte seinen draußen stehenden Cameraden die Ver-

wüstungen, die hier geschehen waren und setzte mit der spaßhaftesten Tugend-
miene von der Welt hinzu: „Messieurs, Messieurs, ces Brigands ils
ont volé tout!" Jedenfalls hatte er sich schon in Ehren mit dem Eigenthümer eines ziemlich großen Bündels lebendigen Geflügels abgefunden,
das er auf der Schulter hängen hatte und das er uns zu einem sehr ver-
nünftigen Preis anbot. Trotz der großen Fruchtbarkeit des Landes hat
der Mensch wenig gethan, seine Ertragsfähigkeit zu erhöhen. Nie in meinem Leben habe ich solche Massen Unkraut oder Gewächse von so unerbitt-
licher Unbarmherzigkeit gegen die Beinkleider oder so excentrische Blumen
von gewaltigem Umfange gesehen, wie in der Umgebung dieser Hütten.
Die Einwohner sind offenbar mehr Viehzüchter als Feldbebauer. In unmittelbarer Nähe jedes Hauses waren Haufen einer torfähnlichen Substanz
aufgeschichtet, die, wie man mir sagte, aus Kuhmist gemacht und zur
Feuerung verwendet wird. Das Rindvieh war jedoch ohne Ausnahme weggetrieben. Unter der Beute habe ich kein einziges Stück bemerkt, obgleich
die Zahl der früher auf den Feldern ringsum weidenden sehr groß gewesen
sein muß. Dagegen fielen den Truppen viele Hühner und Enten in die
Hände und ein Trupp Chasseurs, die ein riesiges wildaussehendes Schwein
erbeutet hatten, freuten sich höchlichst über ihr Glück und hatten es bald
mit ihren Seitengewehren abgeschlachtet und zerstückt.

     Sir Edmond Lyons ging um zwölf Uhr mit dem Banshee unter
Segel. Der größere Theil der Kriegsdampfer ist ihm gefolgt. Die größeren
Fahrzeuge und die Linienschiffe liegen noch vor Ambalaki vor Anker.

Jenikale, 26. Mai.

     Gestern Abend um fünf Uhr kehrte Sir Edmond Lyons mit den
Banshee von einer kurzen Kreuzfahrt im Asow'schen Meere nach Arabat zurück, und Sir George Brown hat sich ans Land begeben und seine Wohnung in einem sehr bescheidenen Haus in Jenikale genommen. Man hatte
erwartet, daß die Russen mit überlegener Macht wiederkommen und uns
angreifen würden, und ich fürchte, daß ein Theil der Armee nach den Ausschweifungen der letzten Tage wenig geeignet gewesen wäre, sie zurückzuweisen. In Jenikale entstand gestern an zwei Orten Feuer und die Behörden
mußten alle ihre Kräfte anstrengen, um zu verhindern, daß sich die Flammen weiter verbreiteten und den ganzen Ort verheerten. Die Häuser waren
aufgebrochen, der Hausrath zerschlagen und wüsten und plündern war die
Losung des Tages. Die Masse von Bettzeug, Kleidern, Spiegeln, Hausrath und Werkzeugen aller Art, welche die Matrosen der vor Jenikale lie-
enden Schiffe fortgeschleppt haben, ist ungeheuer und die Verpflanzung
ieser Sachen aus den Häusern nach den Schiffen ist immer noch in bestem
Gange. Die Engländer haben vor den Gebäuden, die sie beschützen können,
Schildwachen aufgestellt und die Franzosen ebenfalls unter ihren Leu-
n bis zu einem gewissen Grade die Ordnung wieder hergestellt, aber un-

sere Truppen sind der Disciplin bei solchen Gelegenheiten zugänglicher als
Soldaten, welche an das Kriegführen nach afrikanischer Weise gewöhnt
sind. Auch haben die Franzosen einen alten Haß gegen die Russen und
fühlen vielleicht mehr persönliche Erbitterung gegen sie als wir. Sir
George Brown erließ gestern den Befehl, das Jeder, der nach Dunkelwerden in der Stadt betroffen würde, arretirt und jeder am Morgen arretirt
vorgefundene gepeitscht werden sollte. Dennoch war heute Morgen abermals Feuerlärm und es kostete einige Mühe, der Flammen Herr zu werden.

Jenikale, 26. Mai.

Der Erfolg der Expedition ist zu Land und zur See vollständig,
schnell und glorreich gewesen. Die Forts, welche die schmale und schwierige
Meerenge von Kertsch vertheidigten, sind nach schwachem Widerstande gefallen, der Feind selbst hat seine Magazine in die Luft gesprengt und alle
seine Kanonen, nebst ungeheuren Massen Getreide-, Kriegs- und Marinevorräthen und militairischen Ausrüstungsgegenständen sind in unserm Besitz
gekommen. Das Asow'sche Meer steht uns offen und unser fliegendes Geschwader von Dampfkanonenbooten durchstöbert es von einem Ende zum
andern, verbrennt und versenkt die Kriegs- und Kauffahrteischiffe der Russen, schießt ihre Forts zusammen und verbreitet Schrecken und Entsetzen
über den ganzen Küstenstrich dieses Binnensees. Die Streitkraft, welche
diese großen Ziele erreicht hat, und welche zu weiteren Dienstleistungen bereit ist, besteht an Landtruppen aus 7500 Mann Franzosen unter General
d'Autemarre, aus 5000 Türken unter Redschid Pascha und aus 3805 Engländern unter Sir George Brown. Das fliegende Geschwader im Asow-
schen Meere steht unter dem Befehle des Capitains Lyons, des Sohnes des
Admirals, der sich am Bord der Miranda befindet, und besteht aus den
Schiffen Vesuvius, Stromboli, Medina und den Kanonenbooten Ardent,
Arrow, Beagle, Lynx, Snake, Savallow, Viper, Wrangler und Curlew.
Das Gros der Flotte bleibt vor Ambalaki vor Anker; aber ein Geschwader, wie ich glaube, der Highflyer und der Tribune mit einigen französischen
Schiffen ist zur Recognoscirung Anapa's und der tscherkessischen Küste
abgegangen.

Es werden nicht viel Leute seit ihren Schultagen von Kertsch oder
Jenikale gehört haben, bis der gegenwärtige Krieg die Augen Aller auf
die Karte der Krim gelenkt hat, aber diese Orte gehören in einem kleinen
Maßstabe zu jenen hochbegünstigten Stätten, welche die Natur zu Sitzen
des Handels und der Macht bestimmt zu haben scheint, und gleichen im
gewissen Sinne Konstantinopel, welches gleich ihnen an einer schmalen
Meerenge, zwischen zwei Meeren, deren Handel es beherrscht und ihm Gewinn bringt. Nähert man sich Cap Takil, welches, so zu sagen, die süd-
westliche Ecke des Eingangs zur Straße von Kertsch bildet, so erblickt der
Reisende links von sich eine weite Strecke wellenförmiges Wiesenland, das

auf seinem höhern Rücken mit künstlichen Tumuli bedeckt ist und aus dessen Grün in weiten Zwischenräumen die Hütten und Heerden der Tataren heraussehen. Der Leuchtthurm auf dem Vorgebirge ist ein civilisirtes europäisch aussehendes Gebäude von weißem Steine und steht auf einem Hügel ziemlich hoch über dem Meere; und als wir vorüberfuhren, standen die Leuchtthurmwärter auf dem Balcon des Gebäudes versammelt, und verfolgten die Bewegungen der Flotte durch das Fernrohr.

Auf der rechten Seite der Meerenge oder an ihrem südöstlichen Ende bietet die Küste von Taman — berühmt wegen ihrer Pferde, ihrer Reiter und ihres Buchweizens — dem Auge wechselnde Umrisse von steilen Klippen oder sanften bis an den Rand des Meeres sich herabsenkenden grünen Abhängen dar, und die weißen Häuser und Kirchthürme von Fanagoria ließen sich in der Ferne erkennen. Die Militairstraße nach Anapa geht rechts über eine enge schmale Landzunge weiter südlich unterhalb der schmalen Meerenge von Burgas, die in eins der Haffs führt, welche in dieser Region der Salzseen, Landzungen und Sandbänke überall zu finden sind. Das Cap Takil ist von der anderen Seite der Straße ungefähr anderthalb Meilen entfernt. Die Gegend auf beiden Seiten, obgleich frisch und grün, hat wegen der Abwesenheit von Bäumen und Einhegungen ein verödetes Aussehen, trotzdem daß die zahlreichen Windmühlen auf beiden Ufern der Meerenge Zeugniß von der Fruchtbarkeit des Bodens und dem Wohlstande der Bevölkerung ablegen.

Zwischen Cap Takil und Ambalaki, wo die Expedition landete, beträgt die Entfernung ungefähr dritthalb Meilen. Es ist ein armseliger Ort auf einer schmalen Klippe am Meere gelegen, welche sich an der Südseite bei einem Salzsee nach dem Strande hinabsenkt. Da kein Feind vorhanden war, um sich der Landung zu widersetzen, so gelang es, die Truppen außerhalb des Schußbereichs der Batterien zu landen. Diese Bewegung drohte die russischen Batterien im Rücken zu nehmen und ihnen die Verbindung mit Kertsch abzuschneiden, das von Ambalaki aus, von dem Cap Ak-Burnu verdeckt, in einer Bucht liegt. Die Russen verloren daher allen Muth und räumten die Batterien, nachdem sie die Kanonen vernagelt und die Magazine in die Luft gesprengt hatten.

Als die Verbündeten ans Land kamen, war der Feind nach Kertsch entflohen und hatte daselbst soviel Furcht und Schrecken verbreitet, daß die dortige Besatzung voll Besorgniß, im Rücken und von vorn zu Meere und zu Lande zugleich angegriffen zu werden, sich eiligst in das Innere zurückzog. Im Hafen von Kertsch befanden sich sieben zu Regierungszwecken verwendete Dampfer, von denen mehrere armirt waren. Von diesen entkamen vier in das Asow'sche Meer, wo unser Geschwader bald von ihnen Rechenschaft abzulegen wissen wird; dreien versperrten unsere Kanonenboote die Flucht, weshalb sie der Feind in der Bucht von Kertsch auf den Strand laufen ließ und in Brand steckte. Pawlowskaja war ein starkes Erdwerk

mit steinernen Magazinen und Wohnungen für die kleine Garnison und hätte
uns viel Beschwerde machen können, wenn seine Besatzung aus entschlossenen
Männern bestanden hätte. Im Hintergrunde einer von dem Vorgebirge,
auf welchem Pawlowskaja steht, gebildeten Bucht und ungefähr eine Meile
von Ambalaki entfernt, liegt die Stadt Kertsch. Von dem Meere aus gesehen ist es eine schöne und fast stolze Stadt, und die Lage und das Aussehen des Ortes und der dahinter liegenden Gegend lassen in einem bescheidenen Maßstabe einen Vergleich mit Neapel zu. Die Bucht ist halbkreis-
förmig und die Hauptgebäude liegen unten am Wasser, das ein schöner
Kai von Quadersteinen einfaßt. Die Häuser sind sauber weiß getüncht oder
über das Mauerwerk mit verschiedenen Farben bunt angestrichen; viele
von ihnen erreichen die Größe und verdienen fast den Namen von Palästen.
Die Wohnungen der Tataren sind elende Hütten, aber sie sind alle weiß
getüncht und ihre Lage in den Vorstädten und an den Abhängen der Hügel
entzieht sie meistens dem Auge. Links oder westlich von der Stadt breiten
sich große Speicher und die Regierungsfabriken, Sägemühlen, Bäckereien u. s. w. aus. Rechts dagegen befinden sich die Schiffswerfte, die
Batterien und die Militair- und Marineetablissements. Drei oder vier
Kirchthürme erheben sich über die Masse der Häuser im Hintergrunde und
ein stattliches Gebäude von Stein mit einem Säulengange zieht vornehmlich das Auge auf sich. Ungefähr eine Stunde von der Stadt nach Osten
zu befinden sich noch mehrere Regierungsmagazine und eine große Quarantainestation. Einige zerstreute Weiler und zwei Dörfer liegen zwischen
Kertsch und Jenikale.

Die Entfernung zwischen Kertsch und Jenikale beträgt etwas mehr
als eine Meile. Jenikale verdankt seine Wichtigkeit seiner Lage auf einem
Vorgebirge dicht an der Einfahrt ins Asow'sche Meer am nördlichen Ausgang der Straße von Kertsch. Eine von jenen merkwürdigen Sandbänken,
die in diesem Theile der Welt mehrfach vorkommen, erstreckt sich von der
nordöstlichen Spitze der Halbinsel von Taman in südwestlicher Richtung
anderthalb Meile weit quer über das Meer und läßt nur ein Fahrwasser
von etwas über eine halbe Stunde Breite, wo sich die Straße in das
Asow'sche Meer öffnet. Auf dieser Sandbank, auf der sich eine Menge
Salzwassersümpfe befinden, und die an manchen Stellen mehr als eine
Stunde breit ist, hatten die Russen eine starke mit langen und schweren
Sechsunddreißigpfündern bewaffnete Batterie, welche die Fährestation be-
herrschte, sowie auch eine Anzahl schlechtgebauter Regierungsgebäude errichtet, umgeben von vielen Fischerhütten und Schuppen zum Einsalzen der
Fische. Das Feuer der Hauptbatterie vor Jenikale kreuzte sich mit dem
des Forts auf der Sandbank und man hätte meinen sollen, unsere Kanonenboote würden einen starken Widerstand finden; aber die Batterien auf
dem festen Lande wurden verlassen und die Magazine vom Feinde in die
Luft gesprengt; die Batterie auf der Sandbank folgte am nächsten Morgen

diesem Beispiele und Jenikale fiel ohne Schwertstreich in unsere Hände. Die Stadt besteht aus zwei Theilen — der Vorstadt, die dicht am Meeresrande liegt und von einem hohen allmälig vom Strande aufsteigenden Landrücken beherrscht wird. Die Kirche, ein schönes Gebäude in byzantinischem Stole, steht auf dem Abhange mitten in dieser Vorstadt. Der andere Theil besteht aus dem Fort, einem Viereck mit Bastionen und Thürmchen an den Ecken. Jede Seite des Vierecks ist ungefähr achthundert Schritte lang. Hat man die Höhe, auf welcher das Fort steht, erst gewonnen, so erblickt man das Land als eine geräumige Hochebene mit zahlreichen kegelförmigen Grabhügeln bedeckt, die natürliche vorgeschobene Posten für Vedetten bilden. Die Wälle des Forts auf der Landseite sind mit Schießscharten für schweres Geschütz und Kleingewehr versehen, und obgleich sehr alt, doch sehr solid gebaut und leidlich erhalten. Innerhalb derselben befinden sich das Hospital, die Gouverneurswohnung, eine Caserne, die Batterien und die Vorrathshäuser. Eines der in die Luft gesprengten Magazine zerstörte vollständig 200 Fuß von der Courtine. Außerhalb der Wälle bemerkt man Spuren von alten Verschanzungen und die Gräben, bedeckten Wege u. s. w. waren noch recht gut zu erkennen.

Unsere Truppen hatten auf dem Marsche nach Jenikale, das mehr als dritthalb Meilen von ihrem Bivouac entfernt ist, viel von der Hitze zu leiden, aber ihr Benehmen war musterhaft; auch hatten sie nichts mit den Feuersbrünsten zu thun, die in Jenikale ausbrachen und die in einer Nacht drei bis vier Mal nur nach vielen Anstrengungen gelöscht werden konnten. Das Wetter ist ausnehmend schön, aber die Mittagssonne scheint fast zu warm für englische Constitutionen. An frischem Fleische fehlt es nicht. Große Quantitäten Caviar, getrockneter Stör, und von einem Fisch mit großen Schuppen, ähnlich dem Braßen, waren in jedem Dorfe und in Jenikale vorräthig und haben unsern Soldaten gut geschmeckt, aber es fehlte ihnen an Mitteln, den darauf folgenden Durst zu löschen, denn das Wasser ist salzig und die Vorräthe von Landwein, der zum Theil trotz des Zusatzes von Rosenöl vortrefflich ist, sind meistens längst entdeckt und aufgetrunken. Unsere Pferde und das einheimische Vieh trinken das brackige Wasser der Meerenge, aber uns schmeckt es weichlich und sehr unangenehm. Der Canal ist, Jenikale gegenüber, nicht tiefer als 13 Fuß und von Kertsch an war das Fahrwasser sehr schwer zu finden, bis unsere Kriegsschiffe es mit Bojen und Flaggen bezeichneten.

Kertsch, 28. Mai.

Ehe ich die Vorfälle berichte, welche sich seit dem Abgang meines letzten Briefes ereignet haben, muß ich den Gefühlen der Entrüstung und des Abscheues Worte geben, die jedes civilisirte Wesen bei dem Anblicke der in der Stadt angerichteten Verwüstung fühlen muß und gegen jede Beschuldigung protestiren, daß die Plünderung von Kertsch einem Engländer oder englischen Unterthan, mit Ausnahme des Generallieutenants, dessen Nachlässigkeit so schmachvolle Ausschweifungen geschehen ließ, zuzuschreiben sei. Als die Russen, ungefähr 2500 Mann stark, an demselben Nachmittage, wo wir in Ambalaki landeten, Kertsch räumten, folgte ihnen eine große Karawane von Einwohnern mit allem Eigenthume, daß sie in ihrer Angst zusammenbringen konnten und ließen ihre Häuser voll Möbeln und voll aller anderen Sachen, die zum Fortschaffen zu schwer waren, zurück. Die Tataren, die Juden und einige von den ärmeren Russen blieben da, aber die Adeligen und die Beamten flohen mit geringen Ausnahmen in großer Eile. Als die Verbündeten am nächsten Morgen in Kertsch einrückten, überbrachten ihnen die Einwohner nach russischem Brauche Salz und Brot und es wurde ihnen Schutz für ihr Leben und ihr Eigenthum zugesagt. Die Truppen marschirten weiter nach Jenikale und ließen nur ein paar Matrosen und Soldaten zurück, welche die Regierungsfabriken und eine Privatfabrik zur Verfertigung von Miniékugeln und Patronen zerstören sollten. An dem Nachmittage des Tages, wo wir Jenikale besetzten, kamen die Mannschaften von einigen Kauffahrteifahrern vor Ambalaki ans Land und fingen an, in drei oder vier zugeschlossene oder versperrte Häuser einzubrechen und dort zu plündern. Was sie nicht fortbringen konnten, zerschmissen sie in kleine Stücke. Gegen Abend sammelten sich türkische Marodeurs und andere Nachzügler in der Stadt und begingen die scheußlichsten Verbrechen. Zu Plünderung und muthwilliger Verwüstung kamen jetzt Nothzucht und Mord. Die in der Stadt zurückgebliebenen Tataren begrüßten die Ankunft der Osmanli mit Freuden und empfingen sie als Befreier und als Brüder, mit denen sie durch die Bande der Religion, der Sprache und des Russenhasses verknüpft waren. Sie führten die wenigen Türken von Haus zu Haus, zeigten ihnen als Opfer für ihre Habsucht oder ihre Wollust Diejenigen, welche ihrer Unwissenheit oder ihrem Fanatismus Anstoß gegeben hatten und rächten sich an den russischen Handwerkern und Kaufleuten für alte Beleidigungen. Die französischen Patrouillen bemühten sich, die Ordnung aufrecht zu erhalten, und es gelang ihnen einigermaßen, aber nicht eher, als bis sie einige Tataren und Türken verwundet und getödtet hatten. Ein Elender wurde erschossen, wie er frohlockend die Straße herabkam und einen Säbel schwang, der noch von dem Blute eines armen Kindes, welches er in Stücken zerhackt hatte, triefte. Andere wurde erschlagen, während sie die scheußlichsten Unthaten begingen. Einige schleppte man verwundet ins Gefängniß oder ins Hospital und endlich wurde Achtung vor dem Leben durch Vernichtung desselben wieder hergestellt. Ein allgemeines Blutbad fand allerdings nicht statt. Selbst Wilde hätten nicht die Bewohner einer Stadt abgeschlachtet, die sich ihnen ergeben hatten und auf ihre Barmherzigkeit vertrauten. Es wurde jedoch den Franzosen sehr schwer, die Ausschweifungen der Türken und einiger ihrer eigenen Landsleute im Zaume zu halten. Auch einige englische Matrosen von Handelsschiffen halfen bei

der Plünderung und Zerstörung mit. Auf einem merkwürdigen kegelförmigen Hügel hinter der Stadt stehen zwei Gebäude von dem das eine die
Ruhestätte des Mithridates bezeichnen soll — das andere, neueren Ursprungs aber mit einigen an Ort und Stelle gefundenen Säulen eines antiken Tempels geschmückt, ist nach dem Modell des Pantheon gebaut. Es
wurde als Museum benutzt und umschloß eine reiche Sammlung von Aschenurnen und antiken Ueberresten, die man unter den Trümmern des
alten Bosporus und in den Grabhügeln der Nachbarschaft gefunden hat.
Eine Reihe von Terrassen und Stufen von schönem dunklen Granit führt
von dem Markte auf den Hügel, auf welchem der Tempel steht. Wir steigen hinauf und gehen durch Gruppen von Tataren und Russen, die, wie
wir vorübergehen, aufstehen, und sich mit unbedecktem Haupte vor uns verbeu-
gen. Wie wir das Gebäude erreichen, sehen wir, daß die Thürme aufgebrochen und mehrere von den alten griechischen Bildwerken und Marmortafeln, die an die Außenwand gelehnt standen, umgeworfen sind. Auf den
weißen Thürflügel hat in seiner Entrüstung ein Franzose oder Russe mit
Bleistift folgende Abmahnung geschrieben, die nur zu gerechtfertigt war, wer
auch immer die Zerstörung drinnen angerichtet haben mag:

„En entrant dans cette temple, où reposent les (souvenirs?)
d'un siècle passé, j'ai reconnu les traces d'une invasion des Van-
dales. Hélas! Français ou Anglais, faites la guerre à la (posté-
rité?) mais ne la faites pas à l'histoire. Si vous avez la prétention
d'être nations civilisées, ne faites pas la guerre des barbares!"

Es ist ganz unmöglich einen Begriff von dem Anblicke des Innern
zu geben. Das Museum bestand aus einem einzigen großen Saal mit
Glasschränken an den Wänden und Nischen für die Statuen und Reihen
von Glaskästen, in welchen sich die kleineren Alterthümer befanden. An
der der Thüre gegenüber befindlichen Wand lief 30 Fuß über dem Boden
ein breiter Sims hin, auf dem eine große Anzahl Aschenurnen, wahrscheinlich meistens aus den zahlreichen rings um die Stadt zu erblickenden kegelförmigen Grabhügeln ausgegraben, standen. Man gelangte zu ihm durch
eine Wendeltreppe in einem der Pfeiler an der Hinterwand des Zimmers.
Man mußte sich wirklich verwundert fragen, wie die Wuth von nur wenigen
Menschen in so kurzer Zeit eine so große Verheerung anrichten konnte. Der
Fußboden des Museums ist mehrere Zoll hoch mit zerbrochenem Glas, Bruchstücken von Statuen, Vasen, Urnen, dem kostbaren Staub den sie einschlossen,
und halbverkohlten Stücken Holz und Knochen bedeckt, untermischt mit den
Splittern von den Regalen, Kästen und Schränken, in welchen sie aufbewahrt
waren. Kein Stückchen von Etwas, was sich zerbrechen oder verbrennen ließ,
war vom Hammer oder Feuer verschont geblieben. Die Schränke und
Breter waren von den Mauern gerissen, das Glas in Atome zerschmettert,
die Statuen in Stücke zerklopft; es war kaum möglich zu errathen, was sie
früher gewesen waren. Stieg man hinauf auf den Sims wo die Aschen-

urnen gestanden hatten, so war die Zerstörung fast ebenso vollkommen. Ein großer Hund hatte sich furchtsam unter die Vasentrümmer verkrochen und heulte kläglich, als er fremde Tritte hörte. Die halbverbrannten Gebeine, welche sich in den Vasen befanden, waren, mit Staub und Asche vermischt, auf den Fußboden verstreut, und kaum eine einzige Urne oder ein einziges irdenes Gefäß war unzerbrochen geblieben. Hie und da entdeckte man ein Stück Marmor mit ein paar griechischen Buchstaben und die Marmortafeln und Bildwerke, welche vor dem Gebäude standen, waren meistens zu groß und zu massiv, um sich leicht zerschlagen zu lassen; aber im Ganzen war das Zerstörungswerk vollständig und wurde nur in einigen der schönsten Häuser der Stadt erreicht, wie z. B. in dem des Gouverneurs, wo die Verwüstung ebenso rücksichtslos gehaust hatte. Eine einzige vor der Thüre aufgestellte Wache hätte alle diese schändlichen Verwüstungen verhütet, welche der Feind jedenfalls unsern Generalen und Truppen zuschreiben wird. Die Tataren können bei der Zerstörung des Museums mitgewirkt haben, oder die Türken sind auch vielleicht die einzigen Urheber, aber der Tadel wird jedenfalls die civilisirten Staaten treffen, deren Officiere und Soldaten den thätigsten Antheil an den Operationen gegen den Feind nahmen. Die Wohnung des Gouverneurs auf dem Kai, ein großes und schönes Gebäude in französischem Style, hat sehr gelitten und kein einziges Stück Möbel ist unversehrt geblieben. Die Fußböden der Salons sind mit kleinen Bruchstücken kostbarer Spiegel bedeckt. Die Schlösser von solidem Messing, die Thürgriffe und Fensterwirbel von demselben Material sind abgerissen oder zerbrochen, und kein einziges Fenster im ganzen Hause ist ganz geblieben. Beine von Sophas, Stühlen und Tischen, Bruchstücke von Schreibtischen und Bücherbretern, aufgeschlitzte Kissen von Ottomanen und Ruhesesseln, zerfetzte Ueberzüge von vergoldetem Leder und Damast liegen mit den Haaren und Federn der Betten und Kissen bunt durchmischt über das ganze Haus verstreut; und öffentliche Urkunden, Regierungsacten, Pässe u. s. w. bedecken in einigen Zimmern zolltief den Boden. Geleerte Flaschen in allen Zimmern zeigten, daß die Plünderer den Weinkeller zeitig genug entdeckt hatten, und die Entdeckung hatte wahrscheinlich ihre Wuth und Zerstörungslust nur vermehrt. Die Küchen mit ihrem Wirthschaftsgeräthe, die Speisekammern und Dienstbotenzimmer hatten das Schicksal des übrigen Hauses getheilt; Bilderrahmen, aus welchen die Leinwand oder das Papier herausgenommen war, lagen überall umher und legten ein neues Zeugniß von der Wohlhabenheit und dem Luxus der Hausbewohner ab, wenn dasselbe noch nöthig gewesen wäre. Die Fenster waren alle doppelt, ein Beweis für die Strenge des Winters und ein wohlversorgter Eiskeller sprach ebenso deutlich für die Wärme des Sommers. Die Fensterscheiben waren groß und sehr stark, und machten den russischen Fabrikanten alle Ehre, wenn sie überhaupt russisches Fabrikat waren. Von den Möbeln waren jedoch viele Stücke überfirnißt, um die ursprüngliche Rohheit und

Unvollkommenheit der Arbeit zu verdecken. Die größten Ausgaben waren
auf das erste Stockwerk verwendet, offenbar das vornehmste des Hauses.
Das Erdgeschoß schien zu Wirthschaftszwecken benutzt zu werden, und das
zweite Stockwerk war in kleine Schlafzimmer u. s. w. getheilt. Unter
dem Dache befanden sich geräumige Böden, früher von zahlreichen Tauben
und Kaninchen bewohnt, die alle geschlachtet oder verjagt worden waren.
Einige von den Papieren, die ich auflas, waren nicht ohne Interesse. Eins
war ein Lotterieloos „zum Besten der verwundeten Soldaten in der Krim,"
und aus einem andern Papiere ging hervor, daß vor Kurzem in dem Theater
von Kertsch eine Vorstellung zu demselben Zwecke gegeben worden war.
Ferner fand sich ein Befehl an den obersten Geistlichen vor, der ihn anwies,
einigen Regierungsbeamten den Huldigungseid für den neuen Kaiser abzunehmen; ferner ein Brief des Fürsten Gagarin an den Fürsten Galitzin
mit der Nachricht, daß er für ihn Urlaub vom Kaiser erhalten, daß er sich
aber Sr. Majestät in Moskau vorstellen solle, endlich eine Art Protokoll
über eine dem Kronbauer Schekwarin gewährte Entschädigung von einigen
Rubeln. Wohin die Plünderer kamen, zerrissen und verschleppten sie alle
Urkunden und Papiere; und die Archive von Kertsch werden für einige
Jahre in einem sehr unbefriedigenden Zustand für die russischen Behörden sein.

Die zu den Werften gehörigen Magazine in Kertsch enthielten große
Mengen von Militair- und Marinevorräthen — Dampfkesselplatten,
Drehbänke, Ingenieurwerkzeuge, Oelfarbe, Segeltuch, Ankertaue und Anker-
ketten, ganze Ballen von Capots, Uniformjacken, Beinkleider und Mützen,
Tornister, Lederzeug, Bayonnete, Säbel, Anker, kupferne Nägel und Bolzen,
Messing, Ruderpinnen, Blei u. s. w. Die Franzosen sind während der letz-
ten paar Tage sehr beschäftigt gewesen die Kleidungsstücke u. s. w. aus den
Magazinen zu räumen und zu vernichten. Die werthvolleren Vorräthe sind
zwischen den Verbündeten nach ihrem guten Glücke und ihrer Energie im
Aneignen getheilt worden. Eine Menge alte Boote, große mit Kupfer be-
schlagene Ruder, kleine Kanonen, Kugeln, Bomben und Kartätschen, waren
auf den Werften aufgespeichert. Eine Höllenmaschine von eigenthümlicher
Construction zog viele Aufmerksamkeit auf sich. Wie die meisten Erfindun-
gen dieser Art hatte sie auch nicht die mindesten Dienste geleistet. Außerhalb der Umfassungsmauer des Werfts, das jetzt Ochsen und Pferden zum
Aufenthalte dient, steht eine andere lange Reihe von Regierungsmagazinen
und Speichern, welche fast alle ausgeleert und zerstört sind. Soldatenmützen,
Lederzeug, Uniformröcke, Beinkleider, Patrontaschen, Tornister und Feld-
flaschen liegen über den ganzen Kai vor denselben verstreut. Mit einem
Worte, Kertsch hat aufgehört eine Militair- oder Marinestation zu sein,
und die Besitzung, auf welche Rußland noch vor Kurzem so hohen
Werth legte, nützt ihm jetzt nicht mehr als die öde Schneedecke des
Tschatir Dagh.

Man wird sich erinnern, daß unsere Truppen durch Kertsch Freitags am 25. Mai marschirten, und Jenikale zeitig an demselben Tage besetzten. Dieselben Versuche, das Eigenthum der Bewohner zu zerstören, die in Kertsch von solchem Erfolge begleitet waren, wurden auch in Jenikale von den Truppen gemacht, aber die Generale unterdrückten sie und Sir George Brown traf einige Maßregeln, um die Zerstörung der Häuser durch die Franzosen, unter dem Vorwande, daß sie Brennholz brauchten, zu verhüten. Dessenungeachtet ist fast jedes Haus in der Stadt geplündert und Alles darin zerschlagen worden. Mehrere Gebäude wurden in Brand gesteckt und nur mit Mühe gelöscht, und zu einer Zeit war die ganze Stadt mit einer allgemeinen Feuersbrunst bedroht, da der Wind die Flammen nach der Hauptstraße zu trieb.

Freitag Abends wurde mit der Vernichtung der russischen Vorräthe begonnen, und die Franzosen warfen mehrere Kanonen ins Meer, rissen die Bettungen auf und sprengten die in den Magazinen vorgefundenen Bomben in die Luft. Das Getreide, welches der Feind durch Besprengen mit Kaltwasser unbrauchbar zu machen versuchte, ist immer noch zur Nahrung zu verwenden. Abtheilungen von Booten sind in allen Richtungen abgegangen, um Prisen wegzunehmen und zu verbrennen, und die russischen Magazine und Hütten auf dem Sandbänken in Brand zu stecken; bei Tage sieht man den Himmel von Rauchstreifen geschwärzt, und in der Nacht ist die Luft von den brennenden Forts, Häusern, Speichern und auf den Untiefen festsitzenden Schiffen meilenweit ringsum erleuchtet.

Da in Jenikale Alles ruhig blieb, benutzte ich heute früh die Absendung der Hope nach Kertsch, um dort wieder einen Besuch abzustatten. Es ist nur eine Fahrt von dreiviertel Meilen, aber das Fahrwasser bietet große Schwierigkeiten dar. Als wir uns der Stadt näherten, sah man hohe graue Rauchsäulen aus den Kornspeichern emporsteigen, und überall waren starke Abtheilungen Commandirter beschäftigt, die für die Verbündeten nutzbaren Gegenstände an Bord zu schaffen.

Die österreichische Fahne wehte vor einem Hause, wahrscheinlich dem des kaiserlichen Consuls, aber die bedeutsameren Banner Frankreichs und Englands flatterten an jedem Ende des Kais und von zahlreichen über das Wasser hingleitenden Booten. Auf den Kais standen einige Matrosen mit gezogenem Seitengewehre Wache, und hielten nicht ohne Schwierigkeit die widerspänstigen Kauffahrteimatrosen in Ordnung. Ueberall wo man hinblickte, sah man Leute mit Bündeln unter dem Arme oder Hausrath auf dem Rücken laufen, oder unter schweren Betten oder von noch schwererem Getränk hinunter nach der Reihe Boote stolpern, die bis an die Duchten mit Beute beladen am Strande lagen. In fast jedem Hause von einigem Ansehen waren die Fenster zerbrochen, die Thüren eingeschlagen und wie Bienen in einem Bienenkorbe flogen die Leute aus und ein. Alle kleineren oder werthvolleren Gegenstände hatten die Türken oder die Tataren fortgeschafft, aber groß

Lehnstühle, Heiligenbilder mit einer Glorie von Blech um den Kopf, schwere Federbetten, Spieltische und Bücher in unbekannten Zungen, schienen einen seltsamen und unwiderstehlichen Reiz für Jack zu besitzen. Auf den Straßen bewegten sich eine Menge Tataren in Mützen von Schafpelz oder weißen Turbanen, hübsche Jacken und weite dunkle Hosen von Seide oder anderen feinen Stoffen gekleidet, und Schärpen von lebhaften Farben um den Leib geschlungen. Diese Leute haben das echte Kalmuckengesicht — kleinen runden Kopf, sehr niedrige Stirn, dunkle, kleine, verschmitzte, funkelnde Augen, stumpfe Nasen, grade Lippen und rundes Kinn. Sie werden hübscher mit zunehmendem Alter, denn ihre Bärte, die erst im Alter voll und lang werden, geben ihnen alsdann eine gewisse Würde und ein patriarchalisches Wesen. Gruppen von Männern in langen faltenlosen Kaftanen, langen Westen, die Hosen in die Stiefeln gesteckt oder über mit Pantoffeln beschuhte Füße fallend, saßen auf den Thürschwellen. Die meisten trugen Mützen anstatt der Hüte, und ihre Kleidung war von dunkler und schmuziger Farbe, um von ihren Gesichtern nicht abzustechen, die ebenfalls trübe, schmuzig und fahl aussahen. Sie zeigten eine sehr gedrückte und niedergeschlagene Miene, und wenn ein Engländer oder Franzose sich näherte, beeilten sie sich aufzustehen, und den hochmögenden Herren mit unbedecktem Haupte und demüthigen Verneigungen und Geberden zu begrüßen. Dies waren die Ueberreste der russischen Bevölkerung, aber es befanden sich auch Juden darunter, die mit dem lautesten Beifall auf jeder Bühne hätten auftreten können, so ganz shylockähnlich waren sie in Tracht, Gesicht und Aussehen, kriechend, verschmitzt und verbissen, als wären sie eben vom Rialto heruntergeworfen worden; und auch einzelne Armenier und Griechen sah man, alle hager und mit Jammergesichtern und sehr traurige Exemplare russischer Burgoisie. Tatarenweiber, sehr sparsam bedeckt, wuschen Kleider im Meere, wie gezähmte Hecates — zusammengeschrumpft, knochig, schmuzig und häßlich von Gesicht und Gestalt. Die nicht viel geschmackvoller gekleideten russischen Schönen, den Kopf in Shawls eingewickelt, und in Kleidern mit bunten Mustern aus Manchester ließen sich zuweilen sehen, und zeigten eine Miene linkischer Koketterie, in die sich Furcht und Abneigung vor den Eindringlingen mischten. Die Häuser waren gut mit Federvieh versorgt und auch Schweine, Kaninchen, Katzen, Hunde und andere Hausthiere fehlten nicht. Jedes der besseren Wohnhäuser bildete in sich ein Ganzes; das Innere war mit vielen Spiegeln und hartem, starkgefirnißtem, unsolid gebautem Hausrathe ausmöblirt. Teppiche waren nicht zu erblicken, dagegen viele Fenster (doppelte natürlich, der Kälte wegen) Thüren und lange Corridore; Fenster und Thüren waren schön mit Messing beschlagen, und Schlösser, Riegel und Thürangeln in den besseren Gemächern ausschließlich von diesem Metall. Der russische Ofen fand sich natürlich in allen Zimmern vor. Geräumige Kellergewölbe dienten oft als Niederlage für Getreide und die Haufen leerer und zerbrochener Flaschen zeigten wo der Weinkeller gewesen war. Eiskeller befanden sich bei vielen Wohnungen, und ihre Vorräthe kamen den Schiffen sehr willkommen.

Der Marktplatz ist ein geräumiges Oval, umgeben von einem Säulengange und Läden einer bescheidenen Gattung. Die meisten waren verschlossen, aber einige Fleischer hielten feil, und das Gelärm eines englischen Gelags vernahm man sehr deutlich aus dem Hintergrunde eines Weinschanks unter einer Arkade, wo mehrere Matrosen russischen Champagner, zu drei Schilling die Flasche, tranken, und billige abscheuliche Cigarren einheimischer Fabrik rauchten. Unter den Kopfzerbrechen verursachenden Geheimnissen des cyrillischen Alphabets, die über allen diesen Ladenthüren prangen, wo unsere gesammte Wissenschaft in anderen Sprachen uns nur hoffnungslos in die Irre führt und wo das Pf ein R und das H ein E ist, findet sich manchmal eine verständliche Ankündigung, daß Mademoiselle So und So, Modistin aus Paris und Herr Brugger, Schuhmacher ersten Ranger, aus Wien ist. In die Mehrzahl der Häuser gelangt man durch einen großen Hof mit einem Thorwege, den die Wirthschaftsgebäude und Stallungen umgeben. Kertsch besitzt oder besaß auch Bäder, Bibliotheken, litterarische Gesellschaften und Akademien von größeren Ansprüchen als seine Bedeutung rechtfertigt.

Sämmtliche Militair- und Civilarchive von Kertsch seit 1824 fand man mit den Schätzen des Statthalters von Kertsch zusammengepackt in einem Boote, welches der von der Snake verfolgte Dampfer im Schlepptau hatte. Im Ganzen hat unsere Armee nur wenig Beute gemacht — die Aufsicht war zu streng, während die Franzosen und die Matrosen von den Kauffartheischiffen bei der Plünderung die Auslese gehabt haben; aber das 79. Regiment soll so glücklich gewesen sein, auf seinem vorgeschobenen Posten bei dem Quarantainegebäude in einem der Häuser einen ziemlichen Vorrath Silberzeug zu finden.

Das Hospital ist ein großes, gutgebautes, reinliches und vortrefflich gelüftetes Gebäude. Es liegt an dem einen Ende der Stadt und ist von einem eisernen Gitter umgeben, das parkähnliche Anlagen umschließt, wo die Genesenden angenehmen Schatten finden. Als wir es besuchten, traten einige Weiber, die in der Thüre standen, zurück, und ein alter Mann mit gutmüthigen hellen Augen und einer ehrlichen Soldatenmiene, kam uns mit dem Worte Hospital, das ihm wahrscheinlich als eine Art Sicherheitsparole gelehrt worden war, entgegen. Er führte uns in einen dunkeln Corridor zu ebener Erde, an dessen Wänden das Regulativ der Anstalt in russischer Sprache angeschlagen war. Die Krankenzellen lagen zu beiden Seiten dieses Ganges. Der Alte lud uns ein in die erste zu treten: sie war geräumig und luftig, aber der Spitalgeruch von verwundeten Menschen war doch nicht zu vertreiben. Fünf verwundete Russen und ein betrunkener Engländer lagen in diesem Zimmer. Zwei der Russen waren mit dem Pulvermagazin in die Luft geflogen. Ihre Hände und Köpfe waren ganz

von dem leinenen Verbande umwickelt in welchen Löcher für die Augen und
den Mund geschnitten waren.   Soviel wie wir erkennen konnten, mußten
diese Armen aufs Gräßlichste verletzt sein und fürchterliche Schmerzen leiden, aber klagen und jammern hörte man sie nicht.   Ihre versengten Augen
blickten die fremden Gäste mit einer Art achtloser Neugier an.   Die Anderen
hatten Schußwunden in verschiedenen Theilen des Körpers, und bei Einem
oder Zweien erkannte ich im Ausdrucke des Gesichts den alten Typus von Inkerman.   Die Betten und das Bettzeug waren reinlich und gut, und zu
Häupten jedes der Betten hingen schwarze hölzerne Tafeln, um den Namen,
die Krankheit u. s. w. des Patienten darauf zu schreiben.

Da alle zerstörten Häuser sich ähnlich sehen, besuchten wir, nachdem
wir das Hospital verlassen hatten, weiter keins, sondern wanderten durch
die Straßen, die während der heißen Stunden des Tags von den Einwohnern fast verlassen waren.   Gegen Abend traf eine Anzahl verwundeter
Russen — 47 glaube ich — von Jenikale ein, wohin sie die Kanonenboote
von verschieden Plätzen der Küste gebracht hatten.   Sie wurden am Kai
gelandet und in requirirten Tatarenarabas nach dem Hospital geschafft.
Wenn ein Verwundeter vorbei gebracht wurde, kamen die Leute aus den
Häusern und drängten sich um ihn; aber ihre Gesichter zeigten mehr Neugier als Mitleid, und sie trugen Sorge uns zu sagen, daß sie Juden wären,
und daß sie keine Sympathien mit dem Moskoviter hätten.   Einmal wunderten
sie sich gar sehr über die angeborene Höflichkeit eines französischen Soldaten,
der mitten unter sie trat, als man einen Russen auf einem Tragbett vor-
übertrug.   Der Verwundete hatte die Augen offen, und als er vorüberge-
tragen wurde, erblickte er den Franzosen und lächelte ihn schwach an, warum
weiß ich nicht, aber der Franzose nahm sogleich die Mütze ab, machte dem
„Braven" eine Verbeugung und blieb entblößten Hauptes stehen, bis Jener
vorüber war.   Des Abends verlassen Alle in der Stadt zurückgebliebenen
Einwohner ihre Häuser und plaudern mit einander an den Straßenecken
oder an anderen Lieblingsstellen.   Sie sind ein ungesund aussehendes und
keineswegs hübsches Geschlecht, mögen sie Tataren, Griechen, Juden oder
Russen heißen.   Man darf jedoch nicht vergessen, daß alle Vornehmern geflohen sind.   Einige von den Gewerbsleuten haben mit größerem Vertrauen
in unsere Rechtlichkeit, als zu erwarten war, ihre Läden offen gelassen.   In
einer gutausgestatteten Apteka oder Apotheke fanden wir Sodawasser aus
einem mit einer englischen Aufschrift versehenen Pulver bereitet, und einige
Cameraden kauften beim Schuhmacher vortreffliche Stiefeln, für welche sie
nach eigenem Belieben und nach einem Tarife, den sie selbst als Sieger entworfen, funfzehn Schilling das Paar bezahlten; der Schuhmacher schien fast
zu fürchten, er werde gar nichts bekommen.   Ueberhaupt wäre es viel besser
gewesen, wenn die Einwohner zum Schutz ihrer Häuser zurückgeblieben
wären, anstatt zu fliehen und sie zu verschließen und zu verriegeln, was die
Plünderer erst recht reizt.

28. Mai, fünf Uhr Abends.

Soeben ist von der Kanonenbootflotille im Asow'schen Meere ein Fahrzeug am Eingange der Meerenge angelangt, und hat durch die Sphynx in Jenikale dem Admiral Folgendes telegraphirt:

„Die russischen Kriegsdampfer hat der Feind selbst zerstört.

Arabat wird gegenwärtig beschossen. Ein großes Magazin ist in die Luft geflogen.

Die Verbündeten haben mehr als hundert mit Getreide u. s. w. beladene Fahrzeuge versenkt, verbrannt oder vernichtet."

Die neuen Befestigungen von Jenikale sind alle abgesteckt und es wird täglich daran gearbeitet bis die Sonnenhitze zu groß wird. Die Tataren legen ihren Groll gegen ihre Herren offen an den Tag, und einige Male haben die Russen unsern Schutz gegen die Gewaltthaten der Krimtataren in Anspruch nehmen müssen. Auf dem Leuchtthurme von Jenikale befinden sich jetzt die Frauen und Familien eines Oberlieutenants und zweier Lieutenants der russischen Marine, und obgleich sie Erlaubniß haben, sich in das Innere zu begeben, bleiben sie aus Furcht vor den Tataren lieber hier. Sie sind nur mit Noth dem Besuche einiger plündernden Türken entgangen, indem zufällig ein englischer Officier vom Stabe in der Nähe war, der sofort einen Dragoner in die Stadt nach einer Wache schickte, sodaß die Osmanli mit leeren Händen wieder zurückkehren mußten. Die Truppen sind jetzt alle bequem unter Zelten untergebracht, aber ich bedaure, sagen zu müssen, daß sich die Cholera wieder unter ihnen gezeigt hat.

29. Mai.

Der heutige Tag meines Aufenthalts in Kertsch bestärkt mich nur in meiner Meinung, daß von der Stadt nur ein Gerippe übrig bleiben wird, wenn wir sie verlassen. Heute sprengten die Verbündeten die Eisengießerei der russischen Regierung, eine großartige Fabrikanlage vor der Stadt, in die Luft, und von den großen Magazinen und Kornspeichern sind nur noch geschwärzte Mauern übrig. Neue Prisen sind von Jenikale angekommen.

30. Mai.

Wir haben heute keine Nachricht von dem fliegenden Geschwader im Asow'schen Meere erhalten, obgleich wir noch vor Dunkelwerden das Eintreffen der Meldung von dem Falle Arabats mit Spannung erwarteten. Niemand hegt einen Zweifel über das Schicksal der Festung, aber wir empfinden es sogar unangenehm, wenn wir über die Ausdehnung unserer Siege in ungewisser Schwebe bleiben. Der Feind hat sich nicht blicken lassen und auch über seine Stärke und seine Bewegungen ist nichts zu erfahren, aber es ist klar, daß die nächste Umgebung ziemlich frei von ihm sein muß,

denn die Zufuhren von Vieh und Lebensmitteln sind reichlich und die Tataren bringen täglich aus den benachbarten Dörfern Ochsen und Schafe
hereingetrieben.   Heute waren die Verbündeten beschäftigt, die russischen
Kugeln und Bomben unschädlich zu machen, indem sie dieselben in Boot-
ladungen aufs Meer hinausführen und in hinreichender Tiefe versenkten.
Sie arbeiten auch an der Ausbesserung der alten Befestigungslinien auf
der Landseite der Festung, mauern die halbverfallenen Brustwehren wieder
auf, tiefen die Gräben aus und räumen den Schutt und die Trümmer der
von den Russen in die Luft gesprengten Magazine weg.   Auf diese Weise
wird der Platz ausnehmend fest werden.   Die Verbündeten haben in Ambalaki, Kertsch, Jenikale und in den Forts auf den Sandbänken nicht
weniger als 107 Kanonen erobert, von denen eine beträchtliche Anzahl
bereits an Bord gebracht ist.   Durch einen merkwürdigen Zufall entdeckte
man in Kertsch und Jenikale mehrere Geschütze, welche den Türken vor
zwei Jahren bei Sinope abgenommen worden waren und diese Geschütze
sind den Türken zurückgegeben worden.   Die dem Meere zugekehrte Seite
der ummauerten Stadt wird zerstört und die Vorräthe des Feindes werden
unbrauchbar gemacht.   Jahre werden dazu gehören, ehe er die Befestigungen der Meerenge von Kertsch wieder herstellen kann.

1. Juni.

Heute Morgen um drei Uhr gingen die Langboote und die bewaffneten
Boote der Flotte nach dem Asow'schen Meere ab.   Die Flotille ist stark
armirt, denn die Boote führen alle vierundzwanzigpfündige Haubitzen.
Die Befestigungsarbeiten von Jenikale schreiten rasch vorwärts.

3. Juni.

Der Telegraph meldet aus dem schwarzen Meere, daß Sudschak und
die benachbarten Forts alle geräumt und die Magazine von den Russen in
die Luft gesprengt worden sind.   Der Spitfire ist von Anapa eingetroffen
und berichtet, daß die halbe Besatzung von Sudschak nach Anapa marschirt
ist, der Rest aber, von den Bewohnern der Niederlassungen um die Forts
begleitet, den Kuban in einer großen Karawane überschritten und sich nord-
ostwärts gewendet hat.

4. Juni.

Die Nachrichten von Capitain Lyons Geschwader im Asow'schen
Meere sind von der erfreulichsten Art.   Ueberall haben wir den glänzendsten
Erfolg gehabt.   Vier Tage nachdem die Flotille die Straße von Kertsch
hinter sich gelassen, hatte sie bereits 245 russische Fahrzeuge, die zum
Transport der Lebensmittel für die russische Armee in der Krim verwendet
wurden und von denen viele sehr groß und vollständig ausgerüstet und befrachtet waren, vernichtet.   Von diesen Schiffen waren einige besonders zu

diesem Zwecke in Finnland gebaut. Zahlreiche Magazine mit unermeßlichen Vorräthen von Getreide und Mehl, zusammen mehr als sieben Millionen Rationen, wurden in Berdiansk und Genitschi zerstört. Arabat wurde bombardirt und das Pulvermagazin in die Luft gesprengt, da sich aber keine Truppen am Bord der Schiffe befanden und die Russen den Ort stark besetzt hielten, so zog es Capitain Lyons vor, die Jagd auf die feindlichen Schiffe fortzusetzen, anstatt vor einem Platze liegen zu bleiben, der ohnedies bald in unsere Hände fallen muß. In Berdiansk sah sich der Feind gezwungen, 4 Kriegsdampfer unter dem Befehle des Contreadmiral Wolf, jeder mit 6 Achtundsechzig- und 2 Zweiunddreißigpfündern bewaffnet, auf den Strand laufen zu lassen und zu verbrennen. In Kertsch hat der Feind mehr als 4 Millionen Pfund Getreide und 5000 Pfund Mehl vernichtet.

5. Juni.

Wir treffen alle Vorbereitungen zu einer Expedition nach Anapa, die nächsten Freitag absegeln soll.

Auf der Höhe von Jenikale, 11. Juni.

Hätte ich geahnt, daß diese Expedition, abgesehen von ihren großen strategischen und politischen Erfolgen so wenig Früchte tragen würde, so hätte ich mich gewiß besonnen, ehe ich das Lager von Sebastopol verließ. Die von den Russen erwählte Vertheidigungsart läßt für das Beschreiben nichts übrig. Lodernde Kornfeime, in die Luft gesprengte Magazine und Forts und geplünderte und in Brand gesteckte Magazine bieten nur wenig Abwechselung im Detail dar. Wir haben dem Feinde großen Schaden zugefügt, aber er hat mit unsern besten Bemühungen seine Niederlassungen zu zerstören gewetteifert. Unser Eifer, anzugreifen, hat seine Eile, sich zurückzuziehen, nicht übertroffen.

Die Nachricht von der Zerstörung von Anapa überraschte einigermaßen unsere Commandirenden, die nicht darauf gefaßt zu sein schienen, daß die Russen ihren Absichten zuvorkamen und die Arbeit feindlicher Flotten und Heere durch Verbrennung ihrer eigenen Forts und Niederlassungen selbst verrichteten. Die Einschiffung der Truppen nimmt jedoch ihren gewöhnlichen Fortgang. Die Türken sind um 2000 Mann verstärkt, die gestern landeten. Die französischen Truppen sind sämmtlich eingeschifft mit Ausnahme von 2500 Mann.

Kertsch, 13. Juni.

Da die Sendung der Flotte und Armee vollendet ist, so kehrt die ganze Expedition nach Hause zurück. Sir George Brown und sein Stab haben sich eingeschifft. Die Admirale befinden sich in Ambalaki. Die Truppen sind an Bord, mit Ausnahme von denjenigen, welche in Jenikale und Pawlowskaja als Besatzung zurückbleiben und wir gehen heute Nachmittag nach Balaklawa und Kamiesch unter Segel. Die Rauchsäulen, die sich noch über Kertsch, über der Quarantainestation und über der Meeresfläche, da, wo die werthlosen Prisen auf den Sandbänken verbrennen, sich erheben, legen Zeugniß für unsern Erfolg ab. Man hat den Beschluß gefaßt, Pawlewskaja zu besetzen, da seine Lage an einer Stelle, wo sich das Fahrwasser durch eine der Sandbänke des Taman auf eine halbe Stunde verengt, es vortrefflich geeignet macht, den Zugang zu Kertsch und Jenikale zu beherrschen. Die um Jenikale aufgeworfenen Linien sind ausnehmend fest; sie sind von sehr starkem Profil und dauerhafter Bauart und machen den Ingenieuren, welche den Plan dazu entworfen und die Ausführung beaufsichtigt haben, große Ehre. Sie umschließen die Wälle der alten Stadt und bieten dem Auge auf jeder Seite landwärts einen breiten Graben, eine steile Brustwehr mit Redouten und Batterien dar. Mit einem Worte, der Platz ist für Rußland verloren, so lange wir ihn zu behalten wünschen. Die Landspitze oder Bank von Tschaschka, Jenikale gegenüber, ist eine der vielen merkwürdigen Landzungen, welche in dieser Weltgegend häufig vorkommen und die man, glaube ich, in anderen Ländern gar nicht findet; von allen diesen ist die Landzunge von Arabat, eine nur wenige Fuß über das Wasser sich erhebende Bank, die an einigen Stellen blos 40 Ruthen breit ist, die allermerkwürdigste. Sie ist fast funfzehn Meilen lang und von einem Meere zum andern durchschnittlich nur eine Achtelmeile breit. Die Bank von Tschaschka oder Ssavernaja Kosa, welche sich fast zwei Meilen lang in südwestlicher Richtung vom Cap Commenoi Jenikale vorüber erstreckt und die Bucht von Kertsch im Westen und den Meerbusen von Taman im Osten abschließt, ist ein Typus dieser Formationen und interessant genug, um einen Besuch zu verdienen. Sie unterscheidet sich von der Landzunge von Arabat blos durch die geringere Ausdehnung und durch das nicht Vorhandensein von Süßwasserbrunnen, die auf der großen Straße von Arabat nach Genitschi in langen Zwischenräumen zu finden sind. Sie ist so niedrig, daß sie sich kaum 6 Fuß über den Meeresspiegel erhebt. Eine auf beiden Seiten der Landzunge 3 — 4 Fuß hoch aufgeworfene Sandbank bezeichnet die Grenze des Strandes. Letzterer, ein Streif Steingerölle, Muscheln und feiner Sand, ist nur ein paar Schritte breit und verläuft sich in den Sand, das Gras- und Binsengestrüpp der Landzunge, das ein oder zwei Fuß über dem Strande zu gedeihen anfängt. Auf der Landzunge selbst befinden sich zahlreiche Lagunen — schmale Wasserlachen, die salziger sind als das benachbarte Meer. Einige derselben sind blose Pfützen von einigen Schritten Länge, andere erstrecken sich wohl eine Viertelstunde weit und sind über hundert Schritte breit. Alle sind von hohem geilen Grase und Binsen eingefaßt. Der Grund, den man nur wenige Fuß, oft sogar schon 2 oder 3 Zoll tief findet, besteht aus einer mit einer schleimigen grünen Pflanzenmasse überzogenen harten Sandlage. Das Wasser ist reich an kleinen Flundern, Kließchen und Krabben, die, sowie sich ein Fußtritt

hören läßt, in wilden Aufruhr gerathen. Auf jeder Lagune nisten eine
Unzahl wilder Enten und die Ränder der Landzunge werden von Schaaren
von Pelikanen und Seeraben beimgesucht. Das Schweigen, die öde Ein-
samkeit der Landschaft geht über alle Beschreibung. Selbst die um diese
Jahreszeit stets stillen Vögel scheinen unnatürlich ruhig und stumm zu
sein. Eine Unzahl wunderlich aussehender polypenartiger Pflanzen wuchert
zwischen dem Röhricht; bunte Fliegenfänger mit orangefarbener Brust
und schwarzen Flügeln schweben über ihren darin versteckten Nestern. Am
ersten Tage, wo ich dort war, landeten wir dicht bei der Batterie, welche
die Russen, unweit der Fährestation, auf der Landzunge errichtet hatten.
Sie bestand aus einem viereckigen Werke aus Sandsäcken, sehr dauerhaft
gebaut und offenbar noch ganz neuen Ursprungs. In der Mitte stand ein
weiß angestrichenes Haus, welches der Besatzung zur Wohnung gedient
hatte. Nur die kahlen Wände standen noch und der Rauch qualmte von
den Trümmern der auf dem Fußboden zusammengestürzten Dach- und Deck-
balken empor. Unsere Leute hatten es nach ihrer Landung in Brand gesteckt. Eine Lache von brackigem Wasser war mit in die Batterie eingeschlossen, die ein wahrer Lieblingsaufenthalt für Fieber und allen möglichen
Jammer gewesen sein muß. Die Matrosen sagten, das Haus wimmele
von Ungeziefer und es sei ein abscheulicher Gestank darin. Man fand in
dem Hause nichts als das allbekannte schwarze Brot und gesalzene Fische.
Die Besatzung, wahrscheinlich 30—40 Mann, hatten einige rohe Versuche
gemacht, etwas zu erbauen. Einzelne Stücke Landes waren hie und da von
ihrer natürlichen Vegetation gereinigt und einige schwache Anzeigen verriethen, daß darunter junge Kartoffeln um ihr Dasein kämpften. Große
Haufen von Rohr und grobem Grase waren um die Batterie aufgeschichtet
gewesen, aber jetzt in Asche verwandelt. Ungefähr hundert Schritte von
der Batterie stand ein zweites weiß angestrichenes Haus, oder vielmehr die
vier kahlen Wände desselben, in dessen Nähe ebenfalls auch einige Spuren
von Ackerbau und eine unglücklich aussehende Katze, die sich vorsichtig
einen Weg über die heiße Asche suchte und während ihres fruchtlosen Suchens
nach ihrer alten Ecke jämmerlich miaute. Die Spuren von Viehheerden,
welche wahrscheinlich von dem Festlande hierher auf die Weide getrieben
werden, um das um die Salzsümpfe wachsende Gras zu fressen, waren
zahlreich. Ein fast zur Festigkeit einer Fahrstraße zusammengetretener Fuß-
weg läuft von der Batterie nach Taman und war mit Beweisen der eiligen
Flucht der Besatzung bedeckt. Uniformstücke, Leinwandbeutel mit dem
überall zu findenden schwarzen Brote, Zwiebelreihen, alte Lumpen, leere
Säcke und Flaschen lagen den Weg entlang verstreut, und einige unserer
Leute entdeckten eine große Kiste mit Regierungsacten, Stempelbogen, Zoll-
und Quarantaine-Belegscheinen, Zolltarifen in russischer, französischer, deut-
scher und englischer Sprache und Verzeichnissen der Hafenabgaben, in die wir
mit vollen Händen griffen. Aber die Sonne schien brennend heiß und es

war sehr anstrengend, durch den tiefen Sand zu waten. Es schien uns
unmöglich für Menschen zu sein, an diesem pesthauchenden Orte zu wohnen,
denn die Sonnenwärme, die Ausdünstungen der Salzseen, die Mosquitos,
das Ungeziefer und der Gestank müssen in den Hundstagen in der schlecht
gelüfteten Caserne eine Vervielfältigung des schrecklichsten Jammers hervorgebracht und das Ausgehen, Zuhausebleiben, Hinlegen und Aufstehen gleichmäßig verzweifelt und unbehaglich gemacht haben. Der Feind verließ sich
hauptsächlich auf die Seichtigkeit des Wassers, die ihn vor einem Angriffe
schützen sollte; aber er war nur auf die schweren Geschütze der Kanonenboote aus früheren Kriegen vorbereitet, und jedenfalls nicht wenig
erstaunt, als die großen Kugeln aus den Lancasterkanonen aus den
kleinen Rümpfen unserer Depeschenkanonenboote seine Werke trafen.
Der Feind schoß schlecht, schlug sich schlecht und zog sich zurück. Ein Theil
seines Vertheidigungsplans schlug vollständig fehl; das Bewußtsein, daß er
überrascht war und daß die ins Meer versenkten elektrischen Batterien, auf die
er sich verlassen, nicht fertig waren, wirkten niederdrückend auf seinen Muth.
Noch niemals ist vielleicht die Unterstützung der Elektricität so ausgedehnt
zu Kriegszwecken in Anspruch genommen worden, wie in Jenikale. Eines
der vor dem Fort liegenden Kanonenboote — ein bloses Ponton ohne
Maste oder Tauwerk von 150 Tonnen Last und auf dem Verdecke mit
9 Stückpforten für kleine Geschütze versehen — war im Raume mit einer
vollständigen Reihe von galvanischen Apparaten angefüllt, die durch Drähte
mit Gefäßen von Pulver in Berührung standen, welche explodiren sollten,
sowie der Kiel eines Schiffes sie berührte.

Heute am 13. sind von englischen Fahrzeugen nur noch die Sphynx
und der Wrangler in Jenikale. Die Plünderung von Kertsch dauert immer
noch fort; die Einwohner sind entflohen. Selbst die Tataren haben Furcht
bekommen. Zwei oder drei Tage lang war der Strand gedrängt voll von
Frauen und Kindern, die in den Strahlen der brennenden Sonne beisammen saßen, um im Beisammensein Sicherheit zu finden. Sie waren halb
verhungert und elend bekleidet und aus Mitleid hat man sie an Bord des
Ripon aufgenommen, der heute Abend absegelt, um sie in einem russischen
Hafen ans Land zu setzen. Es sind ihrer ungefähr zweihundert. Mütter
haben ihre Kinder verloren und Kinder suchen ihre Mütter. In der allgemein herrschenden Verwirrung sind sie getrennt worden und der Caton
hat einige nach dem Asow'schen Meere gebracht, während in dem Ripon
andere nach Odessa oder Jalta segeln werden. Unsere Versuche, Mishand-
lungen und Verwüstungen vorzubeugen, sind von der schwächsten und ver-
ächtlichsten Art. Wird ein Matrose mit einer unrechtmäßigen Beute angehalten — mögen es nun Bücher, Gemälde oder Hausrath sein — so
wird ihm diese am Strande abgenommen und ins Meer geworfen. Die
Folge davon ist, daß die Leute, wenn sie in die Stadt kommen, wo keine
Aufsicht über sie besteht, Alles, woran sie Hand legen können, in Stücke zer-

schmeißen. Um das, was die Franzosen oder Türken thun, kümmern wir uns nicht und unsere Maßregeln gegen unsere eigenen Leute sind verletzend, lächerlich und ohnmächtig. Bei dem österreichischen Consul fanden sich große Getreidevorräthe vor, die er in Speichern, welche so gemalt und verziert waren, als gehörten sie zu seinem Wohnhause, versteckt hatte. Sie wurden sämmtlich vernichtet. Inmitten dieser nothwendigen allgemeinen Zerstörung fanden Plünderer, die auf eigene Hand wirthschafteten, leichte Arbeit. Die ganze Stadt bietet ein einziges Schauspiel der Verwüstung dar. Dem Kai entlang steht eine lange Reihe von Mauern, einst die Vorderseiten von Niederlagen, Speichern, stattlichen Häusern und Palästen. Jetzt sind es nur kahle Wände ohne Dach, aus denen bei Nacht die fahlrothen Flammen hervorlodern, während sich bei Tage Streifen und Wolken von buntfarbigem Rauche daraus gen Himmel erheben. An den weißen Wänden sind schwarze Streifen, wo das Feuer aus den Fensteröffnungen herausgezüngelt hat. Diese Speicher gehörten den Russen und waren mit Getreide angefüllt — diese Niederlagen gehörten dem Feinde — diese stattlichen Häuser waren das Eigenthum seiner Adeligen und Statthalter — und in diesen Palästen wohnten seine Fürsten und Regenten; und soweit haben wir Krieg mit allen Vorrechten des Kriegs geführt und alle Folgen der Eroberung ausgebeutet. In der ganzen langen dem Meere zugekehrten Fronte ist nur ein Gebäude unverletzt stehen geblieben. Dies ist ein palastähnliches Gebäude mit einer stattlichen halbkreisrunden Fronte, einem reichen Frontispice und griechischen Pilastern verziert. Durch die Fenster erblickt man große Spiegel, Gemälderahmen und funkelndes Messingwerk. Innerhalb der offen stehenden Thür empfängt ein alter Mann in einem Lehnstuhle Jedermann. Wie ehrerbietig er ist! wie er sich verbeugt! wie anmuthig bittend und besänftigend die Modulation seines Rumpfes und seiner Arme ist! Aber alles Das ist noch nichts gegen sein Lächeln. Sein Gesicht scheint eine Art Lachuhr zu sein, aufgezogen, um so und so viel Stunden zu geben. Wenn das Räderwerk gegen Abend schwach wird, so artet das Lachen zu einem Grinsen aus, aber bis jetzt ist er durchgekommen mit Verbeugungen und freundlichem Lächeln und ein paar Brocken schlechtem Deutsch und Französisch, die ihn in Stand setzen, allen Ankömmlingen zu sagen, daß dieses Haus unter besonderem englischen und französischen Schutze steht, um es vor Plünderung zu bewahren. Wie man sagt, gehört dieses Haus dem Fürsten Woronzoff und der Schutzengel ist ein alter Diener des Fürsten, der, am ganzen Körper gelähmt, zurückbleiben mußte und in seinem Lehnstuhl gute Dienste geleistet hat. Wie Jedermann sagt, steht Fürst Woronzoffs Haus unter dem Schutze der Engländer und Franzosen. Wird er beschützt, weil er ein Fürst ist? oder lediglich, weil man ihn für einen Freund der Engländer hält? oder weil man weiß, daß er mit einigen vornehmen englischen Familien verwandt ist? Es mag Recht sein und es ist sogar Recht, Fürst Woronzoffs Haus zu verschonen, aber wäre es nicht

ebenso schicklich, die kleinen Vorräthe des armen russischen Handwerkers zu
schützen, der im Vertrauen auf unsere Menschlichkeit in der Stadt geblieben
ist und durch ein paar rohe Matrosen zu Grunde gerichtet wurde? Fürst
Woronzoff hat viele Paläste. Daß er eine Vorliebe für England hat, ist
im besten Falle nur Wenigen bekannt und kann jedenfalls kein Gewicht bei
den Franzosen haben, weil diese Empfindungen, wenn sie überhaupt vorhanden sind, aus einer der wahren entente cordiale vorhergehenden Zeit herrühren, und nichts weniger als an Eintracht mit Frankreich erinnert. Jedoch das Haus ist soweit in Sicherheit und wenn wir beklagen müssen, daß
das Museum geplündert ist, so können wir stolz sein, daß der Palast verschont geblieben ist. Die Spuren nutzloser Zerstörung und übermüthiger
Gewaltthat sind zu zahlreich und betrübend, als das wir lange bei dem Anblicke dieses unberührten Palastes verweilen könnten.

Die Stille und Verödung von Orten, welche vor wenigen Tagen noch
voll von Menschen waren, hat etwas ausnehmend Peinliches. In jeder
Straße, in jedem Hause herrschte Schweigen, außer wo man drinnen brave
Menschen mit den Absätzen auf Pianos spielen oder den Hausrath zerschlagen hörte, oder wo die Flammen im Holzwerke knisterten. An einigen
Orten hatten die Leute zum Schutze ihrer Häuser die französische oder die
sardinische Flagge aufgezogen, aber die harmlose Täuschung war bald entdeckt. Es war erstaunlich zu sehen, daß selbst die bescheidensten Hütten ihrem
Schicksale nicht entgangen waren. Man kann nur aus reiner Lust an
Gewaltthat oder Zerstörung in dieselben eingebrochen sein, denn selbst der
armseligste Mensch konnte kaum hoffen, hier etwas, was seiner Beachtung
werth war, zu finden.

14. Juni.

Die französische Flotte ist, mit Ausnahme von ein paar kleinen
Schiffen, die man in Jenikale und Kertsch zurückgelassen hat, nach Kamiesch
zurückgekehrt. Die englische Flotte bleibt in Ambalaki. Der Arrow und
der Recruit halten Wacht in der Bucht von Kertsch. Der Furious, Sidon,
Gladiator und Valorous ankerten bis vorige Nacht am Eingange der Bucht
und die Sphynx war in Jenikale stationirt. Da Ak-Burnu und Pawlowskaja so dominirende Positionen sind, so beabsichtigt man die Verschanzungen der Russen neu zu erbauen und sie mit neuen Linien zu vermehren.
Das halbe 71. Regiment, ein Bataillon französischer Infanterie und
3000 Türken sollen von Jenikale dorthin abgehen um diese Bauten auszuführen, und sowie sie fertig sind, erhalten sie eine Besatzung von 2000
Mann. Diese Stellung wird Kertsch fast ganz beherrschen und vollständig sicher sein, so lange das Meer offen bleibt. Sie wird den linken Flügel
in der Stellung der Verbündeten, deren Mitte die Flotte und deren rechten
Flügel die Werke von Jenikale bilden.

Vierzehntes Kapitel.

Die dritte Beschießung und die Einnahme des Mamelon.

Pause vor Sebastopol. — Eröffnung der dritten Beschießung Sebastopols. — Ueberlegenheit des Feuers der Alliirten. — Die Franzosen erstürmen den Mamelon. — Die Franzosen behaupten den Mamelon. — Erfolgloser Kampf um den runden Thurm. — Verluste der Alliirten nach dem Kampfe. — Kleine Zwischenfälle während des Kriegsgetümmels. — Arbeiten während der Waffenruhe. — Hartnäckiger Widerstand des runden Thurmes und des Redan. — Fortgang der Belagerung.

Vor Sebastopol, 2. Juli.

Während der letzten paar Tage ist nichts Ernstliches bei den Belagerungsarbeiten vorgefallen. Es giebt Zeiten am Tage, wo man glauben könnte, der „schuftige Salpeter," hätte in der neuern Zeit mit einer Belagerung nicht mehr zu thun als in der alten, und diese ganzen Anstrengungen zu einem Kampfe wären nur ein freundschaftlicher Proceß in großartigem Maßstabe. Es giebt aber auch Stunden in der Nacht, wo zornige und plötzliche Explosionen, wie durch einen unerklärlichen Trieb oder Zauber losbrechen, und mit einem Ungestüme fortdauern, als beabsichtigten sie die ganze Sache in einem Augenblicke zu Ende zu bringen. Es giebt Zeiten, wo die rothen Raketen in der Luft, wie die aus einem Vulkan herausgeschleuderten glühenden Schlacken herumspringen und tanzen; dann trifft das Geknatter des Kleingewehrfeuers das Ohr als entfernte Nachahmung des schweren Geschützes, wie wenn ein kleiner Hund in freiwilligem Wetteifer mit einem großen kläfft. Das Gefecht geht in plötzlichen Ausbrüchen vor sich, und die Kämpfer stehen wie Homers Helden den besten Theil ihrer Zeit mit übereinandergeschlagenen Armen da und nehmen die Sache ruhig, sinnen aber dabei doch Jeder auf des Anderen Tod. Der schärfste Angriff ist meistens auf der Seite unserer Verbündeten in der Nähe der Signalstaboder der Quarantainebatterie, wo sie immer noch ihre endlosen Tranchéen und Parallelen vortreiben, und binnen Kurzem ein bedeutendes Resultat zu erlangen sich versprechen. Auf russischer Seite ist es ungewöhnlich still gewesen, wie Einige wollen, weil eine Pest in Sebastopol wüthet, Andere dagegen schreiben die Pause dem Wunsche zu, die Munition zu sparen, und noch Andere, welche als Gewährsmann einen lebendigen Deserteur für sich haben, die Absendung eines bedeutenden Truppencorps zur Verstärkung der Armee auf dem andern Ufer der Tschernaja, welche General Bosquet in Respect halten soll. Soll ich die Meinung aussprechen, daß das warme Wetter ihre Energie abgestumpft und eine raschere Transpiration das Gift der Feindseligkeit unter seinen Durchschnittstand herabgebracht hat? Wir wissen jedenfalls, daß häufige Ueberschiffungen der ausgenutzten und untüchtigen Truppen von der Süd- nach der Nordseite stattfinden, und daß diese alsdann durch frischeres Blut ersetzt werden. Wir wissen auch, denn wir können es sehen, daß sie mit großem Eifer beschäftigt sind, das befestigte Lager auf der Nordseite zu verstärken und zu verproviantiren.

6. Juli.

Endlich sind die langen Tage der Erwartung und der Geduld erschöpfenden Unthätigkeit und Eintönigkeit unseres Lagerlebens zu Ende. Zum dritten Male ist auf der ganzen Linie der Belagerungsarbeiten das Feuer eröffnet werden. Heute, halb drei Uhr, erwachten 157 Kanonen und Mörser, und über 300 auf französischer Seite aus langem Schweigen zu wildem Kampfgetümmel.

Die beiden Heere — man sollte sagen die vier Heere, wenn nicht die Türken und Sardinier kaum bestimmt wären, eine große Rolle in den Laufgräbenarbeiten und beim Sturme zu spielen — sind jetzt ihrer Zahl nach zu jedem Unternehmen fähig und von einem Geiste beseelt, der über jeden Verzug murrt und voll Sehnsucht nach dem entscheidenden Bayonnetangriffe ruft. Wenn schon die strategische Nothwendigkeit diesmal eine entscheidendere That in Aussicht stellt, so läßt sich auf der anderen Seite auch ziemlich klar die Absicht erkennen, selbst auf die Gefahr großer Verluste hin sich mit einer bloßen Kanonade nicht zu begnügen. Gestern wurde der Tagesbefehl über die Erfolge der Flotte im Asow'schen Meere den Brigaden vorgelesen, und heute Abend ritten Lord Raglan und General Pelissier unter dem Hurrah und Zuruf beider Armeen durch das Lager. Der Eifer der Truppen, welche sie führen, kann keinen Augenblick in Zweifel gezogen werden. Unser Feuer wurde während der ersten drei Stunden mit ausnehmender Schnelligkeit fortgesetzt, und die Russen beantworteten es keineswegs in demselben Maßstabe, obgleich mit beträchtlicher Lebhaftigkeit. Auf unserer Seite war das Vorherrschen der Bomben sehr sichtbar, und unterschied einigermaßen die gegenwärtige Kanonade von der frühern. Die Ueberlegenheit unsers Feuers über das des Feindes zeigte sich schon vor Abend auf verschiedenen Punkten und namentlich im Redan, dem die Marinebrigade ihre besondere Aufmerksamkeit widmete. Die Russen zeigten jedoch viel Entschlossenheit und Tapferkeit. Sie feuerten häufig Salven aus 4 oder 6 Geschützen, und warfen Bomben nach unserer leichten Division und dem Piquethaus. Nach Dunkelwerden schien die Feindseligkeit auf beiden Seiten zu erschlaffen, aber unsere Artillerie behielt immer noch dieselbe verhältnißmäßige Ueberlegenheit. Es war ein schwüler Tag, wo der trübe Nebel trockener Wärme über den Thälern lag, und kein Luftzug den Rauchschleier zerriß, der zwischen der Stadt und unseren Batterien schwebte; und in der

Nacht erhellte Wetterleuchten und Blitzen im Nordosten den Himmel im Rücken unserer Stellung.

7. Juli.

Um vier Uhr diesen Morgen hing ein trüber Schleier, halb Nebel und halb Pulverdampf, über der Stadt, und kaum fing die Sonne von ihrem niedern Stande am Horizonte aus mit ihren schrägen Strahlen die Gegenstände zu erleuchten an, so richteten sich die Fernröhre auf die Stadt. Der Redan, dessen Umrisse sich scharf vor den Hügeln, die sich vom Cathcarts= hügel thalwärts senken, erheben zeigte einige Spuren von Beschädigung, indem seine Schießscharten zerschossen waren und sein Feuer nur unregel= mäßig und matt fortgesetzt wurde. Gegen fünf Uhr kam Capitain Peel, ganz bestaubt und von Pulver geschwärzt, auf seinem Wege von den Lauf= gräben an uns vorüber. Seine kühnen und fast verwegenen Matrosen hatten vortrefflich geschossen und verhältnißmäßig nur geringen Verlust ge= habt, indem sie während der letzten vierzehn Stunden blos 2 Todte und 14 Verwundete, von denen nur Einer schwer verletzt war, zu be= klagen hatten.

Um neun Uhr erhob sich ein kühler Wind und dauerte den ganzen Tag fort. Er vertreibt den Rauch aus den Batterien und trägt die kleinen runden Nebelkugeln der platzenden Bomben von dannen, die sich wie sie sich ausdehnen nur mit dem Geiste vergleichen lassen, der in „Tausend und Einer Nacht" aus dem mit Salomonis Siegel verschlossenen eisernen Topfe hervorkommt. Die ganze Feuerlinie, vom rechten bis zum linken Flügel, wurde im hellen Sonnenscheine, der diesmal nicht brennend heiß war, sicht= bar. Auf der äußersten Linken, nach der Quarantaine zu, war das Feuer der Franzosen unbedeutend. Das beständige Zischen und Platzen der Bom= ben war immer noch der charakteristische Zug, der das gegenwärtige Bom= bardement von der Beschießung im April unterschied. Der Feind wollte oder konnte nicht kräftig antworten. Den ganzen Vormittag war unser Feuer bei Weitem überwiegend, aber da die Russen sehr gern während des wärmeren Theils des Tages ausruhen, so war damit eben nicht viel ge= wonnen.

Gegen elf Uhr sprengte eine Bombe ein Pulvermagazin in unserer Achtkanonenbatterie in die Luft, und ein jauchzendes Geheul folgte dem lauten Knalle. Glücklicherweise that die Explosion nur sehr geringen Scha= den. Wir hattten einen Todten, einen Verwundeten und ein paar Ver= brannte. Im Laufe des Tages wurde es ruchbar, daß ganz gewiß noch etwas Wichtiges vor Abend geschehen und daß der doppelte Angriff wahr= scheinlich um fünf oder sechs Uhr beginnen werde. Eine zahlreiche Gesell= schaft von Officieren und Mannschaften war den ganzen Nachmittag um den Flaggenstock auf dem Cathcartshügel versammelt, und bewegte sich auf den drei Höhenrücken umher, welche sich von dem englischen Lager nach

Sebastopol hinziehen. Das Feuer von unserer Seite, welches seit Tagesanbruch ruhig und gemessen fortgedauert hatte, fing gegen drei Uhr mit
plötzlicher Wuth von Neuem an, und wurde von dieser Stunde bis zu dem
kritischen Augenblicke mit großer Thätigkeit unterhalten. Der Angriff selbst
fand kurz nach dem vorherverkündeten Zeitpunkte statt. Zwischen fünf und
sechs Uhr nahm Lord Raglan und sein Stab seinen Standpunkt auf dem
Kamme des Hügels unter dem Kalkofen, wo man gerade in unsere Vierkanonenbatterie und in die Schießscharten des Redans hineinsieht. Kurz
bevor der Feldmarschall ankam, wurde mit drohender Ostentation ein
Flaggenstock aufgerichtet und hastig von Steinen eine Art Brustwehr über-
einandergesetzt. Ein Artillerist mit den Signalraketen stand bereit, aber
noch wurde eine Weile gewartet. Sir Colin Campbell nahm seinen Standpunkt auf dem dem Feinde noch näher liegenden grünen Hügel. Sein Erscheinen zog sofort das Feuer der Russen auf ihn, und die Bomben platzten
ganz in seiner Nähe, ohne ihn in der Absicht irre zu machen, einen guten
Platz zum Zusehen zu behaupten. Gegen halb sieben Uhr wurde von diesen
beiden Punkten aus die Spitze der französischen Angriffscolonne sichtbar,
wie sie ihren mühsamen Weg zum Mamelon hinaufklimmte. Sofort fuhr
eine Rakete als Signal für uns in die Luft und ebenso rasch stürmte die
kleine Abtheilung unserer Leute, die zu dem Ehrenposten auserlesen war,
gegen die Steinbrüche vor. Nach kurzem Kampfe vertrieb sie die Russen
und setzte sich in dem eroberten Werke fest, indem sie die Schanzkörbe nach
dem Feinde zukehrte, aber die Theilnahme der Zuschauer war so gänzlich
von dem aufregenden Schauspiele auf unserer Rechten in Anspruch genommen, daß unsere Leute lange warten mußten, ehe sich die Aufmerksamkeit
auf ihren Kampf lenkte.

Die Franzosen kletterten den steilen Aufgang zum Mamelon mit größter Entschlossenheit und in aufgelöster Ordnung hinauf, und jedes Auge
heftete sich mit Spannung auf ihre Bewegungen, welche das schon abnehmende Tageslicht nicht in scharfen Umrissen erkennen ließ. Aber dennoch
sah man ihre Gestalten, die wie leichte Schatten über den dunkeln Wall der
Erdwerke hinschwebten, unermüdlich höher und höher steigen, — sah sie
wie Tirailleure die Böschung hinauf laufen, klettern und klimmen ohne sich
von dem Feuer aus den schweren Geschützen, das ihnen in Folge ihrer zerstreuten Ordnung wenig Schaden that, stören zu lassen. Auf einmal zeichneten
sich ein Paar von diesen dunklen Schattengestalten vom Himmel ab. Die
Zuaven standen auf dem Kamme der Brustwehr und feuerten von oben in
das Werk; im nächsten Augenblicke war eine Fahne als Sammelpunkt und
Herausforderung aufgerichtet und schwankte hin und her, verschwand jetzt
und ward wieder emporgehoben wie das Kampfgetümmel sie umwogte, und
jetzt drangen sie in hellem Haufen in den Mamelon ein, und ein wüthendes
Handgemenge mit Gewehr und Bayonnet entspinnt sich. Es war achtundein-
halbe Minuten nach dem Beginn des Angriffs. Dann kam Entsatz in das Werk

hereingestürmt, und es herrschte einen Augenblick lang Verwirrung draußen. Einzelne Gruppen von verwundeten und anderen Soldaten sammelten sich auf dem uns zugekehrten Abhange, wo sie gedeckt standen und dann und wann flog eine Bombe aus der englischen Batterie in die hintere Ecke des Werks. Aber kaum war die Nothwendigkeit sichtbar geworden, die Angreifer zu unterstützen, kaum hatten eine oder zwei Kanonen aus den Schießscharten von Neuem ihre Blitze gegen sie entsendet, so stürmten sie abermals die Böschung hinauf und diesmal räumten die Russen nach einem heftigen Bayonnetkampfe das Werk, nachdem sie die Geschütze vernagelt hatten. Zweimal versuchten die Russen noch den Vordringenden die Spitze zu bieten, denn sie hatten starke Truppenmassen in Reserve, die von den Kanonen des runden Thurmes gedeckt waren, und zweimal wurden sie von dem unwiderstehlichen Anstürmen der Franzosen zurückgetrieben. Ungefähr zehn Minuten lang verkündete das rasche Blitzen und das Geknatter des kleinen Gewehrfeuers, daß das Gefecht innerhalb des Werkes ungewiß hin- und herwogte. Aber dann strömten zusammengeballte Haufen von Soldaten zur Kehle hinaus, und der Lärm des Kampfes zog sich dem nach der Stadt sich hinabsenkenden Abhang hinunter und der Kampfplatz nahm eine größere Ausdehnung an. An dem größeren Raume, den das Gefecht beanspruchte, ließ sich unschwer erkennen, daß die Russen Verstärkung erhalten hatten. Als die Spitze des Hügels abermals zum Schauplatze des Gefechts wurde, als die Franzosen zum zweiten Male auf ihre Unterstützung zurückgeworfen wurden — als von dem Standpunkte des französischen Generals eine Rakete nach der andern in die Luft flog und durch ihre Wiederholung einem sehr einfachen Befehle Nachdruck zu geben schien, fingen wir an unruhig zu werden. Es wurde auch immer finsterer, so daß wir mit unseren Fernröhren nur sehr schwer die eigentliche Sachlage erkennen konnten. Einmal stritt man sich sogar darüber, ob unsere Verbündeten in das Werk gingen oder es räumten, und der Stab selbst war keineswegs klar über das, was geschah. Endlich konnten wir durch die Dämmerung gerade noch erkennen, daß die Massen der Franzosen in das Werk hineinströmten. Nach einer Pause der Ungewißheit konnten unsere Ohren vernehmen, wie der Lärm des Kampfes sich abermals den innern Abhang des Hügels hinabzog und daß die Russen vollständig geschlagen waren. „Dasmal sitzen sie drin fest,“ sagt Einer zum Andern und giebt ihm das Fernrohr. Keine Blitze von kleinem Gewehrfeuer leuchten mehr in dem dunklen Innern empor. Keine Flammenzungen der schweren Geschütze zucken mehr aus den Schießscharten. Ein formloser Erdhaufen auf einem Hügel liegt der Mamelon wie ein erloschener Vulkan da, bis es uns gefällt ihn wieder in Thätigkeit zu versetzen. Jetzt endlich denken wir wieder an den uns weniger sichtbaren Kampf unserer Landsleute in der Schlucht links von uns. „Wie mag es nur unsern Leuten gehen?“ fragt Einer. „O! glaubt mir's aufs Wort, mit denen steht es gut, versicherte der Andere. Und in der That hatten sie die Steinbrüche genommen und behauptet, mußten aber die ganze Nacht das Gefecht fortsetzen und sechs aufeinander folgende Angriffe der Russen zurückweisen, welche die größte Hartnäckigkeit und Todesverachtung an den Tag legten.

Mit Dunkelwerden warf unsere vorgeschobene Batterie unter dem grünen Hügel über die Köpfe unserer Leute Bomben in die russischen Werke, was sich sehr hübsch ausnahm. Die zerschossene Linie der Schützengruben entlang blitzte und funkelte ein feuriger Saum in zuckender Bogenlinie, wie ein Ring von Gasflammen in stürmischer Nacht, denn ein heftiger Kampf hatte sich um dieselbe entsponnen indem die Russen sie mehrmals zu nehmen versuchten. Unterdessen hatte die Einnahme des Mamelon und das Verfolgen des fliehenden Feindes keineswegs bei unseren Verbündeten dem Kampfe ein Ende gemacht. Die Zuaven, von ihrem Erfolge kühn gemacht und von ihrem Verluste in Wuth versetzt, gingen in ihrer Tapferkeit einen Schritt zu weit und bildeten sich ein, den runden Thurm mit einem Handstreich nehmen zu können. Ein neues Gefecht entspann sich in der zwischen dem Malakoff und dem Mamelon liegenden Einsenkung, und das Geknatter des kleinen Gewehrfeuers schallte abermals von den Abhängen zurück. Die Kämpfenden waren nicht zahlreich genug um zu siegen, aber sie genügten, um ein blutiges und dauerndes Gefecht zu unterhalten, ein Gefecht, das sich dem Auge viel heftiger darstellte als das kaum beendigte. Der Thurm, oder vielmehr der Trümmerhaufen, der früher der runde Thurm hieß, unterhielt ein heftiges Kanonen- und Kleingewehrfeuer. Unsere Artilleristen verdoppelten ihre Bemühungen und warfen ihre Bomben mit bewundernswerther Genauigkeit in den Malakoff, wo sie unter den Vertheidigern unermeßlichen Schaden anrichteten. Es war jetzt finster und jede derselben zeichnete sich von dem Himmel ab, wie sie aufstieg oder niederfuhr. Aus Gordons Batterie und der zweiten Parallele schlugen sie eine nach der andern in das Werk, bis an dessen Graben die Zuaven ununterstützt vorgedrungen waren, und die russischen Wälle zerbröckelten von diesem gewaltigen Feuer; aber da der Angriff als nicht beabsichtigt nicht unterstützt wurde, hörte er allmälig auf.

12 Uhr Mitternacht.

Es wüthet ein heftiger Orkan. In Südosten war heute ein schweres Gewitter, und heute Nacht wie gestern wetteiferte der Donner des Himmels mit unseren Geschützen. Die Franzosen setzen die neue Front ihrer Position in Vertheidigungszustand und verwenden dazu zahllose Arbeiter. Heute gegen Abend war im Redan nur noch eine einzige Schießscharte im leidlichen Zustande und die Steinbrüche, in denen sich unsere Leute befinden, liegen zu dicht unter denselben, um sie aus schweren Calibern beschießen zu können.

Vor Sebastopol 8. Juni.

Unsere Leute in den Steinbrüchen hatten diese Nacht sechs Angriffe von beträchtlicher Uebermacht auszuhalten, die sie alle mit großem Muthe

16*

und großer Ausdauer, obgleich auch mit bedeutenden Opfern von Menschenleben, zurückwiesen. Die zum Angriffe auf die Steinbrüche abgezählte
Mannschaft war über 1000 Mann stark, von denen 600 Mann als Reserve
dienten. Zum ersten Angriff verwendete man nur 200 Mann und die anderen
200 folgten. Mehr als einmal entspann sich in den Steinbrüchen selbst ein
wüthendes Handgemenge, und unsere Leute mußten mehrmals hervorbrechen
und die Angreifer in die Flanke nehmen. Der mörderischste Ausfall des
Feindes fand gegen drei Uhr früh statt; um diese Zeit war die ganze
Schlucht von dem beständigen Blitzen des Gewehrfeuers erleuchtet, und die
Strandbatterie und alle anderen im Schußbereiche befindlichen Werke sendeten einen Hagel von Kanonenkugeln herüber. Mit einer stärkeren Reserve
hätten unsere Truppen mit Leichtigkeit den Redan einnehmen können. Dies
behaupten ganz offen Officiere und Mannschaften, und letztere geben ihrer
Meinung in nicht sehr schmeichelhaften Worten Ausdruck. Sie waren nahe
genug um zu sehen, daß das Werk kaum vertheidigt war, und ein Officier
fiel fast innerhalb desselben. Im Allgemeinen zu sprechen, waren die Russen
die Nacht hindurch nicht sehr thätig; offenbar fürchten sie sich Munition zu
verschwenden. Andrerseits waren ihre Arbeiterabtheilungen so geschäftig
wie die Bienen im Ausbessern und Verstärken der zusammengeschossenen
Werke, und die Posten vor unseren vorgeschobenen Werken konnten recht
gut das Geräusch der Arbeitenden hören und die Tabakspfeifen glimmen
sehen. Dagegen verloren auch die Franzosen keine Zeit im Mamelon wo
sie, beiläufig gesagt, nur sieben Kanonen vorfanden, von denen fünf vernagelt waren. Als der Morgen mit einem noch heftigeren Sturme als dem
gestrigen anbrach, nahmen beide Parteien eine Stellung des Abwartens
ein. Die Franzosen standen in großer Stärke in dem Mamelon und auf
den äußern Böschungen desselben und hatten auch zwei von den drei Außenwerken besetzt, die zu dem Mamelon auf dem Sapunhügel gehören. Ihre
Todten lagen mit den Russen untermischt über das ganze durchschnittene
Terrain vor dem Malakoffthurme verstreut, und lange Reihen Träger schafften sie nach dem Lager. Ihre Bemühungen, sich hier in dem Mamelon zu
verschanzen, wurden gelegentlich von Bomben gestört, welche die Schiffe im
Hafen und eine uns bisher noch unbekannte Batterie an dem jenseitigen
Abhange des Hügels warfen, während vor ihrer linken Fronte der runde
Thurm immer noch seine gewaltigen Brustwehren und halbzerschossenen
Schießscharten erhob und die Arbeiterparteien der Franzosen vor seiner Weß-
seite und ihre Reserven im Hintergrunde beschoß. Der Morgen machte auf
jeder Seite neben dem erlangten Vortheile und der zu unseren Füßen lie-
genden Beute die Wahlstatt mit ihren Todten und Verwundeten sichtbar.
Wir unsererseits hatten 35 Officiere und 365 Mann an Kampfunfähigen
verloren, die Franzosen fast das Doppelte an Officieren und im Ganzen
nicht weniger als 1500 Mann, wahrscheinlich aber noch mehr. Ihr
Verlust wird sogar auf 3700 Mann angegeben. Die Munitionskarren

die Ambulançewagen, die französischen Maulthiere mit vollgeladenen Körben
drängten sich in der Schlucht unter unserer leichten Division, welche der
gerade oder vielmehr der krumme Weg nach dem Angriffe auf unserer Rechten ist. Trupps von Verwundeten kamen langsam herauf, einige Engländer,
meistens aber Franzosen, geschwärzt von dem Schmuze der Schlacht. Links
rasteten einige Paar Zuaven, die ihre Bürde, die Leichen dreier ihrer Officiere, für eine Weile hingelegt hatten. Etwas weiter unten lag ein englischer
Soldat erschöpft und von einer plötzlichen Ohnmacht halb bewußtlos. Ein
Trupp Franzosen hatte sich um ihn versammelt, stützte ihn und bot ihm
aus den Feldflaschen Wasser an, das er mit fieberhafter Geberde zurück-
wies.   Rechts in einer Bodenvertiefung erblickte man eine französische Re-
servetruppe, welche ihre Gewehre in Pyramiden zusammen gesetzt hatte und
nur ein Zeichen erwartete um vorzugehen.   Man konnte sie zum Theil
vom Malakoff aus sehen, und Vollkugeln und Bomben schlugen von dort
in die Vertiefung und brachten in jeder Minute ein erschrockenes Aus-
einanderlaufen zu Wege, an dessen Stelle im Augenblicke wieder die gewöhnliche Sorglosigkeit trat.   Eine muntere und sogar hübsche Marketenderin kam den Abhang heraufgeschritten ohne sich im Mindesten um die
vorüberrollenden Eisenmassen zu kümmern, und mit einem Lächeln um den
Mund, als ob sie der Ehre ihres Corps' Genüge geleistet hätte.   Um zehn
Uhr waren folgende kleine Zwischenfälle des ermattenden Kriegsgetümmels
durch das Fernrohr von der Spitze des Hügels unter dem Piquethause
sichtbar: in der Spitze des Hafens waren die Russen eifrig mit dem Einscharren ihrer Todten beschäftigt; vor dem Verhau des runden Thurmes
ließen sich mehrere Zuavenleichen erkennen.   Um den Mamelon arbeiteten
die Franzosen mit großer Anstrengung, Einige der Wärme wegen bis auf
ihre Unterbeinkleider ausgezogen, und drangen allmälig den Abhang hinunter nach dem Malakoff zu vor, wo sie dem Feuer desselben vollkommen ausgesetzt waren.   Unterdessen bewarfen unsere Truppen im rechten
Angriffe in ruhiger geschäftsmäßiger Weise den Malakoff mit Bomben,
aber die ewige Kanone auf seiner Rechten, die seit neun Monaten mit seltsamer Lebenskraft begabt ist, sendete eine indirecte Antwort in den Mamelon. Von elf Uhr an wurde das Feuer der Russen, wie gewöhnlich, matter,
und erst nach Dunkelwerden entspann sich wieder ein Artilleriezweikampf in
großartigem Maßstabe.   Lord Raglan besuchte Nachmittags die Hospitäler
und mancher Zug, der die Leiche eines Officiers zur ewigen Ruhe brachte,
bewegte sich über die Ebene.   Unser Verlust an todten Officieren ist groß.
Das 88. Regiment hat am ärgsten gelitten, indem es 3 todte und einen
vermißten und ebenfalls todtgesagten und 4 verwundete Officiere hat.
Die vier ältesten Officiere des 62. Regiments sind auch kampfunfähig.

Am 9. Abends.

Mein Brief war kaum abgegangen, als eine weiße Fahne auf dem
runden Thurme und eine andere links verkündeten, daß die Russen ein An-

liegen hatten.   Es war ein ernstes Verlangen mitten in einem heftigen Bombardement wo die Ereignisse in der Schwebe hingen und wo der Erfolg vielleicht von den schnellvorübergehenden Augenblicken abhing; aber es wurde gestellt und gewährt. Von ein Uhr bis sechs Uhr Abends fiel kein Schuß von beiden Seiten, während die Leichen, welche den Hügel zwischen dem Mamelon und dem runden Thurme bedeckten oder noch vor den Steinbrüchen lagen, von der Wahlstatt getragen wurden. Sowohl die Franzosen wie die Russen hatten eine große Zahl Todte auf dem Schauplatze des Hauptkampfes liegen; unter den Ersteren befanden sich viele sonnengebräunte Indigènes von arabischem Blute oder wie sie der französische Soldat meistens nennt, Turcos, und zu ihrem Contingent von Todten kamen sogar einige aus dem innern Raume des Malakoff, als Beweis, wie nahe wir dem Gelingen des improvisirten Angriffs gewesen waren. Immer noch bedeckten 200 russische Leichen die Wahlstatt, als genügendes Zeugniß für die Schwere ihres Verlustes. Die 3. Batterie auf dem Sapunhügel wurde gestern Nacht geräumt, und die Geschütze entweder zurückgezogen oder die Schlucht hinunter geworfen.

Die Waffenruhe gewährte eine raschbenutzte Gelegenheit eine nähere Ansicht als bisher von Sebastopol zu gewinnen, und der Mamelon, als die wichtigste unserer neuen Eroberungen, war der anziehende Punkt wohin Jeder eilte, der Zeit und Gelegenheit hatte. Die französischen Schanzarbeiter hatten sich auf dem Aufgange eingegraben, und verbanden durch neue Parallelen ihre zweihundert Schritte rückwärts gelegenen Linien mit den Forts und kehrten die Brustwehren der davorliegenden russischen Laufgräben dem Feinde zu.   Die zerschossenen und von Kugeln durchfurchten Umrisse der Festung traten bestimmter vor das Auge, während man hinaufging; aber das bis dahin uns ganz unbekannte Innere erzeugte viel lebhaftere Empfindungen, und innerhalb sowie außerhalb verriethen zahlreiche Spuren mit welcher Wuth und Tapferkeit gekämpft worden war. In dem Erdboden drinnen sah man überall Löcher und Gruben — hier gleich einem alten Steinbruche, dort wie ein Stück krimscher Weinberg; einige derselben die Trichter, welche platzende Bomben gesprengt hatten, andere die wohlüberlegten Arbeiten einer standhaften Vertheidigung.   Die Leichen, welche die Erde bedeckten und fortgetragen wurden, fingen bereits an zu verwesen und abgerissene Glieder lagen zwischen den zersetzten Schanzkörben und zerbrochenen Gewehren umher; demontirte und zerschossene Geschütze waren hinter ihren Schießscharten zusammengestürzt; ungefähr funfzig fand man unter dem Schutte verborgen und auch eine Quantität Schießpulver wurde aus den zahlreichen in den Felsen versteckten Kammern hervorgeholt. Diese in der inwendigen Seite der Brustwehr ausgegrabenen Nester waren noch warm von ihren früheren Bewohnern; es fanden sich darin Proviant und Werkzeuge vor und unter Anderen auch ein noch nicht fertig gestricktes Stück Netz.   Die nähere Ansicht zeigte allein ganz die gewaltige Bauart der Erd-

werke und wenn Staunen jetzt nicht ein abgenutztes Gefühl wäre, so hätten
die Beschauer über die darauf verwendete Arbeit einfach staunen müssen.

In der ersten Hälfte des Tages glaubte man allgemein, daß ein ver-
einigter Angriff auf den Malakoff und den Redan heute Abend den Schluß
bilden würde. Daß die Einnahme beider möglich wäre, galt im Lager für
erwiesen. Aber die Nachricht von dem Waffenstillstande machte diese Hoffnung zu nichte und ein Angriff wurde nicht länger für wahrscheinlich gehalten. Der Feind hatte mit seiner gewohnten Ausdauer seine Zeit sehr
gut benutzt, und sowie das Feuer von Neuem begann, was gleich nach dem
Streichen der Flaggen wenige Minuten vor sechs Uhr geschah, zeigte es sich,
daß sowohl der Malakoff wie der Redan eine Verstärkung von Geschützen
erhalten hatten — wie behauptet wird, sechs und elf, doch ist eine derartige
Berechnung nicht leicht, indem die Russen sich viel Mühe geben die Stärke
ihrer Artillerie zu verbergen und häufig dadurch, daß sie Geschütze von
einer Schießscharte in die andere schaffen, eines die Rolle von zweien oder
dreien spielen lassen; aber dennoch glaube ich, daß der Anschlag ziemlich
richtig ist. Von sechs bis neun Uhr währte der Zweikampf ohne besondere
Zwischenfälle fort; dann kam ein plötzliches Geknatter von Kleingewehrfeuer, das ein paar Minuten dauerte und ebenso unerwartet wieder aufhörte. Ein anderes Intermezzo dieser Art fand gegen drei Uhr früh statt,
um einige Abwechselung in die Eintönigkeit des großen Artilleriekampfes
zu bringen, der mit Wuth die ganze Nacht anhielt und erst gegen Morgen etwas nachließ. Wir hatten in unserer neuen Stellung links, in welche
die Russen aus der die Rückseite des Redan beschützenden Batterien beständig mit Kartätschen schossen, ziemliche Verluste. Der Feind besetzte auch
die halbzerstörten Häuser über der Schlucht, und unterhielt aus den Fenstern
in aller Muße ein Kleingewehrfeuer auf unsere Leute. Natürlich ist es unseren Soldaten sehr verdrießlich, daß sie stillstehen und sich todtschießen
lassen sollen, wodurch sie in einer Woche nach und nach an Todten und
Verwundeten so viel verlieren wie an einem blutigen Schlachttage.

10. Juni.

Ein windiger Tag, aber mit Anzeichen bald wiederkehrender Wärme
und gelegentlich mit einem Regenschauer. Die Franzosen schanzen in sehr
großer Zahl an den Approchen nach dem Mamelon, in der Hoffnung, bald
einige Geschütze von schwerem Caliber hinauf schaffen zu können. Der
runde Thurm und der Redan geben dann und wann zu erkennen, daß sie
immer noch hartnäckig ausharren, aber mit so geringer Kraft, daß die
Bomben, welche um unsere Ohren sausen und trockenen Staub in hohen
Säulen emporwerfen, fast wie eine nutzlose Quälerei aussahen. Fünf
russische Kriegsschiffe haben sich draußen auf die Rhede gelegt um un-
bequemen Geschossen aus dem Mamelon zu entgehen. Das weiße Banner
des heiligen Andreas weht von ihrem großen Maste und flattert auch zu

Ehren des Sonntags über Fort Konstantin. Die „Zwölf Apostel" liegen gerade vor dem Arsenal, die Breitseite gegen den neuen Feind gerichtet, aber das Schiff hat schon einen neuen Gegner gefunden, denn die gewaltigen Geschosse der Lancasterkanone schlagen unmittelbar neben dem Schiffe ins Wasser und senden den Schaum über dasselbe hinweg. Zu Mittag heizte der kleine Dampfer, der hauptsächlich die Verbindung zwischen den beiden Seiten des Hafens unterhält und war bald von einer kleinen Flotille von Booten umgeben, welche wahrscheinlich Verwundete an Bord brachten. Das Arsenalgebäude oder sogenannte Hospital auf der Westseite war ganz von Kugeln zerrissen und durchlöchert, die Fenster waren zu formlosen Oeffnungen geworden, das Dach war zersetzt und das ganze Gebäude sichtlich unbewohnbar. Der Dampfer war alsbald vollgeladen und fuhr ab, die Boote neben sich herschleppend. Sie sollten jedenfalls des Abends Mund- und Kriegsvorräthe zurückbringen und einen langen Zug Menschen mit Wagen und Lastthieren sah man den nach Inkerman führenden steilen Abhang auf der Nordseite hinaufklimmen. Es mögen etwa 1500 oder 2000 gewesen sein. Die Beschießung hat den ganzen Nachmittag fortgedauert und nur gegen Abend etwas abgenommen.

Um zwölf Uhr.

Es hat sich ein sehr heftiges Scharmützel zwischen den Franzosen und Russen links von uns entsponnen und Bomben durchfurchen wie ein Sternschnuppenregen die Luft. Der Feind wirft, um seinen Artilleristen das Ziel zu zeigen, Carcassen und Granaten. Unsere Batterien schießen nur wenig; eine der Lancasterkanonen macht den größten Lärm und erschreckt das Ohr der Nacht mit ihrem lauten Saufen.

11. Juni.

Heute war Alles sehr still vor der Stadt und zwar aus dem zureichenden Grunde, daß nicht genug Munition in den Batterien vorhanden ist. Die meisten unserer Artillerietransportwagen sind nach Kamiesch hinabgefahren, um Bomben für unsere Verbündeten heraufzuschaffen. Gestern ereignete sich bei uns in diesem Departement ein kleiner Unfall. Ein an dem Artilleriewerft in Balaklawa anlegender Lichter kenterte und lud seinen Cargo von ungefähr 1000 Bomben im Meer aus, wo es am tiefsten ist. Wäre die Taucherglocke nicht an Ort und Stelle gewesen, so wären sie ein beständiges Räthsel für die Fische geworden, die jedenfalls nach ihrem Range ihre Quartiere in denselben aufgeschlagen hätten. Durch Hilfe der Taucher kommen sie jedoch allmälig wieder herauf und da sie dem Tode im Wasser entgangen sind, werden sie hoffentlich im Feuer sterben.

Man kann fast sagen, daß die Beschießung aufgehört hat und daß die Belagerung wieder ihren ruhigen Fortgang nimmt. Der Verlust, den unsere Verbündeten im Mamelon erlitten, ist bedeutend und hat heute 200 Mann erreicht. Auch unsere officiellen Berichte, wenn sie erst veröffentlicht sind, werden den 10. Juni als einen schwarzen Tag erscheinen lassen.

Die Cholera herrscht vornehmlich in und bei Balaklawa und auch im Lager sind ziemlich viel Fälle dieser Krankheit, aber von einem milderen Charakter vorgekommen. Oberst La Marmora, der Bruder des sardinischen Oberbefehlshabers, ist ihr zum Opfer gefallen und die piemontesische Armee hat überhaupt stark davon gelitten.

Funfzehntes Kapitel.

Vergeblicher Angriff auf den Malakoff und den Redan.

Die weißen Batterien am Sapunhügel. — Mislingen der Angriffe auf den Malakoff und Redan. — Umsicht und Tod des Obersten Yea. — Anstrengungen der englischen 4. Division. — Kämpfe um den Besitz der Vorstadt. — Verluste der Matrosenbrigade. — Beklagenswerther Zustand der Verwundeten. — Die Wachthausschlucht. — Trauer um den Obersten Yea. — Das Innere des Mamelon. — Umgebungen des Mamelon und Redan. — Die Leichname Yea's, Schadforts und Campbells. — Hochherzige Gesinnungen der Verwundeten. — Gespräche zwischen den Alliirten und den Russen. — Der Kirchhof bleibt im Besitz der Alliirten. — Tod des Generals Estcourt. — Verwüstungen der Cholera. — Tod des Lord Raglan. — Simpson Oberbefehlshaber.

Vor Sebastopol, 12. Juni.

Wir befinden uns wieder in einem Zustand verhältnißmäßiger Ruhe, aber es ist nicht die Unthätigkeit, welche von Erschöpfung herrührt und welche es zweifelhaft macht, ob die Operationen wieder erneuert werden sollen; sondern es ist nur eine Unterbrechung, welche benutzt wird, um das durch die Erfolge der letzten Woche gewonnene Terrain mit dem größten Vortheil zu den Zwecken der Belagerung zu benutzen.

Durch die Besetzung und Armirung der weißen Batterien am Rande des Kammes des Sapunhügels beherrschen wir die Spitze des Hafens fast vollständig. Die Russen haben dies selbst anerkannt, indem sich die bisher in dem Binnenhafen ankernden Kriegsschiffe hinaus auf die Rhede gelegt haben. Aber das ist noch nicht Alles. Diese neuen Werke werden uns auch in Stand setzen, gegen die beiden Strandbatterien zu wirken, welche die Russen hinter dem Mamelon errichten und welche, da sie unserm Feuer nur wenig ausgesetzt sind, uns vielen Schaden thun konnten, ohne selbst sehr viel Gefahr zu laufen. Durch die Errichtung der französischen Werke auf dem Mamelon setzen wir uns fünfhundert Schritte von dem Malakoff fest; wir fassen Fuß auf dem Plateau, auf welchem diese Werke liegen; wir erhalten dadurch Mittel, gegen die Rückseite derselben vorzugehen und zugleich mit Erfolg gegen die belästigenden Batterien hinter dem Mamelon zu operiren, welche auf diese Weise, einem Kreuzfeuer ausgesetzt, nicht lange widerstehen können. Der Steinbruch ist kaum mehr als zweihundert Schritte von dem Redan. Die darin errichtete Batterie beschießt mit Erfolg die rückwärts zwischen dem Redan und dem Malakoffthurme liegende Sechskanonenbatterie; und von den vorgeschobenen Posten aus werden unsere Schützen im Stande sein, die Bedienungsmannschaften von einem großen Theile der Geschütze des Redan fern zu halten. Mehrere derselben scheinen bereits verlassen zu sein; wenigstens feuern sie keinen Schuß. Außerdem können in einigen Schießscharten die Geschütze nicht tief genug gerichtet werden, um im Steinbruche großen Schaden anzurichten.

Aber trotzdem war die Behauptung des Steinbruches namentlich im Anfange durchaus keine leichte Sache; vielleicht nicht sowohl wegen der Bemühungen der Russen, einen Punkt, der für sie von so wesentlicher Wichtigkeit war, wiederzunehmen, sondern vielmehr wegen des Feuers, dem er, abgesehen vom Redan, aus anderen russischen Batterien ausgesetzt war. Die Gartenbatterie in unserer Flanke, die Sechskanonenbatterie weiter zurück und die Werke um den Malakoffthurm, konnten ihn fast von allen Seiten beschießen. Außerdem bot das gegen uns errichtete Werk, als wir es wegnahmen, sehr geringen Schutz gegen die Schützen im Redan dar, bis wir eine Deckung nach der Feindesseite zu errichten konnten. Jetzt, nachdem dies geschehen ist, hat die Gefahr beträchtlich abgenommen und der Verwundungen sind weniger geworden.

Die Franzosen hatten den Mamelon unter einem nicht weniger heftigen Feuer zu behaupten. Das Werk liegt im Schußbereich einiger Theile der Malakoffwerke, der Schiffe, der dahinter errichteten Strandbatterien und selbst einiger der Batterien bei Inkerman, und unsere Verbündeten litten in den ersten Tagen nach der Besetzung des eroberten Werkes große Verluste.

Gestern wurden General Lavarande und mehrere andere Officiere, die im Gefecht am 7. dieses geblieben sind, bestattet.

14. Juni.

Heute wurden die türkischen Truppen, welche seit dem Angriffe vom 7. in der Fronte standen, zurückgenommen und mit Ausnahme einiger Bataillone, die als Wache bei Omer Pascha's Hauptquartier bleiben, haben alle übrigen ihre alte Stellung auf den Höhen der Tschernaja wieder bezogen.

Von der Belagerung ist nichts Neues zu berichten; das Feuer ist ebenso matt wie gestern und vorgestern und die Thätigkeit in den Werken größer als je. Wie man sich leicht denken kann, bleiben die Russen in dem Verstärken ihrer Werke durchaus nicht hinter uns zurück. Unsere letzten Erfolge scheinen sie nicht entmuthigt zu haben und Alles zeigt ihren Entschluß nur Schritt für Schritt zu weichen und jeden Vortheil so theuer als möglich zu verkaufen.

Diesen Nachmittag sah man vom Mamelon aus ein starkes Corps Russen, ungefähr 10,000 Mann, in den Redan einrücken.

Die meisten englischen und französischen Truppen sind von Kertsch zurückgekehrt. Der Cathcarthügel hat vorübergehend die Anziehungskraft verloren, die er während der Dauer des Bombardements als einer der besten Beobachtungspunkte besaß. Der Befehl zum Wiedereröffnen des Feuers wird jeden Augenblick erwartet.

Am 16 Juni, Morgens.

Die Nacht ist in Ruhe vorübergegangen und auch der Morgen wenigstens bis um zehn Uhr.

20. Juni.

Erst heute bin ich in Stand gesetzt, einen ausführlichen Bericht über den fehlgeschlagenen Angriff der Verbündeten auf die Hauptpunkte der russischen Vertheidigungslinie abzufassen, obgleich auch dieser noch an mancherlei unvermeidlichen Mängeln leiden mag. Nach dem ursprünglich entworfenen Angriffsplan sollten die Verbündeten am 18. Juni mit Tagesanbruch gegen den Malakoff und den Redan eine dreistündige Beschießung eröffnen; alsdann sollten die Franzosen den Malakoff erstürmen und nachdem sie denselben in Besitz genommen, wir den Redan angreifen. Da letzteres Werk vom ersteren beherrscht wird, wäre es unmöglich, dasselbe vor der Einnahme des Malakoff zu behaupten.

Das Feuer, welches wir am Sonntag früh (am 17.) zur Einleitung des Angriffs eröffneten, zeichnete sich durch große Energie, Schwere des Calibers und zerstörende Wirkung aus. Während der ersten Ablösung warf die von Major Strange befehligte Batterie im Steinbruche nicht weniger als 300 achtzöllige Bomben in den Redan, der höchstens fünfhundert Schritte von derselben entfernt liegt und der innere Raum muß von dem unaufhörlichen Sturm von Eisensplittern, welcher beständig hindurchfegte, fast geräumt worden sein. Während des Sonntags schleuderten unsere Artilleristen 12,000 Geschosse vom schwersten Caliber in die feindlichen Linien und den folgenden Tag verschossen wir 11,946 Vollkugeln und Bomben. Das Feuer der Russen war schwach und unsicher. Hätte die dreistündige Beschießung der russischen Batterien, welche Lord Raglan verabredet hatte, stattgefunden, so hätten wir wahrscheinlich nur eine schwache Truppenanzahl zu unserm Empfange auf den Wällen bereitgefunden; und es muß als ein sehr unglücklicher Umstand betrachtet werden, das Se. Herrlichkeit sich bewogen fand seinen ursprünglichen Plan aus Nachgiebigkeit gegen die Wünsche des Generals Pelissier fallen zu lassen. Einen besonderen Grund für seinen Wunsch, den zuerst beschlossenen Plan abzuändern und den Angriff zu beschleunigen, soll General Pelissier nicht angegeben haben, aber man behauptet, er habe gewünscht, einem im Werke befindlichen Angriff des Feindes auf den Mamelon zuvorzukommen. Er fürchtete auch, daß die zum Angriff versammelten französischen Colonnen den Russen nicht lange verborgen gehalten werden könnten und daß sie sich durch das Geräusch, welches die Bewegung großer Truppenmassen stets verursacht, bald verrathen würden.

Als das 34. Regiment vorrückte, kreuzte es sich durch einen mir unbekannten Zufall mit den Unterstützungstruppen und es entstand daraus einige Verwirrung. Als unsere Leute den Laufgraben verließen, bildeten sie Trupps von zwei oder drei Mann, anstatt das freie Terrain in geschlossener Ordnung zu betreten. Diese Auflösung geschah in Folge des Mangels eines Auftritts über die Berme, welche die Truppen in den Stand gesetzt hätte, in Ordnung über die Brustwehr zu gelangen; anstatt dessen mußten sie darüber wegklettern, so gut es ging und da der Kamm der Brustwehr ungleich an Höhe und Gestalt ist, so löste sich die Linie vollständig auf. Sowie die Truppen aus dem Laufgraben hervorkamen, beschoß der Feind die ganze Front mit einem gutgezielten Kartätschenfeuer, welches die durch die Art des Vorgehens verursachte Abwesenheit von Ordnung und Ruhe noch vermehrte. Oberst Mea erkannte die Folgen nur zu deutlich. Nachdem er vergeblich versucht hatte, die Reihen seiner Leute, die rings um ihn zusammenstürzten, wieder zu ordnen, rief er aus: „Das geht nicht! Wo ist der Signalist, um zum Rückzug zu blasen?" Aber ach! in diesem kritischen Augenblicke war kein Signalist zu finden. Der tapfere Veteran versuchte mit Geberde und Wort seine Leute zu ordnen, aber der dicht vor der Fronte dröhnende Donner der feindlichen Geschütze und das Zwielicht des Frühmorgens machten alle seine Bemühungen zu nichte; und wie er den wirren Truppenhaufen entlang eilte, der sich unter einem Hagel von Kartätschenkugeln zusammendrängte und sich bemühte, die Ordnung wieder unter ihnen herzustellen, um einen Angriff auf die Batterien zu machen, was besser war als stehen bleiben, oder in wilder Flucht zurückgehen, flog eine neue Kartätschenladung heran und der Tapfere fiel, in Kopf und Unterleib zugleich getroffen, todt vor seinen Truppen nieder. Als Signal für unsern Angriff war das Aufsteigen von zwei Raketen verabredet, die angezündet werden sollten, sowie die Franzosen in den Malakoff gedrungen waren, und letztere sollten als Zeichen ihres Sieges eine Fahne aufpflanzen. Es ist nicht zu bezweifeln, daß sich die Franzosen einige Zeit lang im Malakoff festgesetzt hatten, aber sie wurden bald wieder mit Verlust daraus vertrieben, und ich sah mit eigenen Augen während des ganzen Gefechtes eine große dreieckige schwarz und blaue Flagge vom Malakoff wehen. Sowie die Raketen in die Höhe stiegen, stürmte die leichte Division aus den sie deckenden Laufgräben hervor, und in einer Viertelstunde war dieses Balaklawa der Infanterie vorüber, insofern es sich um eine Aussicht auf einen Erfolg handelte. Die zweite Division blieb, als sie sah, daß die Flankenangriffe fehlgeschlagen waren, klüglicherweise in ihrer

gedeckten Stellung und erlitt nur unbedeutenden Verlust.   Wäre sie thö-
rigerweise vorgegangen, so hätten wir noch größeres und unnützeres Blutvergießen zu beklagen.   Die 4. Division führte ihr thätiger Generalquartiermeister, Oberst Windham, vor, und stellte sie in dem Laufgraben links
auf, aber es scheint als ob sie der Spitze des Redans etwas zu nahe angegriffen hätte.   Sir John Campbell legte einen fast an Tollkühnheit gren-
zenden Muth an den Tag.   Unmittelbar bevor er seine Truppen in die
Laufgräben führte, schickte er seine beiden Adjutanten fort, als wollte er sie
nicht der Gefahr aussetzen, und er fiel während er seine Leute zum Vorgehen anfeuerte.   Die Verluste der 4. Division sind sehr groß.   Das 57. Regiment hat von 400 Mann nicht weniger als ein Drittel Todte und Verwundete.   Die Brigade des Generalmajor Eyre, welche den Kirchhof besetzen und die Casernenbatterie wegnehmen sollte, bestand aus dem 9., 18.,
28., 38. und dem 44. Regimente.   Vier Freiwillige jeder Compagnie
sollten unter dem Major Fielde eine Vorhut bilden, um das Terrain zu erkunden und den Angriff vorzubereiten.   Dieser Vorhut folgte das 18. kö-
nigliche irländische Regiment als Sturmcolonne.   Die Brigade trat um
zwölf Uhr ins Gewehr und marschirte auf dem Wege links von der Batterie des grünen Hügels nach dem Kirchhofe, und stellte sich hinter demselben
verdeckt auf, bis die nöthigen Vorkehrungen zum Angriffe getroffen waren.
General Eyre redete das 18. Regiment mit folgenden Worten an: „ich hoffe,
Leute, daß Ihr diesen Morgen etwas ausrichten werdet, wovon jede Hütte
in Irland wiederklingt!"   Die Antwort darauf war ein lauter Cheer, der
dem Regimente sofort einen Hagel von Kartätschen zuzog.   Die Blänkler
gingen gerade vor, als der allgemeine Angriff begann, und griffen mit einigen Franzosen links von ihnen den Kirchhof an, der sehr schwach vertheidigt
war.   Sie bemächtigten sich desselben nach unbedeutendem Widerstande mit
geringem Verluste, und machten einige Gefangene, aber sowie sich der Feind
zurückgezogen hatte, eröffneten seine Batterien aus der linken Face des Redans und aus der befestigten Caserne ein sehr heftiges Feuer.   Vier Compagnien des 18. Regiments stürmten sogleich aus dem Kirchhof gegen die
Stadt vor, und es gelang ihnen wirklich sich der Vorstadt zu bemächtigen.
Nun machten sie sofort Anstalt, die Häuser, welche sie besetzt hatten, zu vertheidigen.   Wie sie die Russen vor sich her jagten, bewarfen diese sie mit
großen Steinen aus der Batterie, welche fast senkrecht über der Vorstadt
steht.   Die Russen konnten ihren Geschützen nicht genug Depression geben,
um auf unsere Leute hinunter zu schießen, aber sie richteten aus einem ausspringenden Winkel der Redanwerke ein sehr heftiges flankirendes Feuer auf
sie.   Es blieb nichts übrig, als ein sehr kräftiges Feuer aus den Häusern
zu unterhalten und den Feind zu der Meinung zu verleiten, daß die sie besetzt haltenden Truppen viel zahlreicher wären, als sie in Wirklichkeit waren.
Unterdessen machten die Russen die äußersten Anstrengungen, um die Häuser
mit Bomben und Vollkugeln dem Erdboden gleich zu machen, und unter-

hielten ein unausgesetztes Kartätschenfeuer, aber unsere Leute hielten sich ziemlich gut gedeckt, obgleich sie zuweilen einige Mannschaft verloren: am kräftigsten unterstützten sie die Regimenter in dem hinter ihnen liegenden Kirchhof mit ihrem auf die russischen Schießscharten gezielten Feuer, sodaß sich der Feind nicht darin erblicken lassen durfte, um auf die unter ihm liegenden Häuser zu schießen. Einige der Häuser waren gut ausmöblirt. Eins war so fein eingerichtet wie ein vornehmes englisches Haus, in den Zimmern befanden sich schöne Möbeln, in dem Salon stand ein Piano, und an Gegenständen des Luxus und der Kunst fehlte es nicht. Die Truppen drangen gegen vier Uhr früh in die Vorstadt und konnten sie vor neun Uhr Abends nicht wieder verlassen. Die Russen sprengten viele Häuser in die Luft und steckten andere in Brand, und als sich unsere Truppen zurückzogen, verbreitete sich die Feuersbrunst in der ganzen Straße. Das 18. Regiment verlor 250 Mann. Dem 19. Regimente gelang es, sich an zwei oder drei verschiedenen Orten festzusetzen, und seine Stellung so gut wie das 18. zu behaupten. Ein Sergeant mit ein paar Leuten drang wirklich in die Wespenbatterie ein, in welcher sich nur 12 oder 14 russische Artilleristen befanden. Sie flüchteten sich bei der Annäherung unserer Leute, aber als letztere sich umschauten, entdeckten sie, daß sie ohne alle Unterstützung waren, und sowie die Russen dies bemerkten, fielen sie wieder über unsere Leute her und trieben sie aus der Batterie. Ein Officier und ein halb Dutzend Mannschaften desselben Regiments kamen bis dicht vor die Fronte der Signalstabbatterie und wollten in dieselbe hineindringen, als auch sie entdeckten, daß man sie ohne Unterstützung gelassen hatte, und daß es nutzlos sei, hier länger zu verweilen. Ungefähr 15 französische Soldaten halfen ihnen dabei, aber da sie ebenfalls keine Reserven hinter sich hatten, so mußten sie wieder umkehren. Ein anderer Officier nahm mit nur 12 Mann eine der russischen Schützengruben weg, stieß Alles, was sich darin befand, mit dem Bayonnete nieder, und blieb während des Tages im Besitz derselben. Während nun diese Abtheilungen des 5., 14., 18. und 28. Regiments sich in den Häusern festgesetzt hatten, unterhielten die Detachements derselben Regimenter und des 38. aus dem Kirchhof ein lebhaftes Feuer auf die Russen in der Batterie und die Scharfschützen, obgleich sie während der ganzen Zeit von einem fürchterlichen Hagel von Flintenkugeln, Kartätschen, Vollkugeln und Bomben viel zu leiden hatten. Der Verlust der Brigade konnte unter solchen Umständen nur sehr beträchtlich sein. Ein Theil, getrennt von dem andern, war einem vernichtenden Feuer in Häusern ausgesetzt, deren obere Stockwerke vor den feindlichen Kugeln keinen Schutz gewährten und nur dadurch, daß er sich in das untere Stockwerk, das gut gewölbt und fest gebaut war, zurückzog, konnte er sich halten. Die anderen Abtheilungen, unseren Batterien weit voraus, waren fast ohne alle Deckung und hatten ein beständiges Kartätschen- und Bombenfeuer aus Geschützen zu erdulden, welche unsere Batterien nicht hatten erreichen können. Das

89. Regiment blieb als Reserve in den Laufgräben und verlor nur ein paar Verwundete. Die Gesammtzahl der Todten und Verwundeten war nach den letzten Rapporten 107 Todte und 552 Verwundete — zusammen 659.

Die Detachements von der angestrengtarbeitenden und wenig beachteten Matrosenbrigade bestanden aus vier Abtheilungen von je 60 Mann, für jede Colonne eine, aber nur zwei verließen die Laufgräben und die beiden anderen blieben in Reserve; sie waren bestimmt Sturmleitern und Wollsäcke zu tragen, und sie für unsere Sturmcolonnen zurecht zu legen. Es ist nicht zu verwundern, daß sie über sehr harte Verluste zu klagen hatten. An diesem ereignißreichen Tage wurden von der Matrosenbrigade 14 Mann getödtet und 47 verwundet. Durch das Zerspringen eines unserer Achtundsechzigpfünder im linken Angriffe kamen zwei Mann ums Leben und mehrere andere wurden nicht unbedeutend verletzt; unter letzteren war Major Stuart Wortley. Am meisten litten die Matrosen, als die beiden Sturmcolonnen die Parallele verließen. Als sich unsere Truppen, überwältigt von dem feindlichen Feuer, zurückzogen, blieben mehrere Officiere und Mannschaften verwundet auf der Wahlstatt liegen, und mußten stundenlang, ohne einen Tropfen Wasser zur Erquickung oder ein paar freundliche Worte des Trostes zu haben, die schrecklichsten Qualen erdulden. Lieutenant Kidd kehrte unverletzt in den Laufgraben zurück und empfing eben den Glückwunsch eines Cameraden, als er einen verwundeten Soldaten draußen im Freien liegen sah. Er rief sogleich aus: „den müssen wir retten!" und sprang über die Brustwehr um ihn zu holen. Kaum war er zwei Schritte gegangen, als ihn eine Kugel in die Brust traf, sodaß er eine Stunde darauf starb. Nur 3 Officiere kamen unverwundet aus dem Gefechte. Capitain Peel, der das Detachement befehligte, wurde durch den Arm geschossen.

Vor Sebastopol, den 19. Juni.

Bei der Kriegsführung zwischen civilisirten Nationen ist die natürliche Folge eines Kampfes wie des gestrigen ein Waffenstillstand, um die Todten zu begraben. Es war unsere traurige Pflicht, ihn zu verlangen, denn die Leichen unserer Leute lagen außerhalb unserer Linien und russische Todte gab es vor dem Redan oder Malakoff nicht. Es hatte sich, ich weiß nicht wie, das Gerücht verbreitet, daß schon mit früher Tagesstunde Waffenruhe eintreten würde und wir zogen bereits Vormittag eine weiße Fahne auf, aber die Russen antworteten mit keinem entsprechenden Friedenszeichen.

Unsere Batterien und Schützen hörten auf zu schießen und der Kamm der Brustwehren des Redans und der Batterien des runden Thurms stand gedrängt voll von Russen, die uns zwar nicht mit ihrem Feuer belästigten, obgleich es immer gefährlich blieb über unsere Linien hinauszugehen ehe sie ebenfalls die weiße Flagge aufzogen. Die vordersten Laufgräben waren mit Officieren und Soldaten angefüllt, welche die Leichen ihrer ar-

armen Cameraden aufzusuchen wünschten; aber sie durften sich nicht aus den Parallelen hervorwagen. Sie warteten geduldig und bekümmert auf den Augenblick wo sie die letzte traurige Freundschaftspflicht erfüllen durften. Endlich sah man Bote die Rhede von Sebastopol verlassen und mit Boten der Flotte am Eingange zusammentreffen, und man erfuhr bald, daß die Russen den Waffenstillstand gewährt hatten und daß er um vier Uhr Nachmittags beginnen sollte. Um die trägen Stunden zu beflügeln, konnte man nichts thun als den Russen zuschauen wie sie ihre Batterien ausbesserten, eine Arbeit, welche sie auch später während des Waffenstillstands fortsetzten — oder Versuche machten die Leichen und die Verwundeten von fern zu erkennen, die vor dem Redan und dem Malakoff überall verstreut lagen. Es war ein herzzerreißender Anblick die Verwundeten unter der glühheißen Sonne, von peinigendem Durste verzehrt, vom Fieber geschüttelt und vor Schmerz sich windend, liegen zu sehen — zu erblicken wie sie mit matter Hand ihre Mützen schwenkten oder Signale nach unsern Linien machten, über welchen sie die weiße Fahne wehen sehen konnten — und nicht im Stande zu sein, ihnen zu helfen. Sie lagen noch auf derselben Stelle wo sie gefallen, oder waren in die von den Bomben gesprengten Trichter gekrochen, und dort befanden sie sich seit dreißig Stunden — o! wie lang und wie schrecklich in ihrem saumseligen Hinschwinden! Ein Officier erzählte mir, daß ein dicht bei dem Verhau liegender Soldat, als er ein paar Leute aus einer Schießscharte herauskommen sah, sich auf dem Ellnbogen emporrichtete und aus Besorgniß nicht bemerkt zu werden, seine Mütze auf einen Stock steckte und sie schwenkte bis er erschöpft zurücksank. Wieder erhob er sich und riß mit großer Mühe sich das Hemd vom Leibe, das er in der Luft flattern ließ bis ihm die Kraft versagte. Man konnte sein Gesicht durch das Fernrohr sehen, und mein Freund sagte, er könnte nie den Ausdruck von verzweiflungsvoller Ergebung in sein Schicksal vergessen, mit welchem der Arme endlich seine nutzlosen Bemühungen aufgab und das Hemd unter dem Kopfe zusammenlegte, um die barmherzige Entscheidung des Himmels abzuwarten. Ob er noch lebte, als unsere Leute auf die Wahlstatt hinauskamen, weiß ich nicht; aber fünf Stunden, in peinlichem Durst, Fieber und Qual unter einer glühend heißen Sonne verbracht, geben wenig Aussicht dazu. Die Rothröcke waren gar zahlreich auf dem durchschnittenen Terrain vor dem Verhau des Redan, und auch blaue und graue Röcke waren überall verstreut oder lagen in Haufen in den die Abhänge vor dem Malakoff durchfurchenden Wasserrissen. Ich konnte auch erkennen, daß die weißbemalten Stückpforten der russischen Kriegsschiffe von ihren vollen Lagen am Morgen des 18. geschwärzt waren. Gegen drei Uhr ritt ich mit einigen Begleitern an der alten dreizehnzölligen Mörserbatterie vorüber in die Wachthausschlucht, an deren Ende die französischen Approchen nach ihrer alten Parallele beginnen, die jetzt mit ihrer letzten Eroberung dem Mamelon verbunden ist. Gleichzeitig, oder ein wenig später, marschirte eine Abtheilung

vom 12. Uhlanenregimente und einige leichte Reiterei die Woronzoffstraße
hinab und dehnte sich allmälig zu einer vollständigen Postenlinie unsere
ganze Front entlang aus, offenbar in der Absicht, das neutrale Terrain
von Allen, welche es nicht in dienstlichen Angelegenheiten zu besuchen hatten,
abzusperren. Meine Gefährten und ich kamen jedoch den Reitern zuvor und
waren bereits in der Schlucht, als die Cavalerie unmittelbar hinter dem
Wachthause Halt machte. Wie wir weiter gehen, zeigt sich die Schlucht
mit Vollkugeln und Bomben fast gepflastert. Die Seiten des Hohlwegs
sind davon wie gespickt oder die Kugeln sind neben dem Wege in Pyramiden zusammengehäuft. Hier und dort glänzt die Erde von Stücken Blei.
An einer Stelle wo die Schlucht einen Bogen macht, steht ein französisches
Piquet; die Soldaten schlafen unter dem Schatten ihrer Capots, welche
von in die Erde gesteckten Zweigen getragen werden oder halten Wache bei
dem ewig brodelnden pot au feu, bereiten mit dem rohesten Kochapparat
den schmackhaftesten Kaffee oder rauchen und sprechen mit ernster Miene.
Ja die Leute sind ernst und sehen fast mürrisch aus, aber sie sind nur nachdenklich und gedenken der Cameraden, deren Leichen sie in den nächsten
Stunden einscharren sollen, denn sie werden höflich und bereitwillig, wenn
man es verlangt, ein paar Schluck schmuziges Wasser oder Feuer für die
Cigarre oder jede beliebige Auskunft zu geben. Neben dieser Schlucht — das
Pferd wird nicht umhin können, darauf zu treten, wenn man es nicht sorglich dazwischen hindurch führt — erhebt sich mancher bescheidene Grabhügel,
von denen einige die Ruhestätte einzelner Soldaten bezeichnen, andere über
einigen der tiefen Gruben aufgehäuft sind, wo ganze Leichenhaufen bestattet
liegen. Unser protestantisches Gefühl darf sich nicht verletzt zeigen, daß das
Kreuz, das Symbol der alten christlichen Welt, nicht blos die Gräber der
Römischkatholischen schmückt, denn der Wunsch, die Ueberreste ihrer Cameraden vor späterer Entweihung zu sichern, hat manche unserer Soldaten
vermocht, dieses Zeichen über den Grabhügeln aufzurichten, da sie wußten,
daß die Russen es achten würden. In anderen Ecken der Schlucht sieht
man Maulthiere mit Tragbetten für die Verwundeten und Ambulanzen und
Pferde des Landtransportcorps stehen, die auf ihre Ladung warten. Engländer und Franzosen sind bunt durcheinander gemischt. An einer Stelle
fand ich zwei von unseren Leuten mit betrübtem Gesicht, getrennt von
den übrigen. „Auf wen wartet ihr hier?“ sagte ich. „Wir wollen den
Obersten holen, Sir,“ war die Antwort. „Welchen Obersten?“ „Nun, den
Obersten Yea, Sir,“ entgegnete der Andere, offenbar überrascht, daß ich
glaubte, es konnte noch einen andern Obersten auf der Welt geben. Und
gewiß wird die leichte Division seinen Verlust fühlen. Unter manchmal
schroffem Wesen barg sich bei ihm ein menschenfreundliches Herz, und Einen,
der mehr durch und durch Soldat war und sich mehr seinen Leuten, dem
Dienste und seinem Vaterlande opferte, giebt es nicht. Ich habe Grund zu
glauben, daß es ihn kränkte, daß seine ausgezeichneten Dienste und seine

aufopfernden Anstrengungen nicht wie er es erwarten konnte, belohnt worden waren. An der Alma wich er auch keinen Schritt zurück und Thränen standen ihm an jenem ereignißreichen Nachmittage in den Augen als er mir zurief, während sich seine Leute nach dem Rückzuge des Feindes auf dem Abhange des Hügels neu formirten: „Da sehen Sie! Das ist Alles, was von meinen armen Füsilieren noch übrig ist! Eine Fahne wird vermißt, aber Gott sei Dank, die Russen haben sie nicht!" Während des Winters war die Sorgfalt, die er beständig auf sein Regiment wendete, musterhaft. Die Füsiliere waren die ersten, welche Hospitalhütten hatten. Als andere Regimenter an jeder Bequemlichkeit und fast an jedem Lebensbedürfnisse Mangel litten, besaßen die Füsiliere, durch die Vorsorge ihres Obersten, Alles, was durch Anstrengung und Aufmerksamkeit geschafft werden konnte. Er versäumte keine Stunde Dienst in den Laufgräben, mit Ausnahme einer kurzen Zwischenzeit, wo sein Arzt von seiner ganzen Autorität Gebrauch machen mußte, um ihn zu bewegen sich an Bord zu begeben, um sein Leben zu retten. Bei Inkerman leuchtete seine Tapferkeit Allen vor. Was war sein Lohn dafür? Er und Oberst Egerton sind jetzt todt, und in der leichten Division ist nur noch ein Officier von gleichem Range übrig, der sich in demselben Falle befindet wie sie. Soll nichts für die Obersten gethan werden? Sollen sie keine Anerkennung ihrer Dienste erhalten? Keine Auszeichnung? Keinen Verdienstorden? Gerade als ich darüber nachdachte, ritt ein französischer Officier, von zwei Ordonnanzen begleitet, vorüber. Er ist ungefähr fünfunddreißig Jahre alt, und doch zeigen seine gestickten Aufschläge und seine Mütze, daß er Oberst eines Regiments ist, und seine Brust ist mit Band und Stern und Kreuz bedeckt. Unsere Obersten dienten schon ehe dieser junge Mann, der fast alle seine Auszeichnungen in Feldzügen gegen die Beduinen erworben hat, geboren war. Doch schweigen wir von diesem Gegenstande, denn er ist peinlich. Wir stehen jetzt dicht vor dem Mamelon, und der häufige Knall von Büchsen und das Pfeifen von Kugeln sagen uns, daß der Feind die Waffenstillstandsflagge noch nicht aufgezogen hat. Hier kommen zwei Voltigeure mit einem englischen Marineofficier. Sie haben ihn als Spion gefangen genommen, und er kann sich ihnen nicht verständlich machen. Er theilt uns mit, daß er, ein Officier der Viper, ein Paar Freunde von der Matrosenbrigade hat besuchen wollen und in den Mamelon gerathen ist, wo man ihn arretirt habe. Wir setzen die Sache unseren Verbündeten aus einander; sie bemerken dagegen, daß die Matrosenbrigade im Mamelon keinen Dienst hat, daß Spione zahlreich und schlau sind, geben sich zuletzt aber zufrieden und lassen ihren Gefangenen mit der besten Grazie von der Welt gehen. Wir befinden uns jetzt in dem Zickzack eines ungefähr 6 Fuß breiten und 6 Fuß tiefen Grabens, dessen Seitenwände von Kugeln ganz zerschossen sind und hier begegnen wir Franzosen, die Wasserkannen oder große zinnerne Blechkannen voll Kaffee und Blechschüsseln voll Fleisch und Suppe nach dem Mamelon hinauftragen. Diese Speisen werden in der in unmittelbarer Nähe gelegenen Schlucht bereitet und der dienstthuenden Mannschaft portionenweise hinaufgetragen. Der Mamelon erhebt sich vor uns, ein großes viereckiges Werk auf der Spitze eines Hügels, dem Malakoff gegenüber, der ungefähr sechshundert Schritte weiter nach Sebastopol zu liegt. Ungeheure Brustwehren mit steiler Böschung bilden die Umfassung', die zahlreiche Spuren des heftigen Feuers zeigt, welches wir auf das Werk vor seiner Wegnahme unterhielten.

Die Brustwehr ist auf der inneren Seite sehr hoch und von gewaltiger Dicke. Es ist offenbar, daß die Russen im Mamelon des Guten zu viel gethan haben. Er war ganz angefüllt von großen Traversen, bombenfesten Räumen und Aushöhlungen, so daß es rein unmöglich war, ihn mit einer beträchtlichen Truppenzahl zu besetzen oder dieselbe im Fall eines Sturmangriffs aufzustellen. Das Innere sieht aus wie ein Steinbruch, so zerrissen und durchwühlt ist es von Bomben. Der Gestank ist entsetzlich. Er rührt von den todten Russen her, die begraben worden sind wo sie fielen, und einzelne Knochen und Arme und Beine ragen aus den Schutthaufen empor, auf welche man tritt. Auch viele von unserm Feuer demontirte Kanonen sind hier verscharrt. Man zeigte mir im Mamelon eine der merkwürdigen Fougassen oder kleinen Minen, welche sich durch Berührung mit dem Fuße entzünden und welche die Russen sehr reichlich um ihre vorgeschobenen Werke angelegt haben. Ein starkes mit Pulver gefülltes Gehäuse wird in die Erde versenkt und mit einer mehre Fuß langen schwachen Röhre von Zinn oder Blei verbunden; im obern Ende der Röhre ist eine dünne Glasröhre mit Schwefel- oder Salpetersäure gefüllt eingeschlossen. Dieser Theil der Röhre sieht eben noch aus der Erde heraus, so daß er leicht unter ein paar Grashalmen oder einem Steine versteckt werden kann. Tritt Jemand darauf, so biegt er die zinnerne Röhre und zerbricht die darin eingeschlossene Glasröhre. Die Säure fließt sogleich heraus und die zinnerne Röhre hinab, bis sie wo die Röhre in das Gehäuse eingefügt ist, einige Körner chlorsaures Kali vorfindet. Dieses entzündet sich augenblicklich, die Mine explodirt und zerstört nicht nur Alles, was sich in ihrem Bereiche befindet, sondern wirft auch noch eine Quantität brennendes Erdpech, mit dem sie überzogen ist, empor, welches Alles, worauf es fällt, verbrennt. Gegen Abend hätte ich fast von der Wirksamkeit dieser Minen eine praktische Erfahrung gehabt, denn eine englische Schildwache, die so freundlich war, mich zu warnen, gab mir nicht die genaue Lage an, bis sie sah, daß sie selbst durch meine Unwissenheit in Gefahr kommen konnte, wo sie dann gleich sehr mittheilsam wurde. Eine dieser Minen flog während des Waffenstillstands auf, aber ich weiß nicht, welcher Schaden dadurch angerichtet wurde. Wir haben mehrere Menschen durch dieselben verloren. So lange das Terrain im Besitze der Russen ist, bezeichnen sie dieselben durch kleine Fähnchen, welche weggenommen werden, sowie der Feind vorrückt.

17*

Die weiße Fahne stieg gerade über dem Redan empor, als ich in die zweite englische Parallele links einlenkte, wo sie sich mit dem linken Flügel des französischen Angriffs rechts verbindet. Durch welch' ein Netzwerk von Zickzacks, Parallelen und Traversen man sich durchzuarbeiten hat ehe man in die Front gelangt! Jetzt erst sieht man, wie leicht es ist, sich in der Nacht zu verirren, zumal wenn man mit dem Terrain nicht vertraut ist. Auf diese Weise wußte die 4. Division, die gewohnt war, eine Angriffsfront zu besetzen, nicht, wo sie war, als sie durch die Werke einer anderen vorrückte und so entstand auch jedenfalls der Irrthum, in Folge dessen Sir John Campbell unweit der Spitze des Redans anstatt in dessen Flanke angriff. Die Russen stellten eine lange Postenlinie den Verhau entlang auf, welcher den Zugang zu ihrer ganzen Linie deckt, und gleichzeitig schoben wir eine andere Postenlinie dem Redan und die Franzosen eine dem Malakoff gegenüber vor. Die diensthabenden Officiere eilten in den Zwischenraum, und die zum Aufsuchen und Beerdigen der Leichen commandirten Abtheilungen verließen die Laufgräben um ihre traurige Pflicht zu erfüllen. Der Generalquartiermeister und sein Stab waren auf dem Platze und trafen alle Vorsichtsmaßregeln, damit Officiere und Mannschaften sich nicht an einzelnen Orten hindernd zusammendrängten. Die Mannschaften in den Tranchéen erhielten Befehl, nicht auf die Brustwehr oder in die Schießscharten zu steigen und herauszusehen. Alle nicht im Dienst befindlichen Officiere und Mannschaften wurden von den Cavaleriepoften, die zwischen dem Lager und den Laufgräben aufgestellt waren, angehalten. Auch bei den Russen schienen ähnliche beschränkende Maßregeln getroffen zu sein, aber sie krönten in dichten Reihen die Brustwehren des Redan und des Malakoff und sahen Allem, was vorging, mit großem Interesse zu. Ich verließ, ohne angehalten zu werden, den Laufgraben rechts hinter den Steinbrüchen unter dem Redan, wo wir jetzt eine schwere Batterie, fünfhundert Schritte von den Schießscharten des Feindes entfernt, errichtet haben. Der Boden senkt sich von unserm Angriffe an auf einige hundert Schritte und hebt sich dann wieder nach dem Redan. Er ist bedeckt mit langem hohen Grase und Unkraut, mit großen Steinen, mit leider nur zu frischen Grabhügeln und mit trichterförmigen Löchern, die 1 bis 3 oder 4 Fuß Tiefe und 5 bis 7 oder 8 Fuß im Durchmesser haben, wo Bomben einschlugen und geplatzt sind. Wie die Erde von diesen Explosionen und von den darüber hinfahrenden Kugeln zerrissen und zersetzt ist, läßt sich gar nicht beschreiben. Auch das Gras zeigt in allen Richtungen Spuren der Kartätschenkugeln und Furchen von größeren Geschossen, als wären größere und kleinere Pflüge beständig darüber weggegangen. Manchmal wird es schwer die Unebenheiten des Bodens, der von Natur schon sehr durchschnitten ist, zu überwinden.

Dort leuchtet eine rothe Jacke im Grase — ein Gemeiner vom 34. Regimente liegt auf dem Gesichte als schliefe er fest; seine Büchse deren Rohr von der Kartätschenkugel, die später seine Brust durchbohrte, ganz

krumm gebogen ist, liegt unter ihm, und die rechte Hand, welche unter der
Brust hervorsieht, hält immer noch den Kolben fest umklammert. Es war
die erste Leiche, die ich heute sah und diejenige, welche unserer Linie am
nächsten lag, aber als wir unsern Weg fortsetzten und die Postenlinie hinter uns hatten, wurden sie zahlreich genug. Die Träger waren schon in
allen Richtungen geschäftig. Die meisten unserer Todten schienen dicht vor
dem Verhau des Redans zu liegen, und jedenfalls waren viele derselben
während der Nacht dorthin geschleppt worden. Oberst Yea's Leiche entdeckte man unmittelbar vor diesem Verhau auf der rechten Seite des Werks;
seine Stiefeln und Epauletten waren verschwunden, aber sonst war ihm
nichts geraubt. Sein Kopf war sehr geschwollen und sein schönes männ-
liches Gesicht fast unkenntlich. Oberst Shadforths Leiche fand man in
einem ähnlichen Zustande. Sir John Campbell lag ebenfalls todt und zerschmettert dicht vor dem Verhau. Degen und Stiefeln waren ihm genommen, aber ersterer soll sich im Lager der leichten Division befinden. Wahrscheinlich hat man ihn von der Stelle, wo er gefallen ist, hinauf nach dem
Graben des Verhaus getragen, um den Leichnam leichter durchsuchen zu
können, denn er kann seinen Leuten nicht so weit voraus gewesen sein, wie
die Stelle, wo er lag. Seine Ueberreste waren bereits in rascher Verwesung
begriffen und sein Gesicht sehr entstellt. Capitain Hume, sein Adjutant, ließ
die Leiche fortschaffen und heute wurde sie auf dem Cathcarthügel beerdigt
— sein Lieblingsaufenthalt, wo jeder auf ein freundliches Wort von dem
tapfern Brigadier rechnen konnte. Noch an dem Abend vor seinem Tode
sah ich ihn wenige Fuß von seinem Grabe stehen. Er wohnte der Beerdigung des Capitains Vaughan von seinem eigenen (dem 38.) Regiment
bei, der an seinen vor zwei Tagen in den Laufgräben erhaltenen Wunden
gestorben war, und lud einen Bekannten lachend ein, mit ihm den nächsten
Tag im Club in Sebastopol zu frühstücken!

Obgleich der Erfolg des Angriffs auf den Redan und den Malakoff
den Erwartungen des Heeres nicht entsprochen hat, so verzweifelt es doch
nicht — es verzweifelt nicht an der siegreichen Beendigung dieser so lange
sich hinziehenden Belagerung. Am Abende des 18. Juni erwarteten Alle,
Officiere und Gemeine, daß der Sturm noch dieselbe Nacht oder am folgenden Morgen erneuert werden würde; aber jetzt heißt es, daß wir den
Redan und den Malakoff vermittelst der Sappe angreifen werden, so daß
wir den ganzen langweiligen Proceß der Minen und Contreminen, der
Druckkugeln, der Sprengtonnen, der Fougassen und des gesammten Apparats
der Ingenieurwissenschaft, worin die Russen uns wenigstens gleich stehen,
durchmachen müßten. Ohne Jemanden zu schaden, kann ich laut sagen,
daß General Jones, unser Oberingenieur, nicht glaubt, daß vor verschiedenen, ja vielen Wochen etwas Wichtiges geschieht — daß Sir George
Brown überlegter und zurückhaltender und Lord Raglan weniger sanguinisch
und sorgenvoller ist, als in der letzten Zeit.

Vor Sebastopol, 20 Juni.

Die traurige Geschichte des 19., welche ich wegen des Abgangs der Post unterbrechen mußte, ist bald vollendet. Die Leiche manches tapfern Officiers, den ich vor alter Zeit kannte — alte Kriegszeiten sind hier kurz für das Menschenleben, und die Ereignisse eines Lebens drängen sich in wenige Stunden zusammen — wurden stumm vorüber getragen und dann und wann fand man, wie durch ein Wunder, Schwerverwundete noch lebendig und im Stande, ihren Leiden durch Gestöhn und Seufzer Ausdruck zu geben. Der gute Geist dieser wackern Bursche trug den Sieg über alle körperliche Qualen davon. „General!" rief ein Sergeant vom 18. irländischen Königsregiment dem Brigadier Eyre zu, als dieser auf dem Kirchhofe die Stelle erreichte, wo der Arme lag, beide Beine von einer Kanonenkugel zerschmettert; „Gott sei Dank, wir wenigstens haben unsere Schuldigkeit gethan. Hätte ich noch ein paar Beine, so stände ich dem Vaterland und Euch zu Diensten!" Viele Verwundete im Hospitale, die Arme oder Beine verloren hatten, äußerten, es würde ihnen ganz einerlei sein, wenn sie nur die Russen geschlagen hätten. Die Qualen, welche die Verwundeten zu ertragen hatten, waren sehr groß; sie lagen in den von den Bomben gewühlten Trichtern und oft schossen die russischen Schützen auf sie, wenn sie sich in ihrer Marter umherwälzten. Einige von unseren Leuten berichten jedoch, daß der Feind sie gut behandelt und ihnen sogar Trinkwasser aus den Schießscharten gebracht habe. Die Leichen aller unserer Officiere, die sie erreichen konnten, schleppten sie hinauf nach dem Verhau, nahmen ihnen die Epauletten ab, wenn sie welche hatten, und zogen ihnen die Stiefeln aus, entkleideten sie aber sonst nicht. Nach den Beobachtungen der Augenzeugen war der Graben vor dem Verhau in vortrefflichem Zustande — die spanischen Reiter waren ausgebessert und sehr stark, und keine Anstrengung war bis zum Augenblicke unsers Angriffs gespart worden, um den Graben zu einem gewaltigen Hinderniß für eine Annäherung zu machen. Man sagt, die Sohle desselben wäre ganz mit fest in die Erde eingegrabenen Bayonnets bepflanzt, und es geht ein Gerücht, daß die Russen in der Nacht des 17. den Verhau, wo er von unseren Kanonenschüssen beschädigt war, ausgebessert hätten. Ich habe bereits versucht, die Beschaffenheit des Terrains vor der Front dieses Annäherungshindernisses zu beschreiben. Sie war von der Art, daß sie schon an und für sich eine geordnete Formation der Truppen sehr erschwerte. Die Russen stellten eine Postenlinie auf als unsere zum Begraben der Todten commandirten Abtheilungen herauskamen, und schoben sie so weit über den Verhau vor, daß sich General Ayrey veranlaßt sah, einem Adjutanten des Generals Vorstellungen darüber zu machen, worauf dieser auch die Postenlinie wieder zurücknahm. Im Allgemeinen war zu bemerken, daß die Russen merkwürdig schöne, lange, kräftige, und soldatisch aussehende Leute waren, und man konnte nicht umhin, sie mit manchen von den schwächlich aussehenden Knaben, die

man in unseren Regimentern sah, oder mit den kleinen unterwüchsigen Infanteristen der französischen Linie zu vergleichen. Sie waren ungewöhnlich
gut in reinliche und neue Uniformen gekleidet und jedenfalls ausgesucht
worden, um uns zu imponiren. Viele von ihnen trugen Medaillen und
schienen Veteranen zu sein. Die Officiere hatten sich auch mit ungewöhnlicher Sorgfalt geputzt und trugen weiße Glacéhandschuhe, Glanzlederstie-
feln und schneeweiße Wäsche. Die Masse der russischen Truppen sammelte
sich auf den hohen Brustwehren des Redan und des Malakoff und durfte
nicht bis an die Front kommen. Ihre Abtheilungen brachten alle unsere
Leichen bis an ihre eigenen Postenlinien und legten sie vor der Front derselben auf den Boden, wo unsere Leute sie wegholten.

Die Maßregeln, welche getroffen waren, um Officieren und Mannschaften zu verwehren, über die Linie hinauszugehen, genügten, um jedes
große Gedränge zu vermeiden; aber die Officiere im Dienste und die vom
Glück Begünstigten und einige Dilettanten, denen es gelungen war, so weit
zu kommen, bildeten Gruppen vor dem Redan und knüpften eine Unterhaltung mit einigen russischen Officieren an. Es herrschte jedoch diesmal
mehr Zurückhaltung und Ernst als bei früheren Gelegenheiten dieser Art.
Ein starker ältlicher russischer Officier von höherem Range frug einen der
unsrigen: „Wie sind Sie mit Proviant versorgt?" „O! wir bekommen
Alles, was wir brauchen; dafür sorgt unsere Flotte." „Ja," bemerkte der
Russe mit einem schlauen Lächeln; „aber etwas fehlt Ihnen doch, was Ihnen
die Flotte nicht schaffen kann, und das ist der Schlaf." „Den haben wir
wenigstens ebenso viel wie Sie," war die Antwort. Ein anderer Officier
frug im Laufe des Gesprächs, ob wir, nachdem wir gesehen, was sie in der
Vertheidigung leisten könnten, wirklich glaubten, Sebastopol einnehmen zu
können. „Wir müssen; Frankreich und England sind entschlossen, es zu
haben." „So," sagt der Andere, „und Rußland ist entschlossen, daß es
Frankreich und England nicht bekommen sollen; nun wollen wir sehen,
wer den stärksten Willen hat und die meisten Menschen daran setzen kann."
Während dieser kurzen Unterhaltungen, die mit Verbeugungen und militairischen Grüßen anfingen und endigten und durch Austausch von Freundlichkeiten,
wie Cigarren und Feuer zu denselben gefördert wurden, trugen die Soldaten die Leichen vorüber, von denen die Gemeinen auf den Begräbnißplätzen,
nicht weit von den Laufgräben, beerdigt, die todten Officiere aber und die
Verwundeten nach dem Lager geschafft wurden. Im Allgemeinen bemerkten einige Aerzte, daß die Wunden reiner waren als bei früheren Gefechten.
Dies ist einigermaßen merkwürdig, denn die Russen brauchen alle möglichen
Geschosse — Nägel und gehackte Kugeln, so gut wie Kartätschen. Niemand
kann vielen von ihren Officieren das Lob größter Tapferkeit und Hingebung
versagen. Im heftigsten Feuer stiegen sie auf den Kamm der Brustwehr oder
durch die Schießscharten heraus und richteten das Feuer ihrer Leute auf
uns. Mehrere wurden von Kanonenkugeln, Bomben oder Büchsenkugeln

getödtet, während sie sich auf diese Weise bloßstellten: aber es legt kaum
ein gutes Zeugniß für die Truppen ab, daß sie es nothwendig fanden,
solche Beispiele zu geben. Oberst Dickson erlangte von Lord Raglan die
Erlaubniß, die Russen von der 21 Kanonenbatterie aus zu beschießen,
und mähte sie gliederweise nieder, wie sie aus ihren Werken hervordrangen,
um auf unsere gelockerten Colonnen und unsere Verwundeten zu schießen.

Der Waffenstillstand dauerte über zwei Stunden, und als er vorüber
war, verließen wir die Stelle, welche so reichlich mit unserm Blute gedüngt
war. Wir hatten weiter keinen Vortheil von dem Sturme, als die Einnahme des Kirchhofs, und selbst dieser wäre fast wieder aufgegeben worden.
Wie ich bereits in einem früheren Briefe erwähnte, litten die Truppen,
welche den Kirchhof und die benachbarten Häuser besetzt hielten, während
des 18. sehr vom feindlichen Feuer, und die Besatzung der Häuser konnte
sich erst nach Dunkelwerden zurückziehen. Einem der Divisionsgenerale
wurde es überlassen, zu bestimmen, was mit dem Kirchhofe werden sollte,
und er gab Befehl, ihn zu räumen. Am folgenden Morgen hörte ein Inge-
nieurofficier, Lieutenant Donnelly, zu seinem größten Erstaunen, daß die
Position, die wir mit so vielen Opfern bezahlt hatten, nicht mehr in unserm Besitze sei. Er würdigte ihren Werth — er sah, daß die Russen noch
nicht vorgerückt waren, um sie wieder zu besetzen. Mit dem größten Eifer
und der äußersten Energie bearbeitete er die Officiere in den Laufgräben,
und bettelte und borgte ungefähr 30 Mann zusammen, mit denen er sich
unmittelbar vor dem Aufziehen der Waffenstillstandsflagge in den Kirchhof
schlich. Sowie der Waffenstillstand begonnen hatte, begaben sich viele
Russen nach dem Kirchhof, den sie für unvertheidigt hielten, fanden aber
zu ihrer großen Verwunderung unsere 30 Mann dort als Schildwachen
aufgestellt, welche sie nicht hineinließen, und des Abends wurde der Posten
verstärkt, und wir legen jetzt, trotz eines sehr heftigen Feuers, welches uns
großen Verlust verursacht, neue sehr wichtige Werke dort an. So erzählt
man den Hergang allgemein im Lager. Lord Raglan soll mit General
Eyre unzufrieden sein, daß er so viel Menschen verloren hat, aber Letzterer
hat bemerkt, er habe gethan, was ihm befohlen worden, und habe wenigstens den Kirchhof eingenommen. Es ist wohl kaum zu bezweifeln, daß
unsere Truppen am 18. aus den Häusern im Rücken des Redan in die
Stadt hätten dringen können, wenn sie stark genug gewesen wären, vom
Kirchhofe aus weiter vorzugehen. Ob sie sich dort, von den Forts, den
Schiffen und Batterien aus lebhaft beschossen, hätten halten können, ist
eine andere Frage. Manche hegen jetzt den Verdacht, daß im Innern des
Redans hinter dessen äußeren und sichtbaren Erdwällen sich ein anderes
sehr starkes Werk befindet — eine Art Sternfort mit versenkten Batterien
— und gewiß ist, daß innerhalb der Malakoffwerke der Feind mehrere
Linien-Batterien errichtet hat, die noch gar nicht demaskirt worden sind.
Der Feind hat wahrscheinlich hinter diesen Werken große und tiefe Gruben

angelegt, in welche die Bomben hineinkollern um, ohne Schaden anzurichten,
dort zu crepiren — wenigstens fanden wir eine solche Verkehrung auch im
Mamelon vor. In dem letzteren Werke befanden sich vortreffliche bomben-
feste Räume für die Truppen, damit sich diese, wenn unser Feuer sehr heftig
wurde, dorthin flüchten könnten. Es waren große Gruben mit einem 10 Fuß
dicken Dache von Erde und Balken darüber gelegt und konnten einer ziemlichen Anzahl Menschen Unterkunft geben.

23. Juni.

Weder auf unserer, noch auf feindlicher Seite ist das geringste
Zeichen von Thätigkeit sichtbar. Die Russen können jedoch arbeiten,
ohne daß wir sie sehen können. Um acht Uhr heute Abend brach ein von
den Gebirgen über Balaklawa und der Meierei Mackenzie heranziehendes
Gewitter über dem Tschernajathale und dem südöstlichen Theile des Lagers
los. Ich habe nie solch unaufhörliches Leuchten gesehen. Zwei Stunden
lang war der Himmel ein Feuermeer. Der Regen strömte wie eine lange
Wand Wasser hinter uns nieder. In dem vordern Theile des Lagers fiel
kein Tropfen, aber wir sahen den Regen in einem stellen glitzernden vom
Blitz erleuchteten Wasserfall, vom Meeresrande bis nach dem Gebirge zu,
quer über das Lager fast in einer geraden Linie, wie von einem Lineal ab-
gegrenzt, niederschießen. Der Regen ist für unsere halbausgetrockneten
Wasserbehälter ein großer Trost.

24. Juni.

General Estcourt, Generaladjutant der Armee, starb diesen Morgen
halb zehn Uhr nach dreitägiger Krankheit. Sein Tod hat alle, die ihn
kannten, tief betrübt. Er war unermüdlich in der Erfüllung seiner Pflichten, und kein Officier widmete sich der Schreiberei, die einen so großen Theil
des Geschäftes seines Departements bildet, mit solchem Eifer und solcher
Hingebung. General Estcourt litt schon sechs Tage vor seinem Tode an
der Diarrhöe, und am Abende des dritten Tages bekam er die Cholera, der
seine starke Constitution und sein kräftiger Körper drei Tage lang wider-
standen, aber des Sonntags Nacht kam eine Krisis, eine gefährliche Wendung fand statt, und er starb am Morgen des folgenden Tages, getröstet
durch die Anwesenheit seiner Gattin und einer nahen Verwandten.

25. Juni.

Das Unwetter, welches Sonnabend Nacht den südöstlichen Theil des
Chersones betroffen, hat mehr Schaden angerichtet, als man glaubte.
Menschen ertranken in den von dem Wolkenbruch in reißende Gießbäche
verwandelten Schluchten, wurden von Sturzwässern aus den Gebirgen von
den Straßen gespült und gegen Felsen geworfen; Vieh wurde in den Hafen
hinunter und hinaus in die See geschwemmt, und Hütten hatten dasselbe

Schicksal; die Begräbnißstätten bei Balaklawa wurden arg verwüstet, und zeigten dem Auge ihr grauenhaftes Heer von Todten in gespenstiger Auferstehung; und was das größte Unglück ist, die Eisenbahn ist an mehreren Stellen so unterwaschen und zerstört, daß sie unbrauchbar zu einer Zeit ist, wo wir ihrer am nothwendigsten bedürfen. Es ist Befehl ertheilt worden, die Ausbesserung mit der größten Eile zu betreiben, denn das Verlangen der Batterien nach Vollkugeln und Bomben ist dringend, und der elektrische Telegraph hat die Behörden in Balaklawa heute mehr als einmal auf die Nothwendigkeit aufmerksam gemacht, ihre äußersten Anstrengungen zu machen, und ihnen befohlen, die Munition für unser fünftes Bombardement so rasch als möglich herauf zu schaffen. Die Franzosen behaupten, gänzlich fertig zu sein und haben heute von uns 1500 zweiunddreißigpfündige Kugeln bekommen. Die Eisenbahn läßt uns zu einer kritischen Zeit im Stiche, aber selbst wenn sie in ihrem gewöhnlichen Zustande wäre, können wir nicht hoffen, uns in der Lage zu befinden, in der nächsten Zeit ein nachdrückliches Feuer zu eröffnen, und ich glaube, es wird vierzehn Tage oder drei Wochen dauern, ehe die nothwendigen Munitionsvorräthe nach der Front gebracht werden können. Die Ausbesserung der Eisenbahn wird zehn Tage in Anspruch nehmen.

Die Cholera richtet die ärgsten Verwüstungen in der sardinischen Armee an, die in drei Wochen fast 1000 Mann an dieser Krankheit und verwandten Uebeln verloren hat. Auch die im Thale lagernden Türken und Franzosen sind davon heimgesucht, aber es sterben fast nur Rekruten und alte Leute, die noch nicht an das Klima gewöhnt sind. In Jenikale verlor das Landtransportcorps in vierzehn Tagen 50 Mann, wovon 25 Mann Engländer und 25 Einheimische waren. In seinem gegenwärtigen Zustande kann das Corps nicht alle Bedürfnisse der Armee decken. Wir könnten keine Abtheilung Truppen vorschicken, ohne Gefahr zu laufen, zu verhungern, und selbst das 10. Husarenregiment konnte wegen des Mangels an Futter nicht so weit von Balaklawa stehen bleiben, und mußte mehr wegen dieser Ursache als in Folge der Geschütze, mit welchen die Russen es von einer benachbarten Höhe aus zu beschießen drohten, seine vorgeschobene Stellung aufgeben. Um einzusehen, wie schwer es ist, einen Feldzug ins Innere zu unternehmen, muß man selbst hierher kommen. Nur drei gangbare Pässe führen durch die steile Felswand an der Nordseite der Tschernaja auf die Hochebene hinauf, wo die Russen lagern und diese Felswand erstreckt sich bis an den Belbek. So steil sind diese Pässe, daß es einer Armee schwer werden würde, sie zu ersteigen, selbst wenn kein Feind Widerstand leistete. Aber wo das Auge des Ingenieurs nur die geringste Schwäche entdecken kann, sind sie befestigt — sie werden von Batterien beherrscht, von künstlichen Hindernissen gesperrt, von überhängenden Felsklippen, welche der Hebel jeden Augenblick in Bewegung setzen kann, bedroht. So möge man die Stellung umgehen, sagt man. Aber wo und wie? Wir haben keine

Transportmittel, selbst wenn wir marschiren könnten und wir können nicht marschiren, weil Napoleon selbst eine Armee nie in solche Defileen führen würde, wie sie die Zugänge zu der russischen Stellung bilden. Ob wir nicht zahlreich genug sind, ein starkes Corps von 40 bis 50,000 Mann zu detachiren, um gegen die Russen auf der Nordseite von Sebastopol zu operiren, wage ich nicht zu entscheiden; aber so viel ist gewiß, daß die Operationsbasis eines solchen Corps das Meer sein müßte, bis für hinreichende Transportmittel gesorgt wäre. Die Krim ist in jeder Hinsicht eine Wüste — eine Sahara ohne Wasser und Fourage für eine Javasionsarmee.

29. Juni.

Heute wurde folgender Tagesbefehl ausgegeben: „Der Feldmarschall hat die Genugthuung der Armee folgenden Auszug aus einer telegraphischen Depesche Lord Panmure's vom 22. Juni mittheilen zu können. „Ihre Majestät hat mir befohlen, Ihren Schmerz darüber auszusprechen, daß so viel Tapferkeit nicht mit dem verdienten Erfolge belohnt wurde, und Ihren braven Truppen zu versichern, daß das Vertrauen Ihrer Majestät auf dieselben vollständig ist.“

Wenige Stunden, nachdem dieser Tagesbefehl ausgegeben war, brachte der Telegraph vom Hauptquartier nach den verschiedenen Divisionslagern die traurige und überraschende Kunde, daß der Feldmarschall todt sei. Als Ursache seines Todes wird Cholera angegeben. Wie man hört, ist er in der letzten Zeit — jedenfalls in Folge der fortdauernden körperlichen und geistigen Anstrengung — durchaus nicht wohl gewesen, und der Tod des Generals Estcourt, an dem er sehr hing, das ungenügende Resultat des Angriffs vom 18. und das ungesunde Wetter seit jener Zeit, gaben einer schon vom Alter und langen Diensten geschwächten Constitution den letzten Rest. Ein Tagesbefehl verkündete der Armee den traurigen Todesfall, und zeigte zugleich an, daß in Abwesenheit des Generallieutenants Sir George Brown, der nächstälteste General, der bisherige Chef des Generalstabes Simpson, den Befehl übernommen habe. Allgemeine Betrübniß herrschte in dem Lager über den Verlust Lord Raglans. Sein Tod scheint auf einmal alle anderen Empfindungen außer Achtung vor seinem Gedächtniß und Erinnerung an die vielen Jahre, die er unermüdet und getreu seinem Vaterlande gedient hatte, zum Schweigen gebracht zu haben.

Vor Sebastopol, 3. Juli.

Seit meinem letzten Briefe hat die Belagerung ihren gewöhnlichen eintönigen Fortgang genommen, und ich habe heute weiter nichts mitzutheilen, als die Veränderungen, welche in Folge des Todes Lord Raglans und verschiedener Beurlaubungen in den höheren Stellen der Armee eingetreten sind. Generalmajor Barnard folgt General Pennefather im Befehl über die 2. Diviſion. General Codrington übernimmt anſtatt Sir George Brown die leichte Diviſion. Die 1. Brigade der leichten Diviſion, befehligt von nun an Oberſt Van Straubenzel, die 1. Brigade der 4. Diviſion Oberſt Spencer, die 1. Brigade der 3. Diviſion Oberſt Barlow. Das 3. und 31. Regiment werden der 2., das 72. der 1., das 13. der 4. Diviſion zugetheilt.

Sechzehntes Kapitel.

Vorarbeiten zur fünften Beſchießung.

Bombardement gegen den Redan. — Verſtärkung der ruſſiſchen Feſtungswerke. — Nachlaſſen der Cholera. — Fliegenplage. — General Barnard, engliſcher Generaliſſimus. — Vorſorglichkeit des Commiſſariats. — Ausfälle der Ruſſen. — Hilfsmittel für Sebaſtopol. — Ein Muſterbrief ruſſiſcher Anſichten. — Hauptquartier Omer Paſcha's. — Muthmaßliche Expedition Omer Paſcha's. — Die Tataren der Krim. — Stimmung der Truppen der Alliirten. — Ausſehen des Lagers vor Sebaſtopol bei Regenwetter. — Die Wohnungen der engliſchen Armee. — Die Fliegen der Krim. — Fortſetzung der Belagerungsarbeiten. — Sturmgerüchte.

Im Lager vor Sebaſtopol, 10. Juli.

Heute Morgen weckte uns ein ziemlich heftiges Feuer gegen den Redan, welches mit Tagesanbruche anfing und vier Stunden dauerte. Gegen acht Uhr ſchwieg es allmälig, und für den Reſt des Tages hörte man den gelegentlichen Donner des Geſchützes ganz auf dieſelbe Weiſe, wie er ſeit Monaten vernommen worden iſt. Die Urſache der heutigen Beſchießung war, daß der Redan den Bau der ſchweren Batterie hindert, mit welcher die Engländer die ruſſiſchen Kriegsſchiffe im Hafen zu erreichen hoffen, um ſie entweder zu zerſtören oder zu zwingen, die Stellung zu verlaſſen, welche ſie ſo hartnäckig behauptet und am 18. Juni mit ſo großem Erfolge benutzt haben. Man wird ſich erinnern, daß an jenem Tage die ruſſiſchen Kriegsſchiffe, in doppelter Linie quer über den Binnenhafen ankernd, mit vollen Lagen auf die angreifenden Verbündeten ſchoſſen und ſie mit verhängnißvollerer Wirkung niedermähten, als die Werke des Malakoff und des Redan. Hauptſächlich litten die Franzoſen von dieſem fürchterlichen Feuer, das während des ganzen Gefechts fortgeſetzt wurde, und General Peliſſier, obgleich keineswegs ein übermäßig vorſichtiger General, ſoll Anſtand nehmen, zum zweiten Male ſeine Truppen einem ſolchem Feuer auszuſetzen. Die allgemeine Meinung iſt, daß kein neuer Angriff auf dem Malakoff gewagt werden dürfte, bis die Flotte aus ihrer Stellung in einen Theil des Hafens getrieben iſt, wo ſie gegen die Verbündeten nichts ausrichten kann. Selbſtverſtändlich ſage ich nichts über die Mittel, durch welche dies bewirkt werden soll. Gegenwärtig scheint Alles auf beiden Seiten die geschäftigste Vorbereitung auf einen entschlossenen Angriff und eine standhafte Vertheidigung hinzudeuten. Auf unserer Seite ist es nur die Wiederholung Dessen, was so oft schon beschrieben ist — das unaufhörliche Landen von Kugeln und Bomben an den vollgepfropften Werften von Balaklawa, das Heraufarbeiten von Wagen und langen Reihen Lastthieren auf dem ausgedörrten Wege, auf dem der Wind Staubwolken in die Höhe wirbelt, welche ganze Züge einhüllen und sie minutenlang unsichtbar machen. Die Langeweile des Lebens in den Laufgräben wird etwas durch die Ueberzeugung erfrischt, daß wir in wenigen Tagen die Anstrengungen erneuern werden die vor drei Wochen erfolglos blieben. Die Sappe der Franzosen gegen den Malakoff macht sichtbare Fortschritte. Halbwegs zwischen diesem Thurme und dem Mamelon, wo unsere Verbündeten fest etablirt sind, ist ein langer Graben sichtbar, welcher zeigt, wie weit sie in der Zwischenzeit seit dem letzten Angriffe vorgerückt sind. Die Russen haben keinen ernstlichen Versuch gemacht, den Mamelon wieder zu nehmen, obgleich sie vorgestern Nacht einen kleinen Ausfall machten, der ein heftiges Scharmützel veranlaßte und damit endete, daß sich die Russen wieder zurückzogen, nachdem sie die Arbeiten der Franzosen eine Zeit lang unterbrochen hatten. Aber der Feind ist jedenfalls vielmehr beschäftigt, den Malakoff selbst zu verstärken, den er längst als den Schlüssel von Sebastopol erkannt haben muß. Sollte dieser jetzt berühmte Hügel in die Hände der Verbündeten fallen, so kann keine noch so geschickte oder hartnäckige Vertheidigung den Fall der Südseite länger als ein paar Wochen hinausschieben. Man hat jeden Grund zu glauben, daß die Russen Tag und Nacht arbeiten, um den Graben zu vertiefen und Verhaue anzulegen. Eine sehr starke Truppenabtheilung steht unter dem Gewehre, und nichts wird versäumt, um eine Ueberraschung gleich derjenigen zu verhüten, welche die Franzosen so leicht in den Besitz des Mamelon brachte. Aber nicht allein den Malakoff und den Redan scheint der Feind zu verstärken. Die russischen Ingenieure errichten offenbar Werke von sehr großem Maßstabe hinter den Befestigungen, die wir jetzt kennen. Der ganze Hafen lebt und webt von Booten. Fahrzeuge von jeder Größe und Gestalt fahren beständig mit Schanzkörben, Faschinen, und Baumstämmen zu Verhauen, sowie mit Lebensmitteln und Munition beladen, hinüber und herüber. Sie laden aus und kehren sogleich wieder zurück, um eine neue Ladung zu holen, sodaß jedes Boot täglich zwölf bis vierzehn Fahrten macht. Die Boote und die Matrosen der Kriegsschiffe scheinen alle zu dieser Arbeit verwendet zu werden. Der große Vorrath Holz, den die Wälder in dem uns nicht zugänglichen Theile der Krim liefern, hat die Vertheidigung von Sebastopol sehr begünstigt. Brennmaterial für die Dampfer und zum Kochen war dadurch reichlich vorhanden, und der Mangel an Steinkohlen ist wahrscheinlich wenig gefühlt worden. Gefällte Bäume, die zwei bis drei Meilen herbeigeschafft worden

ſind, bilden einen ſtarken 6 Fuß hohen Verhau, der das bedeutendſte An-
näherungshinderniß des Redan iſt. Faſchinen für die Werke verdankten
die Ruſſen denſelben Wäldern in ungezählter Menge.

Das Lager iſt jetzt ziemlich geſund und wahrſcheinlich wird der Sommer ohne eine von jenen Heimſuchungen vergeben, welche ſo Viele gefürchtet
haben. Die Hitze erreicht noch nicht den Grad, den ſie hier in anderen
Jahren durchſchnittlich hatte; überhaupt iſt ſowohl hier wie in der Türkei
der Sommer ein kühler geweſen, und Fieber und Diarrhöe haben deshalb
weniger als gewöhnlich vorgeherrſcht. Balaklawa iſt allerdings ſehr von
der Cholera beimgeſucht worden, aber ſie zeigte ſich am verheerendſten in
der Spitze des Hafens, wo viele tauſend Türken, nur mit wenigen Zoll
Erde bedeckt, begraben liegen, und wo die Platzregen der Krim oft die
Leichen in ihrer ganzen Scheußlichkeit bloslegen. Die außerhalb des Hafens
liegenden Schiffe ſind ziemlich frei von der Krankheit und ſeit das Gedränge
von Transportſchiffen, die in dem engen und ganz vom Lande umſchloſſenen
Hafen Bord an Bord lagen, etwas nachgelaſſen hat, erfreut ſich der
Ort eines leidlich geſunden Zuſtandes. Wenn ein ſo tief gelegener und von
allem Luftzug abgeſchnittener Flecken wie Balaklawa Mitte Juli von Krank-
heit frei iſt, ſo iſt kein Grund zu Befürchtungen wegen Geſundheit der
Truppen vorhanden, die auf einem hohen Plateau liegen, welches jedem Luft-
zug ausgeſetzt iſt, und in deſſen Nähe ſich nirgends eine zu üppige Vegetation vorfindet. Voriges Jahr wurden die Keime der Cholera und des
Fiebers durch das Lagerleben in bewaldeten bulgariſchen Thälern, in der
Nachbarſchaft ſtinkender Moräſte oder in den engen Grenzen einer mit
Menſchen angefüllten und ſchmutzigen Hafenſtadt gezeitigt. Die ſo erzeugte
Krankheit brachten die beiden Armeen mit nach der Krim, wo Entbehrungen
und übermäßige Anſtrengungen Urſache waren, daß ſie ihre Verwüſtungen
weit über die Zeit ausdehnte, wo ſie gewöhnlich aufhören. Vor Sebaſtopol haben die Verbündeten ihr Lager auf einer Stelle aufgeſchlagen, wo
keine ſchädlichen Ausdünſtungen ſie erreichen können, außer denjenigen,
welche von dem unvermeidlichen Unrathe eines Lagers herrühren, und dieſe
haben durch die Sorgfalt, mit der man Alles, was ſchaden könnte, verbrennt oder einſcharrt, bis jetzt wenig Eindruck auf die Geſundheit der
Truppen gemacht. Was das Fieber betrifft, ſo iſt ſeine gewöhnliche Zeit
der Juni, und dieſer Monat iſt nun ohne ungewöhnliche Erkrankungen im
Lager vorüber. Es iſt daher zu hoffen, daß der Herbſt ohne ernſte Unfälle
vergehen wird.

Die Ausfälle der Ruſſen laſſen uns jetzt ruhen; dafür ſind wir den
Angriffen anderer Feinde ausgeſetzt, die ebenſo unermüdlich, wenn auch
nicht ganz ſo gefährlich ſind. Jeder Winkel und jede Spalte wird von
Millionen Fliegen heimgeſucht, die uns bei Tage keine und bei Nacht wenig
Ruhe laſſen. Seit den letzten Wochen ſind ſie faſt zu einer Peſt geworden.
Da ich in der angenehmen Nachbarſchaft von verſchiedenen hundert Com-

miſſariatsmaulthieren und einem Sortiment von leeren Zuckertonnen und
Fäſſern für Rind- und Schweinefleiſch wohne, ſo fällt mir vielleicht ein
größerer Antheil dieſer hartnäckigen Inſecten zu, die auf allen Seiten in
Wolken ſchweben und ſich auf den reizbarſten Theilen des Geſichts anſiedeln,
ohne Einem nur einen Augenblick Ruhe zu laſſen. Gleich den Harpyen
machen ſie Einem wirklich die Speiſe ſtreitig und auf jeden Biſſen, den
man nach dem Munde führt, ſetzen ſich gewöhnlich zwei oder drei, die man
erſt kräftig ſchütteln muß, ehe ſie ihre Beute loslaſſen. Mit dem Getränke
iſt es natürlich noch viel ſchlimmer und man kann kein Glas an den Mund
ſetzen, ohne zuvor die unwillkommnen Gäſte herauszufiſchen. Der einzige
Weg, von ihnen unbeläſtigt zu bleiben, iſt, ſich in einen tüchtigen Zug zu
ſetzen, was, wenn man rings um ſich Papier liegen hat, ſeine ſehr unangenehmen Seiten darbietet. Wenn man nach einer Abweſenheit von einigen
Augenblicken wieder in eine Hütte tritt, ſo ſteigen ſie mit betäubendem Ge-
ſumme von jedem Gegenſtand in einer dichten Wolke auf. Reizbare Per-
ſonen verfolgen ſie mit Handtüchern, mit denen ſie nach allen Richtungen
um ſich herumſchlagen; andere verſuchen eine wiſſenſchaftliche Kriegführung,
indem ſie jede Oeffnung zuſtopfen und alsdann alte Zeitungen verbrennen;
aber es nützt nichts — in fünf Minuten iſt ein neuer und noch hungrigerer
Schwarm da. Nur des Nachts hat man Ruhe, wo die Zudringlichen in
großen ſchwarzen Flecken an der Decke ſchlafen; aber ſelbſt dann weckt ein
in das Zimmer gebrachtes Licht ſie zur vollſtändigen Munterkeit auf. Sie
ſind, im vollen Ernſt geſprochen, eine unerwartete und ſehr läſtige Heim-
ſuchung und quälen ganz beſonders die armen Kranken in den Hospital-
zelten, die ſie in einem fortwährenden Zuſtande fieberhafter Gereiztheit erhalten. Die nächſten drei Monate müſſen wir uns die Plage ruhig gefallen
laſſen, bis uns die Septemberregen davon befreien.

12. Juli.

Die Franzoſen und Türken ſind ſo eben von einer großen Recognoscirung in das Baidarthal zurückgekehrt und haben zahlreiche Rinderheerden
mitgebracht. Das Vieh iſt zwar nicht ſo groß, wie wir es in England zu
ſehen gewohnt ſind, aber ſchöner und beſſer genährt als dasjenige, welches
wir aus Kleinaſien bekommen. Zu einem Angriff auf die ruſſiſche Stellung ſcheint alle Hoffnung verſchwunden zu ſein. Die Natur ſcheint die
Hochebene, welche ſie beſetzt halten zu einer großen Defenſivpoſition ge-
ſchaffen zu haben, welche 50,000 Mann gegen die vierfache Anzahl zu
vertheidigen im Stande ſind. An der Einnahme des eigentlichen Sebaſto-
pols vor Eintritt des Winters zweifele ich nicht im Geringſten. Daß die
Ruſſen es mit der ganzen Hartnäckigkeit ihres Charakters halten werden,
ſelbſt nachdem die Schiffe zerſtört ſind und der Malakoff in unſeren Händen
iſt, läßt ſich erwarten; aber der Gewinn einer neuen Stellung, welche den
Hafen und die über denſelben führende Schiffbrücke beherrſcht, muß zuletzt

den Feind zwingen, den Platz zu räumen. Den russischen Generalen, so tapfer und entschlossen sie die Vertheidigung geführt haben, wird es nicht an Klugheit fehlen. So lange sich eine Festung mit Aussicht auf Erfolg oder mit der Möglichkeit, dem Feinde Schaden zu thun, halten läßt, werden sie dieselbe vertheidigen. Aber ihr ganzes Verfahren berechtigt zu dem Glauben, daß sie ihre Truppen nicht blos des Ruhmes wegen, einen verzweifelten Widerstand ohne eigentlichen Nutzen geleistet zu haben, hinopfern werden. Wenn sie sehen, daß ihr Rückzug ernstlich gefährdet ist, so ist es nicht unwahrscheinlich, daß sie die Südseite ganz räumen, da sie kaum hoffen dürfen, dieselbe halten zu können, wenn die Verbündeten einmal den Hafen beherrschen. Jedenfalls rechnen sie darauf, ihren Widerstand wenigstens bis zum Winter verlängern zu können; ist dies nicht möglich, so werden sie sich wahrscheinlich nach der Nordseite zurückziehen, deren Belagerung vielleicht nicht vor dem Frühjahr 1856 beginnen kann. Was in dieser Zeit zur Verstärkung der Werke geschehen kann, läßt sich nach dem Fleiße und der Geschicklichkeit beurtheilen, welche sie auf die Vertheidigungswerke des eigentlichen Sebastopols verwendet haben.

Heute wurde General Barnard an die Stelle des commandirenden General Simpson zum Chef des Stabes ernannt. Das Gerücht erhält sich, daß ein neuer Oberbefehlshaber aus England ankommen werde. Ob dies wahr ist, habe ich noch nicht erfahren, aber es ist zu hoffen, daß militairische Wirksamkeit auf der spanischen Halbinsel und bei Waterloo im 23. oder 24. Lebensjahre nicht als die einzige Befähigung gelten werde. Hier an Ort und Stelle sind Alle der Meinung, daß die beste Schule für Sebastopol Sebastopol selbst ist und daß ein Militair, der sechs Monate hier gewesen ist, wahrscheinlich ein geeigneterer General sein wird, als Einer, der nur im Vertrauen auf dunkele Erinnerungen aus vor vierzig Jahren stattgefundenen Feldzügen zu uns geschickt wird. Es gehört sogar einige Zeit dazu, um nur das Terrain kennen zu lernen und da der Herbst vor der Thüre ist, ist keine Zeit zu verlieren. Der einzige Grund, der für das Herüberschiffen eines Generals aus England spricht, ist der Wunsch, eine Person von europäischem Rufe zu ernennen, welche der englischen Armee in den Augen der Welt eine Geltung giebt, auf die sie nach ihrer gegenwärtigen numerischen Stärke keinen Anspruch hat. Dieses war unzweifelhaft bei Lord Raglan der Fall. Sein Rang, sein großer Name, seine Manieren, der edle Stolz, mit dem er kleine Eifersüchteleien oder Intriguen von sich fern hielt, erwarben ihm selbst die Achtung von Denjenigen, die geneigt waren, an seiner Fähigkeit und Energie zu zweifeln. Es läßt sich nicht leugnen, daß wenn dieser Krieg längere Zeit fortdauert und England nicht darauf gefaßt ist, nicht blos Geld, sondern auch Menschen auf diesen Kampf zu verwenden, die englische Armee einige Gefahr läuft, als eine blose Hilfstruppe betrachtet zu werden. Ein General von fest begründetem Rufe kann dem englischen Namen Glanz geben, aber trotz alledem sind Geschicklichkeit und Energie die Eigenschaften, die am meisten wirken und es fehlt gegenwärtig nicht an Personen vor Sebastopol, welche die Armee als Befehlshaber gern sehen würde und von denen man mit Recht erwarten dürfte, daß sie ihre Pflichten angemessen erfüllen würden.

Das Commissariat trifft sowohl in der Krim wie in Konstantinopel lobenswerthe Einrichtungen, um während des kommenden Winters eine regelmäßige Zufuhr von Lebensmitteln sicher zu stellen. In Ismid und in Sinope werden Depots errichtet und zwischen verschiedenen Orten an der Küste und dem Hafen von Balaklawa wird ein regelmäßiger Transportdienst organisirt. Schuppen für 4000 Stück Rindvieh werden unweit des Lagers erbaut. Als die Hauptschwierigkeit wird sich der Landtransport herausstellen, sowie erst die Jahreszeit des Kothes und Schnees wiederkommt. Die Eisenbahn ist nicht so solid gelegt, als es zu wünschen wäre. Das neuliche Unwetter hat sie an mehreren Stellen zerstört, indem die Schwellen blos auf den weichen nachgiebigen Boden gelegt sind, welcher nach den heftigen Novemberregengüssen zu einer Masse wird, in die die Pferde 8 oder 10 Zoll tief einsinken. Das Commissariat sollte seine eigenen Transportmittel zur Verfügung haben; aber nach der gegenwärtigen Einrichtung muß es dieselben vom Landtransportcorps requiriren, das schon jetzt im Sommer manchmal keine Maulesel liefern kann, da alle verfügbaren Lastthiere bereits zum Herausschaffen von Munition verwendet werden. Einige Personen prophezeien sogar eine ebenso unregelmäßige Verproviantirung wie im vergangenen unglücklichen Winter für den nächsten; aber schon der Umstand, daß die Gefahren vorher erkannt und besprochen werden, ist eine Bürgschaft, daß sie nicht wiederkehren.

13. Juli.

Die ganze vorige Nacht unterhielten die Russen ein fürchterliches Feuer. Seit den letzten vierundzwanzig Stunden weht ein heftiger Sturm, der den Schall von den schweren Geschützen zu uns herübertrug, so daß die Erde bebte. Leider vernehme ich, daß die Batterie, welche die Franzosen zwischen dem Mamelon und dem Malakoff errichtet hatten, von dem überlegenen Feuer des Feindes gänzlich zerstört ist. Ein Oberst und ungefähr 30 Officiere und Mannschaften sind außer Gefecht gesetzt und wir haben jedenfalls eine Schlappe erlitten. Ueberhaupt müssen die Verbündeten, je näher sie der eigentlichen Vertheidigungslinie des Platzes kommen, sich gefaßt machen, auf festere Werke und größere Hindernisse zu stoßen, die mit der Sorgfalt, welche eine Vorbereitung von neun Monaten gestattet, übereinander gethürmt sind. Selbst jetzt verstärkt der Feind täglich den Malakoff. Er ist nicht mehr das, was er am 18. Juni war und in vierzehn Tagen wird er nicht mehr das sein, was er jetzt ist. An der Batterie vor den weißen Werken, welche die Franzosen vor einiger Zeit begonnen haben, wird immer noch fortgearbeitet und ihre Wirkung wird sich in wenigen Tagen zeigen.

Im Lager vor Sebastopol, 15. Juli.

Seit den letzten vierundzwanzig Stunden ist es sehr windig und schwarze Wolken fliegen am Himmel hin, während die Luft selbst zu Mittag feucht und kalt ist. Es ist das Fest des heiligen Swithin, das nach Gebühr mit heftigem Regen und lautem Donner gefeiert wurde, während die russische Stellung über dem Tschernajathale sich hinter dem dunkelblauen Schleier von Regenwolken versteckt hatte und der Rauch der Kanonen von Sebastopol kaum fähig scheint, sich einen Weg durch den feuchten Nebel zu bahnen, der über der Stadt hängt. Die nasse Leinwand klatschte unglücklich im Winde, von den Wänden und Dächern sickern Regentropfen herunter und vor den Thüren sammeln sich auf dem zu Schlamme gewordenen Boden kleine Wasserpfützen. Die Temperatur des Abends ist im Freien wie ein englischer Novembertag und wie der Wind zwischen den Zelten hindurchpfeift, könnte man glauben, daß die Bäume ihre letzten Blätter verlieren sollen und der Winter mit seiner Kälte herannaht. Aber dies wird nur einige Tage dauern, dann wird die Augusthitze wieder den Erdboden ausdörren, Brunnen und Cisternen werden abermals nur einen kärglichen Vorrath Wasser liefern und der Sommer wird bis weit in den September hinein dauern. Heute beschossen sich der Malakoffthurm und die vorgeschobenen französischen Batterien mit großer Heftigkeit. Vorige Nacht machten die Russen vom Malakoff aus einen Ausfall auf das 16. Linienregiment, das zum Schanzen commandirt war. Das Gefecht begann um zehn Uhr und endete fast nach vierstündiger Dauer wie gewöhnlich damit, daß sich die Russen in ihre Werke zurückzogen. Während des Regens leuchteten die Blitze der Kanonen trübe durch den Nebel, und der Wind trug den Schall mit mehr als gewöhnlicher Deutlichkeit zu uns herüber. Der Verlust der Franzosen wird auf 2 Officiere und 30 Mann angegeben, aber nach der Dauer und Heftigkeit des Gefechts zu urtheilen, muß er größer sein. Die Franzosen haben ihre Werke fast bis an den Verhau des Malakoff vorgetrieben und sind so nahe, daß man von ihren Linien aus einen Stein in die russischen Werke werfen könnte. Der Verhau wird als ein wahrhaft gewaltiges Hinderniß dargestellt. Stämme von Eichen und Buchen aus den Waldungen der Krim sind dazu benutzt und er hat eine Höhe von mehr als 6 Fuß. Wahrscheinlich wird man versuchen, ihn mit Vollkugeln und Bomben zu zerstören, ehe man einen neuen Sturm wagt. Man kann die Russen immer noch an den Werken dieser Position, die jetzt von allen als der Schlüssel von Sebastopol anerkannt ist, unausgesetzt arbeiten sehen. Sie haben in der letzten Zeit auch die Werke des Redan ausgebessert, welche von dem fortwährenden Feuer der englischen Batterien sehr gelitten hatten. Vorige Nacht machte der Feind einen kleinen Ausfall gegen die französische

Linke, aber obgleich das Schießen sehr heftig war, dauerte doch das Gefecht nur kurze Zeit. Alles fühlt, daß auf dieser Seite nicht viel geschehen, der eigentliche Angriff aber gegen die Malakoffwerke gerichtet werden wird, deren Wegnahme den Redan unhaltbar macht und den Fall der Südseite in wenig Wochen nach sich ziehen muß.

16. Juli.

Die ganze vorige Nacht und diesen Morgen heftiges Schießen. Niemals seit dem Beginn der Belagerung haben beide Theile so viel Energie an den Tag gelegt. Der Austausch von Vollkugeln und Bomben dauert fast ohne Unterbrechung fort. Die Franzosen können natürlich mit jeder beliebigen Quantität Kriegsmunition versorgt werden, aber die Mittel der Gegner in dieser Hinsicht müßten doch eigentlich eine Grenze haben. Das Vorhandensein einer Eisengießerei in Sebastopol läßt sich kaum bezweifeln; einige von den russischen Kugeln sind ganz glatt und neu, als wären sie eben erst fertig geworden; außerdem können auch dem großen Seearsenal unmöglich die Mittel fehlen, sich seine eigene Munition zu fabriciren. Pulvermühlen sind wahrscheinlich ebenfalls vorhanden, aber in beiden Fällen entsteht die Frage, wo die Rohstoffe zur Fabrikation der Munition herkommen. Eine geringe Quantität Eisen läßt sich durch das Umgießen unserer Kugeln gewinnen, aber wahrscheinlich fällt ein großer Theil derselben in den Hafen, und diese Hilfsquelle ist zu unsicher, als daß eine Regierung, wie die russische, darauf rechnen könnte. Wahrscheinlicher ist es, daß ein regelmäßiges Transportsystem Sebastopol sowohl mit Getreide wie mit Munition versorgt und daß während des Sommers keine Anstrengung gespart wird, um die Garnison mit den nöthigen Vorräthen für den Winter, wo die Straßen in der Krim weniger für den Transport schwerer Gegenstände geeignet sind, zu versehen. Schon im August 1853 übernahmen zwei oder drei Odessaer Handlungshäuser die Lieferung von 18,000 Transportwagen für die Armee. Obgleich diese jedenfalls für den Feldzug in den Donaufürstenthümern bestimmt waren, sind sie doch wahrscheinlich mit manchem Tausend andern bei der Vertheidigung von Sebastopol verwendet worden; und der Umstand, daß solche Lieferungscontracte abgeschlossen worden, reicht hin, den Maßstab zu zeigen, in welchem der verstorbene Kaiser seine Pläne anlegte, sowie die Hilfsmittel, welche die krimsche Festung immer noch zur Fortsetzung einer Vertheidigung besitzt, die Denen wunderbar erscheint, welche nicht erwägen, seit wie langer Zeit man dafür Vorbereitungen getroffen hat.

Die Franzosen schmeicheln sich mit der Hoffnung, aus der neuen Batterie, die sie bei den weißen Werken errichten, die Schiffe im Hafen beschießen zu können. Daß die Russen etwas Aehnliches befürchten, zeigt der Eifer, mit dem sie das neuerbaute Werk beschießen. Die langen Achtundsechzigpfünder, welche auf die Bettungen gebracht werden, scheinen im Stande zu

18*

ſein, die ihnen beſtimmte Arbeit ſelbſt von dieſer Entfernung aus zu verrichten, aber bis jetzt liegen die Schiffe immer noch bewegungslos in doppelter Reihe quer über den Hafen, während die Boote in unermüdlicher
Thätigkeit ſich auf allen Seiten um ſie herum bewegen. Unſere Batterie
bei den Steinbrüchen iſt bald fertig und in weniger als einer Woche wird
die Sache entſchieden ſein.

Folgenden Brief fand ich vor einigen Tagen während des Beſuchs
eines verlaſſenen Dorfes ungefähr drei Meilen von Sebaſtopol. Er iſt
von einer Frauenhand geſchrieben und von demſelbem Tage, wo wir den
Mamelon wegnahmen, aus einem Dorfe nördlich von Sebaſtopol datirt.
Nach Weglaſſung der die Familien betreffenden Einzelheiten kann ich nicht
umhin, den politiſchen und militairiſchen Inhalt mitzutheilen, der für allgemeines Eigenthum gelten kann:

„26. Mai (7. Juni).

„Geliebte Schweſter. Du biſt nicht in einer ſehr ſichern Lage; nach
meiner Rechnung muß der Feind nur noch ein paar Schritte von Dir in
Foroß ſein. Die Straße nach Baidar iſt ungangbar gemacht. Wir haben
bereits Pioniere nach der Küſte geſchickt, um im Falle der Annäherung des
Feindes alle Straßen ungangbar zu machen; ſie haben eine genügende
Menge Pulver dazu mitgenommen. In Deinem Briefe vom 12. (24. Mai)
ſchreibſt Du, daß in Deiner Nähe Alles ruhig ſei, aber jetzt kann das nicht
mehr der Fall ſein. Kertſch iſt eingenommen; bei Arabat iſt eine Schlacht
geweſen, in der wir geſiegt haben. Man behauptet ſogar, eine ruſſiſche
Armee marſchire auf Paris. Bis heute war Alles ruhig in Sebaſtopol.
Heute bombardirte der Feind mit Heftigkeit die Stadt, that aber weiter
nichts als bombardiren und wird weiter nichts thun; er kann nicht das
Geringſte gegen uns ausrichten. Die Mutter, die eben aus Sebaſtopol
zurückkehrt, erzählt, daß man die Stadt gar nicht wiedererkennen kann, ſo
iſt ſie durch die Befeſtigungen, die täglich errichtet werden, verändert. In
die Severnaja gelangt man durch ein Thor mit ungeheuern Batterien auf
beiden Seiten. Die Mutter war an einem Tage dort, wo Alles ruhig
blieb; ſie hat ſogar die Nacht in der Stadt zugebracht. Um zehn Uhr
ſchlug eine Bombe in die Galerie neben dem Fenſter; zum Glück fiel ſie
nicht in das Zimmer. Wie man ſagt, ſoll der Kriegsſchauplatz nach der
Donau verlegt werden. Es wird Zeit, daß dieſe Herren gehen und uns
ein wenig Ruhe genießen laſſen. Sobald ſie fort ſind, wird die Stadt
Sebaſtopol dahin verlegt, wo der Cherſones war und das heutige Sebaſtopol wird ganz zur Feſtung gemacht. Wie ſeltſam wird einem das vorkommen, ehe man ſich daran gewöhnt u. ſ. w.“

Die Briefſtellerin erwähnt noch, daß ihr gelbes Kleid fertig iſt und
daß ſie nach Sebaſtopol gehen will, um ſich malen zu laſſen. Danach zu
urtheilen, betrachten die Ruſſen ihre Lage mit ziemlichem Gleichmuth oder

thaten dies vielmehr vor sechs Wochen. Aber wenige Stunden nachdem der
obige Brief geschrieben war, wurde der Mamelon angegriffen und die glänzendste Waffenthat während der ganzen Belagerung verrichtet. Das Bombardement, von dem die Briefstellerin und ihre militairischen Freunde mit
solcher Verachtung sprechen, sollte ihrer Meinung nach wahrscheinlich ebenso
harmlos enden, wie die beiden Beschießungen im October und im April,
auf die kein Angriff folgte. Aber dieses eine Mal ließen die Russen sich doch
überraschen und durch Benutzung dieser Gelegenheit erlangten wir den
glänzendsten Erfolg, den wir bis jetzt in der ganzen Belagerung gehabt
haben, einen Erfolg, der, wenn er weiter ausgebeutet worden wäre, jedenfalls
zu noch viel größeren Resultaten geführt hätte. Die im Briefe erwähnte
Severnaja ist die Citadelle, welche wir das Sternfort nennen, oder noch
wahrscheinlicher ist damit die ganze nördliche Vorstadt gemeint. Die Russen
arbeiten sehr angestrengt an der Befestigung dieses Theiles der Stadt und
ihrer Stellungen an der Katscha und dem Belbek.

Omer Pascha befindet sich immer noch in seinem Hauptquartiere bei
Kamara. Es läßt sich kein romantischeres Fleckchen denken als dasjenige,
welches sich der türkische General ausgesucht hat. Es liegt auf einem dem
Meere zugewendeten Abhange, im Schatten des Capo Aia, das senkrecht
700 Fuß hoch sich aus dem Schwarzen Meere erhebt. In der Tiefe, nicht
weit von dem Hauptquartier des Pascha's, hat ein Tatarenbei sein Zelt
aufgeschlagen. Er ist mit seiner Familie vor den Drohungen der Russen
geflohen und hat dem türkischen General seine Unterwerfung angezeigt.
Sein Benehmen ist vielleicht nicht ganz klug, da die russische Regierung
alle seine Besitzungen mit Beschlag belegen wird, während die Türken ihn
in einem Graben sterben lassen, sowie er ihnen nicht mehr von Nutzen ist.
Es ist eigenthümlich, daß während die französischen und englischen Truppen
den Dienst in den Laufgräben für ihre größte Anstrengung halten, die
Türken, welche am Ausgange des Krieges nicht weniger betheiligt sind, zu
der eigenen Belagerung gar nicht mit wirken, sondern sich mit der leichteren
Arbeit des Fouragirens amüsiren oder stundenlang unthätig dasitzen und
dem Schatten ihrer Zelte auf ihrem Wege von Westen nach Osten folgen,
in träumerisches Sinnen versunken ihre Pfeife rauchen oder über die Grimassen
eines Cameraden, der ihnen als Lustigmacher dient, lachen. Omer Pascha
bewegt sich ohne Ziel hier und dorthin blos damit es den Schein hat, daß
seine Armee etwas zu thun hätte; aber was er wirklich leistet, ist von geringer Wichtigkeit. Man behauptet, es wäre ein Uebereinkommen zwischen
den verbündeten Generalen und der Pforte getroffen, wonach die Türken
an der Belagerung nicht Theil nehmen sollten. Aber warum nicht? Und
kann ein solches Uebereinkommen verpflichten, wo das allgemeine Beste ein
anderes Verfahren verlangt? Wenn die türkischen Truppen vortrefflich hinter Schanzen sind, so kann ihrer Verwendung zur Ablösung ihrer übermäßig
angestrengten Verbündeten in einigen der weniger wichtigen Positionen nichts

im Wege stehen, oder sie könnten wenigstens auf eine wirksamere Weise verwendet werden, als zum gelegentlichen Hin- und Hermarschiren, anscheinend
zu dem Zwecke, dem europäischen Publicum einen falschen Begriff von
ihrer Thätigkeit zu geben. In den letzten Tagen hat sich das Gerücht verbreitet, Omer Pascha werde nach Kars gehen, um diesen Platz zu entsetzen
und dem weiteren Vorrücken der Russen in Asien entgegenzutreten. Denkt
man ernstlich daran, so kann dies nur eine Vorbereitungsmaßregel für den
Feldzug des nächsten Jahres sein und es wird sich eher darum handeln,
Erzerum als Kars zu retten. Die Ueberschiffung des türkischen Heeres nach
Trebisonde ist selbst durch Hilfe der englischen Marine nicht unter zwei
Monaten zu bewerkstelligen, denn die Ueberfahrt von Varna nach Eupatoria,
die nicht so weit von einander entfernt sind, hat längere Zeit gedauert.
Rechnen wir einen Monat auf den Marsch von Trebisonde nach Kars, so
wird es November ehe die Armee sich in ihrer neuen Stellung versammelt
hat; und in dieser Jahreszeit ist das hochliegende Tafelland Armeniens
von tiefem Schnee bedeckt, und von militairischen Operationen kann vor
dem Frühjahre nicht die Rede sein. Aber aller Wahrscheinlichkeit nach, hat
das erwähnte Gerücht keinen andern Grund, als den Glauben, daß der
Krieg in Asien zu sehr vernachlässigt worden ist; daß das laufende Jahr
die Lage der Türken nicht verbessert hat und daß es den Russen vielleicht
gelingen könnte, dort eine wichtige Provinz zu erobern.

21. Juli.

Trotz der Wärme, welche auf die stürmische Witterung der vorigen
Woche gefolgt ist, setzen die Franzosen die Belagerungsarbeiten auf unserer
Rechten mit unermüdlichem Fleiße fort. Dem Auge des Uneingeweihten
zeigt sich dabei nichts Auffälliges; im Lager und in den Laufgräben scheint
alle Thätigkeit zu stocken; selbst das lebhafte Feuern der letzten Tage ist fast
ganz verstummt; aber jeder Tag sieht einen Fortschritt und jeden Tag kommen die Verbündeten dem Kamme des Malakoff näher, zu dessen Vertei-
digung jetzt die Russen ihren ganzen Muth und ihre ganze Zähigkeit nöthig
haben werden. Der Malakoff und der Mamelon stehen auf einem hohen
Plateau, während der Kamm, welcher sie verbindet, selbst höher ist, als das
umliegende Terrain. Diesen Kamm entlang geht die französische Sappe im
Zickzack bis auf etwa zweihundert Schritte von dem Hügel vor, der im Besitz der Russen ist. Da die Böschung etwas steil abfällt, befinden sich die französischen Schanzarbeiter bereits außerhalb des Bereichs der russischen Kanonen, welchen der Feind nicht genug Depression geben kann. Sie können
daher ohne Gefahr weiter arbeiten und werden nur von den Scharfschützen
belästigt, die jeden Terrainvortheil benutzen und auf jeden Feind schießen,
der im Bereiche ihres Gewehres nur den Rand seiner Mütze blicken läßt;
da aber diese von den französischen Scharfschützen beschäftigt werden, während die Geschütze des Mamelon stündlich gegen das russische Werk donnern,

ist der Vortheil offenbar auf Seiten der Franzosen. Letztere haben auch
an der Spitze ihrer Sappe eine kleine Batterie von Feldgeschützen errichtet,
welche bis jetzt alle Versuche der Russen, Truppen zu einem Ausfalle zu
sammeln, verhindert hat. Diese Geschütze beherrschen vollständig die Punkte,
wo die Russen ihre Werke verlassen können, und sie sind daher gegenwärtig
darauf beschränkt, das Vorrücken des Feindes mit Kleingewehrfeuer aus
den Schießscharten möglichst zu hemmen. Vorgestern jedoch verließen einzelne
Russen die Werke, schlichen sich, jeden Erdklumpen und jeden Busch als
Deckung benutzend, vor, bis sie sich den Werken der Franzosen bis auf ungefähr hundert Schritte genähert hatten, wo sie sich auf die Erde warfen
und sich einzugraben anfingen. Die Franzosen scheinen die Bewegung nicht
bemerkt zu haben und unsere Leute, welche die waghalsigen Russen erst sahen
als sie sich an der Stelle, die sie zu erreichen wünschten, festgesetzt hatten,
hielten sie für Franzosen. Auf diese Weise ist es den Russen gelungen, vor
der französischen Sappe Schützengruben anzulegen, von wo aus sie den gewöhnlichen Schaden anrichten werden, wenn man sie nicht bald daraus
vertreibt.

Am 19. eröffneten die Franzosen aus allen ihren Batterien ein wüthendes Feuer auf den links von ihnen liegenden Theil der Stadt, wo die
Russen ungewöhnlich rührig zu sein schienen. Das Schießen dauerte eine
halbe Stunde und hörte auf, als es allem Anscheine nach seinen Zweck erreicht hatte. Die Franzosen haben den Weg entdeckt, auf welchem die Reserven der Russen in den Malakoff gelangen. Zwei tiefe Gräben führen
nach dem Werke: der eine auf der Seite des Redans, der andere auf der
Seite des kleinen Redans nach der Calfaterbucht zu. Um dem Feinde wenigstens letztere Verbindung abzuschneiden, haben die Franzosen eine kleine
Batterie errichtet, die noch nicht demaskirt ist. Sie wird den bedeckten Weg
auf der Seite des kleinen Redans bestreichen und den Anmarsch der russischen Reserven sehr hindern, während die Franzosen die Werke selbst angreifen. Heute fingen die Tataren aus den Dörfern in der Ebene von
Baidar und längs der Küste östlich von Cap Aia an wieder in ihre Wohnungen zurückzukehren. Ein Tatar besitzt meistens nicht viel, aber von dem
Wenigen, was diese Leute zurückgelassen haben, werden sie nichts wieder finden. Keine Hütte ist unabgedeckt geblieben, und Alles, was nur den geringsten Werth hatte, ist verschwunden. Selbst Gegenstände, von denen man
nicht begreifen kann wie sie die Raublust reizen können, wie Theile von
Weinkeltern oder alte Fässer, haben die Türken in ihr Lager geschleppt. Auf
den Obstbäumen ist auch keine Spur von etwas Eßbarem mehr zu entdecken.
Dennoch sind die Tataren, die sich von ihrem ersten Schrecken erholt haben,
oder vielleicht auch von den Russen, welche den Höhenzug über dem Thale
besetzt halten, nicht sehr freundlich empfangen worden, wieder in ihre alten
Wohnungen zurückgekehrt und werden jedenfalls unbelästigt bleiben. Der
Tatar der Krim führt all' sein Besitzthum auf ein oder zwei gebrechlichen

Arabas mit sich. Lange Reihen dieser Fuhrwerke drängen sich jetzt auf der Straße die von Osten nach Baidar, Kamara und dem Tschernajathale führt. Man kann sie eine Viertelstunde weit an dem beständigen Pfeifen ihrer Räder, die nie geschmiert werden, kommen hören. Diese Tataren sind ein Schlag, der in physischer Hinsicht unter den Türken steht und scheinen tief in Unwissenheit und Armuth versunken zu sein. Wie sie mit ihren Betten und Kleidern und Kochgeräthschaften auf einem elenden Karren langsam vorüberzogen, wurde es Jedem klar, wie nichtig der Traum von ihrer Beihilfe im Kriege oder von der Wiederaufrichtung ihrer Herrschaft nach dem Frieden ist.

20. Juli.

Heute hatten wir eine echte Julisonne, kein Lüftchen regte sich. Ueber dem Schwarzen Meere hängt der Nebel, welcher sich stets einstellt wenn die Sonne ihre Strahlen mit mehr als gewöhnlicher Kraft niedersendet. Das Schießen war heute früh matt, wurde aber Nachmittags lebhafter und jetzt unterhält der Malakoff eine heftige Kanonade und der scharfe Knall der Büchsen zeigt, daß auch die Scharfschützen thätig sind. Wir haben links und vor der Einundzwanzigkanonenbatterie eine neue Batterie von zwei Lancastergeschützen errichtet. Etwas weiter links war eine Batterie mit 6 Geschützen armirt, um die feindlichen Schiffe zu beschießen, da es sich aber herausstellte, daß ihre Lage zu diesem Zwecke etwas zu tief war, so sind jetzt die Kanonen durch Mörser ersetzt und die Batterie wird jedenfalls in wenig Tagen ihr Feuer eröffnen. Die Lancastergeschütze sind noch nicht auf die Bettungen gebracht, wahrscheinlich aber wird es morgen geschehen.

Die Gesundheit der Truppen ist immer noch vortrefflich und ihre Stimmung leidet nicht im Mindesten von der langen Dauer und der Langweiligkeit der Belagerung. Der Sommer ist kühl und da die Russen neuerdings weniger Ausfälle vornehmen, sind auch die Nächte in den Laufgräben nicht zu anstrengend. Wenn die Truppen in Marschcolonnen sich die oft betretenen Schluchten, welche zu den Batterien führen, hinauf bewegen, so bemerkt man weder Niedergeschlagenheit oder Widerwilligkeit; Lachen und Scherzen begleiten ihre Schritte und ihr ganzes Wesen ist munter und aufgeräumt; wie verschieden gegen ihr Aussehen in der trüben Zeit des vorigen Decembers! Auf allen Seiten hört man das Klappern fallender Kegel und die Regimentsmusik, obgleich arg decimirt, aber immer noch zahlreich genug, um Vergnügen zu machen, spielt die heimatlichen Melodien. Auf dem Cathcarthügel versammeln sich jeden Abend Hunderte von Müßiggängern, welche der Länge nach auf dem vertrockneten Grase liegend oder auf den Steinhaufen sitzend, die manches geehrte Grab umschließen, hinunter auf die belagerte Stadt schauen und mit schläfriger Gleichgiltigkeit die Blitze beobachten, die aus dem Mamelon, dem Malakoff oder dem Redan hervorbrechen.

Im Lager der 4. Division vor Sebastopol 1. August.

Regen, Regen und nichts als Regen in diesem feuchtesten und unwirth-
lichsten aller Lager. Gestern hatten wir ein Gewitter und heute beginne ich
meinen Brief, während draußen eine Sündfluth niedergießt. Der Boden
hier hat die einzige gute Eigenschaft schnell abzutrocknen, wenigstens an
höher gelegenen Stellen des Lagers, und gestern vor Sonnenuntergang
war keine Spur mehr von dem Unwetter des Vormittags zu entdecken.
Ein paar Zelte, die der Sturm oder Regen umgeworfen hatte, waren wieder aufgerichtet, Lecke und andere durch den Regen sichtbar gewordene
Mängel waren ausgebessert, die Temperatur war angenehm, der Boden
leidlich trocken, die gewöhnlichen Beschäftigungen und Zerstreuungen des
Lagers hatten wieder ihren Fortgang und eine zahlreiche Gesellschaft Officiere hatte sich auf der Höhe zum Ballspiel zusammen gefunden. Die angenehme Pause dauerte nur kurze Zeit. Gegen zehn Uhr brach ein neues
Gewitter los; blaue blendende Blitze zuckten in jeder Himmelsgegend, wieder schoß der Regen in Strömen nieder und das Rollen des Donners ver-
mischte sich mit dem Getöse des schweren Geschützes, so daß man manchmal
nicht wußte, ob der Aufruhr in der Luft oder auf der Erde sei. Wahrscheinlich wegen des schlechten Wetters wurde weniger als gewöhnlich geschossen. Dann und wann knallten drei oder vier Kanonenschüsse in rascher
Folge hintereinander, die Büchsen fingen einen kurzen und leidenschaftlichen
Streit miteinander an und Bomben zogen zu zweien oder dreien ihre
langsame Bahn am Himmel hin, wobei der Zünder wie ein kleiner Feuer-
ball bald sichtbar war und bald verschwand, bis sie mit einer plötzlichen
Senkung in einem Laufgraben oder einer Batterie einschlugen. Dann erscholl
die tiefe Stimme des Donners dazwischen und rügte die Zwietracht und
verspottete den kleinlichen Wetteifer des Menschen. Der Regen dauerte
mit unverminderter Heftigkeit die ganze Nacht hindurch und während des
Morgens fort, und heute ist das Lager ein einziges Schlammfeld und an
manchen Stellen ein Morast. Es läßt sich kaum etwas Niederschlagenderes
von Aussehen denken, als das Lager vor Sebastopol bei Regenwetter. Das
Aussehen ist schlimmer als die Wirklichkeit, denn die Zelte leisten meistens
der Nässe Widerstand, und die Mannschaften sind reichlich mit Kleidung,
Decken und Lebensmitteln versehen. Aus einiger Entfernung gesehen,
nimmt sich die große wellenförmige Fläche, über welche sich das Lager hinbreitet, fast wie ein ungeheures geackertes Feld aus. Gras sieht man fast
gar nicht — nur hie und da einzelne Halme. Die zahlreichen bunten
Blumen, die im Lenz und Frühsommer die Landschaft belebten, sind längst
von der Sonne verbrannt oder von den Menschen und Pferden zertreten.
Die Landschaft trägt einen allgemeinen braunen Teint und wird von einer
Reihe dunkelgrauer Berge begrenzt, deren Gipfel oft schwarze regenschwere
Wolken umhüllen. Die Wohnungen der Armee sind von dreierlei Art —

hölzerne Hütten, Höhlen oder Gruben (die vom letzten Winter herrühren
und zum Theil unterirdisch sind) und Zelte. Glücklich ist Der zu schätzen,
wenigstens in dieser Jahreszeit, welcher eine gute hölzerne Hütte mit einem
gedielten Fußboden besitzt. Die meisten der größeren Hütten werden jedoch
als Vorrathshäuser oder zu anderen allgemeinen Zwecken benutzt. Die
Wände der Erdhütten sind gewöhnlich 3 oder 4 Fuß unter und eben so
viel über der Erde und haben fast durchgehends ein spitzes Dach, ohne welches in
den meisten ein Mann von einiger Länge nicht einmal aufrecht stehen könnte.
Diese eigenthümlichen Wohnungen sind, wie es sich leicht denken läßt, feucht
und dunkel. Man gelangt vermittelst drei oder vier Stufen, die in die Erde
eingehauen und meistens mit Steinen oder Bretern belegt sind, hinein.
Hier ist eine, deren Eingang so niedrig ist, daß ein Mann von gewöhnlicher Größe sich ganz tief bücken muß, um hineinzukommen. Sie gilt für
ein ziemlich gutes Exemplar einer Hütte und ihre Besitzer sprechen mit
Dankbarkeit, ja fast mit Begeisterung von dem vortrefflichen Schutze, den
sie ihnen in der Prüfungszeit des vergangenen Winters gewährt hat. Sie
ist 8 oder 9 Fuß breit und ungefähr 12 Fuß lang. An dem einen Ende
läßt eine Art Schießscharte das Tageslicht durch die aus feuchter Erde und
formlosen Steinbrocken zusammengeknetete dicke Mauer. Unter dieser Schießscharte steht das Bett kaum über dem Erdboden erhoben; auf der einen
Seite ist eine kleine Vertiefung in der Wand, die als Feuerstelle benutzt
wird; die Wände sind mit Segeltuch, Pferdedecken und Mantas, welche
spanische Maulthiere und Maulthiertreiber aus Catalonien und Valencia
herübergebracht haben, tapeziert und mit Bildern aus illustrirten Zeit-
schriften und zahlreichen gehörig angerauchten Pfeifen verziert. Sogar ein
Caminsims ist vorhanden, ein dickes von einer Kiste gerissenes Bret, in dessen
Rändern noch die verrosteten Nägel stecken, und auf demselben steht ein
Zwiebacksskasten, Tabak, volle und halbgeleerte Flaschen und andere kleine
Lebensbequemlichkeiten. Hier ist noch ein Faß, zum Baden benutzt, bevor
die Seltenheit des Wassers zu einem Verbote so luxuriöser Gewohnheiten
führte. An der bescheidenen Tapete hängt der Degen, Cartoucheriemen, und
wasserdichte und lederne Gamaschen. Ein Paar Wasserstiefeln erblickt man
in der Ecke, und dicht neben der Thür an der hellsten Stelle steht ein wack-
licher Tisch mit Schreibmaterialien. Auch ein Bücherbret ist vorhanden
und mit einigen sehr zerlesenen Bänden besetzt. Der Gußregen ist durch
die Thür in die Hütte bis an den Rand des Bettes gedrungen, und die
Folge davon ist, daß der Fußboden einer schmuzigen Landstraße gleicht, auf
welcher man ausglitscht und fast stecken bleibt. Aber das ist eine Kleinig-
keit für die Helden der Krim. Das Dach hat keinen Leck, was mehr ist, als
sich von den Dächern der meisten Hütten sagen läßt. Diejenige, welche ich
beschrieben habe, kann als ein Durchschnittsexemplar dieser Art von Gebäuden gelten. Nach England gebracht, und als die Wohnung eines Eskimos
oder eines amerikanischen Indianers ausgestellt, würde sie jedenfalls

Staunen und Mitleid erregen, und die Leute würden sich wundern, daß
Wilde in solchen Löchern leben könnten — hier wohnen sehr civilisirte Personen recht gern darin.   Hütten und Höhlen sind im Vergleiche zu den
Zelten nur wenig vorhanden, und letztere, wenn sie gut befestigt sind und
rund herum eine Regenrinne haben, eignen sich für diese Jahreszeit recht
gut zu Wohnungen, obgleich sie von sehr heftigem Winde leicht umgeworfen
werden.   Aber gegen die Kälte, wenn die Leinwand vom Eis starrt und
der schneidende Hauch des Winters durch jede Spalte hereinweht, gewähren
sie armseligen Schutz.   Wenn wir noch einen Winter vor Sebastopol zubringen sollen, so wollen wir hoffen, daß wenigstens die nothwendigen Maßregeln zur Schonung eines so theuren Gegenstandes, wie der englische Soldat ist, getroffen werden.   Wer den vergangenen Winter hier ausgehalten
hat, dem wird das Durchleben des nächsten ein leichtes werden; aber junge
Rekruten, die frisch aus England herüber gekommen sind, müssen, was
Obdach, Kleidung und Nahrung betrifft, besser bedacht werden als voriges
Jahr, wenn sie nicht in dem Jammer des Lagerlebens zu Grunde gehen sollen.
    Eine der größten Plagen des Lagers sind die Unmassen von Fliegen.
In jedem Zelte und jeder Hütte summen sie myriadenweise herum.   Von
Mosquitos und Flöhen leiden wir ziemlich wenig; Wanzen sind nicht vorhanden — wenigstens habe ich noch von keiner gehört.   Aber wenn wir
auch von solchem Ungeziefer frei sind und dankbar sein müssen, so sind doch
auch die Fliegen kein geringfügiges Uebel.   Die krimsche Fliege ist das
verwegenste und räuberischste Thier von seiner Größe, das mir jemals vorgekommen ist.   Sie beschmutzt Alles ohne Ausnahme, was sich im Quartier vorfindet, sticht den Bewohner und läßt sich nicht zurückweisen.   Ihr
Muth und ihre Rührigkeit machen sie zum Zuaven des Fliegengeschlechts.
Sie stürzt sich in die Tasse, während man sie an den Mund führt und ver-
unreinigt den Bissen der an der Spitze der Gabel steckt.   Mit ihnen Krieg
zu führen ist ganz unmöglich.   Schlägt man tausend todt, so tritt eine
Million an ihre Stelle.   Was Eßbares auf den Tisch kommt, Zucker,
Fleisch, Brot ist im nächsten Augenblicke völlig schwarz von Fliegen.   Das
ganze Lager hallt von Flüchen auf das lästige Geschlecht wieder.   Eine
Schiffsladung Fliegenpapier, wenn sie jetzt in Balaklawa einträfe, würde
zu übertriebenen Preisen sofort Absatz finden.   Wir sollten unsere Hütten
und Zelte damit austapezieren, und dürften dennoch nicht hoffen, unsere
Quälgeister auszurotten.

2. August.

    Die Neuigkeit des Tages ist die Abberufung des Generals Canrobert.
Eine Ursache wird nicht angegeben, aber offenbar war er in einer unangenehmen Stellung als Unterbefehlshaber der Generale Pelissier und Bosquet, die früher unter ihm standen.   Im Uebrigen ist außer gelegentlichen
Ausfällen, die weiter nichts als eine kurze Unterbrechung der dessenunge-

achtet immer weiter fortschreitenden Belagerungsarbeiten zur Folge haben,
nichts vorgefallen, was in das eintönige Alltagstreiben einige Abwechselung
brächte. Immer wird noch außerordentlich viel Munition nach der Front
gebracht, und man erschöpft sich in Vermuthungen über den Zeitpunkt, wo
der neue Angriff beginnen soll. Die Franzosen schanzen eifrig auf der
Rechten, in der Absicht, sich den russischen Schiffen zu nähern. Die gewöhnliche Kanonade wird mit mehr oder minderer Kraft fortgesetzt. Gestern
Nacht war das Feuer sehr lebhaft. Die russischen Miniebüchsen waren
sehr fleißig und schossen selbst auf jede einzelne Person, die sich blicken ließ.
Wie ich heute Morgen hörte, wurden der leichten Division, welche den Dienst
hatte, 50 Mann außer Gefecht gesetzt, was fast das Doppelte der gewöhnlichen Zahl wäre. Doch sind derartige Angaben häufig übertrieben, und
man kann sich kaum auf andere als die officiellen Berichte verlassen. So
viel ist gewiß, daß sich der Verlust der Engländer in den Laufgräben gegenwärtig auf 1000 Mann monatlich veranschlagen läßt. Darin ist jeder
Kampfunfähige eingeschlossen, wenn er auch nur ganz kurze Zeit im Gliede
fehlt. Was den Gesundheitszustand betrifft, so hat sich seit meinen letzten
Briefen keine besondere Veränderung darin gezeigt. Das Wetter war schön
und hell; des Morgens gewöhnlich sehr warm, des Nachmittags kühler,
während erfrischende Winde auf den Höhen wehten. Die Hitze hier kommt
mir nicht so erschlaffend vor, wie an den Ufern des Bosporus — und un-
endlich weniger als in Konstantinopel, diesem Dampfbad.

Im Lager rathet man heute viel über die Bedeutung einer Feuersbrunst hin und her, welche gestern Abend hinter dem Redan aufging, und
die ganze Nacht bis zum Morgen fortdauerte. Noch Niemand hat eine be-
friedigende Lösung des Räthsels gefunden. Gestern Nachmittag war eine
Beerdigung in Sebastopol, offenbar eine Person von Rang. Die Leichen-
begleitung war sehr zahlreich, und es war auch eine zum Schießen über das
Grab commandirte Abtheilung dabei, was ungewöhnlich ist. Wir hören
fortwährend wahrscheinlich übertriebene Erzählungen von der großen in
der Festung herrschenden Sterblichkeit. Die große Wärme und die vielen
Leichen würden jedoch einen schlechten Gesundheitszustand sehr erklärlich
machen.

Auf den Höhen von Balaklawa, 10. August.

Das Gerücht von einem bevorstehenden Angriff auf den Malakoff
erhält sich im Lager und findet immer mehr Glauben. Falsche Nachrichten
sind hier so häufig, daß man den umlaufenden Gerüchten wenig Glauben
schenken würde, wenn nicht mancherlei Anzeichen ihnen mehr noch als die
allgemeine Erwartung eine gewisse Wahrscheinlichkeit gäben. Ganz früh
am Dienstag besuchte General Simpson die Laufgräben und inspicirte die
Werke. Gestern folgte General Jones seinem Beispiele. Mittwoch Abend
war Kriegsrath im englischen Hauptquartier. Ein noch deutlicheres An-

zeichen bevorstehender kriegerischer Thätigkeit ist die Thatsache, daß einige
der Divisionsärzte Befehl erhalten haben, alle Patienten, deren Zustand es
erlaubt, aus den Lagerhospitälern nach Balaklawa zu schaffen und die gewöhnlichen Vorkehrungen zur Aufnahme von Verwundeten zu treffen. Damit soll noch nicht gemeint sein, daß der Angriff sofort stattfinden wird,
da immer einige Zeit erforderlich ist, um diese Vorkehrungen zu vollenden
und die nothwendigen Vorräthe zu sammeln. Man kann sich einen Begriff
davon machen, wie groß die Quantität der letzteren ist, wenn ich anführe,
daß ein Divisionsarzt, dessen Division einen Effectivbestand von etwas mehr
als 6000 Mann hat, nach dem Empfange jenes Befehls sofort hundert-
undzwanzig Centner der verschiedenartigsten Gegenstände requirirte. Eine
solche Quantität Arzneien, Charpie, Pflaster, Bettzeug, Wein und andere
Hospitalbedürfnisse giebt eine traurige Ahnung von Dem, was man für
wahrscheinlich hält, und welch bedeutenden Verlust man bei der nächsten
ernstlichen Operation gegen unsern zähen Feind erwartet. Es geht die
Sage, daß nach einem Bombardement sehr beträchtliche Streitkräfte den
Angriff ausführen werden. Einige sprechen von einem Zusammenwirken
französischer und englischer Truppen gegen den Malakoff, und bezeichnen
sogar unsere 1. Division, die Garden und die Hochländer, als den zur
Unterstützung unserer Verbündeten bestimmten Truppentheil. Wenn der
Angriff wirklich stattfindet, so möge nur der Himmel geben, daß diesmal
keine Versehen vorkommen, und daß das Blut dieser tapfern Armee nicht
wieder nutzlos verspritzt wird. Wenn der Angriff diesmal fehlschlägt, so
können wir uns darauf gefaßt machen, den Winter hindurch hier zu bleiben. Einige sind der Meinung, daß Sebastopol nie in unsere Hände fallen
wird, wenn wir nicht die ganze Festung regelrecht einschließen. Ueber die
Uneinnehmbarkeit des Malakoff herrschen in beiden Lagern verschiedene Meinungen. Einige glauben, daß, selbst wenn wir die Außenwerke erstürmen,
wir im Innern eine zweite Linie von unbezwinglicher Stärke finden werden.
Andere halten die Stärke der inneren Werke für übertrieben. Natürlich
beruhen alle diese Aussprüche auf blosen Vermuthungen. Die Oberbefehlshaber behalten ihr Wissen und ihre Absichten für sich. Man zweifelt
wenig, daß, wenn wir den Malakoff nehmen, auch die Südseite sehr bald
in unsere Hände fallen wird. Ob uns das Feuer von der Nordseite gestatten wird, uns darin festzusetzen, ist eine andere Frage. Aber wenn die
Russen die Festung geräumt haben und die Flotte zerstört ist, steht es uns
frei, uns entweder mit den nördlichen Forts zu beschäftigen, oder einen Feldzug
in das Innere der Krim zu unternehmen. Was die Stadt betrifft, die
wir mit solcher Schonung behandelt haben, so dürfen wir nicht glauben,
daß sie in ihrem jetzigen guten und unverletzten Zustande in unsere Hände
fallen wird. Wenn Rußland seinen militairischen Traditionen treu bleibt,
so werden wir nur einen Haufen Trümmer und Asche vorfinden, und angenehme Quartiere wären dann für die verbündete Armee nicht zu erwarten.

Siebenzehntes Kapitel.

Die Schlacht an der Tschernaja.

Gerücht von einem Angriff auf die Tschernajalinie. — Oertlichkeit der Tschernajalinie. — Die Schlacht an der Tschernaja. — Bravour der Russen und Franzosen. — Der Kampf an der Tschernajabrücke. — Rückzug der Russen; Sieg der Alliirten. — Aussagen russischer Gefangenen. — Neues Bombardement der Belagerer und Belagerten. — Verlust der Russen in der Tschernajaschlacht. — Resultate des dreitägigen Bombardements. — Die Marodeurs. — Resultate der Tschernajaschlacht. — Lobenswerthes Benehmen der Sardinier. — Explosion eines Pulvermagazins. — Die Redoute vom 2. Mai genannt das Schlachthaus. — Ein Theaterzettel.

Im Lager der verbündeten Armee an der Tschernaja, 16. August.

Nachdem seit mehreren Tagen unsere Truppen, in Erwartung eines Angriffs der Russen, mit grauendem Morgen ins Gewehr traten, hat dieser Angriff endlich gegen die Tschernajalinie stattgefunden, und ist mit dem größten Erfolge zurückgewiesen worden. In der letzten Zeit mehrten sich die Anzeichen, daß etwas von russischer Seite geschehen werde. Die Bewegungen großer Truppenmassen in der Nähe von Sebastopol, die einstimmigen Aussagen der Deserteure, von denen täglich mehrere sich meldeten und die von den Tataren erhaltenen Nachrichten vereinigten sich alle dahin, daß die Russen, nachdem die erwarteten Verstärkungen eingetroffen, abermals ihr Glück in einer Offensivoperation versuchen würden.

Obgleich sich die Tschernajalinie auf den ersten Blick als der wahrscheinlichste Angriffspunkt der Russen darbot, eine Vermuthung, die noch dazu durch die übereinstimmende Aussage aller Deserteure bestätigt wurde, so befürchtete man doch auch, da sich große Massen neuangekommener Truppen in den russischen Werken und in deren Nähe sammelten, daß die Russen etwas gegen die Positionen der verbündeten Armeen vor Sebastopol unternehmen könnten, und die Hauptaufmerksamkeit lenkte sich daher auf diese Punkte.

Gestern meldeten sich abermals mehrere Deserteure und sprachen mit der größten Gewißheit von einen beabsichtigten Angriff auf die Tschernajalinie; aber da dies in den letzten vierzehn Tagen sich oft wiederholt hatte, so schenkte man ihren Nachrichten keine große Aufmerksamkeit, und die Truppen erhielten keine besonderen Befehle, sondern nur den allgemeinen, sich auf einen Angriff gefaßt zu halten, und dieser Befehl war so oft ausgegeben worden, daß er keinen Eindruck machte. Außerdem wurde unsere Aufmerksamkeit von der unteren Tschernaja durch Nachrichten von Baidar abgelenkt. Als die Ankunft frischer Truppen in Sebastopol bekannt wurde, zogen sich die vier Compagnien englischer leichter Reiterei von Baidar zurück, und nur zwei Regimenter französische schwere Reiterei und einige Chasseurs und Zuaven blieben im Thale, bis das dort gesammelte Heu fortgeschafft werden konnte. Gestern Nachmittag meldete General Allonville durch den Telegraphen von Baidar, daß starke russische Truppenmassen sich auf den Höhen über dem Thale sammelten und daß er einen Angriff erwarte. Der dichte Nebel, der Nachmittags anhielt, unterbrach die telegraphische Mittheilung, aber spät Abends gelangte die Meldung des Generals Allonville noch an General La Marmora und Osman Pascha. Da die Reiterei in Baidar wegen der vielen Fuhrwerke, die sich zur Fortschaffung des Heu's im Thale befanden und die Woronzoffstraße versperrten, bei einem Angriffe mit überlegener Macht leicht abgeschnitten werden konnte, so war eine Bewegung des Feindes gegen diesen Punkt gar nicht unwahrscheinlich.

In Folge aller dieser Umstände geschah es, daß man keine ungewöhnlichen Vorsichtsmaßregeln an der Tschernajalinie traf, und daß der Angriff fast ebenso sehr eine Ueberraschung war wie der von Inkerman.

Die erste Meldung von einem wirklichen Angriffe brachten gegen Tagesanbruche ein paar französische Chasseurs, die als Theil einer Patrouille in einen Hinterhalt der Russen gefallen und mit genauer Noth entwischt waren, während ihre Cameraden in Gefangenschaft geriethen. Bald darauf drängte der Feind die jenseit der Tschernaja stehenden Vorposten zurück, und kurz nach Sonnenaufgang begann die Kanonade.

Des besseren Verständnisses wegen muß ich eine Beschreibung der Oertlichkeit vorausschicken. Die Tschernaja fließt, nachdem sie die enge Schlucht, die vom Baidarthale an ihr Bett bildet, bei dem Thurme Karloffka verlassen hat, zwischen einer Anzahl auf beiden Seiten sich erhebenden Hügeln hin. Diese Hügel bilden die Basis der Position der verbündeten Armee. Auf der äußersten Rechten, von da an, wo die Tschernaja aus der Schlucht kommt bis zu den Gebirgsbächen, welche von Süden in die Tschernaja fallen, stehen die Türken. Sie halten zwei Hügel besetzt, und zwischen ihnen führen zwei Wege von Ober-Tschorgun und dem Thurme Karloffka nach der Woronzoffstraße. Die Sardinier lehnen sich rechts an den Gebirgsbach, welcher die türkische Stellung links begrenzt. Sie halten die kegelförmig sich erhebenden Hügel besetzt, auf denen früher die Kosakenvorposten standen, und welche sich bis an das freie Terrain erstrecken, über welches die Straße von Balaklawa nach Tschorgun führt. Die eine dieser Höhen ist in der letzten Zeit befestigt und mit Batterien versehen worden, und war wegen ihrer sehr dominirenden Lage für die Vertheidigung der Tschernajalinie von der größten Wichtigkeit. Vor diesem Hügel und von ihm durch die hier beginnende Wasserleitung getrennt, erhob sich ein anderer kleinerer aber gleich steiler Hügel, zu dem man von dem ersteren über eine steinerne Brücke gelangte, und auf diesem Hügel hatten die Sardinier ein Epaulement aufgeworfen, das eine Abtheilung Infanterie deckte. Jenseit dieser Hügel und der Tschernaja standen außerdem auf dem der Mackenzie-straße zunächst gelegenen Hügel ihre Vorposten, welche auf diese Weise jede Bewegung des Feindes beobachten und rechtzeitig Nachricht von einem An-griffe geben konnten.   Die Franzosen halten die letzte Hügelreihe links von den Sardiniern besetzt, und decken die Straße, welche von Balaklawa über die Traktirbrücke nach der Meierei Mackenzie hinaufführt.   Die von ihnen besetzten Hügel sind drei an der Zahl.   Den ersten rechts scheidet die nach der Brücke führende große Straße von dem andern; und den letzten links deckt das Bassin, welches die Wasserleitung hier bildet.   Vor der Brücke hatten die Franzosen zur Deckung des Ueberganges über den Fluß, auf dessen anderer Seite ihre Vorposten standen, ein Epaulement angelegt. ·

Der erste Angriff der Russen galt den Vorposten der Sardinier auf dem jenseitigen Ufer des Flusses.   Den Hügeln auf dieser Seite der Tschernaja entsprechend, erheben sich drei Plateaus auf dem gegenüberlie-genden Rande.   Sie waren bestimmt, den linken Flügel der russischen Auf-stellung gegen die Türken und Sardinier aufzunehmen.   Diese Plateaus mußten daher erst genommen werden, denn dort aufgefahrenes Geschütz be-herrschte nicht nur die gegenüberliegenden von den Sardiniern und Türken besetzten Hügel, sondern auch die Ebene, welche sich nach der französischen Stellung zu hinbreitet.   Die sardinischen Vorposten bestanden aus einer Compagnie Linieninfanterie und einer Compagnie Bersaglieri.   Mit Tages-anbruche griffen die Russen dieselben an.   Da die Truppen noch nicht unter den Waffen waren, mußte diese Stellung eine Zeitlang gehalten werden, und General La Marmora schickte den Major Govone vom Generalstabe mit einer Compagnie Bersaglieri zur Verstärkung der bereits dort befind-lichen zwei Compagnien hinüber.   Sie gingen über die Wasserleitung und den Fluß und erstiegen das Plateau, als sie aber den Kamm desselben er-reichten, hatten die beiden Compagnien bereits das Epaulement geräumt, das sie bis dahin mit großer Tapferkeit gegen eine ungeheure Uebermacht des Feindes vertheidigt hatten, das aber unhaltbar geworden war, indem russische Geschütze, welche der Feind auf den beiden anderen Plateaus auf-gefahren hatte, es vollständig enfilirten. So zogen sich die Truppen in guter Ordnung über den Fluß zurück und schlossen sich dem Posten an, der den zweiten Hügel neben dem Aquäduct besetzt hielt.   Unterdessen hatte die Kanonade auf beiden Seiten begonnen.   Die Russen ließen uns über der Richtung ihres Angriffs nicht lange in Zweifel, denn kaum hatte das schwere Geschütz zu donnern angefangen, so sah man drei festgeschlossene Infanteriemassen über die Ebene gegen die französische Stellung vorrücken. Ihr Ziel waren die Brücke und der Hügel rechts.   Die Massen, welche in der Morgensonne wie glitzernde Wogen aussahen, bewegten sich, geschützt von dem Feuer ihrer Artillerie, in vortrefflicher Ordnung bis an den Fluß. trotz des heftigen Geschützfeuers, das sie in der Front von den Franzosen und in der Flanke von den Sardiniern traf.   Am Flusse angekommen,

trennte sich die erste Colonne von den übrigen, und setzte, in zwei Colonnen
getheilt, über den Fluß, der jetzt fast überall leicht zu durchwaten ist. Soldaten mit tragbaren Brücken gingen voraus, aber in der ersten Hitze des
Angriffs überschritten die Russen, ohne die Brücken zu erwarten, den Fluß,
wo sie nur konnten, und wendeten sich zerstreut wie ein Bienenschwarm,
theils gegen die Brücke, theils gegen den Hügel rechts.

Wie ich bereits erwähnte, hatte die beständige Befürchtung eines bevorstehenden Angriffs das Interesse dafür abgestumpft, und trotz der Anzeichen, welche eine Bewegung von Seiten der Russen anzudeuten schienen,
schlief Jedermann so fest als möglich, bis der Donner der russischen Geschütze ihn weckte. Ehe die Truppen ins Gewehr getreten waren, hatten
die Russen die Brücke und den Fuß des Hügels erreicht. Das 20. leichte
Regiment und das 2. Bataillon Zuaven hatten den ersten Sturm auszuhalten, und ihre Tapferkeit bestand die Probe. Der Angriff der Russen
war glänzend. Ohne sich mit Schießen aufzuhalten, stürmten sie mit einem
Feuer vor, das man bei russischen Truppen äußerst selten sieht. Einige
Franzosen von der Division Camou, die während des Winters den Dienst
in den Laufgräben der Quarantaine gegenüber und fast täglich Scharmützel mit den Russen gehabt hatten, versicherten mir, daß sie dieselben nie
in so energischer Weise hätten angreifen sehen. Es waren neue Truppen,
die nach den Aussagen der Gefangenen und Verwundeten zu der erst kürzlich aus Polen eingetroffenen 5. Division des 2. Armeecorps gehörten.
Aber ihr Feuer verflog bald. Sie konnten nicht durchdringen und wurden
nach kurzem Gefechte, sowohl an der Brücke wie am Hügel, zurückgeworfen.
Die Wasserleitung, welche dicht am Fuße des Hügels hinläuft, bildete die
Hauptvertheidigung der Franzosen. Ungefähr 9 oder 10 Fuß breit und
mehrere Fuß tief, läuft sie so dicht an den steilen Hügeln hin, daß sie fast
an allen Stellen von einem hohen Damme getragen wird, der für vorrückende Truppenmassen ein beträchtliches Hinderniß ist, und sie, sowie sie
auf die Krone desselben gelangen, ungedeckt einem heftigen Kleingewehrfeuer
von den Höhen aussetzt. Trotz dieser Schwierigkeit überschritten die Russen
die Wasserleitung rechts und fingen an die Höhen zu ersteigen, als sie von
den sardinischen Batterien, welche vortrefflich schossen, in die Flanke genommen, rottenweise niedergeschmettert wurden und in die Wasserleitung unten
kollerten.

Der erste Angriff dauerte nicht länger als zehn Minuten. Die Russen
wichen zurück, aber sie waren kaum ein paar hundert Schritte gegangen, so
begegnete ihnen eine zweite Colonne, die im Sturmschritte zur Unterstützung
der ersten heranrückte, und beide gingen nun vereinigt vor. Dieser zweite
Versuch hatte mehr Erfolg als der erste. Sie wateten rechts und links von
der Brücke durch den Fluß, und zwangen die Vertheidiger sich zurückzuziehen. Kaum war die Brücke frei, so gingen 2 Geschütze der 5. leichten
Artilleriebrigade darüber, und fuhren auf der anderen Seite auf einem

freien Raume zwischen zweien der Hügel auf, über welchen die Straße nach
der Ebene von Balaklawa führt. Während diese beiden Geschütze die
Brücke passirten, fuhr ein drittes vermittelst einer Furth über den Fluß, und
alle drei begannen die Straße und die Höhen mit ihrem Feuer zu bestreichen.
Unterdessen hatte sich die Infanterie, ohne die tragbaren Brücken abzuwarten, welche die Träger außerdem meistens während des Vorrückens weggeworfen hatten, in das Wasser, das den Truppen zum Theil bis an die Brust
ging, gestürzt, klimmte den Damm hinauf und fing an die Höhen auf beiden Seiten zu ersteigen. Es gelang den Russen, mehr als die Hälfte des
Abhangs hinauf zu kommen, wo später die Todten und Verwundeten deutlich zeigten, wo ihr Vorrücken ein Ziel gefunden hatte, aber als sie soweit
gekommen, waren auch die Franzosen vollkommen vorbereitet und
empfingen sie auf das Kräftigste. Trotz der Anstrengungen und der Ausdauer der Russen mußten sie nach hartnäckigem Widerstande Schritt für
Schritt weichen, und zuletzt auch mit ihren Geschützen über die Brücke
zurückgehen.

Während dieses Gefecht bei der Brücke stattfand, griff die andere Colonne
von Neuem die französische Rechte an. Diesmal kamen die Feinde mit solcher Uebermacht, daß sie sich weder von der Wasserleitung, noch von den
sardinischen Geschützen, welche lange Lücken durch den dichten Haufen rissen,
aufhalten ließen. Dem Anscheine nach unwiderstehlich, wogten sie heran
und stürmen den steilen Hügel mit solcher Wuth hinauf, daß die
Zuaven, welche den Abhang besetzt hielten, einen Augenblick lang dem An-
drange weichen mußten. Man konnte deutlich die Officiere vorangehen und
ihre Leute anfeuern sehen. Hauptsächlich fiel mir ein tapferer Officier auf,
der, wenigstens zwanzig Schritte vor der ganzen Colonne voraus, zuerst die
Wasserleitung überschritt und weit den Hügel hinauf eilte. Dieses wüthende
Anstürmen brachte die vorrückende Colonne in unglaublich kurzer Zeit auf
den Kamm des Hügels, wo sie Halt machte, um sich neu zu formiren.
Aber die Franzosen waren während der Zeit, wo die Russen den Hügel erstiegen, nicht müßig gewesen. Die Zuaven hatten sich blos von dem Abhange des Hügels auf den Haupttrupp zurückgezogen, der auf der jenseitigen Abdachung stand. Kaum zeigte sich die Spitze der feindlichen Colonne
auf dem Kamme der Anhöhe, so eröffneten die Geschütze ein heftiges Kartätschenfeuer auf dieselbe, und die französische Infanterie begrüßte sie mit
mörderischen Kleingewehrsalven. Sofort stockte die Colonne und gerieth
ins Schwanken, aber der Stoß der Hintennachkommenden war so mächtig,
daß die Spitze, trotz des unerwarteten Empfangs, noch ein paar Schritte
vorgetrieben wurde, als die Franzosen mit einem donnernden Vive l'Empereur! auf den Feind stürzten, der bereits erschüttert, sofort Kehrt machte,
und schneller als er gekommen war den Hügel hinab lief. Aber der Haufe
ballte sich so dicht zusammen, daß Eile die Einzelnen nicht retten konnte,
und mehr als 200 hier in Gefangenschaft geriethen, während die Abdachung

des Hügels, die Ränder der Wasserleitung, die Wasserleitung selbst und das Flußufer von Todten und Verwundeten bedeckt waren. Die sardinische und französische Artillerie sendete außerdem in die aufgelösten Trümmer der Colonne ein mörderisches Kreuzfeuer, von dem kaum eine Kugel fehlte. Eine vollständige Verwirrung herrschte. Die Franzosen rückten den Hügel herunter und verfolgten die Russen weit über die Ebene. Diese Niederlage scheint sie so entmuthigt zu haben, daß sie nichts mehr gegen diese Seite unternahmen.

Anders war es an der Brücke. Trotz des durch den zweiten Angriff entstandenen schweren Verlustes, concentrirten die Russen noch einmal alle ihre Kräfte, sammelten die zerstreuten Reste der Colonne, die auf dem rechten Flügel der Franzosen geschlagen wurden, und brachten alle ihre Reserven ins Gefecht, um noch einen Angriff zu wagen. Sie überschritten abermals den Fluß und die Wasserleitung, und versuchten die Höhen zu nehmen — aber vergebens; die Franzosen waren jetzt auf Alles vorbereitet und die Zähigkeit der Russen diente nur zur Vermehrung ihrer Verluste. Bald sah man sie, von den Franzosen verfolgt, in allen Richtungen fliehen. Dieser letzte Angriff war entscheidend, und gleich darauf zeigte die gewöhnliche russische Vorbereitung zum Rückzuge, nämlich das Vorgehen der Artillerie, deutlich, daß die Russen sich als geschlagen anerkannten und auf dem Punkte standen, das Schlachtfeld zu räumen. Drei Batterien, jede von 12 Geschützen, die während des Angriffs fast ganz geschwiegen hatten, eröffneten jetzt ihr Feuer, während die zerstreuten Reste der Infanteriecolonnen sich hinter einer Bodenerhöhung sammelten, welche hinauf nach dem Plateau von Atjar oder Mackenzie's Höhe führt.

Die Sardinier, welche, abgesehen von dem kleinen Vorpostengefecht auf dem jenseitigen Ufer der Tschernaja, sich begnügt hatten, die Franzosen mit ihrer vortrefflichen Artillerie zu unterstützen, welche das russische Feuer von den gegenüberliegenden Plateaus völlig zum Schweigen brachte, gingen jetzt über die Wasserleitung vor. Die russischen Jäger hatten sich nach dem fehlgeschlagenen Angriffe hinter die Tschernaja zurückgezogen, von wo aus sie ein lebhaftes, aber wirkungsloses Feuer unterhielten. Ein Bataillon Piemontesen, mit einer Compagnie Bersaglieri als Spitze, rückte in wunderschöner Ordnung, wie auf der Parade, vor, und vertrieb die Jäger bald aus ihrer Stellung. Es drang sogar ein Stück auf das Plateau vor; aber da es nicht die Höhen zu erstürmen beabsichtigte, begnügte es sich, von anderen Truppen unterstützt, dem bereits in vollem Rückzuge befindlichen Feinde zu folgen.

Die Franzosen hatten während der Schlacht eine neue Division (Dulac) in die Gefechtslinie gezogen. Außerdem stand die ganze englische und französische Reiterei auf der nach dem Flusse zu führenden Ebene, wo voriges Jahr die leichte englische Reiterei den berühmten Angriff gemacht hatte, bereit, den Feind zu empfangen, im Fall er den Uebergang über den

Fluß zu erzwingen und auf der Ebene aufzumarschiren beabsichtigte. Aber General Morris wollte die Cavalerie nicht auf die von den Armen des Flusses durchschnittene und von den russischen Geschützen auf den Höhen bestrichene Ebene vorrücken lassen; und so verfolgten nur zwei Schwadronen Chasseurs d'Afrique den Feind.

Die Geschütze, welche die Russen zur Deckung ihres Rückzugs aufgefahren hatten, litten so sehr von unserm Feuer, welches Capitain Mowbray's Batterie von der offnen Stelle zwischen den Sardiniern und der französischen Stellung aus noch verstärkte, daß sie elligst abfuhren. Kaum ein einziger Fehlschuß kam vor, und so gut wurde geschossen, daß alle Kugeln mitten in der Batterie oder unmittelbar vor derselben einschlugen, was wir ganz deutlich sehen konnten, da ein leichter Luftzug den Rauch fortwehte und uns einen schönen Ueberblick über das ganze Schlachtfeld gestattete. Aber die russischen Kanonen hatten sich blos für eine Weile aus dem Feuer entfernt, und bald darauf sah man eine glitzernde Linie Reiterei hinter der Anhöhe herankommen, welche sie bis jetzt verborgen hatte. Ich zählte fünf Regimenter — drei im ersten und zwei im zweiten Treffen. Sie gingen im Galopp vor, schwenkten und ließen 12 Kanonen hindurch, die von Neuem ihr Feuer auf uns eröffneten, jedoch nur auf kurze Zeit, und halb zehn oder um zehn Uhr waren der Staub auf der Straße nach der Meierei Mackenzie und die schwarzen sich in der Ferne verlierenden Massen die einzigen noch übrigen Spuren von dem seit so langer Zeit drohenden Angriff der Russen.

Alles eilte jetzt nach dem Schlachtfelde und ein Blick genügte, uns zu überzeugen, daß die Verbündeten eine wirkliche Schlacht an der Tschernaja gewonnen hatten. Obgleich nicht ganz so hartnäckig und blutig, wie die Schlacht von Inkerman, glich sie ihr doch sehr in einigen anderen Punkten. Wie in jener Schlacht manövrirten die Russen nicht und verließen sich ganz auf die Tapferkeit ihrer Truppen. Ein Unterschied bestand in der Gefechtsweise. In der Schlacht von Inkerman fiel die Mehrzahl der Russen von dem Bataillenfeuer und von den Bayonnets der Infanterie, während an der Tschernaja das schwere Geschütz die größte Verheerung anrichtete. Die meisten Todten und Verwundeten zeigten gräßliche Verletzungen von Vollkugeln, Kartätschen, Granaten und Bomben, sodaß man sich kaum etwas Schrecklicheres als das Schlachtfeld denken kann. Fast alle Wunden waren an den Beinen und am Kopfe. Vorzüglich an den Ufern der Wasserleitung war der Anblick ein grauenerregender; als die Russen hier den Damm erstiegen hatten, nahmen die sardinischen Batterien sie in die Flanke und die Todten und Verwundeten stürzten den Damm hinunter, der manchmal höher als 20 Fuß ist. Die Franzosen waren sehr thätig mit dem Zusammentragen der Verwundeten beschäftigt. Sie wurden bis zur Ankunft der Ambulanzen auf das freie Feld an der Brücke hingelegt. Um diese Zeit fingen die Russen, die deutlich sehen konnten, daß die Franzosen eifrig be-

müht waren, ihren eigenen unglücklichen Landsleuten Hilfe zu leisten, plötzlich
an, sie mit schwerem Geschütz zu beschießen und wiederholten so die Barbarei, von der sie bereits mehrfache Beweise gegeben haben. Ein Freund,
der mich begleitete und der zufällig Russisch spricht, frug einen der armen
Kerle, der mit tiefen Fleischwunden an beiden Beinen hilflos dalag, was
er von diesem Benehmen der Russen dächte? Er gab zur Antwort: „Sie
sind gewohnt, uns zu prügeln, wenn wir bei ihnen sind und es ist kein
Wunder, daß sie versuchen, uns zu mißhandeln, wo wir auf dem Punkte
stehen, uns ihrer Herrschaft zu entziehen."

Nach den Aussagen der Gefangenen und nach den Achselklappen der
Verwundeten und Todten zu urtheilen, kamen drei Divisionen wirklich ins
Gefecht. Die 5. des 2. Armeecorps (General Paniutin) befehligt von
General Wrangel und eben erst aus Polen eingetroffen; die 12. Division
des 4. Armeecorps (Osten-Sacken), früher befehligt von General Liprandi,
jetzt von General Martinolep, und die 17. Division des 6. Armeecorps
(Liprandi) unter Generalmajor Wassielkowsky. Die Gefangenen behaupteten,
daß sogar die Reserven an dem Gefechte Theil genommen hätten. Ich
sprach einen Soldaten, der, seiner Aussage nach, zu dem letzten Bataillon
der Reserve gehörte, und welcher erzählte, daß vor der Schlacht General
Gortschakoff, der in Person commandirte, den Truppen einen Brief des
Kaisers vorlesen ließ, in welchem derselbe die Hoffnung aussprach, daß sie
sich ebenso tapfer zeigen würden, wie voriges Jahr, als sie die Höhen von
Balaklawa nahmen; und dann fand eine große Vertheilung von Branntwein statt; jedoch blos an die Infanterie, die bis zum Wahnsinn aufgereizt
werden sollte. Die Artillerie erhielt nur die gewöhnliche Ration.

Außer den drei Divisionen, welche angriffen, hielt noch eine andere,
die 7., Tschorgun und die dortigen Anhöhen besetzt, kam aber nicht ins
Gefecht, außer bei Gelegenheit des kleinen Vorpostenscharmützels mit den
Sardiniern.

18. August.

Der Angriff ist nicht erneuert worden und die Franzosen waren während der letzten zwei Tage eifrig beschäftigt, die verwundeten Russen zusam-
menzutragen und die Todten zu begraben. Bis gestern Abend waren
1800 Verwundete und Gefangene gemeldet. Die Zahl der Todten, über
die officiell noch nichts bekannt ist, kann nicht weniger als 12—1500
betragen. Natürlich sind die Brücke und die Ufer der Wasserleitung die
Stellen, wo die meisten Leichen liegen. Letztere ist ganz mit ihnen angefüllt,
sodaß man verboten hat, die Pferde dorthin zur Tränke zu führen, weil
man fürchtet, es könnte ihrer Gesundheit schaden.

Die Franzosen hatten drei Divisionen im Gefecht: Faucheux rechts,
die Division d'Herbillier in der Mitte an der Brücke, und Camou links;
ihr Verlust beträgt ungefähr 1000 Mann an Todten und Verwundeten.

Von den Sardiniern kam blos eine Division ins Gefecht, die Division Trotti, und hatte nur sehr geringen Verlust — ein paar hundert Mann; aber sie haben einen ausgezeichneten General zu beklagen, den Brigadegeneral Grafen von Montevecchio, der schwer verwundet ist und kaum mit dem Leben davon kommen wird.

Nicht von Verschanzungen gedeckt, mit Ausnahme des schwachen Epaulements bei der Brücke, welches außerdem von allen Seiten umgangen werden konnte, bewiesen unsere tapfern Verbündeten, obgleich von dem Angriffe überrascht, den Russen, daß sie auf freiem Felde keine Aussicht auf Erfolg gegen uns hätten — daß sie hinter ihren Erdwerken unter dem Schutze der Festungsgeschütze bleiben müßten, um eine Art Gleichgewicht mit den Verbündeten herzustellen. Es verdient bemerkt zu werden, daß der größte Theil der Russen aus alten Soldaten, kaum einer unter dreißig Jahr alt, bestand.

Nach den Aussagen der Gefangenen kam die Mehrzahl der Truppen von Baktschi-Serai und mußte angreifen, ohne von ihrem Marsche ausruhen zu können; sie hatten alle in ihren Brotbeuteln ansehnliche Brotrationen, aber keine Tornister.

Im Lager der 4. Division, 17. August.

Um vier Uhr heute früh eröffneten die englischen Batterien auf ihrer ganzen Linie ein heftiges Feuer. Die Russen schwiegen volle zwanzig Minuten, alsdann antworteten sie mit großer Lebhaftigkeit. Es dauerte lange ehe die Franzosen uns unterstützten. Halb sechs Uhr war vorüber, als sie auf ihrer Linken zu feuern begannen, aber selbst jetzt war es nur eine Art intermittirendes Feuer, indem die Rechte schwieg, wenn die Linke schoß und umgekehrt. Es ging allgemein das Gerücht, daß ohne die Schlacht an der Tschernaja die lange verheißene Beschießung gestern zu Mittag hätte beginnen sollen und als man heute mit Tagesanbruch den Donner der Artillerie vernahm, glaubte Alles, die Kanonade habe ernstlich begonnen und werde kräftig fortgesetzt werden. Nach kurzer Zeit wurde das Feuer jedoch viel matter und es stellte sich heraus, daß man keine ernstliche Beschießung beabsichtige. Den ganzen Tag lang dauerte die Kanonade mit wechselnder Lebhaftigkeit fort und war oft nicht stärker, als wir sie jeden Abend zu hören gewohnt sind, zu anderen Zeiten war jedoch das Feuer sehr heftig. Sein eigentlicher Zweck ist, glaube ich, die Franzosen in Stand zu setzen, ihre Approchen dem Malakoff näher zu bringen. Heute wurden von dem Feinde 4 Geschütze in der Batterie Nr. 7 zum Schweigen gebracht und auch die beiden anderen hörten darauf auf zu schießen. Zwei Geschütze der Matrosenbrigade sind demontirt. Capitain Oldfield von der Artillerie wurde getödtet und Major Henry verlor den Arm. Capitain Hammet vom Albion blieb in den Laufgräben. Er sah die Kugel kommen, rief seinen

Leuten zu, bei Seite zu treten, blieb aber ſelbſt ſtehen und wurde entweder
von der Kugel, oder von der Radſpeiche, die ſie zerſchmetterte, ſofort getödtet.
Ich habe ähnliche Beiſpiele erzählen hören und es ſcheint faſt, als ob Kanonenkugeln, wenn ſie auf uns zukommen, eine beſondere Anziehungskraft
ausübten. Die Matroſenbrigade litt ſehr. Ungefähr 200 hatten den
Dienſt in den Laufgräben und dieſe hatten 6 Mann und einen Offieier an
Todten und 16 Verwundete.

Heute Nachmittag gegen ſechs Uhr richtete eine unſerer Mörſerbatterien
auf der Rechten 6 Mörſer gleichzeitig auf eine Stelle im Malakoff und
ſprengte ein Magazin von Bomben in die Luft, die nacheinander in ſchön-
ſter Weiſe zerplaßten; während die Ruſſen in Todesängſten über die Bruſtwehren ſtürzten, ſprangen unſere Leute auf ihre Bruſtwehren und gaben
drei donnernde Cheers.

Der Verluſt der Ruſſen in der geſtrigen Schlacht an Todten, Verwundeten und Gefangenen wird auf mindeſtens 4000 Mann angeſchlagen,
während der unſerer Verbündeten glücklicherweiſe im Vergleich damit ausnehmend gering iſt; die Zahl iſt noch nicht genau feſtgeſtellt. Die Franzoſen ſind ſehr ſtolz auf ihren Sieg; die Schlacht muß für ſie in der Eintönigkeit des Laufgrabendienſtes ein wahrer Troſt geweſen ſein. Als vor
dem Ende des Gefechts einige Regimenter antraten, um zur Unterſtüßung
ihrer Cameraden vorzugehen, legten ſie unbegrenzte Freude und Begeiſterung
an den Tag. Die ſardiniſche Artillerie ſchoß ausgezeichnet. Ueber die
Abſicht der Ruſſen beſtehen verſchiedene Vermuthungen. Es läßt ſich kaum
bezweifeln, daß ſie noch ein weiteres Ziel im Auge hatten, das von dem
Erfolge ihres Angriffs auf unſere Stellung in der Tſchernaja abhing.
Aber was auch ihr Plan geweſen ſein möge, er wurde vollſtändig und mit
ſchwerem Verluſte für den Feind vereitelt. Von dem Rande des Plateaus,
auf welchem die engliſche Infanterie und ein Theil der Franzoſen ihre Lager
aufgeſchlagen haben, ließ ſich der Rückzug des Feindes geſtern gegen zehn
Uhr früh ganz gut überſehen. Große Maſſen Cavalerie und Infanterie
ſammelten ſich am Fuße eines Hügels links, um den ſich eine nach den ruſſiſchen Poſitionen führende Straße windet. Auf einer Bodenerhöhung
unter dem Plateau war franzöſiſche Artillerie aufgefahren und ſchoß mit
Raketen nach den Abziehenden, während zwei ruſſiſche Batterien auf den
Höhen ohne vielen Erfolg auf eine kleine Abtheilung Franzoſen feuerten, die
weiter flußabwärts auf unſerer Seite der Tſchernaja in die Ebene vor-
geſchoben war. Die Ruſſen blieben einige Zeit in der angegebenen Stellung, vielleicht in der Hoffnung, uns zu einem Vorrücken zu verlocken,
welches unſere Truppen in den Schußbereich ihrer Batterien gebracht hätte.
Des Nachmittags, als ich auf meinen frühern Standpunkt zurückkehrte,
waren ſie von der Ebene verſchwunden.

Im Lager von Sebastopol, 20. August.

Das Feuer, welches am Freitag mit Tagesanbruch begann, dauerte den ganzen Sonnabend und gestern fort, wurde aber heute Morgen auf Befehl gemäßigt. Es sollte mich nicht wundern, wenn es heute Nacht wieder lebhafter würde, um die Fortschritte der französischen Arbeiten zu begünstigen. Dieses hat es bereits sehr entschieden gethan und die Franzosen erkennen bereitwillig die großen Dienste an, die ihnen unsere Kanonade geleistet hat. Wie ich von einem französischen Officier am Sonnabend Abend hörte, hat unser Feuer sie in den Stand gesetzt, in vier Stunden das zu vollbringen, was ihnen früher in vierzehn Tagen nicht gelungen war. Ich glaube, daß die dreitägige Kanonade ihnen erlaubt hat, zu thun, was sie sonst wahrscheinlich nie zu Stande gebracht hätten. Ihre vorderste Parallele, die an den beiden Endpunkten begonnen war, konnte wegen der zu großen Nähe des Malakoffs nicht fertig werden. Kaum war ein Schanzkorb aufgestellt, so wurde gegen ihn und die Schanzarbeiter ein Hagel von Wurfgeschossen geschleudert. Diese Schwierigkeit ist nun beseitigt und die beiden Enden sind mit einander verbunden. Ich höre, daß sie letzte Nacht bedeutende Fortschritte gemacht haben und daß sie den Laufgraben erweitern, um mehr Truppen darin aufstellen zu können. Die Meinungen über den zu wählenden Angriffsplan sind getheilt. Einige halten dafür, daß die Franzosen, ohne ihre Werke über den Punkt hinauszutreiben, den sie jetzt erreicht haben, zum Sturme vorschreiten werden; und man will sogar in unserm Lager wissen, daß eine englische Division, wie es heißt, die leichte, die Gefahr und die Ehre theilen werde. Andere sind der Meinung, daß sie ihre Sappe bis unmittelbar an den Malakoff fortsetzen, die Brustwehr in die Luft sprengen und in der durch die Explosion verursachten Verwirrung stürmen werden. Doch dieses Alles sind bloße Vermuthungen.

Im Lager der verbündeten Armee an der Tschernaja, 21. August.

Seit der Schlacht am 16. ist hier bei uns Alles wieder still geworden. Die Russen sind vollständig verschwunden und die Belagerungsarbeiten nehmen wieder allein die Aufmerksamkeit in Anspruch, welche die Tschernajalinie einen Augenblick auf sich gezogen hat. Es geht das Gerücht, daß die Russen beabsichtigt hätten, ihren Angriff zu erneuern, aber daß die Eröffnung des Feuers aus den neuen Batterien am nächsten Morgen ihre Pläne vereitelt hätte, da sie einen Angriff der Verbündeten von jener Seite befürchteten.

Die Tschernaja ist in Folge des letzten Angriffs ein anziehender Punkt für alle die zahllosen Neugierigen des Lagers geworden. Obgleich zahlreich genug, verschwinden doch Officiere und Soldaten gegen die Kauffahrermatrosen, die Marketender von Balaklawa und Kamiesch und anderen Lagertroß, die nach einem Gefecht so sicher erscheinen, wie die Aasgeier.

Alles ist gute Beute für sie. Sie haben wenig Aussicht, Medaillen,
Amulette, Kreuze oder andere werthvolle Sachen zu bekommen, denn diese
verschwinden wunderbar schnell; aber sie sind nicht wählerisch. Gewehre
scheinen am meisten gesucht zu sein — dessenungeachtet werden auch Patrontaschen, Seitengewehre, Bayonnete u. a. m. in Ermangelung von etwas
Besserem genommen. Aber nicht das Erbeuten von Waffen ist das Schwie-
rigste, sondern das Fortschaffen, denn überall lauern Gensdarmen, welche
alle Waffen, mögen sie bezahlt sein oder nicht, wegnehmen, da nach den
Dienstvorschriften der französischen Armee die Artillerie allein befugt ist,
sie auf dem Schlachtfelde zu sammeln — was aber nie geschieht. Unter
den erbeuteten Waffen befanden sich vortreffliche Büchsen mit Hirschfängern
als Bayonnets, nach denen viel Nachfrage war; meistens hatten sie die
Zuaven aufgelesen, die sich überhaupt gewöhnlich der werthvolleren Beute
bemächtigen und die diesmal auch das beste Recht darauf hatten, da ihre
Tapferkeit sie gewonnen hatte. Die Zuaven verkauften sie und die
Gensdarmen nahmen sie wieder weg und überließen es dem Käufer, den
Zuaven, der ihm die Büchse verhandelt hatte, zu suchen und sich von ihm
das Geld wiedergeben zu lassen.

Jemehr die Einzelheiten der Schlacht bekannt werden, destomehr
nimmt sie an Wichtigkeit zu. Da die Wahlstatt ziemlich ausgedehnt und
das Terrain sehr durchschnitten ist, so ließ sich anfangs der Verlust der
Russen nicht genau überschlagen, aber es ist jetzt officiell bekannt, daß sich
in den Händen der Franzosen allein 2200 russische Verwundete und Gefangene
befinden und daß die Zahl der unverwundeten Gefangenen 400 beträgt.
Das Zusammentragen der Verwundeten nahm fast zwei Tage in Anspruch
und wahrscheinlich liegen noch viele in den Gebüschen in der Nähe des
Flusses versteckt. Um die Todten zu begraben, wurde ein Waffenstillstand
geschlossen, während dessen Dauer die Franzosen alle auf dieser Seite des
Flusses, die Russen dagegen alle auf der Ebene jenseits liegenden Leichen
beerdigten. Die Zahl der Todten ist noch nicht officiell bekannt, aber die
mir zugekommenen Angaben wechseln zwischen 1500 und 1700. Natürlich wird man nie erfahren, wieviel Leichen die Russen begraben haben,
aber wir wissen gewiß, daß ihre Ambulanzen ganz angefüllt mit Verwundeten waren. Ihr Verlust muß sehr bedeutend gewesen sein, denn man
konnte sehen, wie Kartätschen und Bomben große Lücken in ihre dichten
Colonnen rissen; außerdem feuerten die Russen von hinten mit Kartätschen
auf ihre eigenen Leute. Ich habe es selbst gesehen, und auch Andere haben
mir versichert, Zeuge davon gewesen zu sein. Die Geschütze, welche vor
der Front des Angriffs gefeuert hatten, schwiegen während desselben, aber
zwei oder drei Kanonen waren hinter der Front auf einer kleinen Anhöhe
aufgefahren, und als die Russen zurückwichen, fingen diese an, eine nach
der anderen zu schießen. Es war nicht das kräftige Feuern, welches man
in einem so kritischen Augenblicke hätte erwarten sollen, wenn die Geschütze

gegen die Franzosen gerichtet gewesen wären, sondern ein langsames abgemessenes Schießen, was ich mir kaum anders erklären kann, als wie eine sanfte Ermahnung vorzugeben.

Jeder, welcher die Russen zurücklaufen sah, mußte überzeugt sein, daß sie vollständig geschlagen waren. Das Schlachtfeld liefert noch einen Beweis dafür. Die Russen geben viel darauf, ihre Verwundeten und Offiziere, vorzüglich höhere, von dem Schlachtfelde mit fortzunehmen. Nach der letzten Schlacht fand man drei Generale auf der Wahlstatt, einen tödtlich verwundet und die zwei anderen todt. Einer der Todten soll General Bellegarde sein, der vergangenes Jahr in den Donaufürstenthümern war. Der verwundete General Read ist seitdem im französischen Hauptquartier an seinen Wunden gestorben. Fürst Gortschakoff hielt sich während der Schlacht auf dem Observatorium bei der Meierei Mackenzie auf. Er soll den Befehl zum Rückzug ertheilt haben, ehe er eine Meldung über den Erfolg des Angriffs hatte, weil er das Mislingen aus dem Umstande folgerte, daß die Zelte der Franzosen immer noch auf dem Hügel standen. Hätte er hineinsehen können, so würde er den Befehl vielleicht nicht so rasch ertheilt haben, denn blos die Zelte standen, aber Alles was darin war — Vorräthe, Munition u. s. w. war ausgeräumt.

Von allen Seiten wird bestätigt, daß der Angriff auf ausdrücklichen Befehl des Kaisers stattfand. Wir haben jedenfalls mehr Aussicht zum Siege, wenn die strategischen Operationen der Armee von St. Petersburg aus vorgeschrieben werden. Kriegführen ist mit dem Schachspiel verglichen worden; es mag einige Wahrheit darin sein, aber noch ist der Spieler nicht geboren, der das blutige Spiel des Kriegs mit Erfolg von einer Entfernung von zweihundert Meilen aus spielen kann.

Als der Angriff vorüber war und die Russen sich allmälig zurückzogen, erwartete Jedermann etwas von der anderen Seite, aber als weiter nichts geschah, erschien der ganze Angriff unbegreiflich. Man hielt es für unglaublich, daß eine Bewegung, welche die Russen seit so langer Zeit vorbereitet hatten, auf diese Weise enden sollte und es wurden daher allerlei Vermuthungen laut, daß es nur eine gewaltsame Recognoscirung sei, daß der Hauptangriff auf der Seite von Sebastopol stattfinden werde u. s. w. Jetzt wo es durch die vorgefundenen Papiere und durch die Gefangenen bestätigt wird, daß der Angriff auf ausdrücklichen Befehl des Kaisers geschah, von dem, wie ich bereits erzählte, den Truppen vor Beginn der Schlacht ein Brief vorgelesen wurde, erklärt sich die Sache von selbst. Derjenige, welcher den Befehl auszuführen hatte, gehorchte ihm gegen seine bessere Ueberzeugung und ergriff die erste Gelegenheit, ein Unternehmen rückgängig zu machen, an dessen Erfolg er verzweifelte. Der Verlust von 6 bis 7000 Mann war ein vollständig genügender Beweis seines Gehorsams.

Während des Angriffs auf die Tschernaja fand auch eine Demonstration gegen Baidar statt. Die französische Reiterei war in der Nacht vor dem

Angriffe zurückgegangen, und hatte die Höhe besetzt, auf welcher Graf Tierawsky's Villa am Eingange des Thales liegt, während die beiden Bataillone Infanterie, welche die Pässe beobachteten, sich auf die Hügel über Bujuk Miskonissa zurückgezogen hatten. Sie waren kaum fort, als 200 Kosaken im Thale erschienen und Alles mitnahmen, was die Franzosen zurückgelassen hatten — eine Heerde Rindvieh, Schiffszwieback, Reis und 140 Fuder Heu. Mit dieser Beute zufrieden, zogen sie sich auf die Höhen zurück.

Jedermann gedenkt mit dem größten Lobe des Benehmens der sardinischen Truppen. Ihre Artillerie leistete unermeßliche Dienste, theils indem sie das Feuer der russischen Geschütze auf dem gegenüberliegenden Plateau zum Schweigen brachte, theils indem sie die Angriffscolonne, welche sie in die Flanke nahm, niederschmetterte. Auch eine mit englischen Positionsgeschützen armirte Batterie beschoß die russischen Geschütze auf dem der Ebene zunächst gelegenen Plateau. Kaum eine Kugel ging fehl. Ihre Infanterie schlug die russischen Schützen am Flußufer in tapferster Weise zurück. Sie gingen mit der Ruhe und Präcision alter Truppen vor, und führten ihre Bewegungen unter dem Feuer des Feindes mit derselben Genauigkeit aus, wie auf der Parade. Die Sardinier folgten auch dem sich zurückziehenden Feinde auf dem Fuße, und nahmen ihm mehrere Hundert Gefangene und Verwundete ab. Am meisten fiel mir bei allen Bewegungen der sardinischen Truppen die Ruhe und Sicherheit auf, die ein sehr gutes Zeugniß für ihre Disciplin und Organisation ablegen, denn ihre Officiere schienen sie vollkommen in der Hand zu haben. Dies ist um so bemerkenswerther als Cholera und Fieber, welche sie seit ihrer Ankunft heimgesucht haben, genügt hätten, die beste Armee zu demoralisiren; die Organisation und das Material, welches solchen Unfällen widerstehen kann, muß in der That vortrefflich sein.

Im Lager vor Sebastopol, 30. August.

Die letzte Woche brachten blos die fast täglich wiederkehrenden Allarmirungen der Truppen, veranlaßt durch die Gerüchte von einem abermals bevorstehenden Angriff der Russen auf die Tschernaja oder auf Balaklawa, einige Abwechslung in das einförmige Leben des Lagers, das immer noch endlose Züge von schwerem Geschütz und Mörsern in die vordersten Linien schaffen sieht. Heute Morgen jedoch um ein Uhr wurde das Lager von einer gewaltigen Explosion erschüttert, welche die Wirkung eines Erdbebens hervorbrachte. Ein beklagenswerther Unfall hatte unsere tapferen Verbündeten getroffen, während sie die Belagerungsarbeiten mit der gewohnten Energie fortsetzten. Eine Bombe aus einer russischen Batterie traf einen Munitionswagen, der eben sein Pulver in eins der Magazine unweit des Mamelon auslud, und machte die darin befindlichen Cartouchen explodiren; die Flamme theilte sich dem Pulver im Magazine mit und mit einem fürchterlichen

Krach flogen 1400 Cartouchen, wie die Flammenfäule eines feuerfpeienden Berges, gegen den Himmel empor, zerfchmetterten das Magazin, die Munitionswagen und alle in unmittelbarer Nähe befindlichen Werke zu Atomen und schleuderten 150 Officiere und Mannschaften nach allen Richtungen. Von diesen blieben 40 auf der Stelle todt und der Rest war verfengt und verbrannt oder von den Splittern, Steinen oder den Kugeln und Bomben, welche die Explosion in die Luft schleuderte, verletzt. Massen Erde, Schanzkörbe, Steine, Bruchstücke von Lafetten und Kugeln vom schwersten Caliber kamen bis in unsere Werke links von den Franzosen geflogen und verwundeten mehrere von unseren Leuten. Das Licht, welches die Explosion verbreitete, war nicht bedeutend, aber das Getöse und die Erschütterung waren fürchterlich. Selbst Leute, die einen wahren Todtenschlaf schliefen, wachten auf und stürzten aus ihren Zelten. Einen Augenblick lang herrschte starres Schweigen, aber nur für einen Augenblick, während der dumpfdröhnende Donner langsam verhallte und von den Höhen von Jnkerman und Mackenzie wiederklang, und dann sprangen die Russen mit einem lauten Hurrah an ihre Geschütze. Doch ihre Stimmen erstarben bald in dem krachenden Donner der französischen und englischen Batterien, welche ihr Feuer den ganzen rechten Angriff entlang eröffneten und die russischen Werke mit Wuth beschossen. Die Feinde beantworteten unser Feuer, aber in Folge des festen Ausharrens der Franzosen in den vordersten Laufgräben und der unausgesetzten Kanonade gelang es ihnen nicht von unserm Unfall Vortheil zu ziehen. Heller Mondschein erleuchtete die ganze Scene und sendete seine Strahlen auf eine ungeheure Säule von Rauch und Staub, die sich vom Mamelon in die Luft erhob, um sich in unermeßlicher Höhe auszubreiten und aus den durcheinanderwirbelnden Wogen von Qualm und Schwefeldampf einen schwarzen Niederschlag von Erde, feinen Staub und Steinen, untermischt mit unkenntlichen Resten, die früher menschliche Glieder gewesen waren, herabfallen zu lassen. Die dunkle Wolke hing wie ein Leichentuch fast eine Stunde lang über dem Platz und röthete sich jeden Augenblick von dem Widerscheine der Blitze der Artillerie, welche unausgesetzt bis Tagesanbruch fortdonnerte. Auch das Kleingewehrfeuer war die ganze Linie der vordersten Laufgräben entlang sehr heftig, und da Niemand außer den in den Parallelen zunächst dem Mamelon Befindlichen die wahre Ursache der Explosion kannte, so war man in großer Spannung, denn Einige behaupteten die Russen hätten eine Mine angezündet, während Andere wissen wollten, daß die Franzosen durch Sprengung einer Mine die Contreescarpe des Malakoff umgeworfen hätten. Aber der grauende Tag brachte genauere Kunde, aber auch die erfreuliche Nachricht, daß die Brustwehr und die Werke unserer tapferen Verbündeten, für deren Verlust Alle die lebhafteste Theilnahme an den Tag legten, keinen erheblichen Schaden erlitten hatten. An Pulver waren ungefähr 7 Tons oder 1400 Cartouchen, jede zu 10 Pfund, in die Luft geflogen. Vier Officiere verloren durch diesen beklagenswerthen

Unfall ihr Leben; aber wenn man bedenkt, daß mehrere hundert Mann in dem Mamelon und den benachbarten Laufgräben versammelt waren, so kann man sich nur wundern, daß der Verlust an Menschenleben nicht viel größer ist.

31. August.

Heute Morgen, als eine Abtheilung vom 23. Regimente Wales Füsiliere in unserer fünften Parallele des rechten Angriffs schanzte, schlich sich ein Trupp russischer Infanterie an sie heran und sprang in den Laufgraben, fast noch bevor man ihre Annäherung bemerkt hatte. Die Trancheewache leistete schwachen Widerstand und es gelang den Russen, sich eines Theils der Parallele zu bemächtigen, worauf sie sogleich die Schanzkörbe umzuwerfen und die Parallele zuzuschütten anfingen. Sie bemächtigten sich auch einigen Schanzzeugs und einiger Waffen, welche das 23. Regiment zurückgelassen hatte. Durch den Erfolg kühn gemacht, ging der Feind sogleich gegen die 4. Parallele vor, welche das 97. Regiment besetzt hielt, aber als er sich der Brustwehr näherte, wurde er mit mörderischen Kleingewehrsalven empfangen, welche seinem Vorrücken sofort ein Ende machten. Er wich in Verwirrung, mit Zurücklassung vieler Todten und Verwundeten, in den Theil der 5. Parallele zurück, dessen er sich bemächtigt hatte. Das 97. Regiment erhielt Befehl, mit Unterstützung des 23. Regiments den Feind wieder aus den Verschanzungen zu vertreiben und führte den Auftrag mit größter Tapferkeit und Kaltblütigkeit aus. Die Russen, von den Kanonen in ihrem Rücken gedeckt, schlugen sich gut, wurden aber mit dem Bayonnet und großem Verluste ihrerseits aus den Werken geworfen. Unser Verlust betrug 2 Officiere und 5 Mann Todte und 30 Verwundete, unter letzteren 2 Officiere.

Der Angriff auf den Malakoff kann möglicherweise in den nächsten acht Tagen stattfinden. Unsere tapferen Verbündeten erleiden leider in der Redoute vom 2. Mai, welche sie am 7. Juni wegnahmen, sehr schwere Verluste. Die Zwölfkanonenbatterie auf der Nordseite nimmt sie in die Flanke und in den Rücken, der Malakoff enfilirt sie von der anderen Seite, und sie sind dem directen Feuer der Schiffe in der Front ausgesetzt. Sie nennen den Posten scherzend L' Abattoir, das Schlachthaus, und sie verlieren, wie behauptet wird, jeden Tag die Hälfte der hineinrückenden Besatzung. Auch unsere Verlustlisten zeigen die Nothwendigkeit unsere Depots fortwährend vollzählig zu erhalten und Ersatzmannschaften beständig nach der Krim unterwegs zu haben. Wenn alle vierundzwanzig Stunden ungefähr 50 Mann außer Gefecht gesetzt werden, so empfindet dies eine kleine Armee sehr bald. Genau genommen ist dies die Vernichtung eines Regiments binnen zehn Tagen. Aber trotz dieser großen Verluste ist der Geist und die Stimmung unserer Truppen vortrefflich. Die Theerjacken mögen für sich selbst sprechen. Hier ist zum Beispiel der Theaterzettel:

　　　Königliches Theater. Matrosen-Brigade. Freitag Abend, den 31. Aug.,
wird gegeben:

　　　　„Taub wie eine Thürpfoste."

Darauf:

　　　　„Die Schweigsame."
Zum Schlusse des Ganzen die vortreffliche Farce:
　　　　„Der Eisenfresser."
Eröffnung der Kasse um — Uhr. — Beginn der Vorstellung präcis
　　— Uhr. — Gott segne die Königin! Rule Britannia!"
　　　Und sie spielten ganz vortrefflich. Allerdings war das Theater das
Haus wo die Chirurgen der Brigade ihre Operationen vornehmen, aber keine
Gedanken an seine zukünftige oder frühere Verwendung störten den Genuß
der Gegenwart. Die Decorationen hatte das Linienschiff London geliefert,
die Schauspieler und Schauspielerinnen stellte die Brigade. Unter letzteren
befand sich ein reizendes Balletmädchen, das um drei Uhr früh in die Laufgräben rücken mußte, um einen Achtundsechzigpfünder zu bedienen und Rosa
wurde durch einen hübschen jungen Unterbootsmann dargestellt. An Liedern
fehlte es nicht, obgleich sie ein kleinwenig an das Vordercastell erinnerten und
von einem Refrain großer Kanonen, welche die Schlucht herunter von der
Front dröhnten, begleitet waren; aber sie wurden alle lebhaft applaudirt
und auch die Tänze fanden den lautesten Beifall. Ebensowenig fehlten hoch-
gestellte und berühmte Personen, welche die Darstellung mit ihrer Anwesenheit beglückten und einige Abwechselung in die Masse von 2000 Matrosen
und Soldaten brachten, die mit so guter Laune Beifall zujauchzten. Das
fashionabelste Blatt hätte ohne Erröthen einen Namen wie den des Herzogs
von Newcastle drucken können, der dem ersten Stücke mit großer Aufmerksamkeit zuhörte und das Signal zu dem Dacapo einer Hornpipe vom
lebhaftesten Tempo gab; ebensowenig über den Namen Lord Rokeby, der
ein so eifriger Zuhörer war wie der Herzog, und die vieler Generale, Brigadiers, Lords und sehr Ehrenwerthen. Der Genuß wurde nicht durch die
weittragenden Kanonen gestört, die dann und wann einen Rollschuß in die
Nähe des Theaters schickten ohne damit Schaden anzurichten; und wenn
die Zuhörerschaft sich ergötzte, so war dies nicht in geringerem Grade
mit den Darstellern der Fall, die mit wunderbarem Feuer und Geschmack
spielten.

Achtzehntes Kapitel.

Die letzte Beschießung und der Sturm.

Beginn der letzten Beschießung Sebastopols. — Wirkungen des Bombardements. — Entsetzliche Wirkung des Feuers der Franzosen. — Sebastopol in Flammen. — Brand einer russischen Fregatte. — Vorbereitungen zum Sturm. — Erstürmung des Malakoff. — Erstürmung des Redan durch die Engländer. — Das Innere des Redan. — Verwirrung unter den Engländern. — Muth und Ausdauer Oberst Windhams. — Die Engländer räumen den Redan. — Letzter Kampf um den kleinen Redan. — Die Russen räumen den Redan und die Südseite Sebastopols. — Englische Rekruten. — Verlust der Engländer beim Redan-Sturm. — Der große Redan von den Russen geräumt. — Zerstörung russischer Befestigungswerke. — Zudrang nach Sebastopol. — Terrain um den Malakoff und Redan. — Die Wahlstatt. — Das Hospital von Sebastopol. — Bombardement auf russische Dampfer. — Verlust der Alliirten während der Belagerung. — Totalverlust der Alliirten und Russen.

Vor Sebastopol, 5. September.

Mit Tagesanbruch am 5. September eröffneten die Franzosen ihr Feuer. Die Luft war rein und hell und ein sanfter Südostwind, welcher den ganzen Tag dauerte, wehte über die Steppe nach Sebastopol hinein. Die Sonne schien durch die Dünste des Frühmorgens und die leichten weißen Wölkchen auf die langen Reihen weißer Häuser innerhalb dieser starren Mauern von Erde und Schanzkörben, die so lange unserer Armee getrotzt haben. Die Schiffe lagen auf der Rhede, die so glatt war, wie ein Spiegel und das Bild der Fahrzeuge ebenso zurückgab, und draußen lag unsere und die französische Flotte ebenso unthätig und uns nicht ganz so unnütz zwischen Kasatsch Bucht und Fort Constantin so still da, als wäre sie auf einem gemalten Meere selbst nur hingemalt. Vom Cathcarthügel übersieht man einen Theil der Vertheidigungswerke der Quarantaine — die Approchen der Franzosen gegen dieselben und die Signalstabsbatterie bis zu ihrer Vereinigung mit unserm linken Angriffe diesseit der Schlucht an der Spitze der Binnenhafenbucht. Man überschaut die Werke der Signalstabsbatterie — die Vorstadt von zertrümmerten Häusern oder vielmehr die Stellen der Wohnungen und Paläste, welche das Feuer unserer Verbündeten allein noch von den langen Straßen übrig gelassen haben, und hinter der crenelirten Mauer die Civilstadt, die sich immer noch stattlich ausnimmt, wie sie sich in Reihen von Kirchen, ansehnlichen Häusern und öffentlichen Gebäuden von schönem weißen oder rothen Sandstein mit Gärten dazwischen und Baumreihen in den Straßen erhebt. Diesen vornehmen Gebäuden fehlt es nicht an der gemeinen Nachbarschaft einfach weiß getünchter Häuser, welche der Besatzung oder den ärmeren Einwohnern gehören. Die Höhe auf welcher dieser Theil der Stadt steht, erhebt sich über die Signalstabsbatterie 200 Fuß, und fällt sowohl nach der Arsenalbucht wie nach der Rhede zu ganz steil ab. Die auf der jenseitigen Abdachung erbauten Häuser können wir nicht sehen, wohl aber diejenigen, welche auf dem östlichen Abhange nach der Binnenhafenbucht zu liegen. Am Fuße desselben entdeckt man eine ärmliche Vorstadt und von dort erheben sich die Häuser in Terrassen mit Treppenfluchten und Rampen, welche den Abhang hinaufführen. Die Wirkungen der Beschießung zeigen sich bereits an diesen Gebäuden. Eine mit vielen kleinen Thürmchen an den Ecken des Dachs verzierte Kirche ist von einer Bombe getroffen worden, die ihr das Dach eingeschlagen hat. Einige der besten Häuser haben zerborstene Mauern, andere sind von Kugeln ganz durchlöchert, so daß das Tageslicht durchscheint — Fenster, Thüren, Pilaster und Säulen sind zerbrochen und zerschmettert. In dem Schutte der Vorstadt, in der Nähe der Signalstabswerke, erheben sich mehrere Batterien, welchen die Verbündeten noch keinen Schaden gethan und die noch nicht viel oder gar nicht gefeuert haben. Es sind meistens Flescheu und sie scheinen bestimmt zu sein, der zweiten Vertheidigungslinie als Außenwerke zu dienen. In der Nähe der Spitze des Hügels, innerhalb der crenelirten Mauer, sieht man einen Theil dieser zweiten Vertheidigungslinie. Eine Batterie, wegen ihrer hohen Lage das Krähennest genannt, befindet sich dort und beherrscht weit hin die Rechte des französischen linken Angriffs und unsere Matrosenbatterien auf dem linken Flügel unseres linken Angriffs, denen sie sehr lästig fällt. Sie ist mit einem Paar großen Mörsern und einigen weittragenden Kanonen armirt und bestreicht die ganze Fläche zwischen der äußersten Vertheidigungslinie und dem Fuße des Hügels auf welchem sich die Stadt erhebt, sowie die Schlucht zwischen unserer Linken und dem linken Angriff der Franzosen. Eine sehr starke Linie von Erdwerken krönt den Kamm dieses Hügels und die von der Bucht unterbrochenen Vertheidigungswerke werden rechts von verschiedenen Batterien (der Casernen-, Woronzoffstraße-, der Gartenbatterie ꝛc.) fortgesetzt, welche sich an den großen Redan anschließen, und von da nach dem Malakoff und den um denselben erbauten Werken führen. Die Vorstadt hinter dieser Vertheidigungslinie, zunächst der Bucht und unserm linken Angriff gegenüber, liegt ganz in Trümmern, aber unsere Batterien sind fast zu entfernt um den öffentlichen Gebäuden in der Vorstadt Schaden zu thun, obgleich unsere erste Parallele als zu weit entfernt desarmirt werden mußte und die Geschütze in die zweite Parallele und mehrere Batterien vor derselben gebracht wurden. Die erste Parallele und der Höhenzug, auf dem sie sich hinzieht, verbergen dem, welcher auf Cathcartshügel steht, den Kirchhof, den wir seit den 18. Juni besetzt halten. In gleicher Weise verdecken sie die Woronzoffstraße und die Schlucht vor der rechten Face des Redans. Die Schlucht zwischen unserm rechten und unserm linken Angriff ist sichtbar bis die Aussicht von dem Abhange der Hügel, auf welchen unsere Angriffsbatterien liegen, und von der von Schützengruben, Bombentrichtern, Zickzacks und den Werken unserer Steinbruchsbatterien durchfurchten Höhe versperrt wird. Hinter dem Redan entdeckt man die lange Reihe der Werft- und Arsenalgebäude, die Casernen, welche unser Feuer auf der uns zu-

gekehrten Seite unbewohnbar gemacht hat, den großen Krahn, die Schiffbrücke über die Rhede nach der Nordseite, die beiden Reihen Kriegsschiffe,
„die zwölf Apostel" und fünf Zweidecker, Fregatten und Dampfer.   Dann
kommen rechts der Malakoff, der Mamelon und die weißen Werke und über
ihnen der Sapunberg und die Nordseite — die Citadelle, das russische
Lager bei Inkerman, seine Batterien und das Plateau am Belbek bilden den
Hintergrund, welchen ein Streifen des blauen Meeres abschließt.

Vom Cathcarthügel, auf der rechten Front des Lagers der 4. Division, hat man daher einen vortrefflichen Ueberblick vom Meere links
bis zu unserer äußersten Rechten bei Inkerman.   Diesen Vortheil genießt
man jedoch selten, wenn das Schießen sehr lebhaft ist, indem alsdann der
Rauch meistens in schweren Wolken sich zwischen den Erdwerken ballt und
nur vor einem sehr scharfen Winde weicht.   Hätte eine der wenigen Personen, welche in das Geheimniß des Wiederbeginns der Beschießung ein-
geweiht waren, am Morgen des 5. auf dem Cathcarthügel gestanden, so
hätte sie kurz vor halb sechs Uhr alle Einzelheiten dieses Schauspiels, in
scharfen Umrissen in der klaren Morgenluft sich darstellend, sehen können.
Die Truppen in unseren Laufgräben saßen hinter den Traversen oder gingen
gedeckt von der Brustwehr auf und ab.   Kleine Züge Lastthiere und Sol-
datentrupps beleben den Raum zwischen dem Lager und den Laufgräben
und der einzige Rauch, den das Auge erblickt, rührt von den Kesseln der
Soldaten oder von einer Büchse in den vorgeschobenen Werken her.   Wendet man sich jedoch links, so entdeckt man, daß die französischen Laufgräben
vollgepropft von Bewaffneten und ihre Batterien vollständig bemannt waren,
obgleich die Truppen sich verdeckt aufgestellt hatten und die Blendungen von den
Schießscharten meistens noch nicht weggenommen waren.   Drüben auf feindlicher Seite sieht man einige Russen in ihren grauen Ueberröcken mit der
Ausbesserung der Werke der Signalstabsbatterie oder mit der Errichtung
eines neuen Werks vor der Front ihrer zweiten Vertheidigungslinie beschäftigt; letzteres verspricht sehr stark zu werden.   Plötzlich schießen vor
den von Erde aufgeworfenen Courtinen, zwischen den Bastionen Nr. 7 und
8, drei Flammensäulen in die Luft und schleudern eine Masse Erde und
Schutt empor, welche die schrägen Strahlen der Morgensonne röthlich ver-
golden.   Die Franzosen haben drei Fougassen gesprengt, um die Contreescarpe umzuwerfen und ihren Truppen das Signal zum Angriff zu geben.
Sofort scheint sich vom Meere bis an die Arsenalbucht ein Feuerstrom zu
entzünden, und wollige dicke weiße Rauchwolken erheben sich, als wäre das
Innere der Erde plötzlich von einem Erdbeben zerrissen worden und spie
seine vulkanischen Massen aus.   Die französische Laufgrabenlinie war dicht
verschleiert, als hätten die Wolken des Himmels sich auf sie nieder-
gelassen, und qualmten und wirbelten in wildem Getümmel darüber durch-
einander, durchzuckt von lohenden Flammenblitzen.   Das Getöse eines so
fürchterlichen Feuers muß entsetzlich gewesen sein, aber der Wind und der

eigenthümliche Zustand der Atmosphäre ließen uns nicht viel davon im Lager hören; aus demselben Grunde muß der Lärm in der Stadt grauenhaft gewesen sein. Der eiserne Orkan flog über die russischen Linien, warf, wie zum Scherz, Haufen von Erde und Schutt in die Höhe, zerriß Schanzkörbe, durchfurchte die Brustwehren oder sprang in Sätzen durch die Häuser und Trümmermassen hinter den Werken. Er sauste über die Ebene, brachte überall Tod und Vernichtung hin, fegte mit seinen schweren und unwiderstehlichen Schwingen in die Flanken der russischen Stellung und brachte Verderben bis in ihren innersten Mittelpunkt. Eine so überraschende, gewaltige und gleichzeitige Salve ist wahrscheinlich noch nicht abgefeuert worden, seitdem es Kanonen giebt. Die Russen schienen für eine Zeit ganz niedergedonnert zu sein. Ihre Batterien waren nicht stark genug bemannt, um ihnen zu erlauben, auf ein so niederschmetterndes Feuer zu antworten; aber die Franzosen bedienten ihre Geschütze mit wunderbarer Energie und Schnelligkeit und sendeten den donnernden Sturm von Eisengeschossen mit ununterbrochener Wuth gegen ihre Feinde. Mehr als 200 Stück Geschütze von schwerem Caliber, vortrefflich bedient und gezielt, beschossen unaufhörlich die feindlichen Linien. In wenigen Augenblicken breitete sich ein großer Rauchschleier von den Kämmen hinüber nach dem links liegenden Theil von Sebastopol aus, aber der Donner der Geschütze hörte nicht auf und die Kanonade erdröhnte jetzt in großen unregelmäßigen Ausbrüchen, erstarb dann zu einem dumpferklingenden Grollen, schwoll wieder zu einem wilden Getöse an oder knallte von einem Ende der Linie zum andern, wie das Rottenfeuer der Infanterie. Steinerne Mauern sanken sofort vor den Geschützen in Trümmer, aber in die Erdwerke bohrten sich Voll- und Hohlkugeln ohne allzugroßen Schaden ein. So schnell und unausgesetzt fegten jedoch diese Geschosse die Schießscharten und den Kamm der Brustwehr ab, daß der Feind sich sorgfältig hinter Deckung halten mußte und sich kaum in der vordersten Vertheidigungslinie zeigen durfte. Ein paar Minuten lang schien es, als ob die Franzosen die Festung ohne allen Widerstand zusammenschießen würden; aber nachdem sie eine Anzahl Schüsse aus jeder ihrer zahlreichen Kanonen gethan, fingen auch die Russen an ihr Feuer zu beantworten. Sie schossen gut, aber langsam und überlegt, als ob sie kein Pfund Pulver zu verschwenden hätten. Diese matte Entgegnung schien die Franzosen nur zu vermehrter Thätigkeit anzuspornen, und ihre Kugeln flogen mit vergrößerter Schnelligkeit durch die feindliche Vertheidigungslinie und sprangen in Bogensätzen nach der Stadt hinunter. Aber was thaten wir während dieser ganzen Zeit? Was that unsere vortreffliche Matrosenbrigade und unser schöner Belagerungspark? Sie bedienten ihre Geschütze ganz wie gewöhnlich und hatten keinen Befehl an der allgemeinen Beschießung Theil zu nehmen. Unsere Batterien leisteten daher den Franzosen wenig Beistand, aber unterhielten ihr gewöhnliches zerstörendes und solides Feuern gegen den Redan und den Malakoff und unterstützten unsere

unschätzbaren Verbündeten durch ein regelmäßiges Bewerfen der Batterien
von der Arsenalschlucht bis zum Redan mit Bomben. Unsere Batterie an
den Steinbrüchen, mit zwei Mörsern und acht Cohorns armirt, gerade
fünfhundert Schritte unterhalb des Redan, beschießt mit Kraft die Vorstadt
hinter dem Malakoff und kämmt die Brustwehr des Redan ab. Redan und
Malakoff sind beide gleich stumm, zersetzt und zerschossen. Höchstens sind
im Redan drei Kanonen thätig und die daneben liegende Batterie ist gleich
schweigsam. Die Brustwehr ist ganz gespickt mit Vollkugeln und Bomben
und die Schießscharten sind sehr beschädigt, indem von den Schanzkörben
die Erde herunter gerollt ist oder sie in allen Richtungen umgeworfen sind.
Von der Sauberkeit und fast koketten Vollendung, mit welcher die Russen
früher ihre Batterien bauten, ist jetzt nichts mehr zu bemerken; unser beständiges Feuern während der Nacht, unsere Schützen und das unaufhörliche
Bewerfen mit Bomben lassen dies nicht mehr zu. Nach dritthalbstündiger
wüthender Beschießung stellten die Artilleristen unserer Verbündeten plötzlich
ihre Thätigkeit ein, um die Geschütze sich abkühlen zu lassen und selbst aus-
zuruhen. Die Russen krochen aus den Schießscharten hervor, um ihre be-
schädigten Werke auszubessern und schütteten Säcke voll Erde über die
Außenseite ihre Brustwehren aus. Auch ihre Artilleristen benutzten die
plötzliche Pause, um unsere Matrosenbatterien des linken Angriffs zu beschießen und fügten uns von dem Krähenneste aus einigen Schaden zu.
Um zehn Uhr jedoch, nachdem sie abermals einige Fougassen hatten explodiren lassen, eröffneten die Franzosen ein womöglich noch rascheres und
fürchterlicheres Feuer und setzten es mit der größten Lebhaftigkeit bis zwölf
Uhr Mittags fort, um welche Zeit die Russen nur noch mit wenigen Geschützen aus den Signalstabs- und Gartenbatterien antworten konnten.
Wir sahen wie Truppen und Fuhrwerke über die Brücke hin und her
rückten und um neun Uhr traf eine große Infanteriecolonne auf der
Südseite ein, um einem etwaigen Sturmangriffe Widerstand zu leisten,
während die Armee am Belbek eine Bewegung gegen Inkerman machte.
So wie unser Feuer früh um sechs Uhr begann, schienen die Abtheilungen
von Schanzarbeitern, die jeden Morgen hinüber nach der Nordseite gingen,
wieder zurückberufen zu werden und marschirten über die Brücke nach
der Südseite, wahrscheinlich um in Fall eines Angriffs bereit zu stehen.
Von zwölf bis fünf Uhr Nachmittags war die Beschießung matt, aber alsdann begannen die Franzosen ihre Kanonade von Neuem mit derselben
staunenswerthen Kraft, wie bei Tagesanbruche und um zehn Uhr, und
ruhten nicht eher ihre Lagen von Vollkugeln und Bomben gegen die Festung
zu senden, als halb acht Uhr, wo es finster wurde und alle Mörser und
Kanonen von schwerem Caliber, englische sowohl wie französische, die ganze
Linie der feindlichen Vertheidigungswerke mit Bomben beworfen. Diesen
Anblick angemessen zu beschreiben, ist unmöglich. Es gab keinen einzigen
Augenblick, wo nicht Bomben durch die Luft pfiffen — keinen Augen-

blick, wo ihre feurigen Bogen nicht den Himmel durchfurchten oder ihr Platzen die Nacht erhellte. Wir unſererſeits ſchoſſen ganz vortrefflich. Jede Bombe platzte wie und wo ſie ſollte und die Umriſſe der ruſſiſchen Erdwerke des Redan, des Malakoff und aller ihrer Batterien waren durch das beſtändige Aufblitzen der crepirenden Bomben ganz deutlich zu erkennen. Die Ruſſen verſuchten kaum zu antworten. Um fünf Uhr ſah man aus einer Fregatte in der zweiten Linie auf der Nordſeite der Rhede Rauch aufſteigen, und wie es dunkler wurde, ſchlugen Flammen aus den Stückpforten hervor. Mit Jubel und in der größten Aufregung eilten Mannſchaften und Officiere nach der Front und wie es Nacht geworden war, loderte das ganze Schiff in hellen Flammen. Die Freude der auf dem Cathcarthügel verſammelten Menge war unermeßlich. „Na, da ſehen wir endlich etwas! daß eins dieſer verwünſchten Schiffe nun doch getroffen iſt!“ Dieſe und viele andere und ſtärkere Aeußerungen hörte man von allen Seiten, aber Einige glaubten dennoch, daß die Ruſſen das Schiff ſelbſt in Brand geſteckt hätten und ein Herr ging ſogar ſoweit zu äußern: „wird wohl blos ein Signal ſein — vielleicht um die Cavalerie von Eupatoria zurückzurufen.“ Um acht Uhr wurde der Flammenſchein ſo hell, daß man die Häuſer der Stadt und die Forts auf der andern Seite ohne Schwierigkeit erkennen konnte. Die Maſte blieben lange ſtehen und ragten wie große Feuerſäulen gen Himmel empor; aber einer nach dem andern brach zuſammen; die Verdecke ſtürzten gegen zehn Uhr ein und um zehn Uhr war die Fregatte bis auf die Waſſerfläche abgebrannt.

Im Lager der 4. Diviſion, Montag 10. September.

Der Kampf, dem Europa ſo lange zugeſehen hat, iſt faſt entſchieden — das Ereigniß, von welchen die Hoffnungen ſo vieler mächtiger Reiche abhängt, iſt ſo gut wie vollendet. Sebaſtopol ſteht in Flammen! Die Flotte, der Gegenſtand ſo vieler diplomatiſchen Streitigkeiten und ſo mancher blutigen Kämpfe; iſt in die Tiefe verſchwunden! Noch eine große Metzelei hat das fürchterliche aber ruhmvolle Trauerſpiel, dem die ganze Welt von der civiliſirteſten Nation bis zu den wildeſten Horden des Orients mit Spannung und Aufregung zuſieht, um einen Act vermehrt. Unter Siegesjubel und dem Verzweiflungsgeſchrei, unter wildem Jauchzen und leidenſchaftlichem Schmerz ſinkt ein Leichentuch von ſchwarzem Rauche, durchfurcht von zuckenden Blitzen und in die Luft fliegenden Feſtungswerken auf die Bühne herab, auf der ſo viele Züge menſchlichen Jammers und menſchlicher Größe, hohen Muthes und muthigen Ausharrens, der Kleinlichkeit und der Schwäche geſehen wurden, über die Charaktere geſchritten ſind, welche die Geſchichte dereinſt in rieſenhafter Größe oder in zwerghafter Kleinheit, als unwürdig der Rolle, die ihnen übertragen war, darſtellen wird. Ein dumpfes ſeltſames Schweigen, nur nach langen Zwiſchenräumen von dem Krachen von Citadellen und Paläſten unterbrochen, die, in Schutt aufgelöſt, in die

Luft fliegen, folgt dem ununterbrochenen Zwiegespräch des schweren Geschützes, das ein ganzes Jahr lang so laut und zornig fortgedauert hat,
und müde Heere, durch ein Flammenmeer von einander getrennt, stehen
unthätig da und blicken mit vermischten Empfindungen auf die spärlichen
Reste, die von dem Gegenstande ihrer Kämpfe noch übrig bleiben. Die
letzten Tage waren für Alle hier eine Zeit der wunderbarsten und über-
raschendsten Ereignisse. Am Sonnabend fühlten wir, daß der große Erfolg
unserer tapferen Verbündeten einigermaßen durch das Fehlschlagen unsers
Angriffs geschmälert wurde, und wir wußten nicht ob die Russen alle Hoffnung, den Malakoff wiederzunehmen, aufgegeben hätten. Am Sonntag
Vormittag gingen wir in den Straßen von Sebastopol spazieren und betrachteten seine Ruinen! Die Armee ist jetzt in gespannter Erwartung über
die Zukunft. Die Südseite ist in den Händen der Verbündeten. Auf der
Nordseite bieten die große Citadelle und zahlreiche regelmäßig gebaute
Forts, unterstützt von gewaltigen Erdwerken und vertheidigt von einer
zahlreichen Armee, uns noch Trotz über einen schmalen Streifen Wasser
und Rußland kann prahlen, Sebastopol noch nicht verloren zu haben. Die
verbündeten Flotten bleiben draußen, fern gehalten von dem Fort Constantin und den benachbarten Werken und Jedermann fragt sich: „Was werden wir nun thun?"

Die letzte und entscheidende Beschießung begannen, wie bereits erzählt
worden, am Morgen des 5. September die Franzosen gegen die russische
Rechte, aus der Central- und Signalstabsbastion und den Quarantaine-
batterien bestehend, mit großer Kraft und Wirkung und mit Anbruch der
Nacht fing ein verheerendes Bombardement an, an dem sämmtliche Batterien
der Verbündeten Theil nahmen. Eine französische Bombe steckte eine Fregatte in Brand, die während der Nacht versank. Am Morgen des 6.
eröffneten die Engländer und Franzosen gleichzeitig die Beschießung, welche
die russischen Batterien fast zertrümmerte und auf welche diese nicht zu antworten wagten. Des Abends wiederholte sich das Bombardement und
dauerte die ganze Nacht fort; ein Feuer ging hinter dem Redan auf und
das beständige Telegraphiren des Feindes schien zu verrathen, daß er in
großer Unruhe war. Man sah große Massen Fourage über die Brücke von
der Süd- auf die Nordseite schaffen, obgleich sich hier keine Cavaleriepferde
befanden. Am 7. dauerte die Kanonade in vollen Lagen fort und die Stadt
zeigte die unverkennbarsten Spuren der furchtbaren Energie des nächtlichen
Bombardements. Fast jedes im Schußbereiche liegende Haus war zerborsten oder in Trümmer zerfallen. Die Brücke zwischen der Nord- und
der Südseite war den ganzen Tag von Menschen und Fuhrwerken gedrängt
voll und auf der Nordseite sah man große Wagenzüge kommen und gehen.
Gegen Abend erfaßten Flammen den großen Krahn auf dem Werfte, der
so lange ein hervorragendes Ziel für unsere Batterien gewesen war; sie
loderten die ganze Nacht hindurch, genährt von dem heftigen Winde der

unausgesetzt wehte. Die französischen Batterien schossen einen Zweidecker in Brand und ein Dampfer strengte sich an eine große entmastete Fregatte außer Schußbereich zu schleppen. Zu Mittag hielten die Generale einen Kriegsrath und um zwei Uhr wurde es ziemlich allgemein bekannt, daß die Verbündeten zu Mittag am 8. September nach vorhergegangener kräftiger Kanonade und Bombardement den Sturm versuchen würden. Die Stunde war gut gewählt, da die Russen um diese Zeit gewohnt sind, eine Siesta zu halten. Während der Nacht fand eine Explosion hinter dem Redan statt, und nun kommt der merkwürdige Tag des Sturmes.

Sonnabend, 8. September.

Das Wetter hat sich plötzlich geändert. Heute Morgen war es wieder kalt. Ein schneidender Wind wehte von der Nordseite von Sebastopol unerträgliche Wolken von scharfem Staub uns ins Gesicht. Die Sonne war nicht zu erblicken; der Himmel von winterlichem Bleigrau. Ganz zeitig früh rückte eine starke Abtheilung Reiterei unter dem Obersten Hodge vor die Front und bildete dort eine Postenkette unsere ganze Linie entlang. Niemand durfte über diese Kette hinaus, außer wenn er ein Officier vom Stabe war oder einen Erlaubnißschein hatte. Eine andere Postenkette hinter der ersten sollte Neugierige aus Balaklawa fern halten, wahrscheinlich damit die Russen durch die gewöhnliche Ansammlung von Schaulustigen auf den verschiedenen Höhen nicht Nachricht von dem bevorstehenden Angriffe erhielten. In diesem Falle wäre es allerdings besser gewesen, dem Feinde keine Postenkette von Husaren, Uhlanen und Dragonern vor unserer Front zu zeigen. Halb ein Uhr kam die Hochländerbrigade unter Brigadier Cameron von Kamara an und nahm ihre Stellung als Reserve hinter dem rechten Angriffe ein, und die Garden, ebenfalls in Reserve, stellten sich auf derselben Seite der Woronzoffstraße auf. Die 1. Brigade der 4. Division hatte die Nacht vorher den Dienst in den Laufgräben des linken Angriffs gehabt und blieb in denselben. Die 2. Brigade der 4. Division diente als Reserve. Die Garde, welche auch den Dienst in den Laufgräben des linken Angriffs gehabt und dieselben erst diesen Morgen verlassen hatte, trat von Neuem ins Gewehr, als sie kaum in ihrem Lager angekommen war. Die 3. Division, in dichten Colonnen auf dem Abhange vor ihrem Lager aufgestellt, blieb ebenfalls in Reserve, bereit, vermittelst der Laufgräben des linken Angriffs vorzugehen, im Falle ihre Hilfe gebracht würde. General Pelissier sammelte während der Nacht im Mamelon und in dessen Nähe ungefähr 30,000 Mann, um daraus die Sturmcolonnen gegen den Malakoff und den Redan und die nöthigen Reserven zu bilden. Fünftausend Sardinier, die vorige Nacht von der Tschernaja herüberrückten, verstärkten die Franzosen. Es war verabredet, daß die Franzosen zu Mittag den Malakoff angreifen und wir, sowie sie ihre Bewegung begonnen hatten, den Redan stürmen sollten. Gleichzeitig war, wie ich

höre, eine starke Colonne Franzosen bestimmt, eine Diversion auf dem linken Flügel zu machen und die Signalstabbastion zu bedrohen; aber ich
glaube nicht, daß man ein ernstliches Unternehmen gegen diesen Theil der
Stadt beabsichtigte, dessen Besitz, vom militairischen Gesichtspunkte aus
betrachtet, von untergeordneter Wichtigkeit war. Die Cavalerievostenkette
war halb neun Uhr aufgestellt. Um halb elf Uhr rückten die 2. und die
leichte Division hinunter in die Laufgräben und wurden so geräuschlos als
möglich in den vordersten Parallelen aufgestellt. Ziemlich um dieselbe Zeit
begab sich General Simpson mit seinem Stabe in die zweite Parallele der
Grünenhügelbatterie. Sir Harry Jones, zu krank, um Hand oder Fuß
zu bewegen, bestand dennoch darauf, Zeuge des Sturmangriffs zu sein
und ließ sich in einem Tragbette, auf dem er liegen blieb, bis Alles vorüber
war, in die Laufgräben tragen. Es war bitter kalt und ein Fremder
würde sich über das Aussehen der englischen Generale, wie sie dem Sturme
zuschauten, gewundert haben. Der Oberbefehlshaber General Simpson
saß im Laufgraben, Nase und Augen der Kälte und dem Staube zugewen-
det und den Mantel über den Kopf gezogen, um sich gegen beide zu schützen.
General Jones trug eine rothe Nachtmütze und ruhte auf seinem Tragbette,
und Sir Richard Ayrey, der Generalquartiermeister, hatte ein weißes
Taschentuch über seine Mütze und seine Ohren gebunden, welches sein krie-
gerisches Aussehen etwas beeinträchtigte. Der Herzog von Newcastle stand
schon am frühen Morgen auf dem Cathcarthügel und begab sich später nach
dem Piquethause über der Woronzoffstraße. Alle Dilettanten und Reisende, die jetzt fast im Ueberfluß vorhanden sind und die in einer großen
Aufregung waren, erschöpften sich in schlauen Manoeuvres, um unachtsame
Schildwachen zu umgehen, und nach der Front zu gelangen; und ihr Erfolg machte ihrem Unternehmungsgeiste und Scharfsinn alle Ehre. Die
Tataren, Türken und Eupatorier waren für so ruhige Leute merkwürdig
aufgeregt und hatten in dichten Trupps jede Erhöhung besetzt, welche nur
die geringste Aussicht auf die Stadt gewährte.

Um zehn Uhr fünfundvierzig Minuten begab sich General Pelissier
mit seinem Stabe nach dem französischen Observatorium auf dem rechten
Flügel. Die französischen Laufgräben waren ganz vollgepfropft von Truppen und wir konnten unsere Leute durch die Risse in den höchst lästigen
Staubwolken zum Angriff bereit in den Trancheen stehen sehen. Die Kanonade wurde mit Vorsatz gegen Mittag matter; aber die Russen, als sie
die Reiterei und Truppen in der Front gewahr wurden, fingen an den
Cathcarthügel und die Höhen zu beschießen und störten den Gleichmuth
einiger der Zuschauer mit mehren unmittelbar über ihren Köpfen platzenden
Bomben. Wenige Minuten vor zwölf Uhr kamen die Franzosen wie ein
Bienenschwarm dicht vor dem seinem Verhängniß geweihten Malakoff aus
den Trancheen heraus, kletterten die Böschung hinauf und waren in einem
Nu durch die Schießscharten gekrochen. Sie legten diese 20 Fuß Zwischen-

raum, welcher ſie noch von dem Feinde trennte, mit wenig Sprüngen zurück — leicht und raſch wie Herbſtblätter vor dem Winde verſchwanden
ſie, ein Bataillon nach dem andern, in den Schießſcharten und ein oder
zwei Minuten, nachdem die Spitze der Colonne den Laufgraben verließ,
wehte die Tricolore über der Kornileffbaſtion. Das Kleingewehrfeuer war
Anfangs ſehr ſchwach, denn unſere Verbündeten überraſchten eigentlich die
Ruſſen und von den letzteren befanden ſich ſehr wenige in dem Malakoff;
aber ſie erholten ſich bald wieder und von zwölf Uhr bis nach ſieben Uhr
Abends hatten die Franzoſen die wiederholten Verſuche des Feindes, ſich
aufs Neue in Beſitz des Werkes und des kleinen Redans zu ſetzen, zurückzu-
weiſen. Erſt jetzt der blutigen Metzelei unter ſeinen Truppen müde, die
zu Tauſenden auf der Böſchung der Bruſtwehren lagen, gab der ruſſiſche General, am Siege verzweifelnd, ſeinen erſchöpften Schaaren Befehl zum
Rückzug und bereitete mit bewundernswerther Geſchicklichkeit die Räumung
des Platzes vor. Von dem franzöſiſchen Angriffe links weiß ich nichts,
außer daß er, wenn er ernſtlich gemeint war, keinen Erfolg hatte und von
einigem Verluſte für unſere Verbündeten begleitet war. Sowie man durch
den Rauch und Staub die Tricolore über der Bruſtwehr des Malakoff
wehen ſah, ſtiegen in Chapmans Batterie nacheinander vier Raketen
auf, als Zeichen, daß wir den Angriff auf den Redan beginnen ſollten.
Der heftige Wind ſchien ſie kaum emporſteigen laſſen zu wollen und die
ſilberhellen Funken, welche ſie ausſprühten, blieben an dem grauen Winter-
himmel faſt unſichtbar.

Bereits am 7., als der Befehl zum Angriff ertheilt wurde, hörte man
allgemein die Bemerkung, daß dies ein zweiter 18. Juni zu werden ver-
ſpreche. In der That waren die Angriffscolonnen zu ſchwach, die Reſerven
waren ebenfalls nicht ſtark genug und auch zu weit entfernt, und die Laufgräben gewährten nicht hinlänglichen Raum für die nöthige Anzahl Truppen.
Man darf nicht vergeſſen, daß während wir den Redan nur mit zwei Diviſionen angriffen, von denen ein Theil in Reſerve blieb und gar nicht ins
Gefecht kam, die Franzoſen ihren Sturm auf den Malakoff mit vier Diviſionen des 2. Armeecorps, von dem die 1. und 4. Diviſion die Sturmcolonnen und die 3. und 5. Diviſion die Unterſtützung bildeten, unternahmen und deſſenungeachtet immer noch eine Reſerve von 10,000 Mann in der
Hand behielten. Die Franzoſen hatten am 8. September wahrſcheinlich
nicht weniger als 30,000 Mann im erſten Angriffe verſammelt. Die Dispo-
ſitionen für die beiden engliſchen Diviſionen waren faſt gleichlautend. Beide
ſollten den Angriff gemeinſchaftlich ausführen und eine gleiche Zahl Leute
zu den Sturmcolonnen ſtellen. Die Deckung beſtand aus 100 Mann vom
3. Infanterieregiment und 100 Mann vom 2. Bataillon der Jägerbrigade, die die Sturmleitern tragende Abtheilung aus 160 Mann vom
3. Infanterieregiment unter Hauptmann Maude und 160 Mann vom
97. Regiment. Die 21. Diviſion trug 260 Mann vom 31., 300 Mann

vom 41., 200 Mann vom 52. und eine Arbeiterpartei von 100 Mann
des 41. Regiments bei. Der Ueberrest von Windhams Brigade, das 47.
und 49. Regiment, blieb in Reserve wie Warrens Brigade derselben Division, von der das 30. und das 55. Regiment ins Gefecht kamen und sehr
litten. Kaum hatten unsere Truppen die fünfte Parallele verlassen, so
eröffneten die Kanonen aus der Flanke des Redan ein lebhaftes Feuer
auf sie, während sie rasch gegen den ausspringenden Winkel vorgingen, wo
natürlich keine Geschütze stehen. Nach wenigen Secunden war Brigadier
Shirley, der die Colonnen führte, für den Augenblick durch den Staub
und die Erde, die ihm eine Kugel in die Augen warf, kampfunfähig gemacht. Er mußte sich aus dem Gefecht begeben und anstatt seiner übernahm den Befehl Oberstlieutenant Bunbury vom 23. Regiment, als der
älteste Officier nach Oberst Unett, der gleich nach den ersten Schritten im
Freien von einer Kugel niedergestreckt worden war. Brigadier van Strau-
benzee erhielt eine Quetschwunde im Gesicht und mußte sich aus dem Gefecht
tragen lassen. Oberst Handcock fiel von einer Kugel tödtlich im Kopfe
getroffen. Auch Hauptmann Hammond, der Führer der der Jägerbrigade
entnommenen Deckung, sowie Major Welsford blieben todt auf dem Platze.
Viele Officiere und Mannschaften wurden verwundet und kampfunfähig
und von den Führern von Abtheilungen gelangten nur Brigadier Windham
und die Hauptleute Fyers, Lewes und Maude glücklich in den Redan und
entgingen unverletzt dem Kartätschen- und Kleingewehrfeuer, welches die
Flanken des Werkes nach dem ausspringenden Winkel zu bestrich.

Wenige Minuten nach zwölf Uhr verließen unsere Truppen die fünfte
Parallele. Das Kleingewehrfeuer begann sogleich und in weniger als
fünf Minuten, während welcher Zeit die Truppen eine Strecke von ungefähr
vierzig Schritte bis zur Brustwehr des Redan überschreiten mußten, hatten
sie einen großen Theil ihrer Officiere und fast alle ihre Anführer, mit Ausnahme der oben genannten, verloren. Wie sie der feindlichen Linie näher
kamen, wurde jedoch das Feuer weniger verheerend. Ohne große Mühe
gelangten sie über den Verhau, der von unsern Kugeln zerrissen und zertrümmert war. Die leichte Division eilte geradenwegs auf den ausspringenden Winkel des Redan zu und erreichte den Graben, der hier ungefähr 15 Fuß tief ist. Die dazu abgezählte Mannschaft setzte die Leitern
an, aber diese waren zu kurz. Dies hätte jedoch nichts ausgemacht, wenn
sämmtliche Leitern dagewesen wären, aber mehrere waren in den Händen von
Todten oder Verwundeten zurückgeblieben, andere zerbrochen, sodaß,
wenn man den Angaben einiger Augenzeugen glauben darf, nicht mehr
als sechs oder sieben Leitern am ausspringenden Winkel vorhanden
waren. Geführt von ihren Officieren sprangen die Truppen in den Graben und kletterten an der anderen Seite wieder hinauf, wo sie die Brustwehr fast ohne Widerstand erstiegen, denn die wenigen Russen, die sie besetzt
hielten, flohen über die Traversen, sowie unsere Leute auf dem Kamme

erschienen und beschossen sie von dort aus. Um zu zeigen, welche verschiedenen Eindrücke ein und derselbe Vorfall auf besondere Leute machen kann, bemerke ich hier, daß ein hoher Officier mir erzählte, es wären nicht mehr als 150 Russen im Redan gewesen, als er hineinkam, und die Engländer hätten das Werk mit größter Leichtigkeit wegnehmen können, wenn sie nur keck darauf los gegangen wären; auch behauptete er, es hätten sich keine Feldgeschütze innerhalb des Werkes befunden. Dagegen versicherte mir ein anderer Officier aufs Bestimmteste, wie er auf den Kamm der Brustwehr des ausspringenden Winkels gelangt sei, habe er ungefähr hundertzwanzig Schritte vor sich einen Abschnitt mit Schießscharten gesehen, aus welchen die Mündungen von Feldgeschützen hervorgeschaut, und hinter der Brustwehr hätten dichte Colonnen russischer Infanterie gestanden, das vordere Glied knieend mit aufgepflanztem Bayonnet, als erwarte es einen Cavalerieangriff, während die zwei hinteren Glieder über sie hinweg ein vernichtendes Feuer auf unsere Leute unterhielten. Der einzige Weg, diese weit aus einander gehenden Angaben mit einander zu versöhnen, ist, vorauszusetzen, daß der ersterwähnte Officier von der früheren Periode des Angriffs sprach, und der Letztere eine spätere Zeit meinte, wo die Russen vielleicht Schießscharten durch die Brustwehr gebrochen hatten und durch Flüchtlinge aus dem Malakoff und durch Truppen aus den weiter hinter gelegenen Casernen verstärkt worden waren. So beklagenswerth es jedenfalls ist und fast unglaublich für Diejenigen, welche wissen, wie trefflich sich der englische Soldat vor dem Feinde im Allgemeinen benimmt, ist es dennoch wahr, daß unsere Leute, nachdem sie die Brustwehr erstiegen hatten, wie von einer seltsamen Verblendung ergriffen, zu schießen anfingen, anstatt ihren Officieren zu folgen, die jetzt so rasch fielen, als sie vorauseilten und die Soldaten anzuspornen suchten, ihrem Beispiele zu folgen. Trotzdem daß meistens das Gegentheil geglaubt wird, stehen die meisten Menschen lieber im Feuer, als daß sie sich auf ein Handgemenge einlassen. Es ist oft schwer genug, Reiterei zum Choc zu bringen, wenn sie eine anständige Entschuldigung finden kann, den Pallasch einzustecken und zur Pistole und zum Carabiner zu greifen, mit denen sie ewig darauf losplatzt, aber wenn irgend eine Deckung nahe bei der Hand ist, findet ein an den Laufgrabendienst gewöhnter Infanterist den Reiz einer Patrone ganz unwiderstehlich. Die kleine Abtheilung vom 90. Regimente griff, stark gelichtet, tapfer die Brustwehr an, war aber zu schwach, sie zu nehmen und mußte sich hinter die Traversen zurückziehen, wo Mannschaften von verschiedenen Regimentern sich bereits gesammelt hatten und ein lebhaftes Feuer auf Russen unterhielten, deren Köpfe gerade über den Abschnitt hervorsahen. Gleichzeitig mit der Spitze der Sturmcolonne der leichten Division war Oberst Windham rechts von ihr unterhalb des ausspringenden Winkels auf der linken Face des Redans in das Werk gedrungen, konnte aber trotz aller seiner

Anstrengungen wenig mehr ausrichten, als die tapferen Officiere des 90. und 97. Regiments und ihrer Unterstützungen.

Als die leichte Division ihren Angriff begann, beschossen sie mehrere Geschütze aus der Casernenbatterie und der rechten Face des Redan mit einem wohlgezielten Kartätschenfeuer, welches ihr große Verluste zufügte, noch ehe sie den ausspringenden Winkel des Werkes, das sie angreifen sollte, erreichte. Die Sturmcolonnen der 2. Division folgten unmittelbar der leichten Division, als sie sich aber dem ausspringenden Winkel näherten, brachte sie Brigadier Windham mit großer Einsicht durch einen kleinen Umweg auf die Flanke der leichten Division, sodaß sie die linke Face des Redan angreifen konnten. Die erste Schießscharte, welche sie fanden, stand in hellen Flammen, aber als sie die nächste erreichten, sprangen Mannschaften in den Graben und kletterten mit Hilfe von Leitern oder Einer dem Anderen die Hände reichend an der anderen Seite hinauf, erstiegen die Brustwehr oder drangen durch die unvertheidigten Schießscharten ins Innere. Oberst Windham war auf dieser Seite der allererste und ihm folgten Daniel Mahoney, ein großer Grenadier vom 41. und Kilkenny und Cornelis von demselben Regimente. Als Mahoney mit einem Cheer hineinsprang, schoß ihn ein russischer Büchsenschütze durch den Kopf und er fiel todt über Oberst Windham hin und gleichzeitig wurden auch Kilkenny und Cornelis verwundet. Letzterer beansprucht die Belohnung von 5 Pfund, welche Oberst Herbert für Denjenigen ausgesetzt hat, der von seiner Division zuerst in den Redan dringt. Parallel mit der Face des Redan läuft eine innere Brustwehr, bestimmt, die Artilleristen an den Schießscharten vor der Wirkung der im Innern des Werkes platzenden Bomben zu schützen. Mehrere Einschnitte gestatteten der Bedienung der Geschütze sich nöthigenfalls hinter diese Brustwehr zurückzuziehen, und hohe und starke Traversen waren überall angebracht, um ihnen weiteren Schutz zu gewähren. Im Hintergrunde des Redan vor dem eingehenden Winkel erhebt sich ebenfalls eine fast halbmondförmige Brustwehr. Als unsere Leute durch die Schießscharten eindrangen, zogen sich die wenigen Russen, die zwischen dem ausspringenden Winkel und diesem Abschnitte sich befanden, dahinter zurück, und unterhielten auf die Brustwehr des ausspringenden Winkels und auf die innere Brustwehr des Redan ein lebhaftes Feuer, welches unsere Truppen mit einer Verblendung, welche alle Officiere beklagen, erwiderten ohne vorzugehen oder sich hinter den Traversen zu decken. Sie luden und feuerten zwar so rasch sie konnten, richteten aber keinen großen Schaden unter den von der Brustwehr gedeckten Russen an. Auch Trupps von russischen Schützen standen hinter den Traversen weiter hinten im Redan, und unterhielten auf unsere Leute ein belästigendes Feuer. So wie sich die Nachricht von einem Sturme verbreitete, kam der Feind aus den Casernen hinter dem Redan herangestürmt und steigerte das Gewicht und die Lebhaftigkeit seines Feuers, während unsere Soldaten auf allen Seiten fielen und die Russen durch ihre Unbeweglichkeit und ihr mattes Feuer, vor dem der Feind gedeckt war, nur ermutbigten. Vergebens bemübten sich die Officiere durch Wort und That und durch das Beispiel verwegenster Kühnheit die Soldaten zum Vorgehen zu bewegen. Sie waren von dem Eindrucke beherrscht, daß der Redan unterminirt wäre und daß sie alle in die Luft gesprengt werden würden, wenn sie vorgingen; aber viele benahmen sich, wie es der Männer von der Alma und Inkerman würdig war, und wurden voreilend von dem feindlichen Feuer niedergemäht. Die Officiere fielen auf allen Seiten, denn ihr Muth machte es den feindlichen Kugeln leicht, sie sich auszulesen. Die verschiedenen Regimenter kamen in unlösliche Verwirrung durcheinander. Die Mannschaften des 19. Regiments kümmerten sich nicht um die Befehle der Officiere des 88., und die Soldaten des 23. hörten nicht auf einen Officier, der nicht ihrem Regimente angehörte. Die Officiere konnten ihre Untergebenen nicht finden — die Soldaten hatten ihre Officiere aus dem Gesichte verloren. Alle Brigadiers, mit Ausnahme des Oberst Windham, waren verwundet oder kampfunfähig. Dieser tapfere Officier that Alles was nur menschenmöglich war, um seine Leute zum Angriff zu formiren und sie gegen den Feind zu führen. Er eilte von einer Traverse zur anderen, munterte die Leute auf, hervorzukommen, und es gelang ihm mehrmals kleine Trupps zu formiren, aber sie schmolzen so schnell weg, als sie sich zusammen gefunden hatten, und fielen entweder im Gliede oder zogen sich wieder hinter eine Deckung zurück, um von dort aus ihr Feuer zu unterhalten. Viele drängten sich an den unteren Theilen der inneren Brustwehr zusammen und beschossen den Feind lebhaft, aber nichts konnte sie bewegen, heraus ins Freie zu kommen, und den Abschnitt mit dem Bayonnete anzugreifen. Alles Dieses ging auf der linken Face des Redan vor sich, während sich fast dasselbe Schauspiel in dem ausspringenden Winkel wiederholte. Jeden Augenblick verminderte sich die Zahl unserer Truppen, während die Russen in Schaaren aus der Stadt heraufkamen oder sich vom Malakoff hineindrängten, den jetzt die Franzosen besetzt hatten. Dreimal schickte Oberst Windham Officiere an Sir E. Cobrington, der sich in der fünften Parallele befand, mit der Bitte, ihm Unterstützungstruppen zu senden; aber sämmtliche drei Officiere wurden auf ihrem Wege von dem Graben des Redan nach den Laufgräben verwundet. Zuletzt kamen allerdings Unterstützungstruppen an, aber in Unordnung von dem Feuer, dem sie unterwegs ausgesetzt waren, und in so kleinen Abtheilungen, daß sie nur die Verwirrung und das Blutvergießen vergrößerten. Als Oberst Windham es unmöglich fand, auf der linken Face Truppen zu sammeln, stieg er durch einen der Einschnitte der inneren Brustwehr und ging hinüber nach der rechten Face, kaum vierzig Schritte an dem von den Russen besetzten Abschnitte vorüber, ohne wunderbarerweise von dem Kugelregen verwundet zu werden. Als er hinter die innere Brustwehr auf der rechten Face kam, fand er denselben Stand der Sache wie auf der anderen

Seite des Redan. Die Mannschaften standen hinter den Traversen und schossen auf die Russen, und die Truppen, welche von dem ausspringenden Winkel herunterkamen, eilten ebenfalls sofort hinter diesen deckenden Schutz. Der Oberst brachte einige Schützen und einige Soldaten des 88. Regiments zusammen, aber kaum hatte er sie gesammelt, so wurden sie von einem concentrirten Feuer getödtet, verwundet oder zerstreut. Die Officiere unterstützten Oberst Windham mit der aufopferndsten Hingebung, und die feindlichen Büchsenschützen lasen sich dieselben zur besonderen Zielscheibe aus. Die Kehle des ausspringenden Winkels war zu schmal, um den Truppen zu erlauben, sich zu formiren, und jemehr Mannschaften sich hineindrängten, desto ärger wurde die Verwirrung und desto mehr litten sie von dem feindlichen Feuer. In dieser ungeordneten Weise dauerte das Gefecht wohl eine Stunde fort. Die Russen standen jetzt in dichten Massen hinter dem Abschnitte, und Oberst Windham ging noch einmal über den freien Raum nach der linken Seite hinüber, um noch einen Versuch zu machen, das Gefecht wieder herzustellen; die Kugeln der auf die Russen schießenden Mannschaften im ausspringenden Winkel umsausten ihn auf allen Seiten, und auch die Russen, die eine Salve nach der anderen in die Spitze des Werks abfeuerten, richteten ihre Gewehre auf ihn, aber er kam sicher durch dieses Kreuzfeuer und gelangte hinter die innere Brustwehr auf der linken Seite, wo die Zahl der noch Ausharrenden immer dünner wurde. Ein russischer Officier trat jetzt auf den Rand des Abschnitts und warf mit eigener Hand einen Schanzkorb um; er wollte Platz für ein Geschütz machen. Oberst Windham rief mehreren Soldaten, die über die Brustwehr feuerten, zu: „nun Ihr schießt ja so gern, warum schießt Ihr nicht diesen Russen nieder?" Sie feuerten eine Salve und fehlten ihn, und bald darauf begann das Geschütz die Spitze des ausspringenden Winkels mit Kartätschen zu beschießen. Oberst Windham sah, daß keine Zeit zu verlieren war. Er hatte drei Officiere nach Verstärkungen und hauptsächlich nach formirten Truppen abgeschickt, und er beschloß jetzt selbst zu General Codrington zu gehen. Zu Capitain Crealock vom 90. Regimente, der sich in seiner Nähe bemühte, seine Leute anzufeuern, und selbst viel Muth und Energie zeigte, sie zu ordnen, sagte er: „ich muß selbst zum General gehen, um Unterstützung zu holen. Wenn ich fallen sollte, bitte ich Sie, Allen zu sagen, zu welchem Zwecke ich weggegangen bin." Er stieg über die Brustwehr und den Graben und erreichte glücklich durch einen Hagel von Kartätschen- und Flintenkugeln unverletzt die fünfte Parallele. Sir E. Codrington frug ihn, ob er wirklich mit den Unterstützungstruppen, die noch verfügbar seien, etwas glaube ausrichten zu können, und sagte, er könne das Königsregiment nehmen, daß in der Parallele stehe. „Die Officiere mögen vor die Front treten — wir wollen geordnet vorgehen, und wenn die Truppen ihre Formation behalten, ist der Redan unser," war die Antwort des Obersten; aber es war zu spät, denn in demselben Augenblicke sah man unsere Leute sich

in den Graben stürzen oder die Brustwehr des ausspringenden Winkels herunter und durch die Schießscharten des Werkes kommen, während die Russen
ihnen mit dem Bayonnet und Kleingewehrsalven folgten, und sogar noch
auf die in dem Graben Liegenden schossen. Die Russen hatten nämlich
mehrere 1000 Mann hinter dem Abschnitte gesammelt, und als sie sahen,
daß unsere Truppen sich in Verwirrung hinter der inneren Brustwehr und
den Traversen zusammendrängten, stiegen sie über den Abschnitt, durch
welche jetzt mehrere Feldgeschütze die innere Seite des Redan mit Kartätschen beschossen, und griffen die halbaufgelösten Trupps der Engländer mit
dem Bayonnete an, während die hinteren Glieder auf der Brustwehr stehen
blieben, und von dort aus über die Köpfe der Angreifenden ein verheerendes Feuer unterhielten. Der Kampf, der jetzt stattfand, war kurz, verzweifelt und blutig. Unsere Soldaten, obgleich sie unter den nachtheiligsten
Verhältnissen fochten, traten dem Feinde mit dem Bayonnete entgegen und
einzelne Kämpfe fanden statt, in welchen sich die tapfern Bursche, die nicht
weichen wollten, gegen drei oder vier Gegner gleichzeitig zu vertheidigen
hatten. In diesem wilden Getümmel hatten die nur mit dem Degen bewaffneten Officiere einen schlimmen Stand, und auch diejenigen, welche Pisto-
len bei sich trugen, hatten wenig Gelegenheit, in einem solchen rasch verlau-
fenden Kampfe Gebrauch davon zu machen. Sie fielen gleich Helden und
mancher tapfere Soldat mit ihnen. Die Leichen von Engländern und Russen,
mit einander in einer Umarmung verschlungen, die der Tod nicht lösen
konnte, sondern eher noch fester machte, fand man am andern Tage zu
Hunderten im Innern des Redan als Beweise von der verzweifelten Wuth
des Kampfes. Aber schon der bloße Druck der vorrückenden Masse, die
sich Compagnie nach Compagnie und Bataillon nach Bataillon nachschob,
mußte die Oberhand gegen die vereinzelten und gelockerten Trupps gewinnen, welche den Schutz der Uebereinstimmung aufgegeben, und die Vortheile der Disciplin und des Gehorsams verloren hatten. Wie wenn ein
gewaltiger Fels sich in das Meer vorschiebt und die dagegen schäumenden
Wellen zurückdrängt, so drückten die russischen Colonnen die gelockerte
Schaar zurück, welche mit Kugel und Bayonnet an ihrem Saume herum-
nagte und sich vergeblich gegen das Gewicht der Masse zu behaupten suchte.
Mühsam kämpfend wurden unsere Leute Schritt für Schritt von dem
Feinde zurückgedrängt, der sich maschinenmäßig, Freund und Feind unter
sich zertretend, vorwärts bewegte, und blutend, keuchend und erschöpft lagen
unsere Leute in Haufen in dem Graben unter der Brustwehr, suchten hinter Steinen oder in Bombentrichtern auf der Böschung des Werkes Schutz,
oder versuchten unter einem mörderischen Feuer nach unserer vordersten
Parallele zurück zu eilen. Viele verloren dabei das Leben oder wurden
schwer verwundet. Das Gewühl im Graben war entsetzlich anzusehen, obgleich einige Officiere mir versicherten, daß sie und ihre Leute über die Eile
gelacht hätten, mit der mancher tapfere Bursche sich, ohne sich umzusehen,

hinunter in das Gewühl von Bayonneten, Flinten und Soldaten stürzte;
die Leitern waren alle umgeworfen oder zerbrochen, sodaß es den Truppen
schwer wurde, auf der anderen Seite hinaufzuklettern, und Todte, Sterbende,
Verwundete und Gesunde lagen in Haufen übereinander. Die Russen
kamen aus den Schießscharten heraus, warfen mit Steinen nach ihnen,
beschossen sie mit Kartätschen oder stachen nach ihnen mit dem Bayonnete,
wurden aber bald von dem Feuer unserer Batterien und unserer Schützen
gezwungen, sich zurück zu ziehen, und unter dem Schutze dieses Feuers retteten sich Viele in unsere Laufgräben. Es kam vor, daß russische Soldaten
trotz des heftigen Feuers von der Brustwehr ausharrten, um die auf der
Böschung liegenden Leichen zu plündern und ihre Raubsucht mit den Leben
bezahlen mußten, aber Andere kamen zu edleren Zwecken heraus und brachten unseren Verwundeten Wasser. General Pelissier beobachtete das Fehlschlagen unseres Angriffes vom Malakoff aus, und ließ General Simpson
fragen, ob er noch einmal anzugreifen gedenke. Der englische Oberbefehlshaber soll ihm als Rückantwort haben sagen lassen, daß er sich nicht im
Stande fühle einen neuen Angriff zu wagen. Und doch waren jetzt noch
die Garden, die Hochländer, die 3. und 4. Division und die meisten Reserven unberührt. Mit ihnen hätte ein neuer Sturm versucht werden können, aber die späteren Bewegungen der Russen machen es zweifelhaft, ob
der Ruhm den Redan genommen und unsere Schlappe wieder gutgemacht zu
haben, nicht durch neues Blutvergießen zu theuer erkauft worden wäre.
So wie wir den Angriff aufgaben, schwieg das Feuer vor unserer Front
fast ganz, aber hinter dem Malakoff dauerte ein verzweifelter Kampf zwischen
dichten Massen von Russen, die theils im Redan frei geworden, theils aus
der Stadt herauf gekommen waren, und den Franzosen fort; und der Kampf
um den kleinen Redan, links vom Malakoff, war noch heftig. Wolken von
Rauch und Staub bedeckten den Kampfplatz, aber das Kleingewehrfeuer
knatterte unaufhörlich fort, und verrieth, wie heftig das Ringen war. Durch
die Risse der Rauchwolken sah man dann und wann eine Tricolore, mit
einem Adler darüber, auf der inneren Brustwehr des Malakoffs flattern.
Rund um ihn toste das Schlachtgetümmel und stürmte gegen ihn an, aber
kräftige Arme und tapfere Herzen vertheidigten ihn, und alle Angriffe des
Feindes blieben vergeblich. Wir waren auch Zeugen, wie unsere braven
Verbündeten aus ihren Approchen in den Malakoff hinüberströmten oder
eilenden Schrittes nach Rechts stürmten, wo die beständig verstärkten Russen
vergeblich versuchten ihre Feinde zurückzutreiben und den Schlüssel der Festung
wieder zu gewinnen. Wir verfolgten den Kampf mit gespannter Theilnahme,
aber der Ausgang konnte nicht zweifelhaft sein. Wir würden die Unwahrheit
sagen, wenn wir behaupteten, das Mislingen unseres Angriffs hätte uns nicht
tiefen Schmerz verursacht, den der glorreiche Sieg unserer Verbündeten
nicht ganz vergessen machen konnte. Selbst Diejenigen, welche jeden Angriff auf den Redan für unnütz und unklug hielten, insofern als der Besitz

des Malakoffs ihrer Ansicht nach den Redan unhaltbar machte, konnten nur bitter beklagen, daß der Sturm, da er einmal unternommen wurde, nicht mit einem entscheidenden Siege endete, und daß so viel Blut, zwar nicht ruhmlos, aber doch fruchtlos vergossen worden ist.

Die Franzosen sind allerdings so großmüthig gewesen, unsern Truppen nachzusagen, daß sie sich mit großer Tapferkeit benommen hätten, und ihre Verwunderung auszusprechen, daß wir unter einem so fürchterlichen Feuer uns so lange im Redan hätten halten können, aber englische Soldaten sind unter solchen Umständen an das nil admirari gewöhnt, und derartiges Lob verursacht ebenso viel Schmerz wie Freude. Viele sind der Meinung, daß wir den einmal unternommenen Sturm sogleich hätten wiederholen sollen, und es ist ihnen nur ein geringer Trost, zu wissen, daß General Simpson den folgenden Morgen den Angriff auf den Redan zu erneuern wünschte, indem die Russen unserm wahrscheinlichen Siege vorausgekommen sind, und uns durch ihren Rückzug die Möglichkeit genommen haben, unsere Schlappe wieder gut zu machen, während sie zugleich durch die Räumung der Stadt die Vollständigkeit des Sieges unserer tapfern Verbündeten anerkannt haben.

Unser Angriff dauerte ungefähr einunddreiviertel Stunde, und in dieser Zeit verloren wir mehr Menschen als bei Inkerman, wo der Kampf sieben Stunden währte. Kurz vor zwei Uhr Nachmittags, ungefähr um die Zeit wo wir uns zurückzogen, flog rechts zwischen dem Mamelon und dem Malakoff ein Pulverwagen oder eine Flattermine auf und schien mehrere Franzosen in die Luft zu sprengen, und bald darauf fuhr die Artillerie der kaiserlichen Garde im Galopp gegen den kleinen Redan vor, ein Beweis, daß unsere Verbündeten eine Stellung genommen hatten, von wo aus sie den Feind mit ihren Feldgeschützen beschießen konnten. Vom Beginn des Angriffs an hatten die französischen Batterien jenseit der Kalfaterbucht nicht aufgehört gegen die russische Flotte zu donnern, welche unten still vor Anker lag, und zwischen ihnen und den Batterien bei Inkerman war bis zum Abend eine lebhafte Kanonade im Gange, in welche sich dann und wann die englische Redoute und die früheren russischen Redouten Selinghinsk und Volhynien mischten. Um ein Uhr kamen bereits Verwundete im Lager an. Sie konnten wenig oder nichts erzählen. „Sind wir im Redan?" „O ja, aber es sind Viele geblieben, und die Russen sind gewaltig stark." Einige waren heiter, Andere niedergeschlagen; Alle schienen stolz auf ihre Wunden zu sein. Nach einer halben Stunde hatte sich die Zahl der Verwundeten vermehrt, sie kamen zu Zweien und Dreien und — was ich schon früher als ein schlechtes Zeichen beobachtet hatte — die Zahl der Unverletzten, welche unter dem Vorwande, den Verwundeten Beistand zu leisten, das Gefecht verlassen hatten, wurde ebenfalls größer. Dann sah man auf der Woronzoffstraße die mit Verwundeten gefüllten Ambulanzen und Cacolets oder Tragkörbe auf Maulthieren kommen. Alle zehn Minuten

hatte ihre Zahl zugenommen, und man konnte bemerken, wie man sich möglichst anstrengte, um sie rasch zur Abholung einer frischen Ladung wieder
nach der Front zu schicken. Die Träger von Bahren verlängerten jetzt den
traurigen Zug. Wir hörten, daß die fliegenden Hospitäler in der Front
voll waren, und daß die Aerzte kaum mehr wüßten, wo sie Platz für ihre
Verwundeten finden sollten. Ein anderes schlimmes Zeichen war, daß der
Feind nie aufhörte nach uns mit Bomben zu werfen, von denen viele hoch
in der Luft über unseren Köpfen platzten, während die Stücke mit einem
höchst unangenehmen Sausen um uns herumflogen. Diese Bomben waren
für unsere Reserven bestimmt; und obgleich die Zünder nicht lange genug
für eine solche Entfernung brannten und sie alle in beträchtlicher Höhe platzten,
so wurden doch einige Mannschaften von den in Reserve gehaltenen Truppen
verletzt. Die rasch zunehmende Zahl der Verwundeten, von denen einige ihre Gewehre zurückgelassen hatten, ließen bereits die Wahrheit dunkel vorausahnen,
aber ihre Antworten auf manche eifrige Frage waren nicht sehr bestimmt
und verständlich, und einige wußten nicht einmal was sie angegriffen hatten. Ein armer junger Bursche, der mit einem zerbrochenen Arme und
einer Kugel in der Schulter immer noch standhaft einhergeschritten kam,
trug sein Gewehr noch, machte aber das naive Geständniß, daß er es gar
nicht abgeschossen hätte, weil er es nicht verstünde. Das Gewehr war in
bester Ordnung. Ich konnte nicht umhin zu denken, daß solche Jünglinge,
obgleich noch so tapfer, kaum geeignete Gegner für die guteinexercirten Soldaten Rußlands wären; und doch vertrauen wir die Ehre, den Ruf und
den Ruhm Großbritanniens ungeübten Knaben an, die frisch vom Pfluge
oder dem Webstuhle kommen. Um nur ein Beispiel von der Art von Rekruten zu geben, wie wir neuerdings hier erhalten haben, erwähne ich blos,
daß ein großer Theil der Ersatzmannschaften für die Regimenter der 4. Division, welche vorige Woche hier ankamen, sich erst vor wenigen Tagen hat-
tem anwerben lassen, und noch nie in ihrem Leben eine Büchse abgeschossen
hatten! Man darf sich nicht denken, daß sich aus so rohem Stoffe hier
tüchtige Soldaten machen lassen, denn es ist Thatsache, daß diese Belagerung
fast die schlimmste Schule ist, die es zur Entwickelung des Muthes und des
mannhaften Selbstvertrauens des Soldaten geben kann, und ebensowenig lehrt
sie ihn den Werth der Disciplin und des Zusammenwirkens kennen. Wenn
er Dienst in den Laufgräben hat, so lernt er sich hinter Schanzkörben ver-
kriechen, und aus sicherm Versteck gelegentlich einen Feind wegschießen, hat
aber keine Gelegenheit, den Werth seiner Cameraden kennen zu lernen oder
sich gegen den Feind im offenen Felde tüchtig zu erweisen. Das natürliche
Resultat entsteht daraus. Die alten Soldaten benahmen sich vortrefflich,
und hielten bis zuletzt bei ihren Officieren aus; auch fehlte es den jungen
Rekruten nicht an Muth, wohl aber an Disciplin und Vertrauen in ihre
Officiere. Es ist gar nicht zu bezweifeln, daß der 3. und 4. Division der
Sturm gelungen wäre, wenn man einen zweiten Angriff für nothwendig

gehalten hätte. General Simpson blieb in der Grünenhügelbatterie bis um sechs Uhr, wo General Pelissier melden ließ, daß der Malakoff in seinem sichern Besitz sei, und anfragte, was die Engländer hinsichtlich des Redans zu thun gedächten. General Simpson war bereits zu dem Entschluß gekommen, am nächsten Morgen um fünf Uhr mit der 3. und 4. Division den Angriff zu erneuern. Als es dunkel wurde, marschirten die Garden, die hinter unserm rechten Angriffe in Reserve standen, nach ihrem Lager zurück, und ihnen folgte ein Theil der Hochländer. Der Rest dieser letzteren und der 3. Division hatten für die Nacht den Dienst in den Laufgräben. Der Verlust der leichten Division war größer als in der siegreichen Schlacht an der Alma. Sie hatte an Todten 13 Officiere und 94 Mann, an Verwundeten 73 Officiere und 964 Mann, zusammen 1144. An der Alma betrug der Verlust der Division an Todten und Verwundeten nur 1001 Mann. Unser Gesammtverlust am 8. September kann auf nicht weniger als 2200 bis 2300 Mann veranschlagt werden.

Sebastopol, 12. September.

Es ist für den Schreiber selbst höchst wohlthuend die alte Adresse „im Lager vor Sebastopol," die während der letzten elf Monate hätte stereotypirt werden können, aufzugeben; aber noch ist man nicht vollkommen berechtigt, die oben angegebene zu wählen, denn noch haben wir uns in der Stadt nicht festgesetzt. Der Feind hat zwar die Südseite geräumt, scheint sich aber vorzubereiten, die Nordseite zu vertheidigen und dort ein anderes Denkmal der Ingenieurkunst zu errichten. Das Staunen aller Derjenigen, welche die Trümmer von Sebastopol besuchen, ist von zweierlei Art: sie wundern sich über die Stärke der Befestigungswerke, und daß man sie überhaupt genommen hat; sie staunen aber auch, daß Menschen mit solcher Zerstörung rund um sich sie so lange haben vertheidigen können. Dem Anscheine nach heben sich diese Empfindungen gegenseitig auf, aber ein einziger Blick auf die Veste erklärt den scheinbaren Widerspruch. Erstlich ist es klar, daß das Feuer unserer Artillerie jede Ecke und jeden Winkel der Stadt heimsuchte, und daß es den Russen ganz unmöglich geworden wäre, die nöthigen Mannschaften zur Vertheidigung ihrer langen Linien von Brustwehren und Batterien ohne einen so mörderischen Verlust, wie er eine Armee rasch vernichten muß, zu postiren. Ihre Casematten und bombenfesten Räume, so geräumig und zahlreich sie waren, konnten nicht genug Truppen fassen, um einen mit Ueberraschung und Schnelligkeit ausgeführten combinirten Angriff auf die ganze Linie abzuschlagen. Auf der anderen Seite ist die Stärke der Befestigungswerke wunderbar. Freilich hört man unsere Ingenieure schüchtern behaupten, „sie sind schlecht tracirt," aber es ist offenbar, daß der Russe, der es mit den Verbündeten im freien Felde nicht aufnehmen kann, im Stande gewesen ist, die fürchterlichsten Bombardements, welche die Welt kennt, und eine elfmonatliche Belagerung auszuhalten, daß

es ihm gelungen ist, einen allgemeinen Sturm zurückzuweisen, und daß ein
späterer Angriff, der vier Punkten zugleich galt, nur auf einem Erfolg hatte,
der zum Glück zugleich der Schlüssel zu seiner Stellung war, und die natürliche Schlußfolgerung daraus ist, daß seine Ingenieure Männer von vollen-
deter Geschicklichkeit waren, welche ihn durch künstliche Vertheidigungsmittel
in den Stand setzten, unseren angestrengtesten Bemühungen die Spitze zu
bieten. Die Einzelheiten des französischen Angriffs setze ich als bekannt
voraus. Ich will hier nur noch hinzufügen, daß von den drei oder vier
angegriffenen Punkten — der kleine Redan und der Malakoff rechts, und
die Centralbastion und der eingehende Winkel der Signalstabbastion links
— nur einer in unserm Besitze blieb, und daß dies ein geschlossenes Werk
war. Der große Redan, der kleine Redan und die Vertheidigungslinie auf
der Linken wurden nicht genommen, obgleich der Angriff entschlossen und
der Kampf auf beiden Seiten hartnäckig und blutig war. Ob wir den
großen oder den kleinen Redan oder die linke Seite überhaupt hätten angreifen sollen, ist eine Frage, die von Vielen aufgeworfen wird, die aber
nicht hier entschieden werden kann. Es ist gewiß, daß der Feind seine
Schwäche kannte und ein zu guter Strateg war, um Positionen zu vertheidigen, deren Schlüssel sich in unserm Besitze befand. Das brennende Sebastopol und die versenkten Schiffe sprachen am nächsten Morgen laut genug,
und ungefähr 10,000 englische und französische Soldaten lieferten den
Commentar dazu. Hätten wir den Angriff auf die anderen Punkte unterlassen können, so wäre es gut gewesen, wenn die Engländer die Ehre beansprucht hätten, an dem Sturme auf den Malakoff Theil zu nehmen, in den
wir ohnedies früher Bresche geschossen hatten, und vom Angriffe auf den
Redan ganz abzusehen, der einen verzweifelten, und wie es sich auswies,
einen erfolgreichen Widerstand leisten konnte, bis die Werke des Malakoff
genommen waren.

Die Ueberraschung im Lager am Sonntagmorgen war über alle Beschreibung groß, als sich die Nachricht verbreitete, daß Sebastopol in Flammen stehe und der Feind sich zurückziehe. Die furchtbaren Explosionen, von
denen die Erde wie von einem Erdbeben zitterte, störte nicht den Schlaf
mancher unserer müden Soldaten. Als ich vor Tagesanbruche aufstand
und mich nach dem Cathcarthügel begab, fand ich auf diesem Lieblingsplatze
für Zuschauer nur wenige Officiere. Alles stand zum erneuerten Angriffe
auf den Redan bereit, aber die Russen hatten ihn gegen Mitternacht unbemerkt geräumt, indem sie, um unsere Aufmerksamkeit abzulenken, ihre ganze
Linie entlang ein lebhaftes Kleingewehrfeuer aus den Schützengruben und
den Schießscharten bis zum letzten Augenblicke unterhalten hatten. Erst
durch das Aufhören des Schießens argwöhnisch gemacht, schlichen sich einige
Freiwillige in den Redan und fanden ihn leer. Bald darauf sah man einzelne Flämmchen durch die Straßen und die Vorstädte flimmern — ein
Punkt nach dem andern wurde hell — die Flammen glänzten in den Fenstern

der Häuser — ganze Reihen Gebäude loderten in die Höhe und vor Tagesanbruche stand die Stadt Sebastopol, die stolze Königin des Schwarzen
Meeres, auf die wir so oft mit sehnsüchtigem Auge geblickt hatten, vom
Meere bis zur Binnenhafenbucht in Flammen. Schon frühzeitig in der
Nacht flog Fort Alexander mit einem ungeheuren Krach, der die Erde
wanken machte, in die Höhe. Mit Sonnenaufgang folgten sich links vier
große Explosionen auf einander und verkündeten die Zerstörung des Quarantaineforts und der Pulvermagazine der Batterien der Centralbastion
und des Signalstabforts. Einen Augenblick später sprangen die Minen
vor der linken Face des Redan, und müssen dabei viele Verwundete, sowohl
Russen wie Verbündete, umgekommen sein. Zum Glück waren die Truppen, die ihn kurz nach Mitternacht besetzt hatten, wieder zurück beordert
worden. Die Signalstab- und Gartenbatterien flogen nach einander um
Dreiviertel fünf Uhr auf. Um halb sechs Uhr fanden zwei der weit verbreitetsten
und großartigsten Explosionen auf der Linken statt — wahrscheinlich Fort
Alexander und das große Magazin. Eine ungeheure Masse von schwarzem
Rauch, grauem und weißem Dampf, Quadern, Balken und Mauerwerk sauste
in die Luft empor, und dann folgte das Getöse eines gewaltigen Bombardements: ein Magazin mit Bomben flog in die Luft und explodirte am
Himmel wie ein Feuerwerk für Riesen, zahllose Feuerblitze zuckten hoch oben
durch die schwarze Rauchsäule über der Stadt und verwandelten sich dann
rasch in ebenso viele Wölkchen von weißem Qualm. Während dieser ganzen Zeit marschirten die Russen still und trotzig über die Brücke, und zahllose Boote fuhren Kriegsmaterial hinüber oder brachten einzelne Personen
nach der Südseite, um das Werk der Zerstörung zu vollenden und versteckte
Minen oder noch unverletzte Häuser anzuzünden. Von der Flotte waren
nur noch die acht Dampfer und die Mastspitzen der versenkten Linienschiffe
sichtbar. Sowie der Tag zu grauen anfing, schlichen sich einzelne Franzosen
aus den Laufgräben in die brennende Stadt ohne sich von den Flammen,
von den fortwährenden Explosionen, von dem Feuer eines hinter allen Verstecken lauernden Feindes, oder ihrer eigenen Geschütze, die in regelmäßigen
Zwischenräumen langsam mit Vollkugeln und Kartätschen auf die Vorstädte schossen, abschrecken zu lassen. Aber rothe und blaue Hosen, Käppi
und Zuavenfez waren bald mitten unter den Flammen von Haus zu Haus
schleichend zu erkennen. Vor fünf Uhr sah man schon Viele mit Beute aus
der Stadt kommen und russische Andenken wurden im Lager zum Kauf
ausgeboten, ehe die russischen Bataillone die Stadt verlassen hatten. Die
Matrosen blieben nicht zurück und man konnte Jack unter der Last von
Stühlen, Tischen, großen alten Bildern und anderm Plunder durch alle
Straßen stolpern sehen, um seine werthlose Beute nach den Laufgräben zu
schaffen. Verschiedene Personen verloren an diesem und dem folgenden Tage
durch Explosionen ihr Leben. Kurz nach sieben Uhr flogen abermals Magazine
in der Stadt hinter dem Redan und links von der Binnenhafenbucht in

die Luft und gleichzeitig sah man große schwarze Rauchwolken hinter Fort
Paul aufsteigen, wahrscheinlich von einem Dampfer, der noch brannte, als
wir an den Binnenhafen kamen. Die russischen Colonnen, welche in einem
ununterbrochenen Strome über die Brücke defilirt waren, lösten sich jetzt
in kleine Trupps oder einzelne Massen auf und Dreiviertel acht Uhr marschirte die letzte Colonne hinüber. Gleich darauf wurde die Brücke
abgebrochen und die Pontons wurden hinüber nach der Nordseite gefahren.
Die Boote hörten nicht auf während dieser ganzen Zeit hinüber und herüber zu fahren und die Dampfer waren lange nachdem die Besatzung den
Platz geräumt hatte noch ausnehmend geschäftig. Um neun Uhr fanden
viele Explosionen in den brennenden Trümmern statt, und aus den Mauern
des Forts Nikolaus stiegen Flammen auf. Dennoch kam weder in diesem
noch im Fort Paul eine Explosion vor. Da der Zudrang aus dem Lager
sehr groß wurde und Jedermann den Malakoff und den Redan besuchen
wollte, die mit Todten und Sterbenden angefüllt waren, so wurde eine
Postenkette englischer Cavalerie von unserer äußersten Linken bis zur französischen Rechten aufgestellt. Die Posten hatten alle Schluchten und Wege
nach der Stadt und nach den Laufgräben besetzt und hatten Befehl, Niemand als die Generale mit ihrem Stabe und Officiere und Mannschaften im
Dienste durchzulassen, und von unseren Leuten Alle anzuhalten, die mit
Beute aus der Stadt zurückkehrten. Da sie die Franzosen, Türken und
Sardinier nicht anhielten, verursachte dieser Befehl viel Murren, vorzüglich wenn unsere Schildwachen einem Soldaten einen schweren Stuhl oder
Tisch, den er eine Stunde weit geschleppt hatte, wieder abnahmen. Einmal
beklagten sich die Franzosen, daß unsere Dragoner englische Soldaten mit
russischen Gewehren hätten passiren lassen und den Franzosen nicht erlauben wollen, diese Trophäen mitzunehmen, aber diese Beschwerde bewies
sich als unbegründet. Sicherlich zeigte sich weder auf der einen noch auf der
anderen Seite Neid und Misgunst. Diesen Morgen marschirten die Reste
der französischen Regimenter, die den Malakoff und den kleinen Redan angegriffen hatten, in ihr Lager zurück, gerade als unsere 2. Division vor
ihrem Lager auf dem Paradeplatze sich aufgestellt hatte, und die Franzosen
mußten an ihr vorbei marschiren. Kaum hatte das Regiment Zuaven,
welches die Spitze bildete, die Stelle erreicht, wo unser erstes Regiment
stand, so begrüßten unser Leute die Franzosen freiwillig und wie aus einer
Brust mit einem donnernden englischen Cheer. Die französischen Officiere
zogen den Degen, die Mannschaften zogen das Gewehr an und marschirten
vorüber wie bei einer Revue, während ein Regiment der 2. Division nach
dem andern den Cheer wiederholte und zuletzt unsere Truppen vor ihren
tapfern französischen Cameraden das Gewehr präsentirten und die Officiere
sich gegenseitig mit dem Degen salutirten, bis auch der letzte Mann vorüber
marschirt war. Viele Verwundete mischten sich in das Gedränge der
Plünderer. Die Ambulanzen hörten nicht auf, langsam mit ihrer stöhnen-

den Bürde zurückzufahren und dann wieder im Trabe nach der Front zu
eilen, um neue Ladung zu holen und überall zwischen den Laufgräben und
dem Lager begegnete das Auge den von Maulthieren getragenen Cacolets.
Bereits hatten die Todtengräber ihre Arbeit begonnen. Während dieser
Zeit drängten sich die Russen in dichten Schaaren auf der Nordseite und
verfolgten mit der lebhaftesten Theilnahme die Fortschritte der Sprengun-
gen und Feuersbrünste. Ihre Dampfer lagen dicht am Ufer auf der Nordseite bei dem Katharinenfort vor Anker. Allmälig näherten sich die französischen und englischen Generale mit ihren Stäben mehr der Stadt, aber
noch war Fort Paul nicht in die Luft geflogen, Fort Nikolaus brannte auch
noch, und unsere Ingenieure erklärten, der Platz wäre auf achtundvierzig
Stunden unsicher. Einer kleinen Gesellschaft, unter der ich mich befand,
gelang es jedoch, die Postenkette zu umgehen und zwischen dem Mamelon
und Malakoff die Front zu erreichen. Der Erdboden war hier buchstäblich
mit Kugeln gepflastert und fast alle Schritte stieß man auf tiefe Trichter,
welche die Bomben gesprengt hatten. Auf der Straße drängten sich Franzosen, die mit werthloser Beute von Sebastopol heraufkamen, oder Trupps
von russischen Gefangenen, viele verwundet und alle niedergeschlagen, mit
Ausnahme eines hübschen kleinen Knaben in einer Kosakenmütze und einem
kleinen Uniformüberrock, der in der Gefangenschaft rasch Freunde gefunden
zu haben schien. Ich sah auch einen großen Russen, der offenbar des Guten
zuviel genossen hatte und jetzt den ganzen Weg nach dem Lager mit einem
Zuaven und einem Indigene tanzte. Auch Gräßliches genug erblickte man auf
dem Wege — Russen, die gestorben waren oder in den letzten Zügen dalagen, nachdem sie aus dem Malakoff soweit nach den Hospitälern geschafft
worden waren. Durch ein Labyrinth von Laufgräben, Brustwehren aus
Schanzkörben, Zickzacks und Parallelen, durch deren Hilfe die Franzosen
bis dicht an das Herz der russischen Vertheidigung vorgedrungen waren,
erreichten wir endlich die Spitze der französischen Sappe. Es sind hier
kaum zwölf Schritte bis zu dem Fuße der gewaltigen Böschung, die sich
volle 20 Fuß hoch erhebt und nach allen Richtungen die gähnenden Schlünde
ihrer Kanonen vorstreckt. Ruhig weht die Tricolore auf ihrer höchsten
Spitze und schon sind die Franzosen eifrig beschäftigt, oben einen Telegraphen anzulegen. Tritt rasch aus der Sappe — hüte dich, daß dein Fuß
nicht an diese armen verstümmelten Krieger stößt, die rings um uns liegen,
und komme weiter. Vor dir gähnt ein Graben, 20 oder 22 Fuß tief
und 10 Fuß breit. Sieh, hier ist die Stelle, wo die Franzosen darüber
gingen — hier ist ihre Brücke von Bretern und hier überraschte ihr dichter
Schwarm die ahnungslosen Vertheidiger des Malakoff. Sie hatten nicht
zwölf Schritt zurückzulegen. Wir mußten mehr als 200 gehen und waren
dann außer Athem. Waren nicht Breter besser als Sturmleitern? Man
sehe nur, wie leicht die Franzosen über den Graben gelangten. Rechts,
wenn man aus der Spitze des französischen Laufgrabens heraustritt, sieht

man eine Reihe Schanzkörbe auf dem Erdboden sich bis an die Brücke hinziehen. Das ist eine fliegende Sappe, welche die Franzosen sogleich an-
legten, wie sie aus dem Laufgraben in den Malakoff gedrungen, sodaß
sie in den Stand gesetzt waren, verhältnißmäßig geschützt vor dem flankirenden Feuer des Feindes fortwährend Verstärkungen in den Thurm zu
werfen. Gleichzeitig tieften sie quer über den innern Raum des Werkes
einen Graben aus, um zu sehen, ob galvanische Drähte zum Anzünden der
Minen vorhanden wären. Wenn man über die Brustwehr hinabsteigt,
erkennt man erst an der Tiefe der Schießscharten die erstaunliche Dicke des
Walles. Vom Fußboden inwendig bis auf den Kamm der Brustwehr
muß eine Höhe von mindestens 18 Fuß sein. Acht Reihen Schanzkörbe
sind eine über die andere gethürmt, und da jede Reihe nach oben zu zurück-
tritt, so läßt sie auf der Spitze der darunter befindlichen eine vortreffliches
Banquet für die Vertheidiger frei. Drinnen ist der Anblick zu schrecklich,
um dabei zu verweilen. Die Franzosen tragen ihre und die russischen Verwundeten fort und vier große Leichenhaufen sind aufgethürmt, um nur Platz
zu schaffen. Ueberall bemerkt man Blutpfützen und der Geruch ist schon
gräßlich; Schwärme von Fliegen lassen sich auf Todte und Sterbende nieder; zerbrochene Gewehre, zerrissene Kleider, Mützen, Tschakos, Seitengewehre, Bayonnete, Brotbeutel, Feldflaschen und Tornister liegen in unbeschreiblicher Verwirrung überall umher, untermischt mit Haufen von
Kanonen- und Kartätschenkugeln, Bombensplittern, Patronen und Cartouchen,
losem Pulver, dienstlichen Papieren und Kochgeschirren. Die Traversen
sind so hoch und tief, daß es unmöglich ist, von irgend einer Stelle den
ganzen Malakoff zu übersehen und in der Mitte des Werkes erhebt sich ein
hoher Erdhügel, entweder ein bombenfestes Werk oder die Trümmer des
alten weißen Thurmes. Die Kanonen, von denen sich 60 im Werke vorfanden, sind lauter Schiffsgeschütze auf Blocklaffetten. Auch einige altmo-
dische merkwürdig geformte Mörser fielen den Eroberern in die Hände.
Wenn man sich im Werke umsieht, wird man alsbald erkennen, daß die
Stärke der Russen zugleich ihre Schwäche war. Die zahlreichen bombenfesten Räume beschränken zu sehr den zu einer wirksamen Vertheidigung
nothwendigen Platz. In der Brustwehr des Werkes bemerkt man mehrere
Eingänge, auswendig sehr schmal aber allmälig sich weiternd, bis man in
einen Raum von 4 bis 5 Fuß Höhe und 8 bis 10 Fuß Tiefe gelangt. Diese
Räume werden nur bei Tage von Außen erhellt und müssen in der Nacht
pechfinster sein, wenn man den Leuten nicht gestattet, Laternen anzuzünden.
Hierher zog sich die Besatzung zurück, wenn die Beschießung heftig wurde.
Der Geruch in diesen engen Kammern ist abscheulich und die Luft mit
dem Dunste von Blut und unsäglichen Greueln geschwängert. Es sind
mehrere solche Räume vorhanden und sie können den schwersten Mörsern in
der Welt Trotz bieten. Ueber der Decke liegt eine Schicht von Schiffsmasten in
Stücken zerschnitten und sorgfältig neben einander gelegt; dann kommt eine

dicke Schicht Erde, dann eine Schicht Schanzkörbe und darüber wieder
Erde. In einem dieser Kerker, der in festem Fels ausgehauen war, und
wahrscheinlich ein Kellergeschoß des alten weißen Thurmes bildete, scheint
der commandirende Officier gewohnt zu haben. Es muß ein trauriger
Aufenthalt gewesen sein. Auf dem Boden lagen fußhoch Rapporte, Be-
richte und vielleicht Depeschen, welche dem Czaren versicherten, daß der
Platz keinen Schaden gelitten habe. Die Besatzung hielt in diesen engen
Kammern ihre Siesta, wie sie stets um zwölf Uhr zu thun pflegte, als die
Franzosen wie ein Bergstrom über sie stürzten und sie, so zu sagen, in ihren
Löchern ertränkten. Der Malakoff hat seinen Ausgang nur nach der Stadt zu
und so wie die Franzosen hineingedrungen waren, öffneten sie einen Zugang
nach ihrer Stellung und sperrten die der Stadt zugekehrte Front und die
Seitenverbindungen mit den nach dem großen und kleinen Redan führenden
Courtinen. Auf diese Weise waren sie in den Stand gesetzt, in aller Ordnung und ohne Verlust fortwährend Verstärkungen hineinzuwerfen und
den verzweifelten und wiederholten Anstrengungen der Russen, das Werk
zurück zu erobern, Widerstand zu leisten. Sie brachten sofort ihre Feldgeschütze vor und schmetterten die russischen Unterstützungstruppen nieder, während Strange's Batterie von den Steinbrüchen her in jedem
Winkel der Karabelnaja Tod und Verderben durch ihre Glieder verbreitete. Mit dem Malakoff verlor der Feind Sebastopol. Der Graben des
Werkes nach Norden war noch angefüllt mit Franzosen und Russen, die
in gräßlicher Verwirrung über einander gehäuft lagen. Rechts nach dem
kleinen Redan zu war die Erde buchstäblich so dicht wie sie liegen konnten
mit Leichen bedeckt und in dem Graben waren sie über einander gethürmt.
Hier traf die im Malakoff siegreichen Franzosen schwerer Verlust und eine
Reihe von harten Zurückweisungen. Die Leichname der Russen lagen in
Haufen zusammengeschichtet im Innern des Werkes und die Wunden, das
Blut! — der Anblick überstieg Alles, was mir bis dahin vor Augen gekommen ist. Wenn man vom Malakoff niedersteigt, so gelangt man in
eine Vorstadt zertrümmerter Häuser, die nach dem Meere zu offen ist; sie
liegt voll von Leichen. Die Russen haben sich in die Ecken und Winkel
jedes Hauses verkrochen, um wie vergiftete Ratten zu sterben; Artillerie-
pferde, den Bauch von Kanonenkugeln aufgerissen, liegen überall hinter
dem Malakoff umher und zeigen die Stelle, wo die Russen ihre letzte Angriffscolonne unter dem Schutze einer schweren Feldbatterie vorschickten.
Jedes Haus, die Kirche, einige öffentliche Gebäude, sogar die Schilder-
häuser waren von Kanonenkugeln und Bomben zerschmettert und durchlöchert. Wenn wir uns links wenden, gelangen wir an einer sehr hohen
und langen weißen Mauer vorüber an den Eingang zu den Docks. Auch
diese Mauer ist von Kanonenkugeln durchlöchert. Hinter ihr befinden sich
die Docks, welche, nach der Versicherung von Seeofficieren, in der ganzen

Welt ihres Gleichen suchen. Der Dampfer steht in einem derselben in hellen Flammen. Die Thore und die Wände sind von Kugeln zersplittert und durchlöchert. Hier rechts erheben sich die stattlichen Arsenalgebäude, die früher so schmuck und weiß und reinlich aussahen. Sie sind zum Theil ganz zertrümmert und manchmal wundert man sich, wie einzelne Mauerstücken noch zusammen halten können. Der weiche weiße Stein, aus denen sie gebaut sind, wird von der Kanonenkugel leicht zerbröckelt. Das Fort Paul ist noch unverletzt. Dort steht es gerade vor uns, als biete es seinem Schicksale drohend Trotz und warnende Stimmen lassen sich vernehmen, welche den Leuten empfehlen, sich zu entfernen, und selbst die Wohlwollendsten melden das Hospital, welches sich in einem dieser Gebäude befindet. Ich besuchte es den nächsten Tag darauf.

Von allen Bildern der Schrecken des Krieges, welche die Welt jemals gesehen hat, ist das Hospital von Sebastopol das gräßlichste und herzzerreißendste. Es läßt sich nicht beschreiben und die Phantasie eines Füßli könnte nichts schaffen, was ihm nur von fern ähnlich käme. Wie der arme Menschenkörper sich verstümmeln lassen und dennoch die Seele festhalten kann, wenn jedes Glied zerschmettert ist und aus jeder Ader das Lebensblut herausströmt, konnte man hier bei jedem Schritte studiren und sich zugleich wundern, wie wenig einen Menschen tödten kann! Das als Hospital benutzte Gebäude ist eine von den stolzen Steinmassen innerhalb der Arsenalmauer und liegt in der Mitte der Reihe, die mit der Basis des Redan einen rechten Winkel bildet. Diese Reihe war der Wirkung der über den Redan fliegenden Vollkugeln und Bomben und der auf die Casernenbatterie gerichteten Geschosse besonders ausgesetzt und sie zeigt an ihren Wänden, ihrem Dache, ihren Fenstern und Thüren häufige und deutliche Beweise der Heftigkeit der Kanonade. Als ich durch eine dieser Thüren eintrat, erblickte ich ein Schauspiel, wie es Gott sei Dank nur wenige Menschen jemals gesehen haben! In einem langen und niedrigen Saale, dessen gewölbte Decke viereckige Pfeiler trugen und in den durch den zerbrochenen scheibenlosen Fensterrahmen nur ein schwaches Licht fiel, lagen die verwundeten Russen, die ihr General unserer Barmherzigkeit zurückgelassen hatte. Die Verwundeten, sagte ich? Nein, die Todten, die verwesenden Leichen der Soldaten, die man hier in ihrer letzten Qual unbeachtet und ungepflegt sterben ließ, so dicht sie liegen konnten zusammengeschichtet; einige auf dem Boden, andere auf schlechten Bettstellen oder Strohschütten, durch und durch getränkt von Blut, welches langsam hinunter auf die Flur tröpfelte und dort mit anderen Stoffen in Verwesung überging. Während das Getöse in die Luft gesprengter Festungen in ihre Ohren scholl, während Bomben und Kugeln durch das Dach und die Wände der Zimmer, in welchen sie lagen, schlugen, und die Flammen um sie zischten und prasselten, wurden diese armen Menschen, die ihrem geliebten Vater und Herrn dem

Czaren nur zu gut gedient hatten, ihrem schrecklichen Schicksale überlassen. Viele hätten durch gewöhnliche Pflege gerettet werden können. Manche lagen noch lebendig da, während Maden in ihren Wunden herumkrochen. Manche halb wahnsinnig von der Schreckensumgebung geworden, oder in ihrer Todesnoth bestrebt ihr zu entfliehen, waren unter die Betten gekollert und stierten den entsetzten Zuschauer an — O, mit was für Blicken! Andere mit gebrochenen Armen und Beinen, deren spitze Splitter durch das rohe Fleisch hervorsahen, flehten um Hilfe, Wasser, Nahrung oder Mitleid, oder wiesen, von der Annäherung des Todes oder schrecklichen Verletzungen des Kopfes oder Rumpfs sprachlos geworden, stumm auf die tödtliche Stelle. Viele schienen nur darauf bedacht zu sein, ihre Rechnung mit dem Himmel abzuschließen. Die Stellungen von Einigen waren so gräßlich phantastisch, daß der Vorübergehende, wie von einem Zauber des Entsetzens erfaßt, stehen blieb. Konnte diese blutige Masse von Kleidung und weißen Gebeinen jemals ein menschliches Wesen gewesen sein, oder dieser verbrannte schwarze Fleischklumpen jemals eine menschliche Seele beherbergt haben? Es war fürchterlich an die Antwort zu denken. Die Leichen von Vielen waren in einem unglaublichen Grade angeschwollen und aufgedunsen und die Züge schrecklich verzerrt; die hervorgequollenen Augen und die aus dem vom Todeskampfe zusammengepreßten Munde hervorhängende geschwärzte Zunge, waren gräßlich anzusehen. In einem dieser Schreckensgemächer fanden wir einige todte und einige noch lebendige Engländer und unter ihnen den armen Capitain Vaughan vom 90. Regimente, der seitdem seinen Wunden erlegen ist. Ich gestehe, es war mir unmöglich, den Anblick zu ertragen, welcher unsere erfahrensten Aerzte mit Schauder erfüllte; der leichenhafte Gestank, der Geruch von brandigen Wunden, verdorbenem Blute und verwesendem Fleische war unerträglich. Aber was müssen die Verwundeten gefühlt haben, die alles Dieses ertragen mußten, und die starben ohne daß ihnen eine freundliche Hand einen Schluck Wasser reichte oder eine freundliche Stimme ein tröstliches Wort sagte? Die Meisten waren am Sonnabend verwundet — Viele vielleicht schon am Freitag — ja, es ist ganz unmöglich, zu sagen, wie lange sie schon hier gelegen haben mögen. In der Eilfertigkeit ihres Rückzugs scheinen die Russen Todte, um sie aus dem Wege zu schaffen, hereingetragen und sie in entsetzlichem Hohne auf die Betten gelegt zu haben. Der Feind kümmerte sich wenig um seine Verwundeten, wenn nur seine Flucht gesichert war.

Mein nächster Besuch galt dem großen Redan. Ein solches Schauspiel der Zerstörung und Vernichtung! — Alle Häuser dahinter ein einziger Haufen zertrümmerter Steine — ein Thurm mit einer Uhr durch welche mitten hindurch eine Kugel gefahren war — eine Pagode in Trümmern — noch ein Thurm mit einer Uhr, von der nur noch das Zifferblatt mit der Firma: „Barwise, London“ übrig war — Kochhäuser, wo Menschenblut

unter den Geräthschaften herumsickerte; in einen war eine Bombe in den
Kochkessel gefahren und hatte ihn und seinen Inhalt und wahrscheinlich
auch die Bedienung in Stücke zersprengt. Ueberall Trümmer und Zerstörung. Offenbar war dies früher ein vornehmes Quartier. Der älteste
Einwohner hätte es jetzt nicht mehr erkennen können. Als wir den Redan
hinauf geklettert waren, wo bei jedem Schritte unser Fuß an Leichen stieß,
übersahen wir den Schauplatz des verzweifelten Kampfes, der beiden Theilen
viel Blut kostete. Der Anblick des Grabens war gräßlich — es lagen in
demselben Haufen von englischen Leichen, einige von der Explosion verbrannt und geschwärzt, andere bis zur Unkenntlichkeit zersetzt. Die Menge
zerschossener Schanzkörbe und Laffetten war außerordentlich; der Erdboden
war mit ihnen bedeckt. Die bombenfesten Räume waren eben so eingerichtet
wie im Malakoff, und in einem derselben fand man ein Notenbuch, mit dem
Namen einer Dame darin, und ein Käfig mit einem Kanarienvogel und
eine Blumenvase standen vor dem Eingange.

Donnerstag, 13. September.

Da die russischen Dampfer, trotz der Anstrengung der französischen
Batterien an der Spitze der Rhede bei Inkerman immer noch unverletzt
waren, so faßte man den Beschluß, auf den Trümmern des Forts Paul,
achthundert Schritte von dem nördlichen Ufer, wohin sie sich geflüchtet
hatten, eine Batterie zu erbauen. Die Dampfer lagen in drei regelmäßigen Reihen östlich vom Fort Catharina, wo die tiefen Einbuchtungen
der hohen Klippen ihnen einigen Schutz vor dem Feuer der Franzosen gewährten. Von dort aus haben sie seit der Schlacht von Inkerman den
Verbündeten viel Schaden gethan. Es befanden sich darunter der berühmte
Wladimir mit seinen beiden großen Essen und dem eleganten Clipperrumpf;
der Elbeuf, der Dampfer, welcher voriges Jahr durch unsere ganze Flotte
hindurch den berühmten Streifzug im Schwarzen Meere unternahm und
ein paar türkische Schiffe bei Heraklea verbrannte, wie sich auch der
Wladimir im Juli 1854 im Hafen von Odessa zeigte; ferner der
Gromonossez, welcher uns aus der Binnenhafenbucht so sehr belästigte, und
fünf andere, mit schweren und mir unbekannten Namen, welche alle auf
dem Wasser so ruhig schwammen, als ob kein Auge in jeder Batterie auf
die Gelegenheit wartete eine Kanone auf sie zu richten.

Im Laufe des Nachmittags am 11. richteten wir einige der russischen
Geschütze in der verfallenen Batterie unterhalb des Redan auf diese Dampfer,
und nach wenigen Schüssen war es gelungen sie acht Mal in den Rumpf
zu treffen. Die Entfernung war jedoch ziemlich groß, und es zeigte sich rathsam etwas weiter vorzugehen, um ihnen den ganzen Vortheil unserer
Kugeln zukommen zu lassen. Deshalb wurde Dienstag Abend Befehl er-

theilt, rechts von dem Fort Paul eine Batterie von zwei Fünfundneunzig-
centnerkanonen zu errichten. Die dazu commandirten Mannschaften, obgleich
eben erst aus der Matrosenbatterie des rechten Angriffs abgelöst, gingen
sogleich rüstig ans Werk, warfen eine Brustwehr auf und füllten die Schanzkörbe mit Erde. Sie hatten schon einige Zeit gearbeitet, als man bemerkte,
daß einer der feindlichen Dampfer die Nordseite verlassen hatte und langsam und geräuschlos sich der Stelle näherte, wo die Matrosen an ihrer
Batterie bauten. Die Nacht war finster, aber sie konnten deutlich sehen,
wie der Dampfer immer näher und näher kam. Jeden Augenblick erwarteten sie, daß seine Geschütze ein Kartätschenfeuer auf sie eröffnen würden.
Deßhalb legten sich unsere Leute auf den Bauch und hielten sich dem Erdboden so nahe als möglich, und der Dampfer kam langsam näher, bis er
nur noch etwa hundert Schritte von der Stelle war, wo sie gearbeitet
hatten. Sie hörten den Anker des Schiffs ins Wasser fallen, und dann
das Rasseln der Ankerkette, wie sie durch die Klüsen lief. Jetzt, glaubten
sie, würden die Kugeln über ihre Köpfe fliegen; aber nein, die Russen öffneten keine Stückpforte, sondern schienen sich auf ihrem neuen Ankerplatze
bequem einzurichten. Hauptmann Villiers vom 47. Regimente, der die
Deckung commandirte, befahl seinen Leuten das tiefste Schweigen zu beobachten und die Matrosen erhielten dieselbe Ordre. Gegen halb drei Uhr
Morgens bemerkte man ein helles Licht in der Vorderluke des Schiffs.
Der vorderste Dampfer auf der anderen Seite wurde eine Secunde später
ebenfalls hell, und alsbald fingen auch aus den übrigen Dampfern, mit
Ausnahme eines einzigen, Flammenzungen hervorzulecken an. Die Flammenzungen wurden bald zu Säulen von Flammen und Rauch — der Wind
wehte frisch und stark und die Nacht war finster, so daß sich die Feuersbrunst
rasch über alle Fahrzeuge verbreitete und bald den ganzen nördlichen Himmel erhellte. Schnell waren die Maste in feurig glühende Säulen verwandelt und das Tauwerk zeichnete sich in feurigen Linien, deren flatternde
Flammen mit dem Winde um ihr Leben kämpften, von dem dunkeln Himmel
ab und die Raaen ließen einen Regen von Funken und brennenden Splittern
auf das Wasser niederfallen. Die Werke auf der Nordseite waren in dem
Scheine der Feuersbrunst deutlich zu erkennen und selbst die Gesichter einzelner russischer Soldaten und Matrosen am Rande der Klippe fielen zuweilen in greller rembrandtartiger Beleuchtung in die Augen. Das Werk
der Zerstörung ging rasch vor sich. Die Schiffe waren bald nichts als
große Archen blendender Gluth, die wüthend zischte und prasselte und Wolken von Funken und Rauch in die Höhe schickte und die Kanonen, wie sie
heiß wurden, gingen los und sprengten den schon halb zerfallenen Rumpf
in Trümmer. Einer nach dem andern versanken die Dampfer in dem auf-
brodelnden Wasser. Die Reiterei draußen auf der Ebene fragte sich verwundert, welch' großer Brand von Neuem in der Stadt ausgebrochen sei.

Mit Tagesanbruch war nur noch ein Dampfer übrig. Ein Boot stieß vom Lande ab, fuhr zu ihm hinüber und stieß nach zehn Minuten wieder ab um nach der Nordseite zurückzukehren. Bald darauf schien das Fahrzeug von einer Art innerer Krämpfe ergriffen zu werden — erst senkte es sich mit dem Bug, dann mit dem Spiegel tiefer ins Wasser, dann schwankte es unruhig hinüber und herüber und versank endlich im Meere. So war Sinope gerächt. Von den Männern, welche jenes denkwürdige Unternehmen ersannen, den Seeleuten, die es ausführten und den Schiffen, welche daran Theil nahmen, ist jetzt kaum noch eine Spur übrig. Kornileff, Nachimoff, Istumin und die Mannschaften ihrer Flotten sind verschwunden: ihre Schiffe ruhen auf dem Grunde der Rhede von Sebastopol. Die Russen legen lieber selbst Hand an bei dem Werke der Zerstörung und lassen dem Sieger keine Möglichkeit mit der Beute seines Sieges zu triumphiren. Wir können die guten Leute von Plymouth und Portsmouth nicht mit dem Anblicke russischer Linienschiffe und Dampfer erfreuen. Wir können den Feind nur zwingen zu wählen, ob er selbst oder ob der Engländer für ihn zerstören soll — und er zieht stets das Erstere vor.

***

So endete diese denkwürdige Belagerung, während welcher die Entsatz-armee zweimal in offener Feldschlacht geschlagen wurde und die Vertheidigungs- und Angriffsmittel sich bis zu den colossalsten Verhältnissen ausdehnten. Die Armee der Belagerer hatte in ihren verschiedenen Angriffen gegen 800 Geschütze in Batterien gebracht und diese verschossen mehr als 1,600,000 Patronen. Die während 336 Tagen offener Trancheen in einem felsigen Boden, unter dem beständigen Feuer des Platzes und fortwährenden Kämpfen bei Tag und Nacht angelegten Laufgräben hatten eine Länge von sechsundachtzig Kilometern oder zehn dreiviertel deutsche Meilen. Während der Belagerung wurden nicht weniger als 80,000 Schanzkörbe, 60,000 Faschinen und fast eine Million Erdsäcke verwendet. Der letzte combinirte Angriff kostete der französischen Armee nicht weniger als 7551 Mann an Todten, Verwundeten und Vermißten; die Engländer verloren an dem-selben Tage 2447 Mann, was den Gesammtverlust der Verbündeten auf diesen einen Tag auf 10,000 Mann bringt. Rechnet man dazu noch die großen Opfer, welche das Gefecht bei Balaklawa, die Schlachten von Inker-man und an der Tschernaja, und der fehlgeschlagene Angriff vom 18. Juni forderten, ferner den Abgang an Mannschaften durch die Ausfälle und in den Trancheen, der in der letzten Zeit 100 Mann täglich überstieg, so darf man den Verlust der Belagerer vor dem Feinde auf nicht weniger als 30,000 Mann annehmen. Dazu kommen aber nun noch die Opfer, welche

Krankheiten und Entbehrungen verlangt haben und die auf Seiten der
Verbündeten auf mindestens 20,000 Mann veranschlagt werden müssen.
Dies bringt den Gesammtverlust auf 50,000 Mann, und wenn man für
die Russen nur ebensoviel annimmt, obgleich sie aller Wahrscheinlichkeit
nach, mehr als das Doppelte verloren haben, so hat der Eroberung Sebastopols, blos der erste Act des blutigen Dramas im Orient, 100,000 Menschen das Leben gekostet.